国家哲学社会科学成果文库

NATIONAL ACHIEVEMENTS LIBRARY
OF PHILOSOPHY AND SOCIAL SCIENCES

经学与实理：
朱子四书学研究

许家星　著

中国社会科学出版社

许家星 江西奉新人，哲学博士，曾求学于江西高安师范学校、南昌大学、北京师范大学；曾工作于奉新县乡村小学、南昌大学哲学系、江右哲学研究中心。现为北京师范大学价值与文化研究中心、哲学学院教授，博士生导师。主要从事经学与理学研究，尤重朱子学与四书学，已发表相关学术论文数十篇。

《国家哲学社会科学成果文库》
出版说明

　　为充分发挥哲学社会科学研究优秀成果和优秀人才的示范带动作用，促进我国哲学社会科学繁荣发展，全国哲学社会科学工作领导小组决定自2010年始，设立《国家哲学社会科学成果文库》，每年评审一次。入选成果经过了同行专家严格评审，代表当前相关领域学术研究的前沿水平，体现我国哲学社会科学界的学术创造力，按照"统一标识、统一封面、统一版式、统一标准"的总体要求组织出版。

全国哲学社会科学工作办公室
2021年3月

目　　录

序一 ·· 陈来（1）

序二 ···李景林（4）

前言 ··（1）

第一章　朱子四书学概述 ··（1）
第一节　回顾与前瞻 ··（1）
一　近来研究 ··（1）
二　古人研究 ··（4）
三　前瞻 ··（12）
第二节　四书学系统 ···（13）
一　《四书》与四书学 ··（13）
二　《四书》特点及定位 ···（17）
三　《四书》学系列著述 ···（27）
第三节　朱子四书学形成新考 ··（35）
一　《章句》《集注》的形成刊刻 ······································（36）
二　《四书或问》的分合异同 ···（44）
三　《论孟精义》系列异同 ··（46）

第二章　朱子道统说新论 ···（54）
第一节　尧舜禹"十六字心传" ··（54）

一　四书学与道统 …………………………………………（54）
　　二　道统、学统、政统 ……………………………………（56）
　　三　"十六字心传" …………………………………………（58）
第二节　孔颜克复心法之传 …………………………………（73）
　　一　"克复心法"与"十六字心传" ………………………（74）
　　二　"心法"之两维：本体与工夫 ………………………（79）
　　三　"克复心法"与求道历程 ……………………………（82）
　　四　"克复心法"说的道统意义 …………………………（84）
第三节　孔曾忠恕一贯之传 …………………………………（88）
　　一　忠一恕贯 ……………………………………………（89）
　　二　"一以贯之" …………………………………………（95）
　　三　忠恕说的意义 ………………………………………（96）
　　四　忠恕说的形成及特点 ………………………………（99）
第四节　道统之两翼：《四书》与《太极图说》 ………………（104）
　　一　何谓朱子道统 ………………………………………（105）
　　二　二程《四书》工夫道统论 ……………………………（108）
　　三　濂溪《太极图说》形上道统论 ………………………（113）
　　四　工夫与本体：《四书》与《太极图说》的贯通 ………（121）
第五节　道统的"门户清理" …………………………………（125）
　　一　"龟山门下相传指诀" ………………………………（126）
　　二　儒佛之辨：辨张无垢《中庸解》 ……………………（129）
　　三　阳儒阴佛思潮的"门户清理" ………………………（139）

第三章　经学与实理 …………………………………………（144）

第一节　复性之学与教化之乐 ………………………………（144）
　　一　何为学——明善复性 ………………………………（145）
　　二　如何学——时习而悦 ………………………………（148）
　　三　学何乐——教化之乐 ………………………………（152）
　　四　学何为——成德君子 ………………………………（156）
第二节　克己复礼之仁 ………………………………………（160）

一　基于工夫指点的字义训释 …………………………………（160）
　　二　工夫论主导的仁、礼说 ……………………………………（164）
　　三　工夫之切要 …………………………………………………（167）
　　四　朱、张"仁说"辨析 …………………………………………（177）
第三节　生死、义利、去就 ………………………………………（197）
　　一　"如其仁"与"不知礼" ……………………………………（198）
　　二　"功业如此之卑也"与"不为管仲" ………………………（201）
　　三　尽忠还是从义 ………………………………………………（202）
　　四　忠义与去就 …………………………………………………（211）
第四节　"俯仰不愧怍便是浩然之气" ……………………………（215）
　　一　"内外本末" …………………………………………………（215）
　　二　"大纲是说个'仰不愧于天,俯不怍于人'" ……………（217）
　　三　"知言,本也;养气,助也" …………………………………（221）
　　四　"若有一字不是孟子意,天厌之" …………………………（228）
第五节　真知格物,必成圣贤 ……………………………………（232）
　　一　"决定是要做圣贤,这是第一义" …………………………（233）
　　二　"若见得亲切,自然信得及" ………………………………（236）
　　三　"若实见得,自然行处无差" ………………………………（239）
　　四　"格物所以明此心" …………………………………………（242）
　　五　"物格、知至处,便是凡圣之关" …………………………（245）
　　六　"知至只是到脱然贯通处" …………………………………（247）
第六节　"诚意,自修之首" ………………………………………（251）
　　一　"必自慊"还是"一于善" …………………………………（252）
　　二　"自欺"诠改 …………………………………………………（262）
　　三　致知与诚意 …………………………………………………（277）
第七节　本体、功夫、境界的"三位一体" ………………………（281）
　　一　成德之何以能——"道之本原出于天" …………………（282）
　　二　成德之所以能——"存养省察" …………………………（286）
　　三　成德之最终能——"圣神功化" …………………………（290）

第四章　圣贤人格 ……………………………………………… (296)

第一节　超凡与入俗 …………………………………………… (296)

一　周、程论圣 ……………………………………………… (296)

二　圣人之圣 ………………………………………………… (298)

三　圣人之常 ………………………………………………… (301)

四　圣圣之别 ………………………………………………… (303)

五　圣人之衍 ………………………………………………… (309)

第二节　"察病救失"：孔门弟子之评 ………………………… (311)

一　"造道之极致" …………………………………………… (311)

二　"圣门冤狱" ……………………………………………… (315)

三　理论与工夫 ……………………………………………… (319)

第三节　"学颜子之所学" ……………………………………… (322)

一　从"睎颜"到"学颜" …………………………………… (323)

二　亚圣大贤 ………………………………………………… (325)

三　"学以至圣" ……………………………………………… (332)

四　安贫乐道 ………………………………………………… (338)

第五章　寓作于述 ……………………………………………… (342)

第一节　《四书集注》"改易本文"述作精神发微 …………… (342)

一　"述而不作"：易其文而未改其意 ……………………… (343)

二　"寓作于述"：易其文而改其意 ………………………… (349)

第二节　求本义、发原意、砭学弊 …………………………… (358)

一　求得本义 ………………………………………………… (358)

二　发明原意 ………………………………………………… (361)

三　针砭学弊 ………………………………………………… (365)

第三节　朱子、勉斋《论语精义》之辨 ……………………… (369)

一　"但虚心熟读而审择之耳" ……………………………… (369)

二　"直卿会看文字" ………………………………………… (373)

三　"读书不可不仔细" ……………………………………… (379)

四　继承与超越 ……………………………………………… (382)

第四节　朱子、张栻《癸巳论语说》之辨 …………………… (386)
　　一　因袭上蔡之误 ………………………………………… (387)
　　二　解经三宗病 …………………………………………… (388)
　　三　文义章句之辨 ………………………………………… (392)
　　四　《论语解》改本及朱张异同 …………………………… (395)
　　五　创新与守成 …………………………………………… (400)
第五节　《中庸章句》韵理合一的章句之美 …………………… (402)
　　一　中庸之道 ……………………………………………… (402)
　　二　"用之广,体之微"的体用之道 ………………………… (406)
　　三　诚明相对的天人之道 ………………………………… (410)
　　四　章句学的意义 ………………………………………… (416)
第六节　"知得它是非,方是自己所得处"
　　　　——朱子四书学的转化与超越 ……………………… (420)
　　一　《或问》之"辨析毫厘"与"明所以去取" ……………… (420)
　　二　"当日原多未定之论" ………………………………… (429)
　　三　后学批评:"自今观之,亦觉有未安处" ……………… (430)

第六章　《四书集注》文本与义理 ……………………………… (437)

第一节　《四书集注》定本之辨与朱子晚年定见 ……………… (437)
　　一　"一于善"与"必自慊" ………………………………… (438)
　　二　"得于心而不失"与"行道而有得于心" ……………… (440)
　　三　《中庸章句》首句结语之异 …………………………… (447)
　　四　"则为外物而非道矣"与"则岂率性之谓哉" ………… (453)
　　五　"皆倚于一偏"与"不必其合于中庸" ………………… (454)
　　六　"不信不果"与"必信必果" …………………………… (456)
　　七　宋本洗刷《集注》传写之误 …………………………… (457)
　　八　结语 …………………………………………………… (458)
第二节　《四书集注》点校献疑 ………………………………… (461)
　　一　引文句读 ……………………………………………… (461)
　　二　行文句读 ……………………………………………… (468)

三　人名、书名误漏 …………………………………………… (473)
　　四　文本校勘 ………………………………………………… (473)
　　五　分节及体例 ……………………………………………… (476)
  第三节　《论孟要义》复原初探 ……………………………………… (478)
　　一　《论语要义》复原 ………………………………………… (479)
　　二　《孟子要义》复原 ………………………………………… (486)
  第四节　朱子《四书》书信年代再考 ………………………………… (503)
　　一　书信杂糅与重出 ………………………………………… (504)
　　二　《语类》记录者年代分析 ………………………………… (510)
　　三　立论中心的再考察 ……………………………………… (513)
　　四　论题、材料的相洽 ……………………………………… (519)
  第五节　"《近思录》,四子之阶梯"说之重思 ……………………… (524)
　　一　"好看"、"阶梯"、"四子"释义 …………………………… (524)
　　二　《近思录》与朱子《四书》所收"四子说"之
　　　　比较 ………………………………………………………… (528)

第七章　朱子四书学的传承发展 ……………………………………… (538)
  第一节　"字义体":《四书》范畴学之演变 ………………………… (538)
　　一　开端之作:《性理字训》 …………………………………… (538)
　　二　典范之作:《北溪字义》 …………………………………… (540)
　　三　扩充之作:程若庸《增广性理字训》、陈普《字义》 …… (544)
　　四　"字义"之变异:《西山读书记》与《四书通旨》 ………… (548)
  第二节　勉斋《中庸》学对朱子的接续与发展 …………………… (552)
　　一　章节之分 ………………………………………………… (552)
　　二　道之体用 ………………………………………………… (556)
　　三　"戒惧慎独知仁勇诚,此八字,括尽《中庸》大旨" ……… (562)
　　四　双峰、草庐对勉斋中庸学之传承 ……………………… (565)
  第三节　美国当代朱子《四书》研究:以贾德讷为中心 ………… (568)
　　一　朱熹《四书》与理学 ……………………………………… (569)
　　二　朱熹《四书》与经典诠释 ………………………………… (571)

三　朱熹《四书》与德性教化 …………………………（574）
　　四　朱熹《四书》与经典翻译 …………………………（576）

参考文献 ………………………………………………………（581）

索引 ……………………………………………………………（586）

后记 ……………………………………………………………（599）

Contents

Preface I ·· Chen lai (1)

Preface II ·· Li jing lin (4)

Foreword ·· (1)

Chapter I. A Summary of Zhu Xi's Learning of Four Books ········ (1)
  Section I. Retrospect and Prospect ·································· (1)
  Section II. The System of Zhu Xi's Learning of Four Books ······ (13)
  Section III. A New Investigation on the Formation of Zhu Xi's
           Learning of Four Books ·································· (35)

Chapter II. A New Discussion on Zhu Xi's View of the Lineage
        of the Way ·· (54)
  Section I. "The Transmission of Mind – Heart in Sixteen
          Words" by Yao, Shun and Yu ································ (54)
  Section II. The Transmission of Confucius and Yan Hui's
           Method of Mind—Heart "to Subdue Selfish Desire and
           Return to Ritual – Propriety" ································ (73)
  Section III. The Transmission of Confucius and Zengzi's
            Teaching on "One Thread of Authenticity and
            Empathy" ·· (88)

Ⅱ　Confucian Classics and Universal Principles

　　Section Ⅳ. Two Wings of the Lineage of the Way: the *Four*
　　　　　　　Books and the *Discourse on the Diagram of Taiji.* ⋯ (104)
　　Section Ⅴ. "To Clean up the Gateway" for the Lineage of the
　　　　　　　Way ⋯⋯⋯⋯⋯⋯⋯⋯⋯⋯⋯⋯⋯⋯⋯⋯⋯⋯⋯⋯ (125)

Chapter Ⅲ. Confucius Classics and Real Principle ⋯⋯⋯⋯⋯ (144)
　　Section Ⅰ. The Learning of Recovering One's Nature and the
　　　　　　　Joy of Transformative Education ⋯⋯⋯⋯⋯⋯⋯⋯ (144)
　　Section Ⅱ. Humaneness as Subdue Selfish Desire and Return to
　　　　　　　Ritual – Propriety ⋯⋯⋯⋯⋯⋯⋯⋯⋯⋯⋯⋯⋯⋯ (160)
　　Section Ⅲ. Life or Death, Rightness or Benefits, Leave or
　　　　　　　Stay ⋯⋯⋯⋯⋯⋯⋯⋯⋯⋯⋯⋯⋯⋯⋯⋯⋯⋯⋯⋯ (197)
　　Section Ⅳ. "Bending or Lifting One's Head Without Shame is
　　　　　　　What Oceanic Vital" ⋯⋯⋯⋯⋯⋯⋯⋯⋯⋯⋯⋯⋯ (215)
　　Section Ⅴ. Be Genuinely Aware of Investigating Things, and
　　　　　　　We shall Become Sages and Worthies. ⋯⋯⋯⋯⋯ (232)
　　Section Ⅵ. "Making Intentions Authentic is the Principal of
　　　　　　　Self" ⋯⋯⋯⋯⋯⋯⋯⋯⋯⋯⋯⋯⋯⋯⋯⋯⋯⋯⋯⋯ (251)
　　Section Ⅶ. The Trinity of the Ontology, Cultivating Efforts and the
　　　　　　　State of Being. ⋯⋯⋯⋯⋯⋯⋯⋯⋯⋯⋯⋯⋯⋯⋯ (281)

Chapter Ⅳ. The Personhood of Sages and Worthies ⋯⋯⋯⋯ (296)
　　Section Ⅰ. Transcending the Ordinary Life and Living
　　　　　　　among the Commoners ⋯⋯⋯⋯⋯⋯⋯⋯⋯⋯⋯⋯ (296)
　　Section Ⅱ. "Diagnosing Diseases and Rectifying Shortcomings":
　　　　　　　An Overview on Students in Confucius's
　　　　　　　School. ⋯⋯⋯⋯⋯⋯⋯⋯⋯⋯⋯⋯⋯⋯⋯⋯⋯⋯ (311)
　　Section Ⅲ. "To Learn what Yanzi has Learnt" ⋯⋯⋯⋯⋯⋯ (322)

Chapter Ⅴ. Embedding Creativity in Transmission. ⋯⋯⋯⋯⋯ (342)

Section I. An Elaboration on the Transmissive – Innovative Spirit of "Modifying the Texts" in the *Collected Annotations on Four Books*. ……………………… (342)

Section II. Seeking the Root, Developing the Original, and Rectifying Mistakes. ……………………………………… (358)

Section III. The Dispute of Zhu Xi and Mian Zhai on *The Essential Reading of the Analects*. ……………………… (369)

Section IV. A Dispute of Zhu Xi and Zhang Shi on the *Kuisi Exposition of the Analects*. ……………………… (386)

Section V. The Synthetic Beauty of Rhythm and Principle in the *Chapters and Sentences of the Centrality and Commonality* ……………………………………… (402)

Section VI. "Knowing its Rightness or Wrong is What One can Get Oneself" ………………………………………… (420)

Chapter VI. Text and Meaning. ……………………………… (437)

Section I. Zhu Xi's Fixed View in His Old Age and the Dispute of the Final Version of the *Collected Annotations on Four Books*. ……………………… (437)

Section II. A Contribution to the Punctuation and Collation of the *Collected Annotations on Four Books* ……………… (461)

Section III. An Initial Investigation on how to Restore *the Essentials of Confucius and Mengius*. ……………… (478)

Section IV. A Reexamination of the Chronicle of Zhu Xi's Letters on *Four Books* ……………………………… (503)

Section V. A Reconsideration of "*Reflections on Things at Hand* as the Stairway Set by Four Masters." ……… (524)

Chapter VII. Inheritance and Development. ……………………… (538)

Section I. The Evolution of the Exegesis on the Words in

                 Four Books. .... (538)
Section Ⅱ. Mian Zhai's Learning of the *Centrality and Commonality* Transmits and Develops Zhu Xi's Learning .... (552)
Section Ⅲ. The Contemporary Study on Zhu Xi's Learning of Four Books in the U. S: Daniel Gardner as An Example. .... (568)

References .... (581)

Indexes .... (586)

Postscript .... (599)

序 一

朱子的四书学研究，一向是以《四书集注》为主的研究。按传统的说法，朱子晚年在临漳合刻四子书，即把原来各自分立的《论》、《孟》、《学》、《庸》合为一体刊印，是"四书"成立的标志。不过事实上，正如本书所显示的，朱子中年时期已经在学术理念上将四书的研究合而为一，即以集注或章句的形式，把二程为代表的理学思想贯穿于四书的注释之中，显示出他在理念上早已将四书视为一体了。在这个意义上，临漳四子的合刻，是朱子自中年以来已经建立的四书整体观念的一个重要的显现和结果。

在朱子四书学著述的形成问题上，本书做了认真的文献考察，指出朱子生时对四书的注释，在单行本外，或《论》《孟》集注合刻，或《学》《庸》章句合刻，在其生时尚未及合刻《四书章句集注》，从而对以往在这个问题上的各种混淆的说法做了严谨的厘清。本书又指出，朱子对四书的或问著作，其中《论孟或问》成于其四十八岁，而《学庸或问》后来不断修改，故前者多代表其中年思想，而后者反映其晚年思想，这是需要加以分别的。本书还指出，《论孟精义》一书曾经前后修订，刊刻名称亦有改变，庚子本为最后定本；而今流行的《精义》本并非定本，由此在文献上对《精义》定本努力做了复原。与以上这些研究相关联，作者还在朱子学四书文献上做了细致而扎实的文本考辨。本书对中华书局《四书集注》点校本做了细致的校勘，广泛涉及引文句读、行文句法、人名误漏、校刊疏忽等方面，提出了不少质疑和改正，颇见功夫。本书还对朱子书信中涉及四书的部分，做了新的考察，重新考证了几十封有关四书的朱子信札，使其分析结论具有坚实的基础。以上所说各点，是本书在朱子四书学文献研究上的重要结论和重要贡献，值得充分表彰。

事实上，本书的内容可以分为两大部分，一部分是传统朱子四书学领域的研究，如上面所说；一部分是关于朱子《四书集注》的诠释研究，后一部分内容丰富，方面亦广。新世纪以来，"经典与诠释"成为学界流行一时的主题，也引导了许多学者的问题意识和研究取向。本书亦受此影响，在四书的经典文献研究之外，《四书集注》的诠释成为本书的一个主要内容。这种问题意识与已有的朱子哲学研究有所不同，拓展了朱子学研究的面向。作者通过对朱子《四书集注》与《或问》形成的过程的具体考察，揭示了朱子的诠释思想，指出诠释方法及其变化对朱子四书诠释的内容发挥了重要作用。作者通过对《四书集注》中朱子对500余条引文的改写的考察，归纳出其改写的两种类型，具体呈现了朱子寓作于述的特点。作者还梳理了朱子与南轩有关其《癸巳论语说》的辩论，由此探讨了朱子青年时代到中年时代逐步突破二程的解经理念，建立起自己集汉宋之长的诠释方法的过程。作者认为朱子四书学不仅树立了一套新的经学系统，而且形成了新的诠释理论。

作者对《四书集注》诠释思想的研究，显示出其思想史研究的特点和学风，即一方面通过详细的、具体的深入考察，来进入诠释研究的细部，另一方面注意揭示朱子思想前后演变，展示其四书学诠释的动态发展过程。这都是目前经典诠释研究中所缺少的。同时，作者论述了朱子《四书集注》对四书各章节的阐发中表达的理学思想，尤注重其中的功夫论。近十数年来，功夫论的问题意识已为宋明儒学研究者普遍采用为内在研究的理路，此种儒学研究的意识也与以往哲学史研究有所不同，扩大了哲学史研究的范围。这些变化在这本书的特定研究中都得到反映，体现出作者的问题意识与研究范式已进至学界的前沿。

许君家星，研究朱子四书学多年。本书以其十年前完成的博士论文为基础，经过长期的补充和修改，而最后完成。书将出版，承许君的雅意，要我写一序文。我读过书稿之后，深感这是一部朱子学研究的佳作。由于许君从事朱子四书学研究多年，已有较长久的学术积累，在各方面都具备了良好的基础，又能广泛吸收已有的学术成果，故使得本书能够把朱子四书学的研究在前人研究的基础上推向了一个新的高峰。作者的研究力求把文本分析与义理解释融为一体，以朱子四书文本研究为基础，以忠实阐明朱子四书学本意为宗旨，注重文本的详密分析和深入解读，并注意在朱子思想前后变化中把握其四书学，其研究方法实为得当。在我看来，在有关朱子学四书研究的诸问题上，本书都依据史料，作出了确实有据的论断；其中的发明论述，多有前贤所未及处；其研究的细致与深入，亦为以往朱子四书学研究所未见。本书可谓迄今为止有关朱子四书学的最富有成果的研究，也是近年来我所看到的最见功夫的朱子学研究的成果。我期望在朱子学界将有更多的这类著作出现，使朱子学研究不断深入发展。

陈　来
2019 年 8 月 10 日于京郊小汤山

序 二

　　中国思想学术有一个源远流长的经典诠释传统。通过经典的诠释，赋旧典以新义，以面对时代的问题，因应当下的生活，形成切合现实、具有当代性意义的新的思想论域和义理系统，成为中国古代思想和哲学家之"立言"或思想创造的基本途径和方式。钱穆先生论中国传统思想学术，特标举孔子、朱子为其精神之象征，而谓中国思想文化"前古有孔子，近古有朱子"，"孔子集前古学术思想之大成"，朱子"乃集孔子以下学术思想之大成"，其对儒学乃至整个中国思想文化发展之创辟与发展之功，彪炳史册，"无第三人堪与伦比"[①]。孔子与朱子的思想学说，乃集中体现了这一思想创造的方式和经典诠释的传统。

　　孔子自称"述而不作，信而好古"。按照朱子的解释，述是"传旧"，作是"创始"[②]。"作"为圣人之事，"述"则贤人之业。古人讲"述而不作"是孔子的谦辞，这当然没有问题。不过，更深一层说，孔子这个"述、作"之义，实开创了中国文化和思想学术创造与发展的一种独特的路径和方式。

　　孔子言"士志于道"，自谓"朝闻道，夕死可矣"，乃终生以求道、达道为职志。又自称"不怨天，不尤人，下学而上达，知我者其天乎"，其心已达人不知不愠，遯世无闷，诚独对越在天的"闻道"之境[③]。是孔子所谓

[①] 钱穆：《朱子新学案》第1册，九州出版社2011年版，第1—2页。
[②] 见朱熹《论语集注》卷4。
[③] 孔子"朝闻道"之"闻道"，即简帛《五行》和《孟子》所说的"闻而知之者圣"意义上的"闻道"。这闻而知之的圣人，所知者为"天道"，是各种文明或思想文化新局的"作"者亦即开创者。见李景林：《孔子"闻道"说新解》，载《哲学研究》2014年第6期。

"述而不作",并非无所创作。特其所谓"作",乃寄寓于经典系统的建构与诠释,而非独成一套形上学的理论体系以立言。西周学在官府,经籍典章掌于官司,官守学业出于一源①。孔子生当周室衰微,诗书礼乐废缺的春秋季世,乃起而论次《诗》《书》,修起《礼》《乐》,赞《易》,修《春秋》,删定六经以为教典,开私学以教化于民间。然孔子所定六经,并非一般意义上的几种教材,而是一个具有内在思想整体性的经典系统。孔子于六经,最重《易》与《春秋》。三代之《易》,曰《连山》《归藏》《周易》,本皆卜筮之书。孔子晚而好《易》,作《易大传》,"与史巫同途殊归"而归本于"德义"②(哲学),转变《周易》为一展显天地阴阳之道的哲理系统,以寄托其"性与天道"的形上学理念。《孟子·离娄下》:"王者之迹熄而《诗》亡,《诗》亡然后《春秋》作。晋之《乘》、楚之《梼杌》、鲁之《春秋》,一也。其事则齐桓、晋文,其文则史。孔子曰:'其义则丘窃取之矣。'"孔子据鲁史而作《春秋》,其所重在"义",以寓褒贬,别善恶、正名分,寄托其伦理和价值的理念③。孔子以此贯通六艺,将其形上学与教化的理念寓诸一套以六经为中心的经典系统。孔子所开创的这个寓述以为作的立言方式和经典诠释传统,凸显了一种历史连续性与现实关怀相统一的哲学精神,规定了中国思想学术创造的一种根本的思想进路。

朱子集北宋以来理学之大成,构成了影响嗣后中国思想学术达数百年之久的一个宏大精深的思想系统,其思想创造之路径,亦不外乎上述孔子所开创的这一寓作于述的精神传统。

汉唐儒略偏重于治道与经训,东汉佛教传入中土,经魏晋以迄隋唐,社会人生之心性与精神皈依一面,积渐入于释老之途辙。宋儒兴起,旨在为儒家的外王事业建立其自身的形上价值根据,以接续原始儒学固有的人文传

---

① 章学诚《校雠通义·原道》:"圣人为之立官分守,而文字亦从而纪焉。有官斯有法,故法具于官;有法斯有书,故官守其书;有书斯有学,故师传其学;有学斯有业,故弟子习其业;官守学业皆出于一。"

② 《帛书易传·要》:"《易》,我后其祝卜矣,我观其德义耳也……吾与史巫同途而殊归者也。"

③ 《史记·太史公自序》:"周道衰废,孔子……是非二百四十二年之中,以为天下仪表。贬天子,退诸侯,讨大夫……夫《春秋》,上明三王之道,下辨人事之纪,别嫌疑,明是非,定犹豫,善善恶恶,贤贤贱不肖……王道之大者也。"

统,"重兴儒学来代替佛教作为人生之指导"①,逐渐形成了一种以"心性义理之学"为其精神特质的儒学系统。宋儒的经典诠释,由是一改汉唐儒因循师说,偏重章句训诂与经义疏解的传统,而注重于悟道传道,据经典以抒发心得,创标新义。一时学者率以己意说经,疑经弃传之风盛行,理学诸儒,疏于著述,类藉"语录"以说经论道。宋代经学,遂进入皮锡瑞所谓"经学变古"的时代。儒家依经典诠释以立言,其在经典与新说之间,常保有一种内在的平衡与张力的关系。历代学术,所重不同,亦各有利弊,如偏执一端而不知返,不能保持此两端之互摄平衡,则其学亦将流宕失据,而趋于衰歇。汉唐儒偏于经训,长于因循而失之浅陋。北宋以来,理学家则重在证道,长于创说却不免流于空疏。朱子早年亦受此种学风之影响,后则对此舍经谈空。"自作一片文字"的学风之弊,有深刻的反思:"某旧日理会道理,亦有此病。后来李先生说,令去圣经中求义。某后刻意经学,推见实理,始信前日诸人之误也"。② 因此,朱子之学,乃自觉地兼综融贯汉唐经学与北宋以来的理学新传统,以极宏大的思想格局,通过对古代圣道传承、宋代学术新统、新经典系统、心性义理思想、社会礼仪系统的重建,以及对民间学术与经典传习的关注与推动,构建出了一个宏伟的思想蓝图和学术系统。③ 其在经学方面,则因任时代及儒学思想视域的转变,着力构建出一个以四书为重心而辅以五经的经典系统。其对经典的诠释,亦特别重视吸收汉唐经学之所长,本汉唐注疏以别章句、通训诂、正音读、考制度,在此基础上来阐发心性义理之精微。在这里,经典与思想之间,乃显现为一个缘生互动的动态过程:一方面,诠释原则和思想重心的转变引发与之相应的经典系统重构;同时,经典的诠释又使如太极、理气、理欲、性命、心性、性情、性气、格致、本体工夫等观念凸显出来,构成为一新的话题系统和理论视域,经典由此乃以一种意义重构的方式显现为活在当下的思想。"绾经学、

---

① 钱穆:《宋明理学概述》,九州出版社 2010 年版,第 26 页。
② 黎靖德编:《朱子语类》卷 104 "自论为学工夫",《朱子全书》第 17 册,上海古籍出版社、安徽教育出版社 2002 年版,第 3434 页。[按:本书所引用《朱子语类》如无特别说明,则皆为此版本]
③ 参阅李景林、王宇丰《朱子的思想蓝图与当代中国思想的建构》,载《中原文化研究》2018 年第 2 期。

理学为一途"①而集汉唐经学与宋代理学之大成，成为朱子思想学术的一个重要特点。朱子穷毕生之力所著《四书集注》，便是凸显此一经典诠释方法的典范之作。它把孔子所开创的寓作于述的经典诠释和立言方式发挥至极致，而其所确立的"四书学"体系，亦成为影响嗣后数百年中国思想、学术、文化、教育及价值观念的核心经典系统，其在当今社会，仍然发挥着重要的思想和教化作用。

现代以来，中国传统思想学术的研究经历了一个现代转型的过程。儒家这种经由经典及其意义系统的重建以"生产"思想的立言方式，为源自西方的学科化模式所代替，包括儒学在内的中国传统思想学术，基本上被纳入到西方哲学的概念框架中来进行研究。百年来，在这种模式下，中国传统思想学术的研究实现了现代的学术转型，取得了很大的进步，但也出现了很多的问题。其中一个根本性的问题，就是"方法与内容的疏离"，即研究的诠释框架和原则对于儒学及中国思想学术的外在化。这种"方法与内容的疏离"，造成了中国传统思想学术精神特质与生命整体性的意义缺失。因此，我提出"将方法收归内容"这一途径来对治此弊。②近年来，亦颇有学者强调经学对于中国思想学术研究的基础性意义，探讨宋代四书学、经学与理学关系等，亦成为一个值得注意的研究动向。许家星教授的这部《经学与实理——朱子四书学研究》，就是近年这一研究方向上的一项重要成果。此书对朱子四书经典诠释与义理建构之关系等问题作了深入的探讨，不仅对推进朱子学和宋明理学研究的深化具有重要的作用，对我们理解中国传统经学诠释方法，调整中国哲学的研究方法和思路，也有很好的启发意义。

书稿以"经学与实理"为题，乃是取自朱子深切反思之语。朱子早年亦习染于二程学派率以己意解经，脱离文本以敷衍自家义理之风气。后来渐认识到此诠释风格空疏、近禅之病，而逐渐扭转之，终走上合经学与义理为一、汉学与宋学并重的道路。书稿在朱子辨张无垢《中庸解》、辨南轩《癸巳论语说》两节中，给我们生动呈现了朱子在诠释理念上的具体转变之路。朱子中晚年自觉倡导经学与实理合一之方，全篇书稿紧扣朱子如何实现

---

① 钱穆：《朱子新学案》第1册，第25页。
② 参阅李景林、马晓慧《将方法收归内容》，载《天津社会科学》2019年第2期。

"学与理合一"这一主旨展开。一方面，书稿不少章节看似是纯粹的学术考辨问题，如第一章第三节"朱子四书学形成新考"重新考证朱子四书学的形成，第六章辨正通行本《四书集注》的校勘、探究《论孟精义》的复原、考察朱子四书书信的年代。此等工作其实皆非一般意义上的考辨之举，而是蕴含着著者对朱子"以义理定训诂"精神的揭示与遵循。兹举一例为证。在"《四书集注》点校献疑"一节的"行文句读"部分，著者质疑《论语·公冶长》中夫子关于令尹子文、陈文子"未知，焉得仁"的断句违背朱子本意。传统上以郑玄为代表的汉学家把"知"读为"智"，将此"知"当作与"仁"并列的名词，认为智是仁的前提。朱子则主张当读"如字"，以"知"为"知道"意，据此，故当删去此句中的逗号。此非一无关紧要之问题。盖朱子还特别提到主张"识仁"的胡五峰亦主张郑玄说。现代学者亦有主张此解者，认为此"知"为认识论意义上的"知"，是仁的必要条件，体现了夫子仁与智统一的思想。另一方面，书稿将对朱子之理的揭示融入朱子之学中，如对朱子道统这一习见的理学论题，书稿非泛泛而论，而是紧扣朱子对克己复礼、忠恕一贯这些《论语》中具体而重要章节的细致入微的解读，得出了颇为新颖可信的认识，确有发前人所未发处。此外，书稿对朱子理学思想、工夫论、诠释理念的论述等，亦皆融入于朱子对具体经典的解释中，体现了很强的"学、理"结合的特色。

总之，著者秉持朱子"不用某许多工夫，亦看某底不出；不用圣贤许多工夫，亦看圣贤底不出"[①]的理念，采用融文本分析与义理解释于一体的手法，使得书稿呈现出文献扎实，分析细密，视角新意的特点，体现了著者既善于学习已有成果，又勇于独立思考的学术精神。著者将本书定位为一哲学史的叙述，力求客观呈现朱子四书学本来面目，应该说，在相当程度上体现了著者对朱子学的亲切体会。

本书原稿，是家星随我攻读博士的学位论文（原名《朱子四书学研究》），该文曾获评北京市优秀博士论文。家星 2008 年 6 月毕业，获得哲学博士学位，回到家乡江西南昌大学任教，转眼已是十一年过去了。去年初，他作为引进人才从南昌大学调回北京师范大学任教，回到了我的身边。在这

[①] 《语类》卷 14，第 428 页。

十多年间，家星心无旁骛，始终专注于朱子四书学与宋明理学的研究，陆续有相关研究见诸杂志。他将这些研究成果增补入本书，使其更加完善和厚重。今日，他的这部书稿终于杀青，付梓之际，索序于我，我亦颇感欣慰，略述数语于上，并希望家星戒骄戒躁，继续努力，争取更好的学术成绩。

李景林

2019年8月序于南戴河之海岸别苑

前　言

朱子学研究不仅是当前中国哲学研究之显学，也是近800年来中国思想学术研究之中心。在朱子广大精微的学术体系中，作为"朱子全部学术之中心或其结穴"（钱穆语）的四书学尤具特别之地位。可以说，自朱子四书学行世以来，对它的研究、阐释即为历代学者不可回避的课题。《四库全书》在经学下特立"四书"一目，言"《论语》《孟子》旧各为帙，《大学》、《中庸》旧《礼记》之二篇，其编为《四书》，自宋淳熙始，其悬为令甲，则自延祐复科举始，古来无是名也"。[①] 即此可见朱子四书学意义之重大和影响之深远。本稿即是笔者多年笨读朱子《四书》的一些体会。

本稿写作，恪守以朱子解释朱子的立场，力求以朱子四书文本研读为依托，从其固有的论题出发，采用朱子的治学方式，以忠实阐明朱子《四书》本意为宗旨，可谓一"述朱"之作。这自然是一个很低级的目标，但于笔者而言，已是力有不逮了。一方面，从诠释学的立场而言，求朱子之意绝非易事，甚或不可能。朱子一生的治学目标，即是求圣贤本意。他反复倡导"求本意"的原则，然而从实践效果看，朱子的经典阐发是在重视经文文本之义的同时，在义理解释上却多出己意。但朱子坚持认为，只有经过其阐发（甚或调整）的文本才是符合经文本来面目的。他甚至以对天发誓的形式来指证自己的解释必合圣贤原意，否则"天厌之！"在这个意义上，创造性的阐发与具体文本的训释同为实现"求本意"的应有之方。朱子无疑是这方面最有心得和成就者。另一方面，朱子在《四书》诠释上倾尽所有，晚年

[①] 永瑢等主编：《四库全书总目提要》卷35《经部三十五·四书类一》，海南出版社1999年版，第192页。

引杜子美"更觉良工心独苦"以自况解经用心之苦与解人难遇之叹,非常担心学者无法真正理解《集注》看似简易实则精微的注文之妙,发出"不用某许多工夫,亦看某底不出"的警示。这句话给笔者以振聋发聩之感。鲁钝如我既无朱子之智慧,又缺朱子之工夫,有何资格来阐述朱子呢?这也使我觉得,理解朱子、阐发朱子是一个应竭尽毕生愚钝去追求的学术目标。

在写作旨趣上,本稿以文本分析为主。文本是一个思想者思想的结晶,离开了对文本的深入解读,就不可能真正走入思想者的生命世界;离开了对文本的真切体悟,一切宏大叙述都不过是造塔于沙。而朱子的思想建构尤为倚重经典文本的诠释,他曾直言,"某后刻意经学,推见实理,始信前日诸人之误也"。认为自己对义理的洞彻乃源自对经典的深入钻研,最终形成了一种经学与理学浑然如一的经学哲学。而程门之误即在于脱离经文,借经典之文抒自家之意,已非解经而是自作文字。朱子可谓一个"文本主义者",他不厌其烦地教导弟子应重视文本、忠实文本,再三提醒对文本的"咀嚼"与"涵泳"。对文本的重视,不仅没有束缚朱子的思想,反而使他在经学上提出了诸多富有创见的独到之解,作出了对前辈的超越。比如,对《周易》文本的重视,使他得出"易本卜筮之书"的卓然之见,指出如不从卜筮的角度理解,而一味以义理解释,则《周易》一书在文义上将扞格不通。朱子还认为对文本本意的把握,是一件极其严肃和神圣的任务,它承担了真切探知圣贤原意所在的使命。由此提出了"不多说""不少说"的原则,倡导一种平实简易的解释风格,反对前辈及同时学人务为高远、险怪、惊奇、深幽的解经风格,为后世经典注释树立了一种既简明又深刻的风格典范。

在写作方法上,本稿采用了问题分析法,而非纯粹哲学概念的处理。这或许更契合朱子四书作为经学哲学的特点和朱子的学术抱负。朱子当然是一个伟大的哲学家,但朱子决不止是哲学家,在《四书集注》中,深深凝聚着朱子作为经学家、教育家、宗教学家的特质。故从朱子四书学具体章节、具体问题的分析入手,而不是纯粹形式化的概念分析入手,可能更符合朱子著述之意与著述之体。朱子治学,从来都是文本与义理并重,经学与哲学一体。他对二程的纯义理路数颇有反思和不满,认为脱离了解经的义理甚至并不是好的义理,诠释者根本无法摆脱经文而径直进入经典所承载的圣贤生命世界。而且在具体章节和论题的阐发中,朱子始终着眼的是形上义理与实践工夫的契合，即下学而上达。一方面，本稿选取了具有重要哲理意味的章节命题加以论述，如忠恕一贯、浩然之气等，以显示朱子四书的哲学思维；另一面，本稿对朱子的章句训释颇为留意，以显示朱子四书的经学面貌。朱子多次强调章句之学的重要，直言"人多因章句不明，而看不成道理"！

在具体论述上，本稿取法陈来先生《朱子哲学研究》所树立的典范，根据朱子《四书》诠释反复修改的客观情况，注重从历时发展、动态演变的眼光判定朱子论述的阶段性、矛盾性和统一性；根据朱子四书文本众多、前后不一的情况，注重采用比较对照、综合分析的方法，来探求其思想错综复杂的来源和理路。据朱子"铢积寸累"的治学风格，本稿同样采用"铢积寸累"的方式，摒弃宏大叙述，力戒穿凿附会，以尽量细致的考察，来进入朱子由"铢积寸累"而构成的宏阔学术世界，以显朱子"唯其精微，方见广大"的融高明与精微为一体的学术特色。这也许是符合朱子意愿的。

在研究内容上，本稿从朱子四书学的构成与形成、道统论、经学与实理、圣贤人格、寓作于述、文本考辨、传承发展七个方面对朱子四书学作了极为初步的考察与梳理，试图阐明朱子四书学的若干哲理内涵及经学诠释。

第一章概论朱子四书学。回顾了朱子四书学研究史，阐发了朱子四书学系统的构成，对朱子四书学的形成作出了新的考察。首节对朱子四书学研究史作了必要梳理，指出近800年中国思想史，可谓是一部《四书集注》诠释史，着重从发展阶段、诠释样式、诠释体裁、研究态度、诠释目的等角度对其异彩纷呈的研究史加以概述。展望未来朱子四书研究，应融合经学诠释与哲学分析两种方式，以求朱子四书之是为根基，实现朱子四书学与现代思想的对接与转化。次节对《四书》与四书学、《四书》与五经、《四书》内部构成、《集注》的核心地位等作出了阐发，指出朱子四书学是融思想与学术创新为一体的新经学典范。第三节对朱子四书学的形成作出了新的考察，提出应注意朱子《四书》撰述刊刻既齐头并进又分合有度的特点。朱子于《四书》各书或单刻，或《学庸章句》合刻，或《论孟集注》合刻，但并未合刻《四书集注》。并厘清了对《四书或问》认识的困惑，指出今通行本《四书或问》虽编为一帙，而实由丁酉1177年《论孟或问》与晚年《学庸或问》两部分构成，二者性质、地位皆有所差别。辨析《论孟精义》实为前后修订之著作，名称、刊刻皆多变，最后定本当为庚子1180年版，而今流传通行本却不属任一版本，似为盗本。

第二章为朱子道统论。道统是朱子四书学一个富有创造性的重要论题，其内涵深刻丰富，体现了朱子学的鲜明特征。第一节讨论了《中庸章句序》"道心惟微，人心惟危。惟精惟一，允执厥中"十六字心传的道统内涵，着重分析了其中人欲与人心的关系。第二节讨论了《论语》"克己复礼"章对颜子传道地位的阐发，朱子《中庸章句序》言当时传孔子之道者"惟颜氏、曾氏之传得其宗"，盛赞孔颜"克复心法"乃"传授心法切要之言"，将之视为与"精一心法"相并列者，显示了儒家道统以工夫论为核心，由工夫贯穿本体的下学上达路线。第三节讨论了朱子《论语》"忠恕一贯"对曾子传道地位的肯定与阐发，朱子对"忠恕一贯"章给予了极高评价，视之为"《论语》中第一章"和"圣门末后亲传密旨"，具有"提纲挈领，统宗会元"的地位。分析了朱子忠恕说所具有的天地之忠恕、圣人之忠恕、学者之忠恕三层不同含义，阐明朱子以道之体用，理一分殊思想诠释"忠恕一贯"，最终落实为对佛学、象山心学有体无用，浙江功利学有用无体的双向批判。第四节从一个更宏阔的视野来看待朱子道统世界。认为朱子道统在《四书》孔曾思孟及二程工夫道统之外，还有一个以周敦颐为道统传人，以《太极图说》为传道经典，以太极本体为道统核心的道统新谱系，故朱子道统世界实由《四书》谱系和《太极图说》谱系两方面构成。第五节则从反面立论，指出在正面阐扬道统的同时，朱子很早即留心对儒家道统的"门户清理"。典型的见诸《杂学辨》对南宋心学代表张无垢"始学于龟山之门而逃儒以归释"的批评，驳斥其《中庸解》"皆阳儒而阴释"，具有以佛解儒的佞佛倾向，实乃"洪水猛兽"。这种对儒学内部的"异己"清理，恐直接影响了后世《宋史》对宋儒所作出的道学与儒林之分。

第三章经学与实理。朱子对自身治学有一反思和转变，早年解经受二程学派求其大义的影响，导致脱离经文，只说己意。后则领悟汉唐古注之妙处，提出应重新摆正经文与注者之主客关系，义理阐释须服务于经文，受经文制约而不可凭己意妄发之。反思哲理的阐发只有通过对经文原意的深入研读才可能真正获得，即"刻意经学"，方才"推见实理"。故本章以朱子对《四书》具体章节命题的诠释为中心，呈现朱子如何紧扣《四书》经文阐发理学思想，从而做到经学与哲学的融洽如一。首节讨论了朱子对《论语》

"学而时习"章的别开生面之解,指出本章诠释实具有奠基朱子四书学的意义。朱子围绕何为学、如何学、学何乐、学何成四个中心问题展开诠释。并从工夫实践着眼,有意摒弃前人以"觉"释"学"说,代之以"效"释"学"。拈出"明善复初"为学之宗旨,以此绾合四书。突出了先知先觉的示范意义,认为朋来而乐非因讲习切磋之助,乃基于自身"明善复性"效用基础上"善信及人"的教化之乐,彰显了教、学的双向一体和大公无私之精神。第二节讨论了朱子对《论语》"克己复礼"章的解读,朱子基于工夫论立场对本章作了前所未有的深度阐发。朱子的工夫论诠释首先体现于对"克""为""一日""归"等词数易其说的曲折解读,导致后世议论纷纭;为凸显工夫的心性和事为两面,又以"本心之全德""天理之节文"对"仁、礼"作出了独特揭示。由此,朱子创造性揭示了克复工夫笃实、亲切、健勇、精细、彻上彻下的"切要"特点,尤其对"理"与"礼"、"克己"与"复礼"、彻上与彻下等问题反复其说,极易诱发争议、误读。本节还在已有成果基础上对朱子、张栻的《仁说》加以了新的考察,认为二贤各自著有《仁说》,且在此问题上始终相互切磋,互相受益。第三节讨论了《论语》中管仲的评价问题,以朱子四书对管仲的辨析为中心,并与孔、孟、程颐、王夫之等人的评析相对照,显示其中所折射出的儒家义利价值观。孔子认为管仲功业泽被天下,具有仁的效果,故称得上仁;同时亦从德行上批评了管仲的僭越无礼。孟子身处霸道功利之说极为盛行的时代,为推行王道主张,不惜与孔子相异,竭力贬低管仲的功业和德行。程颐、朱熹从寻求一种能为所有人遵守的普遍天理着眼,对管仲不死子纠之难从伦常之义上进行了新的解释;同时严厉批评了不死建成之难的魏征,凸现了儒家义以至上的道德标准。然在对待魏征上,朱子较程颐更显宽容,提出"功罪不相掩"说。王夫之以国家民族之义替代了程朱以长幼之序替管仲的辩护,在高度称赞管仲的大仁和大业的同时,严厉斥责了魏征的不仁不义。据此跨越两千年之久的对同一管仲的不同评论,见出儒家在坚持道义、重视出处的道德操守。第四节讨论了朱子对《孟子》"浩然之气"章的解释,朱子以本末内外之说阐释了心气、心言、志气的含义及其关联,剖析了"浩然之气"神秘、刚大、先天、创生等特点,将"仰不愧于天,俯不怍于人"视为"浩然之气"的主旨,突出其义理性。在养气工夫上,朱子将"知言"视为养气前提,直养、配义、集义为养气根本,"有事而勿忘勿正勿助"为节目,强调道德修养工夫的实践性、彻底性和一贯性。本章诠释亦充分体现了朱子四书学的诠释理念、方法及特点。第五节讨论朱子对《大学》格物说的理解,朱子"格物"乃成圣之学而非知识之学,它融理性、信仰、存心、实践、境界、道德、觉悟为一体,具有深刻复杂的内涵。"至极"为朱子格物根本点,朱子将"决定是要做圣贤"视为格物"第一义"。故格物既非知识化学问,而是"见得亲切自然信得及"的理性信仰之学;亦非形式化学问,而是"若实见得自然行处无差"的真知实践之学。格物不仅是"观理"之方,还是"所以明此心"的存心之法;不仅是为学之始,还是"凡圣之关"的标尺。格物无需穷尽知识,"知至只是到脱然贯通处",它遵循本末、合为、理事、贯通等原则。格物作为朱子四书学之枢纽范畴,是朱子批判佛老的利器。从圣贤之学而非认识论的角度,方能真切把握朱子格物的蕴含,这也是理解整个宋明理学的立足点。第六节讨论了《大学》诚意之说。朱子易箦前尚在修改"诚意"章注解,其修改内容演变为后世朱子学一段公案。以元代陈栎为代表的学者认为朱子易箦前将"一于善"改为"必自慊",其最强有力的证据是此说乃朱子嫡孙所记,故亦为代表官学的《四书大全》采用。以胡炳文为代表的学者则主张"一于善"是对"欲自慊"的修改,此说颇为南宋学者及当代学界所认可。全面考察朱子诚意之论述,尤其是对其前后"诚意""自欺"修改痕迹之比较,可证"一于善"说更合朱子本意。朱子易箦前念念不忘者是对"自欺"及"诚意与致知"关系之修改。朱子对"诚意"章频繁打磨、死而后已的修改历程,实为朱子数十年经典诠释所罕见。领会诚意在朱子学术生命中的独特地位,对于进一步实现对朱子思想之契合开拓具有重要意义。第七节讨论朱子对《中庸》首章的解释。朱子将《中庸》定位为儒家传心之书,这一心法要义在《中庸》首章中得到充分体现。朱子认为首章乃是"全书之体要",依次论述了"道之本原""存养省察""圣神功化"三个涉及儒学根本宗旨的核心话题,揭示了《中庸》乃是集儒家以理(中、诚)为本体、存养省察为功夫、天人合一为境界于一身的成德系统,此一成德系统,通天人,合内外,安人我,即内在而超越,最精微地浓缩了儒学的根本要义。

第四章论朱子《四书》对儒家圣贤人格的认识。第一节圣人论。朱子在继承周、程圣人观的基础上，分析了圣人与理合一、大、全、通、化的超凡特质和同于常人这两个向度，突出了大成至圣和偏至之圣、尧舜性之和汤武反之的圣圣之别，剖析了圣人所衍伸出的圣王、圣师、圣徒人格，但朱子所坚持的偏圣说，也造成圣、贤、君子概念之间的紊乱。第二节论朱子《四书集注》对孔门弟子的批评及其引发的争议。《论语集注》根据"察病救失"的诠释原则揭发孔门弟子病痛，被清儒扣以"贬抑圣门"之罪名，清毛奇龄《四书改错》辟有"贬抑圣门"两卷，举出朱子否定孔门弟子之四十七条逐一驳斥，认为"若《集注》贬抑，节节有之，名为补救而实所以显正夫子之失。"朱子实以"造道之极致"为标准判定孔门弟子客观存在"高下浅深"之别，并以理学概念作为孔门弟子参照，根据"对号入座""列举史实""针砭学弊"三种方法，论证孔子曾以"察病""救失""警告"方式纠正弟子为学之病。此显示出朱子理学思想与经典诠释的相融的特色。第三节论"学颜子之所学"，学界通常认为理学的兴起与推尊孟子紧密相连。但孟子却非理学家心目中的完美人格，颜回才是他们理想人格的典范。故在"尊孟"之外，宋明理学的发展实是以"学颜"为主线的。可以说，整个宋明理学的发展是一个仰慕、效仿颜回的过程，朱子采用对比方式，精心阐发了颜子"具体圣人""贤之大成"的崇高形象，从工夫论角度指出颜子克己复礼是工夫全体，博文约礼是工夫两面，不迁不贰是工夫效验，安贫乐道是工夫境界。陆王心学通过颜、曾比较，尤为突出了颜子"尽传圣人之学""见圣道之全"的独特性。

第五章寓作于述。讨论了朱子《四书》文本诠释的方法、态度、理念。第一节论《四书集注》引文的改易现象。《四书集注》虽引诸说为注而朱子却多以己意改之，"增损改易本文"（"改文"）成为《集注》注文的一个基本特点，却常被忽略而罕见讨论。此"改文"大致有两类：一为古人所惯用的引其意而改其文，以求简要、典雅、完备、准确，此可谓"述而不作"。二是因不满被引之说而改之以就己意，甚至改为对立看法，此可谓"寓述于作"。在增、删、调、并的过程中，朱子采用数字简化、副词指代、语序调整、文本对应、突出虚词、化俗为雅、引文杂糅、概念修改等方法，以实现精密称等之效。朱子既引其文复改其说之做法，既反映了朱子与二程学派之异同，亦体现了其经典诠释精神上既述作兼具，同时方法上又融汉宋一体的综合性与创新性，展现了经典诠释与思想建构的内在一体性，于当前处理中国哲学之传承与创新、哲学与经学之关系等仍具深刻启示意义。第二节论朱子《四书》诠释的三个原则：一是力求切合文本原义，只有建立在理解文本内在之义的基础上才可能把握文本的言外之意，诠释才能真正有益于初学者，才能扭转"六经注我"的诠释风气。二是发明圣贤之旨，由圣贤之言，传圣贤之心。为此要求诠释主体保持虚心状态，尊重诠释文本的制约性。朱子极反感脱离文本而自立己说阐发己意的做法，认为这种由述为作、反客为主的方式背离了诠释本质，体现出对经典的不尊重。也反对为了维护、偏袒某人之说而扭曲、遮蔽文本原意。三是在尊重、切合圣贤之旨的基础上，力求将诠释指向现实，就学者为学所暴露的问题，进行有针对性的批判矫正，"因病发药"，以实现诠释的实用性和指导性，使注本真正成为学者的良师益友。第三节论朱子与黄榦的《论语精义》之辨。《精义》作为《集注》之蓝本，被朱子视为进入《集注》的必备阶梯，非研读此书，则不足以领会《集注》之精髓与良苦用心。然《论孟精义》又因所收程门之说多而不粹，诸说时有冲突，学者需要具备相当的理论辨析能力，方能见其得失，故更适合上根之人学习。朱子曾指导高足黄榦学习该书，现存《语类》保留了黄榦与朱子关于《论语》学而、雍也两篇《精义》的讨论。朱子师徒《精义》之辨，生动体现了朱子学"虚心、熟读而审择"的治学方法，"读书不可不仔细"的治学理念，"尽精微"的治学特色，提供了理解朱子、勉斋思想演变的切实参考，尤彰显了朱子学长于分析、善于继承、勇于批判的治学精神。显出朱子学实具现代学术理念之精华，是"略一绰过"浮浅学风之"天敌"。第四节论朱子与南轩《癸巳论语说》之辨。朱子曾就南轩《癸巳论语说》提出120处修改建议，充分体现了二贤在为学宗旨、诠释理念上的差异。四库馆臣却认为南轩仅修改23处，且认为其余"栻不复改朱子亦不复争"，故朱张"始异而终同"，考诸材料，此看法皆不合事实。今据《论语集注》、《论语或问》、《四书集编》、《西山读书记》等书引用，可证《南轩论语解》存在癸巳初本与淳熙改本之别，改本主要据朱子意见修改而成，体现出朱张"早异晚同"的趋势。学者在论述南轩《论语》思想时，如仅据今《论语解》立论，则难得周全。《论语》之辨反映了朱、张二贤在继承与突破洛学上的差距，南轩尚固守洛学谢、杨之矩步，局于以理学解经；朱子则突破洛学，会通汉学，建构了融理学、经学为一体、汉宋兼具的经学诠释新典范。第五节论《中庸章句》的章句学，《中庸章句》在诠释上实现了文韵与玄理的圆融无间。它以"理一分殊"这一核心思想来统率全篇，将散漫文字凝聚起来，赋予文本自身全新的逻辑性和韵律感。《中庸章句》据中庸、体用、诚明三个范畴将全篇三十三章分为三大语义群，这三个大语义群既相互关联，联系紧密，又有各自的重点和独立性，最大程度体现了《中庸》实现了文本与义理的和谐统一，标志着《中庸》之学进入了"章句"时代，是朱子中庸之学的一个重要贡献。第六节论述朱子《四书》的三重批判精神。"知得它是非，方是自己所得处"是朱子所倡导的反思批判精神，构成朱子学自我更新的不竭动力。初成于丁酉的《论孟或问》对《精义》所收程门之说作了毫厘必显的辨析，对《集注》取舍用心加以详尽阐明，充分体现了朱子对程门学派的某种"决裂"与超越，堪称朱子思想之"独立宣言"。然《论孟或问》反映朱子中年看法，"原多未定之论"，朱子晚年对此多有否定与更改，终在对自我之批判与超越中达至圆熟。以勉斋学为代表的朱子后学得朱子批判精神之三昧，双峰学派与北山学派分别从义理与考据两面批判朱子。朱子学此一固有之批判精神绵延于明之阳明学、清之朴学，二者对朱子所展开的辩难，实不外乎朱子之藩篱，可谓朱子学内在演变之势所至。从此三重批判的视野看待800余年的朱子学，可明乎朱子学对于后朱子学时代思想学术实具定盘之意义。

第六章文本考辨。第一节通过从考察陈栎与胡炳文关于《四书集注》的版本分歧入手，认为《四书集注》实际存在流行于宋元的宋本与流行于明清的祝本两大系列，其中以多处文本差异体现了朱子后学对朱子晚年空见的不同理解。第二节对中华书局《四书集注》点校本提出了质疑。涉及引文句读、行文句读、人名误漏、校勘疏忽、分节不当等方面。盖诠解《四书》，虽本无定则，然《集注》点校，实应以忠实朱子原意为准的，故须参照朱子思想及《语类》等相关论述。至于版本校勘，更须参照宋元以来《集注》注释之本，又《集注》引文甚多，亦须详加核对，方可无误。第三节试图对今通行本《精义》加以一定程度还原。据今通行本（《朱子全书》本）《论孟精义》与《四书集注》、《四书或问》、《朱子语类》之比照，可知今通行本较庚子本《论孟要义》当补充以下内容：周孚先《论语说》前四篇及第五篇之部分；二程、横渠《论语》、《孟子》说数十条；程门弟子说若干条，循此可在一定程度复原庚子版《论孟要义》。此一初步推测复原工作虽有难以断定之处，然对完善《论孟精义》版本，理解朱子《四书》思想及其演变仍具有一定意义。第四节朱子《四书》书信新考。朱子书信年代的考察对于客观呈现朱子思想的复杂演变具有不言而喻的意义，本节将思想与事实考察方法相结合，重新考证数十封有关四书的书信年代，试图提出几个共性问题：一是《朱文公文集》虽为原始文献，然经后人之手，难免存在书信的杂糅、重出；二是《朱子语类》同样由后人删补而成，未可全据记录者来判定其年代；三是作为确定书信年代中心线索之一的朱子《四书》处于不断修改过程中，将其作为判定年代依据时当采取灵活、审慎态度；四是各书信之年代应保持相洽而无矛盾。第五节重论《近思录》与《四书》关系。朱子门人对《近思录》与四子关系有所争议，源于陈淳所录"《近思录》好看。四子，六经之阶梯。《近思录》，四子之阶梯"说。今学者对"四子"所指存在"北宋四子"与"《四书》"两种分歧意见。本文对此提出新的思考，指出《近思录》的"好看"与"难看"说并不矛盾，而是分指文本与读者；"阶梯"之喻蕴含凸显与不足双重意义；"《近思录》，四子之阶梯"如为朱子之言，则"四子"当指周、张、二程四子；如为陈淳之言，则当指《四书》。通过《近思录》有关《四书》之说与朱子《论孟精义》、《四书集注》说相较，可见《近思录》关乎《四书》者约158条，仅占全书622条之四分之一，且常有数条就同一章节阐述者，就其所涉《四书》范围来看，实不足以为阶梯。《近思录》反映朱子中年思想，其质量亦不足以为《四书》阶梯。朱子从未将内容杂驳、二人合编的《近思录》与《四书》关联，而是视《精义》为《集注》之阶梯，《集注》则可视为《四书》之阶梯。故以《近思录》为《四书》阶梯，当是北溪早年之见，实非朱子之意。

第七章论朱子四书学在后世之传承发展。第一节论《四书》与朱子后学的"字义体"学。理学重范畴、讲辨析，形成了以"字义"为特征的范畴之学。朱子对《四书》的精密注释实为先导，程端蒙《性理字训》、陈淳《北溪字义》、程若庸《增广性理字训》、陈普《字义》于字义体皆有所发展，而真德秀《西山读书记》、朱公迁《四书通旨》则皆以"字义"为纲，类聚经书正文，分别形成"字义"+注疏、"字义"+"经疑"的综合体。朱子门人后学发展的"字义"体，构成诠释朱子《四书》的新样式，推动了中国四书范畴之学的发展，显示出朱子后学对朱子学之继承与创新。第二节论朱子高弟黄榦以创新之精神，在《中庸》章节之分、义理建构、工夫系统上对朱子中庸学的突破。黄榦将《中庸》分为三十四章六大节，指出道之体用乃贯穿全书之主线，提炼出以戒惧慎独、知仁勇、诚为脉络的《中庸》工夫论系统，并深刻影响了弟子饶鲁、后学吴澄的中庸学，形成了《中庸》学上独树一帜的勉斋学派，对宋元朱子学的《中庸》诠释实具继往开来之意义。第三节论美国学者贾德讷（Daniel K. Gardner）的朱子《四书》研究，试图显示当代英语世界《四书》研究之一斑。贾德的为当代美国朱子学者，他对朱子《四书》的研究显示了英语世界所少见的文本翻译、注释和解析能力，并在朱子《四书》与理学、教化、经典诠释等重要论题上，取得了与国内学界遥相呼应的成果，实为当代英语学界朱子《四书》研究之代表。

  书稿以求朱子思想之是为宗旨，希望能够由此理解中国传统思想学术内涵，同时领会传统学术的治学态度和方法。只有在进入传统思想学术自身的基础上，我们才有可能期待着传统思想学术在内容和形式上融入当代中国文化的复兴中，从而展现其具有永恒性的一面。在研读朱子四书过程中，始终萦绕于怀的一个问题是：既然朱子《四书》所提出的哲学命题和思想观念，迄今仍然具有其相应的合理性。那么，朱子所采用的"注经"形式，是否就完全不适合于当下的哲学表达需要？至少，在相关文史领域，传统的注释形式仍然得到认可和延续，但在哲学领域却没有延续。或许，来自西方的"哲学"与中华固有的传统学术之间，在思想内容和表达形式上，确存在不易沟通之处。若就朱子《四书》所光大的经学哲学而言，如果仅仅谈论研究哲学的一面，而放弃其"经学"一面，既不合乎朱子的生前努力和志向，亦大大降低了《四书集注》的学术成就和魅力。客观而论，现代学者在研究朱子时，更喜欢采用《语类》、《文集》，而使用《四书集注》系列者甚少，这本身就说明经千锤百炼而成的《集注》，因其"浑然如经"又"简易平淡"的特点，与当今重视推理、逻辑的学术风尚大有暌隔。其经注形式之淘汰，恐势所必然乎！思之，能无憾乎！

要说明的是，本稿写作始自 2007 年，迄于 2018 年。在此 12 年里，书稿绝大部分文字皆陆续刊诸各种学刊。作为笔者学步之作，书稿缺失谬误所在多有，其敢斗胆公之于世者，实抱求教就正之心，而非敢以为"研究成果"也。诚恳期待诸位方家的批评指教。

第 一 章
朱子四书学概述

第一节　回顾与前瞻

《四书章句集注》的问世，标志着"四书学"的形成，此后的中国思想史，主要在"四书学"的框架内绵延展开，以迄于今。现代的朱子四书学研究采用哲学诠释为主、经学为辅的进路，在《四书集注》内在研究、学术史研究、专题研究方面有所收获。而宋元以来800年的朱子四书学研究异彩纷呈，就发展阶段论，呈现出由南宋"铨择刊润"、少有发明，到元代凸显作者见解、阐发与批判兼具，再至明清趋于保守凝固的变化历程。从诠释样式论，有考据派、义理派、综合派、科举派。从研究态度论，有维护阐发型、批评指摘型、自我发明型。从诠释体裁论，有集编、纂疏、笺证、通旨、章图、经疑等。从诠释目的论，则致力于阐发《集注》原意，疏通辨析朱子早晚异同之说，力求归于一是。未来的朱子四书学研究应在已有成果基础上融合经学诠释与哲学诠释两种方式，以求朱子四书之是为根基，深入挖掘朱子四书学的理论内涵，实现与现代思想的对接与转化。

一　近来研究

近来朱子四书学研究主要采用经学文献整理和哲学义理诠释两种进路，集中于《四书集注》的内在研究；四书学、理学背景下的学术史研究；朱子四书学论题的专门研究三方面。《四书集注》的内在研究。从研究范围上，可分为《四书集注》的整体研究与专书研究；从研究方法上，可分为经学文献整理与哲学义理阐发两类。经学文献整理进路注重《四书集注》

的文本研究。日本学者大槻信良的《朱子四书集注典据考》下了很大工夫考证《集注》各条注释的出处，以"古""近""新"等标示朱子四书之来源及特色，虽颇见功力，然仍囿于表面点明来源出处，并未对具体内容之调整及其动机、过程加以比较分析。其书过于机械罗列，立论不免拘泥，认为朱子音义之解定当来自某人某书，太过确定，有穿凿、琐碎之嫌。如指出《集注》"义者，人心之裁制"来自【古】"孙奭疏云：盖裁制度宜之，谓义"。① 恐未必。且因著作体大，不免有疏漏不当之处。如认为"自武丁至纣，凡七世"，《集注》实为"九世"。② 《集注》"三代盛时，王畿不过千里。今齐已有之，异于文王之百里。又鸡犬之声相闻，自国都以至于四境。言民居稠密也"一段，仅分别指出首句与末句之古，而遗漏中间二句未加讨论。③ 又如认为程子"'孟子此章，扩前圣所未发，学者所宜潜心而玩索也'。明道、伊川之别不明白矣。"其实据《二程文集》卷十伊川《答杨时论西铭书》说："《西铭》之为书，推理以存义，扩前圣所未发，与孟子性善、养气之论同功，二者亦前圣所未发"。可断定为伊川说。④ 顾歆艺《四书章句集注研究》侧重从典籍文献整理的角度对《大学》、《中庸》的作者、分章，《论孟集注》的引述特点等予以阐发。⑤ 李申《四书集注全译》则把《集注》全部译成白话文。⑥ 台湾陈逢源《朱子与四书集注》一书，围绕从五经到四书、从体证到建构、道统与进程、集注与章句、义理与训诂、从理一分殊到格物穷理六个方面，阐述了朱子四书学的历史价值、撰写历程、思想体系、注解体例、援据手段、义理内涵诸方面，更多的用力于四书的注释体例、引证方式，义理方面则非其重点。

哲学义理诠释进路侧重四书学内在思想的阐发。邱汉生《四书集注简论》是国内最早从哲学上对《四书集注》作出全面专门论述的专著。该书分为前论、本论、附论三大块，前论论述了朱子《四书》的编著过程；本

---

① 大槻信良：《朱子四书集注典据考》，台湾学生书局1976年版，第363页。
② 同上书，第358页。
③ 同上书，第359页。
④ 同上书，第367页。
⑤ 顾歆艺：《四书章句集注研究》，北京大学博士论文，1999年。
⑥ 李申：《四书集注全译》，巴蜀书社2002年版。

论论述了《集注》的天理论、性论、格物致知论、政治论、教育论、道统论及《集注》所带有的华严宗印迹；附论论述了《集注》的学风旨趣、历史条件及对后世的影响。本书以十万余字对《集注》的主要思想内涵做了较为集中而富有层次的揭示，但带有当时不可避免的阶级分析痕迹，且论述过简。①《四书集注》的专书研究，侧重于经学的整理。如侧重作者、年代、分章、字句、训诂、引文的分析等。

四书（经）学史、理学史背景下的考察。此类研究更关注哲学义理诠释，如朱汉民、肖永明的《四书学与宋代理学》以朱子四书诠释为中心论述了宋代理学与四书的关系；② 陆建猷《四书集注与南宋四书学》从学术史的角度阐述了《集注》与理学的思想关系，认为《集注》开创了训诂与义理并重的学风，体现了朱子复归性善本初的体系，对南宋四书学具有重要影响。③ 杨浩《孔门传授心法——朱子〈四书章句集注〉的解释与建构》从话语体系、解释框架、概念诠释、文献征引、语文解读等方面解析朱子四书原文解释与思想体系建构之间的复杂关系。④

朱子四书学论题的研究，这方面研究成果多而散，涵盖《四书集注》的形成、重要范畴、诠释手法等诸多内容。钱穆、束景南对《四书集注》的形成多有讨论，束景南将朱子四书学的形成视为一个动态的长期发展过程，认为《四书集注》的刊刻，先后有丁酉说、浙东说、丙午说、己酉说、庚戌说、甲寅说等诸版本。⑤ 更多成果体现为《四书集注》范畴的研究，涉及道统、理、仁、诚、中庸、格物、心、性、情等。朱子四书学诠释成为热点论题：一是着力对朱子经典诠释方法的揭示，集中于朱子四书与理学关系、诠释理念与方法等。如钱穆《朱子新学案》指出朱子四书学乃是绾经学与理学而一之。朱汉民揭示了朱子四书学的实践诠释和人文信仰特征。周光庆指出朱子四书解释方法论具有系统性，采用了语言解释和心理解释的方法。二是通过对《集注》重要章节诠释的深入挖掘揭示《集注》的特点，

---

① 邱汉生：《四书集注简论》，中国社会科学出版社1980年版。
② 朱汉民、肖永明：《宋代〈四书〉学与理学》，中华书局2009年版。
③ 陆建猷：《四书集注与南宋四书学》，陕西人民出版社2002年版。
④ 杨浩：《孔门传授心法—朱子〈四书章句集注〉的解释与建构》，东方出版中心2015年版。
⑤ 束景南：《朱子大传》，商务印书馆2003年版。

尤集中于"学而时习"、"浩然之气"、曾点气象等章节。①

二 古人研究

《四库提要》从整个经学史的比较视野，肯定《四书》研究是朱子最重要、最有创见的经学贡献。"考古无《四书》之名，其名实始于朱子。朱子注《诗》、注《易》，未必遽凌跨汉唐。至诠解《四书》，则实亦无逾朱子。"② 事实亦是如此。朱子《四书集注》自从行世以来，即成为学者学习四书、研讨理学的范本，成为其弟子后学理解朱子思想的最重要文本，但鉴于该书"浑然犹经"的简约特点，他们花费极大工夫来阐述彼此对《集注》的理解，在某种意义上，如何理解、阐释《集注》，成为决定学者学术地位的重要标准。由此，形成了多姿多彩的朱子四书诠释学史。

朱子四书诠释简史，发生了由编辑朱子四书著作到引入朱子后学论著、由不加评语的"铨择刊润"到凸显作者案语的变化。顾炎武《日知录》在评论《四书大全》时对朱子后学四书诠释的流布略有概述：

> 自朱子作《大学中庸章句》、《或问》、《论语孟子集注》之后，黄氏有《论语通释》。其采《语录》附于朱子《章句》之下，则始于真氏。祝氏仿之，为《附录》。后有蔡氏《四书集疏》、赵氏《四书纂疏》、吴氏《四书集成》，论者病其泛滥。于是陈氏作《四书发明》，胡氏作《四书通》，而定宇之门人倪氏合二书为一，颇有删正，名曰《四书辑释》。永乐所纂《四书大全》，特小有增删。其详其简，或多不如倪氏。《大学中庸或问》则全不异，而间有舛误。③

顾氏在此概括了朱子四书学诠释的简史：（一）对朱子《四书》的阐发滥觞于黄榦《论语通释》，而且是单经的阐发。（二）真德秀《四书集编》标志着朱子四书诠释的真正开端。《四书集编》的价值在于首创性，示范

---

① 田智忠：《朱子论"曾点气象"研究》，巴蜀书社2007年版。
② 永瑢等：《四库全书总目提要》经部卷36，海南出版社1999年版，第211页。
③ 同上书，第200页。

性、准确性，它第一次较为合理地选录《或问》、《语类》、《辑略》来解释《章句》；在选录之中做了必要鉴定删削工作，显示了编者对朱子《四书》的深刻理解。并在个别地方直接表达了个人看法。《四书集编》还有一独特处，即引用张栻说非常之多，可见并非纯以朱解朱。正如真氏所言，该书具"铨择刊润之功"而非发明驳斥之力。《四库提要》认为，真德秀对朱子理解水平最高，故该书在同类书中水平亦最高。《学庸集编原序》说，"《大学》、《中庸》之书至于朱子而理尽明，至予所编而说始备。虽从《或问》、《辑略》、《语录》中出，然铨择刊润之功亦多，间或附以己见，学者傥能潜心焉，则有余师矣。"① 与此"以朱解朱、罕有辨订"的类似著作尚有蔡模《孟子集疏》，《四库提要》评论该书为，"皆备列朱子《集注》原文而发明其义，故曰《集疏》……大抵于诸说有所去取而罕所辨订。"②

宋赵顺孙《四书纂疏》代表了诠释《集注》的第二阶段，赵氏在序中提出《集注》"浑然如经"说，树起了《集注》为经的大旗。"子朱子《四书》注释其意精密，其语简严，浑然犹经也。"落实在形式上，《集注》之文改为与正文同字号，凸显了与经文的平起平坐地位，仅比正文低一格以示区别。而《大学或问》、《中庸或问》亦采用与经文同号字，比《集注》低一格，比经文低两格，以示区别。至于《语孟或问》，则与《语录》一样，皆以小字注释。这种差别性做法，表明赵氏把握到《学庸或问》的地位不一般。除引用朱子说，该书还大量采用朱子门人说，共取13家。"遍取子朱子诸书，及诸高第讲解有可发明注意者，悉汇于下。"赵氏本人的思想亦开始大量表现，以"愚谓"的形式直接发表看法达253处之多。但该书不足在于取材不够广泛，取舍不够精密，过于冗滥。

元代是朱子《四书》诠释的兴盛期，直接影响了明清以后的研究。《集注》于1313年被确定为科举教材，但在《集注》文本的判定解释上产生了分歧，陈栎《四书发明》主流行之兴国本（即祝洙本）为文公晚年定本，而胡炳文《四书通》则不取此本，并指摘此本之误。陈栎弟子倪士毅作《四书辑释》在版本上力主《发明》，在义理诠释上兼取《四书通》，实为

---

① 真德秀：《四书集编》，《四库全书荟要》本，吉林出版集团2005年版。
② 永瑢等：《四库全书总目提要》经部卷35，第197页。

元代《四书》诠释之大成。元代《四书》的特点是厚重的大部头著作多，批判意识增强，争论的学术氛围浓厚，开始凸显个人见解。除金履祥从考证方面批评《集注》外，即便被《四库提要》讥讽为"胶执门户"的胡炳文《四书通》，实际上对朱子《四书》也多有批评，这是此前的朱子诠释著作所少有的。元代《四书》诠释著作不仅重视《集注》，而且加大了对朱子后学的引用与批判，在某种意义上，所引朱子之解已非主体，更多的是朱子后学之说，以突出作者本人的见解，已然具有一家之言的特色。

正因《辑释》集元代《四书》之大成，故明代所纂《四书大全》即以之为底本，而其所作增删，反不如《辑释》，遭到学者讥讽。《大全》的出现，标志着朱子四书学进入凝固期，整个明代并未出现重要的专门诠释朱子《四书》的著作，最有活力的是批评朱子的心学派《四书》。

进入清代以来，虽然朱子四书学得到以汤斌、熊赐履、张伯行、李光地、朱轼等为骨干的庙堂理学的支持，以陆世仪、陆陇其为代表的学界的笃志研究，但因遭明代心学的冲击，尤其是随着朴学的兴起，以考据之学批评《集注》典章名物制度之疏漏成为时之所尚，典型者如考据大家毛奇龄以批评《四书集注》之误为己任，甚至不惜失于罗织。晚清学术又受到西学的冲击，随着1905年科举的废除、读经的废止，对朱子《四书》的研究就很荒芜了。清代朱子四书学受到官方与学界两种截然不同的对待，总体上处于衰败期。但晚清有一朱子《四书》校勘成果，即江苏吴志忠父子的《集注》校勘本，成为今日流行之用本。吴氏父子以数十年之力，校订各本《集注》文字异同，认为所有《集注》版本中，"云峰《四书通》，可谓最善。"故此，当前大陆学界出版的《集注》版本，多采用吴氏父子本，即胡炳文《四书通》本。而在此之前，尤其是自《大全》流行以来，官方定本一直取陈栎《四书发明》本，今虽无人再来争夺定本权，但二者之异确是客观存在，颇可注意的。

《四库总目提要》在评价陈士元《论语类考》时还对朱子四书学的研究样式有所揭示：

> 朱子以后解《四书》者，如真德秀、蔡节诸家，主于发明义理而已，金履祥始作《论语孟子集注考证》。后有杜瑛《论语孟子旁通》、

薛引年《四书引证》、张存中《四书通证》、詹道传《四书纂笺》，始考究典故，以发明经义。今杜、薛之书不传，惟金氏、张氏、詹氏书尚传于世。三人皆笃信朱子，然金氏于《集注》之承用旧文，偶失驳正者必一一辨析，张氏、詹氏皆于舛误之处讳而不言，其用意则小异。士元此书大致遵履祥之例，于《集注》不为苟同。①

此将朱子四书研究分为义理派与考据派，真德秀《四书集编》、蔡节《论语集说》属于义理派的早期代表，考证派始于金履祥《语孟集注考证》，同类杜、薛之书不传，惟张存中、詹道传之书传于世。其实，传于世者尚有与金氏大致同期的豫章赵惪《四书笺义》，该书因未被四库发现，故不及之。《提要》此种二分法过于简略，应再加上两类。一是如《四书纂疏》、《四书通》、《四书发明》等兼具考据与义理的综合派，盖此类从形式上最接近《集注》兼顾考据、义理的特点。二是科举派四书。此派四书虽在学术上无甚可取，然对时代思想、民众心理影响甚大，而且客观上由于元代以来科考与学术关系密切，科考类著作中亦有有价值的学术著作，故在科考尚浅之元代尤为明显，如元代袁俊翁的《四书疑节》为典型"经疑"科考著作，却对《四书》提出不少新解，对《集注》提出有针对性的质疑，这在后世科考著作中是罕见的。② 至于章、股、分节之说，早在解释《集注》的元代著作《四书通》中即有之。尤其是在明清科举无孔不入的影响下，严肃学者对学术问题的讨论亦都有针对科考著作者，如王夫之《读四书大全说》即是对《四书大全》的批判解读。

朱子《四书》诠释的态度。上引《提要》末句在评价金履祥时表明了四库编纂者学术判定的一个重要标尺：即对《集注》之误是隐讳还是批判，尤其是在是非较为分明的考据上更显突出。《提要》指出金氏较张氏、詹氏的高明处在于敢于辨析《集注》错误之处，而后者仅是隐讳不言，盖彼此

---

① 永瑢等：《四库全书总目提要》经部卷36，第200页。
② 如批评朱子传亡、补传之说并可信，极有可能是本无此章。其意已包含在经文中，故无需补传，求之经文即可。

心术不同。其实,《提要》对朱子学派多有偏见,带有"仇朱"的眼光。[①]詹氏何尝未指出《集注》之误来,不过较隐晦罢了。[②] 大部分严肃的"羽翼朱子"的著作,对《集注》都是既有阐发,亦有批评,不过二者比重不一而已。据对《集注》之态度,后世朱子《四书》诠释大致有维护阐发型、批评指摘型、自我发明型三类。维护阐发型占多数,以阐发为主,间有不同于《集注》处,亦委婉述之,如《四书集编》、《四书纂疏》、《四书通》等,此类居于诠释的主流。特别注意的是史伯璿的《四书管窥》极力维护《集注》,对饶鲁、胡炳文等人违背《集注》的说法多有批评。其次,批评指摘型,此类著作在朱子学者中很少,著名者当属金履祥对《集注》考证之批评,至于朱子学之外的学者,则对朱子批评甚多,如陈天祥《四书辨疑》、明代阳明心学、清代朴学皆多有猛烈批评。但朱子学之内、外心态不同,金履祥的一句话最有意味:"此书不无微牾,自我言之则为忠臣;自他人言之则为谗贼。"金氏认为,自己对《集注》的批评属于忠臣,一片好心,他人则不行,是谗贼诋毁之心。再次,自我发明型。此类著作基本上还是站在认同朱子学的立场,对《集注》有所阐发,但同时又在义理上提出许多与朱子不同看法,显出相当的独立性。典型者如宋代饶鲁《四书辑讲》、明代罗钦顺的《困知记》、清代王夫之的《四书》系列著作,这一类学者非常善于思考,颇具新意与影响。

对朱子《四书》诠释的体裁丰富,主要有集编、纂疏、笺证、通旨、章图、经疑等形式。

顾名思义,"集编"是集合朱子《四书》各种说法阐发《集注》,编辑成书,偶亦下一断语,表达态度。纯粹以《集编》为主的是真德秀《四书集编》,它的好处在于只是选取朱子本人看法(还采用了很多张栻说),互相发明,比较忠实于原著者之意。诚如《四库提要》的评价,"《或问》、《语类》、《文集》又多一时未定之说与门人记录失真之处,故先后异同,重复颠舛,读者往往病焉。是编博采朱子之说以相发明,复间附己见,以折衷

[①] 典型案例,如评论护朱甚力的胡炳文《四书通》为"胶执门户",其实胡氏虽护朱但却时有批判,元代史伯璿即特意撰《四书管窥》一书批判胡氏等人对《集注》的叛逆。

[②] 其实,《四书纂笺》对《集注》批评不下数十处,涉及字音、字义、人物、典章等诸多方面。

诡异"①。这种形式后来虽不再流行，但选取朱子本人之说以阐发《集注》则成为诠释朱子四书的公理，各家之异不过在于选取的比重有多少而已。

鉴于《集注》"气象涵蓄，语意精密，引而不发，尤未易读"的特点，非常有必要作疏证工作。顾名思义，"纂疏"是以疏证形式阐发《集注》，视《集注》如经，这是古代解经最常见的形式。宋赵顺孙《四书纂疏序》言，"强陪于颖达、公彦后，袛不媿也。"宋蔡节《论语集说》、宋蔡模《孟子集疏》皆为此类。此类著作选材范围扩大，不仅仅限于朱子著作，而且涉及朱子门人后学的看法，其优点是资料性很强，缺点正如《四库提要》对《孟子集疏》之论，去取为主，发明有余而专主一家，辨析不足。"皆备列朱子《集注》原文，而发明其义，故曰《集疏》，言如注之有疏也。……此则或佐证注义，或旁推余意，不尽一一比附。又谨守一家之说，亦不似疏文之曲引博征。大抵于诸说有所去取，而罕所辨订。"②

但此类情况到了元代有所改变，《四书发明》、《四书通》、《四书辑释》作为元代纂疏类代表著作，较前人更广泛地引用朱子后学说，更重视辨析考订工作，以维护对《集注》解释的合理性。由于对朱子后学之说的大量引用辨析，颇有喧宾夺主之嫌，导致诠释重心往往成了朱子后学之说。《四书大全》实袭此类著作。有必要提下元代史伯璿的《四书管窥》，该书全力批判饶鲁、胡云峰、陈栎等朱子后学对《集注》的批判之说，作为第一部集中反驳朱子后学异于《集注》之说的著作，表明朱子学内部分歧，产生了要求定于一是的统一思想的做法。

"笺证"就是采用笺注形式，专门对《集注》典章制度名物训诂来源等一一笺释考证，它与上述纂疏类的最大差别是专门化，仅仅涉及考据而不论义理。价值在于尽可能地帮助读者扫除文本障碍，节省翻检之劳。对于读书不广的初学者来说，尤为便利。这种专题化的诠释对明清两代四书考证颇有影响，体现了元人渊博的学识和扎实的学风。典型著作有赵惪《四书笺义》、詹道传《四书纂笺》、金履祥《语孟集注考证》、张存中《四书通证》。詹氏书与其他三书的不同在于，全列《四书集注》，导致篇幅巨大。

---

① 永瑢等：《四库全书总目提要》经部卷36，第197页。
② 同上。

而其他三书则仅列所笺证文本，故篇幅略小。当然，赵氏《笺义》由于不加增删的详引材料导致篇幅偏大。

"通旨"。元代朱公迁《四书通旨》虽非专门阐发《集注》，然以《集注》思想为主，据《集注》所释之重要范畴，将《四书》拆分为九十八门，以类相聚。其意在于以若干来自《四书》之范畴贯穿全部《四书》文本，显示了《集注》范畴之学的重要，近于《性理字训》、《北溪字义》。但同时对同一范畴下的经文展开疑问剖析，再辅之以"愚案"提出新解，体现了批判继承的精神。该书以"字义"为纲、"经疑"为目的纲目并举的诠释方式，结合了"字义"体与"经疑"体的优长，形成了《四书》诠释史上的新模式，很好地实现了朱子学派"字义须是随本文看方透"的学术理念。

"章图"。图解《四书集注》成为宋元代以来颇为重要的诠释方法，其简明直观的优点适合宣传讲解。其实，《朱子语类》中亦记载朱子曾以图解《四书》范畴如仁等。颇有意思的是，图解《四书》可同时运用于解释考据与义理分析，如饶鲁《大学中庸图》解释义理，赵惪《四书笺义》之图则专门解释名物。最典型为元程复心《四书章图纂释》，该书《章图》列图750余幅，就朱子四书各章"分章析义，各布为图"，《纂释》又对诸家解说"辩证同异，增损详略"，其图文并进、体大思精的特色形成了图解《四书》诠释的典范。虞集在该书序中对其图解《集注》的特点有很好论述，该书通过图解的形式来表达概念关系，以期使《集注》的宗旨一目了然，使学者更易于理解接受。"其为书也，盖取朱子《论语、孟子集注》、《大学、中庸章句》之说有对待者，若体用知行之类；有相反者，若君子小人义利之类：有成列者，若学问辨思行之类，随义立例，章为之图，以究朱子为书之旨，其意可谓勤且切矣。"①

"经疑"。《四书》经疑作为元代科考形式，有其意义。经疑把《四书》设定为数百道疑问之题，要求考生以问辨答疑的方式辨析其间异同，考查学生对《集注》的融会贯通。选题是精心挑选的，通常围绕重点论题如仁义、心性之别等展开，注重《四书》经文与朱子注文的异同比较，问题详尽而答案简要。所设计的疑问虽以义理为主，但亦不乏考据之学。尽管是科考的

---

① 朱彝尊撰、林庆彰等校：《经义考新校》，上海古籍出版社2010年版，第4559页。

选拔之举，但亦不乏学术性，特别突出了对《集注》的全面掌握，强调了概念的细致辨析能力。当然，经疑的最大局限是由于限定了在《四书集注》中出题，而且是问答分析题，故题目非常有限，重复极多，易流于记诵之学，导致其积极意义的消失。

就诠释目的论，古代朱子四书学研究，致力于阐发朱子《集注》的原意，通过疏通辨析朱子早晚异同之说，纠正朱子后学之误，力求归于一是。诚如黄榦所言，对朱子之书，"则家藏而人诵之。读其言者，未必通其义，通其义者，未必明诸心"①。盖朱子之书，《语类》、《或问》、《文集》与《集注》之说，时有异同。在朱子去世后，如何对待处理这些异同，以正确阐发朱子《集注》思想，成为朱子后学面对的首要问题。这些问题其实在朱子在世之时即存在，朱子本人亦有所察觉，常提起某某之说是未定之说等。如他曾明确告知学者，《论孟或问》是丁酉年间的未定之说，后无精力修改，与《论孟集注》差别甚大，故"不须看。"其受业弟子在编辑《语录》时，就产生了分歧。对《语录》不同之说，叶味道等主张应删去，以定于一。黄榦则主张应当保留，不可妄加删除，以待后人评判。而且，黄榦也特别注意《语录》与《集注》冲突之处，似乎《语录》更加可信。

因此，判定朱子早晚异同之说，确定朱子晚年定见，成为朱子《四书》诠释者努力的目标。如上述《集注》文字版本异同问题就一直延续到清末。海外朱子学者亦察觉朱子异同的重要，如韩国韩元震著有《朱子言论异同考》来讨论这一问题。即便批评《集注》之说，亦与朱子《四书》异同说有关。无论是宋代饶鲁、元代金履祥等来自内部的批评，还是阳明心学等来自外部的批评，都曾以朱子早晚异同之说为武器来批判朱子，这样使得批评比较合理有据。如考证类著作在批评《集注》时，常指出《集注》之解前后矛盾处，指出《集注》与《或问》、《文集》、《语类》等书矛盾处。而阳明为了避开朱子学派的攻击，编成《朱子晚年定论》一书以为盾牌，其目的是利用客观存在的朱子早晚异同之说，确有一定效果。而绵延至久的朱陆异同之争事实上亦可谓朱子早晚异同之说的翻版，故朱子《集注》异同之说实关系数百年朱

---

① 黄榦：《送方明父归岳阳序》，《勉斋文集》卷19，北京图书馆古籍珍本丛刊90，书目文献出版社1988年版，第507页。

子《四书》研究之命脉。

三 前瞻

显然，古今对朱子《四书》的研究存在很大差异，尤其是视角上的差异更有意义。今人的研究是比较中立的知识化的外在研究，有重视实用的倾向，希望能为我所用。因此在研究方式上，更重视哲学诠释，喜欢大而化之的主题化研究，勇于立论。而古人的研究也求"用"，求的是身心受用，特别注重求"是"，求朱子之所是，故有如许之多的疏证、通释、讲义之作。古人"求是"的工作应该得到继承与加强，这是朱子《四书》之学根基所在。在研究态度上，应加强对朱子四书学复杂性的认识。盖此书为朱子毕生精力所萃，字字句句皆是"秤上称来，不多一字，不少一字。"故朱子言，"不用某许多工夫，亦看某底不出。"诚非自炫之言，而是真实肺腑之语。为此，应从研读朱子著作做起，解决其中存在的问题。比如，《四书集注》版本、朱子四书的形成等问题皆须再探究。在研究目标上，关注朱子《集注》说了什么，求《集注》之是仍是非常紧迫而复杂的。比如朱子在某章注中说了什么？改动了没有？改动几次？为什么改动？朱子常常就《集注》某章的诠释花费很大精力，值得深入考察。比较幸运的是，晚近以来朱子学学者已经有不少重要成果，为朱子四书学的研究产生了直接的推动作用，如陈来《朱子书信编年考证》、束景南《朱子大传》《朱熹年谱长编》、钱穆《朱子新学案》、牟宗三《心体与性体》等巨著，对我们把握《四书》文献与义理皆甚有益处。在研究方法上，应扩大研究视角，对朱子四书学系统展开系列比较研究。朱子首次建构的四书学系统，在文本上由《论孟精义》《四书或问》《四书语类》、"四书文集"、《四书集注》构成，在义理上围绕道统、道体、工夫、圣王展开，具有阶段性、差异性、一体性等特点，需要以比较的眼光展开系列探索。细化研究触角，整合研究进路之间的联系，以《四书集注》研究为枢纽，从系统动态、内在比较、综合纵贯的视野对朱子四书学展开文献考辨与义理诠释、发生还原与工夫体验相结合的双向挖掘，以期揭示朱子四书学的具体演变、晚年定见，以及对经典诠释与理学思想的一体化建构。应展开专题化研究。比较研究还应建立在专题研究基础上。朱子四书学是"朱子全部学术之中心或其结穴"，蕴含了朱子学、宋明理学的根本命题，重要论题如四书学的形成、一体化、经典化、形上化、道统论、道体论、工夫论、圣王论皆须深入研究。朱子四书学与其易学、书学、诗学、礼学思想之关联，特别是与《近思录》、《太极通书解》、《西铭解》等著作的关系，亦应专门加以探讨。对构成朱子四书学的根本性著作，《四书或问》、《四书语类》、"四书文集"、《论孟精义》、《中庸辑略》等皆应逐一考察。朱子《四书集注》在中国经典诠释史上树立了一座高峰，故其诠释思想的研究仍须进一步推进。特别是朱子在经典注释中所实现的经学与理学的一体化——经学哲学，在思想史、经学上具有非常重要的意义。

第二节 四书学系统

一 《四书》与四书学

四书乃《大学》、《论语》、《孟子》、《中庸》四部儒家经典之合称，四书之名与宋代理学之勃兴，尤其是朱子学崛起有莫大关联。在朱子之前，并未有人将此四书视为一体而综合研究之。正如《四库全书总目》言，"《论语》、《孟子》旧各为帙，《大学》、《中庸》旧《礼记》之二篇，其编为《四书》，自宋淳熙始，其悬为令甲，则自元延祐复科举始，古来无是名也。"[①] 就经学史来看，这四部儒家经典地位本就不同。《论语》为孔子与弟子言论对答记录，在汉代即受重视，此后一直备受尊崇。《中庸》、《大学》分别为《礼记》之三十一、四十二篇，并未特受重视。自唐韩愈、李翱始倡言二篇，至宋代学者才大力张扬之，理学创立者二程兄弟于此尤有功焉。《孟子》一书，至东汉末年，始有赵岐为之作注，此后复归于默默。其命运转机之先兆，亦始于韩愈之推尊，迄于宋代，则学者呈现出尊孟与非孟两种对立观点，为此发生一场长达百年的争论，直至朱子为《孟子》作注，将

---

① 永瑢等：《四库全书总目提要》卷35《经部三十五·四书类一》，第192页。

其编入《四书》，《孟子》在儒学中的经典地位才得以稳固确立。①

朱子对《四书》的贡献，首在于将分散独立的《学》、《庸》、《论》、《孟》视为一相互贯通的思想有机体，将理气、心性等理学思想融入到《四书》注释中，形成了《四书集注》这一经学与理学合一的新经学系统。一方面，朱子坚持从经学的章句、注释之学入手，对古本《学》、《庸》重新加以分章别句，增删调整，分经别传，透过精细的章句工作，使二书的条理性、可读性为之一变。对《论》、《孟》则以二程之学为主，搜集汉宋诸家之说，赋予二书义理之学的特征。另一方面，朱子认为四书是一个围绕道统、道体、工夫、圣贤气象所展开的关联一体的思想系统，此系统以理学思想为根基，重建了儒家的价值观念和经典系统，阐发了足与佛老抗衡的安身立命之道、内圣外王之学，标志着儒家思想进入了"四书学"这一新时代。后世儒学的发展，实际皆以《四书集注》为中心，涌现出不计其数、体裁各异的《集注》注释之作。

朱子四书学构建了一个不同于之前儒学的新思想系统，提出了一大批具有创新意义的哲学话语。此一新系统以理先气后为前提，理气同异为核心，理一分殊为展开，以理解仁，以理释性，将天理作为标示最高意义的存在与价值合一、超越与内在一体的范畴。以理气在逻辑上的"一而二"与存在上的"二而一"为基础，自然推出人性先天本来的圆满具足与后天存在的亏缺偏颇，由此详细阐发了以复性为指归的变化气质工夫。工夫的展开又奠基于对人之心性情的认识，以儒学体用论为框架，主张横渠提出的"心统性情"论，妥善解决了心、性、情三者在工夫系统中的位置。摒除了魏晋玄学及李翱主张的性善情恶、灭情复性说，而以中和之说给予了情应有之正面地位。故此，工夫之关键在于对治阻碍本性呈现的气质之偏与保持作为心之所发的情欲的合理性，以理治欲，故"存天理，灭人欲"可谓朱子学及宋明理学之总纲，其目的并非如流俗所误解之剥夺人之一切欲望，否则即陷入其所批评的"无情"之论了，乃是将人之情欲复归于发而皆中节的中和

---

① 《论语》《孟子》《中庸》《大学》四书在经学史上的演变情况，具体参见皮锡瑞《经学历史》、周予同《周予同经学史论著选》等；今人探讨四书地位变化者亦甚多，如徐洪兴等对《孟子》地位升格之阐述等。

状态，以成就其圣贤人格。它对治的恰恰是流俗之"过情纵欲"与佛老的"灭情去欲"，而止于从心所欲不逾矩之率性顺情。

朱子四书学形成了一个独特的工夫教化系统。此一工夫系统具有精整、严密、双向并进的特点。简言之，它以知行范畴为中心，以进学以致知，主敬以穷理为纲要，故此，一方面继承孔孟哲学中固有的工夫范畴，并赋予其新的深刻意义，如忠恕、存养、克己复礼等，同时又特别抉发了格物、诚意、慎独等在工夫系统中的独特性。朱子的《四书》工夫以知与行、省察与存养、尊德性与道问学之两轮、双翼为骨架，其余工夫皆可填充于此。此两轮工夫理论上似乎有先后，如知先行后，而实践中实无先后，不可等待。乃是即知即行，知行一体，交错并进，最终所实现之真知，实内在蕴含了必行之知。较之先秦儒学，朱子对格物、诚意、主敬、克己的工夫意义尤其重视，只有通过格物穷理之功，方能实现心体之明，一颗黑漆漆之心，是无法做出正确行动，迈向圣贤之途的；格物工夫又需要以主敬为前提，无敬以主宰之心，一团乱糟糟之心，是不可能成就一事的，更不可能做到格物穷理。此即"心静理明"。但私意之发，隐微难识，潜伏扎根，故诚其意之工夫即必不可少，否则一切的言行皆是虚妄不实。故诚意具有行为之指南与船舵之作用。另一方面，人一切之为学工夫，皆可归纳为"灭欲存理"，此即克己工夫之所在。克己即是战胜私欲，复礼即是复归天理。

朱子四书学是一个充满了强烈道统意识的理学道统系统。朱子对《四书》文本的具体诠释，处处充满了强烈的道统意识。他于此系统论述了儒家的道统思想，包含了道统谱系、道统观念、传道经典、为道工夫等诸多方面。即以道统谱系而论，在鲜明的道统三阶段论中，一则突出了夫子虽不得其位而贤于尧舜的第一人地位；二则彰显了二程在孟子殁后夫子之道不传的千五百年之后，独得此道于遗经之中，使得儒道再生，其功甚伟。且由对明道造道境界之推崇，证明了颜子学圣人之所学命题之成立。由此开启了儒家之道发展的新阶段。在具体的四书文本诠释中，朱子根据弟子在道统中地位、得道之深浅，给予了某种带有脸谱化的阐述。如对颜、曾言语之阐发，皆为推扬之辞，以示效仿之途；外此，如子贡、子路等余子，则皆多有贬抑之语，以表警戒之意。即使朱子对《四书》次序之编排，以《大学》为首，居于《论》《孟》之前，亦是据为道次第而论。可见，只有以道统为视角，方能理解朱子四书学的用心。

朱子四书学是一个具有典范意义的经典诠释系统，实现了文韵与玄理的相得益彰，达到了简而明，切而要的效果，做到了汉学诠释与宋学诠释的统一，可谓中国经典诠释学的大成之作，对于未来中国经典学的复兴，具有不言而喻的示范意义。朱子对该书的诠释，有着鲜明的方法论意识。他自觉继承了汉学与宋学两种之学方法之优长，同时摒弃其短。作为二程学派的传人，朱子先天继承了理学发挥义理的诠释特点，此自毋庸多论。与此派不同的是，朱子还认识到汉唐章句训诂之学的方法亦"大有好处"，故《四书集注》非常重视字词的音韵训诂、章句区分，反思二程学派不重此学而造成义理诠释的失误，"因章句不明而看不成道理！"朱子《四书》文本的诠释，对二程学派的批评多半从章句训诂之学入手，揭示其义理层面的缺失。反而甚少对汉唐训诂学加以批评，只是认为郑玄等学者解释文本虽有根据，却始于烦琐，而无甚意味，即"辞费而理不明"。而朱子所追求者，恰在"辞简理明"。在这个意义上，朱子站在了理学诠释的对立面。其次，朱子有一套自觉的分层诠释理念，即基本层是求得文本的本意，此可谓文本层；第二层是发明圣贤原意，此可谓理论层；第三层则是揭示为学弊病之针砭，可谓应用层。尤其是第三层，体现了朱子经典诠释的实践性，与其工夫教化论紧密相连，故《四书集注》中常有针对读者的告诫之语。总之，朱子的诠释继承了传统经典注释形式，而又融入了理学这一代表时代精神之思想，诚可谓做到了寓作于述，注新酒于旧瓶。

朱子就各书在《四书》系统中的特点、定位、意义皆有明确阐发。他认为四书不是一般意义上的著作，而是承载着圣人之道，昭示着成圣之途的根本经典。学者照此用功，可踏上成就圣贤之路而受用无尽。"人有言，理会得《论语》，便是孔子；理会得《七篇》，便是孟子。子细看，亦是如此。"[①] 朱子认为，圣贤经典的诠释者承担着代圣贤立言以教化众生的任务。一方面，圣贤之言本自明白，圣贤之道本自清晰，根本无需解释。另一方面，学者因各种因素，无法真正懂得圣贤之道与言，故朱子怀着为学者解疑释惑的目的注解四书，希望学者以注解为扶梯，通达圣贤之意。朱子的潜在

[①] 《语类》卷19，《朱子全书》本，上海古籍出版社、安徽教育出版社2002年版，第649页。

预设是：《四书集注》是对圣贤之意的完全正确毫不走样的发明，学者可由此以入圣贤之道，《集注》于学者实有阶梯和渡船之意义，学者应先仔细领会之。他以无有合适注解而辛苦研读《四书》的切身体会，告诫学者当珍惜如今有注可读的大好机会，言语中似有警告后世学者"身在福中须知福"的意味，亦透露出对前辈学者注解《四书》的不满。

　　圣人言语本自明白，不须解说。只为学者看不见，所以做出注解与学者省一半力。若注解上更看不出，却如何看得圣人意出！①

　　注释要因言以达意，学者之误在因言失意，言作为载道工具，是一把双刃剑，得失成败皆系乎此。读书当先求经文本意，如不可得，方可借助注解以求通达。注解是理解经文的阶梯，在二程时《大学》未有注释，学者理解不够清晰，比较含糊。至今日有了《大学章句》，则大体分明，更易理解经文。

　　伊川旧日教人先看《大学》，那时未有解说，想也看得鹘突。而今看注解，觉大段分晓了，只在子细去看。②

　　朱子对《四书》文本的创造性阐发，于"四书学"的确立无疑具有决定性作用，尽管二程、张载等对《四书》多有论述，但其思想建构仍偏重由五经这一固有传统展开，如程颐最重要著作《易传》即是如此。朱子在继承、消化前辈《四书》思想的基础上，首次将《四书》作为一个内在整体，展开全面系统精密的阐发，最终形成了"四书学"这一新的经典体系。

二　《四书》特点及定位

（一）《四书》定位

　　朱子常在比较视野下判定《学》、《庸》、《论》、《孟》的定位和特点，

---

① 《语类》卷19，第658页。按：本书对朱子原文的标点尽量采用现有点校本，但个别之处采用了自己看法。

② 《语类》卷14，第428页。

涉及著者、文本、义理诸方面。《四书》尽管各有特点，但一理贯通，无有高下之分。既"各自精细"，又"真实工夫只一般"。如《论语》就个别事实说，《中庸》就理上说，但在究竟义理上，二者无别，仅是表述不同而已。须把握《四书》异中有同的特点，不可为其表面差异所迷惑。圣人之书，各有差别，不可执一不变。学习方法亦应有针对性的变化，如此方易契入。能否把握《四书》异同，乃学习《四书》的应有之义。如《中庸》皆言义理，故应以思索为主；《大学》仅说工夫节目，应以践行为主。

朱子指出《大学》交代了古人为学次第，清楚易懂，确实可行，不应到无形无影处理会。《大学》在《四书》系统中的特殊处在于首尾完备，前后贯通，相互发明，均匀一致。而其他三书则杂乱无序，不易把握。总之，《大学》是纲领，《论》、《孟》就具体经验事实阐发。具体言之，《大学》一书重心在前，后面只是对前面的重复重叠。其纲领在明明德，着力在格物。格物工夫是成就圣贤的普遍路径，对于任何资质之人皆适用，格物承担了引导学者齐入圣贤境遇的任务，具有普世意义。故《大学》本领全在乎格物上。

> 此书前后相因，互相发明，读之可见，不比他书。他书非一时所言，非一人所记。惟此书首尾具备，易以推寻也。[①]

朱子主张《论语》编撰者当为曾子、有子弟子，且篇章存在些微残缺，特别是后面数章难解处增多。"古书多至后面便不分晓。《语》、《孟》亦然。"[②]《论语》的特点是句句事实，随机发问，灵活多变。故《论语集注》注重挖掘对话背景和史实补充。朱子对全书的认识基于两分视角，于孔、颜、曾之言认为至善无暇；若他人之说，则多有不满。

关于《孟子》的作者，《孟子集注》并存孟子自著与弟子所著两种观点，朱子更倾向于孟子自著，否则不可能如此通贯畅达、明白亲切，但亦未否定有弟子润色处。鉴于《孟子》自成文字特点，特别强调学习该书须熟

[①] 《语类》卷14，第420页。
[②] 《语类》卷19，第645页。

读成诵，以求贯通，由此还可悟到写作方法。又鉴于《孟子》一书难以把握要领的特点，晚年特意挑出其要领所在，编撰《孟子要略》。

*《孟子》之文，恐一篇是一人作。又疑孟子亲作，不然，何其妙也！岂有如是人出孟子之门，而没世不闻耶！方。*①

*读《孟子》，非惟看它义理，熟读之，便晓作文之法：首尾照应，血脉通贯，语意反复，明白峻洁，无一字闲。人若能如此作文，便是第一等文章！僩。*②

朱子通过《语》、《孟》比较的方式阐发了二者异同。他以一生学习实践之体会，称赞论孟义理高深，无有其比。又指出《论》《孟》之别客观存在，圣贤教人，门户各自不同。二者存在错杂与整齐，自然与张扬，朴实与虚灵，从容与充扩，简易与费力，事实工夫与理义存心，平淡与紧切，含蓄与外露，精密与疏脱，广大与逼仄，纯正与瑕疵之别。总之，《论语》可包《孟子》之言。《语类》卷十九于此有详尽比较。

关于《中庸》。朱子将《中庸》定位为深妙高远之书，"是直指本原极致处。"奠定了儒家形上基础，而多讲鬼神、天道性命等无形影之事。其义理深奥而不宜初读，故学者当明白道理了，方可自此而入，以资印证。因《中庸》多上达本体而少下学工夫，故在《四书》次序中，前三书是基础，《中庸》为压轴，须在学习三书基础上再研读《中庸》。朱子对《中庸》章句下了很大功夫，为此与好友吕、张进行多次讨论，主张《中庸》各章次序谨严，枝叶相对，浑然一篇。又指出《中庸》虽兼具精粗本末，但尚未达到完备无缺的地步，指末处偏少也。"《中庸》一书，枝枝相对，叶叶相当，不知怎生做得一个文字齐整！方子。"③

《大学》居首。在《四书》系列中，各书所承担地位不一。《大学》居于入德之门，《四书》之首的优先地位，这是从教法、实际修为的角度立

---

① 《语类》卷19，第655页。
② 同上书，第654页。
③ 《语类》卷62，第2003页。

论，是在与其他三书的比较中，在整个《四书》系列中提出的。《大学》作为入德之门虽来自二程说，并非一人私见，朱子继承发扬此一观点。《答杨子直》言："只如《大学》，据程先生说，乃是孔氏遗书，而谓其他莫如《论》、《孟》。则其尊之固在《论语》之右，非熹之私说矣。"①

《大学》居于四书之首的最大障碍是《论语》，《论语》在儒家经典中历来就居于经典地位，反映的是圣人思想。为此，二程提出《大学》乃孔子亲手所写遗留下来的著作，较之弟子记载的《论语》更具可靠性和准确性。朱子认为，《四书》作为一系统，义理上一以贯之，并无高低之分。但在教法上，存在先后难易之别。《大学》作为四书之首，因为它是"入德之门户"，进入整个《四书》系统，必须由此门户而入，由此门户奠定规模，方可学习其他三书。"《大学》一篇，乃入德之门户，学者当先讲习，知得为学次第规模，乃可读《语》、《孟》、《中庸》。"②

朱子自认《四书》之中用功最多，成就最大者为《大学》，《大学》是《四书》中历来关注最少，而却是朱子用力最多者，朱子给予了《大学》无比之重视，最终奠定了《大学》在后世的崇高地位。朱子于《大学章句》感情无比深厚，时有流露。自言此书可视为一生代表作，突破了前贤所见，耗费一生心血，可与司马光对《资治通鉴》相比。与《大学》相比，《论》、《孟》、《中庸》却不算用力。朱子对《大学》的最直接工作是增削调整文本，以为其思想系统服务，对《大学》一经十传格局的调整使其成为一个系统完备、结构谨严的著作，对明德、格物、至善、诚意诸概念的阐发，直接奠定了理学发展的话语体系。最终《大学章句》的影响盖过了郑玄传下来的古本《大学》。

> 某于《大学》用工甚多。温公作《通鉴》，言："臣平生精力，尽在此书。"某于《大学》亦然。《论》《孟》《中庸》，却不费力。友仁。

---

① 《晦庵先生朱文公文集》（以下简称为《文集》）卷45，上海古籍出版社、安徽教育出版社2002年版，第2073页。

② 《与陈臣相别纸》，《文集》卷26，《朱子全书》本，上海古籍出版社、安徽教育出版社2002年版，第1180页。[按：本书凡引用《朱文公文集》，皆为此版本]

说《大学》《启蒙》毕，因言：某一生只看得这两件文字透，见得前贤所未到处。贺孙。①

《大学》成为整个《四书》的灵魂，格物、诚意之说贯穿全部《四书》，在《论》、《孟》、《庸》中无处不在。故可以说，不理解《大学章句》，就无法理解朱子《四书》。这也是朱子一再强调先掌握《大学》然后学习《语》、《孟》的原因。朱子明确告诉学生，如果只读一本书，那就读《大学》，突出了《大学》的"唯一性"。"问：'欲专看一书，以何为先？'"曰："先读《大学》，可见古人为学首末次第。淳。"②

朱子对《大学》在四书系列中的地位做了详尽说明。《大学》具有条理清楚严谨、义理周遍精密、简易可行的特点，朱子以"间架""行程历""纲目""大坯模""田契""食谱"等形象说法强调《大学》在四书系统中的纲领性、奠基性。《大学》安排了层次分明的工夫节目，《论》、《孟》、《庸》可谓皆是《大学》的填补与展开。掌握了《大学》，学习任何经典皆具有提纲挈领、事半功倍的效果。

今且须熟究《大学》作间架，却以他书填补去。大雅。③
《大学》如一部行程历，皆有节次。今人看了，须是行去。自修。④

作为儒家立教传法的大典，《大学》具有超越时空的永恒意义，特别对后世具有根本的指导意义。应在熟读《大学》的基础上去学习《论》、《孟》。《论》、《孟》好比《大学》碗中之肉菜，是对《大学》的充实，《大学》是"匡网"，已包括了《论》、《孟》要领。与《大学》相比，《论》、《孟》虽然紧切，但内容参差不齐、高低有别，不如《大学》整齐均匀。故从为学难易急缓的角度，应当先《大学》而后论孟。朱子以自身经历为例，

---

① 《语类》卷14，第430页。
② 《语类》卷14，第420页。
③ 同上。
④ 同上书，第421页。

谆谆告诫学者，读透《大学》是研读包括《论》、《孟》在内一切书籍的要领，精通《大学》，则一通百通，一往无碍。

> 公读令《大学》十分熟了，却取去看《论语》、《孟子》，都是《大学》中肉菜，先后浅深，参差互见。若不把《大学》做个匡网了，卒亦未易看得。贺孙。①
> 是书垂世立教之大典，通为天下后世而言者也。……《论》、《孟》之为人虽切，然而问者非一人，记者非一手，或先后浅深之无序，或抑扬进退之不齐，其间盖有非初学日用之所及者。此程子所以先是书而后《论》、《孟》，盖以其难易缓急言之……以是观之，则务讲学者，固不可不急于《四书》，而读《四书》者，又不可不先于《大学》，亦已明矣。②

《大学》在四书系统中具有奠定为学规模的意义，亲切好懂，故居《四书》之首。《论语》次之，它树立了为学根本，多为对日用工夫的朴实阐发，但文字松散，义理不一，故初学不易把握；《孟子》则是对《四书》义理的发扬阐发，能够感动激发人心，《中庸》工夫细密、规模广大、义理深奥，最为难懂，故作为《四书》殿军。

> 某要人先读《大学》，以定其规模；次读《论语》，以立其根本；次读《孟子》，以观其发越；次读《中庸》，以求古人之微妙处。《大学》一篇有等级次第，总作一处，易晓，宜先看。《论语》却实，但言语散见，初看亦难。《孟子》有感激兴发人心处。《中庸》亦难读，看三书后，方宜读之。宇。③

(二) 六种排序

朱子对《四书》次序安排有明确表述，从为学由易到难的角度依次为：

---

① 《语类》卷19，第644页。
② 《大学或问》，第515页。
③ 《语类》卷14，第419页。

《学》《语》《孟》《庸》。

《大学》《论语》《孟子》《中庸》。此类次序为最常见者，在文集中共出现 7 次，其年代多在朱子六十以后，代表了朱子成熟思想，在后世甚为流行。朱子特别强调，《大学》在《论语》之前、《中庸》在《孟子》之后的次序不可颠倒，表明他当时已警惕、担心后学对此次序有所误解。"且如今书四子之说，极荷见教，然此书之目，只是一时偶见《大学》太薄，装不成册，难作标题，故如此写。亦欲见得四书次第，免被后人移易颠倒。"① 在《书临漳所刊四子后》中，朱子提及二程据著者顺序提及四书次序为《学》《语》《庸》《孟》，"故河南程夫子之教人，必先使之用力乎《大学》《论语》《中庸》《孟子》之书，然后及乎六经。"但在结束本文时朱子特别强调，虽然依据著者顺序，《中庸》先于《孟子》，但在为学次第上，必须先《孟子》后《中庸》，这才符合为道次序。"抑尝妄谓《中庸》虽七篇之所自出，然读者不先于《孟子》而遽及之，则亦非所以为入道之渐也。"朱子对《四书》次序的这一安排在朱子后学中得到较多认同，黄榦在《朱子行状》中将此顺序视为朱子定见，"先生教人以《大学》《语》《孟》《中庸》为入道之序，而后及诸经"。此外如《朱子语类》编者黄士毅、黎靖德、胡炳文《四书通》及四库本《四书章句集注》等，在分类上皆采用此序。

但朱子在言及四书次序时，情况复杂，非皆照此次第提及。我们认为，判定朱子《四书》排序须从庚戌后才有效用，盖至此时，朱子《四书》系统的思想、次第观念才确立起来。正如郭齐先生所论，"朱熹早年对《四书》次序也并未引起足够的重视。……这一时期朱熹提到《四书》时，其次序是十分随意。……到了 60 岁前后，由于撰写《大学章句》、《中庸章句》，对这书有了更深的认识，朱熹才逐渐注意到《四书》的相互关系，从而对其先后次序形成了明确的观点"②。其次，朱子行文中四书排列先后并不代表朱子对四书学习顺序的看法，必须放到具体语境中方可。据陈逢源先生研究，《朱子文集》涉及四书次序尚有以下情况：

---

① 《文集》卷 45《答杨子直》，第 2073 页。
② 郭齐：《朱熹〈四书〉次序考论》，《四川大学学报》2000 年第 6 期。

《论》《孟》《学》《庸》。此次序有3次，分别为35岁与陈明仲、55岁与胡季随的通信，乃朱子四书思想尚未成熟时看法。此类可注意者，《论孟集注》、《学庸章句》两大系列并提，《论》《孟》在前、《学》《庸》在后的次第源于《四书》的历史影响、相互关系和朱子撰述特点。

《论》《孟》《庸》《学》。此次序有6次，其中3次见于《答吕子约》。2次见于《答罗参议》，1次见于《答潘叔昌》。但据学者考证，《答罗参议》书乃作于朱子早年学尚未成的1165年，与答潘、吕之书相差约20年之久，后者已是朱子思想几乎成熟时期。故它仍然体现《集注》、《章句》两个系列特点。此次序恐是朱子据具体对象学习《大学》弊病而提出。《答黄直卿》言："《大学》诸生看者多无入处，不知病在甚处。似是规摹太广，令人心量包罗不得也。不如看《语》、《孟子（诸本皆无'子'字）》者，渐见次第。"①

《学》《庸》《论》《孟》。此次序仅1次，见于57岁《答潘恭叔四》（《文集》卷五十）然此种安排在后世版本中甚为流行，今人对此多有不解，认为是后世学者任意颠倒朱子安排。如郭齐针对此次序提出批评，"宋末以来，许多《四书》研究者忽略了朱熹对各书次序的看法，而将其顺序任意颠倒。"② 陈逢源认为此类次序完全是出于刊刻方便，没有多大意义。笔者认为除上述原因外，其实亦是朱子《四书》以类相从原则的体现，符合《四书章句集注》的形成过程。《四书章句集注》这一称呼即表明全书由章句、集注两个系列构成，体现了章句在前，集注在后的特点，就四书系统而言，《学》《庸》《论孟》分别为关系更紧密的小系统。《学》《庸》皆为篇幅短小之文，皆为章句，皆有序，皆来自《礼记》，皆是纲领性讲法，《学庸或问》皆受到更高重视，《学》《庸》一体化影响后世更大。反之，《论》《孟》是分量更大、内容更驳，单独成书的著述，而加以集注化。就道统传承言，曾子、子思的传承，孔孟的传承也是可以成立的。有时朱子就往往省

---

① 《晦庵先生朱文公续集》（以下简称《续集》）卷1，上海古籍出版社、安徽教育出版社2002年版，第4655页。马欣欣同学在提交的课程作业中提出，《答吕子约》原文中出现的"《论》《孟》《中庸》《大学》"次序实为朱子转述吕子约的"来喻"之说，似可备一说，但仍不好解释答潘书之次序。

② 郭齐：《朱熹四书次序考论》，《四川大学学报》2000年第6期。

去前者，而直接提及孔孟之传。朱子转述、刊刻过程中，《学庸章句》与《论孟集注》常常分开刊刻，如将《学》、《庸》割开编排，反而不便。故此种编排最为流行。《四库全书》所收《四书》论著以此类为多，今刊本亦多取此序。

《学》《论》《庸》《孟》。按：此次序有7次，皆在朱子60岁左右。《书临漳所刊四子后》此跋明确指出，行文所言四书次序并不代表排列次第。陈逢源则以此次序为据，批评朱子《学》《语》《孟》《庸》次第，说，"须由《大学》而《论语》《孟子》，再至《中庸》的进学方式，断定《四书章句集注》应以此为序，于是其中失去统绪，结构颇有扞格。""分析《大学章句序》《中庸章句序》文意脉络，按核《朱子文集》，以及相关语录，似乎必须回归于孔子、曾子、子思、孟子之序，重新排定《大学》《论语》《中庸》《孟子》四书次第，方能彰显朱熹建构道统的深意。"① 此说可再作讨论。首先朱子反复强调《大学》在前定规模，《中庸》在后观发越。《书临漳所刊四子后》特意强调《中庸》在《孟子》前，乃是就道统言，但就为学来说，则须先《孟子》、后《中庸》。其次，陈氏认为此次第分别对应孔子、孔门弟子、子思、孟子，但这样一来，曾子则不显矣。如将《大学》完全视为"孔氏遗书"，似不合朱子经为"孔子之言而曾子述之"、传为"曾子之意而门人记之"之意。再次，朱子在四书中对道统思想有充分的阐发。但"道统"毕竟属于思想理论的建构，《四书集注》的安排则着眼于具体工夫，要给予学者入门为学的实际指导，循序渐进，由浅入深，由易到难，故此种编排次序不应视为朱子定见。《大学》在《论语》之前除非从为学次第角度考虑，否则无论从道统、作者先后角度都是很牵强的。《语》、《庸》、《孟》的次第从道统、作者角度考虑则很顺畅。据此，我们应认为朱子对此次第的不同表述综合了为学与道统。

《论》《学》《庸》《孟》。按：此类次序仅见于《潘氏妇墓志铭》（《文集》卷九十二）。其次第似乎为孔、曾、思、孟的道统。据此，朱子关于《四书》次第安排主要有三种，皆有其各自理由。一是据为学次第的《学》《语》《孟》《庸》，二是兼具为学和道统的《学》《语》《庸》《孟》，三是据《四

---

① 陈逢源：《道统的建构——重论朱熹四书编次》，《东华汉学》2005年第3期。

书》内在关系的二分特点、形成过程的《学》《庸》《语》《孟》。这种多样而非单一的组合表明了《四书》的复杂性。

（三）四书与五经

在建构四书学的过程中，如何处理与五经的关系，是一个不可回避的问题。朱子明确从为学工夫、义理亲切的角度肯定四书优先于五经，以"禾饭""阶梯"的形象譬喻传达了四书、五经之间的难易、远近、大小关系。

禾饭之喻。五经是禾，四书是米，四书是可以直接滋润身心的精神食粮，五经则尚须一加工成饭的过程。"《语》《孟》《中庸》《大学》是熟饭，看其他经是打禾为饭。"① 米本源于禾，是对禾的加工，但米较之禾，具有精细、洁白、现成、纯粹不杂的优点。四书与五经关系亦然。四书是可直接取用的现成义理之学，五经尚涉及史学、文学等外在博杂之学，对其义理的获得须经过复杂艰难的辨析提取过程。在朱子看来，义理之学应是一切学问的根本。在此意义上，五经不够纯粹、集中、清楚，对学者来说，直接学习四书，较之五经显然更为容易和有效。故从教法、效用的角度，朱子也是先四书后五经。此即"《语》《孟》工夫少，得效多；六经工夫多，得效少"②。

阶梯之喻。朱子尽管置《四书》于五经之先，但并未否定五经的重要性，强调应在《四书》基础上学习五经，如此更为见效。四书是达到六经的阶梯，似乎仅是手段，六经才是最终目标所在，其实不然。此喻还是突出《四书》的重要，《四书》作为过程、手段、前提，对于目标的达成具有决定意义。朱子对四书五经关系的认识继承了二程关于二者存在难易、远近、大小关系的看法。"河南程夫子之教人，必先使之用力乎《大学》《论语》《中庸》《孟子》之书，然后及乎《六经》。盖其难易、远近、大小之序，固如此而不可乱也。"③ 朱子以自身为学实践指示学者，就四书现成道理探究，必定有所收获。在此基础上再学习其他经典，则更易见效。"今学者不如且看《大学》《语》《孟》《中庸》四书，且就见成道理精心细求，自应有得。

---

① 《语类》卷19，第645页。
② 《语类》卷19，第644页。
③ 《书临漳所刊四子后》，《文集》卷82，第3895页。

待读此四书精透，然后去读他经，却易为力。"①

朱子对《四书》、五经态度的差异亦见诸其著述。他完成的五经著作仅有《周易本义》、《周易启蒙》、《诗集传》，《尚书》、《仪礼》主要由弟子完成。且对五经之一的《春秋》无甚好感，多有批评。这与他全面推崇《四书》明显有别。朱子视《四书》为整个为学之本，掌握《四书》，对理解其他著作具有事半功倍的效果，《四书》与它书存在本末关系。《四书》所体现的义理之学为本，史学、文学为末，文史可以作为四书义理学的必要补充，但不可颠倒本末，以史学、文学取代《四书》。这在朱子与浙东学派、刘子澄、程洵的讨论中有清楚表述。

"读书且从易晓易解处去读。如《大学》《中庸》《语》《孟》四书，道理粲然。人只是不去看。若理会得此四书，何书不可读！何理不可究！何事不可处！"盖卿。②

三 《四书》学系列著述

朱子将原本分散独立的四部书（《学》、《庸》实为《礼记》之两篇）凝聚成密不可分、一体贯通的经典系统。就朱子编撰四书过程可知，四书非自始即是一整体，而大致可分为《学庸章句》与《论孟集注》两类。各书系列并非完全对应。如《章句》系列，有《中庸辑略》而无《大学集解》（曾有书稿），有《孟子要略》而无《论语要略》。《论语》有《训蒙口义》而《孟子》则无。各书用力深浅亦自不同。《大学章句》无疑用功最深，《中庸章句》次之，《论孟集注》选用各家注释较多，看似省力些。朱子真正提及"四书"这一名称者极少。《晦庵集》提及"四书"者不过五次左右，见于与杨子直、曹元可、窦文清、蔡季通、向伯元的书信，除与蔡季通书信为丁酉《四书》注解初成时外，其余书信多集中于辛亥前后。《语类》提及"四书"者亦不过4次左右，徐宇、游敬仲辛亥所记2次，袭盖卿甲寅1次，郭友仁戊午1次。

---

① 《语类》卷115，第3639页。
② 《语类》卷14，第419页。

朱子对四书学著述系列的特色、分工有明确表述。

《精义》《集解》系列。《论语》则先后有《论语精义》、癸未（1163年）《论语要义》和《训蒙口义》。壬辰（1172年）《论孟精义》、庚子（1180年）《论孟要义》。庚辰年（1160年）写完《孟子集解》初稿，"近集诸公《孟子》说为一书，已就稿。"① 《孟子》则先后有丙戌（1169年）前后的《孟子集解》，壬辰、庚子年《论孟精义》《论孟要义》。朱子壬子年（1192年）还专门做了一个孟子原文的选本工作，即《孟子要略》。② 朱子对《大学》也有集解工作，虽《大学集解》早佚未传。又名《大学集传》。朱子对该书日渐满意，直至《大学章句》已经大体成熟后，还告之学者可以将该书作为参考。朱子对《中庸》同样做了集解工作。在师从延平时，朱子开始编撰《中庸集说》，搜集洛学各家有关《中庸》见解而成。对《中庸集说》进行修改，改为《中庸集解》。朱熹还指导石子重编写《中庸集解》一书，此后与讲友将石子重书删削改名为《中庸辑略》。朱子直到己酉前尚在修改《中庸辑略》，并提出将该书与《章句》《或问》一并刊刻流行。就此意义而言，《中庸辑略》在《精义》系列中具有独特地位。朱子对二程、张载门下的《中庸》解并不满意，认为或偏差，或多误。

《或问》系列。《或问》在《精义》、《集解》基础上撰写，与《章句》、《集注》有密切关联，其完成过程略与丁酉年《集注》同步。主要采用辩论设问的方式，辨析《精义》《集解》诸家异同，阐述《章句》《集注》取舍要义所在。丁酉年朱子告之蔡季通，他已撰成与《精义》《集注》并行的《论孟或问》。须注意的是，正如《四书章句集注》包含章句、集注两个系列一样，《四书或问》同样可分为《学庸或问》与《论孟或问》两个系列。二者差别在于《论孟或问》丁酉成书后未再修改，体现《论孟集注》初成时的成果。《学庸或问》则未弃修改。朱子晚年常常将《学庸或问》与《章句》并行刊刻，这与他对《论孟或问》的态度决然有别。

---

① 《别集》卷3，第4879页。

② 该书又名《孟子要指》，书后佚。晚清刘传莹方始于金履祥《孟子集注考证》中辑佚此书，好友曾国藩则刊刻于道光十九年，可参《曾刻孟子要略译注》，安徽人民出版社2013年版。今人束景南先生亦辑出该书（似未见曾刻本），参《朱子全书》第26册《孟子要略》，然该辑佚本于《孟子》万章上第二章、《公孙丑》上第1章处理略有疏忽。

《章句》《集注》系列。《大学章句》初稿略早于《中庸章句》，二者皆完成于壬辰。癸巳《答林择之》提到《中庸章句》编撰体例和《大学章句》相似，亦是在参考各家基础上提出己说。甲午与吕伯恭、江德功、张南轩等人通信中多次提到《大学章句》《中庸章句》，《记大学后》《书中庸后》分别对二书章句调整进行详细说明。据丁酉《答蔡季通》可知，朱子于该年正式完成了《大学章句》《大学或问》，《中庸章句》、《中庸或问》、《中庸辑略》的撰写。己酉（1189年）正式序定《学庸章句》，标志《学庸章句》的成熟，庚戌临漳任上推行经界时曾刊刻《大学章句》，壬子（1192年）在南康刊刻《大学章句》、《论孟集注》。但朱子对南康刻本也并不满意，不废修订刊刻。去世前三天还在修改《大学诚意》章。《论语集注》、《孟子集注》初成丁酉年，甲辰（1184年）詹仪之和潘畤又将《语孟集注》刊印于德庆。丙午又由詹仪之和赵汝愚分别刊刻于广西静江和四川成都。壬子在南康刊刻《论语集注》、《孟子集注》。而后因朱子党禁之厄而遭毁板之令。就朱子自我表述而论，庚戌年61岁为四书定型年代，故在己酉序定《学庸章句》。

  如今方见得分明，方见得圣人一言一字不吾欺。只今六十一岁，方理会得恁地。若或去年死，也则枉了。自今夏来，觉见得才是圣人说话，也不少一个字，也不多一个字，恰恰地好，都不用一些穿凿。道夫。①

《章句集注》的核心地位。朱子对诠释《四书》的《精义》、《章句集注》、《或问》诸书性质及关系有明确表述，三者是既有差别又不可脱离，相互依靠的统一体。《章句集注》居于绝对核心地位，与经文最为贴近。它代表了朱子定见，具有"逐字称等"不可移易、不可轻忽的经典性质。朱子对花费四十多年心血的《集注》甚为满意，认为达到了"子夏之徒不能赞一辞"的地步，如秤上称过一般，无有高低偏倚，由此进学，成就不可估量。《语类》卷十九言：

---

① 《语类》卷104，第3440页。

> 某《语孟集注》，添一字不得，减一字不得，公子细看。又曰：不多一个字，不少一个字。节。
>
> 《论语集注》如秤上称来无异，不高些，不低些。友仁。
>
> 某于《论》《孟》四十余年理会，中间逐字称等，不教偏些子。学者将注处宜子细看。过。
>
> 某那《集注》都详备，只是要人看无一字闲。僩。①

朱子因《集注》说过于简洁，不易理解。故撰写《或问》以对《集注》展开详尽阐发，答疑解惑，辨析《精义》诸说，把握《集注》要领。但《或问》的详尽造成文字增多，支离烦琐，反倒增加学习负担。其实，《或问》受《章句集注》影响，如《大学或问》与《中庸或问》的差别在：《大学或问》负责阐发《章句》未详之处，《中庸或问》则同时肩负阐发章句与辨析诸家说的双重任务，因二程一派对《中庸》有所论说，若不辨析清楚，易给学者造成困惑。

> 某作《或问》，恐人有疑，所以设此，要他通晓。而今学者未有疑，却反被这个生出疑！贺孙。②
>
> 某《或问》中已说多了。贺孙。③
>
> 先生说《论语或问》不须看。请问，曰："支离。"泳。④

在圣贤之意、经文、章句、或问、精义之间存在层次关系。熟读经文是为了领悟圣贤本意，由经文以通达本意。为读懂经文，必须参考《章句》。章句为经文服务，若读经文不通，可参考章句，判定章句的标准在经文。但为了读懂章句，必须参考《或问》。判定或问的标准在《章句》，或问为《章句》服务，"注脚之注脚"，《或问》在地位次序上居正文、章句之后，

---

① 《语类》卷19，第655页。
② 《语类》卷14，第429页。
③ 同上书，第426页。
④ 《语类》卷105，第3451页。

主要起答疑解惑的辅助作用。故朱子指出，如无必要，不须参考《或问》。盖此书之作，似有违背夫子教学愤悱启发之弊，且学者无疑生疑。从注释角度言，则存在一个从外在辅助读本到接近圣贤本意的由低浅到高深的次第，即或问、章句、经文、本意，在此由低到高、由高到低的循环往复的双向系列中，关键在于工夫，必须苦下工夫，方可了然于心。随着境界的提升、理解的加深，逐步丢下作为辅助的或问，然后是章句、正经、最后连正经也放下，即得意忘言境地。在朱子看来，学习的过程是逐步放弃注本的过程，注本越来越少才好。越离不开注本，注本越多，恰恰说明理解水平太低，始终停留于粗浅阶段。故朱子曾鼓励学者应当放弃注本，尤其是《或问》。《语类》卷十四言：

> 只如《大学》一书，有正经，有注解，有或问。看来看去，不用《或问》，只看注解便了；久之，又只看正经便了；又久之，自有一部《大学》在我胸中，而正经亦不用矣。然不用某许多工夫，亦看某底不出；不用圣贤许多工夫，亦看圣贤底不出。大雅。①
> 子渊问《大学或问》。曰："且从头逐句理会，到不通处，却看《章句》。《或问》乃注脚之注脚，亦不必深理会。"贺孙。②

正因如此，朱子态度有时显得很矛盾，曾反思自家对经典诠释文字过多，反造成学习理解障碍。"某所成《章句》、《或问》之书，已是伤多了。当初只怕人晓不得，故说许多。今人看，反晓不得。贺孙。"③ 但更多时候，朱子还是肯定注解工作必要，指出《大学或问》有其必要意义，尤其体现在对核心难懂的格物、诚意章辨析上。鉴于《大学或问》自成一体的特点，朱子提出于此书应当融会贯通，互相参照，不可割裂看。

朱子定位《集注》与《集义》的关系是精髓与皮毛。《集注》对前辈说已撮其大要，并无半个闲字，一字不可轻易放过，具有以一当十的效果，

---

① 《语类》卷14，第428页。
② 《语类》卷14，第429页。
③ 同上书，第425页。

故无需再向外添加前辈说。意味着《集注》在继承前人之说上的集大成性。对《集义》的掌握需要相当辨别工夫，盖《集义》驳杂、容有是非掺杂、瑕瑜互见的情况。《集注》则是对《集义》去芜存精加工的善本，其义理完全可靠，只是省略了过程，文字简易，学者又不容易体会其字里行间的要义所在。朱子提出的办法是，读熟《集注》，在此基础上，再看《集义》，由此二书异同来体会去取淘汰之意。但对《集注》的真切把握又应建立在对《集义》的辨析思考上，这不是一个轻松的过程，需要耗费大量心力、智慧。《精义》作为诸家说的集合，是《集注》的铺垫，朱子自身在熟读《精义》诸家说基础上，经过对各家说法的异同比较辨析，达到了自出手法地步。可见《精义》在《集注》中扮演了阶梯角色。朱子一方面指出，《集注》来源于《集义》又高于《集义》，是对《集义》的精炼提升超越，在取舍诸家说的过程中达到了精妙确当、严谨细密、无可移易的地步，在此意义上，学者掌握《集注》即可，不需要再学习《集义》。但同时又指出，《精义》诸说仍然具有参考价值，因《集注》过于简要平易，学者不易把握其中要妙。若能对《集注》所取诸家说来龙去脉有所了解，对理解《集注》大有必要。故此应学习《精义》，借此为梯以通达道理。

  《集注》乃《集义》之精髓。道夫。①

  且说《精义》是许多言语，而《集注》能有几何言语！一字是一字。其间有一字当百十字底。②

  前辈解说，恐后学难晓，故《集注》尽撮其要，已说尽了，不须更去注脚外又添一段说话。③

  须借它（《集义》）做阶梯去寻求，将来自见道理。④

  最后，略论一下朱子诠释《四书》的态度与方法。朱子《四书》诠释

---

① 《语类》卷19，第657页。
② 同上书，第658页。
③ 同上书，第656页。
④ 同上书，第660页。

的成功在于态度和方法。他主张解经根本在谨守经义"本分""代圣贤立言",而不是立己之言,这是他解经第一原则。宋代疑经解经风潮甚为流行,"六经注我"的义理解经风气大行其道,朱子对此颇有不满。圣人之言有具体语境,有特定针对对象,批评伊洛诸家虽才气高,虽然有得,其一时所见,却偏离本意。故《集注》于二程诸家说,即便思想深刻,然不符合本意者,常不选取。最终朱子对经典的解释超越了二程,取得了"至先生而后大明"的效果。其次,朱子诠释《四书》态度极为认真,战战兢兢,对每一用词皆费尽心力,称量轻重适中,方敢写出,生怕误解圣贤本意。连无关紧要的虚词,亦从训诂解之,达到丝毫不漏的精细地步,树立读书仔细的榜样。再次,对二程诸家说,朱子指出须详加辨析。因二程之说常有自相矛盾之处,未见得符合本意。《集注》与二程说之不同,显示了朱子的独立精神。朱子每次修改注释,皆是有意而为,不可轻视。修改的原因在于难得恰好文字,既要表达自身义理,又要符合经文原意。朱子对解经有强烈嗜好,人劝他少著书,或者从大纲立论,遭到朱子批评。认为大纲虽好,然不够细致,因为正谬往往仅在毫忽间,故须穷尽一切。

> 然某于文字,却只是依本分解注。……且如伊川解经,是据他一时所见道理恁地说,未必便是圣经本旨。要之,他那个说,却亦是好说。道夫。
>
> 每常解文字,诸先生有多少好说话,有时不敢载者,盖他本文未有这般意思在。道夫。
>
> 某解书,如训诂一二字等处,多有不必解处,只是解书之法如此;亦要教人知得,看文字不可忽略。贺孙。
>
> 方伯谟劝先生少著书。曰:"在世间吃了饭后,全不做得些子事,无道理。"①

黄榦曾回忆朱子对《集注》的修改费尽心力,为安顿一字而数日不安而夜不成寐。"先师之用意于《集注》一书,余尝亲睹之。一字未安,一语

---

① 《语类》卷105《朱子论自注书》,第3445—3447页。

未顺，覃思静处，更易不置。或一日二日而不已，夜坐或至三、四更。"① 朱子认为，诠释的最高境界，就是要实现与圣贤同心，达到了己心与圣贤之心的相合，故判定诠释的好坏即在于是否令圣贤点头称是。"孔孟往矣，口不能言，须以此心比孔孟之心，将孔孟心作自己心。要须自家说时，孔孟点头道是，方得。"

朱子对自身学习《四书》的方法多有揭示。认为《大学》须花费数月工夫，《论》、《孟》则要两三年工夫。"可将《大学》用数月工夫看去。"力行。② "《语》、《孟》用三二年工夫看。"德明。③ 提出研读《学》《庸》的办法是句句理会，互相印证阐发。横渠云："'如《中庸》文字，直须句句理会过，使其言互相发。'今读《大学》亦然。"④ 于《论》、《孟》当专一沉潜，自然自得。"沉浸专一于《论》、《孟》，必待其自得。"⑤ 在把握文义基础上细加玩味，每日少读精思，以身体之，切实不虚。"《论语》难读。日只可看一二段，不可只道理会文义得了便了。"贺孙。⑥ 读书看诸家异同最妙。吾等今日读朱子，亦当观朱子异同。"凡看文字，诸家说异同处最可观。某旧日看文字，专看异同处。"⑦ 读书贪多最为大病，仔细为要。"读书贪多，最是大病，下梢都理会不得。"⑧ 独处深思，精专透彻，方得效用。"看文字，却是索居独处好用工夫，方精专，看得透彻，未须便与朋友商量。"⑨ 信而能疑，当经历由信到疑的过程。"某寻常看文字都曾疑来……久之，方见其未是。"⑩ 工夫当勿忘勿助，勿高勿虚，反思自家曾裹入流行之解经风气中，高谈义理。后经延平指点，方刻意经学，于经典中推见实理。"故教之养气工夫缓急。云不必太急，不要忘了，亦非教人于无着摸处用工

---

① 《勉斋先生黄文肃年谱》，《宋人年谱丛刊》第 11 册，四川大学出版社 2003 年版，第 2003 页。
② 《语类》卷 14，第 420 页。
③ 《语类》卷 19，第 644 页。
④ 《语类》卷 16，第 506 页。
⑤ 《语类》卷 19，第 649 页。
⑥ 同上书，第 651 页。
⑦ 《语类》卷 104，第 3432 页。
⑧ 同上书，第 3431 页。
⑨ 同上。
⑩ 同上书，第 3432 页。

也。某旧日理会道理，亦有此病。后来李先生说，令去圣经中求义。某后刻意经学，推见实理，始信前日诸人之误也。"大雅。① 朱子反思自家之学乃是铢累寸积之学，此针对的是好高捷径之学。"某不敢自昧，实以铢累寸积而得之。"② 提出读书不可挑读、快读，主张应玩味体察，"须是熟方得"，处处皆精义，道理自然显现。"《论语》须是玩味。今人读书伤快，须是熟方得。"③ 主张于《四书》当"日日认过，只是要熟"。"如鸡伏卵，温故自成"④。

第三节　朱子四书学形成新考

　　朱子四书诠释历经一长期艰辛过程，故厘清把握这一过程，对理解作为"朱子全部学术之中心或其结穴"⑤ 的四书学非常重要。学界对朱子四书的形成似乎已形成某种共识，然仍有可探讨之处。朱子四书的形成大致可分为五个时段：启蒙期、准备期、初步形成期、成熟期和完善期，这一过程体现了朱子四书撰述刊刻既齐头并进又分合有度的特点。朱子对四书各书或单刻，或《学庸章句》合刻，或《论孟集注》合刻，但并未合刻《四书集注》。朱子四书学着力构建了四书的一体化，但此一体化中亦有客观的差别性。这在《四书或问》中表现得极明显。盖今通行本《四书或问》虽编为一帙，而实由丁酉1177年《论孟或问》与晚年《学庸或问》两部分构成。朱子四书系列著述反复修改刊刻，颇有使人迷惑颠倒之处。如《论孟精义》为系列著作，名称、刊刻皆多变，极易混淆。先后有癸未1163年《论语要义》（庚辰1160年《孟子集解》）、壬辰1172年《论孟精义》（又名《论孟集义》）、庚子1180年《语孟要义》三个不同版本，而今流传通行本却不属任何一版本，似为盗本。准确把握朱子四书的形成著述，对朱子四书学的理解无疑具有基础性意义。

---

① 《语类》卷104，第3434页。
② 同上书，第3439页。
③ 《语类》卷19，第652页。
④ 同上书，第657页。
⑤ 钱穆：《朱子学提纲》，三联书店2002年版，第180页。

一 《章句》《集注》的形成刊刻

朱子四书学的形成贯穿朱子求学问道的全部生命，是一长期的探索过程，此一过程大致可分为各具特色的五个时段：四书学的启蒙期、准备期、初步形成期、成熟期和最后完善期。

自接受庭教至绍兴二十二年（1152年）可视为朱子四书学启蒙期。这一时期大致分为三个阶段：自小在父亲朱松指导下诵读四书，打下日后研究四书的初步根基，朱子自称"某少时读四书，甚辛苦"[1]。绍兴十三年（1143年）父殁之后，朱子举家迁至崇安，受学父挚胡宪、刘勉之、刘子翚三先生，苦读四书。"某自年十四五时即尝有志于此，中间非不用力。"[2]中举至绍兴二十二年（1152）赴任同安前。朱子十九岁中进士后，泛滥佛老，但仍以研读四书为主。谢良佐《论语解》对朱子四书学思想产生了重要影响。朱子曾叙说反复研读该书的情景，对其引导之功深表感激。"熹自少时妄意为学，即赖先生（上蔡）之言，以发其趣。"[3]

朱子四书学准备期大致从绍兴二十三年（1153）至隆兴元年（1163年），即十年从学延平期，此阶段朱子始专意儒学，写下了表明与佛学决裂的批判著作——《杂学辨》，其中包括对吕本中《吕氏大学解》、张无垢《中庸解》的批评，对吕氏、张氏佛老之说的批评，是朱子对自身佛老思想的彻底清洗，是走向儒学的宣言。同时撰写了《论语要义》、《论语训蒙口义》、《孟子集解》等著作，完成了四书诠释的准备性工作。[4] 庚辰（1160年）《答程云夫》一言，"《孟子集解》虽已具稿，然尚多所疑"[5]。延平对朱子最大教导在于通过和朱子反复探究理一分殊这一兼具形上本体和形下方法论的儒学命题，帮助朱子分辨儒佛在本体与工夫上的同异，最终使朱子从泛滥释老之路归本伊洛之学。这一探究过程围绕四书文本的重点章节范畴展

---

[1] 《语类》卷104，第3427页。
[2] 《答陈正己》，《文集》卷54，第2558页。
[3] 《应城县上蔡谢先生祠记》，《文集》卷80，第3794页。
[4] 《论语要义目录序》，《文集》卷75，第3613页；《论语训蒙口义序》，《文集》卷75，第3615页。
[5] 《文集》卷41，第1859页。

开，涉及《论语》忠恕说和仁说、《孟子》存心养气说、《大学》"格物"说、《中庸》未发已发说，如己丑（1169年）《答林择之》二十言，"中和二字，皆道之体用，……旧闻李先生论此最详"①。

从隆兴甲申年（1164年）至淳熙九年壬寅年（1182年）为朱子四书学初步形成期，这一时期经过与湖湘学派争论中和说、仁说，朱子树立起一生为学大旨，完成了《章句》、《集注》、《或问》初稿，并有所刊刻。

这一时期时跨度较长，大致可划为三个阶段，甲申（1164年）至壬辰（1172年）的《精义》阶段，此时朱子非常注意区分儒佛，对《论语》仁说、《孟子》养气尽心、《大学》格物诚意、《中庸》中和诸说的认识皆得到加深，在四书文本上亦取得进展，壬辰年出版了《论孟精义》②。《大学》方面，朱子于延平去世后不久即撰成《大学集解》一书，该书集解前辈诸说而成，故又名《大学集传》。丁亥1167年《答林师鲁》言，"《大学集传》虽原于先贤之旧，然去取之间，决于私臆"③。乙巳1185年《答林井伯》二言，"伊川先生多令学者先看《大学》，此诚学者入德门户，某向有《集解》两册，纳呈福公（陈俊卿），其间多是集诸先生说"。④

自癸巳（1173年）至丁酉（1177年）为第二阶段，《论语集注》、《孟子集注》、《大学章句》、《中庸章句》、《四书或问》等著作相继完成。在《大学集解》基础上完成《大学》的经传划分、次序调整，加入了训诂注音，撰成《大学章句》，完成了与之配套使用的《大学或问》。朱子一直做《中庸》的集解工作，此时撰成与《大学章句》体例相似的《中庸章句》。癸巳《答林择之》十三言，"近看《中庸》，于章句文义间，窥见圣贤述作传授之意，……因出己意，去取诸家，定为一书，与向来《大学章句》相似"⑤。朱子反对友人刻印《中庸章句》，甲午（1174年）《答吕伯恭》三十八言，"《中庸解》固不能无谬误，更望细加考订。……但恐未成之书，若

---

① 《文集》卷43，第1979页。
② 今本似为盗本，详见下文。
③ 《晦庵先生朱文公别集》（以下简称《别集》）卷5，上海古籍出版社、安徽教育出版社2002年版，第4935页。
④ 《别集》卷4，第4911页。
⑤ 《别集》卷6，第4950页。

缘此流布，不能不误人耳"①。考虑到好友石子重《中庸集解》太繁厚了，朱子特意编撰《中庸辑略》一书。丁酉年正式完成了《中庸章句》、《中庸或问》、《中庸辑略》的撰写。从丁酉年朱子给蔡季通的信中可知，以《精义》、《或问》、《章句》、《集注》为主的四书学框架已经建构起来了。"某数日整顿得四书颇就绪，皆为《集注》，其余议论别为《或问》一篇，诸家说已见《精义》者皆删去。但《中庸》更作《集略》一篇，以其（石子重）《集解》太烦故耳。"②"近日《章句》《集注》四书却看得一过，其间多所是正。"③需注意的是，朱子此时并未将《章句》、《集注》合订为一部书，而是称为"四书"，即四本书之意，《章句》、《集注》各两本。

自戊戌（1178年）至壬寅（1182年）为第三阶段，着重四书文本的修改与刊刻。如庚子（1180年）朱子提及《论语集注》当改大半，庚子（1180年）《答程正思》六言，"《论语》旧尝纂定诸说，近细考之，所当改易者什过五六"④。辛丑（1181年）提及《孟子集注》、《中庸章句》修改，《答叶永卿》九，"《孟子集注》近方修得一过，未及再看"⑤。《答刘子澄》二，"偷闲修得《中庸》及《孟子》下册"⑥。

壬寅（1182年）朱子将《学庸章句》合刊于浙东任上，他在丁未（1187年）《答宋深之》（二）提到，"且附去《大学》、《中庸》本，大小学序两篇，幸视之。《大学》当在《中庸》之前。熹向在浙东刻本只为一编，恐匀仓尚在彼，可就求之"⑦。这里朱子提到《学庸章句》而非《四书集注》合刻为"一编"，《学庸章句》是合刻而非各自单刻。《论语集注》则早在庚子（1180年）就为商人盗刻，"《论语集注》盖某十年前本，为朋友间传去，乡人遂不告而刊，及知觉，则已分裂四出而不可收矣"⑧。同年朱子给廖子晦的信中称已请求官府追究盗版之事，"《论语集注》已移文两

---

① 《文集》卷33，第1456页。
② 《答蔡季通》三十六，《续集》卷2，第4680页。
③ 《答蔡季通》一，《续集》卷2，第4672页。
④ 《文集》卷50，第2323页。
⑤ 《别集》卷6，第4967页。
⑥ 《别集》卷3，第4889页。
⑦ 《文集》卷58，第2771页。
⑧ 《语类》卷19，第657页。此条杨道夫录，己酉以后所闻。

县，并作书嘱之矣"①。可知此时朱子《论》、《孟》并未合刻。

自淳熙癸卯年（1183年）至绍熙壬子（1192年）十年间为朱子四书学的成熟期，在此阶段朱子对《章句》、《集注》进行了多次修改和刊刻。我们以己酉（1189年）年朱子序定《学庸章句》为标志，将这十年分为前后两个阶段论述。

己酉前四书的修改刊刻。首先是《大学》、《中庸》德庆刻本、丙午改本，《论语集注》、《孟子集注》德庆刻本、丙午刻本（静江本）。朱子在这数年间对《四书》做了较为密集的修改刊刻。乙巳（1185年）朱子对四书进行了一次较为满意的全面修改，尤其是提到《大学》所改甚多。《答潘端叔》二言，"今年诸书都修得一过，《大学》所改尤多，比旧已极详密"②。丙午（1186年）在詹仪之的要求下，朱子将修改的四书抄写给他，结果詹氏将其中《论语集注》、《孟子集注》不告而刊之，此为静江本也，朱子对此深感不满。《答詹帅书》（二）言，"今辱垂喻，乃闻已遂刊刻，闻之悯然。"事实上早在两年前（即1184年），《论语集注》、《孟子集注》就有了德庆刊本，詹氏还为之写序，朱子指出隔了两年，今本较旧本修改不大，紧要之处仍不满意，"德庆刊本重蒙序引之赐，尤以悚仄。此书比今本所争不多，但紧切处多不满人意耳"③。《答詹帅书》（三）言，"但两年以来节次改定，又已不少……今不免就所示印本改定纳呈。"④《答詹帅书》（四）言，"熹前日拜书，并已校过文字。……不免亲为看过，其间又有合修改处甚多，……昨日始得了毕，但《论语》所改已多，不知尚堪修否"⑤？詹氏在两年前的德庆刊本中，似乎也刊刻了《大学》、《中庸》，这次本来还要刊刻新本，但为朱子所制止，"《中庸》、《大学》旧本已领，二书所改尤多；幸于未刻，不敢复以新本拜呈，幸且罢议，他日却附去请教也。"朱子还具体透露《中庸》序和《大学》格物的修改。《答詹帅书》（三）言，"《中庸》序中推本尧舜传授来历，添入一段甚详，《大学》格物章中改定用功程

---

① 《答廖子晦》六，《文集》卷45，第2087页。
② 《文集》卷50，第2292页。
③ 《文集》卷27，第1201页。
④ 同上书，第1203页。
⑤ 同上书，第1206页。

度甚明，删去辩论冗说极多"①。

显然，朱子此时对四书的处理是，《学》、《庸》并提，《论》、《孟》并提，并无四书合刻。上引《答宋深之》（二）书仅言及《学庸》合刻，而未言及《论语集注》、《孟子集注》。《答黄直卿》三十六书提及《论孟》刻本而未言及《学庸》，"广西寄得《语孟》说来，细看亦多合改"②。戊申（1188年）《答苏晋叟》明确言及建阳人盗版"静江本"《论孟解》，可见詹仪之广西静江刻本仅刻《论孟集注》而非《四书集注》。"《论孟解》乃为建阳众人不相关白而辄刊（'刊'）行，……然乃是静江本之未修者，亦不足观也。"③ 此外，魏了翁《朱氏语孟集注序》指出朱子晚年《语孟集注》与赵汝愚所刻成都本差别极大，说明所谓成都刻本仅为《语孟集注》。于此可推，"静江本""德庆本"当与之类似。

> 辅汉卿广以《语孟集注》为赠，曰："此先生晚年所授也。"余拜而授之。较以闽浙间书肆所刊，则十已易其二三；赵忠定公帅蜀日成都所刊，则十易六七矣。（《鹤山集》卷五十三）

此后朱子仍继续四书的修改工作，并提到四书著作被盗版的苦恼，《中庸》新本尚未刊刻即遭到盗印，《论孟解》旧本静江本亦被人翻印，甚悔此书刊刻过早，存在不完善处，担心给读者造成不良影响。戊申（1188年）《答应仁仲》二，"《中庸》等书未敢刻，闻有盗印者，方此追究未定，甚以为挠也"④。修订工作不止于《章句》、《集注》，其中包括《学庸或问》。戊申《答黄直卿》二十言，"《大学》、《中庸》、《集注》中及《大学或问》改字处附去，可子细看过，依此改定令写。但《中庸或问》改未得了，为怅耳"⑤。

己酉正式序定《学庸章句》，庚戌刊刻《大学章句》、《四子》，标志着

---

① 《文集》卷27，第1205页。
② 《续集》卷2，第4656页。
③ 《文集》卷55，第2633页。
④ 《文集》卷54，第2549页。
⑤ 《续集》卷1，第4649页。

朱子四书学的正式形成。

庚戌（1190年）朱子在临漳任上推行经界时曾刊刻了《四子》。据《书临漳所刊四子后》可知，朱子在漳州将四书合刻，四书顺序是《大学》《论语》《孟子》《中庸》，特别说明《中庸》当在《孟子》后，《大学》当在《论语》前，此四书为原本而非朱子注本，朱子对原书只作了两方面工作：一是注音，"考旧闻为之音训，以便观者"。二是补上了二程涉及四书读法的议论，今本《论孟集注》亦有此。这是为了"以便观者""以见读之之法"，方便学者理解。"故今刻四古经而遂及乎此四书者，以先后之，且考旧闻为之音训，以便观者。又悉著凡程子之言及于此者，附于其后，以见读之之法。"① 朱子在《答曹元可》中指出，自己对于所刻《四书》只是"略述鄙意以附书后"，指书后跋语而非四书各章句之注文。"是以顷年尝刻四古经于临漳，而复刻此四书以先后其说，又略述鄙意以附书后。"② 朱子此时公务繁忙，限于精力，无力完成《四书集注》的修改工作。在《答张元德》第一书中，朱子交代对《大学章句》多有修改，而《论孟集注》《中庸章句》任职期间则无暇改，自己也颇不满意。

　　《大学》等书近多改定处，未暇录寄，亦有未及整顿者，如《论》、《孟》两书，甚恨其出之早也。此间事虽不多，然亦终日扰扰，少得暇看文字。③

正因为朱子仅修改好了《大学章句》，故庚戌年仅刊刻了《大学章句》。此时，朱子将《章句》、《集注》与《四子》相提并论，显然彼此各为一套书，四子不等于《四书集注》。在庚戌《答张元德》第二书中，朱子先提到《大学章句》刊行，再提到《四子》，将《大学章句》与《四子》并提，若四子指《四书章句集注》，则逻辑不通。同时《答林一之》书亦将《四子》与《章句集注》并提，显然《四子》与《四书集注》是两套书。

---

① 《文集》卷82，第3895—3896页。
② 《文集》卷59，第2811页。
③ 《文集》卷62，第2981页。

《大学》近已刊行，今附去一本，虽未是定本，然亦稍胜于旧也。临漳四子四经各往一本，其后各有跋语，可见读之之法。①

疑问两条至诚之说，固难躐等遽论。熹于《四子后序》中已略言之矣。"不谓性命"，《集注》甚明，恐未详考之过。②

壬子年南康《大学》《论》《孟》刻本。朱子所著《大学》、《论》、《孟》三书于壬子（1192年）在南康刊刻。壬子年朱子《答李诚之》一提到刊刻了《大学章句》，"近所刊定《大学章句》一通，今致几下，所欲言者不能外此。"③ 癸丑（1193年）《答刘德修》二中提到《大学》、《论语》、《孟子》三书在南康被刊刻，却未提到《中庸》，可见并无《四书集注》合刻。"某所为《大学》、《论》、《孟》说，近有为刻板南康者，后颇复有所刊正，今内一通"。④ 朱子此后多次提到南康刻本，对之多有修改。如甲寅（1194年）《答吴伯丰》十三，"南康诸书，后来颇复有所更改。"⑤ 丙辰（1196年）《答孙敬甫》四提到对南康语孟版本经过再三修改，"南康《语》、《孟》是后来所定本，然比读之，尚有合改定处。"同书还提到毁版事，"毁板事近复差缓，未知何谓"⑥。南康本遭到毁板《语》、《孟》之令但终未实行，丁巳（1197年）《与黄直卿书》二十五言，"得曾致虚书，云江东漕司行下南康，毁《语》、《孟》板。刘四哥却云被学官回申不可，遂已"⑦。朱子同时修改《中庸章句》、《或问》、《辑略》三书，对三书作了合理定位，《或问》简单直接，《集解》诸说不纯，时有不妥，当以《章句》为主，《或问》、《集解》之说适当添入，以二者之长补《章句》之不足。辛亥（1191年）《答黄直卿》十七言，"或只如旧而添《集解》、《或问》以载注中之说"⑧。

---

① 《文集》卷62，第2982页。
② 《答林一之》，《文集》卷57，第2695页。此札重出于《文集》卷64《答林质》。
③ 《文集》卷60，第2899页。
④ 《别集》卷1，第4846页。
⑤ 《文集》卷52，第2440页。
⑥ 《文集》卷63，第3064—3065页。
⑦ 《续集》卷1，第4653页。
⑧ 同上书，第4648页。

自绍熙癸丑（1193年）至庚申（1200年）是四书学的最后修改完善期。南康诸刻本在朱子生前甚为流行，成为重要的教材。朱子对此从未满足，始终在不懈修改，亦有新的刊刻。尤其对《大学》修改频繁。朱子甲寅（1194年）曾入侍讲解《大学》，回来后对《大学章句》有所修改，如乙卯（1195年）《答吴伯丰》十五言，"《大学》、《中庸》近看得一过，旧说亦多草草"①。丙辰（1196年）《答孙敬甫》六指出《大学》已经修改成新的定本，并以此刊正旧版，"'小人闲居'以下……此段《章句》、《或问》近皆略有修改，见此刊正旧版，俟可印即寄去"②。己未年（1199年）仍刻《大学》新本，《答刘季章》十一言，"《大学》近修改一两处，旦夕须就板，改定断手，即奉寄也"③。对《中庸》的修改围绕首章等重点章句展开，且《章句》、《或问》并行修改。乙卯《答林德久》六提及修订刊刻《中庸章句》《或问》，"《中庸章句》已刻成，尚欲修一两处，以《或问》未罢，亦未欲出，次第更一两月可了"④。朱子此时对《孟子》仍颇为费心，除修改《孟子集注》外，还编撰了《孟子要略》一书，丁巳（1197年）《答黄直卿》三十言，"病中看得《孟子要略》章章分明，觉得从前多是衍说，已略修正，异日写去，此书似有益于学者"⑤。他对《论语》的重要章节仍在修改，如乙卯、戊午间《答曾无疑》四言，"忠恕二说皆近之。熹向来所论正谓如此，近复细观，乃有未尽，已于《论语集注》中更定其说矣"⑥。

朱子对四书著作反复修改，诸家《年谱》皆载朱子易箦前三日尚修改《大学·诚意》章，正反映出朱子对四书死而后已、精益求精的探索精神。朱子现存文献反复提及《学庸章句》、《论孟集注》多为单刻，有时两两刻，但并无提及四书合刻，故可认为朱子并未合刻《四书集注》，《四书集注》

---

① 《文集》卷52，第2442页。
② 《文集》卷63，第3067页。
③ 《文集》卷53，第2494页。
④ 《文集》卷61，第2937页。
⑤ 《续集》卷1，第4654页。
⑥ 《文集》卷60，第2890页。

作为专名及合刊乃后人所为。① 后人魏了翁也是将朱子四书单提，如他在《朱文公五书问答序》言，"得未见之书，乃《易本义》与《论孟集注》、《中庸大学章句或问》之外，又裒当时答问之语为一编。"（《鹤山集》卷五十五）

二 《四书或问》的分合异同

《四书或问》因皆为朱子所作，且刻为一书之故，易被视为一体而不加区别。既然包含章句、集注两种不同体裁的《四书章句集注》都可视为一书，何况体裁一致的《学庸论孟或问》了。其实不然，且看上海古籍、安徽教育版《四书或问》校点说明中体现的困惑：

> 就连朱熹自己，对《章句》、《集注》、《或问》也语含轩轾。一方面，他对《章句》、《集注》的修改日益精密……另一方面，对《或问》却又无暇修订，感到很不满意。……因为《或问》与《集注》抵牾颇多，甚至还得出"不须看"的结论。……朱熹生前只刻印了《论孟集注》，从未将《论孟或问》付印，……但据《中庸章句序》，他在世时，已将《或问》附于《章句》之后。
>
> 尽管如此，《或问》毕竟还是有用之书。

"校点说明"指出，朱子有明确贬低《或问》的说法，《或问》无法和《集注》相提并论，这是非常明显的，如朱子于《语孟集注》反复修订、刊刻，对《或问》却说无暇修订，从未将《论孟或问》刻印。但另一方面，朱子又将《中庸或问》附于《章句》之后，一并刊刻。这也是事实。这里显然存在矛盾，校点说明者并未解释个中原因，而是最后以"尽管如此，《或问》毕竟还是有用之书"为结束语。

仔细阅读朱子关于《或问》的论述，即可发现，在朱子心目中，有两

---

① 顾宏义《"四书"释名》指出，朱子"四书"一名多指四部书，"四书"作为专名"大体出现在宋宁宗嘉庆年间"。见《哲学与时代：朱子学国际学术研讨会论文集》，华东师范大学出版社2012年版。

种不同的《或问》：一种是"不须看"的、"不相应的"《论孟或问》；另一种是不断修改完善附于《章句》之后的《学庸或问》。在丁酉年，朱子大致分别完成了四书的《或问》，这是一个分水岭。此时的四书《或问》皆反映了朱子丁酉期思想，可视为一体。但自此就走向了分别。《论孟或问》从此再未修改，亦从未主动刊刻，朱子不愿将之与《论孟集注》同等并提。《答张元德》明确言，"《语孟或问》乃丁酉本"[1]。弟子甘节晚年所录语录亦提及《论语或问》为丁酉本。"张仁叟问《论语或问》。曰：是十五年前文字，与今说不类。"[2]

反观《学庸或问》则不然，朱子晚年屡屡提及且不废修改，《朱文公文集》中万人杰、陈淳等弟子与朱子书信，多有长篇讨论《学庸或问》者，亦证明朱子对《学庸或问》非常重视，不断修改。朱子本人常将《学庸或问》与《章句》并行刊刻，更证明了《学庸或问》的重要。再从后世《四书集注》刊本来看，许多著作如元代胡炳文《四书通》等多收入《学庸或问》，并为之作注，据此亦可看出在朱子后学那里对《论孟或问》与《学庸或问》就有区别对待。典型者如元代程端礼《读书分年日程》即对学习《学庸或问》与《论孟或问》有明确区分，《大学或问》、《中庸或问》是与《大学章句》、《中庸章句》同时通读的，而《论孟或问》则要求挑选其中与《论孟集注》义理相应者读，盖其多有与之不相应者。

> 《大学章句》《或问》毕。次读《论语集注》。次读《孟子集注》。次读《中庸章句》、《或问》。次抄读《论语或问》之合于《集注》者。次抄读《孟子或问》之合于《集注》者。

这也提醒我们，《四书或问》乃后世所刊，并非朱子所著，恐朱子在世时并无"《四书或问》"一书。只有《论孟或问》、《学庸或问》，二者在相同时间形成初稿，此时视为一体是合理的。但此后二者产生差别，今本二者分别代表朱子丁酉时期的和晚年的思想，故须区别对待。这与我们上述

---

[1] 《答张元德》七，《文集》卷62，第2988页。
[2] 《语类》卷105，第3451页。

《四书集注》合刊的分析颇有关联，我们很自然地将《四书或问》视为一体，是受到合刊本的误导，加上"以今视昔"的眼光，所以难免与事实不符。

三 《论孟精义》系列异同①

朱子《论孟精义》是个复杂的系列，其名称的反复变化也反映了它不断被修改刊刻的历史，先后有《论语要义》《论孟精义》《论孟集义》《语孟要义》等名称。《论孟精义》是其中最流行者，今传世本即为此名。问题是各种版本仅仅是名称之异还是内容有别呢？它们之间的关系演变如何呢？今本《论孟精义》真实情况如何呢？以下试图具体分析朱子《论孟精义》的形成过程，以回答以上问题。

朱子对《论语》、《孟子》的研究分别进行。癸未（1163年）先后撰成《论语要义》和《论语训蒙口义》，二书早佚，今存《论语要义目录序》，对《要义》一书缘起有详细介绍。序文指出，该书取名《要义》相对小学而言，尽管小学名物训诂之功不可省略，但此书不取文字训诂之说，只取二程学派所阐发的理学大义，故名之曰《要义》。"盖以为学者之读是书，其文义名物之详，当求之注疏，有不可略者。若其要义，则于此其庶几焉。"②朱子对此书效用极为自信，认为它优于《论语训蒙口义》。《与平父书中杂说》言，"《训蒙》草草不堪看，只看《要义》自佳也"③。应当记住的是，此处《要义》仅指《论语要义》而非后来的《语孟要义》。此书代表了朱子从师延平以来研究《论语》的心得体会，朱子撰述该书，目的在于以之作为教学范本，为学者学习理学思想提供便利。故三年后朱子在给友人信中有此书"甚便学者观览"之说。《答何叔京》三言，"伯崇云《论语要义》武阳学中已写本，次第下手刊板矣。若成此书，甚便学者观览"④。朱子在稍早时的庚辰年（1160年）写完《孟子集

---

① 本书所据《论孟精义》亦为《朱子全书》本，该书点校以清嘉庆间吕氏宝诰堂刊《朱子遗书二刻本》为底本，对校以南京图书馆所藏明钞本，参校以四库全书文渊阁本（皆三十四卷钞本）。
② 《文集》卷74，第3614页。
③ 《文集》卷40，第1798页。
④ 同上书，第1803页。

解》初稿,《程钦国》言,"近集诸公《孟子》说为一书,已就稿"①。此书主要聚集二程学派的孟子说,初稿成书后经过很长时间的独自修改,直至丙戌(1169年)朱子才将之在友朋间传阅切磋,并参考了何叔京《孟子遗说》,朱子根据《孟子集解》一书广搜博取古今诸说的性质,认为可命之为"古今集解"。此书亦早佚。"昔人有古今集验方者,此书亦可为古今集解矣。"②

朱子四十左右对二程学派《论语》、《孟子》诠释认识加深,于壬辰年集合诸家《论》、《孟》诠释,合撰成《论孟精义》一书,癸巳(1173年)刊该书于福建建阳。《精义》是先列出原文,再依次列出明道、伊川、张载、范祖禹、吕希哲、吕大临、谢良佐、游酢、杨时、侯仲良、尹焞十一家之说。朱子在序言中总结编撰此书意图在于集理学众家之优长,明圣学传道统绪,以消除流俗异端之学的谬害。此书刊后,朱子门人即用以教学,当时很见欢迎。乙未1175年《答程允夫》言,"所教学者看《精义》说甚善"③。该书对普及二程思想,建构儒家道统思想起到积极作用,并在学界大受欢迎,马上就遭到义乌书商的盗版,以至朱子不得不请吕伯恭出面制止。甲午(1174年)《答吕伯恭》二十八言,"所扣婺人番开《精义》事不知如何?此近传闻稍的,云是义乌人"④。

《集义》与《精义》为同书异名。今本朱子为《精义》所作序题为《语孟集义序》,此名与正文有冲突,文中言该书"名曰《论孟精义》,以备观省"。而序题下小字注:"初曰《精义》,后改名《集义》。"此注及《集义》之名显然为文集编者所改,《集义》与《精义》为同书异名关系,《集义》之名晚于《精义》。后世著录亦两名互用,如《直斋书录解题》题为《语孟集义》,《浙江采集遗书总录丙集》、《皕宋楼藏书志》题为《论孟集义》二十卷,他书皆著录为《论孟精义》。《集义》之名晚于《精义》,朱子何时改《精义》为《集义》的呢?丁酉年完成的《四书或问》

---

① 《别集》卷3,第4879页。
② 《文集》卷40,第1805页。
③ 《文集》卷41,第1889页。
④ 《文集》卷33,第1447页。

虽屡言及《精义》，但在《孟子或问》中亦两次提及《集义》，"杨氏别说有之……予窃深有疑于其言，故不敢以列于《集义》之书。""尹氏推说尧舜孝弟之意亦佳，而《集义》未之载也。"故《集义》之名应在壬辰至丁酉间出现，若如《年谱》所载，庚子1180年《要义》后又改名《集义》，《集义》之名当出现在庚子之后而非之前的丁酉年。

朱子文字中并未专门提及《集义》，而是常将《集义》与《精义》混用不分。如同为一人所录《语类》，既言《精义》又言《集义》。"近看《论语精义》，不知读之当有何法？"（人杰。《集义》）黄榦与朱子讨论《精义》诸家说，《语类》皆以"集义"标之，黄榦与朱子问答的语类，庚子年前甚多，多为朱子早年说。朱子本人亦将《集义》与《精义》用于同一对象，如"《集注》乃《集义》之精髓。""且说《精义》是许多言语，而《集注》能有几何言语！"在朱子看来，此二者乃同书异名，在内容上并无差别。不过《集义》在名称上较《精义》更贴切平实，《精义》乃精妙、精微之义，《集义》为集合诸家义理之义。

淳熙庚子年朱子对《精义》的修订作了一次总结。《精义》完成后，朱子并未放弃修改，如他与吕祖谦就《精义》修改多有讨论。吕祖谦提出《精义》不够完善，印行过早，导致无法补充遗漏的周孚先、张载等说。"只如《语孟精义》，当时出之亦太遽，后来如周伯忱《论语》、横渠《孟子》等书，皆以印版既定，不可复增，此前事之鉴也。"[1] 朱子在丙申（1176年）请求吕氏补充《精义》，并商量刊行之事。《答吕伯恭》四十八言，"《精义》可补处，亦望补足见寄，（只写所补段字注云入某段下）《精义》或以属景望刊行，如何？熹书中已言之矣"[2]。在与《精义》配套而刊行稍晚于《精义》的《或问》中，朱子多次提及《精义》对二程诸家说失载。

朱子弟子黄灏于淳熙庚子（1180年）重刻《精义》于豫章，并改名为《语孟要义》。朱子在《书语孟要义序后》中交代了改名经过及内容变动：

---

[1] 吕祖谦：《与朱侍讲》，《吕祖谦全集》第1册，浙江古籍出版社2008年版，第431页。
[2] 《文集》卷33，第1467页。"景望"为朱子、吕祖谦的朋友郑伯熊，永嘉人。朱子与其有书信往来。

熹顷年编次此书，锓版建阳，学者传之久矣。后细考之，程、张诸先生说尚或时有遗脱，既加补塞，又得昆陵周氏说四篇有半于建阳陈焞明仲，复以附于本章。豫章郡文学南康黄某商伯见而悦之，既以刻于其学，又虑夫读者疑于详略之不同也，属予书于前序之左，且更定其故号《精义》者曰《要义》云。①

该序对我们理解朱子《精义》系列具有重要意义。朱子交代了刊刻《要义》的缘由，因数年前曾于建阳刊刻《论孟精义》一书，流传甚广，后细加考察，发现二程、张子等诸家说不乏遗漏，故时加补充，并补入二程弟子周孚先《论语说》残篇。② 黄灏将该书修订本刊于豫章，担心读者对该书前后版本详略差异之疑虑，请朱子特意在前序（即壬辰《语孟精义序》）后再作一序。为示区别，朱子将此前《精义》改名《要义》。由此可知：

一、《要义》与《精义》为同一书前后版，《要义》后于《精义》，二书内容存在详略之别。

二、朱子于此正式文字中并未提及《集义》，说明《集义》与《精义》仅仅是名称不同，并无内容上的差别，正如朱子《语孟》、《论孟》互用一样。

三、后世朱子学者在庚子版《要义》与壬辰《精义》（《集义》）、癸未《要义》内容、先后关系上有的看法不当。首先，诸家《年谱》多混淆癸未《论语要义》与庚子《语孟要义》，重视《精义》与《集义》，视《集义》为后于庚子《要义》的最后定本。如戴铣《朱子实纪年谱》言，"是书初名《要义》，改今名（《精义》），最后更名曰《集义》。"李默《紫阳文公先生年谱》则未提及庚子《要义》，"是书初名《要义》，后改今名。……其后又改名《集义》。"王懋竑对《年谱》混淆前后《要义》说、错置《要义》

---

① 《文集》卷81，第3846页。
② 朱子于癸巳年左右得到周的《论语解》，并托儿子带给吕祖谦看，请其判定其解与程门之高低。"近得毗陵周教授数篇《论语》，令儿子带去试一读之，以为与程门诸君子孰高孰下也。以一言语及为幸。"《答吕伯恭》，《文集》卷33。

与《集义》的看法提出批评，"庚子刻于南康（笔者按：南康误，当为豫章），改名《要义》，盖其名偶同，而非即前《论语要义》之本也。《年谱》误认以此书先名《要义》，后改《精义》，又改名《集义》，以《书语孟要义序后》考之，非是"①。钱穆赞同王氏说，并据《书语孟要义序后》指出，"《精义》增刻改名《要义》，其事尚在后。……可证旧本《年谱》之误"②。

尽管如此，《四库全书》整理者仍主张《年谱》所言《集义》在庚子《要义》后说。束景南亦反驳王懋竑说，认为癸未《要义》、壬辰《精义》、庚子《要义》为同一本书，"内容基本相承"，提出"若是两部书，朱熹断不会自将两部书取同名相混"③。

据《年谱》及《朱子大传》之意，庚子《要义》与癸未《要义》、壬辰《精义》无甚差别，故可忽略之。考之朱子论述，其实不然。首先，癸未《要义》只是《论语要义》，并不包括《孟子》，而庚子《要义》则为《论孟要义》，两者根本就不是同一本著作，正如王氏所言，"其名偶同"耳。其次，朱子对庚子《要义》极为重视，在庚子前的己亥之秋反复恳请吕祖谦兄弟借抄横渠相关资料以补充《要义》。

> 豫章欲刻《精义》大字版，意欲令并刻老兄所增横渠诸说。此间传录未及数篇，专作此数字。今后遣人就借得，以付之为幸。④
> 又尝附隆兴书凂子约借《精义》补足横渠说定本，欲与隆兴刻板。亦乞为子约言，早付其人。或径封与彼中黄教授可也。千万留念。⑤

朱子在此仍称该书为《精义》，直至庚子重刻方改名《要义》，以示区别。在具体流行中，朱子及其弟子皆以《精义》相称，概约定俗成故。朱子在信中提出希望得到吕子约所补充的横渠说，完善《精义》，因为《精

---

① 以上皆引自《朱子全书》27册《附录》，分别为第37页，第118页，第217，第441页。
② 钱穆：《朱子新学案》四，第197—198页。
③ 束景南：《朱熹年谱长编》，华东师范大学2001年版，第459页。
④ 《吕子约》，《别集》卷1，第4840页。
⑤ 《答吕伯恭》七十二，《文集》卷34，第1489页。

义》成书后数年间，不断有新材料发现。这充分说明庚子《要义》与壬辰《精义》已有了相当差距。据朱子著述反复修改，后出转精之通常情况，按理修订补充版《要义》应取代壬辰《精义》流行开来，但事实并非如此。个中原因，不得其解。

同样引人发疑的是，今本《论孟精义》并非壬辰本。《精义》、《或问》、《集注》三书存在紧密的对应关系，《精义》为基础，《或问》针对《精义》而发，《集注》则是《精义》的简缩版。但今本《精义》与二书存在大量的不对应，说明今通行本《精义》存在重要遗漏，极可能非壬辰本。如范祖禹《孟子解》为通行本《或问》、《集注》大量引用，但《精义》却无一提及，极不正常。况朱子答蔡季通书中已提及范氏《孟子解》，朱子说李伯谏来信托整理《孟子集解》，朱子将《孟子集解》旧稿两本及二程及其弟子诸书给蔡氏，并详细告诉蔡氏如何据此诸书增补《孟子集解》。盖该书正处于改补刊印阶段，一边修改补充，一边刊印。

> 伯谏书中说托料理《孟子集解》。今纳去旧本两册，更《拾遗》、《外书》、《记善录》、龟山、上蔡录、游氏妙旨、《庭闻稿录》、《五臣解》（取范、吕二说）。①

束景南认为朱子此答李伯谏书为乾道七年②，陈来《朱子书信编年考证》虽未考证该书，但认为李伯谏甲申1164年与朱子通信，庚寅1170年弃佛归儒，故该书完成当亦在辛卯左右。据此，则朱子1173年刊刻于建阳的《精义》当着意补充了范氏《孟子解》，而今通行本《精义》却无一条范氏解。③ 这也否定了朱子在壬辰前尚未发现范氏《孟子解》迟至庚子年才补充

---

① 《续集》卷2，第4696页。施懿超先生考证范祖禹与司马康等五人同进呈所编《孟子节解》，或著录为《五臣解孟子》。并指出《文献通考》据晁公武所言五臣包含"范祖禹"有误。见（《范祖禹年谱简编》，《文献》2001年第3期。按：据朱子此书，则晁氏说未见得误。

② 束景南：《朱子大传》，第316页。

③ 粟品孝先生对此早有疑问，他说，"如此很难理解为什么刊于次年的《孟子集解》无有范氏之说。暂存疑于此"。详见《朱熹对范祖禹学术的吸取》注释28、29，《成都大学学报》1999年第4期。吴国武《〈五臣解孟子〉与宋代孟子学》对此有所论述，《国学学刊》2014年第3期。

的可能。而且，朱子《书语孟要义序跋》强调庚子年的重大补充是"毘陵周氏说"，并未提及范氏《孟子解》，此亦可证此前壬辰版本已收入范氏说。《孟子集注》引范氏说多达16章18条，高居所有引用者第5位，可见朱子对该书之重视。《或问》评论范氏《孟子解》，常言"得告君之体"，可见该书乃范氏进讲著作。今本《精义》对范氏此书却无一引及。据此，则今本《论孟精义》恐非壬辰本，或为壬辰前的"旧本"，特别是《孟子》部分。

后世流传的《精义》与今本存在差异，林乐昌在搜集、整理张载佚文的过程中觉察"明人著述中仍可发现不见于《精义》的张载解说《孟子》语"，并敏锐指出，"这似乎表明今本《精义》并非足本，明人所用版本可能不同于今本"①。

今通行本《孟子精义》疏略潦草，不如《论语精义》精密。《孟子或问》与《孟子精义》不相应处甚多，有时《或问》评论数家说而无一见于今本《精义》者。如《离娄》上"求也为季氏宰章"，《或问》评及范氏、杨氏、尹氏说，皆不见于《精义》。可见今通行本《精义》绝非足本，亦非壬辰本。

今通行本更不可能是庚子《语孟要义》，庚子本是对壬辰《精义》的补充完善，在壬辰本基础上对"程、张诸先生"说"遗脱"进行了三方面"补塞"：程子、张子之说；《论语》前四篇及第五篇部分补入周孚先《论语解》；杨氏等个别遗漏说。此皆不见于今通行本《精义》。

总之，朱子《论孟精义》为系列著作，先后有癸未1163年《论语要义》（庚辰1160年《孟子集解》）、壬辰1172年《论孟精义》（又名《论孟集义》）、庚子1180年《语孟要义》三个不同版本，壬辰《精义》与《集义》仅是名称之别，但与庚子《要义》却存在内容差别，诸家忽视三版本之别，混淆前后《要义》，视《集义》在庚子《要义》后而忽视庚子《要义》的看法不妥。从流传而言，三版本似乎今皆已佚，可以断定的是，今流传通行本《论孟精义》既非癸未本，亦非壬辰本，也非庚子本，似为壬辰前后之盗本。最有力的根据是范祖禹《孟子说》数十条应为壬辰《精义》

---

① 林乐昌：《张载佚书〈孟子说〉辑考》，《中国哲学史》2003年第4期。

所采用，今通行本却无一及之。今通行本与存在密切对应关系的《集注》、《或问》、《语类》多有不称，不符合庚子《语孟要义》之论述。以上辨析了朱子四书著作的形成刊刻，希望能引起进一步讨论。

第 二 章
朱子道统说新论

第一节 尧舜禹"十六字心传"

朱子通过对《四书》的诠释，开创了新的经学时代，即四书学时代。朱子四书诠释的成功，在于赋予了四书新鲜血液，将其诠释成一个崭新的经学系统。此一新经学系既不同于原始形态的四书，亦不同于汉唐实证背景下的经学化"四书"，而是在宋代理学大背景下孕育而出的义理化四书。此一义理化四书学内容丰富，其中一个重大贡献就是牢固树立了儒家的道统思想。朱子在四书学中提出"道统"二字并予以深刻阐发，使道统成为儒学基本范畴，对儒学的发展起到了积极的推动作用。本节在参考时贤成就的基础上，拟从四书学与道统、道统、学统、政统之关联、"十六字心传"、道统说之形成几个方面对朱子四书学之道统思想作一探讨。

一 四书学与道统

朱子四书学与其道统说关联甚紧，二者关系可概括为：因《四书》以明道统，明道统以率《四书》。在诠释四书的过程中，朱子提炼出道统这一创新概念，以证明儒学之道绵绵不绝，足以抗衡佛老，化民成俗。道统概念的提出，也是对四书作为传道之经这一性质的点醒。

四书学是道统说的理论来源和存在根据。从道统传道人物来看，孔子、曾子、子思、孟子与《论语》《大学》《中庸》《孟子》这四部记录、传承他们思想的经典相对应，对四子思想所代表的儒学道统的理解认识，必须经由此四部经典而获得。在朱子看来，自孔孟之后的一千五百年间，儒家之道蕴而不彰，没有得到有效传承，仅仅存在于言语文字之间，直至二程始从传承此道的四书中重新体悟出儒家之道并接续发扬之。由此肯定传道经典与发明儒家道统一体相关，密不可分。道统来源于圣贤之经典，亦显示出其道之有统的存在根据，故能传承越数千年之久，超越时空局限。

朱子道统思想源自对四书思想之提炼，构成贯通四书学的一条主线。表面看来，朱子道统思想取自《尚书·大禹谟》，然其实质内涵"天理""人欲"，则为朱子四书所反复探讨之主题，其传道谱系亦早已存在于其中。如朱子说："孔子之所谓克己复礼，《中庸》所谓致中和、尊德性、道问学；《大学》所谓明明德；《书》曰：'人心惟危，道心惟微，惟精惟一，允执厥中'，圣人千言万语，只是教人存天理，灭人欲"①。尧命舜的"允执厥中"说《论语·尧曰》章为"允执其中"，《集注》全引杨时语以阐发孔孟传道之意；《孟子》末章，《集注》亦阐发其道统接续传承之意：

> 愚按：此言虽若不敢自谓已得其传，而忧后世遂失其传，然乃所以自见其有不得辞者，而又以见夫天理民彝不可泯灭。百世之下，必将有神会而心得之者耳。故于篇终，历序群圣之统，而终之以此。所以明其传之有在，而又以俟后圣于无穷也，其指深哉！②

朱子认为道统之传有赖于以四书为主的经典文本，经典文本在传播道统中具有不可替代的作用。子思作《中庸》一书即是推本尧舜以来相传之意，及平日所闻父师之言，以昭后之学者。故该书在"提挈纲维、开示蕴奥"方面，极为突出，"未有若是之明且尽者。"这和陆九渊的心学、禅宗的不立文字、直悟本心相区别开来。陆九渊认为不识一个字亦可堂堂正正做个人，这从一般的意义上讲自然是可以的。但如要成为圣贤般的人物，要使个人各方面素养得到全面提升，就离不开对经典的涵养体认。二程之所以能在千年以后接续道统，也正是借助了《中庸》这部经典，"因其语而得其心也"。子思传道之功正体现于《中庸》一书，二程兄弟透过该书文字而领悟圣贤传心之

---

① 《语类》卷12，第367页。
② 《四书集注》，中华书局1983年版，第377页。

妙,"生乎千四百年之后,得不传之学于遗经"。

二 道统、学统、政统

朱子提出的道统说,包蕴政统与学统之义。于朱子而言,为道、为学、为政本即通贯一体,如此方为内圣外王之道。

《大学章句序》指出,道统之传来自伏羲、神农、黄帝、尧、舜这五位"上古继天立极之圣神",此五位实为两个阶段:圣神所代表之阶段和圣王所代表之阶段。目前所能见到有经典记载者,则始于圣王尧舜。朱子为何将道统推至圣神阶段呢?学者解释其因在于伏羲的易学太极说对朱子理论体系甚有影响,但如何解释"神农、黄帝"呢?窃以为,恐怕还是为了加大道统的历史时长,树立道统的权威性,以对抗佛老。这种久远,神秘的人物,总能带给人一种神圣的崇高感。朱子在《沧洲精舍告先圣文》中就将伏羲置于道统的源头,说"恭惟道统,远自羲轩",这个"远"字就透露出些微消息。

道统的开启者同样是学统、政统的开启者,原因在于他们同时兼具君和师双重身份,《大学章句序》中称他们是"聪明睿智能尽其性者",故"天必命之以为亿兆之君师。"在那种政教合一时代,他们即是道、学、政的统一。学统是道之得以有统的必要手段,它的发展与道统紧密呼应,二者实为一皮之两面。三代以来,我国已经形成了两级教学体系,小学学习"洒扫应对进退之节,礼乐射御书数之文",大学学习"穷理正心,修己治人之道"。此一穷正修治之道,即精一执中之道。学统之发展和道统经历着同样的命运。《大学章句序》说,孟氏之后,学统失传,"自是以来,俗儒记诵词章之习,其功倍于小学而无用;异端虚无寂灭之教,其高过于大学而无实。其他权谋术数,一切以就功名之说,与夫百家众技之流,所以惑世诬民、充塞仁义者,又纷然杂出乎其间。使其君子不幸而不得闻大道之要,其小人不幸而不得蒙至治之泽。"学统让位于无用的记诵词章之学、无实的异端虚无之学,而且还遭受到功利权谋之说,百家无端之言的有力冲击。这些学说的纷纷涌现,使得儒学之道湮没不明,丧失了在思想界所具有的话语主导权,失其了对世道人心的教化作用,即道学不明,道统失传,治道不彰,政统失效。直至在"治教休明"的宋代,二程先生才上接学统,使《大学》

经传之旨复明于世。

尧舜禹汤文武是圣圣相承之过程,是道统和政统相统一时期,为儒家大道得行、内圣外王相统一时代,属于常理的"大德必得其位"。自孔子以后,转入圣师时期,德位分离,道统和政统开始脱离,故儒学转向强化道统和学统的合一。朱子认为,孔子所渴慕者仍是帝王之治,他在《论语》"何如斯可以从政"章注引尹氏说,"告问政者多矣,未有如此之备者也。故记之以继帝王之治,则夫子之为政可知也。"[①] 孔子不得其位并没有妨碍他的成就,他反而因继往开来之贡献越过了尧舜,孔子是以学统的形式延续了道统,他深入阐发内圣之学使道得以彰明,使借助学统形式所表现的道统依然保持了其独立性和超越性,发挥了对势的抗衡和宰制。这一抗衡是经由道统、学统领域转至对政统的重建而实现的。在这三统关系中,道统与学统密不可分,而接纳政统也一直是道统的应有之义。故《中庸章句序》即明言传道即是传政,"夫尧舜禹,天下之大圣也。以天下相传,天下之大事也。以天下之大圣,行天下之大事,而其授受之际,丁宁告诫,不过如此。"《语类》对《论语》的评价亦表露此意:"《论语》后面说'谨权量,审法度,修废官,举逸民'之类,皆是恰好当做底事,这便是执中处。尧舜禹汤文武治天下,只是这个道理。圣门所说,也只是这个。"[②] 朱子强调道统传至孔子是一个转折,进入"不得君师之位"的阶段。意味着道统不能再在高位顺畅下行,只能在学统的低位轨道中曲折前行,其主要任务是肃清思想界的异端庞杂之说,确立儒学在思想层面的地位。但是它并没有放弃在政治层面的抱负,而是通过道、学对君王产生影响,使之接受儒家政治标准而间接推行其外王。故此,朱子在政治上的最大主张和努力,即是正心诚意,"格君心之非",其武器即是精一执中这个道统,希望帝王接受儒家的道统说,由王而圣,恢复三代时候的圣王合一。这在朱子给皇帝的《壬午封事》、《戊申封事》中表露得极其明显。朱子与陈亮关于义利王霸之争,亦是从道统的高度来看待政统,他认为三代与汉唐的差别不在乎尽道多少这个量的问题,而是在于道之有无这个本质问题。以道观治,千五百年之间,

---

① 《四书集注》,第 195 页。
② 《语类》卷 78,第 2671—2672 页。

"只是架漏牵补，过了时日。其间虽或不无小康，而尧舜、三代、周公、孔子所传之道，未尝一日得行于天地之间也"①。以此观之，这千五百年的政治与儒家之道并无多少关系。"故汉唐之君，虽或不能无暗合之时，而其全体却只在利欲上。此其所以尧舜三代自尧舜三代，汉祖、唐宗自汉祖、唐宗，终不能合而为一也。"这种偶合，其根本是功利霸道之治，于尧舜三代之王道仁义之治，根本不类，"虽极其盛，而人不心服。"反诸王道之治，"莫若深考尧舜相传之心法，汤武反之之功夫，以为准则而求诸身"。②

朱子的道统说是对儒学发展的历史总结，尤其是对自宋以来儒学内部纷扰局面的整合，抵抗了佛老等对儒学的冲击破坏，指引了儒学发展方向。在北宋诸派纷争时，各家都展开过"一道德"的工作，试图统一儒家自身内部的思想，来对抗佛老，实行"攘外必先安内"的政策。但在朱子之前，这项工作并未完成，朱子提出道统二字即是为了作一次正本清源的工作。"道统"一名实自朱子首倡。③ 这里要提出的问题是，朱子为何用"道"而不是"仁"或"理"这样的名称呢？孔子之学是成仁之学，一般概括为仁学而不是道学。朱子却说"子思忧虑道学失传"，采用"道学"二字，其考虑何在？④ 朱子用道学来概括儒家之学，一方面是看到了儒学的延续与发展、同一与差异。在孔子，道的核心为仁，工夫表现为忠恕、克己；在孟子，道的核心为仁义，工夫表现为存心、养气；而在二程，道的核心则为理，工夫表现为格物穷理，居敬涵养。更主要的一面则是"道"具有极大的包容性，其所指包括儒家内圣外王之两面，《中庸章句序》就透露出这个道兼具道统、学统、政统的三重意味。

三 "十六字心传"

朱子道统说主要有两方面：传道谱系和"十六字心传"。

---

① 《答陈同甫》六，《文集》卷 36，第 1583 页。
② 《答陈同甫》八，《文集》卷 36，第 1588 页。
③ 陈荣捷：《新道统》，《朱子新探索》，华东师范大学出版社 2007 年版，第 287 页。
④ 乾道壬辰年给石子重写的《克斋记》中，朱子在阐述完对仁的看法后，即提到"然自圣贤既远，此学不传，及程氏两先生出，而后学者始得复闻其说，顾有志焉者或寡矣。"《文集》第 3710 页。可见，朱子此时对道统大体已经有初步看法，此学理解为"仁学"亦无不可。

在道学得行的上古三代，道无需特别传扬；至道不得行之后世，则必须由专人传扬。孔门颜曾传道学宗旨，由曾氏再传至子思、孟子。在子思时代，不仅政统早已失去，连道统亦受到异端威胁。出于对道统失传的忧虑，子思写下《中庸》一书，然道传至孟子而终失其传，此后千载为异端"日新月盛"时代，特别是佛老，"弥近理而乱真"，直至二程兄弟，才通过对《中庸》的考察研读，接续子思之传，倡明圣学。然二程之说又"惜乎，其所以为说者不传"，朱子特别点出对二程弟子之不满，说他们所自为说"倍其师说而淫于老佛者，亦有之矣。"故朱子以强烈的道统继承感，自认为二程之学的接续者，承担起阐发道统的任务。朱子道统谱系特点是越过汉唐千年岁月，将对儒学发展颇有贡献的董仲舒、扬雄、王通、韩愈剔除出道统之外，认为他们没有真正领悟儒家道统之精髓，对儒家之道存在程度不同的偏离。同时，朱子在《四书集注》中亦没有将周敦颐、张载及他所传承的杨时、罗从彦、李侗列入道统。这是因为尽管朱子对道南学脉这一系抱有相当的尊敬，但是亦批评他们"静中体验未发大本"的工夫有所偏颇。尽管朱子对周敦颐、张载很是推崇，但就《四书》传道而言，二者似留意、发挥不够。

朱子在《中庸章句序》中以"十六字心传"作为儒家道统说的核心，定下了道统说的基调。此一道统核心主要包括"允执厥中"的目标、"惟精惟一"的实现工夫，这一工夫之关键在于精察人心与道心之别。

朱子道统说的目标是"允执厥中"，此四字即是尧之授舜的心法，"尧当时告舜时，只说这一句"①。朱子认为，尧之授舜，本来仅此一言就"至矣，尽矣！""舜复益之以三言者"，不过是"明夫尧之一言，必如是而后可庶几也。"即后面三言是实现"允执厥中"这个目标的方法。朱子提醒学者，执中之执为虚说，是"无执之执"，因为并没有一个作为实体的中来被人把握，"执"只是心里默自用力，不失中道。若能获得中这个天下大本，随时处中，使日用思虑动作恰到好处，那在道德成就上就达到了中庸之境。中作为一种至高的道德修养境界，它表现出来就是无处而不自得，就显现为一种方法。"人心惟危，道心惟微，惟精惟一"是达到中这一至德的工夫，

---

① 《语类》卷78，第2671页。

朱子认为它是舜告禹时所添入的。"后来舜告禹，又添得'人心惟危，道心惟微，惟精惟一'三句。"① 这三句即表明了如何达到中这一至德的工夫进路。"这三句是'允执厥中'以前事，是舜教禹做工夫处。"具体而言，它有两个向度："精"之察识与"一"之操存。在《中庸章句序》的第二段，朱子详细阐述了这一工夫过程，并对这一对概念有着详尽说明。

人心之危。心实质上只有一个，即表示价值中立、强调属性功用的虚灵知觉之心，它包括人的感性欲望和知性思考。"盖尝论之：心之虚灵知觉，一而已矣。"虚，是心处于不作价值判断的虚空状态；灵，指心的流动不居，变化作用的活动态；知觉指心的感知、判断能力，这些皆是心所本有之特点。人心和道心则是从道德价值角度作出的区分。人心来源于形气之私，指个体所必有之感性需求，其特点是"危殆而不安"，原因在于"人心易动而难反"。由形气所构成的物质躯壳为人人所私有，决定了其欲望之满足皆是不可公约的一己之私。故与此形气相连的感性欲望是危险的，容易滑向欲望的泥沼。"所谓人心者，是气血和合做成，（先生以手指身）嗜欲之类，皆从此出，故危。"② 但人心之危并不代表坏，并不表示要舍去之，只是要唤醒人们对欲望之私的警惕和节制。"且如危，亦未便是不好，只是有个不好底根本。"正是因为形气属于个人私有，私欲、私念、私心就皆从此气而出，是一切私之根源。视身体为一切私欲的根源，是诸多学派的看法。人心对于道心而言，并非不好，其在道德价值上是中立的，可善可不善。只是因受到物欲引诱污染，人心才走向不善。朱子以圣贤亦不可无人心形气为例，说明二者并非不好，肯定了人基本需求的正当合理。在朱子的思想体系中，人欲才是不好，才是恶。因此，朱子特别强调人心与人欲的区别。他指的人欲，即是人之私欲，是超出正常要求的需要。朱子对此有很明确的区分。"饮食者，天理也；要求美味，人欲也。"③

道心之微。道心原于性命之正，构成人的超越面，指向人的价值善。特点是微妙而难见，"义理难明而易昧"。朱子认为心具道心和人心之两面，

---

① 《语类》卷78，第2671页。
② 同上书，第2674页。
③ 《语类》卷13，第389页。

道心是义理之心，人心是血气之心。"人自有人心道心，一个生于血气，一个生于义理。"① 道心之"微"既指精微难以捉摸，又指隐微难以发现。凡是精细之物皆隐藏在内，不易发觉显露，道心亦然。道心虽然先于人心为人所得，但人心与人的关系更为贴切，故道心往往被人心所阻隔，好比清水之混于浊水也。朱子还从人需求的三个层次来分析道心难见的原因，第一层次是生理上饥寒饱暖之类的欲望，极其明显而容易感觉，故人人皆知之；第二层次是算计谋划、趋利避害等较为精细深刻的需求，某些动物对此没法感知；第三层次是纯粹精神上的道德感受，只有人才独有，是人真正区别于动物之处。人的道心即是第三层次道德需求的反映，它是人类文明进步的重要标志，故并不像反映人基本欲望的人心那样遍在呈露。"天下之物，精细底便难见，粗底便易见。饥渴寒暖是至粗底，虽至愚之人亦知得。若以较细者言之，如利害，则禽兽已有不能知者。若是义理，则愈是难知。"②

朱子对人心和道心关系做了多角度的比较，以下观点值得重视。

人心和道心是相对性概念，判定的根据心之价值指向是理还是欲。先生曰："'此心之灵，其觉于理者，道心也；其觉于欲者，人心也。'"③ 单独说人心，皆是好。只有当它与道心相对言时，才凸显了它不好而容易流于不正的一面。"有恁地分别说底，有不恁地说底。如单说人心，则都是好。对道心说着，便是劳攘物事，会生病痛底。"④

道心应对人心起主宰作用，即以义理为准绳来制约人欲，这样才能"允执厥中"。《中庸章句序》言，"必使道心常为一身之主，而人心每听命焉，则危者安、微者著，而动静云为自无过不及之差矣。"构成人心的知觉欲望若没有主宰定止之物，容易放纵陷溺，危而难安；道心是义理之心，具有主宰约束功能，故可以为人心之标准。朱子用船和柁的比喻来表明道心对人心的导向作用，来自于形气之私的人心在善恶的天平上中立两可，正犹如漂荡于水中无所定向的船，必须以道心为主宰方能为善；反之，交付于形

---

① 《语类》卷62，第2013页。
② 《语类》卷78，第2667页。
③ 《文集》卷56，第2680页。
④ 《语类》卷62，第2012页。

气，就失去目标和方向，则是恶。"由道心，则形气善；不由道心，一付于形气，则为恶。形气犹船也，道心犹柁也。……惟有一柁以运之，则虽入波涛无害。"① 朱子还从气质之心的角度论述人心可善可恶，道心则内含天理。"人心者，气质之心也，可为善，可为不善。道心者，兼得理在里面。"② 朱子认为，形气是物，道心就是则，有了公共无私之则的控制，那么形气之私就可以存在。这和胡五峰的"天理人欲，同行而异情"是相一致的。人心和道心为所有人之共有，圣愚的差别在于以道心为主还是以人心为主。人心为人生来即有之本能，实不可无，强调人心、形气之客观存在，为人内在先天所本有，这是儒家和释老的一个区别所在。朱子指出，即便是大谈空虚之道的释老，也无法摆脱人生的基本欲望，即人心终不可泯灭，且在存在上先于道心，它关乎人的现实存在。"既是人心如此不好，则须绝灭此身，而后道心始明。且舜何不先说道心，后说人心？""然则彼释迦是空虚之魁，饥能不欲食乎？寒能不假衣乎？能令无生人之所欲者乎？虽欲灭之，终不可得而灭也。"③

道心和人心的对立，与天理人欲、公私这两对概念相对应。道心对人心的宰制，也即是使"天理之公胜夫人欲之私。""问：动于人心之微，则天理固已发见，而人欲亦已萌。天理便是道心，人欲便是人心。曰：然。"④ 朱子在此采用二程之说，直接以天理和道心，人欲与人心画上等号。因为道心本来即含天理，人心本来即含人欲，故以理制欲，即是以道心制人心。朱子同样认为，道心与人心亦可视为公和私的关系，天理是天地万物公共之理，人不得而私；人欲则是从个体躯壳上发出的需求，为人所私有而不可公。朱子由此将人努力要达到的允执厥中的目标转换为使天理之公战胜人欲之私，即存天理灭人欲。存得一分天理，便灭得一分人欲。可见，这个人欲实质指人之私欲，并非所有欲望，合理欲望乃是不可绝灭的。"大概这两句，只是个公与私；只是一个天理，一个人欲。"⑤ 人心和道心本为一心，

---

① 《语类》卷62，第2012页。
② 《语类》卷78，第2668页。
③ 《语类》卷62，第2014—2015页。
④ 《语类》卷78，第2667页。
⑤ 同上书，第2673页。

人心显明易见，道心隐晦幽闭，通过努力做工夫，可以到达道心和人心合而为一的状态。这个合而为一不是消除人心，而是使道心全部在人心上呈现，化人心为道心。于圣人而言，即是如此，圣人浑身皆是天理道心。"人心与道心为一，恰似无了那人心相似。只是要得道心纯一，道心都发见在那人心上。"① "有道心，则人心为所节制，人心皆道心也。"这种人心和道心的合一关系，需历经艰难的工夫实践方能达到，而且往往只在一念之间。正因为人心道心其实只是一心，上智与下愚皆兼具此二心，故圣凡之别只是在于道心与人心量的多少，而非质的差异。这就使得圣凡的差距缩短，肯定二者在人性上的同一性，许诺了即凡而圣、下学上达之可能，亦是对"人皆可以为尧舜"思想的继承阐发。

人心与人欲。朱子哲学是复杂的思想系统，如何区分人心与人欲的关系，也是朱子思想中一个不易分清的问题。朱子在此问题上思想处于变化之中，早期采用二程的"道心，天理；人心，人欲"说，视人心与人欲在此语境中意义相当；后则有"'人心，人欲也'，此语有病"说，主张区别人心与人欲。但此前后期的人心与人欲的等同、区别亦是大概而论，朱子亦可能存在人心包含人欲，人欲为人心之欲望的看法，即二者类似于上下位包含关系——人心含知觉、嗜欲两面，皆其所不能无。"人心是此身有知觉，有嗜欲者，如所谓'我欲仁'，'从心所欲'。'性之欲也，感于物而动'，此岂能无！"大雅。② 其实，在理学（朱子学）话语系统中，理与欲、理与心是相对的两组范畴，心与欲并非相对的范畴，而更多被视为一种等同关系（二程、早期朱子、阳明、甘泉）或包含关系（中晚年朱子，私欲之心、欲望之心）。故此，我们在理解朱子关于二者用语时，应保持情境、动态、相对的看法。对于朱子在具体时机下提出某种与其定见不同的说法，是非常正常的，并不能就此判定该种说法一定是错误的，若如此处理，将导致对朱子思想成熟的复杂性、艰巨性的遮蔽。《语类》的记载，当然存在问题，编者已经标注不少说法与《集注》不相应的"问题语录"，如"记者之误""传写之误""记录有误""此言盖误""《集

---

① 《语类》卷78，第2666页。
② 《语类》卷62，第2014页。

注》非定本"等。

以下讨论朱子的人心、人欲说。

  1. 滕璘辛亥（1191 年）所录，朱子肯定伊川人欲人心、天理道心说。"方伯谟云：人心道心，伊川说天理人欲便是。曰：固是。"可学录别出。①

  2. 郑可学戊申（1188 年）所录，朱子肯定人欲便是人心说。"问：动于人心之微，则天理固已发见，而人欲亦已萌。天理便是道心，人欲便是人心。曰：然。"②

  3. 张洽癸丑（1193 年）所录，朱子称赞程子人心人欲说穷尽心传之旨。"程子曰：'人心人欲，故危殆；道心，天理，故精微。惟精以致之，惟一以守之，如此方能执中。'此言尽之矣。……圣人心法无以易此。"③

  正因人心即人欲，故人心之危亦可谓人欲之危。

  4. "人心亦未是十分不好底。人欲只是饥欲食，寒欲衣之心尔，如何谓之危？既无义理，如何不危？"黄士毅录。④

  5. "问：'人心惟危'，程子曰：'人心，人欲也。'恐未便是人欲。曰：人欲也未便是不好。谓之危者，危险，欲坠未坠之间，若无道心以御之，则一向入于邪恶，又不止于危也。"董铢录、潘时举录同。方子录云："危者，欲陷而未陷之辞"。子静说得是。⑤

朱子去世前一年己未（1199 年）吕焘所录《语录》明确提出"有天理自然之安，无人欲陷溺之危"⑥。可见并非人心可言危，人欲也可言危，其

---

 ① 《语类》卷78，第2670页。
 ② 同上书，第2667页。《语类》表明郑可学所记通常为辛亥，似当在戊申，论证见本书第六章第三节。
 ③ 张洽所录有丁未1187、癸丑1193两个年代，此据前后《语类》当为后者，《语类》卷78，第2668—2669页。
 ④ 《语类》卷78，第2663页。
 ⑤ 同上书，第2663—2664页。
 ⑥ 《语类》卷13，第389页。

危表现为陷溺。这种意义下的人欲与人心相通。

第4条语录，朱子明确分别了人心、人欲、道心。朱子起首即说，"人心亦未是十分不好底。"接着以饥食寒衣之基本欲望为证，指出就通常意义而言，这种人欲并非不好，只有当它与义理相脱离的情况下才是不好。人心是心灵的知觉功能，在价值上中立，决定价值取向者在于知觉的内容，在对待的意义上，人欲与道心代表知觉的善恶两端，人心既非人欲，亦非道心，而是包含二者。就此条语录之特定语境，可知"人欲"概念包含在"人心"中，是人心的一个方面，指人心之欲望。人心与人欲并非对立，而是包容关系。故提出"人欲只是饥欲食，寒欲衣之心尔"。朱子屡言人只有一个心，道心、人心皆是一心所发。人欲与天理一样，皆是人心应有的必要内容。陆王之学，突出人心天理一面，完满自足。朱子更关注现实欲望对人心的腐蚀，强调道心主宰人心的功夫。朱子对人心的描述，往往就其必要欲望而言。本条语录中人欲指对饥渴等生理需要的欲求之心，对饥渴的欲求连主张四大皆空的佛学都无法否定。在朱子看来，这种欲望其实即是天理，"饮食，天理也。"朱子的理、欲范畴是在特定意义下，具体语境中相对而言，对其具体指向必须具体分析。本条语录的三句话是一个关联整体，每句各有指向，分别指向人心、人欲之心、义理之心，构筑成一个内在语义圈。第一句总说人心不能武断为不好，第二句以反问语气指出对饥寒的欲求之心符合人的正当需求，不能就此断定其为危险，意在强调此种人欲的必要合理性。第三句为第二句之补足，同样以反问语气指出即便是必要合理的欲求之心，若无义理为之主宰，难保不会走向危险之路，故必要合理的人心、人欲，也需要道德之心为其主宰。

第5条语录讨论程子的"人心，人欲"说。问者提出程子"人心，人欲"与"人心惟危"说相冲突，认为人心"恐未便是人欲"。主张人心可善可不善，人欲则全不善，二者不可等同。朱子回答切中要害，言："人欲也未便是不好。"即人欲与人心一样，也是危而不安，不可直接称之为恶。朱子对人心与人欲关系的看法源于二程，伊川对此的经典表述是"人心，人欲；道心，天理"。分别以人欲、天理解释人心、道心。这种惟危的人心就是人欲，是天理的对立面，应当克除之。

> 人心，人欲。道心，天理。(《二程外书》卷二)①
> 人心惟危，人欲也。道心惟微，天理也。(《二程遗书》卷十一)②
> 人心莫不有知，惟蔽于人欲。则忘天德，一作理也。(《二程遗书》卷十一)③

二程有的表述将"人欲"替换成"私欲"，道心表述为"正心"。这种表述更见准确，区分了此语境中的人心特指人心欲望中的私欲，此"私"不是从身体言，而是从道德上判定，此私欲"危殆"，需灭除之，以明天理。

> 人心，私欲也，道心，正心也。(《二程遗书》卷十九)④
> 人心，私欲，故危殆。道心，天理，故精微，灭私欲则天理明。(《二程遗书》卷二十四)⑤

从发展眼光来看，朱子对程子人心、人欲之说的看法有一个变化的过程，在早年形成独立看法之前，朱子采用二程之说，将人心与人欲、道心与天理并提。如《观心说》"人心之危者，人欲之萌也。道心之微者，天理之奥也。心则一也，以正不正而异其名耳。"在晚年形成独立看法之后，对二程说并未完全抛弃，而是仍有肯定。如上所引滕璘、郑可学辛亥所录、张洽癸丑所录问答，朱子皆分别以"固是""然""尽之矣"充分肯定程子人心人欲，道心天理说。在与郑可学的讨论中也肯定天理道心、人心人欲分别说。朱子反复指出，人只有一个心，心是理气结合体，天理、人欲皆在此心中，皆由此心发出。心具有知觉功能，觉于理是道心，觉于欲则是人心。人欲与人心紧密相连。正是在这个意义上，可以说道心即天理，人心即人欲，这样就把理欲分别得很清楚，所以朱子称赞程子"道心天理，人心人欲"

---

① 《二程集》，中华书局 1981 年版，第 364 页。
② 《二程集》，中华书局 1981 年版，第 126 页。
③ 同上书，第 123 页。
④ 同上书，第 256 页。
⑤ 同上书，第 312 页。

说和五峰说"天理人欲，同行而异情"说。

晚年一般情况下，朱子对程子"道心天理，人心人欲"说不乏批评，其根本原因在于朱子要强调人实质上只有一个心，担心程子说分别过度，有分成两个心的嫌疑。反复指出道心与人心的分别取决于知觉的方向，觉于理是道心，觉于声色嗅味的感官欲望是人心。特别强调，以感官欲望为主的人心必不可少，也并非不好，只是危险而已。如果全是不好，则人根本无法树立道心为主的道德主体。① 为此他反对"人心人欲"等同说，因为即便是圣贤上智之人，也离不开人心。如果把人心等同于人欲，就有把人心视为全部不好之意，有消除人心之意。朱子在此显然是从狭窄意义上，即与天理相对立的意义上理解人欲，认为人欲是个否定性的词，不可与人心混用。这一说法仅见于此。事实上，朱子对人心、人欲的关系存在对立或包容两种看法。当认为二者对立时，则否定人心人欲说；认为二者包容时，则肯定人心人欲说，这取决于对人心、人欲的理解。如朱子认为圣人纯是天理毫无人欲，但圣人也有满足饥渴的生理需要，此类生理欲望朱子解为人心而不是人欲。

> 若说道心天理，人心人欲，却是有两个心！人只有一个心，但知觉得道理底是道心，知觉得声色臭味底是人心，不争得多。'人心，人欲也'，此语有病。虽上智不能无此，岂可谓全不是？陆子静亦以此语人。非有两个心，道心、人心，本只是一个物事，但所知觉不同。萧佐甲寅所闻。②

总之，对朱子人欲说应具体细致分析。当朱子单独说人欲时，人欲所指较广，在价值上中立，可善可恶，是必须而不可以消除的。人心来源于形气之私，形体的存在必然有人欲，如我欲仁、饮食饥渴之类。当与天理对说时，则是狭隘义的人欲，指过分的不合理的欲望，是不应该存在的。朱子人

---

① 与朱子相反，阳明赞同程子说，认为伊川人心人欲说是心欲一体说，朱子道心主宰人心反倒过于分析，是二心说。"程子谓人心即人欲，道心即天理。语若分析，而意实得之。今日道心为主，而人心听命。是二心也。天理人欲不并立。安有天理为主，人欲又从而听命者？"《传习录》上，《王阳明全集》，上海古籍出版社1992年版，第7页。

② 《语类》卷78，第2664页。

欲说与现代人的理解存在一个很大差别，即对必要的饮食生理欲望性质的判定，需要根据其对象、数量、场合等因素而定，不可一概而论，它实质上是一个价值概念，而非单纯的事实概念。朱子常以天理人欲相对，学者问饮食这种人人皆有的欲望到底属于何者，朱子当即肯定，一般意义上的饮食之欲属于天理，而对于超出要求的美味等欲望，则属于人欲。其实，饮食与要求美味皆是欲望，二者差别在于欲望主体与欲望对象的关系。饥渴之欲本身无价值判定，决定的根据在于欲望的度，这个度需要个体根据具体情境来把握。

"问：饮食之间，孰为天理，孰为人欲？曰：饮食者，天理也；要求美味，人欲也。"甘节癸丑以后所录。[1]

朱子常以"分数""界限"表示此度，这个度决定了欲望的性质。就此意义而言，天理和人欲是一体的，"同行而异情"，天理就在人欲中，人欲中也有天理。只是过分了，侵占了天理的界限。故对此度数、界限需要严格把握，这也就是天理人欲的相对之意。

即便满足生存的最基本的饮食之欲，也不一定是必需的，是合理的，而需要根据具体情境场合来决定。如嗟来之食，尽管数量甚微，且为生命所必须，但必须拒绝之，以维护天理大义。由此可见，朱子的理欲观，并没有坐实具体事物，饮食等具体欲望在道德上是中立的，如佛家非善非恶的"无记业"，只有当其过度或与道义发生冲突时才能做出道德善恶的判断。判定的尺度在于内心的道德准则和社会共同遵守的规范。故此，理欲只是抽象的普遍原则，其落实需要就具体情景而言。朱子有时称饥渴是人心，有时称为天理。可见，饥渴既可以是人心，人欲，也可以是天理，道心。抽象孤立的饥渴在道德上没法判断，只有在具体情境中才能判断满足饥渴方式是否合宜。因此，朱子称人生只有天理，人欲是后天之物，是从天理之中产生，是对合理欲望的过度。

---

[1] 《语类》卷13，第389页。

问："饥食渴饮，此人心否？"曰："然。须是食其所当食，饮其所当饮，乃不失所谓'道心'。若饮盗泉之水，食嗟来之食，则人心胜而道心亡矣！"① 沈僩戊午1198年以后所闻。

"天理人欲分数有多少，天理本多。人欲便也是天理里面做出来。虽是人欲，人欲中自有天理。"问："莫是本来全是天理否？"曰："人生都是天理，人欲却是后来没巴鼻生底。"黄榦录。②

在《孟子集注》"养心莫善于寡欲"章，朱子同样指出耳目生理的欲望，为人所不可缺少，关键在于是否受到节制，这直接决定了本心是否受到蒙蔽。"欲如口鼻耳目四支之欲，虽人之所不能无。然多而不节，未有不失其本心者。"这个不能无的欲并不是恶，在价值上中立。总之，朱子关于人心的论述，皆是以人欲为立足点。耳目之欲为主宰则是人心，义理为主宰则是道心。故道心、人心之别亦可谓天理人欲之分。

朱子人心人欲说的复杂性与他对二程"人心人欲，道心天理"说的前后态度有别相关，故其后学高弟黄榦、真德秀皆强调当区别程朱人心人欲说之不同。"若辨朱程之说不可合一，则黄氏乃不易之论也。"③ 还指出，"欲"字单言，并无恶义，只有在天理、人欲相对时，才表示恶。而且，即便"私欲"亦非是恶。

盖"欲"字单言之，则未发善恶；七情皆未分善恶，如欲善、欲仁固皆善也。若耳目口鼻之欲，亦只是形气之私，未可以恶言。若以天理、人欲对言之，则如阴阳昼夜之相反，善恶于是判然矣。朱子"形气之私"四字，权衡轻重，允适其当，非先儒所及也。或谓私者公之反，安得不为恶？此则未然。盖所谓形气之私者，如饥食渴饮之类，皆吾形体血气所欲，岂得不谓之私？然皆人所不能无者，谓之私则可，谓之恶则未也。但以私灭公，然后为恶耳。……愚答之曰，私者犹言我之

---

① 《语类》卷78，第2665页。
② 《语类》卷13，第388页。
③ 真德秀：《西山读记》卷6，文渊阁四库全书第705册，第83页。

所独耳，今人言私亲私恩之类是也。其可谓之恶乎？又问六经中会有谓私非恶者否？愚曰："雨我公田，遂及我私"。言私其黍献豣于公，如此类以恶言之，可乎？其人乃服。①

总之，朱子的人心是以知觉、欲望为主的。其人欲说有特定含义，指的是不当有的欲望。这个"人欲"是与天理对言时的特定意义，或以"私欲"出之。《集注》"人欲"说共有30余处，除一两处因行文关系外，其余皆天理、人欲对说，主旨是"天理人欲，不容并立"。"凡一事便有两端，是底即天理之公，非底乃人欲之私。"此外"人欲之私"的说法有12处。可以说，人欲在朱子那里是与天理相对立的概念，代表了否定面，与人心不可等同。但是单独言"人欲"，则并没有反面意。朱子对程子说的不满意，在于要肯定饮食等基本欲望，而不是否定。如照其人心人欲说，则饮食基本欲望无法安顿。程子说的最大问题在于道心与人心相对立，不可并存，但道心、人心却不是消灭关系，而是主导、化解关系，朱子必须给包含基本欲望的人心留一个空间，以此批评佛老之说。

惟精惟一之工夫。确保道心对人心统领的工夫落实在精察和持一上。若没有适当工夫对二者进行简别，那么将会使本来就危殆不安的人心更加危险，隐晦难见的道心更加隐晦，天理也将无法战胜人欲，道德的成就将不可能。为此，须要展开精一之功。人作为一个复杂的矛盾体，一半是天使，一半是魔鬼，道德性命和生理私欲共存一体，相互夹杂。正是因为二者相即不离是人的存在之本真状态，故精心辨别二者，在知行上同时用功，谨守道心以宰制人心，以确保二者界线的不相混杂，就非常重要了。这是一个很困难的过程，困难在于危殆不安的人心时刻给予道心强大的刺激冲击，使人的行为偏离道德的轨道，造成微妙难见的道心之遮蔽；要想做到使人心受道心的约束，需要一个长期不间断的努力修习过程。《中庸章句序》中说，"精则察夫二者之间而不杂也，一则守其本心之正而不离也。从事于斯，无少间断。"精即是知上察识工夫，它强调精确鉴别天理人欲、道心人心，避免二者相互混杂，以保证道德的纯粹性；一即是行上操存工夫，它要求始终如一

---

① 真德秀：《西山读书记》卷6，文渊阁四库全书第705册，第84页。

的专注于此，保持本心的中道不偏。而且，工夫不能有丝毫的间歇停顿，以便化人心之危为道心之安，使道心之隐微呈露昭彰。朱子从知行两方面分别精一之功，要求知行并进，专一用功，特别突出"惟"字的重要。朱子对精和一的范围、界线进行了划分，如学问思辨皆属于精察工夫，笃行才是唯一的行上工夫；在知上明了，还须在行上实之，才能落到实处。在精一关系上，精作为知上对善的抉择，在工夫次序上优先于行上的执持。"择善，即惟精也；固执，即惟一也。"真正做到精察的前提在于内心的"虚明安静"，排除纷杂意念的干扰，保持内心的澄澈空灵。"一"就在于内心的"诚笃确固"。朱子提出精一的知行二者乃互补互动关系。"惟精是致知，惟一是力行，不可偏废。"在惟精惟一的操作上，朱子也指出几点：其一，不仅在心上，还要在事上下工夫，工夫应贯穿于日用动静之间。他特别强调事上工夫，实处下手的重要。提出心和事的对应，即思想与行动的一致。因为道理便在日用间，所以工夫也自然在日用间，这是针对佛老工夫空虚而言的。"只就这心上理会，也只在日用动静之间求之，不是去虚中讨一个物事来。"① 其二，因为人心道心关系极其微妙，故精一之功关键在于二者未发已发之交界处。人心和道心的差别仅仅是一条界线，二者之相互转换极为容易，稍不留意即滑向一边。由此更加强调知的优先性和重要性，只有明察了理欲之别，才有可能专守道心。"大抵人心、道心只是交界，不是两个物。"② "人心道心，且要分别得界限分明。"③

朱子"十六字心传"道统思想的形成历经一长期过程，学界对此亦多有讨论。此一道统形成过程与朱子思想成熟相同步。简略言之，大致可以分为三期。早期拜师李侗时，注重十六字心传的政治教化义，将之视为帝王必修之学。据《壬午应诏封事》可见此时朱子道统思想尚不成熟：将尧舜禹混在一起，并没有分成两个阶段，而在《章句序》中，则说尧舜相传以"允执厥中"这一言，其他三言为舜禹相传时所补上；以《大学》致知格物和正心诚意分别解精一和执中，未能细致区分工夫和目标关系；在《章句

---

① 《语类》卷78，第2671页。
② 同上书，第2671页
③ 同上书，第2673页。

序》中，致知仅仅属于惟精工夫，惟一属于力行工夫，而正心诚意也并非执中。"盖致知格物者，尧舜所谓精一也，正心诚意者，尧舜所谓执中也。自古圣人口授心传而见于行事者，惟此而已。"要求孝宗"务于至精至一之地，而知天下国家之所以治者不出乎此"①。

中期是在确立中和说之后，朱子对道统说有了新的认识，奠定了后来道统说的基础。朱子在辛卯（1171年）的《观心说》中提出了天理人欲，人心道心说，指出人只有一心，这些皆与他后来思想一致。但是不足处也很明显，没有提出道心和人心的来源及其特点，没有在工夫论上对精一作出分别，而且直接以心之正与不正区别人心道心，亦有不妥。"夫谓人心之危者，人欲之萌也；道心之微者，天理之奥也。心则一也，以正不正而异其名耳。惟精惟一，则居其正而审其差者也，绌其异而反其同者也。"② 甲午年朱子和吴晦叔讨论人心私欲说时，反思己说"人心私欲"不对，原因在于未能察识本源，惟精惟一工夫的前提即在于知上察识本体，然后加以精一工夫。精一工夫是个长期过程，其中亦有等级进步处，并非能一蹴而就，并特别强调尧舜所谓人心私欲和常人不一样，它仅仅是稍微的走失和不自然。

后期是丁酉（1177年）朱子四书学初成，思想大体定型后，道统说亦进入完善期，此一阶段最后定见则是《中庸章句序》和《尚书·大禹谟》。在此期间，朱子透露尧舜相传一段乃是丙午（1186年）所添入，"《中庸序》中推本尧舜传授来历，添入一段甚详"③。在早于《中庸章句序》一年的《戊申封事》中，朱子已经提出了完整的十六字心传道统说，和《章句序》的差别仅在个别字词。如"人心、道心之别，何哉？"（《章句序》将"别"改为"异"，无"何哉"二字）；"或精微而难见"。（《章句序》中改"精微"为"微妙"）。

尽管道统说为朱子所提出，但亦有其理论渊源，受二程影响尤其深。如二程提出天理人欲、道心人心之说，指出天人本是一体，但现实之人则存在人心道心、天理人欲之别，要求以精一工夫灭弃人欲存得天理。当然，朱子

---

① 《壬午应诏封事》，《文集》卷11，第573页。
② 《观心说》，《文集》卷67，第3278页。
③ 《答詹帅书》，《文集》卷27，第1205页。

道统说亦自有创见，如将《尚书》十六字心传和《中庸》孔门传授心法结合起来。

朱子道统说常为后世诟病者，除传心说形式上近佛外，最根本的则是"十六字心传"的真伪问题。据历代学者考证，尤其是清代阎若璩的考证，证明此十六字出自《伪古文尚书》。据此似可推翻朱子所苦心经营的缘于上古的心法之说。其实不然，汉学家虽可以证实朱子所用这一条材料为伪，但是作为道统的关键，执"中"思想，的确已经在上古文献中存在。而且，朱子围绕"中"展开的儒家传道说，侧重点在于周公、孔、孟、二程，上古尧舜授受之说为后来所添入，在其中仅仅起到引子的作用，即使割弃之，其道统说亦足以成立。故否认这一段文字，并不能否定以执中为核心的道统思想，只是采用这十六个字能更好地为其理论服务而已。朱子所建构的道统说是一个有机整体，成为此后儒家道统说之正统，意义重大。它是对数千年儒家思想发展的一次总结，通过对道统谱系的梳理，确定了颜曾思孟、二程在儒家道统中的地位，指明儒家侧重内圣之学兼顾外王之业的特点，为儒家学者提供了价值认同模式和参照标准。

第二节　孔颜克复心法之传

朱子道统说虽以"十六字心传"为根本，然此并非朱子道统思想之唯一表述。事实上，以颜子为代表的"克复心法"在构筑朱子道统学中亦具有其不可忽视之地位。朱子虽于《中庸章句序》言当时传孔子之道者，"惟颜氏、曾氏之传得其宗"，但因颜子早逝而无著述，故其在道统中的地位多不为学者注意。有论者表达了疑惑，"道统之传未列颜渊也令人不解"。[①] 仔细考察朱子道统说，可知颜回在道统中的地位非但未失落，反而得到有力阐明。朱子"克己复礼为仁"章注从"心法"的视角对本章作了深入阐发，指出经克己复礼工夫实现本体之仁乃"传授心法切要之言"。[②] 故孔颜克己复礼为仁的心法授受实为"十六字心传"的重要补充。朱子道统的根本在

---

① 陈逢源：《朱熹论道统——重论朱熹四书编次》，《东华汉学》2005年第3期。
② 朱熹：《四书章句集注》，中华书局1983年版，第132页。

于指明如何由心性工夫通达道体，工夫与本体实为朱子道统学不可或缺的两翼。较之"十六字心传"，孔颜"克复心法"具有无可替代之处。它既显示了儒家道统以工夫论为核心，由工夫贯穿本体的下学上达路线；同时也是朱子一生求仁、体仁之工夫进路，是朱子批判整合儒学内部道统说之武器。孔颜授受作为儒家根本共识，具有普遍说服力与可信度，它真正凸显了孔子对于道统的独特意义，见出孔子"贤于尧舜处"，可最大程度消解儒学内部关于道统之分歧。重新审视朱子孔颜克复传心之说，对于把握儒学未来发展与当下实践皆具有意义。

一 "克复心法"与"十六字心传"

我们首先考察孔颜"克复心法"与"十六字心传"内涵之异同，在讨论之前，有必要分析朱子"心法"一语的含义。朱子"心法"一语显然取自佛学（如唐末高僧黄檗希运作有《传心法要》），现代学者对朱子"传授心法"的理解存在差异：一种更注重"心"与"道"的等同，将"传授心法"理解为传道之法。钱穆先生认为"所谓传授心法，义指较狭，抑且微近于禅家之所谓口传耳授密相付嘱者。……朱子实为不避此传心二字，并始畅阐传道即传心之义"①。另一种着眼于"法"，陈荣捷先生将"心法"理解为"要法"，"传授心法"即指"传授之要道"②，陈氏显然更关注"法"的切要义。朱汉民先生则将"法"理解为"术"，他认为，"所谓'心法'，亦相当于'心术'，即一种精神修炼的技艺或方法。"朱氏还区别了"心法"与"心传"的不同意义，认为"心传"与"道统"等同，"心法"与"工夫""心术"等同，"心法"仅仅具有形而下的法术义，与形而上的"道"存在距离。③ 我们认为，"法"亦有原则、规律、道的超越意义，它兼具"道""术"、本体与工夫两面。所谓的"十六字心传"也是指以十六字为核心的传心之法。朱子明确指出，孔颜克复为仁作为"传授心法切要之言"并非仅有形而下的工夫义，而是由此工夫通达于形上之仁。在整个《四书

---

① 钱穆：《朱子论人心与道心》，载《朱子新学案》第 2 册，第 201 页。
② 陈荣捷：《朱子新探索》，华东师范大学出版社 2007 年版，第 222—225 页。
③ 朱汉民、肖永明：《宋代〈四书〉学与理学》，中华书局 2009 年版，第 326 页。

集注》中，朱子仅在《中庸章句》解题处与"颜渊问仁"处采用"心法"说，对此"心法"似不应作不同解释。朱子晚年《延和奏札》中亦将"十六字心传"与"克复心法"一并使用，皆称为"前圣相传心法"。再则，朱子认为"克己复礼为仁"作为"传授心法切要之言"的"切要"处正在于它更好地将工夫本体、下学上达通贯一体，此正是"克复心法"在道统中不可取代的殊胜之处。

其次，"克复"作为"克己复礼"之简称，在朱子用语中已基本固定下来，达十余次之多，且分布于各种文字。既见于朱子自著，如《四书或问》卷二，"孰为天理孰为人欲，是以无以致其克复之功"；亦见于朱子与友朋的书信中，如《文集》卷四十四《答方伯谟》，"而从事乎克复之实"，《文集》卷四十五《答廖子晦》："而施克复之功也。"既见于与弟子论学记录中，如《语类》卷九十六，"三者也须穷理克复"；亦出于上书皇帝的重要文字，如《晦庵集》卷十一《戊申封事》，"吾之所以精一克复而持守其心者。"且"克复"之说并非朱子首倡，其前辈杨时即有此说，"颜渊克己复礼，克之己与礼一，而克复之名亡，则圣人之事也。"（《论语精义》卷六）

如上节所述，《中庸章句序》对儒家道统作了最经典之表述，涉及道统人物、传承历程、核心内容等。该序开首即表明《中庸》的使命就是传承儒学精微之道，它对道统的阐发纲举目张、烛幽阐微、透彻详尽。指出道统核心为"十六字心经"，具体又分为两层，尧舜"允执厥中"的四字相传为第一层，显示了道乃"执中"之道，学为中道之学。舜禹传承为第二层，舜禹对尧舜之道有所增益，进一步揭示了如何从工夫实现中道，若仅有一空悬"中道"本体，无实践指点工夫，道统将无法传承。"'人心惟危，道心惟微，惟精惟一，允执厥中'，舜之所以授禹也。舜复益之以三言者，则所以明夫尧之一言，必如是而后可庶几也。"该序着力阐发"惟精惟一"的工夫意义，通过"无少间断"的精察理欲，一守本心工夫，来确保"天理之公卒战胜人欲之私"，以达到"道心常为一身之主，而人心每听命焉，则危者安、微者著而动静云为，自无过不及之差矣"之中道。

"克复心法"与《章句序》"十六字心传"有诸多相似处，相互映照。从人物谱系看，"十六字心传"是孔、颜、曾、思、孟、程子之传承路线，"克复心法"则代表了孔颜道统授受及程子之庚续。从道统核心来看，二者皆蕴含了工夫主导的思想，"十六字心传"的"精察理欲之间"与"克复心法"的"至明察其几"相对应；"一守本心之正"即仲弓敬恕存养之学，虽不如颜子克复工夫之"至健致其决"，但在最终成就上并无二致。且克己复礼作为工夫纲领之彻上彻下义，完全可以包括"精一"之学。明代朱子学者蔡清即认为"精一执中"工夫为"十六字心传"核心，精一工夫与克复工夫相对应，精察与明察、守正与健决一致。就最终实现目标来看，二者皆追求个体对"天理"本体的体悟。"十六字心传"直指天理胜人欲，道心宰人心，"克复为仁"归于"胜私欲而复于礼，事皆天理而本心之德复全于我矣""私欲净尽，天理流行"。明代朱子学者蔡清即关联二者论之：

> 此章言圣贤传授心法。盖从古尧舜禹汤文武周公，其相传秘指只是一精一执中。精则察夫二者之间而不杂，所谓"至明以察其机"也；一则守其本心之正而不离，所谓"至健以致其决"也。（《四书蒙引》卷七）

朱子晚年明确指出，两种心法相互照应支持，共同构成儒学道统。在向皇帝进言的两篇重要文字《戊申封事》《延和奏札》中，朱子皆将两种心法一并使用，可证二者实为朱子道统说之代表。《戊申封事》提出，人主之心为天下之大本，人主正心之学，见于大舜精一之传和孔子克复之教。朱子特别指出，精一、克复工夫实现正心之后，仍要归结到一身视听言动之中礼，落实到行事无过不及之执中，如此方能达到天下归仁之效用。朱子意在强调克复、精一应贯穿于心和事，这也表明朱子道统说以修身工夫为主而直达于政统。朱子将舜、孔之说先后对举，显示出舜、孔教法虽异，道之传承却一贯而下的特点。

> 此大舜所以有"惟精惟一"之戒，孔子所以有"克己复礼"之云，皆所以正吾此心而为天下万事之本也。此心既正，则视明听聪周旋中礼而身无不正，是以所行无过不及而能执其中。虽以天下之大而无一人不

归吾之仁者。①

紧接着朱子以小字形式先后引出对精一之传与克复为仁的注解：

> 臣谨按：《尚书》舜告禹曰："人心惟危"……又按《论语》"颜渊问仁"……此大舜、孔子之言，而臣辄妄论其所以用力之方如此。

此处虽未以按语形式提出克复心法说，但其意已十分鲜明。朱子在《延和奏札》五中明确提出舜禹精一、孔颜克复之学乃"心法之要"，亦是治本清源之道，进而以此批评士大夫进言皇帝之说，乃舍本求末的做法，批评功利、佛老之说乃为学之偏，君王若受其影响，则将给治理天下带来极大危害。朱子反复强调精一、克复之学作为千圣相传心法的重要意义在于全极天理而克尽人欲，本末巨细兼包并举，告诫君王应留意舜禹精一、孔颜克复之学，在言行处事念虑之微中扩充天理，克尽人欲。

> 昔者舜禹、孔颜之间，盖尝病此而讲之矣。舜之戒禹曰："人心惟危"……孔子之告颜渊，既曰"克己复礼为仁"……既告之以损益四代之礼乐，而又申之曰"放郑声，远佞人。郑声淫，佞人殆"。呜呼！此千圣相传心法之要。其所以极夫天理之全而察乎人欲之尽者，可谓兼其本末巨细而举之矣。两汉以来，非无愿治之主，……或随世以就功名……则又不免蔽于老子浮屠之说……盖所谓千圣相传心法之要者，于是不复讲矣。……愿陛下即今日之治效，……以求其所以然之故。而于舜禹、孔颜所授受者，少留意焉。自今以往一念之萌，则必谨而察之，……果天理也，则敬以扩之而不使其少有壅阏。果人欲也，则敬以克之而不使其少有凝滞。②

不仅如此，朱子还有意强调，孔颜"克复为仁"心法较之舜禹"十六

---

① 《戊申封事》，《文集》卷11，第591页。
② 《文集》卷14，第664页。

字心传"亲切紧要,孔颜授受乃"传授心法切要之言",其作为道统之特色即在"切要"二字,"切要"体现在克复工夫与仁之本体紧密无间。朱子晚年在《玉山讲义》中特别阐发这一问题,他认为尧舜授受只是说"中、极",到孔子才创造性地提出仁说,列圣相传之学至此方才说得亲切,此处亦见出孔子贤于尧舜。

　　珙又请曰:"三代以前只是说中说极,至孔门答问说着便是仁,何也?"先生曰:"说'中'说'极',今人多错会了他文义,今亦未暇一一详说。但至孔门方说'仁'字,则是列圣相传,到此方渐次说亲切处尔。夫子所以贤于尧舜,于此亦可见其一端也。"①

　　孔子创造性地对"仁"进行点化提升,使之上升至本体高度,同时又将其落实于人之心性,亲切易感。尧舜所传之"中、极"思想,作为超越性目标虽高明却不平实,与身心性情存在距离,学者不易当身体之。就"克复心法"与"十六字心传"相较而言,前者不仅点出存天理灭人欲的心性工夫,而且进一步阐发了工夫如何外及于一身之视听言动,贯穿于待人接物之实事中,较之仅言"人心道心"笃实切要,平实可循。故朱子晚年于此章注释益之以程子"发明亲切"的视听言动四箴,以突出"克复"工夫的亲切紧要,要求学者于此更应深刻体悟玩味。"程子之箴,发明亲切,学者尤宜深玩"。在朱子看来,仁与克复乃"地头"与"工夫"关系,工夫与本体合为一体,克复工夫所至当下即是仁之本体,别无间隔。"克去那个,便是这个。盖克去己私,便是天理,'克己复礼'所以为仁也。仁是地头,克己复礼是工夫,所以到那地头底。"②"十六字心传"则工夫与本体明显有隔,此心传历经三代两大阶段的传承才得以完成。尧舜仅以"允执厥中"相传,突出"中"之本体而未告之以"执中"之方。至舜禹授受方才补充"执中"工夫,然仅"惟精惟一"一言,至于如何"精一"并未有说明,在指导学者用功上显然不够紧切。故在朱子看来,"克复心法"实为"十六

---

① 《文集》卷74,第3590页。
② 《语类》卷41,第1467页。吕焘己未1199年所闻。

字心传"之必要补足，元代王柏亦有见于此。他曾引此二封事中"精一""克复"之学并举为证，指出朱子晚年以"克复为仁"章作为心法切要之言，上接尧舜禹授受的"精一"之学。

> 王文宪曰："理欲二字是生死路头。朱子晚年以四箴为传授心法切要之言，以此章上接危微精一之传。《戊申封事》及《延和奏札》皆连举以告君而损益四代礼乐，即继于此章之后。"[①]

二 "心法"之两维：本体与工夫

考察"十六字心传"与"克复心法"，可知本体与工夫为朱子道统说根本问题，二者构成道统之两维，通贯一体，后世黄宗羲所言"工夫所至，即是本体"，实可代表朱子道统说之精义。尧舜禹"十六字心传"以"中"为本体，"精一"为工夫，先言尧舜本体之"中"，继有舜禹"精一"工夫。"克复心法"则强调"克己复礼"工夫，克复工夫所至，本体之仁自然呈现，二者浑然一体。孔子最大贡献在于提出"仁"本体，使古已有之的"仁"本体化，成为儒学奠基性的主题。而"十六字心传"却以"中"为根本，无法体现孔子对儒学的创造意义，使"夫子贤于尧舜"说流于空虚无力。朱子认为求道工夫虽分殊不拘一格，但却有"切要"与否之别。"十六字心传"偏重"心法"本体一面，虽提出"惟精惟一"之精察、操守工夫，然语焉未详。"克复心法"作为"传授心法切要之言"，既以"本心之全德"解释了作为本体的仁，更突出了克复工夫之"切要"。

朱子指出孔子言仁虽多，却未曾说出仁体，个人工夫所至，方能见仁之本体。朱子基于工夫论立场对"克己复礼为仁"的工夫特点作了创造性阐发，揭示了克复工夫笃实、亲切、刚健勇决、全面细腻、彻上彻下的"切要"特质，并引入程子四箴说作为对克复工夫之必要发挥，以便学者树立正确为学之方。因着眼工夫平实切用的特点，故朱子特别重视虚实之分，批判程门学者以"理"释"礼"、圣人安仁、万物一体释仁虚空不实，易于导致工夫躐等浮华。基于工夫笃实的考虑，在克己与复礼关系上，朱子发生了

[①] 金履祥：《论孟集注考证》卷6，文渊阁《四库全书》第202册，台湾商务印书馆，第80页。

从将二者直接等同到认为二者不可等同为一的转变。朱子再三强调，克己复礼工夫的优点在于"亲切"。孔门言仁虽多，最亲切者无过于此，此处言仁与它处之别不在是否言仁之全体，而在于是否亲切。"但'克己复礼'一句，却尤亲切。"① 朱子特别突出了克复工夫刚健勇决的特色，认为此一工夫"非至健不能致其决"，并于"仲弓问仁"章中特别以按语形式，以乾坤二道作为颜、冉工夫之别来强化克复刚健无比的特色。"愚按：克己复礼，乾道也；主敬行恕，坤道也。颜、冉之学，其高下浅深，于此可见。"朱子同时还挖掘出"克复"工夫的细腻全面性，提出"克己"指向工夫刚健有为，"复礼"则强调工夫精细全面。克复工夫的精细还体现为工夫之层次性，层层递进，循序而入，由易到难，由粗入精，工夫愈深入愈精微，乃一无穷尽无休止之追求过程。朱子特别强调克复工夫在为仁工夫中的纲要地位，认为它彻上彻下，亦深亦浅，可在最大程度上包容其他工夫。"所以求仁者盖亦多术，而一言足以举其要，曰'克己复礼'而已。"② 夫子以克己复礼答颜子问仁，是从大纲领言，孔子对其他弟子工夫的指点，皆是从气质病痛处下手，"药病救失"，告之局部"致曲"工夫，最终落实在"克己复礼"这一工夫总纲上。"克复"作为工夫纲要体现为彻上彻下。朱子肯定克复工夫显示了颜子高明于诸弟子处，连仲弓都无法企及，可视为颜子专有，可见克复工夫的彻上性。但朱子越到晚年，则越突出克复工夫的普遍性，强调工夫的彻下。如在戊申年指出即便资质下等之人也得用克复工夫。"今'克己复礼'一句，近下人亦用得。"③

"心法"应兼顾工夫与本体两面，也是朱子批判佛老、陆氏、浙东功利等学派的理论武器。朱子认为儒学"本末备具，不必它求"，本体工夫通贯一体。朱子由此展开两面作战，一方面既坚持本体的形上超越意义，批评以吕祖谦、陈亮为代表的浙东功利学派求末丧本，得用忘体。"本是要成物，而不及于成己。"④ 另一方面，朱子更强调工夫的实践日用义，着力批判张

---

① 《语类》卷41，第1462页。
② 《文集》卷77，第3709页。
③ 《语类》卷45，第1587页。
④ 《语类》卷124，第3891页。

九成、陆九渊"佛学化"的心学,判定佛老与陆学高明空虚,有克己而无复礼,有"一贯"无"忠恕"。指出日用工夫不可间断,由工夫透至本体乃一长期过程,可以言说讨论,心学所主张的不可言说论,违背了圣人的一贯之道。朱子还以散钱和索串为譬,抨击陆氏的顿悟说务为高远而缺乏日用功夫,乃异端曲学,有害于学者,违背了圣人下学上达之道。

> 江西学者偏要说甚自得,说甚一贯。看他意思,只是拣一个笼侗底说话,将来笼罩,其实理会这个道理不得。……若陆氏之学,只是要寻这一条索,却不知道都无可得穿。……某道他断然是异端!断然是曲学!断然非圣人之道![①]

朱、陆道统说之分歧,颇为学界所关注。朱、陆皆认可舜禹"精一"心传为儒家道统主干,但在对待"克己复礼为仁"的态度上,存在重要差异。如前所述,"克复之学"在朱子道统论中居于重要地位,陆氏则提出针对朱子的相反理解。陆氏在给胡季随信中指出克除的对象是"思索讲习",是"讲学意见",不仅要克除利欲私念,而且即便成圣成贤这般念头也不可有。"象山说克己复礼,不但只是欲克去那利欲忿懥之私,只是有一念要做圣贤,便不可。"[②] 朱子发现陆子此说异常兴奋,认为抓住了断定陆氏禅学的有力证据。"因看金溪《与胡季随书》中说颜子克己处,曰:看此两行议论,其宗旨是禅,尤分晓。此乃捉着真赃正贼。"[③] 朱子反复以"克己复礼"批判陆氏,他指出意见亦当分好坏是非,不可一概除之。如成圣成贤这般好的正当念头应当有必须有,此正如人的饮食之欲,不可或缺。陆氏"除意见"说既不合圣贤之教,且误导人心,其说如同儿戏,过高而不合圣门之言。"此三字误天下学者!……某谓除去不好底意见则可,若好底意见,须是存留。"[④] 朱子还以"克己复礼"为标准,批判陆氏"心即理""当下就

---

① 《语类》卷27,第982—983页。
② 《语类》卷104,第3437页。
③ 《语类》卷124,第3881页。
④ 同上书,第3880页。

是"说,指出为学当以克己复礼作为指导工夫,从克去己私处平实下手,不可动辄"当下就是"。陆氏"心即理"说不合下学上达工夫进路,违背了夫子克己复礼之教。心即理乃克去私欲回归天理的本体状态,孔子强调克己复礼而不说心即理,即是担心学者走错为学路径,故教导学者从克复之处真实用功,自可达于圣贤。

三 "克复心法"与求道历程

朱子从理论上建构儒学道统说,最终还是要落实到实践上传承儒家道统。朱子本人时常透露出承担道统之愿望,如《中庸章句序》言对程子中庸之说"一旦恍然似有以得其要领者",并谦虚地表示所著《中庸章句》"虽于道统之传,不敢妄议,然初学之士,或有取焉。"其对道统承担之意,跃然纸上。故朱子后学认为朱子乃道统之重要继承发扬者。[①] 我们要讨论的是,朱子所建构的道统说与其自身对道之实践追求存在怎样关系呢?尽管"精一之传""克复心法"皆为朱子所肯认,但"克复心法"显然具有更为紧切的实践意味。

朱子去世前一年告诫友人,为学只有效仿颜子克复之功,方能做到知行并进,周备无缺,此实为朱子毕生工夫之写照。"而日用克己复礼之功,却以颜子为师,庶几足目俱到,无所欠阙。"[②] 朱子一生求仁历程,始终贯穿克复工夫。求学延平时,延平即告以《论语》言仁皆是指点求仁之方,颜子、仲弓求仁工夫尤为得其亲切要领。"如颜子、仲弓之问,圣人所以答之之语,皆其要切用力处也。"[③] 朱子自此确立了须于日用间克己求仁的为学宗旨。但很长一段时间,上蔡"识仁知仁"说对他影响很大。在经历中和之悟,奠定心性工夫论新规模后,朱子对上蔡观过知仁说进行了反思,于辛

[①] 《朱先生行状》,载《朱子全书》,第27册,第566页。如黄榦《朱子行状》称儒家道统"由孟子而后,周、程、张子继其绝,至先生而始著"。按:《勉斋先生黄文肃公文集》,书目文献出版社1988年版,第705页。有缺漏误"孟子"为"孔子"。陈淳《严陵讲义·师友渊源》认为朱子"集诸儒之大成,而嗣周程之嫡统",见中华书局1983年版,第77页。

[②] 《答廖子晦》十六,《文集》卷45,第2108页。

[③] 朱熹:《延平答问》,《朱子全书》第13册,上海古籍出版社、安徽教育出版社2002年版,第331页。

卯、壬辰、癸巳年间与张栻、吕祖谦等展开了仁说辩论。首先应提及的是，张栻、吕祖谦在交往中皆提醒朱子应以颜子克己工夫化除气质过于刚直的病痛。如张栻批评朱子平日处事过于豪强，"盖自它人谓为豪气底事，自学者论之只是气禀病痛，元晦所讲要学颜子，却不于此等偏处下自克之功，岂不害事。"① 吕祖谦亦言朱子刚直有余、弘大温润不够，当效仿颜子，于自身气质偏处下克己工夫。"以吾丈英伟明峻之资，恐当以颜子工夫为样辙。"② 在仁说辩论过程中，朱子更为重视仁的名义剖析，张、吕则反复提醒他克己工夫的重要，朱子诚恳接受之。朱子晚年也曾反思自身气质偏于忿懫。

朱子曾撰写《克己斋铭》以为自警。理学前辈多有以"克己"为斋名、铭文者，朱子唯独对程子克己四箴说推崇备至，病危临殁之时，仍请杨子直为其书写四箴用以自我提撕警醒，祛除病痛。朱子坦言对程子"四箴"的认识有一个"见其平常"到"觉其精密"的转变。此皆可证克己复礼实乃朱子一生修身工夫之指针。

> 欲烦为作小楷《四箴》百十字。……此箴旧见只是平常说话，近乃觉其旨意之精密，真所谓一棒一条痕，一掴一掌血者，故欲揭之座隅，使不失坠云耳。……欲得妙札，时以寓目。③

去世前十二天（该书有注：此庚申闰二月二十七日书，去梦奠十二日），朱子处于病危之中，仍念念不忘去信催问四箴之札，真正实践了生命不息、克复不止的工夫追求，此朱子所以堪为万世师表之所在也。"前书所求妙札，曾为落笔否？便中早得寄示为幸。"

从朱子对自身写照、反思文字来看，其为学追求亦是通过克复工夫以达到仁礼合一境界，特别重视通过遵守外在之礼以彰显内在之仁。《书画像自警赞》自述以礼法和仁义为用力目标，此目标正落实于克复工夫之中。"从容乎礼法之场，沉潜乎仁义之府。是予盖将有意焉而力莫能与也"。癸巳年

---

① 张栻：《南轩集》卷20，《四库全书》1167册，第588页。
② 吕祖谦：《东莱别集》卷7，第399页。
③ 《答杨子直》，《文集》卷45，第2075页。

四十四岁所作《写照铭》称"将修身以毕此生而已，无他念也"。其工夫还是以程子四箴"制外以养其中"的克复为主旨，言"端尔躬，肃尔容。检于外，一其中。力于始，遂其终。操有要，保无穷。"朱子对弟子之教非常注意礼之实践，如讲解诚意章时批评陈文蔚袖角有偏。他本人晚年最大写作计划是编纂《仪礼通解》。黄榦所作《朱子行状》细致描述了朱子于视听言动诸举止上严格遵守诸礼之表现，"其可见之行，则修诸身者，其色庄，其言厉，其行舒而恭，其坐端而直……威仪容止之则，自少至老，祁寒盛暑，造次颠沛，未尝有须臾之离也。"特别突出了朱子临终前对礼法的恪守不渝，此足显出朱子一生求道工夫端在克己复礼也。"先生疾且革，……已而正坐，整冠衣，就枕而逝。"蔡沉《朱文公梦奠记》所载与此不同，更强调了朱子克己复礼之精神。"置笔就枕，手误触巾，目注正之。"

四 "克复心法"说的道统意义

据上述可知，"克己复礼为仁"不仅被朱子视为心法，而且是"切要"之法。"十六字心传"通过对道统历史渊源的追溯，增强儒学道统说之神秘性与历史性，以寻求更大认同，但同时也带来一个无法回避的难题。在《中庸章句序》中，以"十六字心传"为内容的道统被分为两个有差别的阶段：尧、舜、禹、汤、文、武圣圣相承，大道得行、内圣外王一体时代，以政统为核心；自孔子后，进入德与位，道与政相脱离时期，儒学转向了道统和学统的合一，以学统为核心。通读《章句序》全文，不难感受到，第一阶段的道统说居于中心地位，其开创性意义远远超过此后以孔子为代表之道统传承阶段，《章句序》重心皆在前两段文字中，彰显了三代君主对于道统的开创之功，孔子对道统相传之功显然相对矮化了。为此，朱子不得不刻意强调，"若吾夫子，则虽不得其位，而所以继往圣、开来学，其功反有贤于尧舜者。"但此处在道统的意义上，显然无法体现孔子"继往开来"之功要贤于尧舜开创道统之功。朱子有心推崇孔子，但实际上却不得不突出尧舜，无形中削弱了孔子，这就是朱子所面对的难题。根本原因在于，孔子之贡献不在于对"中"之继承，而在于仁之创造性提升，为人的精神世界树立了大本大原。故孔子即便贤于尧舜之功，亦不可在以"中"为核心的道统上与尧舜相较。

朱子对此困境有明确认识,这从他对"中"的诠释修改中皆可看出。朱子认为"中"有两层含义:尧舜提出的无过不及的已发之中和子思提出的不偏不倚的未发之中。孔子只是继承了尧舜的已发之中说,《集注》把"尧曰"章"允执其中"的"中"注为"无过不及"即透露此点。朱子弟子辅广指出,《集注》曾经以"不偏不倚"释此"中",后删改为"无过不及"。盖此处并非指未发之中,未发之中乃是子思首倡之,孔子此处仍是继承尧舜之说,言事上已发之中。"辅氏曰:《集注》初本并'不偏不倚'言中,后去之而专言'无过不及'者,喜怒哀乐未发谓之中,至子思而始著于书,而程子因以发中一名而含二义之说。若孔子之教,只是即事以明理。故《集注》只以无过不及言中。"① 元代胡炳文亦持子思发明未发之中说,"自尧舜以至夫子,所谓中者,只说'已发之中',而子思独提起'未发之中'言之。……大哉斯言,真足以发千古之秘矣。"胡氏认为从尧舜到孔子谈到的"中"只是已发之中,到子思才提起未发之中说,子思的贡献在于提出未发之中,把握了中的本体义,揭发了圣学的千古奥秘所在。但此观点显然更削弱了夫子在道统中的地位,夫子对道统核心之"中"有何贡献可言?其道统地位如何能彰显呢?这的确是很值得玩味的。

朱子"十六字心传"道统说既未能彰显孔子崇高处,又导致颜回在道统中的失落,自然引发后世学者不满。但朱子从孔颜"克复为仁"之授受找到了突破点,突出了孔颜在道统上的崇高地位。正是在此意义上,朱子"此亦见孔子贤于尧舜"说才具有说服力。可见朱子"克复心法"说在儒家道统中具有极为重要的意义,这一点应该引起足够重视。站在后人的立场,朱子"克复"心法之说的道统意义,尤为重要。

从历史客观性而言,孔颜授受具有极强的真实性和可信度。"十六字心传"因奠基于并无确切史料根据的传说中,清儒通过证伪"十六字心传",对此说进行了一种釜底抽薪式的攻击,从而从根本上动摇了儒家道统说。不管后来学者如何为"十六字心传"辩护,指出甚至撇开文献真伪,该说自有其思想意义,但如此重大思想建立于虚假材料基础上,总是大大影响了其理论说服力。如有学者已指出阎若璩"十六字心传"辨伪给理学带来的巨

---

① 胡炳文:《四书通·论语通》卷3,吉林出版集团有限责任公司2005年版,第132页。

大冲击意义,"阎若璩'虞廷十六字'辨伪……还剥夺了程朱理学的经典依据,对一向以尧舜三代万世心法继承者自视的程朱理学,不啻釜底抽薪之击。"① 为此,学者有意在《论语》、《尚书》关于"中"的论述外,找出《周易》有关"中"的论述,以完善儒家道统的"时中"说,印证"十六字心传"的可靠性。② 而孔颜授受之儒学道统说,则将道统说奠基于极为坚实的基础上,改变了此不利局面。

此说凸显了孔子对于儒家道统的创造意义。孔子对仁的创造性提升与开拓,奠定了儒学发展的基调。他对仁的最重要阐发,即见于克己复礼为仁之说。正如朱子所认为的那样,此处方才见证了孔子贤于尧舜处,方显出孔子在儒学道统中的地位。盖在尧舜禹所传"十六字心传"之道统中,孔子仅仅居于传承者地位,未显出其对儒学之特殊贡献。"克复心法"则充分展现了孔子以仁学对儒家道统之开创,是道统之作者而非述者。此说与后世学者不满足于仅以"述经"事业者看待孔子,推崇孔子开创之功的思想一致,古人如胡五峰、今人熊十力、牟宗三等即力推孔子仁说对道统开创之功。

"克复心法"之传以孔颜授受为标志,具有极为广阔的包容性,能最大程度容纳儒学内部各家之说,易为各家所共同接受。孔颜在儒学史上具有不容置疑的崇高威望,孔颜授受较之孔曾、孔孟等传承具有更大的代表性和说服力,能得到理学、心学、功利学派等各家之认同。儒学各派基于不同立场,对曾子、孟子学不尽表认可,但对颜子之学一致称赞而绝少异议。"学颜子之所学"为各家所共许之入道之门。史上有学者对颜渊在孔门道统中地位之被忽视甚表不满,特补充之。如明代丰坊伪造的《石经大学》在"正心"章补入"颜渊问仁"二十二字,李纪祥先生认为,"丰坊特意提出颜渊,旨在针对朱子所建立的孔、曾、思、孟道统而反对之。"③ 陈逢源先生亦认为丰氏此举意在"补充朱熹建构孔子、曾子、子思、孟子道统之传中失落的环节。"此论似未注意朱子倡导"克复心法"以树立颜渊在道统中

---

① 赵刚:《论阎若璩"虞廷十六字"辨伪的客观意义——与余英时先生商榷》,《哲学研究》1995年第4期。
② 向世陵:《理学道统论的两类文献根据与实质》,《齐鲁学刊》2008年第6期。
③ 李纪祥:《两宋以来大学改本之研究》,台北学生书局1988年版,第167页。

卓越地位的苦心。

近来有学者对阳明学派推崇颜子学贬低曾子学有细致论述,认为阳明学派力图通过崇颜贬曾,突出孔颜道统之传,自认接续颜子的方式来夺取程朱道统思想的话语权。① 这个论断很有意思。一方面,程朱学派对颜子非常推崇,仅将颜子置于孔子一人之下。程子大力提倡"学颜子之所学",朱子对颜子的成就有总结性论述,提出了孔颜"克复心法"之说。在"崇颜学颜"这一旗帜上程朱、阳明学派并无差别,当然在对颜子内涵的解读上,二者差别很大。另一方面,两家的根本差别在于阳明学派对曾子的贬低,"贬曾"其实并非阳明学派的创见,早在宋代,陆象山、叶水心就表达了对曾子的贬低。当然,程朱学派是颜、曾一并推崇,在他们看来,即便颜曾有高下之别,也是互补而绝非对立,尤其对于学习者(教法)来说,曾子的意义丝毫不亚于颜子。心学一派刻意突出颜、曾的差异,自然有其思想根源,但事实表明,尽管刻意渲染颜曾的对立,阳明学派并未实现对程朱道统话语的颠覆。从更广泛的文化背景看,颜、曾子并列说更为学术界所接受。

孔颜仁学授受,表明儒学道统以内圣修为之学统为根本,并不有赖于政统与治统。② 而尧舜禹之"十六字心传",含有很大的政统成分。儒家特质在心性内圣之学,理解这一点对划清儒学在未来发展中与政治之纠葛,从而在政教分离的现实社会中更好推动儒学向前发展具有方向性意义。就此可以促使我们重新反思许多问题,诸如新儒家所建构的内圣开出外王说是否必要?"政治儒学"是否是儒学的发展方向?生命之体证、礼乐之教化是不是对于儒学具有更紧切的意义等。

"克复心法"乃工夫与本体之结合,尤为强调工夫的意义,彰显了儒家之学以实践工夫为主的特质。这一点在朱子的孔门弟子之评中亦得到体现。如朱子认为子贡与曾子境界之别体现在知、行上,二子皆闻夫子一贯之道,"然彼以行言,而此以知言也。"子贡博闻强识,由知入道;曾子与之相反,于践履笃实上下工夫,由行入道。曾子实处用工,更为可行,领悟更加透

---

① 吕妙芬:《阳明学士人社群——历史、思想与实践》第六章"学派的自我定位",台北中研院近代史研究所专刊 2003 年版,第 269—295 页。
② 吴震:《心学道统论——以"颜子没而圣学亡"为中心》,《浙江大学学报》2017 年第 3 期。

彻，子贡知上工夫过多，行上不足，故对道之领悟不如曾子。朱子引尹氏说指出，"孔子之于曾子，不待其问而直告之以此，曾子复深谕之曰'唯'。若子贡则先发其疑而后告之，而子贡终亦不能如曾子之唯也。二子所学之浅深，于此可见。"（《论语集注·卫灵公》）故在某种意义上可说，无工夫即无儒学，即无道统。朱子正是从工夫角度指出此心法授受更为亲切紧要，它关涉为学工夫的各个方面，彻上彻下，内外并包，不同资质者皆可循此用工以达于圣域。这点明了未来儒学之开拓发展，必须以实践工夫为支撑，否则是无源之水，无本之木。"克复心法"以工夫为本，它与以阐发本体为主的《中庸》这一"孔门传授心法"正好相互补充，相得愈彰。

　　朱子对"克己复礼为仁"章的诠释花费了巨大心血，于晚年最终将其提升到"心法切要"的地步，作为"十六字心传"的补充与深化，体现了朱子的睿智。元代朱公迁亦认为圣贤对道统的表述存在差异，或正面表述所得道统，或间接表述道统所在，或直接承担道统，或谦虚不敢承担。孔颜克复之功，孔曾一贯之旨即正面直接表述何为道统，"愚谓圣贤或正言以叙道统之所得，或因言而见道统之所在，或直以为任，或谦不敢当，语不无少异也。其在孔门则克己复礼之功，吾道一贯之旨意乃其正言者。"[①] 孔颜"克复心法"突出了孔颜授受在儒学道统史上不可取代的独特意义，同时发展了程颐所倡导的"学颜子之所学"的理学主题。它表明整个儒学道统的延续，皆须以孔颜之学为准的，以下学上达的工夫本体为根本路向。以现代眼光来看，"克复心法"这一以孔颜授受为标志的道统线索对儒家思想发展具有重要的意义，它强调了工夫与本体这一主题对于儒学发展的根源性意义，指明了未来儒学之发展，应继续循此方向推扩。

第三节　孔曾忠恕一贯之传

　　在整部《论语》中，朱子特别重视"忠恕一贯"章，认为忠恕一贯乃儒学第一义，本章是《论语》最重要一章，对此章理解关涉到对整部《论语》的认识，亦反映出个人儒学造诣的高低。"问'一以贯之'。曰：'且要

---

① 朱公迁：《四书通旨》卷2，吉林出版集团有限责任公司2005年版，第67页。

沉潜理会，此是《论语》中第一章。'"① 朱子提出忠恕一贯章于孔门居第一义的原因在于它是孔子晚年亲传宗旨，对其他说法具有纲领性的统领意义，它道出了儒学之本体、功夫与境界，与佛老视空虚为本体、顿悟为功夫者根本不同。此宗旨自秦汉以来只有二程兄弟才接续之，二程门人亦只有谢上蔡和侯师圣于此有得。"'一以贯之'乃圣门末后亲传密旨，其所以提纲挈领，统宗会元，盖有不可容言之妙。当时曾子默契其意，故因门人之问，便著忠恕二字形容出来。则其一本万殊，脉络流通之实，益可见矣。然自秦汉以来，儒者皆不能晓，直至二程先生始发明之。而其门人又独谢氏、侯氏为得其说。"② 故朱子花费一生心血，从道之体用出发，以理一分殊注释"忠恕一贯"，阐发儒学体用思想，以此展开对其他思想的批判，在朱子经典诠释和《论语》诠释史上皆具重要意义。

一 忠一恕贯

朱子对"忠恕"章的注释以二程之说为基础，将自身看法揉入其中，阐发了忠恕体用一贯义。本章原文仅有 35 字，注文则多达 500 字，足为原文十数倍。原文："子曰：参乎！吾道一以贯之。"曾子曰："唯。"子出。门人问曰："何谓也？"曾子曰："夫子之道，忠恕而已矣。"③

"一以贯之"与"理一分殊"。朱子首先从圣人境界讲"一以贯之"，阐发"一以贯之"所体现的理事体用义。"圣人之心，浑然一理，而泛应曲当，用各不同"。（《论语集注·里仁》）圣人全体是理，作用出来即是理之显现。虽然呈现出的作用各不相同，然皆贯穿着同一之理，是同一下的差别，分殊中的普遍。当同一之理作用于具体事物时，就表现出一种自然差异，即理一分殊也。这个理是指天地万物共具的普遍同一之理，和它相对的则是具体特殊的事物。曾子通过持久不懈的日用工夫，达到了对具体事物分殊之理的理解，经过夫子点醒，最终了悟天地共具之理，才以"一以贯之"

---

① 《语类》卷 27，第 965 页。
② 《答虞士朋》，《文集》卷 45，第 2059 页。
③ 《四书章句集注·论语集注》卷二，中华书局 1983 年版，第 72 页。

说表达之。① 当然，朱子对理一分殊的认识主要还是从道德原则和伦理规范的角度着眼，以之解决以人为主体的道德问题。故朱子在此将一贯之本体始终放在心上讲，突出主观之心与客观之理的关系，提出圣人心与理一，心尽万理，物我无间。

朱子新解在于将理本体与《中庸》诚本体相沟通，把圣人浑然一理与天地至诚无息说结合。天地有诚而万物得所，圣人显理而万事得当，道体具有真实自然，创生不已的特质，是天地殊异万物皆具之同理；万物各归其位，各尽其性，则是道体自然发用。据此凸显圣人一以贯之的真实存在，因为圣人在至诚意义上与天地相沟通，故能如天地本体对万物造化一般，历历可见，无处不在。"夫子之一理浑然而泛应曲当，譬则天地之至诚无息，而万物各得其所也。"（《论语集注·里仁》）朱子以一本万殊解释一以贯之，以诚为万物之本，万物为诚之用，和《中庸》"大德敦化""小德川流"相对应，皆是言理事体用的一多关系。"盖至诚无息者，道之体也，万殊之所以一本也；万物各得其所者，道之用也，一本之所以万殊也。"（《论语集注·里仁》）弟子担心体用之说有分成两物之嫌，朱子认为体用一物，不可分离，万殊一本，一本万殊，二者浑然一体。朱子还强调对于此理本体，不须多说，因为本体不可见，不可言，多说反而失其本意。"要之，'至诚无息'一句，已自剩了。"②

忠体恕用。朱子采用程颐"尽己之谓忠，推己之谓恕"说来定义忠恕，忠即是尽己，恕即是推己。忠恕就是以己为中心对待己和他人的两种方式。忠和恕皆是从心上言，尽己和推己之己皆是指己之心。朱子对"尽己之心"的"尽"提出极高要求，认为当百分之百穷尽己心，不能有丝毫姑息和欠缺，否则就不是忠。"尽时须是十分尽得，方是尽。若七分尽得，三分未尽，也不是忠。"③ 至于如何尽己，就不仅是理论问题，而应当在日用事为上体验、印证，否则空说无益，反致偏离本义。朱子还从语言学角度，根据

---

① 关于理和一的具体所指，陈来先生认为应根据具体语境做出有针对性的分析，"理一分殊这一命题在朱熹哲学中含有多种意义，实际上被朱熹作为一个模式处理各种跟本原与派生、普遍与特殊、统一与差别有关的问题。"《朱子哲学研究》，华东师范大学 2000 年版，第 123 页。
② 《语类》卷 27，第 984 页。
③ 《语类》卷 21，第 723 页。

字形特点，采取《周礼疏》对忠恕的解释："或曰：'中心为忠，如心为恕'于义亦通。"此解更为突出了忠恕在心上的意味。朱子认为忠就是真实，"忠只是一个真实。"心中所具之理必须真实，否则无法发用出来，唯有真实，其发用才无不得当，轻重厚薄大小一一合宜，这同于《中庸》不诚无物说。批评"尽物之谓恕"说，因为恕之得名，只是推己，恕只是从尽己之忠流出，流而未尽也，"'恕'字上着'尽'字不得。"①

朱子引用大程子说，以仁、恕对言解忠、恕，仁指人己物我之间没有间隔，无需推扩，自然及物；恕则需要一个推己及物的过程，二者之别仅在于自然与勉强。"程子曰：以己及物，仁也；推己及物，恕也，违道不远是也。"朱子指出程子说仁合忠恕之义，体用兼具。若直接以仁解一贯，反失其用意，无以见体用之分。"合忠恕，正是仁。若使曾子便将仁解一贯字，却失了体用，不得谓之一贯尔。"② 在圣人分上，忠和恕相当于诚和仁，但诚、仁之间关系相隔太远，无法彼此切合；且诚、仁皆偏于本体义，未见体用相别义，忠恕则关系紧密，即本体即发用，故不可将忠恕换为诚和仁。"'忠'字在圣人是诚，'恕'字在圣人是仁。但说诚与仁，则说开了。惟'忠恕'二字相粘，相连续，少一个不得。"③ "然曰忠曰恕，则见体用相因之意；曰诚曰仁，则皆该贯全体之谓，而无以见夫体用之分矣。"④

朱子指出忠恕正当之义乃日用为学功夫，此处借言阐发形上普遍之理，因为一贯之理无形而难言，故借学者忠恕工夫以显言之，其实是为了使学者更好理解道。"曾子有见于此而难言之，故借学者尽己、推己之目以著明之，欲人之易晓也。"朱子引程子说以天道解忠、人道解恕，"忠恕一以贯之：忠者天道，恕者人道。"这个天人之别凸显了自然一体和人为发用之别，乃本体和发用关系，二者并无高下层次之分，"忠是自然，恕随事应接，略假人为，所以有天人之辨。"⑤ 它和《中庸》中"天之道、人之道"

---

① 《语类》卷 27，第 999 页。
② 《语类》卷 27，第 995 页。
③ 同上书，第 967 页。
④ 朱熹：《四书或问》，《朱子全书》第 6 册，上海古籍出版社、安徽教育出版社 2002 年版，第 692 页。本书所引《四书或问》皆为此版本。
⑤ 《语类》卷 27，第 992 页。

不同，《中庸》所指是本体和工夫关系，二者之间存在一个跃进、提升过程。

忠、恕是大本与达道的体用关系。"忠者无妄，恕者所以行乎忠也；忠者体，恕者用，大本达道也。此与'违道不远'异者，动以天尔。"（《论语集注卷二·里仁》）忠者，尽己之心，真诚不虚，实而不假，故为道体；恕者，乃是忠之发用流行，必由此心推扩而出，方能使物物各得其所，故谓道之用。"大本达道"见于《中庸》中、和的体用关系说，"中也者，天下之大本也""和也者，天下之达道也"。但它与《中庸》忠恕说不同，"忠恕违道不远"乃是日用工夫义，此处忠恕是高一等说，是把忠恕本有工夫义转换成本体作用义，指本体之自然发用。"'忠恕违道不远'，正是说忠恕。'一以贯之'之忠恕，却是升一等说。"① 朱子强调忠恕的体用合一，不可相离，好比形影关系，有其一必有其二，本体之一即在发用之多中。"忠、恕只是体、用，便是一个物事；犹形影，要除一个除不得。……忠与恕不可相离一步。"② 正因为忠恕是体用本末关系，故忠对恕具有主宰决定作用，"无忠则无恕，盖本末、体用也。"③ 朱子采用诸多比喻来突出忠恕的这种关系，如将忠、恕比作本根和枝叶，这可说是一种本原和派生关系，"忠是本根，恕是枝叶。"还将二者喻成印板和书的关系，表明二者乃普遍之理和分殊之理关系。朱子引小程子说，从天命不已，各正性命的角度入手，以天命不已言忠，各正性命言恕，天命不已即至诚无息，于圣人分上，此忠自是至诚不已。"'维天之命，于穆不已'，忠也；'乾道变化，各正性命'，恕也。"至于变化性命，朱子指出这正是言理一和分殊处，圣人之于天下，正如天地之于万物，皆是一心而遍注一切，物物皆具一理，人人皆有圣人之心，此心此理自然遍在，这便是圣人忠恕。"圣人于天下，一个人里面便有一个圣人之心。圣人之心自然无所不到，此便是'乾道变化，各正性命'，圣人之忠恕也。"④

---

① 《语类》卷27，第993页。
② 《语类》卷27，第968页。
③ 同上书，第976—977页。
④ 同上书，第990页。

朱子从心与事的区别来看待忠恕关系，忠在心上，恕则在事，心具众理，一心应对万事，万事皆从心发。"一以贯之，犹言以一心应万事。"① 朱子还以心、事说区别不同的忠，指出心上之忠是本体，事上之忠则是工夫，前者是统体义，后者仅是具体事上义，这即是曾子忠恕之忠和谋而不忠之忠的区分，"'夫子之道忠恕，此忠自心而言之；'为人谋而不忠'，此忠主事而言也。自心言者，言一心之统体；主事言者，主于事而已。"② 朱子对忠信和忠恕说作了比较，指出信、恕之间存在差别，突出恕的过程含义，乃是作为本体"忠"之发用，信虽然也是忠之发用，但显示的是发用之结果，为一具体定在。以树为例，恕好比气对枝叶的贯注过程，信好比枝叶对气的接受；恕好比是行，信则好比到了目的地。"枝叶不是恕。生气流注贯枝叶底是恕。信是枝叶受生气底，恕是夹界半路来往底。信是定底，就那地头说。发出忠底心，便是信底言。无忠，便无信了。"③

忠一恕贯。朱子指出忠恕即是一贯之实，一贯由忠恕得以透显，一是忠，贯是恕，忠贯恕，恕贯万事。"曾子忠恕二字，便是一以贯之底注脚。"④ 忠、恕分别为一和贯，除此之外再无独立的一贯。"而已矣者，竭尽而无余之辞也。"忠恕的一理、分殊关系，是作为本体的抽象超越的普遍之理与在个别事物、日用行为中所体现出的分理关系，二者在性质上相同。一理万殊，体一用殊，皆是说明本体必须通过现实多样的作用显示出来，在表现形态上多种多样，但在理上则是同一。恕上各分殊之理即是从忠上同一本体之理所发出。"忠即是实理，忠则一理，恕则万殊。"⑤ "忠恕一贯，忠在一上，恕则贯乎万物之间。只是一个一，分着便各有一个一。……恕则自忠而出，所以贯之者也。"⑥

朱子强调事上践履工夫于领悟一贯本体之重要。认为理会分殊之理是领悟理一之前提，不经过恕上分殊则不可能实现忠之理一。曾子能承当孔子点

---

① 《语类》卷27，第966页。
② 同上书，第969页。
③ 《语类》卷27，第979—980页。
④ 《文集》卷60，第2894页。
⑤ 《语类》卷27，第996页。
⑥ 同上书，第966页。

醒，悟出一贯之理，正因为曾子此前已经在事上一一理会践行过，在日用礼教诸多方面下了诸多学习之功，于分殊上尽皆知了，只是对本体尚无了悟，故闻"一贯"之语而当下有悟。其他弟子未曾下如此工夫学习，不可承当此语。而且即使没有孔子当下之点醒，曾子本人工夫所至，终能契悟。在为学功夫上，朱子反对摒弃外物而仅仅专意于内心的守约之学，突出曾子于礼上事上的探究工夫。"曾子于其用处，盖已随事精察而力行之，但未知其体之一尔。夫子知其真积力久，将有所得，是以呼而告之。曾子果能默契其指，即应之速而无疑也。"（《论语集注·里仁》）"却是曾子件件曾做来，所以知。若不曾躬行践履，如何识得。"① 朱子还从为学先后次序出发，指出曾子讲出理一之说已过于分明。"曾子是以言下有得，发出'忠恕'二字，太煞分明。"②

朱子喜用散钱、木片设喻，告诫弟子应象曾子那样在分殊上学习，在用上一一做工夫，本体自然有得；反之，仅空谈本体而无下手工夫，则无法真正达道。"贯，如散钱；一，是索子。曾子尽晓得许多散钱，只是无这索子，夫子便把这索子与他。今人钱也不识是甚么钱，有几个孔。"③ 它所造成的流弊使天资高者流于空虚之佛老，低者则糊里糊涂，为自造之网所遮蔽，反倒丧失儒家重实用之义。"不愁不理会得'一'，只愁不理会得'贯'。理会'贯'不得便言'一'时，天资高者流为佛老，低者只成一团鹘突物事在这里。"④ 朱子极为反对工夫上的精粗说，认为理无精粗，正如水一般，田中、池中、海中水只有量的多少之别，并无质之不同，以此证明分理和一理是相同的，故在为学工夫上并无精粗之别。"圣人所以发用流行处，皆此一理，岂有精粗。政如水相似，田中也是此水，池中也是此水，海中也是此水。"⑤

---

① 《语类》卷27，第972页。
② 同上书，第975页。
③ 《语类》卷27，第970页。
④ 同上。
⑤ 同上书，第985页。

二 "一以贯之"

除曾子外，孔子亦告子贡"一以贯之"之理，"子曰：赐也，女以予为多学而识之者与？"对曰："然，非与？"曰："非也，予一以贯之。"（《论语集注·卫灵公》）朱子对此亦进行了深入阐释，指出此章主旨和"忠恕一贯"章相同，乃孔子点醒子贡儒家一贯之理，告之当从工夫上达本体，强调本体工夫的一体。此章诠释，朱子尤为注重和"忠恕一贯"的比较。主要有以下观点：

一是突出为学工夫的重要，朱子视积学工夫为达到一贯之理的必要前提。孔子之所以告诉子贡以一贯之理，因为子贡学问工夫已接近证悟本体，故夫子当其可而告之。朱子批评学者对此章理解不顾积学功夫而空谈一贯之理，并再次以钱和钱索为喻，证明分殊和理一不可偏废关系。

二是应将博学多识和一以贯之结合起来。在肯定博学功夫必不可少的同时，朱子指出圣人为圣，并不仅在于此，更在于体悟本体之理，贯穿于博学工夫中。今人徒有博学而未至于圣者，即在于未悟一贯之理。"今人有博学多识而不能至于圣者，只是无'一以贯之'。然只是'一以贯之'，而不博学多识，则又无物可贯。"①

三是较之"忠恕一贯"章，朱子对此章诠释更侧重阐发本体。此处《集注》引谢氏说突出本体自然流通贯注义和高远神妙义，认为对此本体只能意味涵养，不可言说用力。"谢氏曰：圣人之道大矣，人不能遍观而尽识，宜其以为多学而识之也。然圣人岂务博者哉？如天之于众形，匪物物刻而雕之也。故曰：'予一以贯之。''德輶如毛，毛犹有伦。上天之载，无声无臭。'至矣！"（《论语集注·卫灵公》）朱子曾和方宾王讨论一以贯之章，方宾王以体用本末，万殊一本，一体万有之说解此，指出子贡通过致知工夫已体悟天理所在，只是未能悟出理一之妙，夫子因此点化之，证出为学之工夫于体悟天理中实不可少，朱子认同其说。

四是突出曾子、子贡入道之异和境界高低，子贡由知而入，曾子由行而入，"然彼以行言，而此以知言也。"（《论语集注·卫灵公》）在入道境界

---

① 《语类》卷45，第1584页。

上，子贡与曾子皆闻夫子一贯之说，子贡由知上下工夫，博闻强识，由知入道；曾子恰与之相反，于践履笃实上下工夫，由行而入道。曾子从实处下手，工夫更为可行，领悟更加透彻，子贡却似乎在知上工夫过多，对道之领悟不如曾子。"尹氏曰：'孔子之于曾子，不待其问而直告之以此，曾子复深谕之曰'唯'。若子贡则先发其疑而后告之，而子贡终亦不能如曾子之唯也。二子所学之浅深，于此可见。'愚按：夫子之于子贡，屡有以发之，而他人不与焉。则颜曾以下诸子所学之浅深，又可见矣。"（《论语集注·卫灵公》）顺此，朱子分析了颜子、曾点、子贡、曾子四人的工夫境界。颜子天资悟性高，在事上工夫极深，达到了知行合一的境界。子贡天资虽高，却偏于知上，日用工夫粗疏不足；曾子天资低，然而靠着刻苦工夫，于事上逐一做透，最终获得对道体领悟。曾点仅仅是知上见到理一，事上却无工夫。朱子认为一定要在具体实事上，在"贯"上实下工夫而不是凭空想象本体"一"，事上工夫到了，自然能够领会理上之一；反之，次序颠倒矣。批评仅仅想象个万殊一本重知不重行的情况，同时也批评只在分殊上做得好，却没有体验到一贯本体者，指出圣人之教，须从具体事情上知行并进，体用结合，缺一不可。"颜子聪明，事事了了。子贡聪明，工夫粗，故有阙处。曾子鲁，却肯逐一用工捱去。……捱来推去，事事晓得。"①

三 忠恕说的意义

三层含义。朱子认为忠恕经过层累诠释，被赋予了三层含义，第一层是程子所说天地无心之忠恕；第二层是曾子所说圣人有心无为之忠恕；第三层是《中庸》所言学者日用工夫进路之忠恕，其中学者日用工夫义之忠恕才是其本义所在。"天地是无心底忠恕，圣人是无为底忠恕，学者是求做底忠恕。"②"论著忠恕名义，自合依子思'忠恕违道不远'是也。"③ 在孔子那里，其实只是说出了一贯这个本体而已，忠恕则是曾子所推出，以体用说忠恕亦是后人所言。"夫子说一贯时，未有忠恕，及曾子说忠恕时，未有体

---

① 《语类》卷 27，第 976 页。
② 同上书，第 969 页。
③ 同上书，第 997 页。

用，是后人推出来。"① 忠恕的三层不同含义归结起来又只是一个忠恕而已，只是等级有差别。"皆只是这一个。学者是这个忠恕，圣人亦只是这个忠恕，天地亦只是这个忠恕。"②"其实只一个忠恕，须自看教有许多等级分明。"③ 朱子认为圣人全体是理，与天合一，不过天浑然一本，圣人则与物相接。圣人本体与工夫早已浑然一体，无须"尽"和"推"之工夫，故圣人头上本无忠恕，忠恕只是对学者做工夫而言。"圣人分上著忠恕字不得。"④"天地何尝道此是忠，此是恕？人以是名其忠与恕。故圣人无忠恕，所谓'己所不欲，勿施于人'，乃学者之事。"⑤ 然而，朱子同时又坚持认为，圣人亦离不开忠恕，它和学者之别在于工夫极为自然超脱，自然流出，无须推扩，学者则勉强生硬，但其最终所指向目标则是一致的。"圣人是自然底忠恕，学者是使然底忠恕。"⑥

现实批判。朱子以理一分殊说诠释忠恕一贯，具有深刻的现实批判意义。朱子以之两面作战，一方面既坚持忠恕说的形上超越意义，批评以吕祖谦、陈亮为代表的浙东功利学派求末丧本，得用忘体；同时又强调忠恕的日用工夫义，对心学的佛学化提出批评，对张九成、陆九渊的心学思想及佛学进行批判，要求学者须实下功夫，本末一致。

朱子认为一贯本体须经由日用博学工夫积累而至，批评那种仅限于具体知识的掌握而不探求大本的做法，将工夫花在事为之末而没有抓住大体根本，故无法体认一贯之形上超越义。在他看来，以吕祖谦、陈亮为代表的浙东学派即有此弊，偏于博学多识而无一贯之本，未能做到下学上达的本末一体。"近见永嘉有一两相识，只管去考制度，却都不曾理会个根本。一旦临利害，那个都未有用处，却都不济事。吕伯恭向来教人亦云：'《论语》皆虚言，不如论实事。'便要去考史。"⑦

---

① 《语类》卷27，第972页。
② 《语类》卷21，第730页。
③ 《语类》卷27，第997页。
④ 同上书，第969页。
⑤ 同上书，第996页。
⑥ 同上书，第987页。
⑦ 《语类》卷45，第1585页。

朱子更主要的批判对象是以张九成、陆九渊为代表的心学及佛学思想。他批评张子韶的合人己为一贯说，认为根本不涉及人己关系，而是言工夫本体。"'吾道一以贯之'，今人都祖张无垢说，合人己为一贯。这自是圣人说这道理如此，如何要合人己说得！"① 他极力反对心学的顿悟本体说，指出日用工夫不可间断，不存在突然觉悟，顿觉前后皆非之事。因为由工夫透至本体存在一长期过程，可以言说讨论，心学则认为不可言说，违背了圣人的一贯之道。"今有一种学者，爱说某自某月某日有一个悟处后，便觉不同。及问他如何地悟，又却不说。便是曾子传夫子一贯之道，也须可说，也须有个来历，因做甚么工夫，闻甚么说话，方能如此。"② 朱子还是以散钱和索串为譬，抨击陆氏学的顿悟说务为高远而缺乏日用功夫，乃异端曲学，有害于学者，违背了圣人下学上达忠恕一贯之道。"江西学者偏要说甚自得，说甚一贯。看他意思，只是拣一个笼侗底说话，将来笼罩，其实理会这个道理不得。……若陆氏之学，只是要寻这一条索，却不知道都无可得穿。……某道他断然是异端！断然是曲学！断然非圣人之道！"③

朱子批评学者与曾子差别在于工夫上的"虚"与"实"，学者"只得许多名字，其实不晓"，曾子是实下工夫，以真诚之心践道，对一贯之道有真实体验。"如今谁不解说'一以贯之'！但不及曾子者，盖曾子是个实底'一以贯之'；如今人说者，只是个虚底'一以贯之'耳。"④ 学者之弊在于只是空自想象比划出一个大概意思，空知一二而无真实工夫；或徒知在事上用功而未能窥探本体。"而今学者只是想象得这一般意思，知底又不实去做。及至事上做得细微紧密，盛水不漏底，又不曾见得那大本。"⑤

在诠释方法上，朱子强调应注意分析、落实概念的具体含义，注意其本义与言外义，以及和其他概念的同异关系。批评浙东学派对忠恕的理解牵强附会，笼统不分，含糊不清："今日浙中之学，正坐此弊，多强将名义比类牵合而说。要之，学者须是将许多名义如忠恕、仁义、孝弟之类，各分析区

---

① 《语类》卷27，第1003页。
② 同上书，第980—981页。
③ 同上书，第982—983页。
④ 《语类》卷27，第982页。
⑤ 同上书，第974页。

处，如经纬相似，使一一有个着落。"① 批评学者将忠恕理解为不自私、不责人说在现实生活、日用工夫上皆行不通，违背了儒学宗旨。"问："或云，忠恕只是无私己，不责人。"曰："此说可怪。自有六经以来，不曾说不责人是恕！若《中庸》也只是说'施诸己而不愿，亦勿施于人'而已，何尝说不责人！不成只取我好，别人不好，更不管他！"②

四 忠恕说的形成及特点

（一）朱子对忠恕一贯的理解是一个长期的自我扬弃过程，大致可以分成这几个阶段：从学延平期、初步形成期、晚年修改完善期。

从学延平时朱子就奠定了对忠恕一贯的基本看法。正是通过探究忠恕一贯，朱子才逐步厘清了儒释两家在本体与工夫上之差别，从释老之说中走出，归本伊洛之学。此时，朱子与延平、范直阁等人广泛深入的讨论忠恕说，他采用理一分殊来解释忠恕和一贯，提出二者是工夫与本体关系，当于忠恕工夫透悟一贯本体，一贯本体即在忠恕工夫中，二者不即不离。道体无处不在，曾子忠恕说乃是因门人之问道出自身对道体契悟，并指出忠恕于圣人和学者各有不同意义。"忠恕两字在圣人有圣人之用，在学者有学者之用"。圣人分上全体是一，即工夫即本体，工夫本体浑然合一，达到了体用不分，当下即是之境界，故本无须言忠恕。学者未能打通下学上达、工夫本体界限，故忠恕工夫乃是对学者而言，为学者入道之必要进路。但圣凡之别仅仅在于对本体彻悟不同，在于工夫自然纯熟不同，其进路与所至则同。下学至于上达后，自然消除了圣凡之间的界限。

因为此前虽然已"略窥大义"，然"涵泳未久，说词未莹"，故朱子还专门写有《忠恕说》。朱子《忠恕说》有三点值得注意：一是用理一分殊阐发忠恕一贯，突出下学和上达的工夫本体关系。工夫久之自将上达本体，而彻悟本体后，平常日用将贯注本体光辉，赋予超越意义。二是人在处理世界时，最主要的是合宜处理己与物的关系，此即忠恕之道。由忠恕工夫可上达本体，而知人己物我为一。朱子特地引用二程对忠恕的定义式解释，"自其

---

① 《语类》卷27，第1003页。
② 同上。

尽己而言则谓之忠，自其及物而言则谓之恕"。三是提出忠恕体用关系，反对脱离日用忠恕工夫而空谈一贯本体。朱子曾将此说呈给延平，延平基本认同。朱子晚年回忆此说，大体仍表满意，他认为与范直阁讨论'忠恕'，虽然"此是三十岁以前书，大概也是。然说得不似，而今看得又较别。"① 朱子批评吴耕老将忠恕和一贯割裂的看法，提出忠恕即在一贯中，本体不离工夫，即工夫以显本体。

延平逝世后，朱子通过对二程及其弟子著作的研读整理，通过与湖湘学派的交流，对忠恕的认识有了新的提高。一是他认为忠恕即道之全体，忠即是体，恕即是用，二者合起来体用兼具，这样来看"一贯"，方有着落，特别强调恕乃是从忠发出，不是从"一贯"流出。二是继续强调忠恕两个层面的区分，一个作为学者"入道之门、求仁之方"；一个反映圣人道体本然，忠、恕、诚、仁皆相通无隔。朱子忠恕解受程颢、谢良佐的影响极大。"示谕忠恕之说甚详，旧说似是如此。近因详看明道、上蔡诸公之说，却觉旧有病，盖须认得忠恕便是道之全体，忠体而恕用，然后一贯之语方有落处。若言恕乃一贯发出，又却差了此意。如未深晓，且以明道、上蔡之语思之。"② 此后，朱子一直坚持忠恕的体用义，提出忠实然不变而创生不已，恕则遍布天地，显露无碍，二者虽然特点各异，然却体用一源而不可析离。"近看得忠恕只是体用，其体则纯亦不已，其用则塞乎天地；其体则实然不易，其用则扩然大通。然体用一源而不可析也。"③

朱子晚年还在修改完善忠恕说。如壬子年（1192年）与郑子上讨论修改这一章，郑子上提出，今本删去前注中的"此借学者而言"将会造成下文语义不明，朱子告之并没有删去对忠恕说明的"忠也，恕也"，忠恕本来就是学者分上事。按：今本亦保留了"借学者而言"之义，改为"曾子有

---

① 《语类》卷27，第999页。朱子此时主要讨论对象是范直阁、胡籍溪、吴耕老等，他在戊寅年和范直阁有四封信集中讨论忠恕说（见《与范直阁》，《文集》卷37）充分反映出朱熹早期对忠恕之看法。

② 甲申1164年，《答柯国材》四，《文集》卷39，第1732页。程、谢之说皆发挥了忠恕之本末、天道人道、体用关系义，见朱熹《论孟精义·论语精义》二下，《朱子全书》第7册，上海古籍出版社、安徽教育出版社2002年版，第151页。

③ 甲午1174，《答吕子约》十，《文集》卷47，第2183页。

见于此而难言之，故借学者尽己、推己之目以著明之，欲人之易晓也"。朱子还提出已经把此前"道体无二而圣人"改为"圣人之心浑然一理而"，这样语义就很清楚了。按：这和今本"夫子之一理浑然而泛应曲当，譬则天地之至诚无息，而万物各得其所也"还是有所不同。在去世前五年的乙卯（1195年），朱子又修改了忠恕说。他告诉曾无疑忠恕本来即是学者事，与圣人其实无关，不必顾虑说得过高，忠恕可以从深浅两个层面来理解：浅言之，即日用常行之道，愚夫愚妇皆须由之，乃人立身根本处。深言之，即使圣人神通广妙，也离此忠恕不得。朱子强调忠恕虽在日用常行之中，但应有对本体之彻悟，于理上见得分明，方能赋予忠恕超越的一面。否则，仅仅限于一言一行之忠恕，未能由日用工夫把握忠恕之深层本体，将陷于拘执无用的死忠恕，只能成就个常人。"孝悌忠恕若浅言之，则方是人之常行，若不由此，即日用之间，更无立脚处。……若极言之，则所谓通于神明，光于四海，无所不通……盖其所谓孝悌忠恕，虽只是此一事，然须见得天下义理表里通透，则此孝悌忠恕方是活物。如其不然，便只是个死底孝悌忠恕。"[①]

朱子曾自述参究忠恕说的经过，特别提到二程的启发之功。他认为此问题关涉到对儒家本体与工夫之认识，自己能理解此章，在于将明道解释忠恕说的两段分散之语放到一起，由此悟出忠恕于学者的工夫义和圣人的本体义。否则，两重含义纠缠一起，将无法理解。朱子为此还和认同龟山之说的学者进行争论，"旧时《语录》元自分而为两，自'以己及物'至'违道不远是也'为一段，自'吾道一以贯之'为一段。若只据上文，是看他意不出。然而后云'此与违道不远异者，动以天尔'，自说得分明，正与'违道不远是也'相应。"[②]"明道解忠恕章，初本分为两段。后在籍溪家见，却只是一段，遂合之，其义极完备。"[③]

朱子同样十分感激二程门人谢氏、侯氏说给予他的帮助启发，指出忠恕说"自后千余年，更无人晓得，惟二程说得如此分明。其门人更不晓得，

---

① 乙卯1195年，《答曾无疑》五，《文集》卷60，第2891—2892页。
② 《语类》卷27，第1001—1002页。
③ 同上书，第1002页。

惟侯氏、谢氏晓得。"① 事实上，谢、侯对此章说法甚多，不少地方都遭到朱子批评，但是在关键处予朱子莫大启发，故朱子于二人之说始终深为感激。谢、侯说哪些地方予朱子以启发呢？朱子满意于谢氏从理一分殊角度阐发忠恕说。"谢氏曰：忠恕之论，不难以训诂解，特恐学者愈不识也。且当以天地之理观之，忠譬则流而不息，恕譬则万物散殊，知此，则可以知一贯之理也。……又问忠恕之别。曰：犹形影也，无忠做恕不出来。恕，如心而已。"② 故他称赞谢氏对忠恕的理解最好，其次侯氏说和刘质夫的记录也对他颇有助益。二程其他弟子如龟山、尹氏等纠缠于《中庸》忠恕说和此处之说，而未能看穿二者含义差别。"此语是刘质夫所记，无一字错，可见质夫之学。其他诸先生如杨、尹拘于《中庸》之说，也自看明道说不曾破。谢氏（一作'侯'）却近之，然亦有见未尽处。"③

（二）据上述可知，朱子主要是继承二程思想，以理一分殊之说解释忠恕一贯，认为忠恕即是一贯，朱子的这一诠解在整个《论语》诠释史上具有重要影响。

首先，对这一章理解的一个关键是如何理解忠恕与道的关系。忠恕的本义是尽己推己之为学工夫，是达到道的途径，它与道是有距离的。这一点在《中庸》中有明确的说法，"忠恕违道不远"。正因如此，学者在理解曾子此说时，多受制于《中庸》说，不敢明言忠恕即是一贯之道，其中包括二程亲传弟子。朱子的突破在于接续二程说，肯定此处忠恕表达的是本体义，是一种借言，是"升一等说"，突破了《论语》、《中庸》文本之间的矛盾。他在《中庸或问》的"道不远人"章对此有具体说明，"诸家说《论语》者，多引此章以明'一以贯之'之义；说此章者，又引《论语》以释'违道不远'之意，一矛一盾，终不相谋，而牵合不置，学者盖深病之。及深考乎程子之言，有所谓'动以天者'，然后知二者之为忠恕，其迹虽同，而所以为忠恕者，其心实异。……曾子之言，盖指其不可名之妙，而借其可名之粗以明之，学者默识于言意之表，则亦足以互相发明，而不害其为

---

① 《语类》卷27，第1000页。
② 《论孟精义·论语精义》，第155页。
③ 《语类》卷27，第1002页。

同也。"

其次，从诠释的角度来看，朱子对此章之诠释体现出鲜明的特点：

一是以理学精神解释经典，体现出经典理学化的诠释特色。正如谢上蔡所言，对忠恕的理解难处并不在于训诂，而在于义理。近人程树德称，对此章义理理解主要存在两种意见，"此章之义，约之不外一贯即在忠恕之中及在忠恕之外二说。"① 朱子从理学立场出发来解释忠恕一贯，认为忠恕即是一贯，忠为一为体，恕为贯为用，通过此章诠释阐发理学"理一分殊"这一重要思想。持另一种观点的学者，尤其清代汉学家，多将忠恕看作行事，是"以尽心之功告曾子，非以传心之妙示曾子。"并批评《集注》"独借此大谈理学，"反映出与朱子不一样的诠释立场。

二是在继承前辈之说的基础上，融入自身理解，体现出精于择取而自出新意的特点。无疑，朱子对"忠恕一贯"的理解以二程思想为前提，但是我们应看到，朱子所选取的二程说是经过细致甄别选取的，剔除了其中认为不合适的部分，如他认为小程子引《孟子》"尽心知性"说、"忠恕贯道"说，《中庸》"君子之道四"说解释此章不可晓、有误。针对程门弟子各不相同的看法，他做出了精细的辨析取舍，特别是朱子采用《中庸》"至诚无息"诚本体说解释此章所蕴含的道之体用说，体现出他的创造性。

三是突出语境对文本的影响，讲究诠释的灵活性，以达到求得经文本义，发明圣贤原意的诠释目标。朱子有着明确强烈的诠释意识，认为诠释首要任务就是通过对经典文本的理解将圣贤原义客观地挖掘呈现出来，以帮助学者加深理解。故此，他抓住"忠恕"在《论语》与《中庸》中处于不同语境中的客观事实，指出二者具有不同的含义指向，孔子之言与曾子之言深层原意各有不同，不可拘泥，亦不可牵合表层文字之同。学者应默识于言意之表，互相发明圣贤之意。

四是突出诠释的现实针对性和批判性，以达到针砭学弊，端正为学方向的诠释目标。划清儒学与佛老说、功利权谋说、词章记诵说的界限，纠正为学弊端，端正为学之方的诠释追求在这一章诠释中体现得淋漓尽致。朱子本章诠释，矛头指向空虚顿悟的禅学、舍本求末的浙东功利学，舍末求本的

---

① 程树德：《论语集释》，中华书局 1990 年版，第 266 页。

张、陆心学，要求学者树立本末兼顾，真积力久，由用达体的为学之方，提出尤其应在分殊上下工夫。

第四节　道统之两翼：《四书》与《太极图说》

宋儒通过对儒家经典的亲切体贴与创造诠释，形成了一套新的思想话语，朱子道统论是其中最具创见、意义深远的枢纽话语之一，亦是近来朱子学研究的热点话题。[①] 本节拟在已有研究基础上进一步探讨以下问题：朱子道统世界究竟是如何构成的？朱子如何使道统思想的建构、《四书》新经典的诠释、理学思想的推崇三者相统一？如何看待周敦颐的道统地位？"太极"概念所代表的《太极图说》与《四书》在朱子道统世界中究竟居于何等地位？显然，朱子在一种注重文本诠释的看似保守的注述工作中，而寄托了极其新颖的理论创作活动，成功实现了中国经学范式从五经学向四书学的转移，并将宋学的精华——理学思想注入到了新经典体系中，从而既实现了经典再造，又做到了思想重构。用他的话讲，就是"刻意经学，推见实理"。朱子所成功开辟的这条经学再造与理学新思相统一的路线，真正实现了有学术的思想与有思想的学术的一致，挖掘其中的思想内涵，无疑对思考当下儒学经典诠释与思想创新具有不可或缺的启示意义。

窃以为，朱子道统是由人物谱系、经典文本、核心范畴构成的精密系

[①] 学界近年对道统研究颇多，主要集中于以下方面：一是对整个道统史的研究，如蔡方鹿《中华道统思想发展史》（四川人民出版社 2003 年版）；苏费翔、田浩著、肖永明译的《文化权力与政治文化——宋金元时期的〈中庸〉与道统问题》（中华书局 2018 年版）；二是对朱子之前重要人物道统思想的研究，如孟子、韩愈等道统思想；三是对朱子之后心学道统的研究，如陈畅《理学道统的思想世界》（上海书店出版社 2017 年版）；吴震《心学道统论——以"颜子没而圣学亡"为中心》，（《浙江大学学报》2017 年第 3 期）；四是对儒家道统提出新说，如牟宗三先生的理学三系，判朱子"别子为宗"说，又如梁涛先生《儒家道统说新探》纳荀子于道统说（华东师范大学出版社 2013 年版）；五是关于朱子道统的研究，各类著作都会涉及，影响较大的是陈荣捷、余英时两位先生具有差异性的研究等。另外专论朱子道统的论文有数十篇之多，较侧重从《中庸章句》、《尚书》"十六字心传"入手，亦有少量从易学角度论证者。而在朱子道统中比较困惑的周、程关系上，迄今仍无较合理的解释出现。

统，非止于《中庸章句序》"执中"之传。① 它内蕴两条并行之路向：一可谓二程四书学工夫路线，其特点是认可二程传孟子之学，赋予《四书》以理学这一时代精神，突出格物等范畴的工夫教化意义。二可谓濂溪太极说路线，认可濂溪直传孟子之学。树立《太极图说》（含《通书》）为道学新经典，赋予太极范畴以形上本体意义。此"周程之学"体现了朱子道统中濂溪与二程、易学与四书学、本体与工夫的差异性和互通性，朱子有意强调了二者的独立性，其后学黄榦、程复心等则贯太极与四书为一，突出二者的一体性。朱子道统说正是通过对《四书》旧典的诠释与《太极图说》新典的推崇，树立了以周程道学精神为主导的道统谱系，形成了以《四书》和《太极图说》为主干的新经典范式，提出了一套涵盖工夫与本体的新话语系统，在继承之中实现了对儒学的更新和转化。

一　何谓朱子道统

朱子《中庸章句序》明确使用"道统"一词②，开篇即言："《中庸》何为而作也？子思子忧道学之失其传而作也。盖自上古圣神继天立极，而道统之传有自来矣。"③ 对"道统"与"道学"之定义及关系，学者有不同看法。陈荣捷先生区分了朱子道统的历史性与哲学性，强调了哲学性，肯定道统与道学的一体性。其《朱熹集新儒学之大成》言，"道统之观念乃起自新儒学发展之哲学性内在需要"。④ 余英时先生则从史家眼光出发，强调道统的外化和政治性，突出道统与道学、孔子与周公的差异性和断裂性："道统

---

① 班固《汉书·艺文志》卷30对儒学的概述亦是据经典（六经）、概念（仁义）、人物（尧舜文武仲尼）三个方面，言儒家者流"游文于六经之中，留意于仁义之际。祖述尧舜，宪章文武，宗师仲尼。"本文侧重从学统、道学的角度论述道统，亦可谓狭义的道统观，近乎陈荣捷先生；而不同于通贯学统、政统的道统观，如余英时、陈畅等。

② 仅从词源的意义上，是否朱子首先使用"道统"一词，学界近来有不同看法。我想，从系统的学术思想体系来论述"道统"，将之作为一个独立的思想范畴，始于朱子应是无疑的。此外，学者对"道统"看法亦不一，如唐宇元认为道统是"一种把握儒家的原则、尺度"《道统抉微》，《哲学研究》1991年第3期。陈来先生认为今天理解的道统就是中华文明的主流价值传承。蔡方鹿先生认为，道统就是道的传授统绪。详见蔡方鹿《文化传承与道统重构》，《光明日报》2016年11月28日。

③ 朱熹：《四书章句集注》，第14页。

④ 陈荣捷：《朱学论集》，华东师范大学出版社2007年版，第18页。

是道在人的世界的外在化。……内圣外王无所不包……而孔子只能开创道学以保存与发明上古道统中的精义——道体，却无力全面继承周公的道统了"。① 余氏突出道统与道学之辨，批评陈氏之说乃是采用后世黄榦之看法，混道统与道学为一。② 且认为朱子道统主要是出于一种政治用意，据"《中庸序》推本尧舜传授来历"说，"完全证实了朱熹建立尧舜三代的道统是针对着为后世（包括宋代）骄君助威的议论而来。"据比对《答陈同甫》与《中庸序》，认为"《中庸序》的道统论述是以该书为底本，已可以定谳"。③

余氏雄辩似有进一步讨论余地。首先，余氏对"道统"的考察可商。他认为朱子最早使用"道统"两字见于淳熙八年（1181）《书濂溪光风霁月亭》"惟先生承天畀系道统"，但"意指不很明确……大概此时他的'道统'观念还没有完全确定"。④ 余氏之所以如此断定，是因为此处"道统"不合其心中"道统"必含政治之意，"道学"二字更合其意。其实，早在淳熙六年（1179）《知南康榜文》中朱子已提及濂溪"心传道统"，即便在余氏认为朱子早已完全厘清道统与道学的绍熙癸丑（1193），朱子还是以"道统"称颂濂溪，《邵州州学濂溪先生祠记》言："特祀先生，以致区区尊严道统之意。"可见，此道统并非一定含政治意义。朱子提及"道统"尚有以下五处，未见其必含政治义。己酉《答陆子静》"子贡虽未得承道统"⑤，丙辰《答曾景建》"况又圣贤道统正传"⑥，《语类》"今人只见曾子唯一贯之旨，遂得道统之传"⑦，"则自汉唐以来，……因甚道统之传却不曾得"⑧，

---

① 余英时：《朱熹的历史世界》，三联书店2003年版，第13页。江求流认为"他的这一重构与朱子本意相去甚远"。见《道统、道学与政治立法》，《中国哲学史》2017年第2期。

② 余英时：《朱熹的历史世界》，第30页。元儒许谦《读四书丛说》提出"统"专指掌握政治权力的君王，"学"则涵摄"统"，兼顾有位无位者。此说不合朱子意。"道学主于学，兼上下言之。道统主于行，独以有位者言之。……凡言统者，学亦在其中。学字固可包括统字。"许谦：《读四书丛说》卷二，《四库全书》第202册，第558页。

③ 余英时：《朱熹的历史世界》，第22页。

④ 同上书，第14页。

⑤ 《文集》卷36，第1576页。

⑥ 《文集》卷61，第2974页。

⑦ 《语类》卷13，第408页。

⑧ 《语类》卷19，第652页。

绍熙五年《沧洲精舍告先圣文》"恭惟道统，远自羲轩"。① 朱子《中庸章句序》认为孔子不仅不是所谓"道统的无力继承者"，反而是集大成者。颜、曾、思、孟传承光大道统，濂溪二程接续之，朱子本人亦"赖天之灵，幸无失坠"。《章句序》末言"虽于道统之传，不敢妄议，然初学之士，或有取焉"，可见朱子隐然以传承道统自居。

其次，余氏认为朱子道统针对现实政治的看法恰与朱子道统的"去政治化"用意背道而驰。《中庸章句序》所论道统的演变与《大学章句序》大体相同，朱子认为，孔子不得其位并没有妨碍其成就，他反因继往开来之贡献越过了尧舜，以学统的形式延续了道统，使借助学统形式所表现的道统依然保持了其独立性和超越性。朱子的道统与道学概念在很大程度上可以重合②，孔子之后所传道学即道统之根本所在，即便是道统所涉帝王之治，亦当在道学范围内，如帝治当以格物正心为本。朱子坚持认为政治上的成就不能作为判定得道与否的标准。当弟子质疑"天地位万物育"仅指当权者时，朱子指出，反躬自修的穷乡僻壤之士亦能做到。③ 此与宋明儒学走向平民化、内在化的趋向一致，如过分突出道统的政治向度，则显然与此大趋势背道而驰。如余氏之解，则孔子以下已无"道统"可言。④

余氏为突出朱子道统的政治义，认为《中庸序》以乙巳（1185年）《答陈同甫》"来教累纸"书为底本的"定谳"恐难为"定谳"。然此书与《中庸章句序》仍有少许距离，而《戊申封事》及同时若干材料则几与《章句序》全同。⑤ 特别要指出的是，朱子《中庸序》亦经反复修改而成，朱子

---

① 《文集》卷86，第4050页。

② 学者对此有所论证，赖区平：《朱子的道学—道统论重探》，《中国哲学史》2016年第1期。陈来先生认为二者关系如果加以区分的话："道统是道的传承谱系，道学是道的传承内容。"《朱熹〈中庸章句〉及其儒学思想》，《中国文化研究》2007年第2期。并指出余英时之道统与道学之辨另有用意。蔡方鹿先生认为道统与道学是一体两面，分指形式与内容。《中华道统思想发展史》，四川人民出版社2003年版，第382页。

③ 《语类》卷62，第2051页。

④ 《四书集注》"道学"作为专名出现了三次，见出道学与道统的包涵性。《中庸章句序》开篇言"子思子忧道学之失其传也"；《论语集注》"子曰管仲之器小"章引杨时说"道学不明，而王霸之略混为一途。"兴于诗"章注："天下之英才不为少矣，特以道学不明，故不得有所成就。"

⑤ 谢晓东：《寻求真理：朱子对人心、道心问题的探索》，《河北大学学报》2005年第3期。

癸巳（1173年）为好友石子重所写《中庸集解序》实为《章句序》之早期底本①。比较二序可知，其差别主要有二：其一，《集解序》仅从孔、曾、思、孟立论，未提及《章句序》尧舜禹汤等孔子之前道统谱系，此是一大变化。其二，《集解序》特意点明"濂溪周夫子"上承孔孟、下启二程的道统枢纽地位，但《章句序》则只字未提。《集解序》还特意批评汉唐诸儒，尤其点出了李翱，此亦不见于《章句序》。

综上，笔者以为，陈荣捷先生从哲学角度判定朱子道统论更合乎实际。简言之，朱子道统指道之统绪，当含传道之人、传道之书、传道之法。其内容实由两条并列线索构成：第一个路向以二程为传人，以《四书》为载体，以工夫范畴为根本，其要乃在日用工夫。第二个路向以濂溪为传人，以《太极图说》为载体，以太极范畴为根本，其要乃在形上本体。

二　二程《四书》工夫道统论

（一）宗二程为统

朱子道统论具有树立道学正统，维护道学纯洁的目的。其道统谱系从立正统与判异学两面展开，立正统主要从以下四方面展开：一是尊孟退荀，二是摆落汉唐。三是宗主二程。需要说明的是，朱子虽对张载、邵雍、司马光之学亦有认可吸收，然亦不乏否定，较之二程，他们终是偏颇。朱子道统的"正统性与纯洁性"见诸其强烈的推崇洛学的学派意识，仅据《六先生画像赞》、《近思录》、《伊洛渊源录》等，并不能表明朱子认可张、邵、司马接续道统。此三种文字并未论及道统，且皆作于朱子道统思想尚未形成的癸巳前后。除《画像赞》外，余二者皆受吕祖谦很大影响，并非纯为朱子意。②四是排斥程门而自任道统。朱子不仅对汉唐诸儒未能传道不满，更明确表达了对二程之后百余年间道统传承的失望。尽管二程弟子众多，但朱子认为"多流入释氏"，未能接续二程之道，"其不流而为老子、释氏者几希矣。"③

---

① 《文集》卷75，第3639页。

② 方旭东对此有详细论述，认为"在评价朱熹道学观时，我们对《近思录》的史料价值应有清醒的估计"。《〈近思录〉新论》，《哲学研究》2008年第3期。

③ 绍熙癸丑（1193）《邵州州学濂溪先生祠记》，《文集》卷80，第3803页。

当仁不让的认为自己虽私淑二程,却能接续其学。故《大学章句序》丝毫不提二程后学,直接自任接续二程之传。"于是河南程氏两夫子出,而有以接乎孟氏之传。……虽以熹之不敏,亦幸私淑而与有闻焉。"《中庸章句序》直斥程门"倍其师说而淫于老佛"。朱子道统论极其注重门户清理,即便理学内部,亦严加甄别,其"道学"所指含义甚窄。《宋史·道学传》于朱子同时学者,仅列南轩,而置陆九渊、吕祖谦于《儒林传》,实据朱学立场。

在树立正统的同时,排斥"异学"亦是朱子道统说的根本使命所在。《学庸章句》二序皆特重判教,此判教当分三层:最要者是"弥近理而大乱真"的佛老之学,第二层则是与儒学有各种关联的流行之说,俗儒记诵词章之习,权谋术数功名之说,百家众技之流。凡非仁义之学,皆在批评之列。朱子一生与人发生多次学术辩论,即与此有关。第三层则是渗入儒学内部的不纯洁思想。朱子对此尤为关注,早年所撰《杂学辨》即批判吕本中、张九成等前辈学者溺于佛老,陷入异端。丁酉《四书或问》对程门诸子严加辨析。于同时代学者,尤为痛斥陆九渊之学流入佛老异端,实为"告子之学"。但朱子通过判教所树立的"道学",当时即引起时人不满,陆九渊即对朱学树立门户、张大"道学"一名深表忧虑,言"然此道本日用常行,近日学者却把作一事,张大虚声,名过于实,起人不平之心,是以为道学之说者,必为人深排力诋。"① 道学之外的周必大亦对此严加批评。②

(二) 推《四书》为经

朱子在继承二程表彰、阐发《四书》的基础上,首次视《大学》、《论语》、《孟子》、《中庸》为一有机整体而加以全面注释,最终使"四书学"取代"五经学",成为宋末以来新的经典范式。朱子对《学》、《庸》、《论》、《孟》的特点有清晰把握,指出《大学》通论纲领,阐明为学次第,亲切易懂,确实可行,在四书系统中具有奠定为学规模的首要意义。《论语》多为对日用工夫的即兴阐发,可树立为学根本,但文字松散,义理不一,故初学不易把握。《孟子》则注重对义理的发扬阐发,易于感动激发人心;《中庸》工夫细密、规模广大、义理深奥,多言形上之理,最为难懂,

---

① 陆九渊:《陆九渊集》卷35《语录下》,中华书局1980年版,第437页。
② 邓庆平:《周必大对道学学派的批评》,《孔子研究》2014年第6期。

故作为《四书》的殿军。"某要人先读《大学》,以定其规模;次读《论语》,以立其根本;次读《孟子》,以观其发越;次读《中庸》,以求古人之微妙处。"① 朱子自认用功最多,成就最大者为《大学章句》一书:"我平生精力尽在此书。先须通此,方可读书。"② 他将《大学》视为《四书》枢纽,认为实质上起到对其他三书的贯穿作用。常以"间架""行程历""地盘""田契""食次册"等形象说法强调《大学》在《四书》系统中的纲领地位,《论》、《孟》、《庸》可以说皆是《大学》的填补与展开,但从义理言,《四书》各书无有高下之分,他批评了《论语》不如《中庸》的观点。

就《四书》与五经的关系,朱子多次从工夫简易、义理亲切的角度肯定《四书》在为学次序上先于五经。当由《四书》把握为学次第规模、义理根源、体用纲领,再进而学习六经,方能有得。他以"禾饭""阶梯""隔一二三四重"的形象譬喻传达了二者在教法、效用上存在难易、远近、大小关系。"《语》、《孟》、《中庸》、《大学》是熟饭,看其他经是打禾为饭。"③"四子,六经之阶梯。"淳。④ 朱子以自身为学实践为例,甚至将经学所得比作"鸡肋",以此告诫学者,不应重蹈其覆辙,而应直接就《四书》现成道理探究。朱子继承发展了程子"《论语》、《孟子》既治,则六经可不知而明"的思想。认为《四书》作为阐明义理之书,对其他著作的学习具有标尺意义。掌握了《四书》这个义理中心,就等于掌握了根本,由此理解其他一切著作,皆甚为容易。故他对《四书》穷尽毕生精力,每一用语皆费尽心力,称量轻重适中,方敢写出,生怕误解圣贤本意。连无关紧要的虚词,亦反复揣量,以达到丝毫不差的精细地步。

(三) 以工夫传道统

朱子注释《四书》的目的之一,就是落实道统观念,以道学思想规定道统内容。《四书集注》始于道统、终于道统,《大学章句序》论伏羲、神农、黄帝、尧、舜之道统,《孟子集注》终于明道接孟子千年不传之学。从道统传

---

① 《语类》卷 14,第 419 页。
② 同上书,第 430 页。
③ 《语类》卷 19,第 645 页。
④ 《语类》卷 105,第 3450 页。

道人物来看，孔、曾、思、孟与《论语》、《大学》、《中庸》、《孟子》这四部传承四子思想的经典相对应。学界对朱子道统的认识通常局限于《中庸章句序》之十六字心传，此"执中"之传仅为《四书》道统之一部分，仅以精一执中之传无法限定、解释朱子广大精密的道统系统。我们将视野拓展至全部《四书集注》时，发现其中充满了朱子的道统观。《中庸章句》开篇序引程子说，"此篇乃孔门传授心法。"强调子思传孔子之道于孟子，其要在理事、一多范畴。《中庸》实以道之体用为中心，费隐章、诚明章作为管束全篇之枢纽性章节，皆阐明此意。《论语》亦多处论及道统之传。《论语集注》点出颜子、曾子对夫子之道的领悟与承当，"忠恕一贯"是"圣门末后亲传密旨"，是曾子传道工夫根本所在。"克己复礼"被称为"传授心法切要之言"，体现了儒家道统之孔颜授受，朱子数次将之与精一之传相提并论。此外，朱子对"斯之未能信""曾点气象""逝者如斯夫"等章皆是从见道、体道角度阐发之，指出此皆关乎道之体认与传承。《论语集注》末"允执其中"章引杨时说，言《论语》、《孟子》皆是发明儒家道统之书，指出圣学所传，乃在中道。《大学章句序》以性气之别为理论基础，逐层阐明以复性之教为中心的儒学道统论，建构了由政教合一至政教分离的道统演变史，批判了道学之外佛老、词章、功名等诸说流弊，突出了二程及朱子传道地位。强调《大学》格物、诚意直接贯通道体，是能否传承道统的工夫要领。朱子将《孟子》列于《四书》，决定性地结束了孟子地位之争，确定了孟子道统地位。《孟子集注》称赞孟子仁义论、性善论、养气论皆是发前圣所未发之论。把尧舜性者章上升到传道高度，称赞明道对尧舜与汤文武性之、反之的二重判定极为有功，显示明道学达圣域，否则不足以言此。末章点明孟子依次序列群圣之统绪，表明先圣道统传承所在，将传诸后圣而永不坠落。

朱子尤重以工夫论《四书》，正如学者所论，朱熹的《四书》学"建立了一套工夫论形态的《四书》学"。① 故对工夫范畴的阐明，既是朱子理学思想要领所在，亦是其道统论根基所在。在朱子看来，工夫实践是第一义的，无体道工夫，则不可能领悟道，更无法传承道统。《四书集注》创造性

---

① 朱汉民、肖永明：《宋代〈四书〉学与理学》第九章《朱熹的〈四书〉学与儒家工夫论》，中华书局2009年版。

地诠释了《四书》系列工夫范畴，与道统最密切者有主敬、格物、诚意、慎独、忠恕、克己等。

朱子对十六字心传的阐发围绕存理灭欲的存养省察工夫展开。不仅尧舜禹汤孔子等以精一执中工夫传道，颜、曾、思、孟亦皆以各自入道工夫传承道统，无工夫则无法传道。其《答陈同甫》先阐发十六字心传精一工夫，紧接着指出夫子于颜、曾、思、孟之传亦是如此，四子分别以各自工夫传道，颜子以克己、曾子以忠恕、子思以戒惧、孟子以养气，鲜明体现了儒家工夫道统相传之妙。主敬是朱子的工夫要旨。朱子视敬为成就圣学必备工夫，始终深浅，致知躬行，无时无处不在，称赞敬为圣门第一义，为工夫纲领和要法，"敬字工夫，乃圣门第一义"。① 多次从工夫道统的角度论敬，指出尧舜以"敬"相传，敬贯穿圣人所有言行，为其作圣根本。"圣人相传，只是一个字。……莫不本于敬。"② 程子以敬接续道统。"至程先生又专一发明一个敬字。"③ 强调程子对敬的发明远迈前人，盖圣人只是论说"敬目"，而未曾聚焦于"敬"自身意义，程子将"敬"脱离具体语境，突出为独立的具有本体意义的修身工夫，"程先生所以有功于后学者，最是敬之一字有力。"④ 朱子认为可由敬而入道、传道，尽管颜回克己与仲弓敬恕工夫存在高下之分，但敬恕亦能达到无己可克的入道境界。

格物是朱子工夫论的核心概念，朱子从道统高度来认定格物的意义。言："这个道理，自孔孟既没，便无人理会得。只有韩文公曾说来，又只说到正心、诚意，而遗了格物、致知。及至程子，始推广其说，工夫精密，无复遗虑。然程子既没，诸门人说得便差，都说从别处去，与致知、格物都不相干。"⑤ 朱子对韩愈道统地位排斥的一个重要根据，即是基于其对"格物"的忽视，格物是入道必经之门，无格物者，其所有工夫只是一"无头"工夫。在朱子看来，忽视格物工夫的学者没有资格纳入道统谱系，这极大强化了道统的道学属性。朱子推崇程子格物说，批评程门亲传弟子未能传承发挥其格

---

① 《语类》卷12，第371页。
② 同上书，第366页。
③ 同上书，第367页。
④ 同上书，第371页。
⑤ 《语类》卷18，第634页。

物工夫，故未能接续道统，而自身则上接二程格物，故得承道统。朱子的格物之学乃围绕成就圣贤展开，只有为圣贤之学服务，格物才可能"是（朱子）他全部哲学的一个最终归宿。"①《四书集注》据格物以阐述孔、曾、思、孟圣贤境地，充分显示了格物贯穿全书的枢纽地位。朱子对"诚意"之重视与开拓，绝不亚于"格物"，提出"诚意"是"自修之首"，是衡量修养境界的根本标准，是人鬼、善恶、君子小人、凡圣的分界点，"更是《大学》次序，诚意最要"②。"诚意是善恶关。……诚意是转关处。……诚意是人鬼关！"③ "知至、意诚是凡圣界分关隘。"④ 朱子释诚意为："诚，实也。意者，心之所发也。实其心之所发，欲其一于善而无自欺也。"⑤ 此有两层含义：第一层是"一于善"，意有善恶之分，故需要诚之实之功夫来贞定意念的价值指向，使所发意念皆归于善。用"一"，强调了意念归于善的纯粹性、彻底性、连续性。"善"则指明了意念的性质。诚意之学于朱子学术、人生、政治皆具有某种全体意义。它不仅是朱子诠释的对象，更是一生道德修养之追求。朱子以"格君心之非"为治国之纲领，将"诚意毋自欺"视为治国平天下的王道根本，多次向帝王上书强调诚意正心之学的重要。第二层是诚意蕴含慎独，《大学》、《中庸》皆言及慎独工夫，慎独是谨慎于人所不知而己所独知之地而审其几。《中庸章句》指出慎独是在心之未发已发之际的工夫，在隐秘幽暗的状态下，审视事物之几，以遏制人欲于萌芽状态。能否实现诚意，做到中道，皆取决于慎独。如上两节所述，关于颜子"克复心法"、曾子忠恕之传，皆是突出了二子修身工夫之重要，故可视为"十六字心传"之重要补充。

三 濂溪《太极图说》形上道统论

（一）以濂溪为统

濂溪在朱子道统中的地位，是一让人颇感困惑的老问题。陈荣捷先生指出，朱子道统论最要者在此，最困难者亦在此，《新道统》言："乃孟子与

---

① 陈来：《朱子哲学研究》，华东师范大学出版社2000年版，第284页。
② 《语类》卷15，第490页。
③ 同上书，第480—481页。
④ 同上书，第481页。
⑤ 《四书集注》，第3页。

二程之间，加上周子，此为道统传授最重要之改变。"① "朱子此一抉择，至为艰难"。② 最争议者依然在此，"此为理学史上一大公案，争论未已"。"所谓两程受其学于周子，殊难自圆其说"。③ 认为朱子将濂溪列入道统纯粹出于哲学（处理理气关系）而非历史原因。然朱子对濂溪的态度亦令人无所适从④：一方面，朱子明确二程直接孟子之传，如阐发道统说最要的《学庸章句序》丝毫未提及周敦颐，但癸巳《中庸集解序》曾明确濂溪上接孟子而下传二程，"至于本朝濂溪周夫子，始得其所传之要，以著于篇。河南二程夫子又得其遗旨而发挥之。"如何至于后来，反而删除之？或许，如于《四书》中确认濂溪上接孟子，则很难在《四书》系统内解释濂溪对孟子的继承和对二程的开启，亦将与二程不由濂溪而上接孟子的说法相冲突，盖在二程道统谱系中其实并无濂溪位置。程颐为明道所作《墓表》言："先生生乎千四百年之后，得不传之学于遗经……盖自孟子之后，一人而已。"明确宣称自悟"天理"而非"太极"本体，"吾学虽有所受，天理二字却是自家体贴出来"。⑤ 此或《四书》道统添入濂溪困难所在，故朱子干脆删除之。⑥ 朱子将濂溪从《四书》工夫道统剔除并不意味着置濂溪于道统之外，其他相关文字反复推尊濂溪得孔孟道统之传而开启二程，具有如夫子般"继往开来"之地位。在淳熙四年至十年所撰五处濂溪祠堂记中，朱子皆阐明濂溪的传道枢纽地位。如淳熙四年《江州重建濂溪先生书堂记》言："若濂溪

---

① 陈荣捷：《朱子新探索》，第 289 页。
② 陈荣捷：《朱学论集》，第 15 页。
③ 同上书，第 17 页。
④ 有学者视朱子此不同说法为"文体差异"或说法无定，如苏费翔认为此说明"朱熹道统的用词终身还没有定下来"。（《宋人道统论：以朱熹为中心》，《厦门大学学报》2015 年第 1 期）。粟品孝《周敦颐学术史地位的建构历程》亦认为朱熹对道统的看法具有不稳定性。
⑤ 程颢、程颐：《二程外书》卷 12，《二程集》，第 424 页。
⑥ 元儒胡炳文据孟子见而知之与闻而知之之分，故《集注》仅提及二程传道与《文集》赞濂溪觉道说并不矛盾，濂溪对道之体悟是闻而知之，二程乃是见而知之。孟子强调闻知、见知意在突出明道的重要。"今言明道而不言濂溪者，二程夫子受学于濂溪先生，见而知之者也。且孟子所述列圣之相传者，非徒为其行道而言，实为其闻知、见知有以明斯道而言也。"《四书通·孟子通》卷 14，第 588 页。业师李景林先生亦注意区分二者之别，指出："这'闻而知之'者一类，大体上都是儒家所谓的圣人，是一种新时代或文明新局面的开创者；'见而知之'者一类，则基本上属于儒家所说的贤人或智者，是一种既成事业的继承者。"《论孟子的道统与学统意识》，《湖南大学学报》2019 年第 2 期。

先生者，其天之所畀而得乎斯道之传者与。"① 五年《袁州州学三先生祠记》言："濂溪周公先生奋乎百世之下，乃始深探圣贤之奥……河南两程先生既亲见之而得其传。"② 六年《隆兴府学濂溪先生祠记》则将濂溪太极说与《四书》联系起来，认为太极之说实是对四书五经的内在传承，完全合乎圣人之言，以称颂孔子的"继往开来"来称赞濂溪，视其为旧儒学之接续，新儒学之开创者，在道统史上具有独特的贡献。"盖尝窃谓先生之言，其高极乎无极太极之妙，而其实不离乎日用之间，其幽探乎阴阳五行造化之赜，而其实不离乎仁义礼智……而其实则不外乎六经、《论语》、《中庸》、《大学》、《七篇》之所传也。…………此先生之教，所以继往圣、开来学而大有功于斯世也。"③ 八年《徽州婺源县学三先生祠记》则进一步将濂溪太极之学与《四书》工夫道统相贯通。指出濂溪学主旨是格物穷理，克己复礼，实与《四书》内在一体。"诸君独不观诸濂溪之图与其书乎！……然其大指，则不过语诸学者讲学致思，以穷天地万物之理而胜其私以复焉。"④ 十年《韶州州学濂溪先生祠记》更进一步，从明天理、传道学的角度称颂濂溪，概述其阐明天理本体、揭示克复作圣之功的本体与工夫两面贡献，孟子以下，一人而已，开创儒学复兴新局面之功无人可比，评价无比之高。"濂溪先生者作，然后天理明而道学之传复续。……盖自孟氏既没，而历选诸儒授受之次，以论其兴复开创，汛扫平一之功，信未有高焉者也。"⑤ 可以看出，朱子数篇祠记对濂溪的评价，时间愈后，评价愈高，定位于继孔孟而开二程，并有意将其太极本体理论与四书工夫理论相关联。

与《四书》道统不提甚至撇开周程关系不同，朱子晚年两篇文字中特别提出"周程"说，强化二者授受传承关系。绍熙癸丑（1193）《邵州州学濂溪先生祠记》直接提出周程接续孟子之道，"自孟氏以至于周程"。⑥ 绍熙五年（1194）《沧洲精舍告先圣文》强调周、程"万理一原"的道统传承，

---

① 《文集》卷78，第3740页。
② 同上书，第3743页。
③ 同上书，第3748页。
④ 《文集》卷79，第3760—3761页。
⑤ 同上书，第3768—3769页。
⑥ 《文集》卷80，第3803页。

祭祀圣贤的释菜之礼，亦以濂溪、明道配。"周程授受，万理一原。"但朱子强化周程授受关系的看法曾遭到好友南轩、汪应辰等质疑。他们认可二程早年受学于濂溪这一事实，但并不认同二程传濂溪之道，最根本的是二程不认可这一点，且对濂溪似有不敬。[①] 二程与濂溪的理论路线、经典取向并不一致，二程更重视《四书》的工夫教化论，由工夫而领悟天理本体。即便伊川重视《易》，其路向亦与濂溪亦迥然不同。为此，朱子坚持论证濂溪传道二程，认为当从不受重视的《通书》入手，方可看出二程得濂溪之传而广大之。朱子提出二程阴阳之说、性命之论等皆受周子《太极图说》、《通书》影响，根据是《颜子所好何学论》、《定性书》、《李仲通铭》、《程邵公志》，此种《铭》、《志》论述实不足为据。至于《好学论》、《定性书》是否在精神实质上与濂溪一致，亦可商讨。朱子己丑（1169）《太极图说》建安本序认为，二程性命之说来自《太极图》、《通书》，具体证据是《通书》诚、动静、理性命三章与二程的一《志》、一《铭》、一《论》关联密切。己亥（1179）南康本《再定太极通书后序》进一步主张二程论述乃是继濂溪《太极图说》、《通书》之意，一《志》、一《铭》、一《论》尤其明显，不仅师其意，且采其辞，更外在化。有学者认为二程只是"'祖述'了《太极图说》'二五之精'以下的内容，而起始的'无极而太极'至'两仪立焉'是二程所要回避的。"[②] 淳熙丁未（1187）《通书后记》强调二程因受学于濂溪而得孔孟之传，且传其《太极图说》、《通书》，突出了周程授受对于二程道统地位确立具有决定性地位。可谓无濂溪之传，则二程不可能得传道统。二程之外，亦无人能窥濂溪之意，故二程没而其传鲜。此既突出了濂溪悟道之高，又点出周程授受之唯一性。朱子解答南轩二程未道及《太极图》的原因是"未有能受之者"，骤然传之，反致不良影响。

---

① 这是一个老大难问题，认可与否定周程关系的双方各有证据。但总体来看，反方证据来自二程，更直接可靠，个人以为，濂溪思想中较为浓重的道家归隐无为思想与二程思想旨趣颇为不类。尽管普遍认为濂溪开启了二程"寻孔颜乐处"，但二程对此命题的理解与濂溪或许存在不少差异。

② 李存山：《〈太极图说〉与朱子理学》，《中共宁波市委党校学报》2016年第1期。

朱子以濂溪《太极图说》为主的道统论①，在人物谱系上突出了伏羲和濂溪，在经典文本上以《太极图说》为中心，在范畴诠释上彰显了"太极"的形上意义，为朱子理学本体论建构奠定了根基。朱子以"同条而共贯"说阐明以太极为中心的道统论，指出伏羲易始于一画、文王易开端于乾元，太极概念始于夫子，无极、《太极图》则濂溪言之。四说虽异，其实则同，关键在实见太极真体。《答陆子静》言"伏羲作易自一画以下，文王演易自乾元以下，皆未尝言太极也，而孔子言之。孔子赞易自太极以下，未尝言无极也，而周子言之。夫先圣后圣，岂不同条而共贯哉。若于此有以灼然实见太极之真体，则知不言者不为少，而言之者不为多矣。"② 朱子比较了伏羲与濂溪之学，判定濂溪太极图是自作。以阐发易学大纲领，义理精约超过了先天图，但规模不如其弘大详尽，故仍处先天范围内，而无先天图之自然纯朴。《答黄直卿》言："太极却是濂溪自作，发明《易》中大概纲领意思而已。故论其格局，则太极不如先天之大而详；论其义理则先天不如太极之精而约。"③

（二）《太极图说》的本体论

朱子哲学体系主要通过诠释濂溪《太极图说》形成。前辈学者冯友兰、钱穆、陈荣捷等早已指出朱子哲学与《太极图说》的密切关系。陈来先生指出，"朱熹以太极为理，利用《太极图说》构造理学的本体——人性——修养体系，这是理学自身发展的一个重要步骤。"④ 以下讨论朱子对太极、诚、圣人三个相应概念的阐释。朱子是理太极的代表，把太极解释为理，视为理之极致，"（太极）只是一个理而已，因其极至，故名曰太极。"⑤ 又认为太极只是指示万善总会的表德词。"周子所谓太极，是天地人物万善至好底表德。"⑥ 太极还是生生无穷之理，是万物产生之本根，"造化之枢纽，品

---

① 有学者提出"大易道统论"。张克宾：《朱熹与〈太极图〉及道统》，《周易研究》2012年第5期。王风：《朱熹新道统说之形成及与易学之关系》纯以伏羲易论朱子道统，《哲学研究》2004年第11期。
② 《文集》卷36，第1567页。
③ 《文集》卷46，第2155页。
④ 陈来：《朱子哲学研究》，第100页。
⑤ 《语类》卷94，第3122页。
⑥ 同上。

汇之根柢"。《太极图解义》认为太极作为阴阳动静根源之本体，并不脱离阴阳而孤立，是即阴阳而在之本体，突出了二者的不离不杂。朱子分析了太极本体与分殊之理的关系。《太极图说解》的"统体太极"和"各具太极"阐明了作为万理之源的太极与无数分理的关系。自男女、万物分而观之，各具一太极，全体合观，则是统体太极。此两种太极在理上并无不同。朱子人性论以太极阴阳的理气同异说为理论基础。人物禀太极之理而为性，禀阴阳之气为形，此理气凝聚构成人之性形。人物性同气异的原因在于：人物皆具同一太极之理，在气化过程中，只有人禀赋阴阳五行之灵秀，故人心最灵妙而能保有性之全。在人性论上，朱子主张天命之性与气质之性。所谓气质之性，乃是作为太极全体的性落入气质之中，它并非天命之性的另外一种，而是天命之性的一种现实形态。朱子追溯此论之源头，认为孔孟虽内含此说，然程、张因濂溪方才发明此说，程子性气之论来自濂溪，若无濂溪太极阴阳说，程子无法提出此说。"此论盖自濂溪太极言阴阳五行有不齐处二程因其说推出气质之性来，使程子生在周子之前，未必能发明到此。"① 总之，朱子对濂溪《太极图说》太极本体论思想的挖掘，构成其道统论的本体面向。

　　立人极之圣人。《太极图说》下半部分论述了太极的人格化——圣人，是太极思想在人道领域的落实。② 圣人是太极的人格化，全体太极之道而无所亏，保全天命之性而无所失，定其性而不受气禀物欲影响，故能树立为人之标准。朱子认为只有圣人才能做到"全体太极"以定性，以立人极。圣人在德性上具有如太极般的全体性（全具五常之德）、极至性（中正仁义之极）、自然性（不假修为）。"圣人太极之全体，一动一静，无适而非中正仁义之极，盖不假修为而自然也。"《通书》对圣人特点发明详尽透彻。认为圣人具有诚的实理性、太极的浑然全体性。"孔子其太极乎！"通变无碍性，"无不通，圣也。""大而化之"的"化"性。"圣者，大而化之之称"。朱

---

① 《语类》卷59，第1888页。
② 朱子对君王的要求，则提"皇极"，并将"大中"解为"此是圣王正身以作民之准则"，《语类》卷79，第2710页。余英时、吴震先生从政治的角度解释朱子"皇极"说，陈来先生则认为朱子仍然主要就经典解释而论皇极，其时事意味只是连带论及而已。参见吴震《宋代政治思想史上的"皇极"解释——以朱熹〈皇极辨〉为中心》，《复旦学报》2012年第6期；陈来《"一破千古之惑"——朱子对〈洪范〉皇极说的解释》，《北京大学学报》2013年第2期。

子《四书》对"人极"亦有论述，《学庸章句序》皆以"继天立极"开篇，其"立极"当指"立人极"。"继天立极"指圣人继承天道以挺立人道，此立人极者亦即尽性者，故天命为君师教化民众以复其性。《四书集注》亦多次以"太极"解释夫子之圣，圣人是天理、天道之化身，如太极一体浑然而备阴阳正气，动静行止，皆如太极动静之显发。其外在容貌间所呈中和气象，显与天合一之境界。"子温而厉"章注："惟圣人全体浑然，阴阳合德，故其中和之气见于容貌之间者如此。"

"诚，即太极，圣人之本。"诚被朱子视为与太极、圣人对应的本体概念，诚是"实理"。圣之为圣的根据就在于诚。诚具有太极、圣所共同具备的特点：全体、内在、超越、自然、通化等。《通书》乃发明《太极图》的表里之作，首章"诚"完全对应于《太极图》，朱子《通书注》说，"诚即所谓太极也"。诚之源为"图之阳动"；诚斯立为"图之阴静"；诚之通、复为"图之五行之性。"诚是圣人的独特属性，只有圣人能保全此诚。"圣人之所以圣者，无他焉，以其独能全此而已。"诚的本来意义是真实无妄，其形上意义则是天命之性（理），是事物内在禀有之理。朱子强调了诚的实理性，万物资始是"实理流出"，各正性命是"实理为物之主"，纯粹至善是"实理之本然"。认为《通书》"诚神几曰圣人"的诚、神、几分别指实理之体、实理之用、实理之发见。指出诚具有自然、简易的特点。"诚则众理自然"。但诚与太极、圣人的一个根本不同在于它还有工夫意义，是贯通天道与人道的连接者。朱子明确区分了诚的这两层意义：《中庸》的至诚指"实有此理"，诚意则是工夫之诚，不欺之诚。汉唐学者皆以忠信笃实之德言诚，朱子称赞二程以实理言诚实为创见，并提醒要兼顾诚的这两层含义。"诚，实理也，亦诚悫也。由汉以来，专以诚悫言诚。至程子乃以实理言。"①

（三）推《太极图说》为经

朱子通过精心诠释和大力推崇，将《太极图说》树立为道学首要经典，指出《太极图说》是言道体之书，穷究天理根源、万物终始，自然而成，并非有意为之。《与汪尚书》言："夫《通书》《太极》之说所以明天理之

---

① 《语类》卷6，第240页。

根源，究万物之终始，岂用意而为之？"① 认为该书对工夫问题论述甚少，仅限于修吉、主静，朱子则将主静转化为主敬，他高度评价《太极图说》、《通书》，认为所论如秤上称过，轻重合宜而精密无差。"大率周子之言，秤等得轻重极是合宜。"② 视《太极图》、《西铭》为孟子之后儒家最好著作，甚至认为《通书》比《语》、《孟》尚且语义分明，精密深刻，布局严谨。"《通书》比《语》《孟》较分晓精深，结构得密。"③ 淳熙丁未（1187）《通书后记》强调濂溪之书远超秦汉以下诸儒，条理精密、意味深刻，非潜心用力，不能明其要领。认为《太极图》具有首尾相连、脉络贯通的特点，《图说》上半部五段对应五图阐发了太极阴阳生化过程；下半部分论人所禀赋的太极阴阳之道，与上半部相应，体现了天道人道一体的观念。首句一一对应上半部分，人之秀灵即是太极，人之形神则是阴阳动静，五性则是五行，"善恶分"则是乾道成男坤道成女，"万事出"为万物化生。自此而下的"圣人定之"句，体现圣人得太极全体，而与天地混融为一，实现了天人相合。故《太极图说》与《中庸》皆阐明天人合一、贯通形而上下这一主题。

朱子强调《通书》围绕太极这一核心概念来发明《太极图》之蕴，透过《通书》方能清楚把握《太极图》的主旨，若无《通书》，则太极图实不可懂。"《太极图》得《通书》而始明。"④《通书后记》指出《通书》和《太极图说》是表里关系，是对《太极图说》太极阴阳五行的阐发，实为道体精微之纲领，并强调了义利文道之取舍，以圣人之学激发学人走出功名富贵文辞卑陋之俗学，对为学工夫、治国之方皆有亲切简要、切实可行的阐述。朱子早在己丑《太极通书后序》就指出《太极图》是濂溪之学妙处所在，《通书》用以阐发《太极图》之精蕴。淳熙己亥《再定太极通书后序》进一步指出《通书》诚、动静、理性命三章尤其阐发《太极图》之奥妙。还以"诚无为"章具体论证与太极阴阳五行说的对应。《近思录》开篇所选周子说，亦是《太

---

① 《文集》卷30，第1306页。
② 《语类》卷94，第3153页。
③ 《语类》卷94，第3144页。
④ 同上书，第3144页。

极图说》与本章,可见朱子对此章之重视。① 朱子对《太极解义》极其满意,认为恰到好处地阐发了濂溪之意,达到了"一字不可易处。"② 朱子可谓对濂溪《太极图》用力最深,最有创见者,采用章句分解形式,以注经的严谨态度疏解此书,最终使得该书层次分明,粲然可读。经由朱子的大力推崇,周敦颐道学宗主地位,《太极图说》道学经典地位得以确立。

四 工夫与本体:《四书》与《太极图说》的贯通

(一)《太极图说》与《四书》的贯通

朱子广大的道统体系由《四书》和《太极图说》所代表的工夫、本体双主线构成,二者相互贯通,体用一源,工夫是通向本体之理的手段,本体是分殊工夫的最终实现,工夫不离本体指引、范导,本体端赖工夫真积力久,可谓工夫所至,即是本体。朱子阐明了《四书》与《太极图说》的密切关联。《四书》虽以日用工夫为主,然工夫以太极本体为理论基础,指向道体之领悟。如朱子的格物穷理就是通过不断穷究事理,积累贯通,达到豁然开悟,物理明澈,心与理一的心体光明状态。《大学或问》以《太极图说》无极二五的理气说解释人物之性形。天道流行发育,以阴阳五行作为造化之动力,而阴阳五行的出现又在天道之后,盖先有理而后有气,故得理为健顺五常之性,得气为五脏百骸之身。《中庸章句》多言形上之道,其性、体用、诚论,皆与《太极图说》息息相通,不离理气先后、理气离杂、理一分殊、理气同异、天人一体等命题。如首章指出性专言理,道兼言气,在道的意义上是理在气中而理气不杂,正如太极阴阳之不离不杂。采用太极阴阳五行解释健顺与五常,性即太极,健、顺分指阳、阴,仁义礼智对应五行,将人性健顺五常与太极阴阳五行严密对应,体现了天人的一体性。以理一分殊、理同气异解释《中庸》性、命之说。凡涉及人物之性,皆以性同气异、理一分殊解之。从本体论、价值论的角度释"不诚无物",强调理在物先,理内在包含了物。朱子同样以理一分殊、理同气异释《论孟》重要

---

① 此二条为吕祖谦主张选入,朱子初虽反对,后亦觉得可存。《答吕伯恭》言"但向时嫌其太高,去却数段(如太极及明道论性之类者),今看得似不可无。"《文集》卷33,第1460页。

② 《答张元德》,《文集》卷62,第2981页。

章节。如提出忠、恕分指理一分殊、体用、天道人道，忠是理一，恕是分殊，忠为恕体，恕为忠用，忠指天道流行，恕则各正性命。以理一分殊说阐发见牛未见羊章、君子之于物章所体现的儒家之爱的差等性与普遍性，以理气先后阐发浩然之气章、性命章、异于禽兽章、生之谓性章等，特别提出儒家人性思想直到周子太极阴阳五行说出，方能阐明性同气异，程、张人性论皆是受濂溪阴阳五行说影响，突出了濂溪的开启之功。"及周子出，始复推太极阴阳五行之说，以明人物之生，其性则同，而气质之所从来，其变化错揉有如此之不齐者。……此其有功于圣门而惠于后学也厚矣。"① "使程子生在周子之前，未必能发明到此。"② 尽心知性章引张载说，并将之与《太极图》相对应，太虚即《太极图》最上圆圈无极而太极，气化之道即阴阳动静。

（二）朱子后学绾合《太极图说》与《四书》

朱子后学基于朱子对《太极图说》与《四书》内在关系的阐发，进一步绾合二者，树立了《太极图说》与《四书》为源与流、本体与工夫关系的认识。黄榦是阐发朱子道统论最有力者，对此亦多有阐发。他在《圣贤道统传授总叙说》中指出：

> 有太极而阴阳分，有阴阳而五行具，太极二五，妙合而人物生。赋于人者秀而灵。精气凝而为形，魂魄交而为神，五常具而为性。感于物而为情，措诸用而为事物之生也，虽偏且塞，而亦莫非太极二五之所为。此道原之出于天者然也。圣人者，又得人中之秀而最灵者焉。于是继天立极而得道统之传。……尧之命舜，则曰"允执厥中"中者……则合乎太极矣。③

此以《太极图说》的太极阴阳五行论儒学道统，太极二五理气之合而

---

① 《四书或问》，《朱子全书》第 6 册，第 982 页。
② 《语类》卷 59，第 1888 页。
③ 黄榦：《勉斋先生黄文肃公文集》（以下简称《勉斋文集》）卷 26，书目文献出版社 1988 年版，第 584 页。

生人物，人得其精气而秀灵，虽物之偏塞亦皆不离太极。圣人则是人中最秀灵者，故能继承天道以确立人极，而获道统之传。此一论述完全将儒学道统置于太极本体的天道基础上，与《尚书》"十六字心传"置于圣人之传不同，突出了道乃是合乎太极本体，因应万物生成而来。勉斋对尧舜禹汤文武周公、孔（颜）曾思孟、周、程、朱子道统之传，多以《四书》一二核心工夫词概括之，且皆与太极相合，体现了勉斋以工夫为重的道统特色。显然，勉斋所建构的工夫道统，确有其"武断"，然此"武断"把握了道学重视下学上达的道统特色。勉斋另一鸿文《朱先生行状》则有意区别了朱子的为学与为道，指出其为道是以太极阴阳五行论天命性心五常之德："其为道也，有太极而阴阳分，有阴阳而五行具，禀阴阳五行之气以生，则太极之理各具于其中。天所赋为命，人所受为性，感于物为情，统性情为心。"[①]可见勉斋始终置太极之学于道统之首，此亦正合乎陈荣捷先生以补入太极为朱子道统观念最具哲学性之改变的看法。

　　元代朱子后学程复心《四书章图纂释》亦将《太极图说》与《四书》，太极与道统作了非常有特色的结合。他在全书开篇处即采用十节图文依次论述从伏羲到朱子的传道系统，尤以《太极图说》为中心，突出了周敦颐与朱熹在道统中的地位。指出程子去世后，周程所接续的以太极为核心的儒家道统面临中断危险，幸得朱子重新对周程易学作了深入阐发，学者如能反求诸心，以主敬为工夫，则能体悟太极内在于人，实为心之妙用，故以太极为代表的儒家道统实皆本诸于心。"又幸有朱夫子以发其精蕴，学者苟能求之于心，主之以敬，则知夫太极者，此心之妙用；《通书》者，又太极之妙用。"此把主敬工夫与太极本体相贯通。复心通过横渠、朱子说以证明二程在太极阴阳这一传道核心上与濂溪所接续伏羲之传一致，并以此作为列《太极图说》于《四书章图纂释》之首的原因。特别表明本书将《太极图说》置于编首的意图，意在显示周子《太极图说》端为《四书》道统之传、性命道德之学的本原所在。"故特举先生《太极图说》于编首，以见夫《四书》传授之奥，性命道德之原，无一不本于此《太极图说》"。既然周子是通过对作为《四书》源头的"太极"的图说来阐发、接续儒学之道，那么

_____

① 黄榦：《勉斋文集》卷34，第701页。

对作为"太极"之实质传承的《四书》自然亦可以"图说"了，此即其图解四书，"立图本始"所在。

在《太极图说》《四书》与朱子道统关系上，我们要注意两种倾向。一是过分夸大《太极图说》代表的道统对于《四书》道统的"纲领性"和"含摄性"。如有观点认为，"朱熹本于易道，起自伏羲的道统可以含摄本于《尚书》起自尧舜的道统"。①其实《太极图说》与《四书》道统分别侧重道统本体向度和工夫向度，二者可谓源流关系，理一分殊关系，不可偏废。如就朱子终生奉为圭臬的"理不患其不一，所难者分殊耳"之教而言，他当更重视下学一面的《四书》道统。盖朱子哲学"非以本体论宇宙论为归宿，而重点在乎人生，即在乎《四书》之教。"② 二是日本学者山井涌教授因《四书集注》未见"太极"而提出太极于朱子哲学并非重要的结论，陈荣捷先生作《太极果非重要乎》驳之，认为"太极乃本体论与宇宙论之观念，而《四书》则勿论上学下学，皆针对人生而言。"③其实，太极概念未见《四书集注》极为正常，此符合朱子不以难解易、不牵扯它书的解释原则。如朱子批评南轩《孟子解》的重大失误在于以太极解性，"盖其间有大段害事者：如论性善处，却着一片说入太极来，此类颇多。"④太极在朱子看来，其实为理，故朱子虽论太极不多，然处处论理，善观者当就朱子论理处观其太极说，而非必紧盯是否出现"太极"之名。盖一则太极经朱子之诠释、辩论而得以形成理学之最高概念，它本不如理、仁等概念易知；二则太极为形上抽象概念，属于儒者罕言的"性与天道"之范畴，朱子虽以太极为其哲学基石，然其教之重心，仍在《四书》的分殊工夫一面。故由朱子罕言"太极"之名不等于朱子罕言"太极"之实，亦不等同太极于朱子并不重要。

总之，朱子不仅使道统成为一个新范畴，而且使之成为一个工夫与本体兼具、天道人道并贯的广大精密系统，它含摄了朱子理学形上建构和形下实

---

① 张克宾：《朱熹与〈太极图〉及道统》，《周易研究》2012 年第 5 期。
② 陈荣捷：《朱子新探索》，第 154 页。
③ 同上书，第 148—154 页。
④ 《语类》卷 130，第 3421 页。

践的核心范畴。朱子的道统世界实现了思想建构与经典诠释、历史性与当代性的统一：一方面，他以极具时代感的道学精神诠释《四书》原典，使先秦《四书》与作为时代精神的道学融为一体，随着《四书》成为新的经典范式，道学亦实现了其经典化，成为儒学新发展之主干。另一方面，他极力推尊周程，精心诠释道学著作，使《太极图说》成为足与《四书》相当的道学必读经典，构成了以《太极图说》、《通书》、《西铭》为主的道学新经典，道学文本的经典化极大树立了道学的权威地位，强化了道统的道学特色。朱子的思想建构依托于对道学范畴的创造性诠释，他的道统世界奠基于对道统、太极、格物等系列范畴的开创性诠释上，这些范畴与其经典诠释浑然一体，影响了身后数百年儒学的发展，是贯穿后朱子时代理学发展的主线，直至今日仍为当代中国哲学创新转化不可或缺的资源。

第五节　道统的"门户清理"

在朱子漫长的为学历程中，从学李延平是个极重要阶段，它促使朱子断绝了对佛学的留恋，走上了以"四书学"为学术重心的圣学之路，并取得了初步成果。其重要标志是朱子于延平去世后不久即撰成清理儒学内部阳儒阴佛思潮的《杂学辨》，该书尤以对张九成《中庸解》的批判为中心。朱子的辨张无垢《中庸解》实为其早年思想的一次重要总结，在其四十多年的学术生涯中具有承前启后的不可忽视的意义。故本节以《杂学辨》中辨张无垢《中庸解》为中心，阐释朱子对《中庸》性道、戒惧、忠恕、诚、知行诸核心概念的认识，揭示其此时的中庸学水平，阐发其辟佛老、重章句的学术风格。参照晚年对《中庸》之论述，可以清晰地揭示朱子早年中庸学的得失、因袭、修正之处；这同时又是朱子在完成自我修正后对洛学门户的一次大清理，集中展现了朱子的佛教认知，显示了朱子的强烈卫道意识。故探讨该书，可以充实丰富朱子早年学术思想研究，对把握朱子思想的演变、朱子的道统意识皆具有重要参考意义。因朱子辨无垢《中庸解》乃是接着从学延平而展开的，故先略述延平对朱子中庸学的影响，然后展开朱子对无垢《中庸解》批评的论述。论述以相关概念为主，重点在三个方面：朱子此时中庸学水平与晚年的异同比较；朱子此时对佛学的认知态度；朱子的解经方法始终表现出对章句之学的重视。透过历时演变的眼光看待朱子思想的因袭变化，阐明其道统思想的辟异端之面向。

一 "龟山门下相传指诀"

朱子在从学延平之前就打下了扎实的儒学功底，受到正统有序的理学教育，他曾说自己十六岁就知理学是好东西。因家学和师长的熏陶，自小熟读《中庸》。与此同时，亦接触到禅学，并一度对之迷恋，早年诗作《牧斋净稿》即是明证。故当他二十四岁拜师延平后，延平的首要任务就是授以所传"龟山指诀"，将其引导到理学正轨上来，分辨儒佛之异。延平为龟山高弟罗从彦之徒，得道南一脉之传，为学特重《中庸》，称赞该书将儒家成圣之学的工夫路径显示得清楚详尽，毫无遗漏。《延平行状》说："其语《中庸》曰：圣门之传是书，其所以开悟后学，无遗策矣。"[1] 延平思想最大特色在于从未发已发入手，通过静坐涵养的工夫，来体认未发之本体，由此达到切实自得、气象洒落之境界。"大抵令于静中体认大本未发时气象分明，即处事应物，自然中节，此乃龟山门下相传指诀。"[2] 故其对朱子之教育，反复谆谆于"涵养""体认"，惜乎朱子对此"龟山指诀"实不相契，转而喜从逻辑分析、章句考论入手，故二人于《中庸》章句之学讨论甚多。朱子此前因学禅之故，对本体思想有所了解。李侗为扭转其好佛趋向，授以儒学理一分殊之学，特别揭示分殊的重要，使朱子获知儒学体用不二、超越内在之精义，此点对其弃佛归儒影响甚大。概言之，此时朱子的中庸学具有以下特点：

在工夫进路上，特别注重道问学的一面，坚持认为道问学有其独立价值，是为道不可缺少的重要工夫（这一点与今人重逻辑分析之学相似）。朱子中庸学的一大特色就是自始至终注重章句文本之学。延平则认为为道"非言说所及也"，告诫朱熹"于涵养处着力，正是学者之要，"而朱熹则"窃好章句训诂之习"，认为不展开谈说论辩，则于道理看不分明，于工夫偏颇不全。故晚年尚从为学博约并进的角度，当弟子面公开批评延平之学缺

---

[1] 《延平答问》，《朱子全书》十三册，第351页。
[2] 《答何叔京》，《文集》卷40，第1802页。

乏辨名析理的问学工夫。"然李终是短于辩论邪正。盖皆不可无也，无之，即是少博学详说工夫也。"① 然而延平对涵养践履的强调，对朱熹形成尊德性与道问学相结合的为学方法产生了积极影响。

在本体论上，朱熹接受延平理一分殊之教，将之与对《中庸》中和的理解结合之。朱熹对延平"分殊"之教，尤有深刻感受，曾反思在见延平前自身为学染有一般学者通病：喜好笼统、高远、宏大之学，"亦务为笼侗宏阔之言，好同而恶异，喜大而耻于小。"② 而延平则教以"所难者分殊耳"。正是延平"所难之分殊"改变了他的为学方向，并成为他一生评判学术的标准。

此时朱熹自觉运用理一分殊之学来理解中庸（仁）。在对《中庸》性论的理解中，将理一分殊与未发之说结合起来。他说，"熹窃谓天地生物，本乎一源。……但气有清浊，故禀有偏正。惟人得其正，故能知其本具此理而存之，而见其为仁。物得其偏，故虽具此理而不自知，而无以见其为仁。……窃谓'理一而分殊'，此一句言理之本然如此，全在性分之内，本体未发时看"。（先生抹出批云："须是兼本体已发未发时看，合内外为可"）③ 朱子认为，在理（性）一的意义上，生物皆同，在气禀（分殊）的意义上，人物有别。"理一分殊"表述的是理的本然状态，当从五常之性、本体未发时看待。延平则主张不能仅从未发、性内的割裂观点来看，当兼顾已发、外在，从全体连续的视角展开。朱子此时习于将仁与未发比配，如他认为"肫肫其仁"反映出全体是仁的义理，只有尽性之圣人方能做到。"全体是未发底道理，惟圣人尽性能"。延平则认为此是讲工夫所达的境界，不是谈义理。"乃是体认到此达天德之效处。"④ 朱子对鬼神章的解释，亦是从"理一"这个本原兼含已发未发来看，"熹近看《中庸》鬼神一章，窃谓此章正是发明显微无间，只是一理处"。⑤

延平对中和的解释亦是将理一分殊（体用）与中和未发已发相结合。

---

① 《语类》卷130，第3416页。
② 《延平答问·宋嘉定姑孰刻本延平答问跋》，第354页。
③ 《延平答问》，第335页。
④ 同上书，第330页。
⑤ 同上书，第337页。

他认为，从道的角度言，中和分指其体用；就人而言，则指未发已发。意味着道之体用与人之未发已发皆可以中和贯通起来，天人关系在中和那里得到协调统一。朱子称赞延平对此问题论述最详尽，当从体用来理解中和。"盖中和二字，皆道之体用。以人言之，则未发已发之谓……旧闻李先生论此最详。"① 朱子列举了延平几个重要说法。一是延平从《中庸》全书出发，确认未发之中是全书"指要"，可见未发之中的重要。"然所谓喜怒哀乐未发谓之中者，又一篇之指要也。"② 此较朱子《章句》所取龟山的首章为"一篇之体要"说更进一步。二是如何才是未发。延平说，"人固有无所喜怒哀乐之时，然谓之未发则不可，言无主也。"③ 喜怒哀乐未发之谓中，人内心都会有无喜怒哀乐情感的时候，但这一无所喜怒哀乐之时并不等于未发之中，判定未发的标准不是外在情绪的宁静或波动，而是内心是否有主宰。未发之中实质是道德修养状态上升到相当高度才有的精神状态。外在情绪的发出与否只是一种表象，不能把表象当作实质。这一解释符合程门学派的精神，与朱子晚年对中和的理解一致。三是对"中和"具体字义、次序的理解。如延平把"致中和"的"致"解释为动态意义的努力、实现，符合《章句》"推而极之"的理解。在工夫次序上，延平明确提出中和境界必先经由慎独工夫方能实现。"又云致字如致师之致。又如先言慎独，然后及中和。"④ 须指出的是，以上对延平的反思回忆之说，符合朱子自身后来见解，但朱子明言当时并无此等领悟。此时他的看法是，认未发、大本为理一，已发、达用是分殊。延平纠正他将理一分殊与未发之说过于掺合的理解。如"太极动而生阳"朱子视为喜怒哀乐之已发，延平教导他这不是讲喜怒哀乐之发，而是阐发天人一理之同和人物分殊之异。"窃恐动而生阳，即天地之喜怒哀乐发处。"⑤

延平对朱子的影响还在于共同探讨二程、苏氏、吕大临、杨时等对《中庸》的解释，指导朱子收集诸家解说，扩大、加深对《中庸》的认识。

---

① 《答林择之》，《文集》卷43，第1979页。
② 《延平答问》，第351页。
③ 《答林择之》，《文集》卷43，第1979—1980页。
④ 同上书，第1980页。
⑤ 《延平答问》，第329页。

作为道南学派的传人，延平师徒对杨时《中庸解》探讨最多。朱子后来在给林择之信中特别回忆龟山的中和说："龟山所谓'未发之际，能体所谓中；已发之际，能得所谓和'。此语为近之。然未免有病，旧闻李先生论此最详，后来所见不同，遂不复致思。"① 龟山的观点是未发体验中，已发获得和，以未发体验为工夫根本。朱子与此说不契，《中和旧说序》于此有深切追溯，"余早从延平李先生学，受《中庸》之书，求喜怒哀乐未发之旨，未达而先生没。"② 随延平探究中庸喜怒哀乐未发之说尚未领悟而先生已没，正是这种"未达"，促使朱子不断地进行探究。

四是延平非常注意纠正朱子的佛学倾向。如他批评朱子以"竿木随身"说解释《论语》"公山"章不合圣人气象，"竿木随身之说，气象不好，圣人定不如是。"③ 批评朱子对《中庸》"肫肫其仁"的解释，偏向佛学顿悟说，值得警惕。"大率论文字切在深潜缜密，然后蹊径不差。释氏所谓'一超直入如来地'，恐其失处正坐此。不可不辨。"④ 批评朱子以孟子"必有事焉"一句解释"理一分殊"，有工夫落空陷入佛学之弊。"孟子之说，若以微言，恐下工夫处落空，如释氏然。"⑤ 针对朱子愧恨不能去心之弊，告之不可走向另一极端，"绝念不睬，以是为息念。"反复从"气象"上指出言辞有病，如"若常以不居其圣横在肚里，则非所以言圣人矣""前后际断，使言语不著处不知不觉地流出来"等。延平对朱子的禅学底子有清醒认识，并不认为接触过佛学是坏事，反而可能更有利于区分儒佛之异。他在《与罗博文》的信中说，"渠初从谦开善下功夫来，故皆就里面体认。今既论难，见儒者路脉，极能指其差误之处。"⑥

二 儒佛之辨：辨张无垢《中庸解》

延平逝世后，朱子继续对《中庸》展开艰难探索，一个阶段总结性成

---

① 《答林择之》，《文集》卷43，第1979页。
② 《文集》卷75，第3634页。
③ 《延平答问》，第327页。
④ 同上书，第331页。
⑤ 同上书，第335—336页。
⑥ 李侗：《李延平集》卷1，商务印书馆1935年版，第4页。

果是在丙戌（1166年）冬撰写的《杂学辨》，该书分别批驳了《苏氏易学解》、《苏黄门老子解》、《吕氏大学解》、张无垢《中庸解》，其中尤以张无垢《中庸解》为中心，其实质是思想战线的一次交锋，通过划清儒与释老的界线，端正士子为学方向。故朱子特意挑选了在士子之中具有广泛影响的"贵显名誉之士"，因为这些人具有很大的迷惑性，士子会因崇拜名人而迷恋名人所崇拜的异端之学。"未论其事之是非，且以其人而信之矣。"选择张九成等名人加以批评体现了朱子的策略和勇气。朱子始终认为张九成佛学印迹特深，危害最大，"张公以佛语释儒书，其迹尤著。"九成与朱子所处时代最相近，对当时士子的影响最直接广泛；在学术渊源上与朱子又具有"血缘关系"，同出于龟山门下，与谢良佐亦有关联；且开启了此后朱子最大对手陆象山之学。对于这样一位"始学于龟山之门而逃儒以归释"的代表人物，朱子当然视为清理门户的首选了。朱子对无垢的著作有个基本判定，即"凡张氏所论著，皆阳儒而阴释"。其效用之危害则是，"务在愚一世之耳目，而使之恬不觉悟，以入乎释氏之门，虽欲复出而不可得"。故朱子毫不犹豫地亮出清理门户的卫道身份，以拯救世道人心，"尝欲为之论辨，以晓当世之惑"。朱子对张九成以禅解儒说的广为甚行极其担心，将其学说之流行喻为洪水猛兽。[①] 无垢著作甚多，其佞佛最深者，则为《中庸解》，故朱子挑出全书五十二条予以批驳，"姑掇其尤甚者什一二著于篇。"[②]主要围绕性论、戒惧、忠恕、诚论、知行诸核心问题展开论辨，体现了朱子的佛学水平，反映出朱子此时中庸学的不成熟之处，显示出其对章句之学与辟佛老的一贯坚持，可谓早年学术之总结。

（一）性论：赞性、率性、觉性、见性

朱子对张氏性论的批评，针对其赞性、率性、觉性、见性说展开，体现了朱子此时对性的认识。"赞性""体之为己物"。张氏认为天命之性说并没有对性作出任何实质性的界定，不过是称赞"性"之可贵，因其来源于天，是一普遍公共之状态，并未为人所个别拥有而"收为己物"。在率性之道时

[①] "洪适在会稽尽取张子韶经解板行，此祸甚酷，不在洪水夷狄猛兽之下，令人寒心。"《文集》卷42，《答石子重》五，第1924页。

[②] 《张无垢中庸解》，《文集》卷72，第3473页。

方才体性为自身之物，进入于五常之内。修道之教则表现为仁行于父子之类。"天命之谓性，第赞性之可贵耳，未见人收之为己物也。率性之谓道，则人体之为己物，而入于仁义礼智中矣……修道之谓教，则仁行于父子。"①朱子认为天命之性正是道出性之所以为性的本质所在，表明性是天赋人受，是义理之本原，非称赞性之可贵。并引董仲舒命为天令，性为生质说为证。反驳性"未为己物"说，既谓之"性"，则已经为人所禀赋了，否则无性可言。再则，性亦不存在待人"收为己物"。故张氏此说犯有两误。一方面人之生即同时禀赋天命之性，性与人俱生，否则人不成其为人矣。另一方面，性并非实存有形有方位之物，可收放储存，故以物言性不妥。"体之为己物"说亦不妥。性的内容乃是天赋之仁义礼智，并不需要待人去体验之，然后才入于五常之中。此皆不知为学大本妄加穿凿之病。再则仁行于父子等乃是率性之道而非修道之教，张氏颠倒道、教次序而不知。朱子晚年《章句》则从"理"立论，提出"性即理"说，强调性的普遍公共性，与此仅从人性上理解性不同。

"率性学者事，修教圣人功"。针对道、教关系，张氏作出两层区分：一是指圣人与学者的不同层次：率性是学者之事，以戒惧为工夫，修教则是圣人功用。修教之所以是圣人功用，是学者经由戒惧工夫而深入性之本原，达到天命在我境界后才能够发生的，以推行五常之教为主的效用。"方率性时，戒慎恐惧，此学者之事也。及其深入性之本原，直造所谓天命在我，然后为君臣父子兄弟夫妇之教，以幸于天下。"②朱子认为，率性之谓道是阐释道之为道的根据，意为遵循性之本然即是道，并非学者之事，亦不涉及戒惧之说。而修道为教是通贯上下的，贯穿了制定施为者圣人和修习者贤人。批评张氏直到深入性本原之说方才推行教的说法不合事理，将会导致遗弃伦理教化的后果，偏离儒家主旨，陷于释氏之说。"则是圣人未至此地之时，未有人伦之教……凡此皆烂漫无根之言，乃释氏之绪余，非吾儒之本指也。"二是指"离位"与否。朱子认为，率性并未离开性之本位，修道之教不可以"离位"来论，性不可以本位言，否则如物体一般有方位处所，"言

---

① 《张无垢中庸解》，《文集》卷72，第3473—3474页。
② 《张无垢中庸解》，第3475页。

性有本位，则性有方所矣"，与圣贤对性的超越说法相违背。再则无垢上章以"率性"为求中工夫，就"求"而言，则有离位之义。若非离位，何来求？

无垢认为，颜子由戒惧工夫，于喜怒哀乐之中悟未发已发之几，一旦获得天命之性善者，即深入其中，而忘掉人欲，丧失我心，达到一种无我无人，无欲无识的境界。"颜子戒慎恐惧，超然悟未发已发之几于喜怒哀乐处，一得天命之性所谓善者，则深入其中，人欲都忘，我心皆丧。"还进一步提出，颜子拳拳服膺，实际已达到与天理为一，毫无私欲，人我皆忘的境地。所谓圣人，不过知止于喜怒哀乐未发之处，故当于此处求之。朱子指出《中庸》此处并无悟意，喜怒哀乐本即是性，中节即善，不存在得性与深入其善之说。否则，在此未悟之前，未得性而在性外乎？所谓"我心皆丧"说大大有害于理。张氏的"得性"说实际并非得到义，乃是领悟义。朱子为批评无垢，居然将"喜怒哀乐"之情直接等同于性，是非常罕见的（仅此一次）。尽管性由情显，但朱子成熟说法是喜怒哀乐是情，未发才是性，情有中节不中节之分，故不能直接说喜怒哀乐是性。

针对"君子以人治人改而止"，张氏提出人就是性，以人治人就是以我性觉彼性。"人即性也，以我之性，觉彼之性。"① 朱子指出，此非经文本意，乃释氏说。张氏说存在理论上的矛盾，天命谓性，性无彼此之分，为天下公共之理，其理一也。性作为人之为人的本质，为人天生所固有，不存在得失假借之可能，故无法"以"之。张氏将见性与由乎中庸结合论述。"使其由此见性，则自然由乎中庸，而向来无物之言，不常之行，皆扫不见迹矣。"认为如有人能因他人之觉悟而见其本性，则自然能够实现中庸。而此前言行之无物无常，皆扫除无遗了无痕迹矣。朱子予以批驳："愚谓'见性'本释氏语，盖一见则已矣，儒者则曰'知性'，既知之矣，又必有以养而充之，以至于尽，其用力有渐，固非一日二日之功。日用之际一有懈焉，则几微之间，所害多矣。"② 指出见性本佛学术语，指证悟到佛性本空。儒者则言知性，由知性而进于存养扩充，以至于尽性。此本于孟子"尽其心

---

① 《张无垢中庸解》，第 3478 页。
② 同上书，第 3478—3479 页。

者，知其性也，知其性则知天矣。"儒佛之别在于：佛以见性为终极目的，见性之后更无余事。儒者则要历经由知性到尽性的长期充养扩充过程，需要在日用之间作持久的实践积累之功。佛学者虽有自命不凡，宣称见到性空者，但其人格修养、习气欲望则和常人一般，并未见其实有所得之处。张氏之说正是如此。张氏认为若诚呈现出来，则己性，以及人性、物性直至天地之性皆能呈现。朱子指出，《中庸》本言至诚尽性，而非诚见性见，"见"与"尽"意义大不相同。此不同正是儒佛所别：佛氏以见性为极致，而不知儒者尽性之广大。"见字与尽字意义迥别，大率释氏以见性成佛为极，而不知圣人尽性之大。"①

（二）戒慎恐惧："自戒慎恐惧酝酿成中庸之道"

张氏对戒慎恐惧极为重视，视为全篇枢纽，反复言说。仅就朱子所引52条来看，论及戒惧者即有17条之多，朱子对此痛加批评。张氏认为戒惧是未发以前工夫，使内心达到毫无私欲的状态。"未发以前，戒慎恐惧，无一毫私欲。"朱子则认为戒慎恐惧是已发，未发之前是天理浑然，"愚谓未发以前天理浑然，戒慎恐惧则既发矣。"② 这和他以后的看法恰好颠倒，在中和之悟后他将戒慎恐惧当作未发，慎独当作已发。张氏进一步提出，通过戒慎恐惧工夫来存养喜怒哀乐之情感，以获得中和境界，来安顿天地、养育万物。而朱子则从"本然、自然"的立场予以反驳，提出喜怒哀乐之未发，乃是本然具有之中，发而中节，是其本然之和，中和是一本然状态而非人力所能为。天地位、万物育亦是理的自然发用。朱子此时承袭延平说，认为中和乃"一篇之指要"，晚年改变之，采用龟山全章乃一篇体要说。

以戒惧之说来贯穿《中庸》，实为张氏《中庸解》一大特色。在张氏看来，戒慎恐惧可解释《中庸》所论及的各种问题。如张氏认为"无忧者其惟文王"中"无忧"的原因在于：通过戒惧工夫达到无所不中和的境界；认为"博学者，戒慎恐惧，非一事也。"认为"大莫能载小莫能破"的原因在于"以其戒慎恐惧，察于微茫之功"也。朱子皆驳斥之，指出因张氏以戒惧一说横贯《中庸》全书，故屡屡造成牵合附会之病。"张氏戒慎恐惧二

---

① 《张无垢中庸解》，第3488页。
② 同上书，第3475页。

句，横贯《中庸》一篇之中，其牵合附会，连章累句，已不容一一辨正矣。"① 张氏如此重视戒惧，用以解释全篇，是因为他认为中庸之道正是从戒惧工夫之中逐渐"酝酿"而成的。"君子自戒慎恐惧酝酿成中庸之道。"朱子批评"酝酿"不对，盖中庸之道乃天理自然，终始存在，并非因酝酿而产生。此批评亦未见得贴切，张氏酝酿与戒慎恐惧并列，指工夫之长久义，并非形容中庸之自然。

（三）辨忠恕："知一己之难克而知天下皆可恕之人"

张氏对忠恕的阐发，遭到朱子最严厉批评，成为朱子最不能容忍的解释，认为其言"最害理"。他说：

> 恕由忠而生，忠所以责己也，知己之难克，然后知天下之未见性者，不可深罪也。又曰：知一己之难克而知天下皆可恕之人。②

在忠、恕的界定上，张氏继承程门之说而又有重大偏离，其肯定恕来源于忠符合程门之义，但认为忠是责己、克己，恕是饶人、恕人之说则不合程门说。程子明确肯定"尽己之谓忠，推己之谓恕。"故朱子肯定无垢"恕由忠生"说可取，但对"恕"的理解有很大问题。

> 愚谓恕由忠生，明道、谢子、侯子盖尝言之。然其为说，与此不相似也。若曰"知一己之难克而知天下皆可恕之人"，则是以己之私待人也。恕之为义，本不如此。③

朱子解尽己为竭尽全部心力而毫无私意，推己则是在尽己基础上推扩及人，即己所不欲勿施于人的絜矩之道。张氏提出，一己之私难以克除，唯有见性者方能做到完全克除己私，明乎此，故对凡未能克除己私者、未能见性者皆加以宽恕，此即忠恕义。显然，张氏把忠理解为严以责己、恕为宽以待

---

① 《张无垢中庸解》，第 3491 页。
② 《张无垢中庸解》，第 3479 页。
③ 同上。

人。朱子批评张氏是以一己之私来对待天下之人。忠恕的本质是表现为如何对待人己关系，他引张载说指出应以责求他人之心来要求自己，以爱护自己之心来爱护别人。只有抱有责人以责己、爱己以爱人、众人以望人，才能做到人我之间心意相通、彼此一致，而各得其所、各守其则。朱子指出，如张氏之说，因己私难克而容忍他人私心之存在，以至于由此而发展为罪恶之事，其后果是诱导天下人皆流于禽兽境地，完全背离了儒家忠恕之教。朱子对张氏的忠恕批评一生保持未变，① 并将张载的忠恕解写入《章句》。

朱子进而剖析张氏产生严重误解的原因在于章句文义理解的偏差。张氏主张此处断为四句，分别在"父"、"君"、"兄"、"之"后断。如张氏解，则理解为子父、臣君、兄弟、朋友之间的单边关系，即深入考察儿子侍奉父亲所应尽之道，而反思自身亦未能做到。因此，未敢要求父亲对儿子给予爱护之道。朱子指出张氏断句有误，"察"字理解有误。

> 愚谓此四句当为八句，子臣弟友四字是句绝处，求犹责也，所责乎子者如此，然我以之事父，则自有所未能。……且又曰"察子之事父吾未能，则安敢责父之爱子乎？"则是君臣父子漠然为路人矣。……盖其驰心高妙而于章句未及致详，故因以误为此说。②

此处当分为八句，应在子、臣、弟、友之后点断，这种断句的差别体现了两种不同理解，朱子理解为子父、父子双边关系，即要求儿子对自己应做的，自己对父亲也没有做到，此时的"我"处于上下交错的人际关系中，"求"与"责"是同义（而非张氏的"察"）。当由张子《正蒙》"以责人之心责己则尽道"说来自我劝勉，推扩，而并非如上章张氏所云"因为自身私意难以克除而容忍他人之私"，这样对私意的包容必然导致人心的堕落。张氏之误源于其深受佛学用心于空虚高明之所的影响，对文本章句未加详细

---

① 在《中庸或问》中，朱子继续批评张氏忠恕说，认为此说后果极其严重，"此非所谓将使天下皆无父子君臣者乎！侯氏之言，于是乎验矣"。《四书或问》，第577页。《语类》亦以张氏说为反面典型。张子韶解《中庸》云："以己之难克，而知天下皆可恕之人。'因我不会做，皆使天下之人不做，如此则相为懈怠而已。此言最害理！"（《语类》卷42，第1485页）

② 《张无垢中庸解》，第3480页。

审查。

"当于忠恕卜之"。张氏还提出，应当从是否做到忠恕来审察戒慎恐惧的效果，即戒惧为工夫，忠恕为效用；忠恕之效用又当自父母身上审察之。盖忠恕最切近者为事父母。"张云：欲知戒慎恐惧之效，当于忠恕卜之。欲知忠恕之效，当于父母卜之。"① 朱子批评张氏之说牵强无理，视至尊的父母为卜算之物，其说已陷入"二本"而不知。张氏显然是比喻手法，朱子过于从字面理解。

（四）诚：无息为诚、知诚行诚、注诚于身

"认专为诚"与"无息为诚"。张氏指出学者多将"诚"误认为"专"，至诚本不息，若专则息矣。语言断绝，应对酬酢皆离开本位也。"世之论诚者多错认专为诚，夫至诚无息，专非诚也。以专为诚则是语言寝处，应对酬酢，皆离本位矣。"朱子予以反驳："专"固然不足以表达"诚"之内涵，但如张氏以"无息"为诚，亦是错误。至诚之效用是不息，而非因无息方有诚之名义也。"离本位"亦非圣人说，乃是佛老之见。此意朱子始终未变，故《章句》言"诚故不息"。

此外，朱子还批评张氏"行诚不若知诚明，知诚不若行诚大"说，提出儒家思想中只有存诚、思诚，而无行诚说。通过思诚、存诚工夫，使诚内在于己，则其所行所发皆出于诚、合乎诚。而行诚说则把诚视为一个外在于己的事物看待，造成自我与诚的分裂，完全背离了诚之意义，后果极其严重。至于诵《孝经》御贼之说，其误在于事理不明而有迂腐愚蠢之弊，与诚无关。诵《仁王经》者，乃异端之见。

张氏关于诚的效用确有许多近乎佛老的过高之说。如他指出，注诚于身则诚，于亲则悦，于友则信，于君民则治。朱子指出，若能明善则自然诚身，此是理之自然。由身诚至于亲、友、君、民皆然，此是德盛自然所至。若言"注之而然"，则认为诚身与亲、友、君、民存在距离，尚须注入之过程，已陷入最大之不诚。再如"不诚无物"解为"吾诚一往，则耳目口鼻皆坏矣"说确实怪异。② 朱子提出，诚不可以"吾"言，盖诚为本体，故不

---

① 《张无垢中庸解》，第 3481 页。
② 《张无垢中庸解》，第 3489 页。

必言往。耳目口鼻，亦无一旦遽坏之理。

张氏认为，诚明谓之性，是指资质上等之人修道自得而合乎圣人教化；明诚谓之教，则是由遵从圣人教化以达到上智境界者。若有上智自得而不合乎圣人教化者，则为异端。朱子认为张氏对诚明理解的偏颇，适反映出其傲然自处于诚明之境，而实际陷于异端之学。此说的目的，是想通过"改头换面、阴予阳跻"的方式来达到掩盖其佛老之迹，避免别人怀疑的目的，此恰是其最大不诚之处。其实，张氏此说意在强调"合圣人之教"的重要性，以划清与佛老的界限，朱子的理解似乎有点"草木皆兵"之意味。

"变化天地皆在于我"。至诚无息章张氏提出天地之自章、自编、自成，其动力皆在于至诚不息之圣人，天地亦因此至诚不息而产生造化之妙用。朱子从文义与事理两面作出批驳：

张氏首要之误在于对本章文义理解有差，所谓不见、不动、无为皆是言至诚之理的效用，此理与天地之道相合。张氏则以为此言圣人至诚之效用，使天地彰明变化，不仅文义不通，且不合事理。而"天地自此造化"说更加危险奇怪，颠倒了圣人与天地上下关系，若如此说，则圣人反而造化天地，推测张氏说之蔽源于佛学"心法起灭天地"之说。[①]

（五）知论："移诠品是非之心于戒慎恐惧"

"如其知仁勇，则亦不期于修身"。张氏指出，如果做到了智仁勇，则对九经无所期待用力而九经自然得到实行，一一合乎其道。"如其知仁勇，则亦不期于修身。"朱子指出此说会造成不良后果。若如张氏解，则九经皆为多余之说，张氏一心仰慕佛学高远虚灵之说而忽视了实地事为之功。

张氏指出，常人只是知道用知识去品评判断是非，而不知用之于戒惧恐惧工夫。若能"移诠品是非之心于戒慎恐惧"，方为大知。此说显然意在突出道德实践之知的优先性。朱子由此读出佛学的印迹，"故诠品是非，乃穷理之事，亦学者之急务也。岂释氏所称直取无上菩提，一切是非莫管之遗意耶？呜呼，斯言也，其儒释所以分之始与！"朱子以穷理说批评张氏的移是非之心说，认为对事理是非的判断是天下正理，是一切知之开端，是人之本

[①] 张载言："释氏不知天命，而以心法起灭天地，以小缘大，以末缘本，其不能穷而谓之幻妄，真所谓疑冰者欤？"《张载集·大心篇》，中华书局1978年版，第26页。

质和必须之当务，是行事合乎天理的必要前提。张氏完全忽视这一面，任其私知而不循天理，走向佛氏不问是非，仅求心证之途。讲求是非之知正可以作为判定儒释之分的第一标尺。有趣的是，朱子所引"直取无上菩提"与上文延平告诫朱子的"一超直入"说正好相应，可见朱子今非昔比。

张氏提出对格物的看法："格物致知之学，内而一念，外而万事，无不穷其终始，穷而又穷，以至于极尽之地，人欲都尽，一旦廓然，则性善昭昭无可疑矣。"格物致知乃是从内外两面用功，包括内在意念与外在事物，皆要探究其终始，反复用功，达到人欲皆无的极致之地，此时心底廓然，唯有人性之善昭昭显露。由格物证悟到性善，使性善呈露彰显。朱子指出，格物当以二程之说为准，张氏之说乃是佛氏"看话头"的做法，背离了圣贤本旨，其病与吕本中《大学解》一致。

（六）章句工夫："因章句看不成句，却坏了道理"

朱子在从学延平时即体现出好章句学的特点，给延平留下了很深的印象。对章句文义的辨析，亦淋漓尽致体现于朱子对张九成《中庸解》的批评中。如前述对"所求乎子"一段的章句理解，朱子一生未能释怀，晚年还以此为典型批评以章句之学为陋的看法，提出"因章句看不成句，却坏了道理"的强势表述，突出了章句在义理理解中的优先性。这给我们一种强烈的暗示，章句之学于朱子而言，不是一般的文字解释，而是为学为道的工夫，是必要工夫，是首要、根本工夫。他说：

> 张子韶说《中庸》"所求乎子以事父，未能也"，到"事父"下点做一句。……而今人多说章句之学为陋，某看见人多因章句看不成句，却坏了道理。贺孙。①

就短短五十二条《中庸解》来看，朱子多次指出张氏对文本的断句、字义理解有误，导致义理产生重大偏差。其中尤以"察"字的解释为有意味。除上引"所求乎子以事父"以"求"为"察"外，在"言顾行"的理解中，亦指出张氏将"顾"理解为"察"过于牵合，张氏所犯毛病

---

① 《语类》卷56，第1814页。

在于就某一字义任意推衍，而不顾其是否合适可取。典型者如"戒慎恐惧"，忠恕、知仁勇、发育峻极等，张氏亦是将其贯穿全篇，任意使用。对费而隐章主旨的把握，"察"字亦很关键，朱子批评张氏把"上下察"的"察"解为"审察"不妥（朱子早年亦如此解），乃是"著察"义，如此才符合子思之义。张氏认为喜怒哀乐未发之前已通过戒惧工夫开始致察，"察"无所不在。通过此"察"来养中和，在未发已发之间起为中和，使中和彰显之。朱子批评"起而为中和"说大悖理而不可理喻。

总之，朱子认为章句之学的疏略是导致张氏该书（学术）产生稀奇古怪、匪夷所思特点的重要原因。朱子对张氏的评价是，"张氏之书，变怪惊眩盖不少矣。犹以为无有，不知更欲如何，乃为变怪惊眩哉。"[①] 如张氏把"此天地之所以为大"释为由此可见夫子实未尝死，天地乃夫子之乾坤。朱子认为"不死之云，变怪骇人而实无余味。"[②]

三　阳儒阴佛思潮的"门户清理"

朱子在融汇前辈思想以建构理学学术大厦、构建理学道统之时，始终不忘"门户清理"工作，尤注意清理洛学内部阳儒阴佛思潮，认为洛学内部已经构成了一个"禅学化"集团，有其发展脉络和各阶段代表人物，危害极其之大。故该书看似针对张氏一人而发，其实具有普遍意义。

朱子以无垢为主线，清理出理学内部具有传承关系的"禅化"集团，其三个代表分别是谢良佐、张九成、陆九渊，且愈往下其禅学程度愈深，表现愈明显，危害愈大。朱子指出上蔡入佛的表现主要在以知觉言仁，认为见心即仁，把心与仁直接等同起来，违背孔门之义，是由儒入佛的一大转向。其思想尽管隐秘，其源头乃分明是禅了。上蔡禅学程度尚轻，尚在儒学门户之内，不敢与儒学决裂。到了张九成，则又更进一步了。张氏亦主张以觉言仁，并变本加厉了。与谢氏不同，张九成有确切的佛学师承，拜师大慧宗杲，并深得其器重，因其气质豪雄粗疏，故与宗杲非常投缘。张氏大胆采用禅学，与儒家之说公然相冲突亦不顾，争夺门户，惑乱人心。张氏作为士人

---

① 《张无垢中庸解》，第 3490 页。
② 《张无垢中庸解》，第 3491 页。

好佛的名士，树立了坏榜样，还把当时另一名士汪应辰引入佛门。集宋代士大夫佛学真正大成的则是陆九渊，其对儒学的背离又远在前人之上。朱子在未与陆氏兄弟（子寿、子静）见面前，便风闻二兄弟学宗张氏①，内心颇为不安。越到晚年，尤其是与陆氏学术对立日益明显之后，就越加笃定金溪之学就是禅学，是真正的禅学，并根据自身学佛经验现身说法，指出张栻、吕祖谦因未学佛的缘故，未能看出陆氏之学的要害，其实只要看看相关佛经如《楞严》等，陆氏佛学的本质就一目了然了。陆氏之天分、口才，影响皆较前者远甚，且与朱子同时，故成为朱子一生挥之不去的心病。

（盖卿录云：孔门只说为仁，上蔡却说知仁。只要见得此心，便以为仁。上蔡一转云云）上蔡一变而为张子韶。上蔡所不敢冲突者，张子韶出来，尽冲突了。近年陆子静又冲突出张子韶之上。方子。②

又说张无垢参杲老，汪玉山被他引去，后来亦好佛。③

今金溪学问真正是禅，……试将《楞严》、《圆觉》之类一观，亦可粗见大意。④

朱子选择张九成作为突破口，试图端正"禅者之经"的学术倾向，用心良苦。张九成人品高洁伟岸，学有渊源，曾问学于杨龟山，是二程学派的传人，为南宋初期思想界的重要人物，⑤且张氏"以禅解经"的著作当时很受欢迎。朱子非常警惕"内部人士""禅者解经"的佛化倾向，它表明佛学

---

① "陆子寿闻其名甚久，恨未识之。子澄云其议论颇宗无垢。不知今竟如何也？"《答吕伯恭》，《文集》卷33，第1445页。

② 《语类》卷20，第707页。"问：张无垢说仁者，觉也。"贺孙。《语类》卷20，第690页。又曰："上蔡多说知觉，自上蔡一变而为张子韶。"学蒙。《语类》卷123，第3867页。

③ 《语类》卷126，第3959页。

④ 《语类》卷124，第3882页。

⑤ 朱子认为张氏虽名出龟山门下，实则与龟山不同。相反，却将其与上蔡视为一路，值得玩味。"至于张子韶、喻子才之徒，虽云亲见龟山，然其言论风旨，规摹气象，自与龟山大不相似。胡文定公盖尝深辟之。"（《文集》卷41，《答程允夫》，第1873—1874页。）如朱子亦称"张子韶人物甚伟"。（《语类》卷127，第3985页。）全祖望亦认为："龟山弟子以风节光显者，无如横浦，而驳学亦以横浦为最。"（《宋元学案·序录》）

思想对儒家侵蚀极深，危害极大。故直接将张氏说判为"洪水猛兽"，以突出其对学者心灵的巨大负面作用。朱子视张氏为"禅者解经"的代表，这种"禅者"不是信佛僧人，而是佛化的儒家学者。"后世之解经者有三：一儒者之经，一文人之经，东坡、陈少南辈是也，一禅者之经，张子韶辈是也。"① 朱子对张氏"可怪"之说一向秉持拒斥、消除态度。对其著作在浙江之刊行数次极表忧虑，盖其著作是"坏人心之甚者"，深惧其贻害无穷。并由此反思自身当加强对儒学的研讨，以救其祸害。

> 近闻越州洪适，欲刊张子韶经解，为之忧叹不能去怀。②
> 闻洪适在会稽，尽取张子韶经解板行，此祸甚酷，不在洪水夷狄猛兽之下。令人寒心，人微学浅，又未有以遏之。③
> 比见婺中所刻无垢《日新》之书，尤诞幻无根，甚可怪也。已事未明，无力可救，但窃恐惧而已。④

朱子发明"无垢句法"一词来概括张氏以禅解儒、凭空杜撰、"脱空狂妄"、肆意想象、无济于事的解经风格。⑤ "无垢句法"作为一专有名词，朱子常用以警示弟子。指出这种错误不仅是文义理解问题，且关乎思想的根本走向，是不可容忍，必须改正的。由此形成一种"辟无垢"的氛围。如批评林择之"同一机者"之说"颇类无垢句法"。⑥ 且朱子弟子中确有张氏的崇拜者，他们甚至不满于朱子对张氏的批评，尤其在早期弟子中。如许顺之即是如此。朱子在给许氏的信中要求他以张氏之学为戒而不是为学。"如子韶之说，直截不是正理……此可以为戒而不可学也。"⑦ 即便对得意高弟如

---

① 《语类》卷11，第351—352页。
② 《答许顺之》，《文集》卷39，第1748页。
③ 《答石子重》，《文集》卷42，第1924页。
④ 《答吕伯恭》，《文集》卷33，第1424页。
⑤ "今人有一等杜撰学问，皆是脱空狂妄，不济一钱事。如'天下归仁'只管自说'天下归仁'……到念虑起处，却又是非礼，此皆是妄论。子韶之学正如此。"履孙。《语类》卷58，第1857—1858页。
⑥ 《答林择之》，《文集》卷43，第1977页。
⑦ 《答许顺之》，《文集》卷39，第1737页。

吴伯丰、陈淳,只要解释稍有过高之处,朱子即以"无垢句法"告之。"此段大支蔓,语气颇似张无垢,更宜收敛。"① 对于初次来学者,朱子则会了解其学术背景,主动询问是否受过张氏影响,可见朱子对此之重视,这与朱子关注问学者是否从学金溪相似。如窦从周初见朱子时,曾问起之。"问曾看无垢文字否?某说亦曾看。问如何?"从周。②

朱子对无垢以禅解经的实际案例时刻注意抨击。如指出其解释孟子四端说"犹是禅学意思,只要想象。"对其《论语》评论较多,指出多有与上蔡相同处,如有学者问,"张子韶有一片论乞醯不是不直。上蔡之说亦然。"大雅。③ 朱子指出张氏认为佛氏有形而上而无形而下之说非常可笑,割裂了道之体用。"顷见苏子由、张子韶书,皆以佛学有得于形而上者而不可以治世。尝窃笑之。"④特别是批评张氏"事亲体认"说陷入"二心"说,实为禅学之当机认取,使事亲事兄的意义工具化,仅成为体认仁的手段。

> 顷年张子韶之论,以为当事亲,便当体认取那事亲者是何物,方识所谓仁……。某说,若如此,则前面方推这心去事亲,随手又便去背后寻摸取这个仁……是二心矣。禅家便是如此。僩。⑤

总之,朱子对张九成《中庸解》的辨析紧紧围绕文本字义与义理解析展开,尤为注重揭示《中庸解》的佛老因素。朱子以雄辩的事实证明,对文义的把握绝非是可有可无的章句文字之学,而是把握思想义理的首要之关。无论是思想的正面建构还是反面批驳,皆须先从文义入手。它给我们的启示是:在朱子的为学工夫中,章句之学是其首要之门,与西方逻辑分析之学亦有相通之处,故应提高对其意义与价值的重视。对张九成的批判亦集中展现了朱子从学延平后这一时期的《中庸》水平,显示了与其后期成熟思想的延续性和差异性,真实记录了朱子思想发展的阶段特质,堪称朱子这一

---

① 《答陈安卿》,《文集》卷57,第2721页。
② 《语类》卷78,第2673页。
③ 《语类》卷29,第1063页。
④ 《答韩无咎》,《文集》卷37,第1623页。
⑤ 《语类》卷35,第1303—1304页。

时期学术思想的总结。朱子在辨析中熟练运用大量佛学术语批判对方，体现了朱子对佛学的认知掌握，显示出对佛学入乎其内而出乎其外的思想自信。可见，辟除理学内部"禅者解经"的清理门户工作，与吸收前辈思想开展自身思想体系的建构，于朱子思想发展而言是一体两面、相辅相成的。

第 三 章
经学与实理

朱子对经学与理学关系有亲切而深入之表述。一方面，他反复道出自己解经下字煞辛苦，为了找到一个妥帖的字眼，反复修改，耗尽心力。故此他强调了著述写作的重要。对义理的认识尽管"意中了了"，但一旦下笔为文，则又觉难以下手，尤其难以找到能表情达意的贴切稳妥之字。故注经工作较之自我为文，又更艰辛。如直抒己意的表达自身哲学思想，则只需要考虑清楚条畅的表达自家思想即可。但注经必须以符合经典本意为第一原则，否则即非注经了。但所谓何为经文本意，则又是见仁见智之事，完全取决于注经者的思想造诣。而且即便注经者本人的思想，亦随着时间、问题、理解的变化而变化，导致对经文的认识前后差异极大。这项工作的艰巨性，使得朱子不得不付出一生的智慧和心力来诠释《四书》，他由此牢固树立了一个方法，即必须经由对经典的研读，方能把握儒学的要义——"刻意经学，推见实理"。本章拟从朱子解释《四书》若干重要经文之实例，来具体呈现朱子的经学与实理合一的思想，在此具体的经学阐释中，处处体现了朱子的本体、心性、工夫等哲学思想。

第一节 复性之学与教化之乐

"学而时习"章为《论语》开篇之作，历来即为学者所重视，朱子对本章的注解亦投入极大心力，作出了具有综合性而又别开生面的诠释，对后世产生了重要影响。但由于朱子诠释用词精密含蓄，且早晚思想颇有差异，致使其中精义不易把握。本节拟用历史还原式的手法，结合朱子思想之演变历程，揭示朱子本章诠释的主旨及其变化，同时辨析、厘清诸家之误解，以还朱子思想之原貌。

一 何为学——明善复性

"学而时习之，不亦说乎！"究竟此"学"为何，古往今来，众解纷繁。"学"之解大致有三种看法：一是"觉、悟"说，此为最普遍悠久之看法，朱子之前的汉唐魏晋之学及之后的阳明心学，大体持此义，如《白虎通》云："学，觉也，悟也。"二是朱子开创的"学，效"说，此说因朱学之影响而成为南宋后主流，甚至刘宗周、王夫之等亦持此说。三是把"学"解为名词"（政治）学说""学校""思想"等，此为清代毛奇龄、阮元、程树德等训诂学家，今人刘家齐、李启谦、杨朝明、王瑞来等学者所持新解。[1]

朱子一反"学"为"觉、悟"说，采用"之为言"这一声训手法释"学"为"效"，意在突出学的工夫实践义。注重为学工夫的指点，这是朱子解经的根本原则，据此方能理解《集注》异于古注处。朱子以"效"释"学"之解成熟甚早，始终未变。但对"学"之内涵的认识，朱子却多有变化。癸巳（1173年）至丁酉（1177年）年间，朱子认为学是指未知未能向已知已能的效仿转换的求知求能过程，包含知、能两面，知指知其理，能指能其事，学的作用在于化未知未能为有知有能。《与张敬夫论癸巳论语说》提出：

> 学之为言效也，以己有所未知而效夫知者，以求其知；以己有所未能而效夫能者，以求其能之谓也。……盖人而不学，则无以知其所当知之理，无以能其所当为之事。[2]

---

[1] 刘家齐《"学而时习之"章新解》（《齐鲁学刊》1986年第6期）、李启谦《关于"学而时习之"章的解释及其所反映的孔子精神》（《孔子研究》1996年第4期）、杨朝明《从〈穷达以时〉看孔子的"时遇"思想—兼谈〈论语〉"学而时习之"章的理解问题》（2005年《易学与儒学国际学术研讨会论文集》儒学卷）、王瑞来《〈论语〉开篇发覆》（《现代哲学》2008年第5期）。

[2] 《文集》卷31，第1357页。

《论语或问》同样持此看法。《集注》则重新定义"学"之内涵为"明善复初",言"人性皆善而觉有先后,后觉者必效先觉之所为,乃可以明善而复其初也"①。此一转变具有四方面意义。

　　一是由此前着重客观的事理知能转向了儒学伦理性善观。朱子指出尽管人性先天皆善,但后知后觉因受气质禀赋、后天物欲等因素影响,往往对此先天之善浑然无觉。故有赖先知先觉启发引领,经由自身努力效仿先知先觉,方能显明本性之善而回归人性之初。

　　二是凸显了教、学双向一体下先知先觉的教化意义。据《说文》可知,教、学本为一字分化而来,先天即有水乳交融关系。《说文》对"教"的解释是"教,上所施下所效也。""教"的古文"敩",段注:"详古之制字作敩,从教,主于觉人。秦以来去攴,作学,主于自觉。"② 段玉裁认为秦以前"教""学"为尚未分化的同一字,其时教本就包含学的观念,教与学融合无间。自秦以来"教""学"二字分化,意味着教和学所指有别。朱子将教、学理解为先知先觉、后知后觉,正与此二字字义之转变相契合。

　　三是将明善复性说与整个《集注》相连通,定下了四书学之基调。朱子此一诠释,既上承先秦孔孟儒学精蕴,又熔铸理学时代精神,体现了很强的综合创造力。以明善复性解"学",并将此解贯通于《大学章句》、《中庸章句》、《孟子集注》中,显示了朱子四书系统的一体关联。首先,《大学章句序》首段即论"复性"之学,先知先觉者是"尽其性者",性之内容是仁义礼智,为一切生民所共有,后觉者受气禀影响,不能知性而保全之。尽性之先知居君师教化之位,帮助后觉者复其本性。《序》文下段更明确指出先知之教与后知之学具有同一性,所教为躬行心得、日用彝伦之事,所学为"性之固有,职之当为",皆为人性本分所具,本职所当。其次,《中庸章句序》阐发的道统说亦不外乎"复性"。朱子之道统以复本性之善为宗旨,上古圣神开创了以"十六字心传"为核心的道统,先知、后觉皆有人心道心,差别在于是否笃力心性工夫,使道心成为人心之主宰,以复其本性。又次,《孟子集注》同样体现了复性。"汤武身之"章解,朱子引程子说从"性即

---

①　《四书集注》,第47页。
②　段玉裁:《说文解字注》,浙江古籍出版社1998年版,第127页。

理"、理同气异的理学本体论高度，论证学而知之即能变化气质，以复其性，此即汤武身之的工夫论意义。"学而知之，则气无清浊，皆可至于善而复性之本。汤武身之是也。"① 在"契为司徒"章，朱子指出人皆先天禀有善根，若无教化则易放失怠惰泯灭善根，故圣人设官而教以人人固有之人伦，期于使人各得其本性。即此可证，朱子于《论语》开篇拈出效先知先觉以"明善复性"这一学之主旨，贯穿于其整个四书学系统，点明了理学工夫的根本追求，具有本原上的奠基意义。

四是突出了"学"的普遍性与实践性。"学"之所指，学界历来即有主知、主行、知行兼具之争。② 在朱子看来，"'学'字本是无定底字"，故此学不可限定为具体知识、技能、德目，不可限定为知或行，乃是一成就德性回归性善之学，是最普遍意义上的生命实践之学，其范围不受限制，知行理事皆纳于其中。如《答虞士朋太中》即强调学兼知行不可偏颇，"但'学'之一字，实兼致知力行而言，不可偏举。今所引颜子功夫，乃专为力行事耳。"③ 朱子明确反对把此"学"限定为大学或小学，指出凡学皆须经历学、习、悦三个阶段，此为学之通性，并不因学之层次而有差别。"学而习，习而说，凡学皆然，不以大小而有间也。"④ 其次，朱子非常重视此学的实践性。为此批评胡寅把"学"等同于学仁，盖仁是无形无影的形上超越之性理，若将学限定为仁，则无从下手，学需要落实在具体事为上，不要总是固守于前言往行，"凡事上皆是学"，事事皆学，方才笃实。"萧定夫说：胡致堂云：'学者何？仁也。'""曰：'学'字本是无定底字，若止云仁，则渐入无形体去了。所谓'学'者，每事皆当学，便实。"⑤

朱子始终强调学的普遍开放性，主张学兼顾理论与实践、求知与做事。反对给学设置藩篱。认为学可包容六艺，但却不可限定为六艺，否则成为一

---

① 《四书集注》，第329页。
② 马融等主诵习说，阮元主"学必兼诵之、行之，其义乃全"说，邓球柏《论"学而时习"与学行结合原则》(《湘潭大学学报》1993年第2期)亦主知行兼具说。阮氏兼具说早为朱子《集注》所包含，今人却有所忽视。
③ 《文集》卷45，第2058页。
④ 《四书或问》，第608页。
⑤ 《语类》卷20，第682页。

专门俗学也。与此同时，朱子却主张学之范围虽无所限，学之性质却有正误高低圣俗之分。圣、俗之分不在形迹而在目标。俗学为读书而读书，圣学为求道而读书，故圣学虽讲求具体知识却又能超越之，以实现求道之目的。"固不是诗书礼乐。然无诗书礼乐，亦不得。圣人之学与俗学不同，亦只争这些子。圣贤教人读书，只要知所以为学之道。俗学读书，便只是读书，更不理会为学之道是如何。"①

朱子还从"心、理"相涵为一的角度论证为学境地。提出"学而时习"的效果是达到心理相涵，身事相安而知精能固。"故既学矣，又必时习之，则其心与理相涵，而所知者益精，身与事相安而所能者益固。"为学入道根本在于心身与道理亲切无间，合而为一，批评今人心身道理隔截疏离的状况。"而今人道理在这里，自家身在外面，全不曾相干涉！"② 肯定孟子"求放心"说，提出心是身之主宰，理之寄托，具众理应万事，无心则无法安顿理，无法应对事，故无心则无理。但有心亦不必然有理，心、理乃分合关系。只有通过长久学习，才能达到"心与理一"，随心所欲之境。为学之事虽有无穷多端，其要却只在求放心。"若心不在，那里得理来！惟学之久，则心与理一，而周流泛应，无不曲当矣。……盖为学之事虽多有头项，而为学之道，则只在求放心而已。"③

二　如何学——时习而悦

朱子极为重视本章首句，《与张敬夫论癸巳论语说》指出，"学而时习之"作为《论语》第一句，字字皆有意义，皆须落实透彻说明，不可轻易放过。"'学而时习之'，此是《论语》第一句，句中五字虽有虚实轻重之不同，然字字皆有意味，无一字无下落。"④ 朱子此时释"而"为"承上启下"之连词，"时"为"无时而不然"，与《集注》"时时"说一致，突出为学之恒久不间断性。"而者，承上起下之辞也，时者，无时而不然也。"

---

① 《语类》卷 20，第 669 页。
② 同上书，第 668 页。
③ 同上书，第 669 页。
④ 《文集》卷 31，第 1357 页。

对"时"更流行悠久的看法是"按时",如王肃曰:"时者,学者以时诵习也。"① 还有的把"时"释为身中、年中、日中三个时段,"时者:凡学有三时:一是就人身中为时,二就年中为时,三就日中为时也。"有的则进一步主张"时"乃日中时,"时是日中之时也。"也有的解为少年之时,"今此段明学者少时法也。"

"习"与"学"关联紧密,习是对"学"之习,是"习学"。学界流行之解是温习学业。如王肃把"习"释为"诵读",修习旧学业。"习是修故之称也。"朱子对"习"之解亦经历了一番转变。早年《精义》时期,持主流"讲习"说,偏于知识的学习,《与张敬夫论癸巳论语说》即理解为"重复温习","之"指"学","习之"即是"习学"。"习者,重复温习也,之者指其所知之理,所能之事而言也。"朱子据古人用法,指出"学""习"大意是知识讲习而不必是行为实践,讲习更切合正文意思。批评黄榦提出的谢上蔡、游定夫的习礼、习乐实践义,乃是对"习"之推广,与正文不够顺畅贴切。"据正文意,只是讲习。游、谢说乃推广'习'字,毕竟也在里面。"② 但自丁酉《或问》始,朱子即改变看法,将"习"的实践义摆在了首位。《集注》以《说文》"鸟数飞"之本意解"习",突出习的反复实践义。而且通过对程子,尤其是上蔡说之增引,既保留讲习义,又凸显行动实践义,此见朱子诠释之曲折周到。《集注》先引程子二说指出"习"有知上习与行上习两层含义。首先,习是指对思想义理的反复思考体会,最终达到通贯自如的地步,心情自然喜悦。"程子曰:习,重习也。时复思绎,浃洽于中,则说也。"③ 此说保留了习的重复温习义。其次,"学"的目的是为了行动实践,通过反复实践所学内容,化外在陌生的知识为自身内在熟悉之物,达到学与己一的心灵自得状态,自然发出喜悦之情。"又曰:学者,将以行之也。时习之,则所学者在我,故说。"④ 此条为朱子癸巳后所添加,以补充"学"的实践义。朱子之说早、晚期往往差别甚大,今之学界在引用评论朱子之说时,易抓住其早

---

① 今亦有解为"适时"者,如王瑞来《〈论语〉开篇发覆》,《现代哲学》2008 年第 5 期。
② 《语类》卷 20,第 681 页。
③ 《四书集注》,第 47 页。
④ 《四书集注》,第 47 页。

年一点之说。如有论者提出,"不过,朱子如大多传统注释一样,将'习'的内容落实为'诵习'、'温习'之意,将'习'作为'当下切实之行'的意义遮蔽了。朱熹《与张敬夫论癸巳论语说》说:'习'者,重复温习也。"①

朱子在《或问》中详细讨论了程子说,认为程子"习"之两义分别指知和能,指出此知、能(行)包括了学问之道,赞其说提纲挈领,相互发明。"程子之于习有两义焉,何也?曰:重复思绎者,以知者言也;所学在我者,以能者言也。学之为道,不越乎两端矣。"② 由此可知,在丁酉年《或问》完成后的一段时期,朱子认为程子说已包含知行二义,故并未采用上蔡说。但鉴于学者多从知上理解"习",程子说"习"之行为义不甚分明,为突出它的实践行动义,《集注》后来又补充上蔡说,以坐立时行强化"习"的行动义。"谢氏曰:时习者,无时而不习。坐如尸,坐时习也;立如齐,立时习也。"③ 杨道夫、徐宇所录朱子晚年《语类》明确提出伊川说专于义理思索,上蔡说专于躬行实践,皆有所偏,二者相合,正好起到相互补充之用。

"'学而时习之',若伊川之说,则专在思索而无力行之功;如上蔡之说,则专于力行而废讲究之义,似皆偏了。"问:"程云:习,重习也。……看来只就义理处说。后添入上蔡'坐如尸'一段,此又就躬行处说,然后尽时习之意。"曰:"某备两说,某意可见。两段者各只说得一边,寻绎义理与居处皆当习,可也。"④

朱子极重视"时习",称为孔门教法"第一件",宣称孔子之教,也不过"学而时习之"而已。故弟子编集时置为篇首。"时习"要求学习者自动

---

① 郭美华:《论"学而时习"对孔子哲学的奠基意义——对〈论语〉首章的尝试性解读》(《现代哲学》2009 年第 5 期),但也有学者注意到朱子此处思想的前后变化,指出朱子对"习"的理解兼具温习之知与实践之行两面,参见吴元丰《一个关于传统注解问题的讨论——以〈论语〉"学而时习之"章的分析为例》,《社会科学研究》2012 年第 4 期。
② 《四书或问》,第 609 页。
③ 《四书集注》,第 47 页。
④ 《语类》卷 20,第 672 页。

自主，发挥主体能动自觉性，持之以恒，如此方能由难到易，化生为熟。"虽孔子教人，也只是'学而时习之'。若不去时习，则人都不奈你何。这是孔门弟子编集，把这个作第一件。"① 陈淳、黄毅刚所录晚年《语类》中，朱子于却批评上蔡说过于粗疏、笼统，不够紧凑，不满于上蔡只是总体言"坐如尸，立如斋"，而未具体阐发当如何习于尸斋。因为要达到如尸如斋，并非易事，其中当有诸多细小节目处。故朱子嫌其未细腻阐述习之工夫，此正反映出朱子晚年对习之实践义愈加看重。"'坐如尸，立如斋'，谢氏说得也疏率。这个须是说坐时常如尸，立时常如斋，便是。今谢氏却只将这两句来儱侗说了。不知这两句里面尚有多少事，逐件各有个习在。"② 朱子指出"习"应"浃洽"，只有熟练透彻，才会到达轻松自如、游刃有余，前后贯通、怡然自得、欣然自悦之境地，此方是"浃洽"所在。"夫习而熟，熟而说，脉络贯通，最为精切，程子所谓'浃洽'者是已。"③ "习"应持久有恒，不可间断，"要习，须常令工夫接续则得。"习也应专一笃志。"若习得专一，定是脱然通解。"④

朱子认为学、习既具有阶段差异性，同时又具通贯一体性，是一体下的差异，差异下的一体。任何知识技能的获得，皆离不开"学习"与"习学"两阶段。学是未知未能向已知已能的转化，以效仿为主，由学进入到习；习则在学的基础上对已知已能的重复深化，是再次学，是对学之习，是"习学"，并不是舍去已有而转向新事物。学、习合起来构成认识事理、掌握能力所必须的摸索和熟练阶段。"未知未能而求知求能之谓学，已知已能而行之不已之谓习。""'学'，是未理会得时便去学；'习'是已学了，又去重学。"⑤ 朱子特别强调"学习"与"习学"不可分离，不可间断，即学即习，即习即学。"只是学做此一件事，便须习此一件事。"⑥ 他认为程子所说的"思"，也离不开"习"的反复实践。思、行是完成同一事物所不可或缺

---

① 《语类》卷20，第669页。
② 《语类》卷20，第673页。
③ 《四书或问》，第609页。
④ 《语类》卷20，第670页。
⑤ 同上书，第670页。
⑥ 同上。

的内心思维和外在行为先后两阶段，思在行先，对行指导，行在思后，对思落实，思行一体不可分离。"伊川意是说习于思。天下事若不先思，如何会行得！说习于行者，亦不是外于思。思与行亦不可分说。"① 朱子反对简单将学、习与知、行对应划分，提出四者是交叉关系，学有知行，习也有知行；知要学习，行亦要学习。知在行先，故知上习乃是知之深化、行之前提，是实有诸己的必要条件。"知，自有知底学，自有知底习；行，自有行底学，自有行底习。"②

朱子还讨论了学、习、时之间的一体递进关系，指出它们代表三个层次，各有其不可或缺之作用。早在《与张敬夫论癸巳论语说》时朱子即提出，学是开端，是时习之前提，涉及理、事两方面，不学无以知理无以能事，但此时对理事的理解运用尚处于初步阶段。习是学的进一步深化，帮助消化所学之理事，使其由生疏干涩达到熟悉自如通贯的地步。时则是成就习的必要条件，它要求所习不能间断，必须持之以恒，反对有始无终、时断时续。"言人既学矣，而又时时温习其所知之理所能之事也。盖人而不学，则无以知其所当知之理，无以能其所当为之事。学而不习，则虽知其理，能其事，然亦生涩危殆而不能以自安。习而不时，虽曰习之，而其功夫间断，一暴十寒，终不足以成其习之之功矣。"③ 此说揭示了工夫连续是达到怡然自得，欣然畅怀境界的前提，由时习进入内在自得，则表现为"不可言说"之妙趣和油然生出不可遏止的愉悦之感，胜于口腹之物质享受。

三 学何乐——教化之乐

"有朋自远方来，不亦乐乎"！何为朋，朋来为何，所乐为何？学界对"朋"之解，有同门、同类、同志之分。何晏提出"朋、友"之分，将"朋"限定为同门同党，"同处师门曰朋，同执一志为友。朋犹党也。"他认为朋自远来是因师德甚高，吸引同门，远及四方，与己讲学，故此为乐。"远来"正显示出师德高明影响广泛。"今由我师德高，故有朋从远方而来，

---

① 《语类》卷20，第672页。
② 同上书，第671页。
③ 《文集》卷31，第1357页。

与我同门，共相讲说，故可为乐也。所以云远方者，明师德洽被，虽远必集也。"[1] 何氏认为全句大意乃是"明取友交也。"朱子《集注》把"朋"释为同类，引程子说指出远人之来，乃是因自身明善复初之效，己善昭昭，足以取信感化他人，故不仅近处之人，远处之人亦为己之善德所吸引而至。见己之善为众人所信从，自然心中快乐，洋溢于外。"朋，同类也。自远方来，则近者可知。程子曰：'以善及人，而信从者众，故可乐。'又曰：'说在心，乐主发散在外。'"[2] 朱子与何氏解的根本差别在于，朋来是己德而非师德所致，所乐是己善之被信从而非同门讲学之助，自身于此已然是施教者而非受学者。朱子这一"教化者"诠释立场与流行之说大异其趣，却几不为学界所提及。朱子在早期亦持讲习切磋之说，如辛卯《记谢上蔡论语疑义》言，"'有朋自远方来'，观圣人立言正意，止为朋友讲习，上蔡所推似亦太远。"[3]

丁酉《或问》中朱子已改变旧说，提出今说。他从公私之分的角度，以孟子理义同然说为据，指出理义乃天地间客观公共之物，人先天皆有之。此前吾虽因己具有理义而内心深为喜悦，然却未能作用于外，取信于人，"朋来"则表明己学发挥更大效用，由个人内心独具进入到服务大众，与生民分享之公共境地。在独具其善独善其身之时，实有无法造福世人之客观遗憾。今则能使人感吾之善、知吾之知、能吾之能，人己之间相通无碍，跃升到兼济天下之境地，内心快乐舒畅，非复声音之乐可比，此乐乃善与人共、心与人通之乐，足显儒家以善济天下之入世情怀。《或问》同时严厉批判程门诸家"朋来而乐"说，主要有以下说法：其一，朋来之乐不是因为取益、讲学，若此则表明自身修为不够，体验不深，未能从学习中获得快乐而尚有赖于外在帮助之乐。朋来乃自身修为所至自然而有之效用，是自身道德所散发出之魅力，把远方朋友凝聚吸引而来。其

---

[1] 何晏集解，重侃义疏《论语集解义疏》一册，中华书局1985年版，第2页。
[2] 《四书集注》，第47页。
[3] 《文集》卷70，第3394页。真德秀《四书集编》曾引用《论语详说》，认为朱子在此阶段曾主张人己相资说。"尝参之《详说》，曰：'学既有得，同类之人，自远而至，己之所得，有以及于人者广；人之所得，有以裕于己者多，则不但中心自说而已。'则朱子初说亦取人己相资之意。"吉林出版集团有限责任公司2008年版，第43页。

二，朋来之乐不是因有学者与己义理相同，志同道合，若此则显示为学缺乏自信，没有内在抉择标准而依赖外在事物。成德乃为己之学，自修之学，是否有同道响应，并不重要，更不能据此作出判断。"为仁由己而由人乎哉"，学者应有此自信。其三，朋来之乐也不是因为己之才大友远、令闻广誉，若此则背离了修德宗旨，适成自我庆幸骄吝啬之私心。其四，以不讲学为忧，讲学为乐更是偏离文意生造之说。判定乐之唯一标准在于个人本心，与任何外在事物皆无关系。其五，"朋来"是对己德之信从，反对据"朋来"而验证己之道德说。朋自远来的根本原因乃是对人己皆有的公共道理之领会信从，而不可视为对个人道德之崇拜，自我因与他人共知此理而快乐，显示出对公共道理而非个人一己得失的重视。若自身道德修养深有所得，则根本无需他人之信从才乐。反言之，则见出自身道德无力。

> 朋来之乐奈何？以为乐其可以取益，以为乐其相与讲学，则我方资彼以为益，彼又安能自远而来哉？以为乐其义理之不二，则是未能自信而藉外以为乐也；以为乐于才大而友远，以为乐于充实辉光而闻誉有以致之，则是以此自幸而有骄吝之私也；至于知不讲之为忧，则知讲学以为乐，则正前所谓以彼之有，形此之无者。夫乐与不乐决于吾心可矣，岂待此而后判耶？①

> "有朋自远方来，莫是为学之验否？"曰："不必以验言。大抵朋友远来，能相信从，吾既与他共知得这个道理，自是乐也。""旧尝看'信从者众，足以验己之有得'。然己既有得，何待人之信从始为可乐？"②

朱子在此强调了有道之人所应有之自信，所应具备之社会教化影响力。此句与首句存在两个微妙差别：一是主体身份发生了错位，由首句学习先觉的效仿者转换为觉悟他人影响他人的教化者，学生变成了老师，此亦是朱子

---

① 《四书或问》，第610页。
② 《语类》卷20，第674页。

说与诸家说的一个重大差别。朱子的理由是：若己之德性尚停留于效仿他人取资他人之阶段，还未达到能教化影响他人之地步，如何能吸引远方众多朋友慕名而来呢。"朋来"反映的乃是自身道德境界对他人所产生的吸引力辐射力，朱子把"朋"解释为"类"，正切合于"同声相应，同气相求"之意味，因自身道德修养之高而自然影响同类远来受教，这一见解是很独特深刻的。这也切合孔子、朱子晚年弟子四方来学之情形。《语类》对此有说明，"程氏云：'以善及人而信从者众，故乐。'此说是。若杨氏云：'与共讲学'之类，皆不是。我既自未有善可及人，方资人相共讲学，安得'有朋自远方来'！"① "我若未有所得，谁肯自远方来？要之，此道天下公共，既已得于己，必须及于人。"② 二是朱子此时仅言道德之善信及于人，而不再言及首句"学"所涉及技能知识等，反映出关注道德成就始终是朱子诠释重心所在。

朱子明确指出"乐"的落脚点在信从者众而非己善及人，显示出关注道在现实人生落实推行之公心，见出君子大公无私心量宽宏，以济人教人为乐，乐与人善；反之，小人私心浅量，以自得自多为能，而无教人与人之心。"问：'以善及人而信从者众'，是乐其善之可以及人乎？是乐其信从者众乎？曰：乐其信从者众也。大抵私小底人，或有所见，则不肯告人，持以自多。君子存心广大，己有所得，足以及人。若己能之，以教诸人而人不能，是多少可闷！"③ 朱子认为伊川说与讲习之乐说的差别在于朋来之乐关切公共道理之传承，讲习资鉴之乐关切个人道德之得失，二者心胸之公私广狭，境界之高低宽窄截然有别。朱子再三强调若己独知此道而未能弘扬广施，喻人以道，则心中必然郁闷不已，可见朱子对此乐之理解近乎《孟子》"得天下英才而育之"之乐，皆为公而忘私，境界高远。"若有朋自远方来'，则信向者众，故可乐。若以讲习为乐，则此方有资于彼而后乐，则其为乐也小矣。这个地位大故是高了。"④

---

① 《语类》卷20，第676页。
② 《语类》卷118，第3719—3720页。
③ 《语类》卷20，第674页。
④ 同上书，第677页。

朱子反复强调朋来之乐善以及人的前提是善有诸己，"学而时习之"是实现"朋来"的工夫根本，后此皆为成就发用。"须是自家有这善，方可及人；无这善，如何及得人。"① 但以善及人乃工夫积累所至，若初学者如何适用？朱子提出，以善及人所包甚广，随处可为，比如扬人之善等，关键在于心之公私。此见出朱子诠释既关注义理的周全，同时注重实践教化之可行。朱子还引程子说，分辨悦、乐乃内心含蓄与外在发露之别，乐之程度较悦更深一层。虽然悦内乐外，然则二者皆源于内，乐乃内心喜悦充溢自然发散于外，悦则停留内心未能外溢。悦、乐是自得与教化，为学与为教之别。

四　学何为——成德君子

最后一句"人不知而不愠，不亦君子乎"的重点在不愠、君子、不知，最有争议的是"不知"。何晏解此为："君子，有德之称也""愠，怒也。"认为"此第三段明学已成者也。"此与朱子解差别不大。朱子将"愠"的语义淡化弱化，释为含怒意而未发作，只是小小不快，显出君子修养之难得。"愠，含怒意。"② "愠，非勃然而怒之谓，只有些小不快活处便是。"③ 朱子把"君子"释为"成德之名"，亦是从德性成就着眼，但意义更深。朱子指出《论语》中君子有高说、低说、泛说多种情况，应具体分析，不能一概而论。朱子的"君子"之解，主要从德、才、位三者考虑，三者具有独立、交错关系，如德位、才位、德才，也有德才位兼具情况。最外延者从位上言，最典型者德才兼备，最根本者成德。此处从德性论述君子，与前后两句相通贯，与明善复性章旨相契合。

何晏对"人不知而不愠"提出两解：一是他人不知己获先王之道而己不怒；二是教诲他人而不知所授，己不怒，皆是他人不理解之义。朱子引尹焞说，主张他人不知己而不愠。"尹氏曰：学在己，知不知在人，何愠之有。"④（据《精义》可知，朱子于尹氏原说增加了"知"字，语义更完善）

---

① 《语类》卷20，第675页。
② 《四书集注》，第47页。
③ 《语类》卷20，第678页。
④ 《四书集注》，第47页。

学为己，德在己，乃自我"职分之所当为"，他人知不知己之学之德，与己无干。"'人不知而不愠'。为善乃是自己当然事，于人何与。"①《或问》指出圣门之教是向内为己之学而非向外为人之学，学者经由持续反复之实践磨砺，对此学笃信不移。人之知不知丝毫无损己之德性，故处之泰然而造于君子成德境界也。由此自修不已，从容恳切，下学上达，自可进于圣人境地，达至为学最终成就也。"若圣门之学，则以为己而已，本非为是以求人之知也。人知之，人不知之，亦何加损于我哉！……今也人不见知而处之泰然，且略无纤芥含怒不平之意，非成德之君子，其孰能之。"② 朱子批评谢氏以"自厚"说解"不愠"，不愠乃是修养所至自然而有，无须自抬身价。尤其反对游氏以"知命"说此，认为其"安命"说乃失意者之安慰剂止痛剂，适足显其不得已也。"又有谓不愠则其自待厚者，又有谓安于命故不愠者，皆非。"③ 朱子亦批评范氏、谢氏以孔颜圣人说此，犯有过高弊病，强调此处仅是君子境界，不可诠释为圣人。圣人境界尚须于此勤下苦功，方可达到。此路自是达到圣域之路，但尚非圣境。朱子《答陈明仲》还批评陈的"容人"说，犯了自我傲慢计较分别之病，有论者更推至"容天"说，则陷于狂妄境地而不知也。"若以容人为说，窃恐为己之心不切而又涉乎自广狭人之病，其去道益远矣。"④

《或问》认为，不愠与君子之德关系密切。君子默然自修，不求人知，但也并非有意让人不知。从理上言，有德君子，人自会知之，并不用广而告之推销于世，人方才知之。故此处人不知，反映的是有君子之实，应为人所知但却未能如此，对此违背常理之人生遭遇，君子安之若素，并无丝毫怨怒不平之意。由此见出儒家之君子，特别注重道德、情感、心境。《集注》引程子说指出，朋来而乐还未到君子境界，不知不愠方显出德性之成，君子追求内在德性的完善而不在乎外在遭遇。"程子曰：虽乐于及人，不见是而无闷，乃所谓君子。"⑤ 朱子于此特加按语指出，不知不愠为君子之德，高于

---

① 《语类》卷20，第676页。
② 《四书或问》，第608页。
③ 《四书或问》，第612页。
④ 《文集》卷43，第1952页。
⑤ 《四书集注》，第47页。

及人而乐，面对此非理逆情之境遇，人之心理情感难以承受，往往易产生波动，于此保持不愠状态更为艰难；反之，以善影响于人，为人所信服听从，由此产生快乐之感，此乃顺境常人之所易为。二者相较，显然不愠更难，只有成德君子方能做到。"愚谓及人而乐者顺而易，不知而不愠者逆而难，故惟成德者能之。"① 朱子特别强调，此一不愠境界非口耳言说之学可至，端赖于日常实践工夫，非修养深厚者，绝不可及此。"人不知而不愠，说得容易，只到那地位自是难。"② 但朱子在《精义》时期却对"不知不愠"评价不高，认为是小可之事。"此也是小可事，也未说到命处。为学之意，本不欲人知。"③ 朱子还从公私之别的角度对乐、愠两种情感做了细致区别，乐指因天下之公，大道昭明而产生的公共情感，愠乃一己得失所产生之情感。乐所关涉的是推行道学，教化生民之公共事业；愠仅关乎一己之声誉得失，私人之利害。君子大公无私，故有乐无愠。但乐、愠皆为人所必有之情感，合理之态度是因物之当乐而乐，当愠而愠，乐、愠之情，系于物而不留于心，过而不流，如此方能做到大公无私，成就君子之德。"有朋自远方来而乐者，天下之公也；人不知而愠者，一己之私也。以善及人而信从者众则乐，人不己知则不愠。乐愠在物不在己，至公而不私也。"④

朱子认为，本章三句关联紧密，分别代表不同为学境地。首先突出学、时、习的工夫根基意义，《集注》指出学有正误，习有生熟，说有浅深，须持久不懈，方能进入"朋来而乐"之阶段。没有学习之悦，就不可能有朋来之乐，乐乃由悦而得，是悦之深化。"然德之所以成，亦曰学之正、习之熟、说之深，而不已焉耳。"⑤ 朱子一再讲到首句的工夫意义，时习工夫所至，不可遏制地自然产生此后之境界效用。"此段工夫专在时习上做。"⑥ "学之正"的意义在于抵制佛老虚空之说、世俗功利之学、训诂辞章之学，告诫学者应以儒者之学、颜子之学为下手方向。其次，朱子

---

① 《四书集注》，第47页。
② 《语类》卷20，第677—678页。
③ 同上书，第682页。
④ 同上书，第677—688页。
⑤ 《四书集注》，第47页。
⑥ 《语类》卷20，第674页。

认为本章三句环环相扣，乐因悦而后得，不愠之君子亦须具朋来之乐，无此公共之乐不足以为君子。"程子曰：乐由说而后得，非乐不足以语君子。"① 悦、乐、不愠三者前后铺垫，依次上升。前者为后者之必经阶段必要前提，后者乃前者跃升境界自然归宿，统一于为学成德这一总宗旨，可见此章三句并非毫无关联之散沙。朱子同时很注意三者层次深浅之区分，反对模糊三者界限，跳跃发展。《或问》曾批评诸家说悦、乐与不愠连接过快，造成工夫不踏实。再次，为了明确三者逻辑先后关系，《或问》把三句概括始、中、终关系，"此学之始也……是学之中也……此学之终也。"② 但朱子对此说又作了自我否定，认为太过简约，义理上虽不能说有误，但却不贴切文义。未能深入揭示文本的微妙曲折之义，不利于读者理解。朱子向来主张字字落实，句句有说，力求义理亲切平和，工夫笃实可行，故《集注》未取此说。"道理也是恁地，然也不消恁地说。……若把始、中、终三个字括了时便是了，更读个甚么！"③

　　朱子秉持"学本无定"的开放观，极大扩展了"学"的外延，同时以明善复性为学之内涵，以之统合贯通四书，从而具有奠基意义。朱子认为"习"兼讲诵与行动，突出了"习学"、时习的实践工夫，以反对"觉、悟"空虚之学。看重先知先觉的教化意义，独标新解，提出朋来之乐乃是教化之乐，并详细阐述了"乐"之缘由是出于大道之公而非一己之私，以公私人我之别判定君子成德境界。朱子对本章之解历经多年反复，看似采用他说为主，其实皆是慎重考虑，反复斟酌之结果，体现熔铸百家自出新意的创造力。深入理解朱子之解，来观照古今之解，可以发现诸多所谓"新解"，所谓对朱子之批评，其实皆或多或少已为朱子所包容含摄，但由于朱子思想的前后变化，时人在处理朱子说时，往往不加选择判断，随意引用批评，在证成己之"新说"时，适显偏颇、误读。此章之解再次显示了朱子思想的深刻广博，真正做到了"致广大、尽精微"。故我们在面对其说时，应以虚心态度投入其中以求谛解。只有虚心吸取朱子诠释经典的思想、态

---

① 《四书集注》，第47页。
② 《四书或问》，第608页。
③ 《语类》卷20，第679页。

度、方法，才能深切体会朱子在重诠经典、反本开新道路上所作出的巨大贡献，才能使之成为当下中国思想反本以开新的不竭源泉。

第二节　克己复礼之仁

《论语》"克己复礼为仁"章涉及孔子思想之根本主旨：仁和礼，故学者多将其认定为孔子仁学之核心。此章研究数量之多、时间之久、人数之广，堪称经学"第一章"。一直以来，学界对"克己复礼"的争论，多着眼于认识仁、礼之名义及二者关系。然多年论争实存在一大遗憾，即诸家虽多涉及朱子说，但对朱子本章之诠释研究不够，因而导致不少误解。

细绎朱子本章诠释，不由赞叹其"致广大、尽精微"的学术特色。朱子一贯持"孔子言仁皆言其方"的观点，从工夫论角度深刻阐发了"克己复礼为仁"的工夫意义。这一工夫论诠释分为三个层次，首先是对"克""为""一日""归"等词数易其说的曲折解读，引发了后世诸多议论；其次，以"本心之全德""天理之节文"对"仁、礼"内涵作出独特揭示，凸显了工夫应兼顾心性和事为两面；由此，朱子创造性地揭示了克己复礼笃实有序、刚健勇决、全面细腻、切己紧要、彻上彻下的工夫特色，视之为儒学工夫纲领，尤其对"理"与"礼"、"克己"与"复礼"、彻上与彻下等问题的反复其说，诱发了后世极多争议、误读。本章诠释显现了朱子经典诠释的工夫论目的和现实教化的使命意识，同时昭示了朱子"不用某许多工夫，亦看某底不出"之说，实为准确理解其思想之必由之径。

一　基于工夫指点的字义训释

朱子认为，经典诠释应贯穿三个原则：求本义、发原意、立学方，分别对应文字训诂法、义理解释法、工夫指点法，是一理论诠释与实践指导相统一的诠释系统。其最突出的特点在于强烈的现实关照，为学工夫的指点，本章训释尤其体现了这一点。

"克"从字义上训"能""治""胜"皆可。朱子在《大学章句》中就把"克明德"之"克"释为"能"。在此朱子却批评杨简、林艾轩等人以"能"解"克"。杨简以"能"解"克"，认为克"己"之"己"与"为仁由己"之"己"一样,并无不善,克己复礼即是能以己身去复礼。朱子认为,若此将克"己"之己释为无不善,则取消了克的工夫意义。林艾轩把"克己"释为"能自作主宰",语义虽不完善,仍点出了工夫义,尚有可取。"艾轩亦训克作能,谓能自主宰。此说虽未善,然犹是着工夫。若敬仲之言,是谓无己可克也。"① 有学者提出释"克"为"治"较"胜"更稳当通顺。朱子认为"治"不够坚决果断,不如"胜"果敢有力,当下截断,斩除无遗。"治字缓了。……胜,便是打迭(诸本"迭"皆作"叠")杀了他。"② 由此可知,朱子早已注意到"克"训释的多种可能,后世学者以"能""治"说批评朱子未中肯綮,朱子自有其关怀所在。

朱子基于工夫与本体关系,对"为仁"之"为"采用了同词异解。他将"克己复礼为仁"之"为"释作"谓之",将"为仁由己"的"为"释作"实行"。"'克己复礼为仁'与'可以为仁矣'之'为',如'谓之'相似;与'孝弟为仁之本'、'为仁由己'之'为'不同。"③ "为"义的确定涉及整个句义的理解,"为"释为"谓之",其意为克己复礼被称为仁,就是仁,并非克己复礼之外再去行仁,仁这一本体就在克己复礼工夫中。值得注意的是,尽管克己复礼就是仁,但朱子并非如今人般视此为仁的准确定义。他认为,克己复礼与敬恕等一样,皆是为仁工夫,工夫所至即是本体,故在工夫与本体相通的意义上,可说克己复礼是仁、仲弓敬恕工夫也是仁。"'克己复礼'本非仁,却须从克己复礼中寻究仁在何处。"④

朱子对"为"之解亦历经反复,此前曾将之等同于"为仁由己"之"为",乃实行义。意为在克己复礼基础上再去实行仁,如此克己复礼即不能被称为仁了。如辛卯《答胡伯逢》三,"夫有觉于天理人欲之分,然后可以克己复礼而施为仁之功"。⑤ 此解从语义上自可成立,古今学者亦有持此

---

① 《语类》卷44,第1543页。
② 《语类》卷41,第1450页。
③ 同上书,第1448页。
④ 《语类》卷20,第698页。
⑤ 《文集》卷46,第2150页。

种见解者。① 但将"克""复"与"为"皆视为并列工夫，显然削弱了"克""复"的工夫义；将之释为"谓之"，则"克复"与"为仁"是工夫与本体两层关系，语义大不一样，如此方显出"克""复"的工夫实践义。

朱子对"一日"先后持"一旦""一日"不同之解，其间曲折反复尤显示朱子工夫论诠释的良苦用心。"一日"语义直白简单，故朱子此间诠释曲折极易被忽略。程颐把"一日"释为"一旦"者，指工夫长期积累之后的某一刻做到克己复礼，并非指一天之间就能达到克己复礼。"言一旦能克己复礼，则天下称其仁，非一日之间也。"② 此解将克己复礼视为工夫修养的高明境界而非短期所能达到，其据有二：一方面，对仁的追求需要长时间的积累之功，对学者来说，不能轻易断定自己一生之探索是否能实现仁，更遑论一天时间了。另一方面，克己复礼乃孔门首座颜子所为工夫，直接关涉到仁之体证，非常人所轻易可及，不可小看。程子说自有道理，朱子很长一段时间即采用"一旦"积累说，并在《或问》中以"诚能一旦用力于此"批评谢氏"一天"说太过轻易，有工夫空虚之弊，陷入佛老顿悟说，违背了儒家下学上达的宗旨，容易导致躐等而进的为学弊病。

朱子后来由"一旦"说转向"一天"说，《集注》说，"又言一日克己复礼，则天下之人皆与其仁，极言其效之甚速而至大也。"③ 此说强调克己复礼工夫的当下性，认为若能在一天内完完全全做到克己复礼，就是仁了，突出了工夫效用之快速，与"天下归仁"强调效用之广博相辅相成，显示了仁的亲切可及。朱子因而反过来批评前辈学者积累之久的"一旦"说，认为"只是一日用其力之意。"④ 游酢等皆主"一天"说，朱子之前批评此说过高，此后则赞同之。但朱子之说亦遭到后学抵制。⑤ 将"一日"释为"一旦"或"一天"，反映的是对实现仁太难或太易之相反

---

① 古人如王柏即持此解，金履祥《论孟集注考证》卷六引用并辩正之，今人如张海婴《孔子"为仁"诸说辨义》，见《孔子研究》2007 年第 1 期。
② 《论孟精义》，第 412 页。
③ 《四书集注》，第 132 页。
④ 《语类》卷 41，第 1465 页。
⑤ 如真德秀《西山读书记》卷六即主"一旦"说，"又'日日克之'一句，亦不若'一旦豁然之云'为得圣言之本旨"。《四库全书》子部 705 册，第 188 页。

认识，朱子诠释的转变实质上表明他对仁有了新的认识。持"一天"说似乎降低了达到仁的艰辛，减杀了仁的崇高性，一日就可以达到仁，不是太容易了吗？朱子认为，从工夫论意义来讲，人在一天之内完全时刻做到克己复礼，没有丝毫违背，绝非人人可及之易事，他强调的是"一日打并得净洁"，即一日之内纯是天理流行而无丝毫人欲。从注重积累之功的"一旦"到讲究当下的"一天"，把对仁的难以实现变为当下可至。偶尔达到仁并不难，达到之后始终保持仁的状态最难，这才是克己复礼工夫高明处。这一认识与朱子对"三月不违仁"章"其余则日月至焉而已矣"的理解密切相关，朱子对此章之解也是反复再三。此前认为他人或一天或一月不违背仁，后来认为一天之内保持仁尚可，若能达到一月之久就太不容易了。"某旧说，其余人有一日不违仁，有一月不违仁者。近思之，一日不违仁，固应有之；若一月不违，似亦难得。"① 因此将"一日、一月不违仁"重新释为或一天达到一次仁，或一月达到一次仁，而不是保持仁一日一月之久。颜子保持三月之久正见出其为学工夫之深，然而也只能保持这么久，更见出保持之难了。

  朱子对"归仁"的"归"的理解，前后亦发生变化，《克斋记》初稿取伊川说，以"见称"解之；改本取吕大临说，以"归往"解之。"初意伊川说，后觉未稳，改之如此，乃吕博士说。恐当以后说为正。"② 但《集注》还是回到了伊川说，确定为"归重，称为"，作出修改的原因还是基于为学工夫，"天下皆归吾仁之中"之说"无形无影"，导致无法笃实用功。《语类》卷四十一邵浩、黄卓等所记对此修改有充分反映，此说似在丙午时修改。"南轩谓……天下归仁者，无一物之不体也。……近得先生《集注》却云：'一日克己复礼，则天下之人皆与其仁。'似与诸公之意全不相似。"……曰："某向日也只同钦夫之说，看得来文义不然，今解却是从伊

---

  ① 《语类》卷 31，第 1109—1110 页。
  ② 《答石子重》十一，《文集》卷 42，第 1939 页。陈来先生《论宋代道学话语的形成和转变——以二程到朱子的仁说为中心》以此条为据，认为"而且朱子克斋记放弃伊川说，而取大临说"。"凡此皆与伊川不同"。见陈来《中国近世思想史研究》，商务印书馆 2003 年版，第 79 页注释 1。

川说。"① 此解亦遭到后世怀疑误解。

二 工夫论主导的仁、礼说

朱子自受教延平时即树立了《论语》言仁，皆言其方的观点，认为"孔门之教，说许多仁，却未曾正定说出。"② 为此，他极力反对类聚言仁的做法，认为将导致为学躐等弊病，故他对本章仁、礼内涵的揭示，亦从为学工夫而非仁之名义的角度着眼，作出了精彩论述。

朱子对"一日"之解发生了由"一旦"到"一天"的转变，强调获得仁之简易可能，这与他对仁的解读密切相关。朱子认为，《论语》言仁极为灵活，对仁的论说充满高低深浅大小精粗之别。《集注》对仁之训释亦随语境各有不同，其对仁之经典定义为，"仁者，爱之理，心之德也。"③ 此一定义由"爱之理"与"心之德"组成，"爱之理"是从爱上言仁，是偏言之仁；"心之德"则是从心上统言仁，乃专言之仁。朱子把本章之"仁"释为"本心之全德"，与"心之德"存在两处差异：心与本心，德与全德。"本心"与"心"不同。本心对心作了特别限定，即心为本然之心，道德之心、最初良善之心、先天本有之心，而非广泛意义上的人心、习心、知觉灵明之心。从心上言仁，为朱子仁说的一大特色，也是对孟子"仁，人心也"的继承阐发。

在心与仁的关系上，朱子持两种观点：从现实存在而言，心与仁不可直接等同，不能直接说心就是仁，只能说心之德、心之体是仁。他指出孟子所言"仁，人心也"并不是将仁与心等同，而是说仁是心之德，心的本质是仁，这种状态下的心毫无私欲纯是天理。"孟子之言，非以仁训心也。盖以仁为心之德也。"④ 从本源、应然、最终成就意义言，心即是仁，仁即是心，

---

① 《语类》卷41，第1476—1477页。如真德秀《西山读书记》即不同意后说而主张前说。今人牟坚《朱子对"克己复礼"的诠释与辨析》（《中国哲学史》2009年第1期）将"归仁"误解为"归复"，认为"克己一定要落实到复礼，但复礼还不是目的，终要归仁，克己、复礼都是为了归仁"。归仁若为克己复礼之目的，则为义外矣。

② 《语类》卷20，第697页。

③ 《四书集注》，第48页。

④ 《论语或问》卷6，第721页。

心仁为一。"仁与心本是一物。"① 为突出这种心、仁为一的特性,他反对"心合理"为仁说,认为"合"字显出勉强造作义,似乎心与理(仁)必须经过"合"之后天功夫方能为一,违背了心与理(仁)先天本然即一之义。"不是合,心自是仁。"② 就人的最终成就意义,即就安仁者来说,心已是仁,已是理,心仁心理为一,无须操存勉强把捉功夫,从容中道从心所欲不逾矩。此"安"字已是多余,有人为把持之意。"仁者心便是仁,早是多了一'安'字。"③ 但因现实中人心不仁现象太多,故朱子对仁心为一说极其警惕,一个例子是《集注》在采用谢氏"心不在焉,不仁矣"说时的一字之改,朱子指出应在"心不在"与"不仁"之间增加"则"字,以表明心与仁存在距离,不可直接将二者等同之。"谢氏之说善矣。然其曰'心不在焉,不仁也,'则直以心字训夫仁者,恐亦未安。若曰'心不在焉,则不仁矣,'其庶几乎。"④ 朱子指出人之仁与不仁、圣人与常人的差别,在于是否得其本心。《集注》以"本心"释仁约20处。正是在"本心"意义上,朱子才认为一日之间即可获得仁,无须"一旦"积累之功,强调仁与人心之密切无间,"学者之为仁,只一念相应便是仁。"⑤

朱子此处以"全德"释"仁",特意加一"全"字,进一步突出"仁"的"德之全体"义,此一"全体"具有丰富含义:从空间广度上突出仁至大无边,全体无限,与偏颇相对,故体认之心亦应极其广大;从时间历程上突出仁生生不已,流行不息,永无间断,乃一流动创生体,与静止凝固相对,故人之体认不可稍息;从质地纯度上突出仁纯粹无暇,至善至诚,兼具众德,与驳杂残缺相对,人之体认应克尽私欲。"仁是全体不息。所谓全体者,合下全具此心,更无一物之杂。不息,则未尝休息。"⑥ 为突出"全"义,《集注》特别采用了"皆""事事"表全体意义之词。"程子曰:须是克尽己私,皆归于礼,方始是仁。"又曰:"克己复礼,则事事皆仁,故曰

---

① 《语类》卷31,第1109页。
② 同上书,第1113页。
③ 《语类》卷26,第930页。
④ 《论语或问》,第825页。
⑤ 《语类》卷20,第688页。
⑥ 《语类》卷28,第1028页。

天下归仁。"① 值得注意的是，"皆归于礼"乃朱子修改之说，程子原说为"只有礼时"，朱子的改动突出了仁作为全德的"完全无遗"义。"凡人须是克尽己私，只有礼时，方始是仁处。（小字注释：先生亲笔改云："克己复礼为仁，言克尽己私，皆归于礼，是乃仁也。"② 朱子以"全德"释仁具有两层紧密相连之义，一为突出仁作为德性之全的包容遍覆，纯粹无暇，完美无缺，至美至善；二为强调工夫上实践全体之仁之艰难。心之全德被人欲毁坏，为保全心德，必须胜私而复礼，事事合乎天理，如此本心之德才能重新保全于我。

《集注》对"礼"的解释也是从工夫着眼。"礼者，天理之节文也"。朱子采用"者……也"这一严格的定义判断式。"节文"朱子释为"谓品节文章。"③ 意谓礼根源于仁义之心，为自家本有，是对无形超越"天理"之品节文为。"天理"二字作为理学根本概念，内在包含了仁义礼智诸多性理，彰显了礼来源于天的超越神圣性，贯穿宇宙事物的普遍性，内在人心的本然内在性。礼是对"天理"之"节文"，是天理在现实社会人伦关系中的落实、体现，表现为日常礼仪中的等差文采，不能将"礼"与"理"直接等同。"天理之节文"把礼之神圣超越性与日常仪则性结合起来，是礼之体用合一，人在现实的礼仪工夫中即内含了超越之天理，同时超越之天理必须呈现在人伦日用之中。朱子认为《乡党》篇所载圣人对于礼的周旋合宜即是其上契天理之呈现，礼仪节文之等差文采反映的即是天理，二者密不可分。

比较《集注》对"礼"之诠释更能显出朱子此处用心。《集注》中从未有直接以"天理"（理）释"礼"者，仅以"节文"释"礼"者有七例，出现于"礼"与"恭"对言和单独泛论"礼"两种语境中，皆表示礼为日常实践的仪文准则。另有四例以"理之节文"释"礼"，兼顾了礼的超越与平实两个向度。对"礼"的经典定义出现在"礼之用，和为贵"的注释中，"礼者，天理之节文，人事之仪则也。"④ 此处之解从形式上采用了标准的判

---

① 《四书集注》，第132页。
② 《论语精义》，第412页。
③ 《四书集注》，第287页。
④ 《四书集注》，第51页。

断定义式"者……也";从内容上,对礼的天人、体用两方面意义皆有充分关照。礼一方面是对超越天理的显现落实,指向礼的形上超越义;另一方面,则是人之行事的礼仪准则,突出了礼对于人事的规矩约束义。本章有"天理之节文"无"人事之准则",更为强调了礼对超越形上之理的落实显现。以"天理"而不是理或义理,尤为彰显礼的神圣超越义;以"节文"作为天理之落脚点,兼顾了礼的日用实践义。"天理之节文"解,根本目的是为了与消除人欲的"克己"工夫相对应。朱子把"己"释为"谓身之私欲也"。天理与人欲这一对理学核心概念是朱子为学工夫论的基点,也是朱子释仁的创新所在。据朱子对仁、礼之诠释,亦可看出他强调的是心性工夫基础上的日常事上实践之功,只有把心上与事上工夫结合起来,才能把握儒学之特色。

三 工夫之切要

朱子对"克己复礼"工夫给予了空前重视,作出了远迈前修之阐发,特别彰显了"克己复礼"的工夫"切要"意义,论述了克复工夫之笃实、亲切、健勇、全面细腻、彻上彻下诸多特质,并引入程子四箴说作为对克复工夫之必要发挥,以便后学者更好领会本章工夫,树立正确为学之方。[①]

(一) 工夫之笃实

朱子对本章理解发生过多次曲折反复之变化,根本趋向是体现克复工夫之笃实。朱子认为克复工夫根本特点就是一个"实"字,"孔子说'克己复礼',便都是实。"[②]

1. 从工夫虚实之分着眼,朱子对程门学者直接以"理"释"礼"深为不满,认为"理"是虚空无形之物,以"理"释"礼"无助于学者下手用工,且易与佛老虚空之学相混淆。故他摒弃以"理"释"礼"说,将礼释为"天理之节文",强调礼是操存持守工夫用心之地。"礼"与"理"即与

---

① 钱穆先生《朱子新学案》第二册辟有《朱子论克己》一节专门讨论此问题,给予朱子克己说极高评价,实独具只眼。钱先生得出结论是,"此乃朱子明自欲以克己工夫替代二程敬字,举以为圣学主要纲宗也"。(第354页) 此则不免言之过激,敬与克己于朱子乃相互作用之工夫,并不存在取代之说。

② 《语类》卷41,第1453页。

"着实""悬空"之别。朱子在解释为何不取尹氏"礼者理也"说时指出，"某之意，不欲其只说复理而不说'礼'字。盖说复礼，即说得着实；若说作理，则悬空。"① 据虚实这一尺度，朱子在《或问》中逐一批评诸家以理说礼、圣人安仁、万物一体境界释仁之解虚空不实，不利于为学工夫，同时赞扬谢氏以心之规矩解释礼较合理平实。但朱子早年也受程门影响，多以"理"释"礼"，如《仁说》即把复礼直接等同于复乎天理，正因朱子之说早晚不一，故古今学人实多误解。

2. 在克己与复礼关系上，基于工夫笃实考虑，朱子发生了从将二者直接等同到认为不可等同为一的转变，但较反对以"理"释"礼"在时间上晚了很久，故更易引起学者误解。对克己、复礼关系的认识，朱子有三种看法：从工夫连续性考虑，癸丑（1193 年）之前朱子一直主张克己复礼等同说，认为有克己必有复礼。从工夫笃实与精细的角度，考虑到现实工夫存在有克己而无复礼的情况，朱子自癸丑年反思前说，提出不可取消复礼的工夫意义，此为朱子晚年定见。由此朱子亦主张有复礼必有克己说，此为朱子定说所内含之义。

朱子自始就把克己复礼等同之，认为克己自然复礼，复礼在克己之中，克己之外别无复礼。典型之说如《克斋记》言，"其实天理人欲相为消长，故克己者，乃所以复礼，而非克己之外别有复礼之功也。"② 此说在弟子戊申、辛亥所记语类中多有之。如李闳祖戊申所记，"非礼即己，克己便复礼。"③ 辛亥年叶贺孙所记条目下还注明"此非定说"。"克己，则礼自复；闲邪，则诚自存。非克己外别有复礼，闲邪外别有存诚。贺孙。此非定说。"④

---

① 《语类》卷41，第1475页。
② 《文集》卷77，第3710页。
③ 《语类》卷41，第1457页。
④ 《语类》卷41，第1448页。朱子克复一体说最为学界流行，如钱穆《朱子新学案》、韩国韩元震《朱子言论异同考》、熊燕军《百年误读还是千年争论——也谈克己复礼的释义及其他》（《孔子研究》2007年第4期）皆持此说。陈淳对克己复礼的理解非常合乎朱子之意，《北溪大全集》卷7言，"克己复礼须知二而一，一而二"。陈淳：《北溪大全集》，文渊阁四库全书，第1168册，第555页。王夫之《读四书大全说》卷六亦力主克复两层说，并特别反对克己等于复礼说，"克己之外，无别复礼之功，则悖道甚矣。"《船山全书》六，岳麓书社2011年版，第767页。

朱子的克复一体说的形成有几个原因：首先与他对礼的认识有关。若把礼仅仅理解为天理，克己是消除私欲，回归天理，那当然就等于复礼了，二者之间不存在差别。但朱子反对以"理"释"礼"说早就形成，如丁酉年《四书或问》中就出现。其次，与朱子把克复工夫仅仅当做心上工夫有关。再次，更重要原因是从工夫的连续性考虑，强调克复工夫之一体无间。朱子曾把克复当作诚伪关系，消除了伪就是诚，没有任何间隔差别，那么克己就是复礼，中间也不应存在工夫之空阙。此说不恰，诚、伪乃非此即彼之对立关系，而克己、复礼并非对立关系。

据癸丑年诸家所记《语类》，可初步断定朱子癸丑年开始改变看法。从工夫笃实，工夫精细、心上与事上工夫并重、为学之蔽的角度反思克复一体说，主张克己之后尚须复礼，此时朱子突出了克复的事上工夫。朱子此时以"对说"形式表述克复关系，摆正了二者的对等关系，强调了礼的规矩约束意义不可替代。一条未标明记录者的《语类》指出理、礼不可等同，克、复不可等同。克去己私这一心上工夫之后，还须用复礼的事上精细工夫，这才是仁。克己不是仁，克己复礼才是仁。"'克己复礼'，不可将'理'字来训'礼'字。克去己私，固即能复天理。不成克己后，便都没事。惟是克去己私了，到这里恰好着精细底工夫，故必又复礼，方是仁。"①

紧接此条下的叶贺孙、郑南升、潘时举、潘植所记四条较长语类，与此条意思相同，皆讨论克己不等于复礼之问题。其总体思想为：克己与复礼乃对说关系，克己不能替代复礼，克己仅有心上工夫，复礼才将工夫落到实事上。因此克己后是否复礼关涉儒佛虚实之辨。仅从克己私欲的角度，无法分别儒者与佛老，而且佛老之克己往往高于儒者；佛老不如儒者处，即在于虽能克己，却不能复礼，使得克己后身心无归，这是儒佛一大差异处。即便在儒门之中，也有克己未能复礼者，如曾点等人，险误入佛老之途。故圣人之教，以复礼为主旨，即是为了避免佛老克己之弊端，学者须把握此间界限分际。朱子反思早年所作《克斋记》及明道把克复等同之说太快，太高，在工夫程序上忽略了复礼的必要性，不利于学者用功。"先生向所作《克斋记》云：'克己者，所以复礼；非克己之外，别有所谓复礼之功。'是如何？

---

① 《语类》卷41，第1451页。

曰：便是当时也说得忒快了。"①

克己之外尚须复礼乃朱子定说，反映出朱子由一味强调克己之心上工夫转为重视复礼之事上工夫。《集注》全文采用程子《四箴》皆为对"四勿"工夫之阐发，亦见出朱子关注点的调整。《集注》特地用虚词"而""皆"表明克己与复礼之间的界限，"故为仁者必有以胜私欲而复于礼"；"须是克尽己私，皆归于礼，方始是仁。"②《集注》特别突出了"事"上工夫的复礼意义，天理和仁皆要体现在事上。朱子辛亥年曾强调理与事、心与身之分，以"克复"工夫批评龟山等人的"天下皆归吾仁之中"说虚空不实，犯下了只知求理求心，不知落实于事于身的空虚之病。理事与心身虽关系紧密，却不可等同。谈理虚浮高远，空荡无归，流入佛老；孔门之教，要求当身而行其实事，在视听言动之间理会。由此指出克己、复礼有内外本末之分，不可仅仅强调向内存中工夫，应重视制外养内工夫，它是内本工夫的现实落脚处，是衡量内本工夫的尺度。若外在礼文节仪过失，则表明克己正心之不足。即便思虑之类心理活动，也要符合礼。"今人论道，只论理，不论事；只说心，不说身。其说至高，而荡然无守，流于空虚异端之说。……夫子对颜子'克己复礼'之目，亦只是就视听言动上理会。"③

3. 朱子将克己与复礼认定为"二而一，一而二"的关系。亚夫提出克复不可等同说有分割二者嫌疑，将会当成两截工夫，朱子指出，克己复礼具有内在关联，相互作用，不可截然分开，是差异下的一体。对于会做工夫者，克己与复礼是合一的。"但不会做工夫底，克己了，犹未能复礼；会做工夫底，才克己，便复礼也。"④ 就工夫实践来讲，克己与复礼并不存在先后关系，理论上虽分先后，但实践中却应随时进行，不可拖延等待。克己便是复礼，是说克己是复礼的根本，克己并不在复礼之外而在复礼之中。在克己的过程中即是复礼，不是等克己完再去复礼。同样，复礼即是克己，礼是自家内在本有之物，非外在强制之物，复归于礼的过程也就是战胜内在私

---

① 《语类》卷41，第1453页。
② 《四书集注》，第131—132页。
③ 《语类》卷120，第3795页。
④ 《语类》卷41，第1453—1454页。

欲、回归内在本真自我的过程，二者并非截然独立而是齐头并进关系。朱子对"克己"与"复礼"的释义即可说明此点，克己是消除私欲回归天理，此天理正是"礼"的核心部分，但朱子同时提醒，礼还有"节文"事为实践这一面，与克除私欲之心上工夫并没有必然关系，故不可废除复礼这一层面。

朱子从复礼的角度，指出复礼即是克己，复礼工夫之实必然包含了克己之虚，从这一角度可说克、复工夫是一致的。克除私欲不等于必复归于礼，但存在私欲却绝对不可能复礼，这个礼不仅是节文，而且是"天理"，若没有天理为主宰，徒有礼文则不能称为复礼。因为"非礼处便是私意"[1]，没有实现复礼，就必然未能克己。故复礼首要的就是对私欲的克除，天理的回归，并在礼仪文为中得到落实。复礼内在包涵了克己，乃是克己之后的工夫。克己则是复礼的根本前提。《集注》未定之说即特别突出了此意，该说认为如能做到礼上四勿，那就无己克了，私欲已消除了。"《集注》云：'事斯语而有得，则固无己之可克矣。'此固分明。"[2] 从心与事的角度也可以理解克、复关系，克己是心上工夫，复礼则要落实在外在实践事为上，心与事通常合一，但也有很多不合情况。故有其心并不能等同于必有其事，从心到事有一过程。反之，有事必定有心，不管是否合于本心，总得有心之参与。若说做到了复礼，即复归于以天理贯注其中的礼文，那必然是以消除了私欲的本心为主宰的，故可说复礼就是克己。

（二）工夫之亲切

朱子再三强调，克己复礼作为求仁工夫的优点在于"亲切"。孔门言仁虽多，最亲切者无过于此，此处言仁与它处之别不在是否言仁之全体，而在于是否亲切。"但'克己复礼'一句，却尤亲切。"[3] 朱子认为克复工夫亲切切己，简洁明了，无须商量辩论，当下做去就是。

克复工夫之切己首先体现在对象上无比亲切。克己对象有三个层次，先天气质禀赋、生理物质欲望、心理上的自私。自私是过于强调人己之分，执

---

[1] 《四书集注》，第 132 页。
[2] 《语类》卷 41，第 1474 页。
[3] 同上书，第 1462 页。

着个人利益，是一种"私意"，缺乏物我一体的关联和对公共生活秩序的遵循，故须克除之。朱子强调克己对象皆是自家身心事物，无干外在于己的事物，吕大临将克己工夫视为对物的克制，混淆了主观自我与客观事物。"气禀"是一种与生俱来的先天禀赋气质，朱子将之纳入克己对象。朱子与弟子曾讨论气禀与私欲问题，指出私欲之多少强弱与先天气质有关，可视为气质之偏。克除私欲，也即是变化气质了。故《集注》特意引用谢氏"克己须从性偏难处克去"① 说以补充克己与气质关系。谢氏本人也正是由此下手，针对"矜心"这一气质病痛，努力克除之，伊川大加赞赏，称为"切问近思"者。此一克除气质偏差观点，与朱子"药病"之工夫观紧密相连。朱子认为，工夫紧切处在于找到自身病根，孔子与弟子言仁问同答异，皆是要求学者"亦不可骛于虚远，而不察切己之实病也"②。朱子特别告诫学者，仅从言说谈论颜子克己复礼之学，却未曾切合于自家身心下实践工夫。这就是病根所在。须就此空谈病根处下手，方能将圣贤言语体认于身。

克己工夫亲切，还体现在工夫把握全在自我，"为仁由己"。自我掌控着"克复"之枢机，无干他人，无干外事，故此工夫难而易。朱子指出去私工夫好比以刀割物，刀为自身本有物，无需外借，当下割断即是。朱子强调"勿"字体现了对天理人欲之剖断分明，工夫之当下截然，其动力源于自我把持，能否实现克复工夫，全在此"勿"。"然熟味圣言以求颜子之所用力，其几特在勿与不勿之间而已。"③

（三）工夫之刚健勇决

朱子认为克己复礼体现了工夫刚健勇决的特色，尤其体现在"克己"上，此一工夫"非至健不能致其决"。在"克""勿"的训释上朱子有意突出此点，把"克"训为"胜"，克除私欲犹如克敌取胜。"勿"释为"禁止之辞"，并以《说文》训勿为旗帜设喻，指出"勿"犹如战场之令旗，"军令如山倒"，以此显示"勿"之于非礼，亦有同等斩钉截铁干净利落之效用，"才禁止，便克己"，不容丝毫的犹豫商量，没有半点的停滞遗留，尽

---

① 《四书集注》，第132页。
② 《四书集注》，第53页。
③ 《四书或问》，第799页。

显工夫刚健勇猛，一往无前之气概。

为突出"克复"工夫之刚健勇决，朱子在下章"仲弓问仁"章中，特别以按语形式，以乾坤二道作为颜、冉工夫之差别来强化克复这一工夫特色。"愚按：克己复礼，乾道也；主敬行恕，坤道也。颜、冉之学，其高下浅深，于此可见。"① 朱子认为克复工夫犹如乾道，刚健有为，勇往直前，自强不息；敬恕工夫恰如坤道，厚重自守，其工夫之难易高下了然可见，此正是颜子之学高明所在。朱子在《语类》中采取多种譬喻对比来彰显"克复"与"敬恕"的优劣差别，赞扬"克复"工夫刚健高明勇猛无比之气概。如"创业之君"与"守成之君"；"拨乱反正"与"持盈守成"；"杀贼"与"防贼"等等。朱子认同张洽"为学之艰，未有如私欲难克"② 之说，由此判定颜子乃天下至勇之人，非如此，不能克己复礼也。其勇体现在细密含蓄的克复工夫中，较之子路粗豪血气之勇，乃是更高层次的义理之勇。人最难战胜者乃是一身私欲妄念，颜子恰恰在此最难处下为己工夫，故其为学之勇含蓄深沉，蕴而不显。此说改变了常人对颜子形象柔弱的看法，彰显了作为儒者所应有的大勇人格。

朱子认为，颜冉之别源于二人资质差异，颜子资质高明强毅，故夫子告其问仁，紧要亲切而详细透彻。颜子闻夫子之教，即能当下以克复工夫为己任。他人无此资质，则须从敬恕工夫入手，慢慢平稳做去，更易有守而得力。"夫子告颜渊之言，非大段刚明者不足以当之。苟惟不然，只且就告仲弓处着力。"③ 工夫之难体现在"克复"是一综合性高难度工夫。在强度上，须当下决绝，直截了当；在力度上，须勇猛向前，永不退缩，战而必胜；在韧度上，须"日日克之"，连续不断，如天道之不息；在广度上，须"事事皆仁"，彻底干净，全体无遗，不遗任何细微之处，才可能达到天理战胜人欲的仁的境界。朱子还将此工夫与"克、伐、怨、欲不行"进行比较，指出"克、伐、怨、欲不行"是强制压服，病根仍然潜隐身心深处，随时可能发作。"克复"则是斩截病根，断其源流，天理本然呈露流行。

---

① 《四书集注》，第133页。
② 《语类》卷41，第1457页。
③ 《语类》卷41，第1474页。

（四）工夫之精细全面

"克复"工夫不仅刚健勇决，而且细腻全面，精粗本末，无所不包。"克己"突出工夫刚健有为，"复礼"则强调工夫精细全面。上述克己不等于复礼处，已指出朱子强调复礼的理由之一是复礼乃克己后进一步精细工夫，因此方显出"克复"工夫"本末精粗具举"。刚健勇决是颜冉之比较，全面精细则是颜、曾（点）之比较。颜子克复工夫精细全面，知行并重；曾点仅是见识高明，实践工夫缺乏，故有其精而无其粗，有其知而无其行，不能与颜子相比。"曾点只是见他精英底，却不见那粗底。颜子天资高，精粗本末一时见得透了，便知得道合恁地下学上达去。"①

朱子又说，克复精粗之分乃相对而言，取决于判定视角。若站在克己立场，则复礼欠缺处便是粗了；反之，复礼是精，克己又显得粗了。从工夫实践角度及具体论述来看，朱子倾向于"克己"是大处粗糙工夫，"复礼"为细微精密工夫。"克己是大做工夫，复礼是事事皆落腔窠。"② 儒佛皆有克己工夫，差别在复礼，复礼正见得儒学工夫之精细，使身心在克去私欲之基础上进一步落实于规矩礼仪中，如此精粗本末，照顾无遗，方才是仁。克复工夫的精细还体现为工夫之层次性，工夫一层紧接一层，层层递进，循序而入，由易到难，由粗入精，由外到内，由近及远，不可躐等而进。既要注意分别工夫之界限；又要不断深入探究，工夫愈深入愈精微，乃一无穷尽无休止之追求过程。

（五）工夫之纲要，彻上彻下

朱子特别强调克复工夫在为仁工夫中的纲要地位，认为它彻上彻下，可在最大程度上包容其他工夫。朱子早在写《克斋记》时即提出克复工夫的纲要性，指出求仁之术虽多，"克己复礼"足以括其要领也。朱子多次指出，夫子以克己复礼答颜子问仁，是从大纲领言，规模广大，无所不包而又切中学弊。孔子对其他弟子工夫的指点，如子贡、樊迟等，皆是从气质病痛下手，或从"言忍"，或从"务实"等具体处告诫，告之局部"致曲"工夫，由一偏而达其全体，最终还是落实在"克己复礼"这一工夫总纲上。

---

① 《语类》卷41，第1454页。
② 《语类》卷41，第1452页。

因颜回资质与他人不同，不存在明显气质病痛。故从纲领全局上提出要求，故此工夫更难。颜子工夫之纲要性，与颜子"集孔门诸贤大成"之成就正相对应。"夫子答群弟子却是细密，答颜子者却是大纲。盖颜子纯粹，无许多病痛，所以大纲告之。"①

克复作为工夫纲要体现为彻上彻下。朱子一向肯定克复工夫显示了颜子高明于诸弟子处，连仲弓都无法企及。此工夫可视为颜子专有，唯颜子得闻之，此说彰显了克复工夫的彻上性。有学者对克复工夫之"彻上"表示怀疑，认为克己复礼针对私欲与资质病痛，以颜子之资质修为，何须如此用功？② 朱子以严厉语气强调，颜子资质虽高明，工夫虽纯熟，然并未到圣人境界，只能做到"三月不违仁"，仍须着力用功以改过，怎能说他不需要克己复礼？颜子之克己复礼与常人不同处，在于工夫更为纯熟简易。但朱子越到晚年，则越突出克复工夫的普遍性，强调工夫的彻下。如在戊申年陈文蔚所记语类中，朱子指出即便资质下等之人也得用克复工夫。"今'克己复礼'一句，近下人亦用得。"③ 陆子寿对克复工夫之彻下表示怀疑，提出孔子教学乃因弟子根器而发，克复工夫高明，故孔子只是授之颜子，只有颜子方可承担。如今指导学者为学，一律以此要求之，恐有过高之病，不利为学。朱子承认陆说有理，从工夫彻上的角度指出了唯颜子资质能承担克复工夫，但同时又指出克复工夫的意义在于随处用功，随病克治，工夫因个人病痛而发，唯有消除病痛才可能进步。

《集注》本章诠释之修改，反映出朱子晚年由此前仅重视克己之高明彻上义转向兼顾彻下义。《集注》未定稿有"学者审己而自择焉可也"之说，其意为学者应据自身资质确定如何用功。"此前问《集注》……下云：'学者审己而自择焉，可也。'""曰：看自家资质如何。"④ 今本《集注》则言，"故惟颜子得闻之，而凡学者亦不可以不勉也。"⑤ 此一晚年修改足见朱子对

---

① 《语类》卷41，第1463页。
② 后世儒者亦有此见，如戴震《孟子字义疏证》即持此解。"然如颜子之贤，不可谓其不能胜私欲矣，岂颜子犹坏于私欲邪？"中华书局1982年版，第56页。
③ 《语类》卷45，第1587页。
④ 《语类》卷41，第1474页。
⑤ 《四书集注》，第132页。

克复工夫彻下之重视。在肯定颜子独闻此工夫基础上，朱子特别指出凡是学者都应以克复工夫自勉，不再如未定稿那样存在选择的可能，"凡"字强调了克复工夫所具有的绝对普遍性。

克己复礼作为工夫纲要还显现在其内涵上，乃知行一体之工夫系统。它不仅仅是实践之行，且内在包含了理论之知，若无知之至明，则无行之至健。此一知表现在天理人欲之判别上，颜子问仁之后直接问其目，因为颜子早已对天理人欲之分了然于心，没有丝毫疑惑。并知己力所能任，颜子才能当下以克复为己任而毫无疑虑。朱子以"至明""至健"二词，总结了克复工夫"至明"之知与"至健"之行的统一。"非至明不能察其几，非至健不能致其决。"是否具备知上之明是颜子与他人重大差别处。朱子在颜回、仲弓比较中即指出，颜子克复工夫之所以为乾道刚健，乃是它已经包含了知上之明，故在行上直接做去，虽未能如圣人随心所欲不逾矩，但其用工已达到自然随意地步，不再需要按照固定格式，遵照特定路径逐一克除病痛。克己复礼表面看不出知上工夫义，是因为圣人说话浑然，其中已经包含知义。克复工夫是否包含明知，直接关系到对该工夫性质、地位之判定。如谢上蔡特别重视"观过知仁"章，主张知仁说，强调知仁对于克己复礼具有理论指导意义，提出若不先知仁，就只能在行上克己复礼而已。朱子颇为不满谢氏贬低克己复礼工夫之看法，批评谢氏此说不稳当，没有理解克复工夫所至已经是仁了，仁即在克复工夫中，知实践克复工夫何尝有不知仁之理呢！"谢氏说曰：若不知仁，则只知'克己复礼'而已。'岂有知'克己复礼'而不知仁者！谢氏这话都不甚稳。"① 朱子强调圣门教人要法，乃博文约礼二事，博约能取到工夫内外交相之用。此工夫乃古代学者之常事，彻上彻下，颜子工夫亦不外此。朱子对"博我以文，约我以礼"之注释引侯师圣说，将二者分别对应致知格物、克己复礼。克复主要是礼上践行工夫，与博文知上工夫有先后之别，知先行后；二者又相辅相成，知行相须，互相发明。正因如此，朱子特别揭示此处"克己复礼"工夫已经包含了博文的知上工夫，并非有离开致知之克复工夫，强调至明之知与至健之行的统一，也是朱子本章诠释的一个重要发挥处。

---

① 《语类》卷20，第705页。

此外,《集注》于惜墨如金的注文中几乎不加修改地全文引入程颐《四箴》说,作为克复工夫之补充阐发,显示了朱子与伊川学之相契合。朱子对《四箴》的认识也经历过从认为平常到赞赏不已之转变。《集注》以"程子之箴,发明亲切,学者尤宜深玩"① 作为全章八百多字注释之结语,谆谆告诫学者于《四箴》更应深加体验玩味。朱子指出《四箴》工夫根本在制外以养内,认为"由乎中而应乎外"指自然之理,"制于外所以养其中"才是就此视听言动下克己工夫,批评尹氏"由乎中所以应乎外"说增添"所以"二字不合程子原意,由中到外是一个自然流行过程,"所以"则显示二者乃有一间隔。《四箴》之精密体现在容纳了诸多工夫,揭示了各工夫对象、要领及其关联,强调了"诚"在工夫中的归宿地位。朱子分析了视听言动特点及其关系,突出了《视箴》在《四箴》中的重要地位。

通过对朱子"克己复礼"的工夫论诠释的详尽剖析,可知朱子在批判继承往古来今诸说的基础上,对本章作了极富创造性的阐发。特别需注意的是,朱子对本章之解多有反复变化之说,极易引发误解。由此侧面亦见出朱子由学习二程到自立门户的思想转进,充分展现了其"致广大、尽精微"的学术精神,其经典诠释注重工夫教化的使命意识,对于儒家思想及经学诠释的发展皆具有重要启示意义。

四 朱、张"仁说"辨析

朱子与张栻"仁说"异同为南宋理学史上颇富争议的论题,如何看待朱、张"仁说",不仅关涉朱、张二贤各自思想的定位,而且也关乎对整个南宋理学史的理解。时贤对此论题已经作出了相当深入的探讨,本节拟在已有研究基础上就此论题相关问题提出若干愚见,以就教于方家。

(一)南轩《仁说》

南轩是否作有《仁说》,历来存有争议。将南轩《仁说》、朱子《仁说》、《克斋记》三者进行比较,能更好地帮助我们辨析同异,抉择判断。

首先是南轩《仁说》的作者。南轩说被误认为朱子所作,根本原因是与朱子《仁说》太过相似,以至连极善辨析的朱门高弟陈淳都认为是朱子

---

① 《四书集注》,第132页。

说混进了南轩文集,

> 文公有《仁说》二篇,莫须已曾见否?一篇误在《南轩文集》中,一篇近方得温陵卓丈传来,此二篇及《克斋记》说较亲切,可以此为准则而体认之,自不差矣。①

陈淳的误认又成为后人断定南轩《仁说》为朱子所作的重要依据。如刘述先先生认为:

> 所以有的门人如陈淳、熊节还把这篇《仁说》认定为朱子的作品,就我的了解来说,要不是这样的情形,在朱子的及门弟子就产生了这样的混淆,根本是不可以想象的事。②

刘先生主张朱子有两篇《仁说》,南轩之说为朱子所改定,理由有:一、朱子据南轩建议,补充此前《仁说》克己观念之不足,"大概朱子写了另一篇《仁说》,接受了南轩的批评,把克己的观念写入文章之中。"二、《仁说》中出现"天地生物之心"之说,却没有"心之德"说。"佐藤先生文曾指出南轩向来最不喜朱子'天地以生物为心'一语,后来的解释亦复不同,这篇《仁说》则有'天地生物之心'之语。而该文不及'心之德'一片语,陈先生以为较之朱子《仁说》大有逊色。其实就是独缺这一片语的事实已经可以构成令人产生怀疑的条件。"③陈荣捷先生对此说给出了四条反驳:一、熊节《性理群书句解》为训课童蒙而设,四库提要称为"浅近之甚,殊无可解。"陈淳则为朱子晚年弟子,不了解朱子《仁说》成书情况。二、《文集》编著者已指出非朱子《仁说》,当为可靠意见。三、朱子无如此作之动机。四,与朱子耿直性格不符。④

---

① 陈淳:《答陈伯澡》五,《北溪大全集》卷26,《四库全书》集部1168册,第706页。
② 刘述先:《朱子哲学思想的发展与完成》,台北学生书局1984年版,第606页。
③ 同上书,第607页。
④ 陈荣捷:《南轩仁说》,《朱子新探索》,华东师范大学出版社2007年版,第250—255页。

其实，朱、张、吕的往来书信中，屡屡提到南轩《仁说》，此问题本来很分明。我们就陈荣捷第一条补充一点，熊节《性理群书句解》确不可信，不仅与《仁说》混同，其对朱子"克己复礼"之解亦混，把未定之说"克己即是复礼""克己复礼即是克去己私复还天理"当成朱子定解。刘氏所提三点理由，证明南轩《仁说》为朱子所作皆不成立，证明《仁说》为南轩本人所作却很合适。一、"心之德"说与南轩并无关系，南轩从未使用"心之德"一词，而是采用五峰"心之道"说。二、刘氏把南轩反对朱子"天地以生物为心"和采用"天地生物之心"视为同一，实为对南轩之误解。据南轩与朱子往来论辩之书信，南轩接受朱子"天地生物之心"说，不接受"天地以生物为心"说。三、刘氏的关键理由是朱子要补充克己观念，这正是《克斋记》所完成的任务，比较南轩《仁说》与《克斋记》，可知《克斋记》对克己复礼工夫阐发之详尽全面，远非南轩《仁说》可比。

（二）"心之道"与"心之德"

朱子、南轩各作有《仁说》一篇，然立论有别。二贤《仁说》皆重视心与仁的关系，朱子言仁为"心之德"，南轩则承胡五峰说，以"心之道"言仁，此为二说重要差别之一。

南轩始终以"心之道"言仁，朱子对仁的表述则先后有"心之道""性之德""心之德"说。陈荣捷先生认为朱子"心之德"说或受五峰《知言》"仁者，心之道"的影响，只是把"道"换成了"德"。[1] 朱子己丑中和之辨时曾采用"心之道"说，如《已发未发说》"一不中则非性之本，然而心之道或几乎息矣"[2]。《答张钦夫》十提及"仁则心之道"说。"所示彪丈书……盖仁也者，心之道，而人之所以尽性至命之枢要也。"[3] 四十九"诸说例蒙印可……仁则心之道，而敬则心之贞也"[4]。

朱子在把"心之道"转换为"心之德"之间，还采用了"性之德"说。"性之德"来自《中庸》，"成己仁也，成物知也，性之德也。"《中庸

---

[1] 《论朱子之仁说》，《朱学论集》，华东师范大学出版社2007年版，第31页。
[2] 《文集》卷67，页3268。
[3] 《文集》卷30，第1326—1327页。
[4] 《文集》卷32，第1418—1419页。

或问》卷上,"谓之中者所以状性之德,道之体也"①。《语类》提到中、和分别指性、情之德。"中,性之德;和,情之德。"② 壬辰前后朱子与张钦夫等论仁时,"性之德、爱之理"释仁的模式多次出现。如《答吴晦叔》十,"盖仁者,性之德而爱之理也"③。《答张钦夫论仁说》"盖人生而静,四德具焉,曰仁,曰义,曰礼,曰智,皆根于心而未发,所谓'理也,性之德也。'"④《答胡广仲》"须知仁、义、礼、智四字一般,皆性之德。乃天然本有之理,无所为而然者。但仁乃爱之理,生之道,故即此而又可以包夫四者。"⑤

约癸巳后"性之德"在朱子仁说中基本不再出现,取而代之的是"心之德,爱之理",这一新模式成为朱子对仁的最终经典解释。这给我们提供另一条线索:朱子"心之德"说或许并非全由胡宏"心之道"直接转换而来,亦可能受"性之德"影响。朱子仁说与中和说紧密相关,仁说框架即是"心统性情"之说。"性之德"偏向一边,不如"心之德"兼顾性情,而且"性"与"爱之理"的"理"意义重复。此外,朱子把"性之德"改为"心之德",可能也有避免与"中"之解混同的考虑。⑥

但在完成《仁说》十多年后的乙巳1185年,朱子在与吕子约的信中仍提起"性之德"改为"心之德",证实了"性之德"与"心之德"之间的联系。朱子该信提及《仁说》修改:

> 今欲改"性之德,爱之本"六字为"心之德,善之本而天地万物皆吾体也",但"心之德"可以通用,其他则尤不著题。⑦

对该句的理解甚为重要,直接关涉对朱子"心之德"的认识,学界于

---

① 《四书或问》,第558页。
② 《语类》卷62,第2038页。
③ 《文集》卷42,第1917页。
④ 《文集》卷32,第1409页。
⑤ 《文集》卷42,第1904页。
⑥ 就丁酉年完成并未经多少修改的《论孟或问》来看,其中未见"性之德,爱之本"连用。《或问》中"爱之理"有10处,"爱之本"未有一处。可见朱子"爱之理"说在壬辰年已经确定,始终不渝。《或问》中"性之德"说主要用于描述"中",表述"仁"只有1处。
⑦ 《文集》卷47,第2200页。

此颇有异同，其异首先体现在标点上。

一是文献学者的标点。四川教育出版社《朱熹集》，上海古籍出版社《朱文公文集》皆由文献学专业人士标点，皆点为"今欲改'性之德，爱之本'六字为'心之德，善之本'，而天地万物皆吾体也，但'心之德'可以通用，其他则尤不著题"①。

二是哲学学者标点法。刘述先、田浩、赵峰诸先生把后半句话断为："但'心之德'可以通用其他，则尤不着题。"②

窃以为，此两种标点皆有得有失。第一种之失在于把"而天地万物皆吾体也"置诸于引号外，乃未能把握此句所含义理所致。误因恐在于见"性之德，爱之本"与"心之德，善之本"正好相对，故把"而天地万物皆吾体也"置诸引文外。第二种居于哲学立场的标点，导致语义割裂不通。"但心之德可以通用其他，则尤不著题"掐头断尾，上下句皆无着落，不可理解。"心之德可以通用其他"，'其他'所指无法落实。"则尤不著题"的主语亦无从知晓。

刘氏、田氏作出此解，主要基于视"心之德"与"性之德"为南轩（湖湘学派）与朱子仁说之异的考虑。二氏一方面指出，"心之德"说是南轩针对朱子"性之德"说提出的修改，但朱子认为"心之德"说太过于模糊空泛，可以任由解释，故极不认同南轩"天地万物皆吾体"说。二氏同时更将此异同视为朱子与整个湖湘学派仁说的差别。刘氏指出，虽然南轩提出将"性之德"改为"心之德"，但此说仍为五峰思想，故朱子不同意。田氏同样从朱子与整个湖湘学派对立的立场着眼，认为朱子忌惮湖湘学派从心的角度理解"心之德"说会造成诸多损害，至于具体是哪些损害，田氏并未明言。

但南轩则提出改"性之德"一语为"心之德、善之本"，这还是五峰思想的变体。朱子当时的反应认为"心之德"一语太泛，所指可以

---

① 前者见第3303页，后者见第2200页。
② 赵刚：《朱熹的终极关怀》注释2，华东师范大学出版社2004年版，第184页。

各异，而极不契于南轩"天地万物皆吾体也"之说。①

他当时反对"心之德"的说法，因为它意义过于模糊，可以任人随意解释。……朱熹显然认为，从湖湘学派所坚持的心的观点理解"心之德"，可能造成许多损害。②

二氏立场，不外主张朱子定是反五峰，定是忌惮言心的。此种态度过于绝对主观，与事实恰恰相反。朱子经过"中和"之悟，确立心统性情说后，对心、性、情关系已有了分明妥帖的安排，并持之一生。朱子对心的重视随处可见，他从来就是从心上言仁，《仁说》、《克斋记》、《四书集注》皆是如此，朱子对心与仁、心性情的关系有详尽阐发。如朱子认为，心字最好，既可以言性，也可以言情，将性情关联一体。"心性只是一个物事，离不得。孟子说四端处最好看。恻隐是情，恻隐之心是心，仁是性，三者相因。横渠云'心统性情'，此说极好。""仁义礼智是性，端便是情。才说一个'心'字，便是着性情。"③

据上述可知，朱子曾以"性之德"和"心之德"释仁，故他此处认为把"性之德"改为"心之德"是可以的，二者可通用。但"其他"改动就更无关仁之主题了，"其他"是指"心之德"之外的"善之本而天地万物皆吾体也"。刘、田二氏也承认朱子对"天地万物皆吾体"说的反对。朱子从来没有认为"心之德"说比"性之德"说模糊、空泛。恰恰相反，他认为"心之德"说意义精确明了，"心之德"无非是指人心所先天拥有具备的本质属性。心、性二字相比，心比性更好懂，不存在"心之德"比"性之德"更难懂晦涩的问题。故此处标点应为：

今欲改"性之德，爱之本"六字为"心之德，善之本而天地万物皆吾体也"，但"心之德"可以通用，其他则尤不着题。

---

① 刘述先《朱子哲学思想的发展与完成》第189、145、607页均作此标点。
② 田浩:《朱熹的思维世界》(增订版)，江苏人民出版社2009年版，第80页。
③ 《语类》卷53，第1762—1763页。

田浩据此还认为朱子"心之德"说来自张栻。

> "心之德"一词其实原来是张栻的用语,朱熹使用这句术语约12年后,承认它是张栻的用语证据来自朱熹本人……朱熹在1185年承认自己借用同时代人的学术观点,是相当罕见的事例,所以后来的学者很容易忽视它所呈现的朱熹思想发展过程。①

此说甚为无据。首先,"心之德"一词根本不见于现有张栻文字,田氏对"心之德"一词是张栻的"用语"、专有"术语"之说也未给出任何具体用例,不知凭据何在。事实上张栻多用五峰"心之道"说,"心之道"才可谓张栻用语,见诸张栻多种文字。其自作文字如《仁说》,"而心之道则主乎性情者也"。②《癸巳孟子说》卷四,"生者,心之道"。③ 与人作序答问皆提及此说。《胡子知言序》引用"仁者心之道"说,《答吴德夫》言,"而心之道行乎其中矣"④。张栻还把敬之存养功夫与"心之道"联系起来。《答李季修》言,"敬者,心之道所以生生也"⑤。其次,张栻本人绝不重视"心之德"说,陈荣捷先生还视此为张栻《仁说》不如朱子《仁说》的根本所在。

> 最不同者,则朱子《仁说》以心之德爱之理为仁之两面,南轩则只言爱之理而不言心之德,故两篇比较,南轩大为逊色。⑥

再次,朱子改"性之德"为"心之德"或许受了张栻的启发,但不可高估其对朱子思想有多么重要的意义。"心之德"说主要还是朱子自身心性思想的反映。朱子所有文字,对张栻称赞者不少,皆未及于此。如真有田氏

---

① 田浩:《朱熹的思维世界》(增订版),第79—80页。
② 《南轩文集》卷18,《张栻集》四,第1032页。
③ 《癸巳孟子说》,《张栻集》二,第464页。
④ 《南轩文集》卷31,《张栻集》四,第1246页。
⑤ 《南轩文集》卷27,《张栻集》四,第1246页。
⑥ 《朱学论集》,第43页。

所言之影响，照朱子对张载"心统性情"说赞不绝口之做法，定会多次提及。

（三）"天地以生物为心"与"天地生物之心"

朱子与张栻、吕祖谦讨论《仁说》时，经常提到《克斋记》，朱子"仁说"，实际上包括《仁说》与《克斋记》。时贤皆注意到《克斋记》与《仁说》的紧密关系，将之作为解释印证《仁说》的重要材料。但在具体论述中存在分歧。

在二文撰述时间上，牟宗三、陈荣捷、刘述先诸先生皆认为《仁说》初稿先于《克斋记》。牟先生的根据是张栻指出《仁说》不如《克斋记》，朱子首肯之。陈、刘二氏对牟氏观点表示认可：

> 牟宗三以朱子与钦夫论仁说书中有"来教以为不如克斋之云之语，是也。"乃定《仁说》之初稿是在《克斋记》之前，此说甚是。①

陈来先生表示异议，主张《仁说》初稿后于《克斋记》，认为朱子"《仁说》前曾作《克斋记》论仁及克己之说"②。"约在作《克斋记》后不久，朱子又作《仁说》。"③ 故有必要对此问题加以考察。首先，《克斋记》、《仁说》从酝酿到完成历皆经反复修改，它与《仁说》最初动笔时间不好确定。《克斋记》的形成确历经一长期过程。早在戊子1168年石子重就求《克斋记》于朱子，朱子当时表示需过些年月再说，说明朱子对此非常重视。据朱子与石子重的通信，朱子写出《克斋记》后曾有过前后修改，把伊川的"天下之人亦将无不以仁归之"改为吕大临的"视天下无一物不在吾生物气象中"说，"初意伊川说，后觉未稳，改之如此，乃吕博士说，恐当以后者为正"④。但《克斋记》经过长期酝酿与修改这一客观情况，并不能证明它一定早于《仁说》写作。据朱、张、吕之通信，可知朱子《仁说》

---

① 《朱学论集》，第29页。
② 《朱子哲学研究》，第189页。
③ 《论宋代道学话语的形成和转变——以二程到朱子的仁说为中心》，以下简称《论宋代道学话语》，载《中国近世思想史研究》，商务印书馆2003年版，第86页。
④ 《答石子重》十一，《文集》卷42，第1939页。

也经过长期反复修改。如朱子《答吕伯恭》二十四言,"《仁说》近再改定,比旧稍分明译密",①吕祖谦言,"改定《仁说》,比去岁本殊完粹"②。我们所能确知的是二文皆在壬辰年定稿,并在癸巳年修改。朱子对二文的写作、修改几乎同时进行,很难据此断定孰早孰晚,判定二文撰述早晚的关键在内容之同异高低。③

诸家判定朱、张《仁说》、朱子《仁说》与《克斋记》异同高下的关键证据在于对"天地生物之心"与"天地以生物为心"的认识。故如何看待"天地以生物为心"与"天地生物之心",事关朱、张"仁说"之大局。陈先生极重视二者之别,认为据此可判定朱、张《仁说》之别、伊川与明道、朱子仁说之别、朱子《克斋记》晚于劣于《仁说》。

首先,二说皆来自伊川的可能性要大于分别来自明道、伊川。其一,"天地以生物为心"来自复卦的讨论,伊川作有《易传》,对复卦讨论比明道为多,伊川也常以生言仁。如"心譬如谷种,生之性便是仁也。"④朱子论仁最爱引用此"谷种"说,常言"心之德"就是伊川谷种说。其二,《语类》提到"天地以生物为心"说时,指出是程先生说。据朱子行文习惯,不分别二程时以"二程先生"出之,分别时常以明道、伊川言之;单言"程先生"处,则须据文义而定,但从用例来看,指伊川处远远高于明道。

> 程先生说"天地以生物为心",最好,此乃是无心之心也。人杰。⑤

---

① 《文集》卷33,第1442页。
② 《答朱侍讲所问》,《东莱别集》卷16,《吕祖谦全集》第1册,浙江古籍出版社2008年版,第597页。
③ 陈来先生《朱子〈克斋记〉的文本与思想》(《复旦学报》2016年第2期)据宋本《晦庵先生文集》,对《克斋记》的初稿、改稿、定稿诸本有详细解析,并揭示了它与《仁说》在内容和思想上的异同,得出《克斋记》早于《仁说》的判定。并分析二者区别主要体现在《仁说》突出了以爱言仁,而《克斋记》仅一言之;《仁说》突出了对程门后学言仁的反思,《克斋记》先后本皆有之,而定本删之;《仁说》贯穿了仁的天道仁、性情论、工夫论,而《克斋记》只突出了天道论和工夫论。指出"《克斋记》更强调仁的性情论,而《仁说》更突出了仁的天道论"。判定此种差异非思想之不同,而是文章功能有别。
④ 《二程集》卷1,中华书局1981年版,第184页。
⑤ 《语类》卷98,第3312页。

且如程先生言"仁者，天地生物之心"。端蒙。①

其次，二说并不一定存在高低之分，乃是所指层次的差异。比较《孟子集注》3.6不忍人之心章和3.7矢人章，可体察此点：

3.6章："天地以生物为心，所生之物，因各得夫天地生物之心以为心"。②
3.7章："而仁者天地生物之心，得之最先，而兼统四者"。③
《仁说》："天地以生物为心者也，而人物之生，又各得夫天地之心以为心者也"。④
《克斋记》："盖仁也者，天地所以生物之心，而人物之所得以为心者也。惟其得夫天地生物之心以为心"。⑤

《集注》"所生之物"包含"人"和"物"。人作为生物之一，得"天地生物之心以为心"，故"仁"。可见"天地生物之心"对应于"人"。而"以生物为心"则对应上位的"天地"，是仁之源头。故"以生物为心"和"生物之心"实质相同，层次有异，分指天地之心和人之心。《克斋记》强调仁即是天地所以生物的心，此天地生物之心为人物所得之心，仍然是存在天地与人两个层次。而3.7章直接就仁言，未论及天地层次。

在表述上，"天地以生物为心"的"以生为心"，更加突出了仁的创生义和目的性，以较为特殊的方式有意凸显、强调，比较生僻，南轩等不知出处不可全怪其"寡闻不熟"。"天地生物之心"则平实指出仁乃生物之心，同样发明了仁的创生义，突出了仁无心而成化的特点，是朱子论仁的最常用表达。朱子与南轩论争突出前者，但并未否定贬低后者。南轩接受"天地生物为心"的说法，认为此说更"完全"，而"天地以生物为

---

① 《语类》卷5，第219页。
② 《四书集注》，第237页。
③ 同上，第238页。
④ 《文集》卷67，第3279页。
⑤ 《文集》卷77，第3709页。

心"平平看去，虽意思不妨，但是措辞有问题。"以生物为心"似乎是天地有心如此，违背了天地无心成化的自然义，这是南轩所不愿意接受的。

> 《仁说》如"天地以生物为心"之语，平看虽不妨，然恐不若只云"天地生物之心，人得之为人之心"似完全，如何？①

对"以生物为心"说法的"特殊性"，朱子晚年亦有所揭示。他指出，"以生物为心"乃是特地而言，本来不需要如此说，只是出于表述上强调天地之心只是生物，"别无勾当""别无所作为，只是生物而已"。并非强调目的性，而是突出唯一性，无为性。"本不须说以生物为心。缘做个语句难，故着个以生物为心。"② 其实《克斋记》"盖仁也者天地所以生物之心"说与"天地生物之心"说在表述上也有所变化，增加"所以"一词特别强调仁与生的关系，指仁乃是天地用以生物的心。③

朱子对二说的使用，交互并存，不过"天地生物之心"说更为普遍，"天地以生物为心"甚为少用。即便在《仁说》中，朱子除首句言及"天地以生物为心"外，文中两次提到"天地生物之心"："盖仁之为道乃天地生物之心。""在天地则块然生物之心。"④ 盖二说在朱子看来并无多少区别，且朱子对"天地生物为心"说非常满意，甚至将之视为传心之言。《答何叔京》言：

> 熹所谓"仁者天地生物之心，而人物之所得以为心"，此虽出于一时之臆见，然窃自谓正发明得天人无间断处，稍似精密。⑤

邓卫老在与朱子交流中称赞朱子此说为圣贤传心之事，朱子认可之。

---

① 《南轩文集》卷21，《张栻集》四，第1082页。
② 《语类》卷53，第1756页。沈僩戊午1198年以后所闻。
③ 《文集》卷67，第3280页。
④ 《文集》卷67，第3280页。
⑤ 《文集》卷40，第1829页。

絅谓此即"天地生物之心而人物所得以为心者",盖仁之事也。圣贤千言万句,所谓传心者,惟此而已。①

在代表朱子定见的《集注》中,二说分别见于《孟子集注·公孙丑》前后两章,前者见"人皆有不忍人之心"章注:

> 天地以生物为心,而所生之物,因各得夫天地生物之心以为心,所以人皆有不忍人之心也。②

后者见"仁天之尊爵"章注:

> 仁、义、礼、智,皆天所与之良贵。而仁者天地生物之心,得之最先,而兼统四者,所谓"元者善之长"也,故曰尊爵。③

"天地生物之心"说还见于《中庸》哀公问政章"修道以仁"注释中:

> 仁者天地生物之心,而人得以生者,所谓"元者善之长"也。④

朱子后学似亦未有人提出二者差别,如被四库馆臣评为株守朱子门户的《四书通》,对"人皆有不忍人之心"的注释也是主张"天地生物之心"说。

> 孟子曰"人皆有不忍人之心"而《集注》必推本于天地生物之心者,以见人皆生于天地,人之本心,皆天地生物之心。⑤

再从《语类》、《文集》用例来看,"天地以生物为心"集中于壬辰前

---

① 《答邓卫老》,《文集》卷58,第2797页。
② 《四书集注》,第237页。
③ 《四书集注》,第239页。
④ 《四书集注》,第28页。
⑤ 《四书通》,第384页。

后与张栻通信数处，《语类》仅"人皆有不忍人之心"章有数条。"天地生物之心"则在《文集》、《语类》中有数十条，遍布多处，纵贯早晚。除程端蒙己亥（1179年）以后所闻为中年之说外，其他多为晚年之见，如叶贺孙所录，"要识仁之意思，……其气则天地阳春之气，其理则天地生物之心"①。颇具意味的是，仅有的讨论《仁说》的三条语类并未涉及"天地以生物为心"说，却讨论了"天地生物之心"，此似乎亦表明后者在朱子心目中的分量。"问'仁者天地生物之心'。"僩。② 紧接于此的《仁说图》亦言，"仁者，天地生物之心而人之所得以为心"。③ 通过比较可知，朱子只是在讨论"不忍人之心"时方以"天地以生物为心"释之。在谈到"天地生物之心"时，并不提及"天地以生物为心"，但在谈及"天地以生物为心"时，往往转入"天地生物之心"。此种情况见于朱子论仁的各阶段，早期如《仁说》，中期如《论孟或问》"不忍者心之发而仁者天地生物之心"④。晚期如朱子去世前吕焘己未（1199年）所闻一条语录讨论"人皆有不忍人之心"，还是使用"天地生物之心"说。

> "人皆有不忍人之心"者，是得天地生物之心为心也。盖无天地生物之心，则没这身。才有这血气之身，便具天地生物之心矣。⑤

据上所论，"天地以生物为心"和"天地生物之心"存在高下之别的论断似不合朱子之说。故视此为朱、张《仁说》，《克斋记》与《仁说》重要差别的说法似亦根据不足。

判定《仁说》与《克斋记》之早晚取决于二者内容何者更精。癸巳年张栻给朱子论仁的信中直接提出《仁说》不如《克斋记》，朱子对此看法深表赞同："熹向所呈似《仁说》，其间不免尚有此意，方欲改之而未暇。来

---

① 《语类》卷6，第252页。
② 《语类》卷105，第3454—3455页。
③ 《语类》卷105，第3455页。
④ 《四书或问》卷1，第923页。
⑤ 《语类》卷53，第1755页。

教以为不如《克斋》之云是也。"① 朱子到晚年还曾反思《仁说》之不足。涉及《仁说》的三条语类，首条即指出《仁说》前段剖析名义尚可，后段却有不足。"《仁说》只说得前一截好。"② 《仁说》后段是批评程门反对以爱言仁及知觉言仁，与朱子晚年思想并无矛盾，似乎未见不妥。我们将之与《克斋记》比较，即可发现《仁说》多言仁之名义却未突出为仁工夫，仅在第二段泛谈为仁工夫，将克己与恭敬、忠恕、孝悌等并列带过，未突出克己在为仁工夫中的地位。朱子对仁的主张，兼顾名义与工夫，坚持区别名义，同时强调下手工夫，为仁工夫是根本所在，分别名义是为仁工夫的必要铺垫。《仁说》仅有"字义"却无"工夫"，无怪乎朱子直到晚年仍遗憾不已。陈荣捷指出缺乏克己工夫正是南轩判定朱子《仁说》不如《克斋记》的依据。"朱子谓南轩以其仁说不如克斋记，即谓朱子忽略克己为仁之方。"③

《克斋记》做到了名义与工夫兼顾，这一点是有意识针对《仁说》不足修补的结果。朱子癸巳《答游诚之》书表明，《仁说》之不足已在《克斋记》的修改中得到完善。《克斋记》的修改删除了对程门学者批评之说，此正是《仁说》后半段内容。《克斋记》前半段与《仁说》一样揭示仁之名义，朱子对此甚为满意，这亦见出"天地生物之心"说与"天地以生物为心"说在朱子看来并无高下之分。后半段则着力于对克己为仁工夫的凸显，补上了《仁说》的遗憾，甚为符合朱子论仁名义与工夫兼顾的追求。

> 《克斋记》近复改定，今别写去，后面不欲深诋近世之失，"波动危迫"等语皆已削去。但前所论性情脉络功夫次第，自亦可见底里，不待尽言而后喻也。④

《克斋记》不仅如《仁说》般阐发了仁的体用关系和创生性，且特别强

---

① 《文集》卷32，第1414页。
② 《语类》卷105，第3454页。李闳祖戊申以后闻。
③ 《朱学论集》，第43页。
④ 《答游诚之》，《文集》卷45，第2061页。

调了克己复礼的为仁之功,代表了朱子仁说以工夫为主旨的方向。朱子在与诸人辩仁书信中,总是提出克己复礼作为仁之工夫,以之取代程子公以体仁的工夫说。重视克复工夫也符合朱子晚年宗旨,朱子晚年把克己复礼提高到无以复加的地步,视为儒学心法。他于"克己复礼"章特加按语强调克复工夫乃传授道统切要之言。朱子后学对《克斋记》亦评价甚高。如真德秀《西山读书记》卷六引全文解释之,黄震《黄氏日抄》亦言,"此记为会稽石子重作,最明白当读"[1]。

《克斋记》的意义在于补足《仁说》所缺乏的克己工夫说,故无需再作一篇《仁说》。在克己问题上,南轩《仁说》优于朱子《仁说》而逊于《克斋记》。南轩《仁说》两次指出克己乃为仁之要,把克己从为仁工夫中凸显出来。但也仅仅如此而已,它并未指出如何克己,克己到何等程度,连复礼亦未提起,对克己认识尚属单薄。纵贯《仁说》全文,克己说所占篇幅和地位皆非重心。反观朱子《克斋记》,除前文以二百余字分析仁之名义外,余下近四百字皆围绕克己工夫展开,内容极其丰富,堪为朱子中年仁说之代表。南轩《仁说》对"克己为仁之要"尚停留于口号层面,《克斋记》则从"去其所以害仁者"这一克己必要性谈起,进而阐发如何克己,指出这是一个无限的追求过程,最终目的是实现仁的境界,达到感通博爱的效用。朱子于此肯定克己之学是孔颜授受之学,为二程所接续,对于儒学之道的传承具有重要意义。强调克复之学的本质是存天理去人欲,克己复礼的关系是一而非二,克己即是复礼。此皆为南轩《仁说》所不及。诚如刘先生所言,朱子欲补仁说克己观念之不足,《克斋记》即顺利完成此任务也,何烦假借张栻《仁说》乎?[2]

(四)名义与工夫

朱、张《仁说》之间,朱子《克斋记》与《仁说》之间有同有异。其共同问题是如何处理仁之名义与工夫,二贤在就此问题的切磋交流中,相互取益。以下依次论述二贤"仁说"之同异及交流。两家《仁说》皆重视剖析仁之名义,在具体认识上存在两点相同:

---

[1] 黄震:《黄氏日抄》卷36,《黄震全集》第四册,浙江大学出版社2013年版,第1329页。
[2] 《克斋记》原文见《文集》卷77,第3709—3711页。

第一、皆从天地生物之心的角度阐发仁的创生性，虽措辞有不同，角度有差异，语气有强弱，然根本精神则一致。

> 天地以生物为心者也，而人物之生，又各得夫天地之心以为心者也。……盖仁之为道，乃天地生物之心。（朱子《仁说》）①
>
> 而所谓"爱之理"者，是乃天地生物之心而其所由生者也。（南轩《仁说》）②

第二、皆以体用、性情、心之未发已发作为剖析仁名义的主体框架。

> 故人之为心，其德亦有四，曰仁义礼智而仁无不包。其发用焉，则为爱恭宜别之情而恻隐之心无所不贯。故论天地之心者，则曰乾元坤元，则四德之体用，不待悉数而足。论人心之妙者，则曰"仁，人心也"，则四德之体用亦不待遍举而该。……情之未发而此体已具，情之既发而其用不穷。（朱子《仁说》）③
>
> 惟性之中有是四者，故其发见于情，则为恻隐羞恶是非辞让之端，而所谓恻隐者，亦未尝不贯通焉。此性情之所以为体用而心之道，则主乎性情者也。（南轩《仁说》）④

两家《仁说》名义认识相异处，大要亦有二：

一是朱子《仁说》重视"心之德"，南轩《仁说》重视"心之道""爱之理"，此实分别二说之主脑。朱子言仁，从"心之德"入手，并作为主旨贯穿全文，辅以《易》乾坤元亨利贞说佐证之。但对"爱之理"说并未重视，前面无一语及"爱之理"，仅在文末偶一提及。南轩言仁，从"爱之理"入手，仁为四德之首虽蕴含"心之德"义，但并不突出，且"四德"

---

① 《文集》卷67，第3279—3281页。
② 《南轩文集》卷18，第570—571页。
③ 《文集》卷67，第3279—3280页。
④ 《南轩文集》卷18，《张栻集》第1032页。

说也是为突显"爱之理"这一中心垫脚。南轩从仁发动推扩得出仁贯四德说，再进于孟子人心言仁说，最后落脚于易之乾元说，其次序恰与朱子说相反，见出二人思路有别。

二是朱张二说对仁与爱、万物一体、知觉等问题的看法存在差别。尽管二贤皆继承程子仁性爱情说，皆言爱之理，但关注点恰好相异。朱子强调爱之理的"爱"，突出仁性爱情的统一性，力图扭转二程以来割裂性情忽视爱情的倾向；南轩则忠实程子说，强调爱之理的"理"，以爱之理说坚持爱情仁性之别不可混淆。朱子从仁之名义和为仁工夫出发，严厉批评"万物一体""知觉言仁"说名义上皆非得仁之实；工夫上前者近乎忘，因名义含糊不清将造成工夫不警切，流于物我不分之弊；后者近乎助，工夫过于急迫匆忙而不沉稳踏实，陷入理欲不分之病。南轩则将"万物一体"理解为达到仁后之效用，力主程门一体贯通周遍说。并修正了上蔡一派知觉识仁说，将知觉由求仁之工夫改为仁之效用。

两家《仁说》在为仁工夫上存在不少差别。朱子说从求本心、存本心的角度言仁之工夫，罗列克己复礼、恭敬、忠恕，孝悌作为求仁工夫，把求仁得仁、杀身成仁释为不失心、不害心工夫。南轩之说有三个特点：凸显克己工夫之首的地位；继承程子公以体仁说，指出公并不是仁，而是为仁工夫；把克己与大公结合起来，指出大公乃克己之后所达到之效用。

朱、张《仁说》在各自形成过程获得了交相取益的效果。朱子受南轩之影响，最大者在补充克己实践工夫。① 陈荣捷《南轩仁说》已指出朱、张《仁说》相同点甚多，差别在于张栻《仁说》克己工夫更为详尽有力。"惟克己去私知存，则南轩比朱子为详而有力。"② 朱子《仁说》注重名义剖分却未突出克己为仁工夫，张栻、吕祖谦在肯定朱子对仁名义剖分的同时，对朱子《仁说》为仁工夫的欠缺多次提出批评。他们在与朱子辩论《仁说》的往返书信中，始终提醒朱子要注意"克己"工夫。张栻不仅指出朱子《仁说》未言克己，且批评朱子同时所撰《克斋铭》亦缺少克己工夫。

---

① 朱子受南轩影响修改尚有："'无所不爱'四字，今亦改去。""前说之失，但不曾分得体用……今亦改去"等。

② 《朱子新探索》，第251页。

> 所谓"爱之理",发明甚有力。前书亦略及之矣……《克斋铭》读之,无可疑者,但以欠数句说克己下工处,如何?①

朱子对张、吕的批评作出了积极反应。在癸巳回复吕祖谦的信中,朱子阐述了剖分仁之名义的原因与必要。坚持应在确定仁的名义基础上展开克己工夫,名义与工夫各得其所,不可偏废。声称区别仁的名义符合古人教法,古人以求仁为工夫,是因他们小学时已大概知晓仁的名义,此后工夫全在实地践履。今人缺乏对仁的名义的理会,不知仁为何物,无法把握下手之方。朱子一方面强调剖析仁的名义是为了确立为仁工夫标准,乃工夫必要前提,无此名义剖析,则工夫没有方向。同时又肯定,没有恭敬存养克己复礼之功,空谈仁之名义毫无意义。朱子坚持名义区分与用功地步之界限,二者不可越位,不可替代,各有其独立价值,共同构成仁学之整体。针对吕氏指责,他反复强调剖分名义乃是确立为仁"标准",并没有越界到用功地步。

> 《仁说》近再改定,……然窃意此等名义,古人之教,自其小学之时已有白直分明训说,而未有后世许多浅陋玄空,上下走作之弊。……若似今人茫然理会不得,则其所汲汲以求者,乃其平生所不识之物,复何所向望爱说而知所以用其力邪?……若不实下恭敬存养克己复礼之功,则此说虽精,亦与彼有何干涉耶?故却谓此说正所以为学者向望之标准,而初未尝侵过学者用功地步。②

朱子虽然肯定为仁工夫的重要,却并未突出克己在为仁工夫中的核心地位,而是将之与恭敬存养等同并列之。故此,吕氏再次批评朱子《仁说》

---

① 《南轩文集》卷20,《张栻集》四,第1074页,四库本"工"作"手"。《朱子书信编年考证》增订本(三联书店2007年版,第94页)认为此书"铭"为"记"误,"《克斋记》(原作铭,当为记字之误)读之无可疑者,此当指朱子所作《克斋记》"。按:朱子实有《克斋铭》,《语类》亦提及《克己斋铭》的修改,删除"求之于机警危迫之际"之说,进一步消除了观过知仁、知觉求仁说的影响,"问先生作《克己斋铭》有曰'求之于机警危迫之际',想正为此设"。曰:"后来也改却,不欲说到那里。然而他说仁说知觉分明是说禅"。榦。《语类》卷20,第706—707页。

② 《答吕伯恭》二十四,《文集》卷33,第1442—1443页。

缺乏克己工夫，朱子承认吕氏对克己工夫的强调切中学者空言弊病，同时指出区别名义仅仅是为仁工夫的前提，并不是说要废除克己工夫，但克己工夫也不能替代名义讲习。二者相辅相成，讲习是工夫的前提，工夫是讲习的落实。朱子最后表示将郑重考虑吕氏提出的克己教诲。

> 所论克己之功，切中学者空言遥度之病。然向来所论，且是大纲要识得仁之名义气味，令有下落耳。初不谓只用力于此，便可废置克己之功，然亦不可便将克己功夫占过讲习地位也。……然克己之诲，则尤不敢不敬承也。①

张、吕的反复批评最终对朱子产生了实际影响。朱子在答游诚之书指出，《仁说》言仁工夫的不足，已在《克斋记》修改中得到完善。并特别请游诚之将自己修改好的《克斋记》转呈给南轩，期待南轩的看法，能够彼此相互发明。"因见南轩，试更以此意质之，当有以相发明尔。"② 南轩接受朱子说影响处，大端有二：一是接受朱子以体用性情重新剖分仁之名义的做法，朱子与张、吕等辩说时最喜言"名义"一词，但朱子《仁说》未用此词，反倒张栻《仁说》特意提及之："夫静而仁义礼智之体具，动而恻隐羞恶辞让是非之端达，其名义位置固不容相夺伦。"③ 二是采用朱子"爱之理"说，张栻最为赞赏朱子此说，他在答吕祖谦的信中对朱子言仁多不满意，却反复首肯此点。"所谓'爱之理'，发明甚有力。"④ 故张栻《仁说》通篇即以此三字为中心贯通之。

时贤在论述朱、张仁说的基础上，还判定了二贤说之高低。多数学者皆强调朱子对张栻仁说之压服与胜利，窃以为朱、张二贤心怀坦荡，切磋砥砺，诚意恳恳，相互取益，千载而下，仍足为后学者鉴。论者言，"张栻虽然没有向朱熹全面投降，但朱熹也的确赢得令人心服口服"⑤。纵观朱、张

---

① 《答吕伯恭》二十七，《文集》卷33，第1446页。
② 《答游诚之》，《文集》卷45，第2061页。
③ 《南轩文集》卷18，《张栻集》四，第1032页。
④ 《南轩文集》卷20，《张栻集》四，第1074页。
⑤ 田浩：《朱熹的思维世界》（增订版），第80页。

仁说之辨，实为互相取益之过程，故虽各自为说，却呈现你中有我，我中有你，难以辨别之特点，其相似程度连善于辨名析理的陈淳都无法区分。二贤对彼此之说采用与否，皆证诸本心，绝非所谓无奈之屈服与无力之保留。南轩重申程子的"天地生物为心"说，公者体仁说，坚持五峰"心之道"说，不取朱子"心之德"说，修正上蔡知觉言仁说，维护程门万物一体说，批评朱子缺乏克己工夫，皆见出南轩独立不屈之学术精神，绝非"随人脚跟打转"之人，绝非屈服于朱子强力之下也，有此必要乎？相反，正因南轩对公与仁、知觉与仁、仁与万物一体观点之修正坚持，朱子晚年最终容纳包含之。①

南轩、朱子《仁说》同者自同，异者自异，不阿从，不苟附。观其论辩往来，皆有批评不满处。如南轩批评朱子以爱言仁将导致弊病，"然元晦之言，传之亦恐未免有流弊耳"，批评朱子"天地以生物为心"说。张栻在《答吕伯恭》中语气激烈提出对朱子仁说的批评商榷，充分反映出他对朱子仁说及朱子误解他思想的不满，此亦见出南轩《仁说》之独立见解。

> 元晦《仁说》，后来看得渠说"爱之理"之意却好，继而再得渠书，只拈此三字却有精神。但前来所寄言语间终多病，兼渠看得某意思亦老草，后所答今录呈，但渠议论商榷间，终是有意思过处，早晚亦欲更力言之。②

应指出的是，尽管在壬辰癸巳年间，朱子于辩论中常言张栻对其说已"无疑"，但观朱子晚年之论，却知未尽然也。

> 问："先生旧与南轩反复论仁，后来毕竟合否？"曰："亦有一二处未合。敬夫说本出胡氏。胡氏之说，惟敬夫独得之，其余门人皆不晓，

---

① 仅就"知觉言仁"而言，朱子对之全盘否定，湖湘学派坚决捍卫，南轩与二家皆不同，取修正坚持的态度。正因南轩之坚持，朱子亦有所改变，并容纳南轩"仁者必觉而觉不可以训仁"的修正之说。

② 《寄吕伯恭》，《南轩文集》卷25，《张载集》四，第1136页。

但云当守师之说。向来往长沙，正与敬夫辨此。"可学。

　　钦夫最不可得，听人说话，便肯改。大雅。①

　　朱子一方面赞南轩善于接受他人意见的从善如流精神，同时也客观承认，南轩关于仁说的看法，与自己最终仍然有所差别。朱子语气间充满对南轩的尊敬怀念而无半分所谓胜利的意气。值得一提的是，南轩所持之克己大公为仁，万物同体为仁之效用，知觉为仁之发用说虽与朱子《仁说》角度不同，其意则为朱子所容纳认同。朱子晚年此种说法所在皆有，其与南轩说的差异仅为关注点不同。故陈淳直接视南轩《仁说》为朱子说而不疑，实为自然不过而非"不可想象"。陈淳对二《仁说》与《克斋记》之异同，当了然于心。了然于心而不以为疑，盖在其看来，三书虽有差异，各有侧重，但并无所谓高下之分，而正见其互为补充，相得益彰之效果，三说之义理精神，实通贯一体也。

第三节　生死、义利、去就

　　管仲是中国历史上一位影响深远的大政治家、思想家，他辅佐桓公抗击夷狄，安定天下所成就的功业获得孔子肯定。然而，管仲个人的德行修养又受到批评，尤其在人生的转折点上：不死子纠而归顺小白的内在动机是为利还是为义成为后世议论的焦点。因此，在以礼义廉耻立身的儒家看来，对管仲这位大人物的功业和德行作出恰当评判就是一件必须面对的事情。本节拟以朱子对管仲的辨析为中心，并与孔、孟、程颐、王夫之等人的评析相对照，以此显示其中所折射出的儒家义利观。儒学创始人孔子认为管仲的功业泽被天下，具有仁的效果，故称得上仁；同时亦从德行上批评了管仲的僭越无礼。孟子身处霸道功利之说极为盛行的时代，为推行王道主张，不惜与孔子相异，竭力贬低管仲的功业和德行。程颐、朱子从寻求一种能为所有人遵守的普遍天理着眼，对管仲不死子纠之难从伦常之义上进行了新的解释；同时严厉批评了不死建成之难的魏征，凸现了儒家义以至上的道德标准。王夫

---

① 《语类》卷103，第3420，3421页。

之以国家民族之义替代了程朱以长幼之序替管仲的辩护,在高度称赞管仲的大仁和大业的同时,斥责了魏征的不仁不义。据此跨越两千年之久的对同一管仲的不同评论,见出儒家在道义优先的原则下,如何面对生死、义利、去就的抉择。

一 "如其仁"与"不知礼"

孔子在《论语》中从不同的角度对管仲作出了两种评价。

> 子曰:"管仲之器小哉!"或曰:"管仲俭乎?"曰:"管氏有三归,官事不摄,焉得俭?""然则管仲知礼乎?"曰:"邦君为两君之好,有反坫,管氏而知礼,孰不知礼?"①

在此,孔子直接批评管仲器量狭隘,既奢华不俭,又毫不知礼。对以恢复周礼为毕生志业的孔子来说,管仲僭越之举是无法容忍的。他曾对季氏使用"八佾"的行为表达过"是可忍也,孰不可忍"的极大愤慨。孔子认为君子应该"富而不骄""富而好礼"。君臣之间礼有等差,而管仲居然享用国君所用的反坫,这当然是某种僭越,故断然予以"管氏而知礼,孰不知礼"的贬斥。然而,这只是事情的一个方面。

孔子极少对人许以仁的评价,可是他对管仲却作出了"如其仁"的评价,这连他的弟子都颇感意外,所以他们就提出了疑问。

> 子路曰:"桓公杀公子纠,召忽死之,管仲不死。"曰:"未仁乎?"子曰:"桓公九合诸侯,不以兵车,管仲之力也。如其仁!如其仁!"②

按子路理解,管仲不死公子纠的做法是不仁的行为,没有做到食人之禄忠人之事。孔子的态度却很鲜明,断言管仲帮助桓公不用武力多次会盟诸侯,减少了战争的发生,使天下百姓少受战乱之苦,这在客观上具有仁者之

---

① 《四书集注》,第67页。
② 《四书集注》,第153页。

功。孔子另一高足子贡对此也有着同样疑惑：

> 子贡曰："管仲非仁者与？桓公杀公子纠，不能死，又相之。"
> 子曰："管仲相桓公，霸诸侯，一匡天下，民到于今受其赐。微管仲，吾其被发左衽矣。岂若匹夫匹妇之为谅也，自经于沟渎而莫之知也。"①

子贡的疑惑和子路相同，对管仲不死难以理解。孔子在给予管仲"相桓公，霸诸侯，匡天下"之功业不仅使当时百姓受益，且泽及后世的答复后，进一步说明，如果管仲象普通人那样，固执于小节小信，选择自杀，那又有什么价值呢？言下之意是，死于小信并非多么高明、困难的抉择，而活着做出一番对天下有利的事业才是非凡而艰难的，这正是以尧舜事业为期许的儒者所要努力的，而管仲做到了。其实，孔子从来就认为君子应该"贞而不谅"，真正的君子当坚持大义舍弃小信。从孔子评判士的三个标准也可以印证这一点。

> 子贡问曰："何如斯可谓之士矣？子曰："行己有耻，使于四方，不辱君命，可谓士矣。"曰："敢问其次。"曰："宗族称孝焉，乡党称弟焉。"曰："敢问其次。"曰："言必行，信必果，硁硁然小人哉！抑亦可以为次矣。"②

孔子对士有着三种评价标准，他把能很好地完成君王（国家）使命，做出有利于国家事业的人当作最高的士，可称为国士；其次是在宗族和乡党中称为孝悌的，可称为乡士；最末一等的是不分是非，只顾追求个人言行一致的，可称为信士。从中可见，士的行为所受益的对象越多，范围越广，那么层次就越高。故不辱君命的国士就高于称为孝悌的乡士，乡士也高于仅仅追求个人忠信的信士。朱子也有相似看法："且如子贡问士一段，宗族称

---

① 《四书集注》，第153页。
② 同上书，第146页。

孝，乡党称弟之人，莫是至好，而圣人必先之以行己有耻，不辱君命为上。"① 据此再看孔子对管仲的评价，管仲匡天下，安百姓，攘夷狄的功业正是第一等国士所追求的，较之宗族乡党孝弟之士，无疑从功业上更符合仁的要求。

此外，孔子对仁的两条解释也同样印证了这点。

> 樊迟问仁，子曰："爱人。"②
> 子贡曰："如有博施于民而能济众，何如？可谓仁乎？"子曰："何事于仁，必也圣乎！尧舜其犹病诸。"③

爱人和博施济众是仁者事业，后者连圣王尧舜都难以完全做到，而管仲的功业确有爱人和博施济众的客观效果，孔子称其仁自在情理之中。

总起来看，孔子在评价管仲时是两分的，既批评了管仲对礼的僭越和个人德行的欠缺，同时从事功的角度称赞其功业给天下带来了好处，具有仁的客观效果。以此可见，在孔子心目中，管仲的选择和日后的发展证明他还是将义利结合得很好。孔子称赞管仲的仁是从事功上来着眼的，然而这里就潜伏着易于导致后人误解的两个问题：其一，事功效果是滞后的，且受主客观条件的限制，非个人所能把握，故无法依据滞后的事功效果来断定个人当下的选择，这也与儒家对道德动机和目的的强调相左。其二，孔子的很多言语都是就事论事，就人论人，并没有一个统一的标准答案，这当然是圣人高明之处。可是这样的处理太灵活，旁人没有孔子那么高的智慧，就很难理解，即使亲炙于他的高足亦如此。对一般人来说，往往还是需要一个确切的道德标准和普遍原则来判断行事的是非，从而采取合宜的行动。此外，孔子对管仲的评价并不具有普遍性，但是管仲式的问题却是一个普遍存在的问题，后来的理学就对此作出了新的具有普世意义的解读。

---

① 《语类》卷44，第1539页。
② 《四书集注》，第139页。
③ 同上书，第91—92页。

二 "功业如此之卑也"与"不为管仲"

孟子也对管仲进行了评价。他从自身时代处境和推广王道之说出发，对管仲的功业和德性表示出极大不屑。

> 公孙丑曰："夫子当路于齐，管仲、晏子之功，可复许乎？"孟子曰："子诚齐人也，知管仲、晏子而已矣."……曰："管仲，曾西之所不为也，而子为我愿之乎？"曰："管仲以其君霸，晏子以其君显。管仲、晏子犹不足为与？"曰："以齐王，由反手也。"①

同章另有一段话涉及管仲：

> 孟子曰："故将大有为之君，必有所不召之臣。……桓公之于管仲，学焉而后臣之，故不劳而霸……桓公之于管仲，则不敢召。管仲且犹不可召，而况不为管仲乎？"②

孟子贬低管仲的内在缘由就是管仲以力假仁的霸道和其施仁行义的王道恰恰相反。孟子身处处士横议，诸侯放恣，各国崇尚武力与权谋的战国后期，管仲的霸道说已然成为各国君主效仿的目标。故其自然不肯对管仲假以辞色，附和时议，如此就更无法突出儒家的王道追求了。孟子"言必称尧舜"，羞道齐桓晋文之事，说"五霸者，三王之罪人也"③。他追求"由仁义行，非行仁义也"④和"行一不义，杀一不辜而得天下，皆不为也"⑤的仁义之道，和管仲崇功利、尚武力的霸道之说针锋相对，不合时宜，被人称为"迂远而阔于事情"。即使明知自己王道理想难以落实，孟子还是以"守先王之道，以待后之学者"自任。

对管仲的评价，孔、孟明显不一，这或许可从两人所处时代不同来谈。

---

① 《四书集注》，第 227—228 页。
② 同上书，第 243 页。
③ 同上书，第 343 页。
④ 同上书，第 294 页。
⑤ 同上书，第 234 页。

孔子之所以对管仲有肯定的一面与孔子所处时代和面临的问题有关。其时管仲霸道之说还没有成为社会主流，虽然礼坏乐崩，但总还有古礼遗风。孔子还期待着周代礼乐文化之复兴，故在颠沛流离之中，仍不忘率领弟子习礼。但对身处战国后期的孟子来说，礼乐破坏得已经不成样子，各国都竞相崇尚权谋和诈力，而且众说蜂起，竞争激烈，都在尽力争取更多的信奉者。孟子在阐发王道之说时，不得不和杨朱、墨翟、许行等诸家学派展开辩论，对管仲功利学说自然也要保持批判态度，注意划清界线。用他自己的话说："予岂好辨哉？予不得已也。"无奈之情，溢于言表。故其对管仲的批评，按王夫之的话说就是："孟子之讥仲，以救时也。"① 朱子也对孟子的管仲之评发表看法："问：'圣人分明是大管仲之功，而孟子硬以为卑，如何？'曰：'孟子是不肯做他底。是见他做得那规模来底。'"② 程子对此评论亦很精到："孔子之时，周室虽微，天下犹知尊周之为义，故《春秋》以尊周为本。至孟子时，七国争雄，天下不复知有周，而生民之涂炭已极。当是时，诸侯能行王道，则可以王矣。此孟子所以劝齐、梁之君也。"③

三 尽忠还是从义

对管仲的评价问题，随着儒学在历史时空的发展演进而注入了新的时代因素。宋代两位理学大师程颐和朱熹，结合历史经验和时代动向，从寻求普遍天理的理论诉求出发，将管仲不死子纠这个特殊具体的历史事件置于普遍的境遇下来考察，对生死义利这个大问题作出了更深入细致的思考，其见解体现了深刻的道德洞见和严肃的道德主义。王夫之则站在区分民族大义与个人小德的立场上，辨析管仲与魏征义利取舍之不同。

程颐和朱熹的对管仲的看法大致相同，他们特别重视挖掘人的心术，故对管仲的不死子纠之难的动机和理由做了深入分析。《集注》言：

> 程子曰："桓公，兄也；子纠，弟也。仲私于所事，辅之以争国，

---

① 王夫之：《读四书大全说》，第807页。
② 《语类》卷44，第1556页。
③ 《四书集注》，第205页。

非义也。桓公杀之虽过，而纠之死实当。仲始与之同谋，遂与之同死，可也；知辅之争为不义，将自免以图后功亦可也。故圣人不责其死而称其功。若使桓弟而纠兄，管仲所辅者正，桓夺其国而杀之，则管仲之与桓，不可同世之仇也。若计其后功而与其事桓，圣人之言，无乃害义之甚，启万世反复不忠之乱乎？如唐之王珪、魏征，不死建成之难，而从太宗，可谓害于义矣。后虽有功，何足赎哉？"

愚谓管仲有功而无罪，故圣人独称其功；王、魏先有罪而后有功，则不以相掩可也。"①

程颐对管仲的生死与否提供了三种选择，每种选择都有其理由。其一，可以为大义而生。程颐以长幼之义为判断原则替管仲不死辩护，认为管仲不死是从不义回归到义的正确选择。因为桓公兄、子纠弟的客观现实，所以管仲辅佐子纠来争国位即是出于私心的不义之举，违背了儒家的嫡长继承原则（这里不讨论这个原则合理与否，至少它是那个时代主流看法）。在程颐看来，这个原则是判断双方争位行为正义与否的指针。既然子纠作为弟弟争位不对，故桓公杀死他虽有些过分——过分在于没有念及手足之情，破坏了儒家兄友弟恭的孝悌原则，但是子纠自己应该负很大责任，可说是咎由自取。这样看来，管仲知道了自身行为之不义，就没有必要为不义而死。选择活下来以求建功立业，是符合道义的举动，也是他不死的理由所在。

其二，可以为个人忠信而死。在程颐看来，管仲食子纠之禄，谋子纠之事，自然就应当为之尽忠竭力，以身相报。这符合人类天然具有的回报天性，也是儒家尽忠守信原则的必然要求。忠作为仁的不可缺少的积极一面，是儒家推崇的一项崇高的道德原则。程朱主张"尽己之谓忠。"要求个体从自己内心的真实情感出发，毫无私念心甘情愿地为对方奉献一切，包括以身相殉。故程颐认为"遂与之同死，可也"。

其三，必须为大义和个人忠信而死。程颐还从反面入手，假设子纠和桓公的兄弟关系颠倒过来，那么管仲为了维护忠、义，就非死不可。因为如此一来，管仲从一开始就是正义的，他就应当为捍卫嫡长之义而死，为子纠尽

---

① 《四书集注》，第153页。

人臣之忠而死，只有死才能做到忠义两全。如果不死，那么既伤害了义，也破坏了忠，变成典型的不忠不义，这种选择是绝不允许的。

程颐对管仲"不死子纠之难"这个问题思考得深刻细密。既然管、召选择一生一死的做法皆可成立，前者符合大义，后者符合忠信；且在孔子看来，管仲选择生存下来建功立业比召忽死守小信更有价值；那么从追求普遍天理出发，程颐就思考了这两种选择所反映出的普遍问题，考虑何种选择能最大限度地维护而不是伤害忠义原则。

当弟子问到如何看待孔子对管仲的评价时，程颐如此回答：

> 孔子称管仲如其仁，但称其有仁之功也。使管仲事子纠正而不死，后虽有大功，圣人岂复称之耶？若以为圣人不观其死不死之是非，而止称其后来之功，则甚害义理也。① ……此圣人阐幽之道，只为子路以子纠死管仲不死为未仁……故孔子言其有仁之功。此圣人言语抑扬处，要当自会得。

程颐答复主要有三点：其一，孔子对管仲的称赞是就事论事，就人论人的灵活说法，为"阐幽之道、抑扬之语"，并不具有指导人生的普遍意义。他告诫弟子要自己用心体会孔子的随机说教，不要误解圣人之意。其二，孔子只是称赞管仲有仁者之功，这一点是不能否认的，可是孔子并不认为管仲就做到了真正的仁。其三，他反复强调孔子对管仲功业的称赞是建立在其不死子纠之难并没有违背义理这个前提上的，假如孔子不考虑是非对错而只顾及功业，那将是对义理的极大伤害。可见程颐的关注点始终在管仲不死是否合乎道义上，认为对其功业的肯定也要建立在此基础上，否则将会违背它。

尽管程颐较好把握了孔子的意思，解答了弟子疑惑，但是对致力于寻求普遍天理，寻找人类道德行为之普遍法则的程朱理学来说，孔子根据管仲的功业来称其仁的说法是不可依靠的，极易引发过分看重外在事功而不考虑内在道德动机的误解。故程颐多次明确表示如果孔子仅仅是根据管仲的功业而认可他辅佐桓公的话，那将大大损害忠义之道，将成为后代反复不忠之臣的

---

① 《论孟精义》，第 488 页。

借口。因为当处于管仲式的要求为忠、义之道献身的情境下时，常有人会苟且偷生，伤害忠义，而且以所谓的管仲式的建大功行大义为借口，为自己的不忠不义作辩护。从中可见孔子和程颐的关注点不一样：孔子是在大义和小信之间判断，程颐是在防范不义不忠间思考；孔子是就事论事，程颐是寻求普遍原则。

事实上孔子并没有谈论管仲不死的动机，可是程颐一直在努力替管仲找出不死的动机：是为大义而舍小信，尽忠天下而不为一家，是自觉到了辅佐子纠违背了嫡长原则，才放弃了为不义尽无谓之忠而选择生存下来辅佐"义主"。然而，从事情的本来面貌看，我们很难判断管仲不死的动机到底是为了个人私利还是自觉到嫡长之义。道德动机是内在隐秘的，行为效果才是显露在外的。动机和效果之间有交错关系。同样的动机可能有不一样的效果，同样的效果可能来自不一样的动机。程颐为了维护孔子对管仲的肯定，只好断定管仲的抉择是根据后者，否则，将无法解释孔子对管仲的评价。程颐对此问题还有进一步阐发，他说：

> 仲之于子纠，所谓可以死，可以无死者也。……匹夫匹妇执信，知其死而已，……不复能知权其重，有可以无死之义也。……既而小白杀子纠，管仲以所事言之，则可死；以义言之，则未可死……管仲始事纠，不正也；终从于正，义也。召忽不负所事，亦义也。……不当立而事之，失于初也。……与人同事而死之，理也；知始事之为非而改之，义也。召忽之死，正也；管仲之不死，权其宜可以无死也。[①]

程颐这段话与前面意思大体相同，表达更加清楚，值得注意的地方有：其一，行仁义和择生死的关系很难处理。死不等于行仁义，生也不必反仁义，管仲于子纠，有可死可不死两种选择。这需要极高智慧来权衡轻重，使仁义生死得其所当，个人生命价值获得合理体现。其二，死的价值有大小之别，有死事和死义高下之分。为个人尽忠而死，往往是死一家一事，意义不大；为百姓和社稷大义去死才能凸现人生价值。当两者发生冲突时，死义的

---

① 《论孟精义》，第 486—488 页。

选择要高于死事。这也就是匹夫匹妇之谅与管仲的区别。晏子的一段话适足与此相参照。《晏子春秋》载，当崔杼杀了齐庄公时，晏子说："故君为社稷死，则死之；为社稷亡，则亡之。若君为己死而为己亡，非其私昵，孰能任之！"[①] 晏子的观点和程颐的互相呼应：死并不等于合乎道义，死于社稷大义要高于死于对君王的个人私义。只有那些看不到国家大义，仅仅陷于个人私义的人才会为之而死。这里反映出一个颇具现代意味的问题——对个人价值的自觉认同，即是将自己当作君王的附庸还是视为国家的公民。在古代社会，君国不分，二者常常视为一体。然而事实上它们又是常常背离的。正因为死事和死义之间存在复杂多变的离合关系，就造成了古代士不得不面临的管仲式难题。其三，为避免陷入生死两难或两可的道德之境，强调了出处的重要。管仲不死，由不义返乎大义；召忽之死，不负所事，合乎理义。在程颐看来，死事之义和不死返乎大义都是值得肯认的价值选择。然而人生的紧要时刻只能有一种选择，造成此种生死皆可的困境之由就是"不当立而事之，失于初也。"既然问题的根源在于人生出处，可见出处之于人生的重要了。在儒家看来，它往往决定了个人的生死义利。其四，尽管管仲的选择看来高明于召忽，但程颐还是认为召忽之死，具有更大的普遍性，为正道常理；管仲之举却只是非常之士的权宜之用，不足为匹夫之法。"召忽之死，正也；管仲之不死，权其宜可以无死也。"因为站在普通人的立场，能够做到召忽这一步已经很不容易了，可以作为一种普世要求。但管仲的做法就要求太高，弄不好非但做不到忠义，反倒容易成为偷生苟且之士的藉口，伤害忠义。

朱子《论语集注》大段引用程颐的说法，二者思想之同自不待言。早在《论语或问》中他就表达了与程颐类似的看法：

> 盖圣人之于人……既不以罪掩其功，亦不以功掩其罪也。今于管仲，但称其功不言其罪，则可见不死之无害于义也。……召忽之失，在於辅子纠以争国，而不在于死；管仲之得，在于九合之功而不在于不死。后功固不可期，而其在我者固自可必。但其得就此功，而免于匹夫

[①] 廖名春、邹新民校点《晏子春秋》，辽宁教育出版社1998年版，第53页。

匹妇之谅，则亦幸而已矣。后之君子，有不幸而处此者，苟自度其无管仲之才，是殆不若为召忽之不失其正也。①

其意大概有这几点：其一，孔子评价人物功罪分明，互不相掩，故由称赞管仲有功无罪，可见其不死并不违背道义。其二，召忽之失，在于出处不对，尽忠而死并不为过，管仲之得，在于功业，不死不足为法。然而这种功业又是个人所无法把握和预期的，管仲能够建此大功而免行匹夫杀身之举实属侥幸。其三，两相比较，朱熹指出，后之君子，处此相同之不幸境地，若无管仲之才，最好还是效仿召忽之死。这是任何人都可以当下把握的必然之举，"其在我者固自可必"，可以当作普遍的道德原则来遵守。而管仲之举只是方便权宜之法，很难效仿，弄不好或弄巧成拙，或以此为贪生之举的借口。

程、朱对管仲都从道义上进行了辩护，但对同处相似之境的不死建成之难的王珪和魏征却展开了严厉谴责，但亦反映了他们的一点差异。程颐认为王、魏不死建成之难而从太宗，极大地损害了忠、义原则，虽然后来有功，也无足自赎前罪。其理由是：其一，王、魏受高祖之命辅佐为国之储君的太宗之兄建成，完全符合封建嫡长之义。故一旦建成遇难，他们本当杀身取义。太宗杀兄夺位，实为大不义之举。② 王、魏既受君命，自当尽忠竭力，以身殉道来捍卫嫡长之大义，此大义乃神圣不可侵犯也。其二，王、魏受高祖之命辅佐太子，即使为个人之忠信，为私昵之情义，也应当以死相报。故无论从大义上（嫡长之义和社稷之义）还是从个人忠信上（为人私昵），他们与太宗都是不共戴天。然而王、魏非但不能救之，不能死之，反而投靠旧主仇敌，这可称得上不义不忠了。他们之后虽为国为民作出了有益之事，但在高举天理仁义之说的程颐看来，大节大义上的亏损，是不可原谅和无法挽

---

① 《四书或问》，第829—830页。
② 朱子编写的《资治通鉴纲目》卷三引司马光和范祖禹的说法可资参考。司马公曰："立嫡以长，礼之正也。"范氏曰："建成虽无功，太子也；太宗虽有功，藩王也。太子，君之贰，父之统也。而杀之，是无君父也。立子以长不以功，所以重先君之世也。……夫建成、元吉非得罪于天下者，则杀之者，己之私耳……古之贤人守死而不为不义者，义重于死故也。必若悖天理灭人伦而有天下，不若亡之愈也。"《朱子全书》第40册，上海古籍出版社、安徽教育出版社，第2178—2179页。

回的。天理仁义是不可破坏和违背的，设若这都可以原谅的话，那就会丧失其神圣与尊严，最终损害整个社会的道德规范。朱子和程子见解大体一致，他在和门人的谈话中也谈到这一问题的实质是义利之分。"因问太宗杀建成事，及王、魏教太子立功结君，后又不能死难。曰：'只为只见得功利，全不知以义理处之。'"①

在程朱看来，王、魏的境地实际已经陷入管仲式问题的第三种境遇，即必须放弃一切，无条件地为忠义之道而死。在这种境遇下，死即是大义，生即是私利。从孔孟的成仁取义，到董仲舒的"正其谊不谋其利，明其道不计其功"，再演变成程朱的"存天理，灭人欲"，对道义至上的重视可说是一以贯之的。但是当抽象普遍的原则涉及具体现实世界时，当用一种单一的应然标准来衡量变化多样的实然世界时，必然会显得有些僵硬，造成某些弊端。正是在如何看待王、魏的功罪上，程朱有个微小的不同。朱子在引完程子话后加上的那句按语表明了二者的差异。他在承认王珪、魏征不死建成之难有罪的同时，肯定了他们后来的作为有功，认为功罪应当一分为二，互不掩盖。可见朱子在坚持道义优先的前提下，是抱着同情的态度来看待王、魏的不幸遭遇，这可能与朱熹所处偏安衰落之世有关，和他对圣君贤相的企盼有关。而程颐出于对道义的极度重视和维护，毫不宽待地对王、魏的功劳表现出不屑，表明对道义神圣的极力捍卫，彰显出道义对功业的绝对优先性。

王夫之对管仲、魏征的看法从评价程、朱的微小差异开始。与程朱抓住长幼之义，揣测管仲内心动机不同，王夫之以国家民族之义为原则来评判管仲，显示了开阔的视野和别样的关怀。在高度褒扬管仲的同时，王夫之对王、魏进行了毫不留情地谴责，表达了将道德理想和现实功业合而为一的追求。

> 程子谓王珪、魏征害于义，功不足赎；朱子则谓王、魏功罪不相掩。如实求之，程子之言，自为精允……
> 盖齐之难，起于襄公之见弑，则为襄公之子者，俱有可返国以存宗社之义。非国家无事，长幼有定序，而纠故作逆谋以争兄位也。

---

① 《语类》卷136，第4226页。

> ……而况为管、召者,亦安得舍现在可奉先君之子,而远求其兄于不可知之域哉?迨其后,桓公已自莒返,而鲁与召忽辈乃犹挟纠以争,斯则过也。
>
> ……若王、魏之于建成,则兄弟当父在之日而构大难,俱为不仁不义;而建成则高祖所立之冢嗣也,已受父命而正大位,非纠比矣。王、魏受命于高祖为官僚,则义不容于不死。又况夫子之称管仲,曰"微管仲,吾其披发左衽矣!"向令唐无王、魏,天下岂遂沦胥乎?
>
> 管仲是周室衰微后斯世斯民一大关系人。王珪既无赫赫之称,即如征者,特粉饰太平之一谏臣耳。……其视管仲之有无,远矣。……管仲是仁者,仁之道大,不得以谅不谅论之。魏征所欲为者,忠臣也。忠则不欺其君者也。不欺生君而欺死君,口舌之功,安足以赎心中之愿!……而管仲、魏征之得失,不仅在子纠幼而建成长也。"[①]

这篇评论充分表达了王夫之对管、魏的意见。王夫之持严肃道德主义立场,赞同程颐王、魏功不赎罪的看法,反对朱子功罪不掩的见解,认为他们对道义的伤害远远超过了他们的功劳,功和罪根本无法相提并论。王夫之认为管仲不死的理由并不是为了维护长幼有序的原则。这个原则适用于国家无事的承平之世,而齐国争位之事正处于国乱之中,小白之存亡与否都不知道,谈不上兄弟相让之事,而且子纠也并不是早有图谋来和兄长争夺王位。这显示出王夫之敏锐的历史观察力和判断力。他坚持国家民族大义为重的原则,认为凡襄公之子,皆有回国保存宗社的义务,都是合乎道义的举动,并不存在什么长幼之义的问题。这就完全否定了程朱替管仲不死所设定的理由。这种以国家利益为重的解释较之汲汲于挖掘管仲无可捉摸的内心动机,较之牵强无力的长幼原则,无疑更具说服力。同时也透露出王夫之与程朱不一样的现实关怀。《管子·大匡十八》中所载管仲的自白适相与王夫之的判断相印证:"夷吾之所死者:社稷破,宗庙灭,祭祀绝,则夷吾死之。非此三者,则夷吾生。"[②] 当然《管子》一书之杂伪使该说法的可信度受到怀疑。

[①] 王夫之:《读四书大全说》,岳麓书社2001年版,第807—809页。
[②] 赵守正:《管子注释》,广西人民出版社1981年版,第164页。

王夫之认为管、召的错误在于，在桓公已经立为国君之后，没有以国家大义为重，而是以武力来争夺个人王位，这纯粹是出于全副私欲。故争夺失败为子纠而死是没有多大意义的，最多只是成就了个人私义。王夫之对王、魏和管仲从道义和功业上作了详尽的对比说明，认为两者抉择虽然相同，但是所处境遇相差甚大，因此是非得失也就迥然不同。从道义来说，建成和子纠地位不一样，这就决定了王、魏与建成关系和管仲与子纠的关系不一样。建成受高祖之命，被册封为法定继承人，其地位是得到确定的。而且王、魏受君王之命辅助建成，就有责任和义务与之同生死，这是作为忠义之臣的必然要求。而子纠仅是逃亡中的公子，管仲辅佐他是为了回国争王位，他们之间没有那种君臣大义，有的只是个人私义。再就功业而言，王、魏和管仲也无法相比。王夫之身历明清易鼎之变，满怀家国之痛，具有极其强烈的民族感情。故从国家民族大义出发，对管仲给予了极高评价。特别提到孔子称赞管仲在护夏抗夷中的贡献，认为他是周室衰微之时关系天下和百姓福祉的关键人物，对整个中华历史的发展都产生了积极影响，实为一不可或缺之人物。而反观王、魏，充其量为太平之世一可有可无之谏臣而已。这是由他们的追求和能力所决定的。在王夫之看来，管仲不死是因为胸含"一匡天下"的抱负，加上个人禀赋极高，只要遇中等之主就能做到安邦定国。而魏征不死并无多大安民济世的想法和能力，后来不过侥幸遇到纳谏之主，得以展现忠诚而已。因此，王夫之就直接称管仲为仁者，认为他体现了广大无私的仁道，根本无须受小信小谅的束缚；而魏征并非忠臣，因为尽管他对太宗尽忠了，可是对死去的建成，他却没法同样尽忠。因而，王夫之和程颐的观点一样，认为魏征的选择既没有捍卫大义，也没有做到私义，反而极大地伤害了最不容许践踏的忠义原则，使自己的人生也充满了极大的亏欠。他最后以"而管仲、魏征之得失，不仅在子纠幼而建成长也"来总结对管、魏的评论，可见他心思所系，全在国家大义。

  王夫之对管、魏的剖析颇具深度和启发意义。坚持功罪不相赎的看法表现了他严肃的道德主义和对忠义原则的捍卫；以家国民族大义取代程朱的长幼之义显示了他将现实关怀融入到了人生价值的思考中；对管、魏从道义和功业上进行的双重比较，不仅表达了他对个人功业的重视，而且反映了将功业纳入道义主导下对义利合一美好人生的思考和追寻。

四 忠义与去就

管仲式的问题是一普遍问题，在中国历史上一直不断演绎，尤其在改朝换代之际，它更是严峻地考验着儒者的义利生死观。对此问题的处理不仅要求身处其中的士具备勇士不忘丧其元的道德勇气，更要有无适无莫，惟义是从的道德判断力，从而作出符合道义的抉择，避免魏征所遭受之诟病。在长期的实践积累中，士逐渐形成了三个显著的品格：重出处去就，辨大义小信，守忠信之节。

重出处去就，明辞受取与，是士立身行道的一个重要品格。它要求士在对天下形势进行充分了解和恰当分析的前提下，在入世兼济和隐居独善这两条道路间作一个合乎道义的选择，包括选择入世时机、服务对象等等，这些选择都不能对理义有丝毫违背。陷入管仲式问题的最主要原因就是没选好出处，使自己在大义和小信之间难作取舍。孔孟极重出处去就，亦是身体力行之典范。孔子非常推崇伯夷、叔齐义不食周粟的壮举，以生命为代价实现了人生信念的承诺。孔子本人身处礼坏乐崩的春秋时代，汲汲乎周行天下，殷切希望得君行道。尽管行道愿望如此强烈，孔子之出处却丝毫不苟。他说："富与贵，是人之所欲也；不以其道得之，不处也；贫与贱，是人之所恶也，不以其道得之，不去也"。（《论语·里仁》）主张"乱邦不入，危邦不居；天下有道则见，无道则隐"（《论语·泰伯》）：在国内，不齿阳货的好意馈赠，避而不见；在国外，选择居住在贤人家里。当叛臣佛肸召孔子出仕时，弟子子路就坚决反对，说："昔者由也闻诸夫子曰'亲于其身为不善者，君子不入也。'佛肸以中牟畔，子之往也如之何？"（《论语·阳货》）可见重出处观念已深刻影响孔门弟子。

孟子对出处辞受的重视更见鲜明。当陈子问孟子古时君子出仕之道时，孟子这样回答："所就三，所去三。迎之致敬以有礼，言将行其言也，则就之；礼貌未衰，言弗行也，则去之。其次，虽未行其言也，迎之致敬以有礼，则就之；礼貌衰，则去之。其下，朝不食，夕不食，饥饿不能出门户。君闻之曰：'吾大者不能行其道，又不能从其言也，使饥饿于我土地，吾耻之。'周之，亦可受也，免死而已矣。"《孟子·告子下》）士出仕是为了行道，而不是为了个人的私利；故应时刻维护道之尊严，非礼非敬之君，则去之。士抱以道济天下、谋道不谋食的志向作为自己出处取舍标的，才能做到合理的辞受取与。在《孟子·万章》中，孟子发表了许多精彩议论：言"非其义也，非其道也，禄之以天下，弗顾也；系马千驷，弗视也。非其义也，非其道也，一介不以与人，一介不以取诸人"。对国君的恩惠，孟子认为"周之则受，赐之则不受"；为贫而出仕者，应当"辞尊居卑，辞富居贫"；对贤者，国君应当以礼相待，孟子说："吾未闻欲见贤而召之也"，"欲见贤人而不以其道，犹欲其入而闭之门也"；见得思义，"万钟不辨礼义而受之，万钟于我何加焉？""可以取，可以无取，取伤廉；可以与，可以无与，与伤惠。"

坚持以道义为立身取舍标的，对保持人格独立、完善自身道德，具有重大意义。一旦在这个标准上混淆不清，将会使自己举止失措。从程朱的立场来看，管仲不死子纠险些陷入不义就是因为自身出处没有选好，选择了不义之主。故其后来在生死去就之间取大义舍小信的行为虽无可非议，但却使大义和忠信的原则发生了一定冲突。为了避免这种悲剧和冲突的发生，士就自当重视出处去就辞受取与。后世之士常常宁守道固穷，也不愿不加选择的汲汲出仕。一代名相诸葛亮在未出山之前，对天下形势已经进行了充分的研究，了如指掌，但他并没有主动出山，去投靠曹操或孙权来施展所学，安定天下，而是一直等到刘备这位汉室宗亲来三顾茅庐才出山。此即"忠臣择主而事，良禽择木而栖"。古代很多有气节的士宁愿放弃生命也不出来和统治者合作，明末清初的顾炎武、王夫之、黄宗羲就是典范。顾炎武的一段话极具代表性："故人人可出而炎武必不可出矣……七十老翁何所求，只欠一死，若必相逼，则以身殉之矣！"①

讲大义弃小信是士的另一可贵品格。它要求胸怀广大，将天下百姓，江山社稷利益置于一君一主的得失存亡之上，不拘执于个人小信小义。子路的死就提供了深刻教训。对子路死出公之难，程朱发表了这样的评论。《论语集注·子路》"必也正名乎章"注为："程子曰：'夫子告之之详如此，而子路终不喻也。故事辄不去，卒死其难。徒知食焉不避其难之为义，而不知食

---

① 顾炎武：《与叶讱庵书》，《顾亭林诗文集》卷3，中华书局1983年版，第53页。

辄之食为非义"。① 程朱认为子路之死毫无意义，他犯了两个错误。首先是"事辄不去"，择主不明。没有考虑到所事之主是否贤良忠义，是否值得以身相从。如果所事之主不合正义，就当选择主动离去，而不一定要执一而从。其次，他"徒知食焉不避其难之为义"这个小义，拘执不放，"而不知食辄之食为非义"，不知和出公辄谋事本来就是不义的，因出公辄行事本来就不义。子路以守信闻名天下，时人宁得其一言之诺而不要盟约。但实际看来，子路只徒知守小信，不能明大义。仅仅忠于所事主人利益，而没有看到其主之不义行为在损害更多人的更大的义，这种替不义之主尽忠谋事的人可以说是为虎作伥，难免使自己陷入不义之地。故他的以死殉难，死前结缨的勇敢之举非但不能称为勇反而伤害了勇。因为勇这种品格也是应当配合义与道的，无道义为之作主，勇敢也就不成其为勇敢。真正之勇当是为正义之事而死，反之，则伤害了勇。子路此时应当权衡大义，如管仲那样择义而从而非一死了之。

前所引晏子不死齐庄公，正是看到了大义所在。真正的士当审时度势，灵活把握大义所在，舍小信取大义。孟子"嫂溺援之以手"之权变观也就是要求士能判断大义和小节。孟子说："非礼之礼，非义之义，大人弗为。"朱子解为："察理不精，故有二者之蔽。大人则随事而顺理，因时而处宜，岂为是哉?"② 孟子和朱熹心目中的大人（指德性修养很高的人）能分辨出那些表面看似合乎礼义其实破坏礼义的行为，能抉发礼和非礼、义和非义的要害所在。正因能明察精思，所以才可能做到随事随机之变化而采取合乎理义的行动，不固执一偏，由权返乎经，舍小信成大义。

古代士的天下情怀正是大义为重的体现。他们的关怀从来就是针对天下百姓福祉而非一家一朝之兴亡。范仲淹说："士当先天下之忧而忧，后天下之乐而乐。"顾炎武讲："天下兴亡，匹夫有责。"为天下而不是为君王忧乐的胸襟使古之士能在王朝更迭权柄易主时，不以一朝一代的兴亡为念，不拘执于为失败之旧主效忠死节，而是弃暗投明——投身于新王朝，为天下谋利。为天下百姓，士不仅敢于冒违背君臣之义的不忠之名，还敢于放逐废黜

---

① 《四书集注》，第 142 页。

② 《四书集注》，第 291 页。

无道之君。周公和伊尹为其开端，汉代霍光为其著者。当面对残暴昏庸之君时，士也敢于参与、发动武装活动来推翻之，汤武革命是其先声。支撑他们的信念是替天行道而诛一独夫，道义的坚守使他们突破了狭隘的君臣观。

谨守忠信是士的又一显著品格。孔子很重视忠信在个人修养中的作用。《论语》多次谈到忠信，"主忠信，毋友不如己者，过则勿惮改。"（《子罕》）"主忠信"就是要以忠信为心作主，不管是事君、谋事还是交友，都应实实在在地尽个人心力去做。"子以四教：文、行、忠、信。"（《述而》）可见孔子明确提出将忠信作为理想人格培养的重要目标；"言忠信，行笃敬，虽蛮貊之邦，行矣。言不忠信，行不笃敬，虽州里，行乎哉？"（《卫灵公》）"与朋友交，言而有信。"（《学而》）"人而无信，不知其可也。"（《为政》）一个不讲忠信的人是无法立足于世的，反之，一个坚守忠信的人才能做到无入而不自得。孔门弟子也能按照老师要求去践行忠信，曾子和子路就为后来的士树立了榜样。如曾参所说："吾日三省吾身：为人谋而不忠乎？与朋友交而不信乎？传不习乎？"（《学而》）孔子称赞子路的诚信守诺，"子曰：片言可以折狱者，其由也与。子路无宿诺。"（《颜渊》）

谨守忠信体现了个体对自身言行的高度责任感，这种责任感发自内心的真实情感要求，无需虚伪和勉强，成为士立身处世的自觉选择。程颐认为，"尽己之谓忠，以实之谓信"①。程颢说："发己自尽为忠，循物无违谓信。"② 忠信要从自身内心由衷而出，按照事物的本来面目来为人处事。在程、朱对管仲的评判中，他们对召忽之死所体现的忠还是非常肯定的，认为那是常道，比管仲的权更具普遍性。当然，儒家要求士尽力做到的忠信决不是什么所谓的愚忠愚信，它还要以道义为旨归的，它本身就当是道义的体现。在朝廷更迭江山易手时，士能否做到忠信就尤为突出。当旧朝旧主灭亡时，有的人会选择自杀的方式来为之尽忠。如明代方孝儒宁死不屈于明成祖的威胁利诱，坚决尽忠于旧主建文帝。因为成祖之夺权缺乏正当性，完全是一种暴力私欲，方孝儒身受建文重用，选择了杀身以尽忠信，故赢得后世景仰。有的人会继续坚持斗争，力图恢复旧朝，当终于回天无力时，就选择与

---

① 《四书集注》，第 48 页。

② 《四书集注》，第 12 页。

新朝廷不合作的态度,形成中国特有的遗民一族。在异族入主的元初和清初,遗民尤其多,众所周知的清初三先生乃其中之佼佼者。还有的人背叛旧主,投靠新朝,他们不仅常常受到旧主一方的批评,而且被新主所鄙视、猜疑、弃用,甚至杀害。对忠于旧主的,新朝廷反而给予极大表彰,认为他们的行为体现了忠信原则,而这种原则是一种超乎新旧朝廷利益的,超越了现实功利,展现了人的崇高价值。它作为一种超越高悬的原则,只有在具有主体性的人身上才能显现出来。故士非常看重忠信,视之为立身之本。不可否认的是,士群体的这三大优秀品格对当代社会仍具借鉴意味。

第四节 "俯仰不愧怍便是浩然之气"

孟子"养浩然之气"思想对中华民族精神产生了深远影响,但因孟子对这一思想的阐发并不是很明晰,故后世对此一直众说纷纭。朱子给予了"浩然之气"极高的重视,作出了集大成式的富有创见的阐发,树立了孟学诠释的崇高典范。然而,尽管学界对此章之研究皆未绕开朱子之诠解,却多倾向于求解孟子说之原意,少有对朱子之解作足够深入研究者。与此相应的是,朱子本人对此章诠解用力深而颇自得,言"某说得字字甚子细,请子细看"。[1] 故下文拟对朱子"浩然之气"章解作一探究。

一 "内外本末"

朱子继二程思想,视"浩然之气"为孟子最富创造性的见解之一。《孟子集注》孟子序说中引二程说:"孟子有功于圣门,不可胜言。……仲尼只说一个志,孟子便说许多养气出来。只此二字,其功甚多。""孟子性善、养气之论,皆前圣所未发。"[2] 孟子关于"浩然之气"的阐发因公孙丑"不动心"之问题而引发,话题前半部分围绕养勇以不动心进行,讨论了不动心的两种方式:告子以气强制其心,曾子以义养心自然不动。在表现上,前者麻烦纠葛,后者则简约得当。在比较中,孟子两次使用"守约"一词,

---

[1] 《语类》卷52,第1716页。

[2] 《四书集注》,第199页。

一是同为守气的孟施舍和北宫黝比较,"然而孟施舍守约也",一是孟施舍和曾子的比较,"孟施舍之守气,又不如曾子之守约也。"据此,学者对"守约"产生了不同的理解。一种把"约"当作与"气"对等的实词,认为"守约"就是固守"约"这一物。朱子批评了这种看法,指出"约"是指守的方式,是一状态形容词(即所守更简要)而非和"气"相对的实体名词。"今人把'守气不如守约'做题目,此不成题目。气是实物,'约'是半虚半实字,对不得。"① 朱子认为,孟施舍和曾子虽皆能不动心,但一为循理,一由守气,曾子循理更得修身之要,为孟子修身之源头。"言孟施舍虽似曾子,然其所守乃一身之气,又不如曾子之反身循理,所守尤得其要也。"②

孟子在评判告子不动心之得失时,阐发了对心气、心言、志气关系的看法,朱子据其理学思想,以本末内外说对此作了新的说明。

心与气。孟子认为告子"不得于心,勿求于气"的做法"可"。朱子以本末说作了新的释读。一方面,告子在心不安时努力克制其心,没有转而求诸于气,这是先急于本后缓其末的做法,突出了心对气的主导作用,在工夫上是可以的。"急于本而缓其末,犹之可也。"但这仅仅是初步要求,"然凡曰可者,亦仅可而有所未尽之辞耳。"③ 若从更高层次来讲,仍有不足。因为尽管心为气之本,但气对心也有反作用,气之不平会导致心之波动。故完全放弃养气工夫就犯了偏于本而遗末的毛病,未能做到本末一体。

心与言。孟子指出告子"不得于言,勿求于心"的做法不可行。朱子从理学着眼,直接以"理"解"言",认为不得于言就是不求其理。不得于言的原因在于心上道理不明,故言上不知,当求之于心,从心上之理考较其是非差别,探究其得失根由。"孟子谓言有所不能知,正以心有所不明。"④ 告子不求理上是非对错,只是强硬制约本心,造成的后果是既有失于外在言语,又放弃内心之理,使得内外皆失。"则既失于外而遂遗其内,其不可也必矣。"⑤ 学者对"不

---

① 《语类》卷52,第1700页。
② 《四书集注》,第230页。
③ 同上。
④ 《语类》卷52,第1701—1702页。
⑤ 《四书集注》,第230页。

得于言"存在两种理解,如伊川等认为指"未能理解他人之言",朱子早年亦持此解,晚年则更倾向于理解为"已失之于言"。他认为,根据文义,'"不得",谓失也。'是自己有失于言。从义理上讲,无论哪种理解,最终皆应落实于心上之理。"孟子文义正谓在己者失之于言耳,然言为心声,则在己在人皆如此也。"① 顺此,朱子讨论了陆象山对告子的看法,指出陆象山和告子有相似处,二者皆放弃外在言语上穷理工夫,只是硬制内心。朱子将陆象山比之于告子显然存在偏差,只看到二者外在之迹似而忽视陆学存心与告子制心截然不同。"尝见陆子静说这一段,大段称告子所见高。告子固是高,亦是陆子之学与告子相似,故主张他。"②

志与气。一方面,孟子认为志对气具有统领性,志是气的统帅,充实遍布于人体内的气,则是志之士卒。但同时又提出要"持其志,无暴其气"。因为"气壹则动志也。"朱子对志、气作出了明确解释,志是心之所趋向,气则是充满于体内之物,志的修养工夫是持敬固守,不使放失;气的修养工夫则是用心养护,不使暴乱。在志气关系上,朱子肯定了二者内外本末的非对等关系,指出它们存在本末主次、先后缓急之分。他引用程子的观点表明志对气的影响是十分之九,而气对志的作用只有十分之一。程子曰:"志动气者什九,气动志者什一。"③ 同时,朱子又突出了二者内外本末的一体,强调工夫不可偏废,须"交相培养""两边作工夫"。尽管在层次上,志本气末,志高于气,但气对志的反作用亦不可忽视。如果不能保持喜怒哀乐等情感的合宜适度,言语动作的量力而行,就会影响到志。"故志固为至极,而气即次之。人固当敬守其志,然亦不可不致养其气。盖其内外本末,交相培养。"④

二 "大纲是说个'仰不愧于天,俯不怍于人'"

神秘之气。孟子认为与告子相比,自己的长处在于"我知言,我善养

---

① 《文集》卷49,第2283页。
② 《语类》卷52,第1703页。
③ 《四书集注》,第231页。
④ 同上。

吾浩然之气。"但当弟子问他"何谓浩然之气"时，却发出了"难言也"的感慨。对此，朱子认同二程的观点，认为据"难言"二字，可断定孟子确真实体验、拥有浩然之气。"故程子曰：观此一言，则孟子之实有是气可知矣。"① 因为此气本来就看不到，听不着，无声色嗅味等外在可感，实非普通言语可以言表，它存在于个人的自得自证中，作为个人内心的一种道德感受，如人饮水，冷暖自知，只可体会，难以言表。这种不可言说也就带来了某种神秘性，这是浩然之气的特点之一。"难言者，盖其心所独得，而无形声之验，有未易以言语形容者。"②

刚大之气。据孟子阐述，至大至刚是浩然之气的突出特点。朱子认为至大就是无可限量，至刚就是不可屈服，这是浩然之气的本来体段。"才说浩然，便有个广大刚果意思，如长江大河，浩浩然而来也。"③ 朱子将"浩然"解释为气体"盛大流行之貌"，这种大气充盈之时将磅礴充塞于天地之间，无有涯际。朱子尤为突出浩然之气刚硬果敢无可抵挡的刚性一面，指出人若禀得此气，便气魄雄伟、果敢自任，大勇无畏，一往直前，力透金石，这种刚勇不屈的气质正为孔门造道传道之根本，自曾子、子思、孟子诸贤皆具此刚勇之质。若慈善柔弱之质，不足以学道传道。朱子特别感慨在世衰道微之时，更是需要刚勇无屈者方能有所成就。"看来这道理，须是刚硬，立得脚住，方能有所成。只观孔子晚年方得个曾子，曾子得子思，子思得孟子，此诸圣贤都是如此刚果决烈，方能传得这个道理。若慈善柔弱底，终不济事。"④ 为了突出这种刚性，朱子还将之与平旦清明之气相比，认为清明之气过于平和，难当大事。

先天之气。孟子对"浩然之气"是否先天存在并无表述，朱子肯定此气乃人先天本有，为天地本有之气。"问：气是合下有否？"曰："是合下有。"⑤ 此气存在于天地之间，充盈于人体之内，并未外在于血气，而是与之同为支撑人的生命活动的粗豪之气。朱子如此肯定浩气的先天平常是要消

---

① 《四书集注》，第 231 页。
② 同上。
③ 《语类》卷 52，第 1710 页。
④ 同上书，第 1711 页。
⑤ 同上书，第 1726 页。

除它的神秘感,因为此气本为天地之正气,长存于天地间,而为人人所曾拥有,所能拥有,这样就给予了一种普遍的可能,即并非如孟子这般圣贤才拥有此气,其实人人皆具。旁人与孟子之别在于未能对此好生护持,丧失此气之本来,故需后天工夫以恢复存养此气之本初,拥有与否完全取决于个人之工夫,为个人所可把握。"浩然之气,只是这血气之'气',不可分作两气。人之语言动作所以充满于一身之中者,即是此气。"① "气,即所谓体之充者。本自浩然,失养故馁,惟孟子为善养之以复其初也。"② 浩然之气本存乎天地之间,"元与天地相流通。"乃天地之正气,而人生命之气,亦得之于天地正气,固人生来即有浩然之气。天人皆为同一气所构,本来即一,无须分别。人若好生护持禀有此气无害此气,就会达到与天地相通之境界。"盖天地之正气,而人得以生者,其体假本如是也。" "天人一也,更不分别。浩然之气,乃吾气也。"③

创生之气。在说明浩气之先天性的同时,朱子又阐述了气是后天创生的看法。他认为此气之有无完全取决于心中是否有义,行为是否合宜,合义则生气。故一个丧失了道义的人,一个行事不能时时合乎义的人,是不可能体验到浩气的。这就解释了为什么作为先天本有之气,常人却并没有拥有感受之,强调了后天养气工夫(即集义)的重要,"盖义本于心,不自外至。积集此义而生此气,则此气实生于中"④。朱子曾以非常激烈的语气肯定此气之后天创生性,认为人生只是禀赋了普通的昏浊之气,浩然之气乃是后天生养而出。否定浩气的先天性,是为了鞭策学者实下工夫,消除"本有此气"这种心理上的坐等依赖感和工夫上的疑虑怠惰。在先天后天看似矛盾的表述中,反映了朱子"因病发药"诠释的现实针对性和灵活性。"某直敢说,人生时无浩然之气,只是有那气质昏浊颓塌之气。这浩然之气,方是养得恁地。孟子只谓此是'集义所生',未须别说。若只管谓气与道义,皆是我本来有底;少间要行一步,既怕失了道义,

---

① 《语类》卷52,第1715页。
② 《四书集注》,第231页。
③ 《四书集注》,第231页。
④ 《语类》卷52,第1734页。

又怕失了气。"①

　　义理之气。朱子认为，此气与血气等气的根本差异在于来源，或者说内容不同，一个来源于义理，为天地正气，一个来源于肉身，为物质之气。在表现上血气柔弱有限，浩然之气刚硬无穷。"气，只是一个气，但从义理中出来者，即浩然之气；从血肉身中出来者，为血气之气耳。"② 前者之刚猛浩然，皆因有道义为支撑，其本体无所亏欠，故能磅礴饱满，充塞遍布于天地之间。"浩然是无亏欠时。"③ 朱子指出，浩气的根本特征在于它是一种精神性的义理之气，朱子最爱用《孟子·尽心篇》中的"仰不愧于天，俯不怍于人"来表达他对浩然之气的认识。笔者粗略统计，仅在《语类》五十二卷"浩然之气章"中，朱子就近 20 次使用此句解释浩然之气。如"孟子'养气'一章，大纲是说个'仰不愧于天，俯不怍于人'"④。

　　值得寻味的是，"仰不愧于天，俯不怍于人"在原语境中是指君子三乐之一，其意为人在天地间直道而行，无所亏欠，所获得的一种油然而生的道德愉悦感、满足感、充沛感。这种道德感受会对人的身心内外产生重要影响。它首先指向的是心灵的轻松快慰，"仰不愧，俯不怍，自然是快活。"⑤但这种快活感的获得决不是简单轻松的事情，往往是肩负重任、历经考验之后内心自然生出的释然，是"朝闻道、夕死可"的无复遗憾的满足快慰感。拥有了这种感受，必然会获得足够的勇气力量面对一切的艰辛诱惑，"虽是刀锯在前，鼎镬在后，也不怕！"⑥ 这种感受的本质就是自然、真实。朱子指出，"诚"乃是浩气的必然内涵，"中与诚与浩然之气，固是一事"。⑦"诚"则无有亏欠，若有亏欠，则不快活。"反身而诚，乐莫大焉"亦是无

---

① 《语类》卷 52，第 1731 页。关于浩气之先天性与创生性的问题，业师李景林先生在《"浩然之气"的创生性与先天性——从冯友兰先生〈孟子浩然之气章解〉谈起》(《社会科学战线》2007 年第 5 期) 一文中有精辟阐发，指出只有"把程朱的先天说和冯先生的创生说统一起来，才能全面地理解孟子'养浩然之气'的意义。"
② 《语类》卷 52，第 1711 页。
③ 同上书，第 1716 页。
④ 《语类》卷 52，第 1713 页。
⑤ 《语类》卷 60，第 1951 页。
⑥ 《语类》卷 18，第 636 页。
⑦ 《语类》卷 6，第 243 页。

亏欠，此亦证明浩气只是一个'仰不愧于天，俯不怍于人。'"朱子进一步阐明，浩气之说源于《大学》诚意章，因为诚实不自欺，故自反常直，浩气自然生出。"先之问：诚意章或问云：'孟子所论浩然之气，其原盖出于此。'何也？"曰："人只是慊快充足，仰不愧，俯不怍，则其气自直，便自日长，以至於充塞天地。"① 人能诚意不自欺，好善恶恶不求外知而获得内心的满足、快乐，故能在"人所不知而己所独知之地"慎其独，达到"心无愧怍、体常舒泰""以德润身"之效果。这种"诚于中，形于外"的效果给内心带来的精神享受直接作用于人的物质身体，睟面盎背，施于四体，起到变化气质的作用。故朱子认为孟子所论浩然之气，强调了人精神上的俯仰无愧怍所引发的化血气之气为义理之气的改变身体的效果。这样就将浩然之气显豁化，亦指明了养气的下手之处。

三 "知言，本也；养气，助也"

养气之前提——知言。孟子自言不动心的长处在两个方面，"我知言，我善养吾浩然之气。"朱子站在理学的立场，以格物穷理、知先行后、主次本末等理论对知言及与养气关系作了独特阐发。朱子对知言给予了极高重视，视为此章主旨，"此一章专以知言为主"②。他以《大学》格物穷理解释知言，认为"知言者，尽心知性，于凡天下之言，无不有以究极其理，而识其是非得失之所以然也"③。"尽心知性"在朱子看来就是经过格物穷理后所获得的物格知至，"知性则物格之谓，尽心则知至之谓也。"④ 达此，则于天下之事理无所不通，于是非得失之根源无所不得，故知言也就是知理、知道。朱子引用程子观点，提出辨别是非的前提在于心通达于道，以道裁断是非，正如用称重仪器之权衡物体之也。这即是孟子知言之意，是从道的高度来辨别言之是非。"程子曰：心通乎道，然后能辨是非，如持权衡以较轻重，孟子所谓知言是也。"⑤

---

① 《语类》卷18，第636页。
② 《语类》卷52，第1742页。
③ 《四书集注》，第231页。
④ 《四书集注》，第349页。
⑤ 《四书集注》，第233页。

朱子从知行关系来理解知言和养气的关联。他指出，知和理，行和事分别相对应，知言以明夫道义，达到于天下事了然无疑之地步；养气以辅佐配合道义，达到行天下事无所畏惧的地步。知言明理故无疑，养气配义故无惧，正因为知行理事上的双向并进，相互作用，孟子才能担当起大任而不动心。在知行关系上，朱子主张知先行后。据此，则知言在养气之前，为养气之前提，"须是先知言。知言，则义精而理明，所以能养浩然之气。"①

朱子还以理气本末说来判定知言和养气的关系，知言是知心之理，此理对气有主宰作用，为气之本，气则是理之辅助，是理之卒徒。故知言是养气之本，养气是知言之末，此序不容改变颠倒。"盖知言只是知理。……盖知言，本也；养气，助也。"②

养气之根本——直养、配义、集义。

以直养而无害。孟子在感叹浩然之气"难言也"后，还对此气做了阐发，引起了后世的纷争。第一句，"其为气也，至大至刚，以直养而无害，则塞于天地之间。"对这句话理解的分歧首先就表现在断句上，小程子据《周易》"直方大"说，提出将"直"断在上半句，与"大、刚"并列为描述气之特点的词，亦正好与《易》说相合。朱子以前后文势和文义为根据，认为当在"刚"字后断开，"直"字放在后半句，并从文势、文义和诠释的角度批评程子说。

据文势，若按程子说，孟子当用"至直"而不是"以直"，"文势当如此说。若以'直'字为句，当言'至大至刚至直'。"再则，"直"字若归属上句，则和"刚"义重复；若属下句，则前后贯通而无此弊。故朱子宁愿取俗师之说而舍赵岐、程子说。"今以'直'字属上句，则与'刚'字语意重复，徒为赘剩而无他发明；若以'直'字属之下句，则既无此病而与上文'自反而缩'之意，首尾相应，脉络贯通，是以宁舍赵、程而从俗师之说。"③ 据上下文义，上文和下文皆有"直"义，与"直养"正好相应，这样才符合圣贤之言首尾呼应之义。"又此章前后相应，皆是此意。先言

---

① 《语类》卷52，第1732页。
② 《语类》卷52，第1702页。
③ 《四书或问》，第934页。

'自反而缩'，后言'配义与道'。所谓'以直养而无害'，乃'自反而缩'之意。"① 据所指关系，和"至大至刚"描述气体不同，"以直"乃是对养气工夫之描述。针对伊川从义理上嫌"直养"说有以物养物之义，朱子认为"直养"并不是物物相养，"直"是自反而直，是用功处，"养"则是维持呵护此浩然之气，若没有此"直养"工夫，仅说"养而无害"，就没有突出养的内容和主宰，无法形成浩然之气。且在语义上也显得软瘫，没有刚硬气魄，与全段风格不相符合，与孟子刚勇性格不相匹配。"故知'以直'字属下句，不是言气体，正是说用工处。若只作'养而无害'，却似秃笔写字，其话没头。观此语脉自前章'缩、不缩'来，下章又云'是集义所生'，义亦是直意"②。根据诠释方法，看文字当从本文入手，顺原文语脉，求圣贤原义，不可牵扯他说，程子以《周易》来断定《孟子》的做法有牵扯之弊，《孟子》说和《易说》自有差别，"便是不必如此。且只将《孟子》自看，便见《孟子》说得甚粗，《易》却说得细"③。朱子进一步指出小程子坚持否定大程子的"以直养"说正反映出其本人性格之固执。

朱子主张如此理解的一个重要根据是上文曾子提出"自反而缩"。朱子以《礼记》为证，说明"缩就是直。"以直养就是自反而缩之意，"惟其自反而缩，则得其所养。"曾子不动心在于反求诸己而所为正直，由此产生出行动的勇气，和以正直保养护持此浩然之气相应。"所谓'以直养而无害'，乃'自反而缩'之意。"④ 朱子还指出诸说虽有断句相同者，但并不可取，因为他们"所以为说者，不本于自反而缩之云，则非孟子之意矣"⑤。朱子引用谢上蔡的观点指出，"浩然之气，须于心得其正时识取。"⑥ 浩气本源自义理，当行正直正义之事时方能体认保持。浩然仅仅是气无亏欠时的形态，气之充盈无亏欠其实即是人心之无亏欠。故气之状态如何完全取决于人心，若能于工夫上做到自反而直，使所行所思皆符合道义，无所亏欠，那么就养

---

① 《语类》卷52，第1717页。
② 《语类》卷52，第1718页。
③ 同上。
④ 《语类》卷52，第1717页。
⑤ 《四书或问》，第934页。
⑥ 《四书集注》，第231页。

护了此气，这样养气就与人生有了直接的关联。同样，对浩然之气的最大伤害就是个人之私意。一旦为私意所遮蔽，则此气就会软瘫下来，顿然失其刚硬至大状态，而变得极其小弱也。朱子引用程子的观点说，"一为私意所蔽，则欲然而馁，却甚小也。"①

配义与道。孟子描述浩然之气的第二句是："其为气也，配义与道；无是，馁也。"这句话同样引起后世纷争。朱子依然从文义训诂入手，对之作出了新的诠释。首先，朱子将"配"解释为"合而有助"，突出道义与气的相互推动，体现出朱子的创造性。朱子之前如程子等将"配"释为"合"，"配者，合也。"朱子增加了"助"字，意在强调气对道义的推动作用，"问'合而有助'之意。曰：若无气以配之，则道义无助"②。朱子还分别以天理、人心解释道、义，"义者，人心之裁制。道者，天理之自然。"③

其次，朱子指出，道义与气是相互推动关系。气与道义相合形成浩然之气，此气反过来有助于道义的推行，二者"是两相助底意。"故"初下工夫时，便自集义，然后生那浩然之气。及气已养成，又却助道义而行"④。先集义以养成此浩然之气，此浩气与道义相吻合，就能推动道义，使人的行为自信无畏，坦诚果敢，没有疑惧。朱子特别强调了气对道义的推动作用。他肯认人性先天皆善，皆愿行善，然而往往不能坚决行之，一贯行之，见义而不能勇为，根本原因就在于缺乏作为行义推动力的勇气，缺少一种弘毅精神。故在行道上就表现为不彻底、不连续（具有间断性、随意性），最终造成人的道德素养无法提升，成为"一个衰底人。""言人能养成此气，则其气合乎道义而为之助，使其行之勇决，无所疑惮；若无此气，则其一时所为虽未必不出于道义，然其体有所不充，则亦不免于疑惧，而不足以有为矣。"⑤

再次，朱子以理气之说对道义与气的关系做了深入剖析。朱子从理气不离、理先气后的角度阐述道义与气为形上、形下的本末先后关系，创生与支

---

① 《四书集注》，第 231 页。
② 《语类》卷 52，第 1727 页。
③ 同上。
④ 同上书，第 1716 页。
⑤ 《四书集注》，第 231 页。

撑的相互作用关系、不分亦不合的一体关系。先有道义然后产生浩气,但道义是空虚无形不可视听之物,自身并无力量,它的实行必须得到浩气的支撑才能呈现作为。一般人亦有行善而合乎道义者,然而必须有这个气作为动力,人的道义才能树立起来。"(道、义)二者皆理也,形而上者也;气也者,器也,形而下者也。以本体言之,则有是理然后有是气,而理之所以行,又必因气以为质也。以人言之,则必明道集义,然后能生浩然之气,而义与道也,又因是气而后得以行焉。"① 他肯定"气与道义只是一滚发出来"②的一体不分关系,同时亦保持各自的形上形下界限,"气与义自是二物。"道义是公共的形上之体,气则是自家私有形下之物,二者又是普遍公共与个体私有关系,道义本自无情,自家之气合下即有,故应善自保养浩气,并以之助养道义;若不加以存养,则道义和气就两不相干了。"道义是公共无形影底物事,气是自家身上底物。道义无情,若自家无这气,则道义自道义,气自气,如何能助得他?"③

  朱子对"无是,馁也"的理解引起学者纷争,关键在于"是"指代的是道义还是浩气。朱子与二程一致,认为"是"指浩气,"馁"的主体是道义。但很多学者的看法恰好相反。他们的理由是:道义作为天地之理,亘古长存,怎么会馁呢? 只有气才会馁。故本句话当理解为"没有道义的支持,气就会馁下来。"朱子好友吕子约即持此解,吕氏认为"道义本存乎血气,但无道义则此气便馁而止为血气之私,故必配义与道,然后能浩然而无馁乎"④。朱子从两点展开驳斥:一是理解此章的关键在于分清主宾关系。孟子此处的主旨是强调浩然之气对道义的推动作用,故当以浩气为主,道义为辅。"孟子答公孙丑问气一节,专以浩然之气为主。"朱子判读的根据是孟子两句皆是以"其为气也"为话头,语义上皆以浩气为主,故当突出气。其二,从文本诠释来讲,若如吕说,则"语势不顺,添字太多。"因为孟子"且其上既言'其为气也'以发语,而其下复言'无是馁也'以承之,则所

---

① 《四书或问》,第 934 页。
② 《语类》卷 52,第 1713 页。
③ 《语类》卷 52,第 1726 页。
④ 《文集》卷 48,第 2224 页。

谓'是'者固指此气而言。"而且吕说造成上下三句语意重复，于文势、文义和孟子这位圣贤的言语风格皆不合。"今乃连排三句只是一意，都无向背彼此之势，则已甚重复而太繁冗矣。"①

集义。孟子接下来对"浩然之气"的阐发转到义上，说该气"是集义所生者，非义袭而取之也。"此句同样引起后世纷说。朱子认为，集义就是积善，是积集善行，以义裁断事理、使事事合乎宜，不是取乎彼而集之于此也。"集义，犹言积善，盖欲事事皆合于义也。"②朱子特别强调集义行善的自然性、长期性、内在性、彻底性、普遍性，将之视为内在生命持久一贯的自由行动。它与袭义的差别也就在于此，袭义只是偶尔的掩袭于义，仅仅是一种外在生命的行为，本非己有。"集义是岁月之功，袭取是一朝一夕之事。从而掩取，终非己有也。"③

朱子强调集义是养气工夫之紧要所在。浩气最初之养成与否，完全取决于个人行事是否皆合乎道义。只有时时行道，事事合宜，内心自我反思而心中无所愧疚亏欠时，浩气才会自然而然地由衷产生，此气内在根植于个人心中，并非偶尔行一道义之举就可从外偷袭而得。"而其养之之始，乃由事皆合义，自反常直，是以无所愧怍，而此气自然发生于中。非由只行一事偶合于义，便可掩袭于外而得之也。"④朱子认为集义给心灵带来了俯仰无愧的满足感愉悦感，内心是否有此自慊之感，是判定拥有浩然之气与否的唯一标准。这种自慊又取决于行为是否合乎道义，倘若做了不合道义之事，哪怕仅有一次，在进行内心反省时，必然会产生不安，不快足，此气则会顿然软瘫，全身感受到虚欠空虚。"言所行一有不合于义，而自反不直，则不足于心而其体有所不充矣。"⑤

进而朱子断定这已经足以说明义在内而非外，告子与孟子的差别在于，他坚持义外说，认为人心乃是一块"白板"，义无关乎人心。故在工夫上不顾行为之合宜与否，仅仅是强制其心而不动，如此必定无法产生浩

---

① 《文集》卷48，第2224页。
② 《四书集注》第232页。
③ 《语类》卷52，第1723页。
④ 《四书集注》，第232页。
⑤ 《四书集注》，第232页。

然之气。其"不得于言勿求于心"所犯的根本错误就在于义外说，不知言虽在外，而理则在内也。"告子不知此理，乃曰仁内义外，而不复以义为事，则必不能集义以生浩然之气矣。上文不得于言勿求于心，即外义之意。"① 朱子转而批评陆学为"袭义"说，指出告子摒义于外，强制本心的做法，和陆象山静坐不读书相近。陆氏门徒包显道等认为，只要一事上做得合乎道义，便可由此提升精神境界，朱子指出这就是告子的袭义说。因为"盖义本于心，不自外至。积集此义而生此气，则此气实生于中"②。陆象山则认为在书上讲求义理，放弃对心的用功，才是告子义外之义。据此亦见出朱陆之学在为学之方上存在主内主外趋向的不同。

"必有事焉而勿正，心勿忘勿助长"，是养气中一节目③

孟子提出集义还须做到"必有事焉而勿正，心勿忘，勿助长也。"对于此句的理解亦存在差异。首先在文本断句上存在两种看法，分歧在于是否将"正心"放在一起，伊川和明道各持一说。朱子主张二者皆可，但为了避免与《大学》"正心"相重，故将"正"字属上。朱子以《春秋》为根据，将"正"解释为"预期、等待"，强调其义和《大学》"正心"之"正"意不同。"'必有事焉，而勿正心'，'心'字连上句亦得。但避《大学》'正心'字，故将'心'字连下句。然初不相干，各自取义。"④ 朱子指出"有事勿正勿忘勿助长"仅仅是是养气工夫的一个环节，是对养气工夫的一种限定节制，并非养气工夫之根本，只是"涵泳底意思"，它们与养气本来并无关系，"四者初无与养气事。"只是孟子用之于此大致描述工夫之界限范围而已，是一种补充，批评学者对此过于重视没有抓住根本。"今人说养气，皆谓在'必有事焉，而勿正，心勿忘，勿助长'四句上。要紧未必在此。药头只在那'以直养而无害'及'集义'上。这四句却是个炮炙锻炼

---

① 《四书集注》，第 232 页。
② 《语类》卷 52，第 1734 页。
③ 同上书，第 1737 页。
④ 同上书，第 1718—1719 页。

之法。"①

朱子对"事正忘助"工夫进行分析。必有事之事即是养气以集义为事,假如此气未达到充盈饱满状态,则应保持勿忘其事的态度,同时亦不可妄有所作为以助其长,当顺其自然,这是集义养气的自然节度。告子强制其心,必然有"正""助"之病也。"事正忘助"四者相互作用,有事、勿忘是集义工夫,勿正、勿助长是气之本体的工夫,对本体不可有期待之心、不可有用力添助之举。既要坚持集义的事上用力工夫,也要保持维护本体自然的克制之工。"事、正、忘、助相因。无所事,必忘;正,必助长。"②"必有事"即是全部工夫所在,"勿正、勿忘、勿助长"本是辅助,起对此工夫的限制作用,使之不要犯下这正、忘、助长的错误。正是因为有了这三句的限制,才促使人发挥主体能动性和保持意志清醒,于此限制中达到对本体的透悟而获得一种自由。本体随时遍在,于万物上皆可显现,无须外求。由此见出儒佛之别,吾儒与佛老之别在于洞见本体后,还要在事上下工夫,还须遵从原有外在规矩限制,只不过这种遵从已经达到浑然不觉地步而已。

四 "若有一字不是孟子意,天厌之"

朱子对"浩然之气"的阐发,亦充分体现了他的诠释思想,主要包括以下方面:"看本文意义、会圣贤指趣、识为学功夫"的诠释目标;虚心讽诵、专一理会、通贯深入的诠释方法;批判中继承,继承中超越的诠释特点。

诠释目标。朱子晚年在与项平父讨论此章时表达了他对诠释的看法,"大抵既为圣贤之学,须读圣贤之书。既读圣贤之书,须看得他所说本文上下意义,字字融释,无窒碍处,方是会得圣贤立言指趣,识得如今为学功夫"③。诠释的首要任务就是"看得他所说本文上下意义",即通过疏通解释文义,来求得本义。朱子将是否符合文本之义作为衡量诠释好坏的必要标准。故在本章诠释中花费极大工夫用于文本断句,字义解释,体现出他精湛

---

① 《语类》卷 52,第 1718 页。
② 同上书,第 1738 页。
③ 《文集》卷 54,第 2544 页。

的训诂考证工夫。如对"缩、配、正"等字的诠释，就不惜违背力求简洁的原则，较为罕见地列出经典文献为证。在两次断句中，也是费尽周折，有时取一说，有时兼取两说。朱子对文义高度重视，因为他认为是否把握了文义是决定能否理解圣贤之意的基础。"圣贤之言，条理精密，往往如此。但看得不切，错认了他文义，则并与其意而失之耳。"① 他同样将放弃对本文意义的理解当成为学之最大毛病，"弃却本文，肆为浮说，说得即当，都忘了从初因甚话头说得到此，此最学者之大病也"②。

在文义疏通已无窒碍的基础上，朱子认为诠释的下一步就是发明圣贤原意，"会得圣贤立言指趣"。朱子对文义与原意关系有着深刻认识，他指出文义是原意的基础，原意是文义的深化，二者并非等同，在因言得意之时，却不可为言所拘执，当察其言外之意。"大抵看圣贤文字，须要会得他这意。若陷在言语中，便做病来。"③ 朱子以发明圣贤原意为解经的自觉要求，他本人对此章诠释甚为满意，数次发誓表明自己诠释完全符合孟子本意。"某解此段，若有一字不是孟子意，天厌之！"④ 并要求解释经典应当顺圣贤之原意，而不可借此阐发个人主观意思。"大抵某之解经，只是顺圣贤语意，看其血脉通贯处为之解释，不敢自以己意说道理也。"⑤ 朱子自觉地将是否符合这一要求视为判定诠释好坏的标准。凡是脱离这一要求而阐发己意的解释，就违背了诠释的本质，即使再好，也不足为取。批评二程说只是阐发了个人思想，以此告诫弟子应该唯圣贤之意是求，不可强说己意。"养气一节只说得程子意，若论孟子门庭指意，又却不然。"⑥

在朱子看来，求本义、发原意还不是诠释的全部，诠释最终是为了应用，是为了"识得如今为学功夫"，故诠释应当切于日用。朱子特别注意诠释对学者日用工夫的影响，如他批评学者认为集义"不必于应用处斟酌是否"的看法，指出"圣贤所谓义者，正欲于应用处斟酌耳"。朱子强调应将

---

① 《语类》卷52，第1737页。
② 《文集》卷62，第2986页。
③ 《语类》卷52，第1732页。
④ 同上书，第1720页。
⑤ 同上书，第1717页。
⑥ 《文集》卷47，第2200页。

经典诠释与现实关怀融合起来，通过针砭现实之弊病，以矫正学者为学之方向。在本章诠释中，朱子批评陆学不读书穷理，守内遗外，佛学空求理而缺乏事上实行等弊病，指出二者在为学工夫上皆偏颇不足，未能做到本末兼顾。为了达到切于日用工夫这一目的，朱子的诠释体现出"因病发药"的灵活性，甚至常常出现看似相互矛盾的观点，如在浩气的先天与后天的认识上。

诠释方法。首先，诠释应虚心反复讽诵本文，待其自解自悟。不能虚心的最大障碍在于固执己见，故切不可将先入之见带入文本中，以急迫之心强求其解，"但此章文义正自难明，且当虚心平气，反复讽诵，久当有味。……反复玩味要之以久，自当释然，有解悟处，不必广求，徒劳日力"①。此外，亦不可因尊崇权威之说，维护人情而有所偏倚，他曾批评吕子约于此不足，"若合下便杂诸说混看，则下梢亦只得周旋人情，不成理会道理矣。近日经说多有此弊，盖已是看得本指不曾分明，又著一尊畏前辈不敢违异之心，便觉左右顾瞻，动皆窒碍，只得曲意周旋，更不复敢著实理会义理是非文意当否矣"②。其次，诠释须专一，尽心"逐项理会""勇猛径直理会将去"，逐节攻破，不可牵扯混杂，左顾右盼，停滞不前，否则难以理清头绪，真正进入文本。"公如此看文字不得。且须逐项理会，理会这一项时，全不知有那一项，始得。"③ 朱子特别反对一处未明，又旁引他说的做法，这样的后果只会增加诠释负担，造成思维混乱。"考论文义，且只据所读本文，逐句逐字理会教分明。不须旁引外说，枝蔓游衍，反为无益。"④又次，诠释须通贯深入，应注意上下文本，不可将诠释对象孤立。因为文本本身即上下贯通，互相呼应，它处在一个相应的语境中，必须借助此语境方可求解。同时在通贯中要力求深入，阐发文本的内在含义，不可浮光掠影，一带而过。"此章须从头节节看来看去，首尾贯通，见得活方是，不可只略猎涉，说得去便是了。"⑤

---

① 《文集》卷45，第2064—2065页。
② 《文集》卷47，第2203—2204页。
③ 《语类》卷52，第1698页。
④ 同上书，第1703页。
⑤ 《语类》卷52，第1731—1732页。

诠释特点。朱子作为宋代理学之集大成者，善于在继承、吸收前人成果的基础上自出新意，他对本章诠释就充分反映出在批判中继承，在继承中超越的诠释特点。本章的诸多地方皆印证了这一点。显然，据朱子对二程思想的直接引用或间接采用中，朱子有不少对二程思想继承处。如在志气关系、知言与养气关系等重要问题上大体遵循二程。但更值得注意的是，朱子对二程的继承同样有许多批评、修正，最终达到了一种新的超越。如他以"合而有助"解释"配"字，较之二程以"合"解新增了"助"字，强调了浩气对道义的推动作用。朱子对二程之说也常常提出批评，除在对"至大至刚以直养而无害"的解释上批评伊川外，朱子还多次批评明道以"敬"解释"必有事焉"不符合孟子原意，敬虽然为修养工夫之根本，但在此处乃是养气之前工夫，故工夫虽密，却不合孟子本文之意。这种见解完全依据的是与二程不一样的诠释理念。"孟子上下文无'敬'字，只有'义'字，程子是移将去'敬'字上说，非孟子本意也。"① 朱子的这一继承、批判、超越的特点亦体现在他对本章长达五十年的诠释活动中。对此章之诠解，历经朱子一生，大致经过从学延平期，主张二程期，自出己意期、辩论完善期。随着理学思想和诠释理念之转进，朱子对此章之诠解日益深化，此一过程实为一艰难曲折的生命锤炼之历程。

朱子此章之解实为儒学诠释之典范，对当下中国哲学之诠释和未来发展具有重要借鉴意义。朱子立足于新的理论观点，赋予"浩然之气"更丰富明晰的含义。他指出浩然之气乃源自人行义后内心油然而生的俯仰无愧怍之道德感，强调人人皆先天具有此气，消除了其神秘性，突出了它的道德性，显示了精神对物质的作用关系；同时又坚持"浩然之气"的后天创生性，阐发养气工夫之必要性，分析其间之前提、根本与节目，给学者指明了培养此气之工夫路径，尤其突出行义的实践性、普遍性、一贯性。朱子的诠释深刻、细腻，其视角关涉到主题的各个方面，后世学者站在各自的立场对本章作出许多新的阐发，对朱子诠释或赞同或批评，然则论诠释之广博、深刻、细腻，则实罕有出朱子之右者。无论诸学者立意如何，其实皆难越朱子之藩篱。朱子融合汉、宋治学方法，前承古人，近师理学，关注现实，辩议当

---

① 《文集》卷61，第2941页。

代，其引证前说、自立新说，驳斥异说，无不殚精竭虑，尽其所能，其烛微阐幽，破暗发明之功，深有益于后来者；委婉周至、广大精微的诠释理念和手法，亦为后世树立一高山仰止之典范。朱子对本章之诠解，为宋代理学思想之一缩影，亦为了解中华思想文化所必由之路，先秦儒学之伟岸，宋代理学之精微，皆相交汇于此。不仅了解儒学当由此入，发展儒学更须由此而入，当前儒学经典之诠释当以朱子诠释为必要之标杆。

第五节　真知格物，必成圣贤

作为理学集大成者的朱子，通过对理学话语的再诠与转化，深刻影响了整个儒学思想的走向。在朱子着力再诠的话语中，"格物"无疑居于核心地位。"格物"在朱子思想中具有复杂深刻的含义，后世学者多从知识、道德、信仰三方面看待朱子格物说，主要有以下观点：第一，侯外庐、任继愈等认为朱子格物是"不在乎求科学之真而在乎明道德之善"的封建道德修养说。第二，冯友兰、张岱年、蒙培元等认为朱子格物主要是对客观知识"物理"的追求，肯定其说与现代科学精神的一致；牟宗三、唐君毅认为朱子乃"泛认知主义"，对朱子格物的知识进路持否定批判态度；冯达文就朱子、阳明的比较确认朱子"格物"是形式化、知识化的拓展，阳明是信仰性与践行性的证成。[①] 第三，陈来认为朱学的明显特征是"认识伦理化，从而也把伦理认识化"。第四，赵峰借助西方"终极信仰"的观念，认为朱子"格物致知之旨归乃在检验和确证人的终极信仰。"[②]

我们认为，朱子的理学家身份决定了"格物"只能是"成就圣贤"之方。朱子眼中的圣人具有仁智兼具特点，作为成圣必由之路的"格物"也兼具理性、道德、信仰、实践、境界诸特质。成就圣贤是格物的"第一义"，对此"第一义"的确信来自格物所获得的真知，"见得亲切，自然信

[①] 冯文见：《从朱子、阳明子两家之〈大学〉疏解看中国的解释学》，载《寻找心灵的故乡　儒道佛三家学术旨趣论释》，中华书局，2015年。

[②] 各家说分别见于《宋明理学史》、《新编中国哲学史》、《中国哲学史》、《中国哲学大纲》、《理学范畴系统》、《心体与性体》、《中国哲学原论》、《朱子哲学研究》、《朱熹的终极信仰》诸书。

得及"①，物格的结果是树立"决定"成圣的信仰。格物的基本原则基于道德判断，"不当论内外，但当论当为不当为"，格物虽包括认知一面，但绝非形式化、知识化的言说推理，相反，它具有强烈的实践性质，"格物，至也，所谓实行到那地头"，它通贯理事、知行，不如此不足以抵抗佛老。格物究竟而言，还是心性修养工夫，格物无需穷尽一切知识，而以实现"心之全体大用无不明"的证悟为目的，朱子反复强调主敬涵养的存心工夫对于"格物"的本领地位，肯定格物不仅是"致知之方"，还是"养心之法"；不仅是"观理"之方，更是"明心""胜欲"之术。能否做到物格，是衡量"凡圣之关"的基本标尺。格物无需穷尽知识，"知至只是到脱然贯通处"，它遵循本末、合为、贯通、理事有别等原则。"格物"作为朱子诠释四书的枢纽，普遍运用于《论》、《孟》、《中庸》的诠释中，成为朱子批判佛老、陆学、功利学的利器。

一 "决定是要做圣贤，这是第一义"

朱子《大学章句》对"格物"的定义是："格，至也。物，犹事也。穷至事物之理，欲其极处无不到也。"在"即物""穷理""至极"三要点中，"至极"最可注意，可谓要点中的要点，它强调了格物的彻底性与普遍性。格物要穷究事物根源，不但知其然，更要知其所以然。故朱子屡言格物致知应"求至乎其极""推极吾之知识"。

朱子格物"至极"实为对伊川"知有浅深"说的继承拓展，朱子对伊川"知之浅深"说极表赞赏，视为开创性贡献，赞叹此说分明深刻，远迈前人。

> 伊川云"知非一概，其为浅深有甚相绝者"云云。曰：此语说得极分明。至论知之浅深，则从前未有人说到此。②

"知之浅深"的意义在于通过对"知"的层次高下区分，将之与为学的

---

① 《语类》卷15，第473页。
② 《语类》卷18，第597页。

逐层渐修、所达境界对应起来，为针砭学弊提供理论支持。"至极"乃知之极致，代表知的最高一端，与之对应者当为无知，但朱子主张人先天有知说，故严格讲无知是不存在的，而且在工夫论上无甚意义。朱子看重的是格物穷理所自然形成的高下深浅之知，即半知、真知两种情况。半知有知而未尽、半知半不知、苟且之知等情况，它是人不完善的根源。真知是知之极致，是人自我完善的实现。

朱子将"至极"与成就圣贤紧密关联。格物是整个知行工夫的两端，格物的极致处，在于树立"决定是要做圣贤"的"第一义"。只有"事事穷得尽道理"，才能"事事占得第一义"；知上决定了做圣贤，才能行上成就圣贤，做到圣贤。反之，正因为"见道理不破"，故"都做不得第一义"。

> 且如为学，决定是要做圣贤，这是第一义，便渐渐有进步处。若便道自家做不得，且随分依稀做些子，这是见不破。①

格物"第一义"的内容为君仁臣敬子孝之类的人伦之理，圣贤之学实为格物之学的灵魂。只有为圣贤之学服务，格物才可能"是（朱子）他全部哲学的一个最终归宿"②。朱子认为，"知之至极"是圣人应有之义。圣人不仅是道德修养的完善者，也是宇宙事理的觉悟者。圣之为圣在于他与理合一、大、全、通、化的超凡特质。《论语集注》言，"圣人道大德全""圣无不通""圣人，神明不测之号。"是否仁智兼具，成为朱子判定大成之圣和偏至之圣的唯一标准，《孟子集注·集大成章》指出，夫子集圣之大成，超越伯夷、伊尹、柳下惠之处在于他"圣智兼备""知之至，行之尽""兼全于众理。"朱子对作为贤人的君子，同样定义为"德才兼备"。

朱子格物为一动态历程，只有达到"极致""贯通"方可视为格物的实现，格物未到贯通处即为有害。"至极"作为此一历程的终点，具有标尺的意味，只有悬此圣贤目标，前行方有动力。朱子多次强调，格物仅格两三分，未到"至极"者，皆不可视为格物，他反复突出格物"穷尽到十分"

---

① 《语类》卷15，第462页。
② 陈来：《朱子哲学研究》，第284页。

的"至极"特质。

> 问:"格物工夫未到得贯通,亦未害否?"曰:"这是甚说话!而今学者所以学,便须是到圣贤地位,不到不肯休,方是。"①

朱子对格物的反复修改围绕极致意义展开,也证实了至极的重要。朱子对"知至"的"至"有三种理解:"尽、极至""切至""到"。最初,朱子将"至"理解为"尽",强调所知的广度与深度。但在己亥年,朱子提出应修正为"切至",以突出"至"的"真切"义,如此方与"诚意"相通,既真且切,带有情感、理性双重意味,如此方是"真知"。但在己酉年,朱子又改变想法,认为应解释为"到",以强调所知在广度上无所不包。但丁巳年《答黄直卿》又认为应回到旧说"极至",而非"切至"。并指出此极致是就工夫言,至善之极致是就境界言。今本《章句》"知至"正释为"无不尽"。

> "知至"之"至",向来却是误作'切至'之"至",只合依旧为"极至"之"至"。然此"至"字虽与"至善"之至皆训"极"字,而用处不同。至善是自然极至之至,知至是功夫极至之至,难作一例说也。"②

《大学或问》也主张尽、极致说,物格是穷极事物之理而无余,心知随之扩充而无不尽,强调了格物的彻底性、深入性。《朱子语类》也主张"尽"比"切"更真实可靠,这与《答黄直卿》说相应。"'切'字亦未精,只是一个'尽'字底道理。"卓。③

---

① 《语类》卷15,第468页。
② 丁巳《答黄直卿》六,《文集》卷46,第2157页,书信年代据陈来《朱子书信编年考证》(增补本)。
③ 《语类》卷18,第597页。

二 "若见得亲切，自然信得及"

朱子通过对格物内涵的透彻分殊，提出"若见得亲切，自然信得及"，以格物来贯穿理性与信仰，自然得出真知必有真信的理性信仰一体论。他认为理性、信仰相互一致而无矛盾。理性乃树立信仰的必要充分条件，没有理性，则无法产生真正的信仰；反之，有了理性，必定产生信仰。真知是真信的必要前提和自然结果，达到真知真见地步，方有必有真信产生。反之，真信也可谓真知的效用与标尺。

朱子认为知有表层之知与深层之知的层次之分，也表现为事与理，所当然与所以然的差别。故若仅仅停留于"知得如此"的表层之知，将永无"决定"信仰的形成。作为表层的所当然指君仁臣敬等道德准则，作为深层的所以然指构成道德准则的根本法则，二者兼具才是知之极致。朱子常以"真知""实知""知到十分""见得亲切"等表述知之极致。知之极致的重要表现是"决定"思想的确立，即树立"决定要做圣贤"的人生价值信仰。为了让学者坚信穷尽事理、成就圣贤乃必然可期之事，朱子反复言"决定如此"，类似佛家"决定往生"，决定是必定、确定无疑之意，这种坚定信仰源于真知。

> 格物，须真见得决定是如此。……然须当真见得，子决定是合当孝，臣决定是合当忠，决定如此做，始得。①

朱子强调格物思想的用心在于培养具有儒家真实信仰的学者，倡导儒家的价值系统，以为社会、个体树立安身立命之道。朱子持知行统一论，认为学圣贤书不可能行市井行，此类知行分离情形的发生，其因在于未能真知。全部《大学》只是要分别知的两层：知与不知，知的亲切与否。"《大学》只要论个知与不知，知得切与不切。"② 知与不知好分别，关键在于如何判定"知得切与不切"。朱子以比较方式揭示了"知得切与不切"的三个层

---

① 《语类》卷15，第464页。
② 《语类》卷107，第3497页。

次,特别凸显了"亲切之知"作为知之极致的重要意义。第一层知是"且见得个道理如此",暂且树立了初步的是非善恶观念,据此范导个人行为而不敢做恶,但这种"不敢"出于外在压力、功利计算、后果权衡。第二层知是"见得分晓",表现为对恶行的不肯为。在此阶段,主体将初浅外在的道德认识化为内在自觉,行善去恶的行为出于主体自觉的选择,"肯"字传达了对道德从情感上的真诚认同,是道德本性的自我要求。最后一层知是"见得亲切",不仅不为恶,而且连恶习都化了,忘了。"亲切"较"分晓"更进一层,分晓表明认识的明白清晰,但主客心理之间尚存在对立差别。"亲切"则已打通了主客心理的对立,外在之理与内心之理通达为一,可亲切至,实现了认识上的飞跃,即"豁然贯通"境界。这种物我心理浑然一体之境界,表现为行动上从心所欲不逾矩,自然化除影响生命本真的习气。

> 岂有学圣人之书,为市井之行,这个穷得个甚道理!而今说格物穷理,须是见得个道理亲切了,未解便能脱然去其旧习。其始且见得个道理如此,那事不是,亦不敢为;其次,见得分晓,则不肯为;又其次,见得亲切,则不为之,而旧习都忘之矣。①

朱子特别强调"分晓"与"亲切"的差异,他指出,"分晓底道理不难见",难就难在进入"亲切"这一层,"亲切"具有可亲、贴切、真切确实诸意味,是物格知至之知,真知之知。"亲切"之知融事实、理性、情感为一,物我、人境、心理为一,达到这种理心为一的亲切之见,方能完全"信得及",自然产生对儒家成就圣贤之道的"信仰。"朱子以孔门高弟漆雕开为例,指出信奉儒道之难的原因即在于无有亲切透彻之见。若有此见,则自然有真信矣。故朱子《论语集注》指出漆雕开所说的"斯""指此理而言",信则"谓真知其如此,而无毫发之疑也。"② 漆雕开言"斯之未能信",朱子引程子说判定漆雕开"已见大意""见道分明",处于"见得分晓"阶段,离亲切、透彻、真知之见尚有距离。在朱子看来,

---

① 《语类》卷15,第470页。
② 《四书集注》,第76页。

"见得亲切""物格知至"的真知必有真信,"知得深,信得笃",理性信仰一体无分,故求得真信可谓格物的终极目标。朱子特提亲切之知与信仰之说,希望学者树立对儒道的真切之见与真实信仰。

> 若那分晓底道理却不难见,只是学者见不亲切,故信不及,如漆雕开所谓"吾斯之未能信"。若见得亲切,自然信得及。①
> 直到物格、知至,那时方信得及。②

真知必然产生真信,格物就是为了寻求真实的人生价值信仰。故他称赞谢上蔡"穷理只是寻个是处"说揭示了格物寻求信仰的主旨。"许多说只有上蔡所谓'穷理只是寻个是处'为得之。"③ 朱子在诠释格物的过程中,着力修改了"亲切"说。他曾提出"分别取舍无不切"说,指出对道理见识透彻了,在行动上自然善恶分明,丝毫不苟,真实不虚。若"知之者切",自然"见善真"。"知切""分别取舍无不切"的"切"说成为朱子格物解中的重要内容,尤其集中于庚戌辛亥年间。"心之分别取舍"表明主体的能动性,"无不切"则是主体能动作用后的效果,达到亲切无隔、主客、心理的一致。朱子将"心之分别取舍无不切"最后改为"全体大用无不明",更侧重显示心之体用无有染污的光明状态,也蕴含了心理的合一。

> 补亡之章谓"用力之久而一旦廓然贯通焉,则理之表里精粗无不尽,而心之分别取舍无不切"。④

辛亥年李尧卿与朱子曾讨论知之"切"与知之"尽"的优劣。朱子提出"切"是"切尽于内"之义,与"尽"相比,语义更贴切恰当,具有鞭

---

① 《语类》卷15,第473页。
② 同上书,第480页。
③ 《语类》卷18,第630页。
④ 《答周舜弼》十,《文集》卷50,第2337页。《朱子书信编年考订》(增补本,第436页)定该书在丁巳戊午年间。定《答周舜弼》六书(第333页)在辛亥,所论与此书正一致。同书上段问答亦提及"知之者切",故此书似在庚戌辛亥年。

辟入里的实际效果。"尽"固然有切之义，但意义过于宽泛外化。"'尽'字固可兼得'切'意，恐'切'字却是'尽于内'之意。"①《或问》仍主张"吾之知识周遍精切而无不尽""切而无不尽"，说明主体对客体的认识既亲切又周遍彻底。

三 "若实见得，自然行处无差"

朱子格物学是知行一体之学。格物作为成就圣贤之方，必定要在实践中展开。格物不仅是"决定到圣贤地位"，而且"须是到圣贤地位，不肯罢休方是"。真见与真行的相统一是格物的宗旨。"格物，须真见得决定是如此……决定如此做，始得"。②朱子对格物的定义，首提"格物"的实践性，"格，至也。""格"就"是到那般所在"，即对事物有透彻真切之知，此种真知内在包含了实践行动，是见到与行到的统一。"格，谓至也，所谓实行到那地头。"③这种实地践行"切于己而不离于物"，具有主客、知行、理事的合一性。

朱子格物方法主要从"理会文义"与"实下工夫"两个方向展开。格物的"文字之功"为众人所熟知，但"行事之实"一面却少有提及。故朱子曾特意提出仅有"理会文义"工夫是不够的，格物必须实际用功方有所得。"格物不可只理会文义，须实下工夫格将去，始得。"④"实下工夫"要求在自家身心、人伦关系、具体事物的处理中落实，"且就身上理会"，而且必须根据自身力量条件"量力而行"。

朱子对格物、穷理作出虚、实之分，也是从实践角度考虑。他指出格物包含穷理，较穷理更为切实，易于把握。有物便有理，理不离事，应从事上寻理。理具有虚灵、不可感知的特点，物则实在，触目即是。故只有就事物上理会，"方见得实体"。儒佛的对立，在于佛学有理无物，虚空不实，不能在人伦日常实际事物中发挥作用。

---

① 《答李尧卿》四，《文集》卷57，第2705页。
② 《语类》卷15，第464页。
③ 《语类》卷15，第469页。
④ 《语类》卷18，第604—605页。

格物,不说穷理,却言格物。盖言理,则无可捉摸,物有时而离;言物,则理自在,自是离不得。释氏只说见性,下梢寻得一个空洞无稽底性,亦由他说,于事上更动不得。①

格物的实践意味也体现于对知、行关系的处理。朱子认为知、行本应相互统一。朱子从应然的角度,强调"学圣人之书,不可能为市井之行",即知、行不应该分离对立。"若为市井之行"则不是格物穷理,反证了格物穷理内在包含了知行一致。朱子认为造成现实生活知行分离的原因不在于行而在于知,有真知必有实行,无实行则无真知,可见格物致知在其果位上必然贯彻到行为的完善。反之,恶行的产生多出于无知或知之未切。这与苏格拉底所说的"无人有意作恶"相似。朱子花费很大精力处理知至意诚的知、行关系,知既是工夫源头,又是工夫归宿,知之极致,必然通达于行,即格物须贯通到圣贤地位方可。朱子之知有行位、果位之分,知之历程行经初知——实行——真知正反合的发展历程。

"知而不行"是朱子与弟子多次讨论的问题。朱子认为造成"知而不行"的原因是"知之未至",因为知至必能行。周震亨不满意此说,提出"必待行之是以验知",朱子否定"行以验知",因为若此,则"行之未是"时,将无法验证知。盖在朱子看来,经验世界的实践自身也有个"是非"问题,作为客观真理的"知"具有自我判别的能力,它是判别经验实践的标尺,而不是以个别经验实践为判别标尺。具体实践行为可以作为是否获得真知的反映。

在理论与实践关系上,朱子主张"实见"必有"实行"的知在行先,知以统行说。朱子要求学者做格物穷理工夫,以达到"真见此理""真信此理"的地步,这也再次证实,在朱子哲学中,知识与信仰具有内在的紧密关联。朱子指出,一个获得了充分理性与信仰的主体,必定会产生道德自觉,"心甘意肯"的在实践中行善去恶,达到"自然无差""从容中道"的效果。反之,若未能树立对真理的实信彻信,存有丝毫疑惑之心者,即便暂时个别行动会符合道德理性的要求,但时间一长,旧习终将复发,"依旧去

---

① 《语类》卷15,第469页。

做"违背道德理性的事情。因此真知的获得需要长期不懈的反复致知工夫，是一个艰难的精神修行历程。朱子提出"须是真知，方能诚意"，真知是诚意的必要充分条件，内在包括了诚意，未有真知，不能诚意。朱子以佛老为例，指出佛老之学有得有失，其得源于"知之所及，路径分明"，故行无差缪；其颠倒错乱之失亦是源于"知所不及"，根源在于佛老无格物穷理工夫。学者未有真知者，虽能分别善善恶恶之理，然在具体行事中仍然违背理性要求者，还是未能达到真知实见境地。因为"若实见得，自然行处无差"。"自然"在此连接"实见"与"行得"，表达二者之间的必然联系。"实见"是"行得"的必要充分条件，无"实见"必差错，有"实见"，必无差错。

"有知其如此，而行又不如此者，是如何？"曰："此只是知之未至。"问："必待行之皆是，而后验其知至欤？"曰："不必如此说。而今说与公是知之未至，公不信，且去就格物、穷理上做工夫。穷来穷去，末后自家真个见得此理是善彼是恶，自心甘意肯不去做，此方是意诚。若犹有一豪疑贰底心，便是知未至，意未诚，久后依旧去做……须是真知了，方能诚意。知苟未至，虽欲诚意，固不得其门而入矣。……今人知未至者，也知道善之当好，恶之当恶。然临事不如此者，只是实未曾见得。若实见得，自然行处无差。"①

与魏椿再次讨论此问题时，朱子问他"知至而有时意不诚"的原因，魏氏答以"知未至"，这与朱子对周氏的回答相同。朱子认为魏椿之答虽然未错，但仍有不够详明处，未能区分知的层次。朱子进而提出如何辨别"知"与"真知"，魏氏无言以对。朱子并无责怪，反而鼓励他就此思索，以达超越境地。此一问答的逻辑表明，朱子认为知至是意诚的必要充分条件，即知至必然导致意诚，反之，若意有未诚，其因还在知未至上。故朱子对知进行了层次的分殊："知得善恶"与"真知善恶"。朱子提出"欲知真不真"，还看"做不做"，这还是从外在实践来判定内心之知，符合知行关

---

① 《语类》卷15，第484—485页。

系逻辑，真做即是真知的呈现。这与上文否定周震亨"必待行是以验知"说似乎矛盾，其实不然。朱子对周氏的回答是"不必如此说"，不是不能说，而是没有必要如此，即此方法不是必须的。若此，则把对知的判定局限于行上。"行"更多的是个体行为，"知"则具有普遍性。朱子此时思考的是："知未至"不一定要等待行上验证，知自身可以考察自身，判定自身。儒家的良知说承认，"良知知善知恶"。"人心自有是非之心。"

  问椿："知极其至，有时意又不诚，是如何？"椿无对。……一日禀云："是知之未极其至。"先生曰："是则是。今有二人：一人知得这是善，这是恶；又有一人真知得这是善当为，恶不可为。然后一人心中，如何见得他是真知处？"椿亦无以应。①

  "欲知知之真不真，意之诚不诚，只看做不做如何。真个如此做底，便是知至意诚。"②

有弟子提出，知了尚须践履，所知必须由践履来完善、验证。朱子否定此说，指出没有真知无法践履，"不知无以行"，知是行的前提，践履不过是真知的自然展开，是真知的必然产物，践履的效果完全取决于真知。真知具有在实践中实现自己的品格，"自住不得"，故我们没有必要担心践履，我们需要关注的是如何达到真知，做得如何也不过是真知自我验证而已。践履并不是异于真知之物，不过是真知的某种映像而已。这也看出朱子为何如此重视格物了。"不真知得，如何践履得！若是真知，自住不得。不可似他们只把来说过了。"③

四 "格物所以明此心"

朱子格物之学围绕成就圣贤展开，自然离不开心地修养，格物本质是存心之学、明心之学，格物的目的在于逐渐消除心理的相分以实现心理合一。

---

① 《语类》卷15，第486页。
② 同上书，第485页。
③ 《语类》卷116，第3658页。

为此，朱子着力论述了涵养与格物的关系。

主敬涵养以存心，是格物的本领、前提。无此本领工夫，格物无法展开。朱子认为，为学存在由中而外，由近而远的次序。格物居于《大学》工夫之首，但主敬又在格物之先。欲格物致知者，必先存养其心。只有心存了，方可格物穷理。存心的方法在于主敬，故"格物从敬入最好。"若能做到敬，便能够格物。

> 某之意，只是说欲致其知者，须先存得此心。此心既存，却看这个道理是如何。①
>
> 《大学》须自格物入，格物从敬入最好。只敬，便能格物。②

朱子经由"中和之悟"，树立了"涵养须用敬，进学在致知"③的为学之方，自此，将主敬涵养与格物致知视作学之两轮，缺一不可。朱子在庚寅答张栻信中反思此前光讲格物而忽视了涵养在先工夫，导致人主无有用功之处，误导君王。"却是成己功夫，于立本处，未甚端的（如不先涵养而务求知见是也）。"④

主敬涵养为格物之前提，与朱子对为学存在大学、小学两层有关。朱子认为，主敬涵养是古人小学阶段的存心工夫，起到"收其放心，养其德性而为大学之基本"⑤的效用，在此基础上，方可展开大学阶段的格物明理工夫。朱子反思此前先致知后主敬的工夫不对，不符合古人为学次第，也是今人为学未能收效的根本原因。今人因无小学主敬涵养立本工夫，故大学格物亦无法获得成效。故为学须以涵养为首，致知为次，力行最后。盖无涵养主宰之功，则知行散漫无主，难有成效。《答胡广仲》言，"近来觉得'敬'之一字，真圣学始终之要"⑥。朱子越到晚年，越加重视小学主敬之功，反

---

① 《语类》卷18，第619页。
② 《语类》卷14，第443页。
③ 《语类》卷18，第612页。
④ 《答张敬夫》三，《文集》卷25，第1113页。
⑤ 《四书或问》，第505页。
⑥ 《答胡广仲》一，《文集》卷42，第1894页。

复提及"敬乃圣学始终之要",敬乃"一心之主宰"。

先涵养后格物,涉及知行关系的处理。朱子指出,一般而言,知先行后,但知有浅深,行有大小,不可一概论之,应细加区别。如小学涵养在《大学》格物之先,应先"致涵养践履之功",然后及于"格物以致其知"。不先收拾杂乱纠纷之心,将无法格物致知。大学格物工夫,建立在小学涵养践履基础上。"故《大学》之书,虽以格物致知为用力之始,然非谓初不涵养履践而直从事于此也。"①

不仅格物的前提是主敬以涵养本心,格物自身也是存心工夫。人心本来光明,因为人欲的遮蔽而受到染污,故格物本质是消除人心私欲,以恢复人心之虚灵不昧。格物的重要功能在于通过对心之理欲的辨别从而使心常住于理。读书、接物、理会事理等格物活动,皆是为了存心,使心有所安住,不得放纵无归。若无此学问工夫,则心无顿放。当我们心与物接,专注某个对象时,此心自然有所收敛归依。正因为整个格物活动、目的都是为了存心,故朱子指出,若能收拾此心,常作主宰,则格物已成功大半。实现天理主宰人欲,是格物致知的最高结果,只有"格物精熟,方到此。"格物之前提、内容、目的皆是理欲之争,故格物还是心地工夫。

> 穷理格物,如读经看史,应接事物,理会个是处,皆是格物。只是常教此心存,莫教他闲没勾当处。公且道如今不去学问时,此心顿放那处?②

格物是致知与明心、存心的统一。在读书应事等格物活动中,都要求此心常存,不可急迫,不可放纵,否则无法格物致知也。故弟子甘节认为,作为格物方法的读书一举两得,兼顾存心、穷理。当心专注于文字时,邪恶之心自然无法进入,盖心有主也。弟子王过提出,为学大要在于通过主敬来存心,格物来观理。朱子指出观理不对,当改为"格物所以明心"。可见主敬、格物皆须落实在心上。

---

① 《答吴晦叔》九,《文集》卷42,第1915页。
② 《语类》卷15,第463页。

问:"节昔以观书为致知之方,今又见得是养心之法。"曰:"较宽,不急迫。"又曰:"一举两得,这边又存得心,这边理又到。"节复问:"心在文字,则非僻之心自入不得?"先生应。①

"思得为学之要,只在主敬以存心,格物以观当然之理。"曰:"主敬以存心,却是。下句当云:'格物所以明此心。'"②

格物的终极目的,是为了达到心与理一的境界。朱子言格物"千言万语",皆是要学者将心常在理上安住不离。若心不安住于理,则心、理分离,各行其道。格物之学终始皆源于心理关系,从"心自心、理自理"的心、理分离、物我对立,经由不懈的积累推扩之功,最终达到心即理、理即心的心理合一主客一体状态。朱子对补传的修改,也突出了格物的效用在于实现心明理尽境界。朱子曾将"致知"诠释为"欲人明心之全体"③,改本削去之而专言理。朱子的考虑是,致知是为了约束存养此心,使心无有波动扭曲,保持宁静光明如水如镜状态,则理存于心,心理为一。朱子将格物与存心紧密结合,知之浅深与心之理欲相对应,知之浅时心、理对立,理欲交战,知之深时"万理明尽",本心呈现,心即理即体,纯为天理而无人欲,心通无碍、随心所欲矣。

"千言万语,只是欲学者此心常在道理上穷究。若此心不在道理上穷究,则心自心,理自理,邈然更不相干……今日明日积累既多,则胸中自然贯通。如此,则心即理,理即心,动容周旋,无不中理矣。"……先生曰:"是如此。"④

五 "物格、知至处,便是凡圣之关"

格物不仅是成就圣贤的工夫之始,而且是工夫之尺。朱子指出,物格知

---

① 《语类》卷115,第3648页。
② 《语类》卷118,第3737页。
③ 《语类》卷18,第632页。
④ 《语类》卷18,第618页。

至是凡圣分界口，任何人的修行，如未能做到物格、知至，则无论如何还是凡人境界。反之，尽管成就圣贤迟速有别，但物格知至后，已经跨入了圣贤门槛，必成圣贤。朱子还以梦觉为譬，指出能够格物是觉，未格物是梦，物格已达于觉悟境地了。

  《大学》物格、知至处，便是凡圣之关。物未格，知未至，如何杀也是凡人。须是物格、知至，方能循循不已，而入于圣贤之域，纵有敏钝迟速之不同，头势也都自向那边去了。
  格物是梦觉关。格得来是觉，格不得只是梦。①

  物格、知至成为朱子解释、判定儒家圣贤心性修养的标尺，从知的角度看待道德修行，是朱子学特色所在。朱子在"字字称等"过的《四书集注》中即以格物阐述孔、曾、思、孟圣贤境地，充分显示了格物范畴贯穿全书的枢纽地位。《论语集注》"吾十有五"章以格物概念贯穿全章，以知之浅深为进学次第之表述。十五志学是初知以大学之道为鹄的，三十而立是此志此知已然坚定，四十不惑已达于知之分明无疑阶段，知事物所当然也；五十知天命则此知已极为精粹，达于知事物所以然地步。六十耳顺，进于物格知至境地，即知之最高境界。朱子从知、行角度指出整个为学过程体现出知先行后、知行并进、逐层递进特点。知、行皆有初始与至极之分，知有事知、理知、事理皆通三个层次。格物最终达到"一以贯之"的知行、心理贯通境地，此即曾子忠恕一贯之学。朱子指出，曾子忠恕一贯，是"知至"之悟，此知至包含了行。子贡"一以贯之"虽知此理，但行事不够，未能至也。故子贡（包括曾点）之知至并非真正的知至，因为没有包含行。只有曾子包含行的知才是真正知至。"彼以行言，此以知言。"② 这再次证明朱子格物具有实践品格。朱子突出了格物致知对于颜回为学工夫的独特意义。颜渊为学工夫依照夫子博文约礼之教，此是颜子自得于夫子处，也是圣门教学最切要处。博文、致知工夫较之约礼更复杂，是分别天理、人欲

---

① 《语类》卷 15，第 480 页。
② 《四书集注》，第 161 页。

的认识之学、心性之学、实践之学。

朱子以格物解释心性问题，表明格物心性互不相离，共为一体的关系。认为知性是尽心的前提，必须穷理而无不知，才能尽乎此心之量。知性、尽心相当于物格、知至关系。知天是知性（知理）的自然推扩，"殀寿不贰"亦不过是知天之至。朱子在本章按语中指出，尽心知性知天是穷理之境，知天不贰其心，是智之尽，知之至也。与之相应的则是存心养性事天的事上践履之功，事天而修身以俟，是仁之至。知至仁尽，成为朱子诠释儒学修为境地的一个定式。朱子对"尽心"之尽的解释完全从《大学》格物说而来，他认可程颐说，认为只要能穷理，便是尽性。"其实只能穷理，便尽性至命也。"①

> 以《大学》之序言之，知性则物格之谓，尽心则知至之谓也。……不贰者，知天之至，……知天而不以殀寿贰其心，智之尽也；事天而能修身以俟死，仁之至也。②

六 "知至只是到脱然贯通处"

朱子格物概念与知识的联系甚为紧密，但此知识绝非西方知识论意义上的知识。盖彼知识论自成体系，涉及知识起源、真伪、价值、形式等，是以知识自身为对象的学问。朱子格物乃尊德性之学，尊德性居于第一位。格物的对象是"气禀、物欲"，格物的目的是为了尽此心之全体大用。在此前提下，朱子格物体现出对知识性学问的关注，学界对此多有阐发，我们拟提出朱子格物的以下原则。

一是本末亲切原则。朱子认为，"凡天下之物"皆在所格。"一物未格，则一理不穷"，故格物范围、对象不受限制，但在先后次序上却必须讲究本末之别、先后缓急之序，并非眼前任何事物皆需要格，如大自然的草木器物，即不可存心去格。格之对象应是天理人伦、圣言世故，朱子以"炊沙成饭"设喻，严厉批评格草木之理者走错了方向，不可能有所收获。格物

---

① 《论孟精义》，第791页。

② 《四书集注》，第349页。

的根本指向是在人伦事理上成就圣贤的道德修养工夫，与人之心性道德较为疏远的外物不过是人伦性理这一格物大本的末要补充，此即"物有本末"也。

> 格物之论，伊川意虽谓眼前无非是物，然其格之也，亦须有缓急先后之序，岂遽以为存心于一草木器用之间而忽然悬悟也哉。且如今为此学而不穷天理，明人伦，讲圣言，通世故，乃兀然存心于一草木一器用之间，此是何学问？如此而望有所得，是炊沙而欲其成饭也。①

本末原则亦表述为亲切原则。朱子指出为学就其近者切者，与身心关系最为密切者下手最好，他认可学生提出的"格物莫若察之于身，其得尤切之说。"② 从孟子推扩四端的心性之学入手最为亲切，这也提醒我们朱子格物不是探究物理，而是体悟心性之理。

二是理事有别原则。朱子格物说似乎存在矛盾处，一方面是凡"天下之物"皆可格，但同时又反对"存心草木"，这是因为二者各有其不同的对应面。前者是从理论层面出发，符合物物一太极，物皆有理之说；后者从实践层面，符合道德实践优先原则，实践工夫应坚持本末先后的主张。朱子将格物对象划为身内性情伦理和身外物理两大类，明确表述此两类对象的比例是"六四"开或"七三"开：

> 要之，内事外事，皆是自己合当理会底，但须是六七分去里面理会，三四分去外面理会方可。③

然而在实践中，居于优先地位的"内事"得到充分落实，作为次要补充的"外事"并未有效展开。朱子本人及其后学并未真正探究科学道理，也未造就科学人物，根本原因在于"理会外事"本是虚说，是"理无不在"

---

① 《答陈齐仲》，《文集》卷39，第1756页。
② 《语类》卷18，第609页。
③ 《语类》卷18，第616页。

这一理论要求而已。"理会外事"在理论上获得许可,但在实践中受"自家力量"的限制,此与"行有余力,则以学文"意相似,符合由己及物,由本到末,由实到虚的道德形成规律。故我们绝不可拔高朱子格物说的认识论价值。"然且就身上理会。凡纤悉细大,固着逐一理会。然更看自家力量了得底如何。"①

三是"合为"原则。当时象山学派批评朱子格物之学是脱离身心的外在之学,有"外驰之病"。朱子不接受这种批评。他指出,格物本是为了明心、存心,虽然格物对象在外,但不会导致心为物引。格物不当在范围、对象上分内外,而应在性质上论应当不应当。在此意义上,作为身外之事的治国平天下也是应当处理的分内事。故格物可以容纳各种学问。

"问:格物则恐有外驰之病?"曰:"若合做,则虽治国平天下之事,亦是己事。"……又问:"如此,则不当论内外,但当论合为与不合为。"先生颔之。②

与此同时,朱子又批评浙东功利之学、博物之学放弃了内在德性的追求,是值得警惕的"皮外工夫"。他区别了格物与博物之学的差别,格物之学以反身穷理为主,务必探究本末是非之极致,以达到自家之理与外物之理的通融,实现心与理一。它实质上不追求对象的广阔,更注重"极致"程度的深刻。反之,博物之学向外探讨,以博学广泛为高,二者在性质上乃为己与为人之别。

"然则所谓格物致知之学与世之所谓博物洽闻者,奚以异?"曰:"此以反身穷理为主,而必究其本末是非之极至;彼以徇外夸多为务而不核其表里真妄之实。……此正为己为人之所以分,不可不察也。"③

---

① 《语类》卷18,第609页。
② 《语类》卷15,第468页。
③ 《四书或问》,第532页。

四是贯通原则。格物既非"外驰",也非无穷。其最终目的是要达到脱然贯通、豁然有觉的境界。知识无限而人生有限,故没有一人能穷尽所有事物之理,即便圣贤也无法做到"一切知得"。朱子明确指出,"格物非谓欲尽穷天下之物",而是要积累多后,领悟事理,一理通则万理通,可由此及彼以推知也。达到了悟之境界,自可由简驭繁,以少胜多,一以贯之,贯而通之,即此可知格物实为修身之道。

"问:知至若论极尽处,则圣贤亦未可谓之知至。"……曰:"然。如何要一切知得!然知至只是到脱然贯通处。……某旧来亦如此疑,后来看程子说'格物非谓欲尽穷天下'……方理会得。"①

朱子格物要求在用力既久基础上自然达到豁然贯通的顿悟。为此,朱子提出了介然之觉和大觉两种觉的区分。介然之觉是"介然之顷,一有觉焉",是突然爆发出的一种感悟,"是忽然心中自有所觉悟,晓得道理是如此。"② 这种觉悟起到了引爆思想的导火线作用,来去不定,故应抓住此介然之觉,就此操存扩充,而不必等到大觉大悟后再操存推扩。作为最高彻悟的大觉即是真知,这种觉很难达到,必须经过长久不懈的积累工夫,才有可能出现。到了这个阶段,工夫就算到家了,事事都晓得了。"那个觉,是物格知至了,大彻悟。到恁地时,事都了。"③

朱子对"格物"作出了空前深入的开拓,赋予其新颖丰富的深厚意蕴,将其构造成具有多面含义的综合性范畴,使之成为《四书》诠释的枢纽。朱子的格物并非单纯的认知之学、形式之学、工具之学、道德之学,恰恰相反,它更多的是实践之学、存心之学、信仰之学、境界之学、觉悟之学,具有极大的容纳性,是帮助学者"齐入圣域"的圣贤之学,是为学之门,进德之首。朱子格物学具有强烈的现实针对性,是批判佛老心学、辞章诗赋之学、功利之学的利器。格物的三要点即蕴含了对三种思想的批判。"即物"

---

① 《语类》卷18,第603—604页。
② 《语类》卷17,第577页。
③ 《语类》卷17,第577页。

针对离物求理的佛老异端，不求物理仅知求诸本心的心学。"穷理"指向辞章诗赋之学，批评辞章诗赋之学流于性情风月之抒写，丧失了文以载道的性质，实为无益身心之学。"至极"针对浙东功利之学，虽讲究治世之学，然而多流于外在事功末流，陷入无本之学。总之，朱子在继承二程等人思想的基础上，对"格物"范畴作出了创造性诠释，使"格物"成为后世儒学的中心话语，深刻影响了此后儒学的发展。故全面理解朱子"格物"之学，对于领会朱子思想，把握理学精神，实现对儒学思想的顺畅接续与创造性转化，皆具有不可忽视的意义。

第六节 "诚意，自修之首"

《大学》是朱子一生用力最多，最有心得之书，故对朱子《大学》的探究一直就是学界关注的重点。但自来学者多用心于朱子的"格致"之学，对其"诚意"之学颇有轻忽，甚至误解。如刘宗周指出："朱子表章《大学》，于格致之说最为吃紧，而于诚意反草草，平日不知作何解，至易篑乃定为今章句'实其心之所发'。"① 当代学人亦提出，"朱熹对《大学》的阐释和发挥，主要就是围绕着'致知在格物'这个命题展开的。"并将视"诚意""格物"孰为《大学》最紧要处为朱子与前人理解《大学》之重大区别。② 其实，朱子对"诚意"学之重视与开拓，绝不亚于他的"格物"学。朱子认为"诚意"是"自修之首"，是人鬼、善恶、君子小人的分界点，是衡量一个人修养境界的根本标准。"更是《大学》次序，诚意最要。"③ "诚意是善恶关。……又曰：诚意是转关处。又曰：诚意是人鬼关！"④ "知至、意诚是凡圣界分关隘。"⑤ "过得此关，义理方稳。"⑥

---

① 吴光主编：《刘宗周全集》第二册，浙江古籍出版社2012年版，第451页。
② 李方泽：《重诠与开新——从经典诠释学视角看朱熹对〈大学〉文本的解读》，《孔子研究》2006年第5期。
③ 《语类》卷15，第490页。
④ 同上书，第480—481页。
⑤ 同上。
⑥ 《语类》卷15，第482页。

朱子对"诚意"诠释不惮其烦死而后已的修改历程，为朱子一生经典诠释所罕见，由此可见"诚意"在朱子思想中之地位。朱子对《大学》修改甚多，其中"诚意"费力尤巨，"诚意"的修改又以"自欺"为中心。诸家年谱皆载朱子于庆元六年三月逝世前仍在修改《大学》诚意章，"六年庚申七十一岁，三月辛酉，改《大学》'诚意'章。"① 正因为朱子生前对"诚意""自欺"说展开了高密度修改，故如何判定朱子晚年定见成为朱子后学的焦点问题。在整个朱子思想系统中，朱子后学对朱子晚年之见争辩不少②，其中之一即是"诚意"解中的"一于善"还是"必自慊"。

一 "必自慊"还是"一于善"

（一）"诚意"释义

《大学章句》首章即解释了诚意的含义，"诚，实也。意者，心之所发也。实其心之所发，欲其一于善而无自欺也"③。朱子以"实"释诚，"实"就是真实不妄，指心理意识之真实不虚，是一状态形容词，并不表明善恶的价值取向，这是朱子对"诚"的基本认识。在朱子看来，"诚"具有三层含义，作为本体义（诚者）、工夫方法义（诚之）、境界义（至诚如神）④，在此朱子提出了"诚"的工夫义。关于"意"，此前学者多以志、识、情来释之。朱子则从心的角度，将其定义为"心之所发"，认为"意"是个人心理意识最深层的主导者。朱子将意和人的好恶之情相联系，提出诚意为真情说，"诚意者，好善'如好好色'，恶恶'如恶恶臭'，皆是真情"⑤。就范围来说，情所指更大，包括了意、志；就性质来说，情乃性之动，其发动散漫无主，意则具有强烈的指向，是情、志的主宰，二者走向皆取决于意。"意又是志之经营往来底，是那志底脚。凡营为、谋度、往来，皆意

---

① 王懋竑：《朱子年谱考异》，《朱子全书》第 27 册，第 510 页。
② 清代《四书集注》版本学专家吴英对此有详细说明，见《四书章句集注定本辨》。
③ 《四书集注》，中华书局 1983 年版，第 4 页。
④ 杨柱才先生认为，朱子之诚有"真实、实心、实理、性"四层含义，见《朱子诚的义理疏解》，《南昌大学学报》2004 年第 2 期。
⑤ 《语类》卷 16，第 522 页。

也。……志与意都属情,情字较大。"①

"诚意"作为一整体概念,意为"实其心之所发",朱子还加上了一句,"欲其一于善而无自欺也。"此句有两层含义,第一层是"一于善",朱子认为,意有善恶之分,故需要诚之实之的功夫来贞定意念的价值指向,使所发意念皆归于善。用"一",强调了意念归于善的纯粹性、彻底性、连续性。"善"则指明了意念的性质。"一"的反面即是杂而不纯,二而不一,有始无终,故《语类》反复以"十分"来形容意念之专一纯粹。"须是十分真实为善"。"九分好善恶恶,一分不好,不恶,便是自欺。"②"一于善"说在形式上与《中庸》"一则诚"说亦相似。

对于"心之所发"意的善恶性质,后世学者形成两种对立观点。以元代胡炳文为代表的学者主张诚意之意善恶兼具③。胡氏认为,从本源上讲,人心本善,故心所发之意本来皆善;但从现实意念而言,则有善有恶,故需要诚意工夫。清代胡渭等则反对胡氏说,主张诚意之意纯善无恶,批评胡炳文根据传文"好好恶恶"说主张"诚意"之意有善有不善不对。"渭按:说诚意者有二误。……一是不知所诚之意专在善一边。胡云峰曰:'心发而为意,便有善有不善,不可不加夫诚之之功。'盖因传有好恶二句,遂错认意有善有恶。不知自格物致知以后,明知善之当为而恶之不可为矣。岂复有为恶之意。"④胡渭的理由在于:其一,《章句》言"知为善去恶",可知意皆善,格物致知后,已知善之当行,恶之当去,故不存在为恶之意。善、恶乃是从事上言,非从意上言。胡渭将心、意之说换成意、事之说,慎独工夫是考察、判定意念之真实与否,与善恶并无关系。其二,《章句》言,"实其心之所发",如果此时"心之所发"是恶的,去之唯恐不及,为何还要来实之呢?故此实之之意,必然是善了。"《章句》云'知为善以去恶',则意专在善一边。善、恶以事言,其实与不实以意言。己所独知云者,谓知其意之实与不实,非知其事之善与不善也。谨之于此以审其几者,谓审其实与不实

---

① 《语类》卷5,第232页。
② 《语类》卷16,第523页。此条为钱木之丁巳1197年所闻。
③ 胡炳文,字仲虎,号云峰,徽州婺源考水人。
④ 胡渭:《大学翼真》卷4,文渊阁四库全书经部第208册,台湾商务印书馆1988,第969页。

之几，非审其善与不善之几也。若为恶之意，则惟恐去之不速，岂可更实之邪？"① 胡渭注意到了认识与价值的关系，真与善不是绝对等同的。实也可以是恶，故他特别强调了此处之实必然指向善。但这只抓住了朱子本意的一半。朱子明言，从本来、本源意义上讲人心、人性、人情皆是善的，但在实存状态下，意念的善恶兼具是不容否定的。故才需要诚之的工夫去不善以归于善，"欲其一于善而无自欺"。《语类》亦多次言及"诚"在一般意义上的善恶兼具义，"诚只是实，而善恶不同。实有一分恶，便虚了一分善"②。胡云峰说更切合朱子之意。

第二层是"无自欺"。朱子非常注意把诚意对立面"自欺"纳入其中，自欺是理解诚意的关键点。综合来看，用"善"和"自欺"而不是"善"和"恶"相关联，是"一于善而无自欺"而不是"一于善而无行恶"，这就拐了个弯。在朱子看来，"恶"必然是自欺，而且是自欺中程度最深最明显的一种，"自欺之甚"。但自欺所指较"恶"更广泛复杂，通常不如恶可怕，但更为常见，更需警惕。它指的是更内在隐秘的意念活动，其特点就是虚假。

（二）"必自慊"和"一于善"之争

朱子"诚意"注经过反复修改，其后学在对此注理解上形成"必自慊"和"一于善"两种对立看法。

元代新安陈栎根据祝洙《四书附录》主张"必自慊"说，此说为陈氏弟子倪士毅《四书辑释》采用，主张陈氏说的尚有元代詹道传《四书纂笺》、明代胡广《四书大全》、丘濬《大学衍义补》等。倪士毅《四书辑释》引其师陈栎言：

> 诸本皆作"欲其一于善而无自欺也"，惟祝氏《附录》本文公嫡孙鉴书其卷端云："《四书》元本，则以鉴向得先公晚年绝笔所更定，而刊之兴国者为据。此本独作'必自慊而无自欺'，可见绝笔所更定，乃改此三字也。"按：文公《年谱》谓庆元庚申四月辛酉，公改诚意章

---

① 胡渭：《大学翼真》卷4，第969页。
② 《语类》卷16，第524页，陈淳庚戌1190、己未1199年所闻。

句，甲子公易簀。今观诚意章，则祝本与诸本无一字殊，惟此处有三字异，是所改正在此耳。"一于善"之云固亦有味，但必恶恶如恶恶臭，好善如好好色，方自快足于己。如好仁必恶不仁，方为真切。若曰"一于善"，包涵不二于恶之意，似是歇后语，语意欠浑成的当。不若必自慊对无自欺，只以传语释经语，痛快该备，跌朴不破也。况《语录》有云："诚与不诚，自慊与自欺只争毫厘之间。自慊则一，自欺则二，自慊正与自欺相对。诚意章只在两个'自'字上用功。"观朱子此语，则可见矣。(《大学章句大全》于句首多"陈氏"二字)[①]

陈氏此说的根据在于：其一，就文献而言，朱子嫡孙朱鉴在祝洙《四书附录》卷首提出四书当以兴国本为据，而兴国本作"必自慊"说，故可推出年谱所载朱子绝笔修改诚意章，正是将"一于善"改成"必自慊"三字。其二，就义理言，"一于善"不符合经文，此说仅指出善之一面，语义不够清晰圆成，正文则是好善恶恶对说，自慊自欺对说，故"必自慊"不仅语义浑然，且符合以传解经的原则，与朱子《语录》提出的"自"上用功说亦相应。

南宋真德秀《四书集编》、《西山读书记》，赵顺孙《四书纂疏》、黄震《黄氏日抄》、元代景星《大学中庸集说启蒙》主张"一于善"说，其中元代胡炳文《四书通·大学通》为此说之代表，对二说得失有详细辨析：

又按：《章句》初本"实其心之所发，欲其自慊而无自欺。"后改作"一于善而无自欺"。朱子尝曰："只是一个心便是诚，才有两心便自欺"。愚谓《易》以阳为君子，阴为小人，阳实而阴虚，阳一而阴二也。一则诚，二则不诚，君子为善去恶，表里为一。一则实，实则充足于中，便有自慊之意。小人亦岂全无为善之念，亦岂甘于为恶之归？但表里为二，二则虚，虚则欲掩覆于外，不无自欺之蔽。《章句》'一于善'三字，有旨哉。"[②]

---

① 倪士毅：《四书辑释》卷1，续修四库全书经部第160册，上海古籍出版社2002年版，第3页。
② 胡炳文：《四书通》，第15页。

胡氏与陈氏的一个重大差别在于：胡氏虽然明确指出朱子将初本"欲自慊"后改为"一于善"，但并没有如陈氏那样强调"一于善"是朱子绝笔之作，只是明确乃后来改笔。胡氏更多从义理上解读，特别强调了"一"的意义，"一"与"二"相对，突出了意念之诚，诚则一，不诚则二，二则自欺。并从《周易》阴阳、君子小人之说的角度，指出表里为一方才是实，实方有自慊之意。自慊并非源头、根本，而是诚意必有之效用。小人表里为二为虚，故有自欺之弊。"善"标明了价值取向，强调意念之发皆为善念、正念。"自慊"指的是诚意所带来的情感效验，"一于善"则从性质、价值上规定了诚意之内涵，更为紧切有力。清代《四书集注》版本专家吴氏父子对胡炳文《四书通》极为推崇，其对《集注》版本之考校，多以《四书通》为据，认为"自南宋至前明，为朱子注作疏解者多矣。若《四书通》，可谓最善"①。故极为赞同胡氏说，并从上下文之关联，指出"一于善"符合朱子晚年本意。

> 通之说如此，则"一于善"为定本无疑也。诚其意者，自修之首，故提"善"字，以下文"致其知"句方有知为善以去恶之义，而此节后言致知，先言诚意。不比下节及第六章，皆承致知来也。"一于"二字，有用其力之意，正与第六章注"知为善以去恶，则当实用其力"恰相针对也。若作"必自慊"，则终不如"一于善"之显豁而缜密也。②

吴氏着眼于"一于善"与《大学》文本之关联，以回应陈氏的"必自慊"说。吴氏指出，"善"字乃是引起下文致知说，从文本次序言，此处先言诚意后言致知，与下文及诚意章先言致知有所不同，故首先揭示诚意之主旨是"一于善"。"一于"二字干脆有力，强调意念皆须纯一为善，并且与诚意章"实用其力"相对应，故"一于善"较"必自慊"更明白细密。吴氏反驳陈氏的以传释经说，指出不能从以传释经之形式方便能判定注文是否畅快完备，传文本来即是用来解释经文的，其与经文关系密切实属正常不

---

① 吴英：《四书章句集注定本辨》，《四书章句集注·附录》，第 382 页。
② 同上书，第 385 页。

过。再则，以传文解释经文并不见得就是完备，朱子"一于善"提出"善"字，方才揭示了诚意之内核，与三纲领"至善"相对应，而诚意作为自修之首，更须标明其目的指向于"善"，方才完备。"夫传本释经，何劳挹注？以用传释经为快，不如不注，而但读传文矣。圣经三纲领犹必言善，若注'自修之首'而不提'善'字，何以反谓该备耶？"①

陈栎与胡炳文为同时代之近邻，陈氏先著《四书发明》，胡氏《四书通》历经四十年之修改而晚出，但陈氏书终不传而胡氏《四书通》则影响颇大，远及朝鲜。陈栎此说最强有力者在抬出朱子嫡孙之说，陈栎在写给外甥吴仲文的信中对胡炳文肯定之时，批评胡炳文最初与自己看法相同，用当时流行的祝洙本，后来放弃此本，采用它本，导致在不少版本问题上与自己看法相左。最恨者，胡氏不信朱子亲孙之言而信外人之说。

> 胡仲虎《四书通》，庭芳委校之，且令是否之。好处尽有，但鸡子讨骨头处甚多，最是不以祝本为定本，大不是。文公嫡孙鉴庚三总领题祝氏《附录》，云：后以先公晚年绝笔所更定而刊之兴国者为据，今乃不信其亲孙之言而信外人之言。……只是缠辨。数年前与之交，颇信吾言。②

其实，学术是不可以亲疏辨的。孔鲤于夫子，较之颜回于夫子，何如？陈栎朱子嫡孙说在文本上有一个重大问题。"诚意"之解，朱子于首章发之。黄榦《行状》明言，朱子绝笔是"诚意"这一章而非"诚意"章句。"《大学》诚意一章，乃其绝笔也"。③ 诸家《年谱》皆言易箦改"诚意章"。"诚意"一章并未解释诚意之含义，其解乃在首章。陈栎引《年谱》指出"今观诚意章，则祝本与诸本无一字殊，惟此处有三字异"，但此三字并非在诚意章，陈栎似乎有意混淆首章诚意说与六章诚意章句之差别。其次，朱

---

① 吴英：《四书章句集注定本辨》，《四书章句集注·附录》，第 385—386 页。
② 《答吴仲文甥》，《定宇集》卷 10，《元人文集》珍本丛刊四，台北：新文丰出版公司 1985 年版，第 389 页。
③ 黄榦：《朱子行状》，载《朱子全书》第 27 册，第 565 页。

子晚年亲自审订过的绝笔之书《仪礼经传通解》卷十六《大学》与今本《大学章句》完全相同，对此处解亦为"一于善而无自欺"。若果有此别，朱子去世后，接着审订该书的黄榦为何不言之？① 更重要者，朱子之子朱在在《仪礼经传通解目录跋》中明言自己于嘉定丁丑（1217 年）亲自缮写该书，对该书未作任何损益，一仍其旧刊于南康道院。若此，陈栎何不信亲子之言而信亲孙之言耶？且朱子门人杨复、丁抑对该书之整理、刊刻颇费心力，亦未言及于此，奈何不信嫡传之言而信他人之言耶？

> 右先君所著《家礼》五卷，《乡礼》三卷，《学礼》十一卷，《邦国礼》四卷，《王朝礼》十四卷，今刊于南康道院，其曰《经传通解者》凡二十三卷。盖先君晚岁之所亲定，是为绝笔之书。……今皆不敢有所增益，悉从其稿。……今谨缮录如右，读者当有以识其心之所存矣。嘉定丁丑八月甲子孤在泣血谨记。②

再者，距离朱子最近的南宋学者皆主张"一于善"说。如真德秀两部代表著作《大学集编》、《西山读书记》皆主此说，赵顺孙《四书纂疏》亦然，经书之外，南宋著名学者叶绍翁所作《四朝闻见录》之《慈湖疑大学》亦有此说，"考亭先生解《大学》诚意章，曰：意者，心之所发也。实其心之所发，欲一于善而无自欺也。"宋章如愚的《群书考索》皆然。被称"考证皆极精审"的《义门读书记》亦指出，"'必自慊'宋元板作'一于善'。"③ 可见宋元多主"一于善"说。陈栎所主张的"必自慊"说在明清广泛流布，与《四书大全》之采用密切相关，《大全》恐亦是为"朱子嫡孙"所动。又令人起疑者，朱子嫡孙题词祝洙本说只是孤证，祝洙本似乎

---

① 钱穆先生主张陈栎说，但对此等难以解释处，皆以所记有误断之，恐失于武断。详见《朱子新学案》第二册《朱子论诚》。

② 程敏政：《新安文献志》卷 23，黄山书社 2004 年版，第 508 页。杨复说见《宋嘉定癸未刊仪礼经传通解续目录后序》、《丧礼后序》、《祭礼后序》、《宋绍定辛卯刊仪礼经传通解续修定本序》，丁抑《宋宝祐癸丑刊仪礼经传通解序》，皆载《仪礼经传通解附录》，第 3415—3424 页，《朱子全书》本第五册。

③ 何焯：《义门读书记》卷 1，中华书局 1987 年版，第 2 页。

于明代即散佚不存，朱子嫡孙亦无其他相应文字留存，亦未见他家对其此说有任何引述。考祝洙之本，乃是仿照真德秀《四书集编》所作，真氏两书皆未提及，而步其后尘之作竟先发之，亦令人心疑。顾炎武《日知录》卷十八言，"自朱子作《大学中庸章句或问》《论语·孟子集注》之后，黄氏有《论语通释》，而采语录附于《朱子章句》之下，则始自真氏，名曰《集义》……祝洙乃仿而足之，为《四书附录》。"① 祝洙是祝穆之子，曾担任书院山长，学问甚好。其父从朱子游学，与朱子有远亲关系。祝氏对朱子之学颇有研究。其书有无朱鉴题词实"言而无征"，难辨真伪。

（三）"纯一于善无恶之杂"与"一于理而无所杂"

"一于善"与"必自慊"谁更符合朱子本意，朱子无疑最具有发言权。考朱子对"诚意"诠释之频繁修改，其所留下的痕迹，明显指向"一于善"说。

其一，朱子曾提出"纯一于善"和"为恶之杂"之说，突出"一"与"杂"、"善"与"恶"之对立关系。约在辛丑（1191年）②《答朱飞卿》中，朱子提出了"纯善杂恶"的问题：

> 诚意一章，来喻似未晓《章句》中意，当云："人意之发，形于心者，本合皆善，惟见理不明，故有不善杂之而不能实其为善之意。今知已至，则无不善之杂而能实其为善之意，则又无病矣。又善恶之实于中者，皆形于外，但有为恶之实，则其为善也不诚矣。有为善之实，则无为恶之杂而意必诚矣。"纯一于善而无不实者，即是此意，未尝异也。③

朱子此说指出善恶皆可为实，皆可形诸于外，若心实于恶，则善为虚妄；反之，若心实于善，则无恶之杂，即无恶对善心之干扰参杂。若心诚实专注于善，即是意诚，反之不是意诚。朱子诚意之说将真和善等同起来，从价值上将恶之实排除了诚意之外。本来"诚"指向的是真实，是恰如实际

---

① 顾炎武、黄汝成集释：《日知录集释》中，上海古籍出版社2006年版，第1041页。
② 本书朱子文集所涉及年代，参见陈来《朱子书信编年考订增订本》。
③ 《文集》卷56，第2675页。

的反映客观事物本身，或如其所是地展现内在意识，指主体意识的真，属于认识论；"善"则是道德概念，指向的是德，属于道德价值论。通常情况下真善是统一的，但二者并不能等同，究竟意义来说，真实并不等于善良。意识的真实也不等于价值的善。但是，朱子从儒家的性善论出发，认为人的心情意本来皆善，后来不善乃是受私欲污染之故，因此诚意的功夫也无非是恢复本来之善，消除自欺，以达到善真的统一。恶、自欺的表现即是意念纷杂不实。朱子指出，诚意之真实表现为价值趋向的好善恶恶。"诚意，是真实好善恶恶，无夹杂。"①

朱子在《大学或问》中提到"私欲之杂"对意念的影响。"而心之发则意也，一有私欲杂乎其中，而为善去恶或有不实，则心为所累。"② 至于《大学或问》之写作年代，如首章所论，乃朱子晚年著作，晚年与弟子通信中屡屡谈及对《大学或问》的修改，《语类》亦有专门两卷记录《大学或问》，如辛亥年与陈淳、曾光祖之信中皆谈及《或问》修改。"《大学或问》之误，所疑甚当，中间已修定矣。"③甚至到了戊午1198年，朱子还提及《或问》修改。"此段《章句》、《或问》近皆略有修改，见此刊正旧版，俟可印即寄去。"④

朱子对"诚意"的解释定本甚早，如甲寅1194年《经筵讲义》中"诚意"解与今本同，朱子对其作了阐发，"心之发则意也，不能纯一于善而不免为自欺。""纯一"较之"一"更豁显了意念善的纯粹不杂。朱子对此次进讲非常重视，其"纯一于善"与前此答朱飞卿一致。

其二，"一于理而无所杂。"朱子有时也会换动个别字词，以强调突出某一点。如《大学或问》提出"一于理而无自欺"说，"知无不尽，则心之所发能一于理而无自欺矣"⑤。《或问》"一于理而无自欺"乃顺上文讨论致知而下，理即是纯善无恶的，"一于理"与"一于善"相通。《语类》所记晚年之说中，朱子还讨论"一于理而无所杂"说。"问：'实其心之所发，

---

① 《语类》卷16，第534页，此条为甘节癸丑1193年以后所闻。
② 《四书或问》，第511页。
③ 《答曾光祖》二，《文集》卷61，第2971页。
④ 《答孙敬甫》六，《文集》卷63，第3067页。
⑤ 《大学或问》，第512页。

欲其一于理而无所杂'。曰：'只为一便诚；二便杂。如恶恶臭如好好色，一故也。小人闲居为不善止着其善，二故也。"① 朱子说有几点值得注意：其一，"一"表明意念之专一真诚纯粹，其所对者为杂乱，"一"与"杂"即为君子小人之别。其二，意念专一指向的是理，以理来限定意念之性质是纯善无恶的。"无所杂"之"杂"指私欲的杂染，若意念所发皆为纯粹天理，自然没有丝毫私欲的掺杂，这是以天理人欲说来对言。朱子"一于理"说受吕大临《中庸解》"诚一于理"的影响。《中庸辑略》"至诚章"引吕氏说，"吕曰：吾生所有，既一于理，则理之所有，皆吾性也。""至诚之道"章同样引吕氏说，"吕曰：诚一于理，无所间杂，则天地人物，古今后世，融彻洞达一体而已。"② 朱子之说同时受"惟精惟一"的影响。朱子认为"一"表示意念的纯粹如一，没有分裂掺杂。这个理应是指天理、性理，天理是抽象超越的绝对概念，突出了意念的普遍客观性；性理则指向人性存在的本体根源，意念专一于此，自然是纯善无恶了。但"理"较之"善"更为空泛，于诚意工夫不够有力紧切，"无所杂"突出的是意念纯粹专一，在语义上与"一于善"有所重叠，而且不如"无自欺"贴切本文。朱子以"理"释诚意自欺的材料不少，如"或说谨独。曰：公自是看错了。'如恶恶臭，如好好色，此之谓自慊'，已是实理了。"③

从"纯善杂恶""一于理而无所杂""一于理而无自欺""一于善而无自欺"，不同说法之间的思想脉络极为明显，反映出"一"与"杂"之意念纯一，"理"与"善"之价值指向，始终是朱子诚意解长期以来思考之核心，其内涵极为深刻。"一于善而无自欺"较之前三者，更符合文本原意和语境，更有下手用工处。"理"和"杂"于诚意章及整个大学皆是外来观念，突兀不和谐。"善"和"自欺"则是文中本有之词。诚意指向的是意念的善恶，而不是强调意念的超越性。就工夫言，"一于善"比"一于理"显豁自然，易于体会把握。

---

① 《语类》卷15，第487页。此条为林夔孙所录，丁巳1197以后所闻。《御纂朱子全书》卷八下小字注：按此条所举是旧本。
② 石子重：《中庸辑略》，《四库全书》198册，台湾商务印书馆1986年版，第603、605页。
③ 《语类》卷16，第523页，林夔孙所记。

二 "自欺"诠改

朱子诚意之解分为"一于善""无自欺"两层,二者关联紧密各有侧重。"一于善"是积极的挺立正面价值;"无自欺"则从消极层面,以去除遮蔽本心之善的自欺为目的。故理解"自欺"成为把握朱子诚意学的关键。事实上,朱子易箦前一两年对"自欺"修改极其频繁仔细,透露出朱子易箦前"诚意"绝笔所在。

(一) 自欺之义

诚意章开篇即提出"所谓诚其意者,毋自欺也。"《章句》对"自欺"的解释是,"自欺云者,知为善以去恶,而心之所发有未实也"[①]。朱子"自欺"概念有丰富含义。首先,自欺与诚意相对,是诚意的反面,指心中意念发而不实,不自欺即是诚意。其次,自欺是涉及善恶观念的道德范畴,但它和认知有极大关联,即认识上明知善恶之别,肯认行善以去恶的正当性必要性,而在意念行为上却虚伪不实,造成知和意脱节对立。自欺最大特征即在于知和意(行)的背离关系,对这种道德认知分明,但道德行为无力,二者背离扭曲的情况,《章句》在注释"小人闲居为不善"中做了深刻阐发,"小人阴为不善,而阳欲掩之,则是非不知善之当为与恶之当去也,但不能实用其力以至此耳。"[②] 暗中行不善而在表面掩盖之,不愿不善行为公开化而为他人所知,证明小人尚知善恶之分和为善去恶之理,然而为内心私意所阻,难以自拔。

关于自欺的来源,朱子前期着眼于物欲之私,气禀之杂,后期着眼于知上不足,提出知上丝毫不尽都会导致自欺,"惟是知之有豪末未尽,必至于自欺"[③]。朱子对知的认识是复杂的,认为知有真知、半知、无知之分。据此,朱子将自欺定性为"半知"。处于自欺状态中的知善去恶其实是半知半不知,因这种知而不行,知善而不去为善,知恶而偏要行恶的知行脱节的自我欺骗行为,介于无知和真知之间。如果纯粹的不知不识,不知而行,则只

[①] 《四书集注》,第7页。
[②] 同上。
[③] 《语类》卷16,第515页。叶贺孙辛亥1191以后所闻。

能算是欺而不是自欺，并不存在知行矛盾，也不会有自我分裂对立感。如果是真知，则已经包含了行，知行是和谐一致的，自然不会出现自欺现象。"自欺是个半知半不知底人。知道善我所当为，却又不十分去为善；知道恶不可作，却又是自家所爱，舍他不得，这便是自欺。不知不识，只唤做不知不识却不唤做'自欺'"。① 但是朱子在注释中极少区分知的三种含义，只是用一个"知"来表述，这就必然会带来紊乱和矛盾。照朱子对自欺的注释，自欺所引发的知行脱节显然是道德意志的无力造成了背离，病痛在行，他反复表述自欺之人"知为善以去恶"，小人也是"是非不知善之当为与恶之当去也"，故矫正功夫应在行上着手才是对症下药。但因为朱子将自欺之人的知定性为"半知"，源头在于知之不纯，故将消除自欺的功夫集中于知上，要使半知不知转化为真知纯知，见识分明了，自然就可以消除自欺。"然所以不自欺，须是见得分晓。"② 但这就造成了一个矛盾，因为尽管朱子的"真知"范畴包含了行，但行毕竟是和知相并行的独立概念，知并不能取消吞灭行，这在实践中也是不可能的。朱子对知的过分强调不仅造成理论上的混乱，具有以知吞行的倾向，而且给实践功夫也带来不便。他明明肯定自欺是主观良好意愿和客观行为的两橛，自欺者在知上已经能够辨别善恶，肯认不是知而是内心深处所发出的意念阻断了知行的合一，使之偏离了正确轨道。这是内心意念的道德情感和行为动力问题，故功夫本应花在意念上，意念直接主导行动，朱子自然深明此理，他也指出在知行之间的转换就是意，消除私欲实现无自欺的直接功夫在于慎独。然而他仍坚持认为功夫第一序在于致知，在分别意念之善恶的基础上，再来实行第二序的慎独功夫，以消除物欲杂念干扰，使其意念诚实。"所谓自欺者，非为此人本不欲为善去恶，但此意随发，常有一念在内阻隔住，不放教表里如一，便是自欺。但当致知，分别善恶了，然后致其谨独之功而力割去物欲之杂，而后意可得其诚也。"③ 事实上，知行往往是反复多层相互作用互不分离的，没有离行之知，也没有无知之行。常人理解的知，是理论上起辨别是非作用的知，至于行则

---

① 《语类》卷16，第516页。杨道夫己酉以后所闻。
② 同上。
③ 同上书，第517页。李壮祖所录蜀类。

有专门的领域和方法，不再属于知的范围。朱子对知行本来也有明确划分，对二者关系有"知先行后，知行相须""先知后行""知为轻，行为重"等说。朱子也认为格物致知属于知，诚意属于行。但他同时提出的真知说是包含了知行在内的高层次的知。知行善去恶的知是表层的知，真知是深层的表里精粗无不到之知，在意念的层次里面，是否自欺就是因为有两种相反的意念在斗争，故此关键要通过知来区分意念，使得为善去恶的意念占据上风，将意念落于实处。

朱子对"自欺"的注释经过反复修改，自欺可分为两类，有意之欺还是无意之欺，特征是表里不一，知行分离、虚妄不实。具体包括这几种情况：未能纯粹至善，微有差失者；自欺之不觉者，知善恶之分不自觉滑入恶者；自欺之微者，知善恶之分，但又自我苟且自恕者；自欺之尤甚者，外善内恶。

（二）"自欺"之改

修改之一："不欲其本心之明知之"

从本心明知的角度诠释自欺。据陈文蔚《通晦庵先生书问大学诚意章》可知，朱子在己酉前后曾以"心知"解释自欺，认为自欺是"不欲其本心之明知之"，即遮蔽自我本心之光明智慧。陈氏指出朱子此解是从格物致知的角度来考虑，因知有未穷，故心体有所不明，自欺之意难免发出，造成自我本心的遮蔽。"及观《章句》解自欺之说，乃有'不欲其本心之明知之'之说，初以为疑，反复谛玩，乃知先生承上文'物格知至'而言。盖谓凡自欺者，皆不先格物致知而知有所不至，故本心之全体不明而私意容或窃发，'不欲其本心之明知之'即自蔽其心之谓。"① 朱子在回信中认为《章句》此解不如前解，过于强调了知的意味，脱离了自欺本意。己酉《答陈才卿》十四，"所喻诚意之说，只旧来所见为是。昨来《章句》却是思索过当，反失本旨，今已改之矣"②。

修改之二："物欲之私杂乎其间"

甲寅时期从物欲私杂的角度诠释自欺。朱子甲寅年（1194年）给皇帝

---

① 陈文蔚，《克斋集》卷2，《四库全书》1171册，台湾商务印书馆1987年版，第12页。
② 《文集》卷59，第2850页。

进讲《大学》所写《经筵讲义》一文，对"自欺"的阐发即由此入手，他说，"人心本善，故其所发亦无不善。但以物欲之私杂乎其间，是以为善之意有所不实而为自欺耳。能去其欲，则无自欺而意无不诚矣。"① 朱子基于人心本善的立场，指出所发意念本来亦皆善。意念之不实源于物欲私念的纷杂惑乱，导致自欺，故消除自欺的工夫在于去除物欲之私。值得注意的是，朱子将意念之善与意念之实等同之，实即善，不实即自欺。也就是把真善统一，妄杂与自欺统一。本来，意念之妄杂应与恶相应，此处与自欺相应，盖朱子认为，自欺有多层次表现，恶则是其中程度最深的一种。故妄杂与自欺相对应，语义更广泛。朱子此时提出消除自欺工夫是"去物欲之私"，立足于理欲、公私的对立，《章句》则认为自欺病根在于知行脱节，立意不同。

从物欲私杂的角度诠释自欺是朱子自欺解尚未成熟定型的表现。朱子在其他著作中亦论及之。《大学或问》即认为，"天下之道，善恶而已"。善为天命天性本心，恶则为物欲所生邪秽之物。人既受制于先天气禀，又为后天私欲所染污，故人性之善受到蒙蔽。"天下之道二，善与恶而已矣。然揆厥所元而循其次第，则善者，天命所赋之本然；恶者，物欲所生之邪秽也。……然既有是形体之累，而又为气禀之拘，是以物欲之私，得以蔽之。"② 甲寅年余国秀对此提出疑问，他指出《章句》仅以"物欲"解释自欺、慎独，《或问》则兼用气禀，似有不同。朱子回应二者之别乃详略之分，并无不同。这亦充分证明《章句》在甲寅时期既以物欲之私解释"自欺"。"宋杰尝观传之六章注文释自欺、谨独处，皆以物欲为言。《或问》则兼气禀言之，似为全备。""此等处不须疑，语意自合有详略处也。"③《语类》亦有"割去物欲之杂"说，如上引李壮祖所记，"但当致知，分别善恶了，然后致其谨独之功而力割去物欲之杂，而后意可得其诚也。"④

修改之三："若在于善而实则未能（免于）不善也"

---

① 《文集》卷15，第710页。
② 《四书或问》，第532页。
③ 《答李敬子、余国秀》，《文集》卷62，第3030页。
④ 《语类》卷16，第517页。

问:"'诚其意者,毋自欺也。'"近改注云:"'自欺者,心之所发若在于善,而实则未能不善也。''若'字之义如何?"曰:"'若'字只是外面做得来一似都善,其实中心有些不爱,此便是自欺。僩。①

从似善而未能纯善的角度诠释。笔者按:此句"未能不善"之说语义颠倒,据下文"外为善而中实未能免于不善之杂"可知"未能"与"不善"之间似夺"免于"二字,当补之。或"不"善之"不"应删去。此处朱子用"若""实"二字相对,说明从表露在外的行为看来,似乎心之所为皆是为了善,而内在心意却没有做到纯善,夹杂了不纯粹之善,盖其心意非诚也,此即为自欺。此说强调自欺者的表里不一。此一注释相对而言似早,因为在表达表里不一、知行二致义上,后面诸修改较之"若""实"更鞭辟有力。此处朱子还提及"前日得孙敬甫书",批评孙氏"自慊"之说有误。

前日得孙敬甫书②,他说"自慊"字似差了。其意以为,好善如"好好色",恶恶如"恶恶臭",如此了然后自慊。看经文语意不是如此。"此之谓自慊",谓"如好好色,恶恶臭",只此便是自慊。是合下好恶时便是要自慊了,非是做得善了,方能自慊也。自慊正与自欺相对,不差豪发。所谓诚其意,便是要毋自欺,非至诚其意了,方能不自欺也。……又曰:"自慊则一,自欺则二。自慊者,外面如此,中心也是如此,表里一般。自欺者,外面如此做,中心其实有些子不愿,外面且要人道好。只此便是二心,诚伪之所由分也。"僩。③

朱子提出对自慊的理解应把握根本一点:自慊与自欺是势不两立有你无我的对立关系,好恶无自欺的当下即是自慊,自慊乃无自欺的自然体现。二者在空间上不共存,在时间上前后相续。孙氏之误在于割裂了二者对立性,

---

① 《语类》卷16,第520页。按:沈僩所录为《池录》38至41卷,为庆元戊午以后所闻。
② 此处提及"前日得孙敬甫书",则朱子与孙氏之通信当在沈僩所录语类之前,然钱穆先生认为"此书(指《答孙敬甫》书)又在上引沈僩李燔四条问答之后",《朱子新学案》,第532页,恐不妥。
③ 《语类》卷16,第520—521页。

误以为二者之间还存在过渡阶段。朱子指出，诚意与自欺的对立关系亦是如此。自慊与自欺的表现是表里一致还是内外分离，即一心二心，诚伪之分。自慊是纯粹为己之学，是自快足于己也。《文集》卷六十三《答孙敬甫》表明了类似看法，朱子曰："但如所论，则是不自欺后方能自慊，恐非文意。盖自欺、自慊，两事正相抵背，才不自欺，即其好恶真如好好色，恶恶臭，只为求以自快自足。"①

修改之四："外为善而中实未能免于不善之杂"

> 敬子问："'所谓诚其意者毋自欺也'。注云'外为善而中实未能免于不善之杂。'某意欲改作'外为善而中实容其不善之杂'，如何？盖所谓'不善之杂'，非是不知，是知得了，又容着在这里，此之谓自欺。"曰："不是知得了容着在这里，是不奈他何了，不能不自欺，公合下认错了。只管说个'容'字，不是如此，'容'字又是第二节，缘不奈他何，所以容在这里。此一段文意，公不曾识得他源头在，只要硬去捺他，所以错了。（大概以为有纤豪不善之杂便是自欺）自欺只是自欠了分数，恰如淡底金不可不谓之金，只是欠了分数，如为善有八分欲为，有两分不为，此便是自欺，是自欠了这分数。"或云："如此，则自欺却是自欠。"曰："公且去看。（又曰：自欺非是要如此，是不奈它何底。）荀子曰：'心卧则梦，偷则自行，使之则谋。'某自十六七读时便晓得此意。盖偷心，是不知不觉自走去底，不由自家使底，倒要自家去捉他。使之则谋，这却是好底心，由自家使底。"……"如公之说，这里面一重不曾透彻在。只是认得个容着，硬遏捺将去。不知得源头工夫在。"……又引《中庸》论诚处而曰，"一则诚，杂则伪"。
>
> "只是一个心，便是诚，才有两个心，便是自欺。好善如'好好色'，恶恶如'恶恶臭'，他彻底只是这一个心，所以谓之自慊。若才有些子间杂，便是两个心。"僩。②

---

① 《文集》卷63，第3066页。
② 《语类》卷16，第527—528页。

从外善而内心容其不善的角度诠释。朱子师弟所争看来甚小，"未能免"和"容"虽为个别字句之差，牵涉问题却不小。其一，朱子提出"外善内恶"说而不是常用的"阴恶阳善"说，可知此处修改尚早，其根本意思还是强调表里一致。其二，此处纠缠的是知、行、善、恶间的错综复杂关系。敬子的"容于不善之杂"指的是主观上知善而容恶，知行严重脱节者为自欺。如果知行之间存在对应关系，知善行善或者知恶行恶，或不知善恶而相应行善恶，则不属于自欺。知恶行善又是不可能的，故其实就是知善而行恶这种情况，才是自欺。其三，朱子批评敬子自欺是"知得了善还容着恶"，他认为自欺应该是"知得了不奈何"。敬子之说突出主观上对恶的态度问题，似乎故意纵容恶之存在、发作而不去克制；朱子的"不奈何"说则是表明主观上想去克制但客观上没有能力而导致自欺。二者之别在于自欺到底是态度问题还是能力所限。朱子认为能力的不足导致容有不善，敬子只是考虑到自欺对恶本来就抱着宽容态度，故批评敬子的"容于不善之杂"说已是第二节，但他对敬子的批评并不切合原意。其实，敬子说更符合自欺之意。朱子"无可奈何"的能力说属于意志行为，是自欺中最高一等。其四，最重要一点在于，朱子认为自欺即是自欠，是"有一豪不快于心"，"微有些没要紧底意思"，后果就是"未能免于不善"，诚意"须是十分真实为善"。他特地引荀子关于心有意识和无意识活动来证明自欺是内心无意识的流动逸出伦理规则之外。朱子反复以分量程度的差别来说明自欺，将判定自欺的标准滑到了是否做到极至，是否达于至善，这偏离了自欺本意的。为了达到这个至善，朱子又反复强调工夫源头格物知至的重要。因为朱子"知"具双重性：真知和半知，但他又没有具体点明，故使其理论看起来充满了矛盾，说自欺是"知得了不奈何"，又强调要从知上（所谓的源头上）做工夫。既然"知得了"，那自然可理解为知上已经没有问题了，应该到行上、意念上（或如敬子到态度上）去找原因和办法，但朱子还是回到知上。可见所谓"知得了"并非真的知了，而是表面的半知，故还须继续寻求真知。其五，朱子以一心之说判定诚意与自欺之别，再次强调了一心、两心的纯杂关系。一心则自慊，两心则自欺，心不可有间杂。其五，朱子此条自欺诠释已经完全从知行内外分离的角度入手，将自欺的源头推到致知上，放弃了甲寅时期的物欲之私说，表明其自欺解转入到一个新的阶段。

次早，又曰，"昨夜思量敬子之言自是，但伤杂耳。某之言却即说得那个自欺之根，自欺却是敬子'容'字之意。'容'字却说得是。盖知其为不善之杂而又盖庇以为之，此方是自欺。……某之说却说高了，移了这位次了，所以人难晓。……今若只恁地说时，便与那'小人闲居为不善'处都说得贴了。"①

朱子经过一夜反思，承认敬子"容"字说对，抓住了自欺本义，即自欺是对不善虚假行为的有意识的自我纵容，而不是如他所言是无意识的过失，是未能做到极致。如此说方可平顺贴切的解释下文。朱子反思自己的"欠分数说"，"格物致知源头说"说高了，越位了，偏离了"自欺"的本义，造成理解上的晦涩，违反了诠释贴近本文的原则。而且照李敬子之解，方可将下一节文字"小人闲居为不善"贯通。

"次日又曰：夜来说得也未尽，夜来归去又思。看来'如好好色，如恶恶臭'一段，便是连那'毋自欺也'说。言人之毋自欺时，便要如好好色如恶恶臭样方得。若好善不如好好色，恶恶不如恶恶臭，此便是自欺。毋自欺者，谓如为善若有些子不善而自欺时，便当斩根去之，真个是如恶恶臭始得。如'小人闲居为不善'底一段，便是自欺底，只是反说'闲居为不善'，便是恶恶不如恶恶臭；'见君子而后厌然，揜其不善而著其善'，便是好善不如好好色。若只如此看，此一篇文义都贴实平易坦然，无许多屈曲。某旧说忒说阔了、高了、深了。然又自有一样人如旧说者，欲节去之，又可惜，但终非本文之意耳。"②

朱子经过一夜反思，思想有了一大转变，认为应将"毋自欺"和下文"好好色如恶恶臭"连起来说，以声色之生理本能感受来表明道德工夫之真

---

① 《语类》卷16，第529页。按：同为沈僩所录。
② 同上书，第529—530页，沈僩所录《池录》38至41卷，庆元戊午以后所闻。

实自然。"斩根"之说与"一于善"相通,强调工夫的决绝有力,彻底干净。下文"小人闲居为不善"一段是作为实例从反面阐发小人的自欺,好善恶恶皆不诚意。如此一来,朱子以"自欺"为中心,打通了诚意、自欺、自慊、慎独四者间的联系,并使得全篇文义贯通无碍,消除了此前割裂理解带来脱离本意的疏阔、高远、艰深之蔽,实践上使学者易于下手用功。"因说诚意章曰:若如旧说,是使初学者无所用其力也。"[1]

修改之五:"好善阴有不好以相拒,恶恶阴有不恶以相挽"

譬如一粒粟外面些皮子好,里面那些子不好,如某所谓"其好善也,阴有不好者以拒于内;其恶恶也,阴有不恶者,以挽其中。"盖好恶未形时,已有那些子不好不恶底藏在里面了。"[2] 朱子还曾用"好善阴有不好""恶恶阴有不恶"来诠释"小人闲居不善"之内外对立的情形。虽知好善,然内心则阴有不好善之意以拒绝善;虽知恶恶,然内心有不恶之意以挽留恶。此为未能如好好色,如恶恶臭者,在好善恶恶上未能做到表里如一,内外一如,故体现为意念的心理拉锯之战而终不免于自欺者,与敬子所言,"容其不善",朱子所言"不奈何"相通。此说虽为吕焘己未所记,但应为朱子此前之说,盖《大学或问》已言之,不过《或问》未用"阴"这个词而已,《或问》更强调了真知的重要。"夫不知善之真可好,则其好善也,虽曰好之而未能无不好者以拒之于内。不知恶之真可恶,则其恶恶也,虽曰恶之而未能无不恶者以挽之于中。"[3]

修改之六:"为恶于隐微之中,诈善于显明之地"

以隐恶显善之说解释"小人闲居为不善"。朱子早在甲寅之《讲义》中即以"为恶于隐微之中,诈善于显明之地"的对比手法,突出小人自欺之甚的特点。小人未能慎独,故于隐微之中行其恶,而在显明之处行其善,其恶为真恶,善为伪诈之善,欺人之善。善、恶,显、微,内、外,虚、实形成一组鲜明对比,尽显小人自欺欺人之情态。《讲义》注:"小人为恶于隐微之中,而诈善于显明之地,则自欺之甚也。"沈僴所录《语类》中,朱子

---

[1] 《语类》卷16,第531页,林夔孙丁巳以后所闻。
[2] 《语类》卷16,第518页。吕焘所录皆庆元己未1199年所闻,距朱子去世不到一年。
[3] 《四书或问》,第532—533页。

仍提起此说，可见朱子修改之中亦有其一致连贯性。"所谓为恶于隐微之中，而诈善于显明之地，是所谓自欺以欺人也。"① 此说朱子随即以阴阳善恶之对比形式取代之，但"诈善"之说《章句》仍保留之，"欲诈为善卒不可诈"。

修改之七："阴在于恶而阳为善"与"阳善阴恶，好善恶恶"

"问：诚意章自欺注，今改本恐不如旧注好。""曰：何也？""曰：今注云，'心之所发，阳善阴恶，则其好善恶恶，皆为自欺而意不诚矣。'恐初读者不晓。又此句《或问》中已言之，却不如旧注云：'人莫不知善之当为，然知之不切，则其心之所发，必有阴在于恶而阳为善以自欺者。故欲诚其意者无他。亦曰禁止乎此而已矣。'此言明白而易晓。"曰："不然，本经正文只说，'所谓诚其意者，毋自欺也'，初不曾引致知兼说。今若引致知在中间，则相牵不了，却非解经之法。又况经文'诚其意者，毋自欺也'，这说话极细。盖言为善之意，稍有不实，照管少有不到处，便为自欺，未便说到心之所发必有阴在于恶而阳为善以自欺处。若如此则大故无状，有意于恶，非经文之本意也。所谓'心之所发，阳善阴恶'，乃是见理不实，不知不觉地陷于自欺，非是阴有心于为恶而诈为善以自欺也。"僴。②

朱子此处讨论了诠释视角"致知"与"好善恶恶"。弟子认为"自欺"的今注不如旧注明白易懂，旧注提出，人虽知善之当为，但因非真切之知，故其心所发出之意，必定有阴恶阳善以自欺者。因此诚意工夫在于禁止此阴恶阳善之意的发出。朱子提出三点反驳，一是旧注之解着眼于致知，突出因无真知，故所发之意有阴恶阳善者。而"诚意"章中本无致知之义，将"致知"掺杂于诚意之中，脱离本文原意，侵占了诚意地位，犯有诠释牵合越位之弊。新注符合原文应有之意，与解经当求本意的原则相一致。二是就语义而言，旧、新注语意轻重有别，新注"阳善阴恶，好善

---

① 《四书或问》，第525页。
② 《语类》卷16，第526页。

恶恶"之说更符合原义。自欺所指意思极为精细，是说人本心存善意，只是在行为、意念上的稍微放松不留神，认识上的"见理不实"，而不自觉的流于自欺，造成表里不一、内外乖张，其本心并非如此。这种自欺的程度很低，是"微有差失"，是"无心之失"，可说是君子之过。旧注"必有阴在于恶而阳为善以自欺者"之说是此人本心即要为恶，而不过以善掩盖而已，这是"存心为恶"，是"大故之恶"，简直是恶人之恶了。如此就语义太重，属于自欺里面最严重的一种，指那种极为明显的大恶。今本所改则相当于最轻微的那种无心而流于自欺者，是从细微无意识处而言，故说工夫极细，这才是原文之意。其三，旧注不当连带下文"小人闲居为不善"来说，"小人闲居为不善"乃是自欺之大者。新注、旧注的主要差别在于从何角度（粗还是细）来理解自欺，朱子的修改趋向于细，认为自欺可能仅仅是君子之过，到小人地步已不是自欺所能概括，已是到了恶的地步，反映出他对于自欺的认识发生了由外在之恶到内在之失的变化。旧新注的另一个差别是，新注没有连"毋"一起说，旧注则牵连一起。在笔墨上，旧注用字50，较今注多出一倍，违背诠释简约精当之原则。从这条讨论亦可看出，朱子自欺诠释从"物欲"转入"致知"后，再次发生变化，转向尽量地切近文本。

朱子此一新注，沈僩于《语类》中还有记载：

> 所谓诚其意者毋自欺也。注云："心之所发，阳善阴恶，则其好善恶恶，皆为自欺而意不诚矣。"①

此注和旧注相比，删除了"致知"的掺杂，而增强了本章上下文之间的关联，即增加了他在与李敬子讨论时提出的"自欺"应与下文"好善恶恶"相关联的看法，此注与《章句》相比，仍有不少差异处。其一，因为在"毋自欺中"并无"阳善阴恶"之意，考虑到与原文本意的和谐，故《章句》将"阳善阴恶"之说移到了下一节"小人见君子而后厌然"的注释中，以此专指小人之自欺，即程度严重之自欺。"此言小人阴为不善，而

---

① 《语类》卷16，第516页。

阳欲掩之。则是非不知善之当为与恶之当去也，但不能实用其力以至此耳。"其二，《章句》突出了知、意脱节的问题，强调了诚意工夫的独立性和重要性，同时仍保留了致知与自欺的紧密关联，"知为善以去恶，而心之所发有未实也。"此是对旧注"人莫不知善之当为"的回归，此处新注"阳善阴恶"仅反映出表里不一致，没有强调知在诚意中的先决性作用，未能从根源上指出自欺的病因。其三，《章句》和旧注的共同点在于皆表明自欺是就一己之隐微意念而言，是个人私下的个体性活动，自欺是知行分离，这种分离在程度上极为轻微。其四，《章句》诠释更为精练。

修改之八："则无待于自欺而意无不诚也"

又问："今改注下文云：'则无待于自欺而意无不诚也'，据经文方说'毋自欺，毋者，禁止之辞'，若说'无待于自欺'，恐语意太快，未易到此。"僩。①

此句注释不见于《章句》，已删之。弟子认为"无待于自欺"的说法在语义上伤快，与经文"毋（禁止）自欺"之义不合。朱子的辩解是，既然能够禁止不自欺，说明已经能知理之是非，自觉行好善恶恶工夫，使意念之发纯善无恶，由此即可达到不自欺，"毋自欺"虽有禁止义，但不自欺之状态，并非勉强控制所能达到。朱子以人受寒病肚子为譬，说明知上分晓善恶在工夫上的重要。其实朱子之说并不合原意，工夫是无限反复的过程，不可以说不做禁止自欺的工夫。再就经文意思来看，毋自欺和无待自欺是有差距的，从"无待自欺"看不出工夫，而只是工夫达到后的一种境界、效用罢了。

修改之九："假托"还是"掩覆"

国秀问："《大学》诚意，看来有三样。一则内全无好善恶恶之实，而专事掩覆于外者，此不诚之尤也；一则虽知好善恶恶之为是，而隐微之际，又苟且以自瞒底；一则知有未至，随意应事，而自不觉陷于自欺

---

① 《语类》卷16，第526—527页。

底。"曰："这个不用恁地分，只是一路，都是自欺，但有深浅之不同耳。"焘。

次早云："夜来国秀说自欺有三样底，后来思之，是有这三样意思。然却不是三路，只是一路，有浅深之不同。"又因论以"假托"换"掩覆"字云：'假托'字又似重了，'掩覆'字又似轻，不能得通上下底字。又因论诚与不诚不特见之于外，只里面一念之发，便有诚伪之分。"①

余国秀提出不诚自欺有三种情况：其一，自欺之尤者，专事掩覆于外，完全无丝毫行善去恶之实；其二，自欺之微者，知善恶之分，但隐微之际又苟且自恕，意有不诚者；其三，自欺之不觉者，受知识所限，未能分辨善恶而不自觉滑入自欺者。朱子开始认为不需要做此分别，三者性质皆同，都是自欺，只是情况有深浅之别。后来反思确实存在这三种情况，但又指出皆是同一性质下的浅深之别。朱子又和余国秀讨论用"假托"还是"掩覆"描述"自欺"，二者形容自欺形状，畸轻畸重，难得恰好。此两字今本皆不用。朱子对自欺之类型亦略有分别，如他指出自欺的表现：内外分离，表现为为人之学，与为己相对；有始无终懈怠之学，与自始至终的彻底连续性不同；九分善，一分苟且之学，缺乏纯粹性。诚意之学则应表里如一，内外彻底，纤毫不违，为己不苟。"凡恶恶之不实，为善之不勇，外然而中实不然，或有所为而为之，或始勤而终怠，或九分为善，尚有一分苟且之心，皆不实而自欺之患也。所谓诚其意者，表里内外彻底皆如此，无纤豪丝发苟且为人之弊。"②

据以上修改历程可知，朱子在围绕自欺的多次修改中，认识有很大变化，己酉年曾有"不欲其本心之明知之"说，突出了致知对于诚意的重要性；甲寅时期侧重"物欲之私"解释，着眼天理人欲的分裂；此后转向知行背离、内外对立、阴阳割裂的角度诠释，期间很注意把握致知与诚意、自欺之程度等问题，屡有调整。丙辰至戊午年间提出"若在于善而实

---

① 《语类》卷16，第517—518页。吕焘己未1199年所闻。
② 《语类》卷16，第524—525页，沈僴所录。

则未能"说,以"若、实"表明内外的背离,后又改为"外为善而中实未能免于不善之杂",此一"中外善恶"的"纯杂"背离说有一定代表性。此后朱子又先后提出"阴阳善恶"说,前一次从致知说自欺,认为"知之不切"导致"必有阴在于恶而阳为善以自欺者。"此种"阴恶阳善"者乃有意为恶,为自欺中最严重者。后一次修改去除了"知之不切",提出"阳善阴恶"说,认为自欺是无心之过,为自欺中最轻微者,而且以至善的要求来看待自欺与否,将自欺认定为"自欠",是知上有丝毫未尽所造成的,"微有差失,便是知不至处",便是自欺,这拔高了对自欺的认识。阴阳善恶说在朱子自欺说中也颇具代表性。此后,朱子还提出"无待于自欺而意无不诚"说,此说亦过于强调知的意义,且与本文"毋"的禁止意有所背离。到去世前一年的己未年,朱子还在讨论自欺之类别,探讨用"假托"还是"掩覆"解释自欺,文中有"掩其不善"说,朱子最终倾向用"掩"字,《章句》即用了"掩"和"诈"的对说。

据朱子对自欺的繁复修改中,可以得出一个基本认识,即朱子诚意之解的根本线索是意念之善与恶的关系。无论哪一次修改,总是围绕善与恶展开。这可以帮助我们解决本文开篇所提出的问题:胡炳文等提出的"一于善"说更符合朱子本章修改之历程,它揭示了诚意的根本特质。朱子颇为重视的《大学或问》亦是着力阐发善恶,开篇即点出本章之旨围绕善恶展开,"天下之道,善恶而已"。诚意章最后以"故君子必诚其意"重复之说结束全章,《章句》之解,仍然落实于意念之善,"盖善之实于中而形于外者如此,故又言此以结之"①。《语类》指出诚意最紧要,紧要处在于诚意乃是分别善恶关节处,故最要用力。"要紧最是诚意时节,正是分别善恶,最要着力。"②"一于善"说正是鲜明的揭示诚意归于善的根本特色。

(三)自慊与自欺

反观朱子对"自慊"的认识,虽有提及,但并非核心问题。朱子长期以来,仅注重"自慊"的个别意义,并未将之与诚意、自欺之解相联系。直到《经筵讲义》之时,仍只是将之与"毋自欺"相连。过了几年,朱子

---

① 《四书集注》,第7页。
② 《语类》卷16,第533页,叶贺孙辛亥1191年以后所闻。

方才意识到应该将"自慊""慎独"与"自欺"一起，纳入诚意的体系中。《经筵讲义》将诚意章第一部分切分为二层，"所谓诚其意者，毋自欺也"为第一层，于"毋自欺"后断开随文解释；"如恶恶臭，如好好色，此之谓自慊。故君子必慎其独也"为第二层，而且"自慊"与"慎独"亦未关联解释，各自独立一句。① 今本《章句》则从开头"所谓"一直到"慎其独"连起来讲，《讲义》断开为二，表明朱子此时没有认识到诚意包含自欺、自慊、慎独三个要点，将它们前后割裂，对诚意的阐发缺少一种有力例证和说明，而且在文势上也不连贯。朱子戊午《答孙敬甫》一书，仍未以"自欺"将诸概念串联起来。如他认为，诚意即是不自欺，"如恶恶臭，如好好色"是说明自慊，"故君子必慎其独也"则为单独一节。"故其文曰：所谓诚其意者，毋自欺也。而继之曰如恶恶臭，如好好色，即是正言不自欺之实。而其下句乃云此之谓自慊，即是言如恶恶臭，好好色便是自慊，非谓必如此而后能自慊也。所论谨独一节，亦似太说开了。"② 上文"自欺"修改四所引《语类》反映出朱子去世前一两年在与李敬子反复讨论自欺修改中，方才反思应将自慊、慎独纳入诚意范围下。

比较《讲义》、《或问》、《章句》，对自慊、慎独之解并无差别，差别在于自欺，《讲义》侧重好恶深切，意常快足而无自欺。即自慊而无自欺，即陈栎所主张的"必自慊而无自欺"。

　　《讲义》："臣熹曰：如恶恶臭，恶之深也，如好好色，好之切也。慊，快也，足也，独者，人所不知而已所独知之之地也。好善恶恶深切如此，则是意常快足而无自欺矣。"③

　　《章句》："言欲自修者，知为善以去其恶，则当实用其力，而禁止其自欺。使其恶恶则如恶恶臭，好善则如好好色，皆务决去，而求必得之，以自快足于己，不可徒苟且以殉外而为人也。然其实与不

---

① 《文集》卷15，第710页。
② 《答孙敬甫》六，《文集》卷63，第3066—3067页。约写于1196年的《文集》卷60《答周南仲》五、六二书甚为奇怪，此二书照抄今本诚意章注文，无任何其他文字，疑为错乱之文。
③ 《文集》卷15，第710—711页。

实，盖有他人所不及知而己独知之者，故必谨之于此以审其几焉。"①

《章句》加大了"自欺"的阐发，首先即指出诚意是自修之事，"致知"对于诚意自修具有不可或缺的先在性，必须在知上分别善恶，方能在行上用力。诚意独立于致知的意义在于，光有致知是不够的，必须落实于自身的切己行动，此一行动要求真诚向内，坚决果敢，彻底为己，而自慊是包含于其中的一个效验，不具有工夫意义。《章句》与《讲义》的差别在于，《章句》深入细致剖析了诚意毋自欺的工夫，即阐明了诚意工夫的理论前提、实际操作、必然效用。《讲义》"意常快足而无自欺"之类的说法仅仅侧重诚意之效用，过于轻快，亦使学者无所用力。故此类说法《章句》均不见之。

与耗尽心力诠释"自欺"相反，朱子有意删除了《章句》有关"自慊"之解。如朱子对《或问》此章的修改，即删除了此前所引的程子自慊之说，认为程子之说过头了。问："《或问》'诚意'章末，旧引程子自慊之说，今何除之？"曰："此言说得亦过。"②程子之说为，"人须知自慊之道，自慊者，无不足也。若有所不足，则张子厚所谓'有外之心，不足以合天心者也。'"程子认为自慊则无不足，自然无自欺了，引张载说指出若有不足，则表明心仍在外，杂念私欲未尽，故意未诚，心未专一也。朱子反思此说过高，拔高了自慊的意义。而据曾祖道丁巳（1197年）所记《语类》，朱子尚将自慊理解为无不足，并引横渠之说为证，由此可知陈淳所记上条，乃是己未所记。"如恶恶臭，如好好色，此之谓自慊。慊者，无不足也。如有心为善，更别有一分心在主张他事，即是横渠所谓'有外之心，不可以合天心'也。"③

三 致知与诚意

为了更详尽地考察此问题，我们有必要探讨诚意章其他地方的修改，应

---

① 《四书集注》，第7页。
② 《语类》卷18，第636页。此条陈淳所记，当为己未1199年记。
③ 《语类》卷16，第518页。

引起注意的是，致知与诚意的关系，始终是朱子此章修改的焦点所在，在晚年尤为突出。

致知与慎独。诚意章句曾有致知与慎独关系之讨论，朱子在丙辰年提出只有致知了，才肯慎独，才能慎独，因为如果知上没有真切认识，则心就不会自觉自发的去意念上做慎独功夫，强调了致知对于慎独功夫的前提指导意义。但此说后来被删之，因为过于侵占了诚意、慎独的地位。

"问诚意章句所谓'必致其知，方肯谨独，方能谨独。'"曰："知不到田地，心下自有一物与他相争斗，故不会肯谨独。"① 同样是董铢所录另一条语类中，朱子提出在与诚意关系上，致知为本，慎独为辅的看法。"致知者，诚意之本也；谨独者，诚意之助也。"②

"一篇之枢要"与"自修之首"。关于诚意在《大学》中之地位，朱子颇费斟酌。在庚戌、辛亥时朱子曾将"诚意"视为《大学》之枢要。

> 问："诚意章结注云：'此《大学》一篇之枢要。'"曰："此自知至处便到诚意，两头截定个界分在这里，此便是个君子小人分路头处。从这里去，便是君子；从那里去，便是小人。"③

朱子认为诚意顺致知功夫而来，是知至的深化，是君子小人之分界线，是天理、人欲之差别处，故诚意为一篇枢纽要领所在。

> 居甫问："诚意章结句云：'此《大学》之枢要。'枢要说诚意，是说致知？"曰："上面关着致知、格物，下面关着四五项上，须是致知。能致其知，知之既至，方可以诚得意。到得意诚，便是过得个大关，方始照管得个身心。若意不诚，便自欺，便是小人；过得这个关，便是君子。"④

---

① 《语类》卷16，第523页。董铢丙辰1196以后所闻。
② 同上书，第522页。
③ 《语类》卷16，第531页，徐宇庚戌以后所录。
④ 同上书，第531页，叶贺孙辛亥以后所闻。

居甫直接提出"枢要"指致知还是诚意，朱子认为诚意为连接八节目之关联枢纽，上承接格物致知一头，下影响正心修身一头，故一方面肯定诚意离不开致知这一必要前提，同时指出诚意意义重大，直接影响到正心、修身、治国、齐家、平天下之效用。今本《章句》删除了这句话，起而代之的是"故此章之指，必承上章而通考之，然后有以见其用力之始终，其序不可乱而功不可阙如此云。"此说首先强调理解诚意必须从格物章而来，方能把握为学用力之先后始终的次序，重申了格物致知在次序上的先在性。在"序不可乱"的同时，诚意的意义在于"功不可阙"，即致知功夫仅是知上明白善恶之别，若要实有诸己，须落实于身心体会，这方是诚意的价值所在。为了准确揭示诚意在整个为学工夫中的地位，朱子煞费苦心，删除章句末"《大学》之枢要"后，在《章句》之首增添"诚其意者，自修之首也。"据现有材料来看，甲寅年《经筵讲义》并无此句，该说甚为重要，然仅见于《集注》、《仪礼经传通解》，未见它处，其出甚晚。《或问》曾略露端倪，言"此章之说，其详如此，是固宜为自修之先务矣。"

"自修之首"值得玩味，"首"有从次序言，从重要性言两种理解，它充分肯定诚意在修身功夫中居于首位的重要性，同时表明是在"自修"而非全部为学的意义上，即诚意"自修之首"是针对于正心、修身、齐家、治国、平天下而言的。理解了这一点，方能更好地把握朱子对致知与诚意在《大学》中地位的精密安排，二者既紧密关联，又各有统领，各有分工。盖朱子将格致理解为知上探究，诚意则是行动的开始，二者乃知行关系。这也符合他的知先行后，知轻行重的看法。朱子主要以知行观来看待二者关系，提出致知和诚意分别代表知行的开端，知相当于指挥计划者，"主于别识"；诚意是实施执行者，"主于营为"。"致知，知之始；诚意，行之始。"[1] 朱子坚持知在行先，理论指导实践的观点，认为先明乎心体，才能使意念所发真实无伪，这是必要前提。一旦心体之明受到遮蔽，未有穷尽，则意念必然落空，必然导致自欺，自欺根源还是落在知上。故《章句》结束言："经曰：'欲诚其意，先致其知。'又曰：'知至而后意诚'。盖心体之明有所未尽，则

---

[1] 《语类》卷15，第488页，叶夔孙所记。

其所发必有不能实用其力，而苟焉以自欺者．'"① 然而仅有心体之明还不充分，不足以保证意念真实，若不加谨慎，则所明心体流于外在，故需要慎独之功来落实心体之明，以建立造道成德的根基。诚意必须连着格致来考虑，二者次序不可紊乱，工夫不可有阙，方能保证修身的连续一贯性。《章句》："然或已明而不谨乎此，则其所明又非己有，而无以为进德之基。故此章之指，必承上章而通考之，然后有以见其用力之始终，其序不可乱而功不可阙如此云。"② 《章句》末结束诸语，为《讲义》所无，此亦为《讲义》与《章句》一大差别，致知与诚意关系之安排，显然为朱子易箦前另一重大关切修改所在。明了朱子从知行两面对致知、诚意关系地位的处理，我们就不难理解朱子对"诚意"推崇之语，"更是《大学》次序，诚意最要。"③ "诚意最是一段中紧要工夫。"④ 这与强调致知优先于诚意之语并不冲突，盖立意所指不同也。

　　以上通过分析相关文献，考察了朱子诚意之学的论述，证明"一于善"从文献、义理两方面皆晚于、优于"必自慊"，应为朱子之定说。朱子生命之最后岁月，所念念不忘者是对"自欺"的修改，朱子"自欺"之解历经多次反复，大致分为两个阶段：《讲义》时期以"物欲之私杂"诠释自欺，虽义理通畅，然不够贴切文本，工夫又无从着手；易箦前两年着力于从知善行恶这一知行、善恶对立的角度阐发自欺，既紧贴文本，又点明下手用工处。同时，朱子诚意说另一重大关切处在于如何处理诚意与致知的关系，朱子最后从知先行后、知轻行重的立场妥善解决了此一问题，既肯定了格物在整个工夫系列中的优先地位，又确立了诚意"自修之首"的独特性。朱子对"诚意"诠释倾注了极大心血，在其整个经典诠释过程中，体现出罕有的挣扎与纠结，其中深意值得后人细细体味。然而，因朱子格物补传之笼罩，故自始以来，学界对朱子诚意之学即缺乏必要之同情与理解。其实，诚意之学于朱子学术、人生、政治皆具有某种全体意义。盖"诚意之说"不仅是朱子诠释的对象，

---

① 《四书集注》，第8页。
② 同上。
③ 《语类》卷15，第490页。
④ 《语类》卷15，第488页。

更是朱子一生道德修养之追求，予朱子莫大影响。如朱子中年"戒诗"，亦是因读《大学》"诚意"章有所感触，遂在某天读完该章的早上下定决心，以"诚意"自箴以戒诗。"顷以多言害道，绝不作诗，两日读《大学》诚意章有感，至日之朝起，书此以自箴，盖不得已而有言云。"[1] 朱子之精神修为，时刻以诚意毋自欺为体验印证之法，为为学进步之阶梯。"如今《大学》一书，岂在看他言语，正欲验之于心如何。'如好好色，如恶恶臭'试验之吾心，好善、恶恶，果能如此乎？'闲居为不善，见君子则掩其不善而着其善'，是果有此乎？一有不至，则勇猛奋跃不已，必有长进处。今不知为此，则书自书，我自我，何益之有！"[2] 朱子以"格君心之非"为治国之纲领，将"诚意毋自欺"拓展为治国平天下的王道根本，多次向帝王上书强调诚意正心之学的重要。在《延和奏札》五中，朱子冒着生命危险提出"正心诚意说"，置个人安危于度外，强调一生所学皆在此四字。"有要之于路，以'正心诚意'为上所厌闻，戒以勿言者。先生曰：吾平生所得，惟此四字，岂可回互而欺吾君乎？"[3]

第七节　本体、功夫、境界的"三位一体"

朱子对《中庸》从形式和义理上皆作出了创造性诠释，一方面从形式上将散漫难看的《中庸》建构为首尾贯通，前后相因的严密系统，既将之"支分节解"，又使之"脉络贯通"。更重要的是在义理上，朱子将《中庸》定位为儒家传心之书，认为它集中阐发了足以与佛老异端相抗衡的儒学心性之奥。而这一心法要义在《中庸》首章中即得到充分体现。朱子认为首章乃"全书之体要"，从大纲上阐发了中庸是以理（中、诚）为本体，存养省察为功夫，天人合一为境界的"三位一体"的成德系统，此后的三十二章皆是围绕这一系统的具体展开。朱子反复强调首章作为全书大纲的统率地位，教导弟子学习《中庸》的方法，首在于分清大纲和节目，"纲目之分"

---

[1]《文集》卷2，第283页。
[2]《语类》卷16，第524页。
[3] 朱熹撰、滕珙编：《经济文衡》续集卷7，文渊阁四库全书第704册，第364页。

也成为他贯穿全书章节、句子、词语各层次诠释的重要方法。他说："读书先须看大纲,又看几多间架。如'天命之谓性,率性之谓道,修道之谓教',此是大纲。夫妇所知所能与圣人不知不能处,此类是间架。"① 恰当理解朱子《中庸章句》首章的义理蕴含,对掌握《中庸章句》和领会朱子心性之学,具有提纲挈领的意义。

一 成德之何以能——"道之本原出于天"

儒学作为明善成德之学,需要有一形上超越本体作为成就德性之根基,而建立这一形上超越本体的任务是由《中庸》来承担的。朱子认为此一超越本体即是性、理。《中庸》首言,"天命之谓性。"《章句》,"性即理也。"② 这一天命之性即是形上超越之理,即是道之本体。它从源头上说出人物共有之本原来源于天,纯粹至善,此万物共有的本原之理,为人物展开成就自我的现实活动,达成彼此的沟通提供了动力,保证了道德超越和天人合一的可能,确保了成己成物的实现。"万物皆只同这一个原头。圣人所以尽己之性,则能尽人之性,尽物之性,由其同一原故也。"③

《章句》进而言,"天以阴阳五行化生万物,气以成形,而理亦赋焉,犹命令也。于是人物之生,因各得其所赋之理,以为健顺五常之德,所谓性也。"④ 从生成的角度对天命赋予万物的过程进行阐述,指出理从天出,当天以阴阳五行之气生化成就万物时,理亦随气落实于人物之中,赋予它们健顺五常之德,成为人物各自现实之性。理也就不再是那个空无依傍的虚悬在上之理了,而是与气相结合成为人物内在实存之性,其具体内容为刚健柔顺二德与仁义礼智信五种伦常德性,这样即以理沟通了天命与人(物)性,使得天人关系拉近,距离缩短,人之下学上达,内在超越之路就有了可能。理在其中起到枢纽作用,因为它"本于天而备于我",为天人共有,兼具天理之高远超脱和性理之平实内在。

---

① 《语类》卷62,第2004页。
② 《四书集注》,第17页。
③ 《语类》卷62,第2016页。
④ 《四书集注》,第17页。

《章句》的创新在于它在吸收前人解释的基础上，摒弃了汉代阴阳五行的宇宙观和天人观，以新的理论证成人性之善，以道德的内在超越进路来证成天人相合。理学的一个重要主题就是在本体论的高度重新论证天人合一，以建立道德的形上基础。朱子从理气说和天道化生的角度论述性善论，不仅强调了人与天的同质一体，而且将物也放进来，认为人、物在源头一致。这一点招致学者（包括不少朱子后学在内）的批评，如宋代陈天祥等认为人天同体彰显了人作为万物之灵的神圣与尊贵，但将人、物并提，将物性与人性皆归于天命这一共同的源头，降杀了人性的独特性。真德秀则以理气同异说对此进行辩护，指出朱子兼人、物言，乃是从理同的角度论述人物所获天命，皆一而已，确保天命性善的源头。与孟子《生之谓性》章从气同理异的角度立论，突出人、物之异正好相反。

　　朱子在诠释中还继承了汉代以来宇宙论思想，《章句》在"五常"前增加"健顺"二字也是另一引起非议之处。朱子在回答弟子疑问时指出，"健顺"二字乃是后来修改时所加。"问：'天命之谓性'，《章句》云'健顺五常之德'，何故添却'健顺'二字？""曰：五行乃五常也。'健顺'乃'阴阳'二字。某旧解未尝有此，后来思量，既有阴阳，须添此二字始得。"[①] 朱子增加此二字的原因在于，他根据《太极图说》中的宇宙论说，太极生阴阳，阴阳生五行，阴阳乃是超越本体与内在现实人性之间的必要桥梁，健顺就相当于阴阳二气，五常相当于五行，既有五行，必有其源头。同时健顺与五常关系非常密切，不离不即，健统仁礼，顺统义智。《章句》与郑玄对此章的注释有相似处，可见朱子在诠释中对于汉代以来的宇宙论思想有所吸取。

　　《中庸》次言，"率性之谓道"。《章句》："率，循也。道，犹路也。人物各循其性之自然，则其日用事物之间，莫不各有当行之路，是则所谓道也。"[②] 性在现实世界体现为道，人、物皆各自遵循内在本然之性，在日用事物间表现出相应的规律，这就是道。道是性的具体化，是性在日用事务之间的体现。朱子注释"率"字颇费一番功夫，前人一般将其解为以人行道，

---

① 《语类》卷62，第2017页。
② 《四书集注》，第17页。

指人之修为。如"吕氏说以人行道。若然，则未行之前，便不是道乎？""诸家多作行道人上说，以率性便作修为，非也。"① 朱子认为此解有误，偏离了道的意义，道并不因人之修为而在，若如此，则道乃是依附于人之物了。事实上，道无所不在，本来即有，性之所在，即道之所在。故《章句》将率性解释为遵循本然之性，不假人为用力。道是自为自在的，是内在每一事物之中的具体之理，它决定着事物的性质走向，人物的行为必须遵行符合它，来不得丝毫私意作为。"'率性之谓道'，'率'是呼唤字，盖曰循万物自然之性之谓道。"② "率性者，只是说循吾本然之性，便自有许多道理。"③ 有意味的是，朱子经过反复思考修改的"循"说，最终还是回到了汉代的郑玄之说，郑玄正是以"循"解"率"。当然，这并非是巧合偶然，朱子是在一个更深的层次上回到汉代。故《章句》之创新和继承相互交错，互为隐现。

朱子对性与道的体用关系做了进一步解析，指出道和性是全体之理和具体分殊之理的关系，性是普遍全体说，道则是具体分别说。性是浑沦底，远离实际的超越本体；指"迥然孤独而言"；道是支脉，内在于具体事物之中，为行为之准则，"指著于事物之间而言"。④ "性是个浑沦底物，道是个性中分派条理。"⑤ "性与道相对，则性是体，道是用。"⑥ 人物性、道本来皆同，但是在现实世界，由于气禀之差异，人的存在无法完全实现其本真状态，因而表现出种种不合理之情习陋病，遮蔽、污染了本善的人性。正因为人之一身兼具理气，使得除了圣人之外，一般人之现实存在往往为一不完善状态，天使与魔鬼、悖狂与圣神兼而备之。这就需要作后天修习之功，以变化气质，回归本然之善。此一变化气质的功夫历程，最须确定一套确实可行之矩范。此一行为标的之确立，即有赖于圣人所施之教化。允执厥中的圣人，因应于人之日用常行为而品节限定之，设立通行天下之道德准则，如礼

---

① 《语类》卷62，第2018页。
② 同上书，第2017页。
③ 同上书，第2018页。
④ 《语类》卷62，第2019页。
⑤ 《语类》卷62，第2018页。
⑥ 同上书，第2019页。

乐、刑政之类。

下文曰："修道之谓教"。《章句》："修，品节之也。性道虽同，而气禀或异，故不能无过不及之差，圣人因人物之所当行者而品节之，以为法于天下，则谓之教，若礼、乐、刑、政之属是也。"①

朱子解释了修道原因及其指向。一方面性道为人、物所共有，本源之理同，但同时人物还有先天禀赋之气相异一面，使得圣人教化十分必要。《章句》此处有两个解释引起争议。关于修道的对象，朱子认为"修道"主要就人事上说，同时又肯定亦有对物而言者，即兼人物而言。这和他对性的解释是一致的。既然人性物性皆来源于天，那么在教上也同样都有必要。朱子的这一认识也经过反复，如现存《语类》记载中就列有相互矛盾说法，有的否定教兼人物言，"问：伊川云：天命之谓性，率性之谓道，此亦通人物而言。修道之谓教，此专言人事。曰：是如此。"但朱子又马上否定了这种说法，认为物上也要有所品节。"问《集解》中以'天命之谓性，率性之谓道'通人物而言。'修道之谓教'是专就人事上言否？""曰：道理固是如此，然'修道之谓教'就物上亦有个品节。"②朱子最终还是肯定修道之教兼人物而有，只不过程度有所差别而已。"问'率性之谓道'通人物而言。则'修道之谓教'亦通人物……此是圣人教化，不特在人伦上品节防范，而及于物否？""曰：也是如此。所以谓之尽物之性。但于人较详，于物较略，人上较多，物上较少。"③

对物怎么来教化呢？这就涉及到对"修"的解释。朱子将之解释为"品节"，就是节制约束之意。据此，对物的教化就是因循事物本有的自然规律来处理之，比如"斧斤以时入山林"之类，乃"就物上有所品节"。朱子批评将"修"义解释为"自修"，因为性道乃是不可修者。他同时批评学者将"教"与后文的"自明诚之谓教"说相牵合比对，二者含义不同。这个"教"的主体是圣人，乃教化义。因为人物在率性过程中往往并不能真实循性而行，总会有所偏差，戕害遮蔽本性，只有圣人才能尽性完性，故此

---

① 《四书集注》，第17页。
② 《语类》卷62，第2022页。
③ 同上。

一教之主体乃是圣人，即以先知觉后知，以先觉觉后觉。圣人教化的手段包括礼乐刑政，乃德政和刑政两手皆用之意，尽管推崇德治，希望在位者正己无为而民自化，朱子从来就不反对使用刑罚、政令。然而，有学者对朱子对于教的认识不同意，如后学饶鲁就认为礼乐和刑政应该分开，刑政不属于教。其实政教在古代本来即是相通的，广义的教自可包括政。①

朱子对首章三句做了小结，"盖人之所以为人，道之所以为道，圣人之所以为教，原其所自，无一不本于天而备于我。学者知之，则其于学知所用力而自不能已矣。故子思于此首发明之，读者所宜深体而默识也"②。强调为学功夫前提在于知人性、人道、圣人之教皆是本源于天而落实于己，天人实为一体相通，人天生就有自我超越，实现良善的潜能，若能明白此理，则下学上达之功夫自是无法遏制，精进不已。这里要注意的是，朱子用"人"字替换了"性"字，没有提到"物"，其实是为了突出人的价值自觉和自我能动性，指出天人一体，圣凡同根，人潜在的是圣人，这一个圣人需要自我去实现，体证，人应有这一份信仰和抱负。在此一成圣理想的激励下，以圣人为参照，努力自觉的朝此目标推进。

中庸首章乃全篇之大纲，首三句则是本章之大纲，本体、功夫、境界皆有所关涉，实为全篇之主旨，然其重心还是在性道本体上，阐发人先天具有的内在超越性，为日用功夫奠定根基。"此三句是怎如此说？是乃天地万物之大本大根，万化皆从此出，人若能体察得，方见得圣贤所说道理，皆从自己胸襟流出，不假他求。"③朱子后学对此亦有阐发，如"北山陈氏曰：此章盖《中庸》之纲领。此三句又一章之纲领。圣贤教人必先使之知所自来而后有用力之地。"④

二 成德之所以能——"存养省察"

《中庸》在阐发性理本原之后，即转入为学功夫讨论。它首先突出了道

---

① 胡炳文《四书通·中庸通》说："《章句》谓礼乐刑政之属，饶氏改云'五典三物，与夫小学大学之法谓刑政属政而非教，礼乐二字属教而包括不尽。'"第596页。
② 《四书集注》，第17页。
③ 《语类》卷121，第3836页。
④ 胡炳文：《四书通·中庸通》，第596页。

之遍在永恒性，为下文张本，"道也者，不可须臾离也，可离非道也。"《章句》："道者，日用事物当行之理，皆性之德而具于心，无物不有，无时不然，所以不可须臾离也。若其可离，则为外物而非道矣。"① 道为理在日用常行中之显现，是具体分殊之理，此理为性之本质，为心所包含具有，乃人之内化准则。道遍在一切物中，与时空恒在，片刻离弃不得。设若可离，就不是道了，以此见出道之至广至大，无时不在。不仅主观上不可离去，客观上也不可能离弃，因为它是人物的内在本质。一方面，道具有普遍内在性、现实真实性，它内在事物与人心之中，并不脱离现实存在。同时，道具有时间上的持久永恒性，永不间歇停止。另一方面，朱子反对"无适非道""指物作则"说，虽然道普遍存在，但并非事事物物皆是道，那只是道之显现或载体，强调要分清物和道形上和形下两个层面，不可混通。形而下之物含有（而不是等同）形而上之道，因为道理无形，必安顿在日用事物中。如果将形而下之物视为形而上之道，那就成了佛老之学。"衣食动作只是物，物之理乃道也。将物便唤做道，则不可。……然这形而下之器之中，便各自有个道理，此便是形而上之道。"② 朱子客观指出，儒家学者不如佛家处在于对儒道没有深刻体会，没有快乐受用之感受，仅仅在纸上理会得向上一层。儒者需要从个体独特体验中来感受道的公共普遍性，从内在实存心性中把握它的抽象超越性。

既然道为人人所本有，如何来保有体验呢？《中庸》说，"是故君子戒慎乎其所不睹，恐惧乎其所不闻。"《章句》："是以君子之心常存敬畏，虽不见闻，亦不敢忽，所以存天理之本然，而不使离于须臾之顷也。"③ 道非

---

① 朱子此前对这句话的理解采用杨时看法，认为道本自不可离，后来对龟山说做了修正，以"瞬息不存，便是邪妄"说解之，以强调道之不可离和人之主体用功有关，并非自然不可离。但朱子后来又将这句话删去，原因在于此说有近禅之弊。"问：《中庸》旧本不曾解'可离非道'一句。今先生说云'瞬息不存，便是邪妄'，方悟本章可离与不可离，道与非道，各相对待而言。离了仁便不仁，离了义便不义。公私善利皆然。向来从龟山说，只谓道自不可离，而先生旧亦不曾为学者说破。""曰：向来亦是看得太高。今按：'可离非道'，云'瞬息不存，便是邪妄'，与《章句》、《或问》说不合，更详之。"德明。《语类》卷62，第2023页。
② 《语类》卷62，第2024页。
③ 《四书集注》第17页。这个"其"是指自我而不是他人。"先生曰：'其所不睹不闻'，'其'之一字，便见得是说己不睹不闻处，只是诸家看得自不子细耳。"《语类》卷62，第2030页。

一客观实存物,本就渺乎不可见,不可诉诸人之感知,但又为人真实存有,只能用心体证。为体验保有这一缥缈而又实有之精神存在,必须时刻不断保存敬畏之心,不可有丝毫懈怠间断,特别于己不睹不闻之时,尤当操存本心,戒慎恐惧。这个不睹不闻,并不仅仅指视听感官,更主要指内心意念思虑对它的感知。朱子强调不睹不闻并不是打瞌睡,而是一种特定的身体状态,"只谓照管所不到,念虑所不及处"①。这一功夫性质如何呢?戒惧功夫用于喜怒哀乐诸般情感尚未萌发之时,此存养功夫用力甚轻,不可过于执持把捉,只是提起本心,不使昏弊而已。与敬相似,但较之用敬,功夫更为轻微,不可过分用力把捉,以至操存太过,其实即是心意的贞定。"公莫看得戒慎恐惧太重了,此只是略省一省,不是恁惊惶震惧,略是个敬模样如此。然道著'敬'字,已是重了。只略略收拾来,便在这里。"②

戒惧敬畏功夫于圣凡皆为必需,其差别仅在于自然与勉强,它从不见闻处这个源头一直贯穿于所见闻处,通贯动静,无时不在。朱子认为戒惧只是就功夫之普遍说,是未发存养,而更紧切处在于慎独功夫。"莫见乎隐,莫显乎微,故君子慎其独也。"《章句》:"隐,暗处也。微,细事也。独者,人所不知而己所独知之地也。言幽暗之中,细微之事,迹虽未形而几则已动,人虽不知而己独知之,则是天下之事无有著见明显而过于此者。是以君子既常戒惧,而于此尤加谨焉,所以遏人欲于将萌,而不使其滋长于隐微之中,以至离道之远也。"③朱子于此句剖析极为切至,指出功夫尤当慎重于隐幽之处,微小之事上。④ 因为在此至隐至微,人所不知己所独知处,道并未隐没,而是昭昭显明。朱子对"几"字很重视,以"迹"和"几""人"和"己"相对,"迹"是显露在外者,"几"乃欲发未发处,是意念、事物的征兆和分界点,在此状态下邪念虽已经蠢蠢欲动,但他人不知唯有一己良心所知,故需遏制、消除此邪念,使其在苗头状态下退出,切不可任其滋长。故朱子认为慎独乃"最紧要著功夫处",重要即在于内心不善之迹刚刚

---

① 《语类》卷62,第2035页。
② 同上书,第2032页。
③ 《四书集注》,第17—18页。
④ 有学者反对如此剖析,认为"微、隐"本是一意,互言乃行文手法,意义无须分释。

显露他人尚未察觉时，凭一己良知自觉将之遏制消除于萌芽状态，以保持行为时时合乎道。朱子对慎独的解释亦有所承，乃是对程子和游定夫说的综合继承。"问：'谨独'章：'迹虽未形，几而（按：当为'则'）已动。人虽不知，己独知之。'上两句是程子意，下两句是游氏意，先生则合而论之，是否？"曰："然。两事只是一理。几既动，则己必知之；己既知，则人必知之。"①

《章句》此处创新在于，通过剖析戒惧和慎独，将视为修身不可或缺的两大功夫入路，对应于未发时的敬畏存养，已发时的用力省察，二者贯穿动静语默，保持了功夫的连续。"圣人教人，只此两端。"② 二者目标相同，皆是为了使人之行为合于道，皆根源于人之心性情志，指向自我德性的完善，使人不受情志之偏执影响而对道有所偏离、扭曲。在具体实施上，二者相互作用，互有分工。戒惧是普遍泛说，是功夫之常，之先，"是由外言之以尽内"，是就全体动静功夫而言，是防之于未然的敬畏持守，以存天理之本然；慎独则专指独处而言，是功夫之专，之后，"是由内言之以及于外"，是在戒惧未发的基础上更加紧切，于已发上透里用功，是无所不谨而谨上加谨，是察之于已然，以遏人欲之将然也。二者其实是一项功夫的不同阶段，戒惧可包含慎独，慎独乃戒惧功夫的深化，戒惧是普遍一般意义上的用工。功夫其实是从见闻处开始，一直保持到不睹不闻，这是功夫的终点，慎独不过是这整个功夫历程的中的某一阶段，是功夫全体下的部分。"戒谨恐惧是普说，言道理侗塞都是，无时而不戒谨恐惧。到得隐微之间，人所易忽，又更用谨，这个却是唤起说。"③ 朱子强调未发存养和已发省察乃一贯功夫，二者相辅相成，相互促进，不可间断，不可彼此等待推脱，以至于延误。"大抵未发已发，只是一项功夫，未发固要存养，已发亦要审察。"④ "二者相捱，却成担阁。"⑤ 同时，朱子反复强调未发和已发仅仅是分别心之动静状态，不可太过分别，以至断为两橛，陷入僧家块然呆坐之病，批评学者

---

① 《语类》卷62，第2033页。
② 《语类》卷62，第2034页。
③ 同上书，第2029页。
④ 同上书，第2041页。
⑤ 同上书，第2046页。

"或谓每日将半日来静做功夫,即是有此病也"①。

这一剖析是朱子历经多年探究的结果,此前诸家往往将二者混同不分,滚同一气,故朱子此说一出,即遭到朋友门人的反复质问。朱子指出,从文本而言,有根据证明分说的可行性——即文中的两个连词"是故"和"故",它们表明语义间明显有层次变化,这应是圣贤原意所在。反之,若如前辈说,混同一起则语义难以分明。"问:'道也者,不可须臾离'与'莫见乎隐'两段,分明极有条理,何为前辈都作一段衮说去?""曰:此分明是两节事。前段有'是故'字,后段有'故'字。圣贤不是要作文,只是逐节次说出许多道理。若作一段说,亦成是何文字!(笔者按:'成是'颠倒,当为'是成')所以前辈诸公解此段繁杂无伦,都不分明。"②而且划分的好处还在于和下文"中和""位育"功夫正好相对应,戒惧与致中相合,慎独与致和相应,切合文脉。"如此分两节功夫,则致中、致和功夫方各有著落,而'天地位,万物育'亦各有归著。"曰:"是。"③朱子将这一区分贯穿全篇,尤其在末章中也是以戒惧、慎独的切分作为中心,以结束全篇,可见这一功夫划分在《章句》中的重要性。

三 成德之最终能——"圣神功化"

《中庸》下文阐发了由此性情功夫所体现的效用,所达至的中和之境。它首先描述了何谓中、和。"喜怒哀乐之未发,谓之中;发而皆中节,谓之和。中也者,天下之大本也;和也者,天下之达道也。"《章句》:"喜怒哀乐,情也。其未发,则性也,无所偏倚,故谓之中。发皆中节,情之正也,无所乖戾,故谓之和。大本者,天命之性,天下之理皆由此出,道之体也。达道者,循性之谓,天下古今之所共由,道之用也。此言性情之德,以明道不可离之意。"④

朱子以心之性情,道之体用来解释中、和,指出中和就心而言,是性情

---

① 《语类》卷62,第2039页。
② 同上书,第2028页。
③ 同上书,第2030—2031页。
④ 《四书集注》,第18页。

之别；就道而言，是体用之分；就状态而言，是未发已发之分。喜怒哀乐之情未发为性，此状态下的心不偏不倚，处于在中状态。此一中为天下大本，为天命之性，为事物之体，天下事物之理皆由此而产生。喜怒哀乐之情已发而合乎中道，不乖不戾，则为和，乃循性之谓，为道之发用。

  这里有几点值得注意。其一，朱子将性情与道关联起来，极大提升了人的道德主体性和人的情感价值。朱子认为，正如"道不可须臾离"一样，性情亦不可须臾离，世间万事万物皆离不开人之喜怒哀乐，喜怒哀乐是人人皆具有之真情实性，这普通情感即为实理流行处，道即在性情之中，性情具有内在超越的可能，可以挺立大本大原。"世间何事不系在喜怒哀乐上！……即这喜怒中节处，便是实理流行。更去那处寻实理流行。"① "中，性之德；和，情之德。"② 此一性情观很有意义，破除了李翱的性善情恶说，将性情提升到道之体用的高度，极大提升了人的尊严。《章句》在最后总结此四句时也是将性情与道相关联，"此言性情之德，以明道不可离之意"③。人主观性情之本身即内含超越价值，与客观普遍之道相通，这也说明了天人合一的可能。

  其二，朱子对于此处曾反复进行修改，现留存的修改痕迹反映出朱子关注点的变化。朱子此前将"中"解释为"独立而不近四傍，心之体，地之中也"。今本删除前后句，将"心之体"改成"道之体"，差别在于心是主观，道为客观，将大本、中视为道体，突出了未发之中的超越普遍意义。就与文本关系而言，"道"也更为切合。"问：'浑然在中'，恐是喜怒哀乐未发，此心至虚，都无偏倚，亭亭当当，恰在中间。《章句》所谓'独立而不近四傍，心之体，地之中也'。"④ 对"达道"的修改也体现出朱子认识的改变。"达"的常用义，是很好理解的"通"，朱子的未定之解突出了"达道"的自然流行贯通义，此后改为"感通"，似乎更重视人的主观作用，虽然也是讲道的自然流通，但前提是有感才通，无感不通，并不是随便自然流

---

① 《语类》卷62，第2050页。
② 同上书，第2038页。
③ 《四书集注》，第18页。
④ 《语类》卷62，第2040页。

行。今本则改成"古今共由",强调道的客观性,法则性,道作为时(古今)空(共由)中普遍法则,具有不可违背不可选择的先天必然性,而且也进一步加强了与文本的上下呼应,如将"达道"与"循性之谓"结合。"达道,则以其自然流行,而理之由是而出者,无不通焉'。(先生后来说达道,意不如此。)"(端蒙)①"又问:'达'字旧作'感而遂通'字看,而今见得是'古今共由'意思。""曰:也是通底意思。如喜怒不中节,便行不得了。而今喜,天下以为合当喜;怒,天下以为合当怒,只是这个道理,便是通达意。"②

其三,朱子以体用观来解释中、和、大本与达道、天命之谓性与率性之谓道的关系,这一体用观一直贯穿全篇。他在章末总结论述中和关系时,突出了二者的体用关系,认为二者动静一体,体立用行,有体必有用,有用必有体,虽然有动静隐现之区别,实则是一体不分。"是其一体一用虽有动静之殊,然必其体立而后用有以行,则其实亦非有两事也。"③

其四,朱子剖析了中和性理的关系,指出中虚理实,中、和分别是性情之德,即性、情的本质属性,但属性不等于物体本身,不可直接将中等同于性。"'中'是虚字,'理'是实字,故中所以状性之体段。"④且朱子强调,不仅圣人,任何人皆有喜怒哀乐未发的时候,这是生命之大本大原,圣人和凡人皆一般。差别在于已发之和上,圣人粲然显露,众人则遮蔽本性,黯然不知。"喜怒哀乐未发之中,未是论圣人,只是泛论众人亦有此,与圣人都一般。……若论原头,未发都一般。"⑤ "此大本虽庸、圣皆同,但庸则愦愦,圣则湛然。"⑥

《中庸》进而对中和境界进行了极其简洁的描述,"致中和,天地位焉,万物育焉"。《章句》却对之进行了二十倍文字的长篇论述,文字较长,可以分为两层讨论,我们先论述第一层:"致,推而极之也。位者,安其所

---

① 《语类》卷62,第2041页。
② 同上书,第2047页。
③ 《四书集注》,第18页。
④ 《语类》卷62,第2042页。
⑤ 同上书,第2038页。
⑥ 同上书,第2046页。

也。育者，遂其生也。自戒惧而约之，以至于至静之中，无少偏倚，而其守不失，则极其中而天地位矣。自谨独而精之，以至于应物之处，无少差谬而无适不然，则极其和而万物育矣。"①

第一层是切近本文论述致中和的功夫效用。首先，《章句》以分析的眼光，将致中、致和以功夫形式分说，二者的效用分别对应于天地位、万物育。这一做法遭到学者的反对。当然，从文本来讲，上文既然将中和分列，则此处继承而下，未尝不可如此分说。朱子特别发挥了"致"的功夫义，认为"致"在具体用力程度所达境界是存在很大差别，学者应以极致为目标。"而今略略地中和也唤做中和。'致'字是要得十分中、十分和。"② 其次，本体功夫境界的一体说。朱子认为此三句，致是功夫，中和是本体，天地位、万物育是效用。关键在于功夫，由功夫透至本体，效用自然显现出来，能否透悟本体、效用大小如何皆取决于功夫。再则，人唯一可着手的只能是功夫，于本体、效用皆无有措手之地。故《章句》首先回溯到上文戒惧未发存养，慎独已发明察的功夫，进而回溯到"惟精惟一，允执厥中"的功夫。朱子对此亦曾做过修改，我们试比较之："致中和注云：自戒谨恐惧而守之，以至于无一息之不存，则极其中而天地位矣；自必谨其独而察之，以至于无一行之不慊，则极其和而万物育矣。"③ 前后注释相较，有同有异。主要差别在于今本更为详尽严密地描述了功夫过程，容纳了更丰富的含义，而且与文本的联系更为紧密。如前本"致中"功夫仅以"守"和"存"，今本增为先"约"，即"惟一"，约束此心归于中道归于一，然后论述"约"的状态是在"至静"下，达到"无少偏倚"，即在中的效验，进而来保守此效验而不失去。"致和"功夫也是如此。前本是"察"和"不慊"，"不慊"显然来自《大学》诚意章的自慊，强调的是个人内心自我满足愉悦的道德情感。今本将"察"换为"精"，与"惟精"相对应，然后提出功夫应体现在现实活动中"应物之处"，达到没有偏差错误的地步，即恰好的状态，而且补充"无适不然"，突出了这种状态应具有普遍性、公共

---

① 《四书集注》，第 18 页。
② 《语类》卷 62，第 2047 页。
③ 《文集》卷 50，第 2338—2339 页。

性、客观性，不是局部的个体的偶然现象，可以通达于天下，即达道之义。显然，朱子关注的始终是功夫问题。此一中立不倚，天地各得其所境界的获得，离不开戒惧操存约束之功；此一和而不谬，应物合宜，无往不然，万物各得其生境界的获得，离不开隐微慎独精察之功。

第二层是对于大旨的发挥。"盖天地万物本吾一体，吾之心正，则天地之心亦正矣，吾之气顺，则天地之气亦顺矣。故其效验至于如此。此学问之极功、圣人之能事，初非有待于外，而修道之教亦在其中矣。是其一体一用虽有动静之殊，然必其体立而后用有以行，则其实亦非有两事也。故于此合而言之，以结上文之意。"[1]

《章句》首先阐发了获得中和效用的原因。为何一心之中和能有如此效用呢？原因就在于天人物本一体。《章句》认为，天地万物与人共禀天命之性，受阴阳五行之气，故与人实为一体。吾之心即为天地万物之心，吾心正天地之心亦正；吾之气即为天地之气，吾气顺天地之气亦顺。正因为其关系如此紧密相连，故有诸己即能形于外，此其必然之功效也。进而认为此天人合一，物我一体之中和境界的获得，全在主体心性情之修养，外在效应的显露完全取决于内在修养学习之功夫，而教化之功亦自然在其中矣。

其次，《章句》指出中和乃是一体用关系，中体和用。虽然中、和分说，然而实质乃是一事。体用一原，不可偏离。体立而后用行，有无偏的未发之中，才有无谬的已发之中。反之，有和之用，则中体已在其中。这就肯定了人人皆具有中之本体，未能做到和，乃是后天功夫所致。达到此境界之前提是致中和的功夫。此处有引起质疑处，即位天地、育万物似乎是有位者的追求，常人如何能有此效用呢？朱子指出，此功夫亦是一般学者所应尽之，其效用随所处而变，事虽不同，理则一致。"若致得一身中和，便充塞一身；致得一家中和，便充塞一家；若致得天下中和，便充塞天下。有此理便有此事，有此事便有此理。"[2] 至于在多大程度上实现天地位、万物育并不重要，关键是各尽己力而已，外物并不能干扰身心之中和，天下尽管混乱，却无害于人心天地万物之安泰。

---

[1] 《四书集注》，第18页。
[2] 《语类》卷62，第2051页。

《章句》最后对首章进行了总结，"右第一章，子思述所传之意以立言：首明道之本原出于天而不可易，其实体备于己而不可离，次言存养省察之要，终言圣神功化之极。盖欲学者于此反求诸身而自得之，以去夫外诱之私，而充其本然之善，杨氏所谓一篇之体要是也。"[①] 在此，朱子阐发了首章的语义层次及其要旨。他首先指出此章乃是子思所写下的孔门遗意。其次点明全书主旨在于儒家天理本体论、戒惧慎独功夫论和天地万物位育境界论，这三者息息相关，一体相连。其意乃在促进学者日用功夫，反身自得，存理去私，以存养推扩人性本有之善。且引杨时语点出此章居于全书体要的地位，定下了全书的基调。

《中庸章句》首章以理气论在新高度论述了古老的儒学命题"天人合一"，论证了人性善的必然与可能，完善了自孟子以来的儒家性论，并对实现自我超越的功夫论做了富有创造的阐发，确立了未发已发静存动察的功夫系统，为学者指明了修养方向。《章句》认为，中和境界的获得乃是学问修为极致所必有之效验，能否实现此一效验取决于个人心性修为，与外在地位无关。总之，《章句》首章诠释不仅阐发了一章之义理，实质上也揭示了《中庸》一书的主旨，进而可以说是非常深刻诠释了儒学乃是集本体、功夫、境界于一体的成德系统，此一系统对于儒学的现实发展具有重要的借鉴意义。

---

① 《四书集注》，第18页。

第四章
圣贤人格

第一节 超凡与入俗

圣人人格是儒家理想人格，实现这一人格乃儒学作为内圣之学的应有之义。在以接续儒学道统为己任的朱子看来，重新诠释圣人这一理想人格，对于端正学子为学方向，树立正确的人格价值追求具有重要意义。朱子四书学的一项重要成就，就是在接续理学前辈周、程等对圣人看法基础上，详尽分析了圣人人格超凡和入俗两个向度的特质，创造性提出至圣和偏圣的差别，并剖析了圣王、圣师、圣徒人格，是儒家圣人思想的一次总结，深刻影响了后世圣人观。

一 周、程论圣

儒学本质上是一种教化之学，特别强调先知先觉的指引之功，故树立一种人格鹄的于为学之功就必不可少。圣人是儒家的最高理想人格，其中，孔子居于集诸圣之大成的地位。孔子本人阐发最多者乃君子人格，于圣人论述甚少，后学孟子对圣人则多有阐发，提出"人皆可以为尧舜"说，降低了圣人与常人的距离。宋儒接续孟子提出的圣人说，予以新的阐发，首发其韧者是理学开山之祖周敦颐。周敦颐提出并回答了"圣可学乎？"这一重要理论问题，他在《通书》中采用诚、性、神、公、仁义、天等概念对圣人人格做了突出说明。指出圣人根本特质在于诚，诚是圣人之本，圣人最大限度实现了诚，"诚者，圣人之本"。（《通书·诚上》）[1] "圣，诚而已。"（《通

---

[1] 引文据朱熹《通书注》，《朱子全书》第13册，上海古籍出版社、安徽教育出版社2002年版。

书·诚下》）他还从心性道德角度论圣，指出圣人就是尽乎本性，安乎本性者，"性焉安焉之谓圣。"（《通书·诚几德》）就圣人所为之道而言，又不离仁义中正而大公无私，"圣人之道，仁义中正而已矣"。（《通书·道》）"圣人之道，至公而已矣。"（《通书·公》）圣人所至境界，与神、几相通，变化无方，见微知著；与天相通，深奥莫测，浩瀚无穷，"诚、神、几曰圣人。"（《通书·圣》）"圣同天，不亦深乎！"（《通书·圣蕴》）周敦颐强调了孔圣道德教化与天地四时相并的效用，"道德高厚，教化无穷，实与天地参而四时同，其惟孔子乎！"（《通书·孔子下》）且进一步提出"圣希天，贤希圣，士希贤"（《通书·志学》）的人格成就层次。

二程曾受学于周敦颐，教之寻求"孔颜乐处"境界，如何成圣乃二程理学所探求之核心问题。与周敦颐相比，二程除善于形容圣人境界效用外，尤为关注如何学以至圣。故离孔圣境界最为接近的颜子，就成为他们推尊的人物。如程颢说，"学者当学颜子，入圣人为近。"（《二程集》卷一）[①] 程颐在《颜子所好何学论》中对圣人之道作了详尽说明：他首先从天地宇宙之道入手，阐发人性善的源头。指出作为自然一员的人，和其他生物本无差异，但由于秉承了阴阳五行之秀气，故为万物灵长。然后从心性情的角度，说明人心在没有和外物接触处于未发状态时，就已经具有仁义礼智信五种道德本性。当人与外物相接触而感动内心时，就发出喜怒哀乐等七情，若不对此情感进行调控，任其发展，则将会变得泛滥无边，难以收拾，最终会湮没遮蔽本性，失去自我。故需要对情感加以控制约束，使其合乎中庸之道，无过不及。此工夫根本在于端正本心，保养本性。其前提是使本心保持澄明，知所趋向，然后再一一落实践履。程颐肯定了颜子好学之笃，学以至道的光辉成就，以此反驳世人所谓圣为生知，非学所至说，批判以此为由放弃对圣人人格追求的做法，斥责耽于记诵文辞之学的做法，认为和颜子之学相左，违背了圣学精神。程子的圣人之说甫一提出即造成很大影响，因为它道出了儒学中的一个具有普遍性的重大问题：学为圣人。

宋儒不仅注重理论上阐发圣人这一理想人格，而且以极认真的态度探索如何在实践层面实现这一人格。他们对理想人格的深入探讨，其实既是自身

[①] 程颢、程颐：《二程集》，第19页。

所达到境界之反映，亦受到佛学刺激。佛学终极目的是立地成佛，它宣称佛是一个可以现之于世的鲜活肉身，是面向众生的人人皆可达到的目标。儒家在对此作出回应时，亦须证明圣人同样是人人皆可成就的。朱子早在从师延平时，即深知此一问题的重大意义，曾与之就圣贤气象展开过细致探讨。在四书注释中，朱子对孔子的圣人形象做了深入论述，尤其是揭示出圣人之所以为圣的超凡和入俗两个向度。

二 圣人之圣

朱子的《四书》注释，首次清楚揭示出圣人之所以为圣的特质。

圣人是天理、天道之化身，与天理合一无间，为道体之呈现。"圣人则表里精粗无不昭彻，其形骸虽是人，其实只是一团天理。"① "故人终不知，独有个天理与圣人相契耳。"② 朱子从本体之理出发，论证圣人浑是天理，其作用处置万事万物，皆从天理上自然流出，无不中道合宜，犹如天地之诚实不伪，生生不息，虽有精粗远近之别而事物各得其宜。"吾道一以贯之章"注，"圣人之心，浑然一理，而泛应曲当，用各不同。"（《论语集注·里仁》）"饭疏食饮水章"注，"圣人之心，浑然天理"。（《论语集注·述而》）圣人是天理流行之实，为天理之客观呈现，举手投足，动静语默，皆合乎天理，中乎法度，无须勉强，乃天道精义之自然显现。"予欲无言"章注，"学者多以言语观圣人，而不察其天理流行之实，有不待言而著者。……圣人一动一静，莫非妙道精义之发，亦天而已，岂待言而显哉？"（《论语集注·阳货》）

圣人之大全。圣人周全无遗，道大德全，如天地无所不包，无所不备，始终本末精粗动静，皆为一致。在一切行为事物上皆体现出理之完善，不存在丝毫的疏漏和瑕疵。"达巷党人"章注，"尹氏曰：圣人道全而德备，不可以偏长目之也。"（《论语集注·子罕》）"子见南子章"注，"圣人道大德全，无可不可。"（《论语集注·雍也》）这些皆强调圣人在道德上的纯全完

---

① 《语类》卷29，第1067页。
② 《语类》卷44，第1566页。

备，达到了无往不可的地步，"圣人万善皆备，有一豪之失，此不足为圣人"①。

圣人形象与天地相通，如太极之一体浑然而备阴阳正气，于外在容貌间呈露中和气象，显示其与天合一之境界。②"子温而厉"章注，"人之德性本无不备，而气质所赋，鲜有不偏，惟圣人全体浑然，阴阳合德，故其中和之气见于容貌之间者如此。"（《论语集注·泰伯》）圣人与天地化育相通的天地气象自然展露，时刻皆以道示人，无有丝毫隐藏。圣人之大全与其创生特质相联系，于生生不息，连续持久上显出圣之道大。圣人是如天地乾坤般的最大全体，是一至高至极至善的存在；如天道般流转不已，不可窥测。"发愤忘食"章注："然深味之，则见其全体至极，纯亦不已之妙，有非圣人不能及者。"（《论语集注·子罕》）

圣人之通。"圣"从字义上讲，与听觉有着紧密关联，为"通"义。《说文》："圣，通也。从耳，呈声。段注：《周礼》：'六德教万民，智仁圣义忠和'。注云：'圣，通而先识。《洪范》曰：'睿作圣'，凡一事精通亦得为之圣。'《风俗通》曰：'圣者，声也。言闻声知情。'按：声、圣字古相假借。"③朱子亦突出圣人通达无碍无有限量的特质，指出圣人无论在处己修德还是外在应物上，皆无所不通。这种通，亦是学习之结果。"固天纵之将圣"章注，"圣无不通，多能乃其余事。"（《论语集注·子罕》）圣人之通还表现在因革损益、鉴往知来的变通上。圣人对事物客观规律和演进态势有着准确把握，能够鉴往知来，如对于三代礼乐之因革损益，皆能辨析其变与不变之成分，由其不变之本质推出将来之发展，而其通变则非汉代所谓"谶纬术数之学"可比。"子张问十世可知也"章注："盖欲知来，而圣人言其既往者以明之也。圣人所以知来者盖如此，非若后世谶纬术数之学也。"

---

① 《语类》卷13，第398页。
② 在《通书注》中，朱子提出圣人是太极这一浑然全体的观点。如《诚》下注"圣人之所以圣，不过全此实理而已。即所谓太极者也。"朱熹：《通书注》，《朱子全书》第13册，上海古籍出版社、安徽教育出版社2002年版，第98页。《孔子》下第三十九注："道高如天者，阳也；德厚如地者，阴也；教化无穷如四时者，五行也。孔子其太极乎！"同上，第129页。
③ 段玉裁：《说文解字注》，浙江古籍出版社2001年版，第592页。西方学者多从语义上切入，指出圣是一种巨大的沟通和谐能力。如安乐哲、罗思文的《论语的哲学诠释》、《通过孔子而思》等。

(《论语集注·为政》)朱子认为只有圣人的通变才能达至经权之中,故从圣人之体经用权上亦能见出圣人之通。"佛肸召"章注,"张敬夫曰:子路昔者之所闻,君子守身之常法。夫子今日之所言,圣人体道之大权也。"(《论语集注·阳货》)

圣人之"神明不测、大而化之"。朱子指出圣人乃神奇明彻变化无端之称号,这是圣人之功效作用。圣人与君子、士之区别在于,同样的行为不仅做得完美无暇,更在于自然从容,毫不费力,达到了出神入化之境。未能达此境者,则事事勉强费力,未能尽善尽美。"圣人,神明不测之号。"(《论语集注·述而》)"圣者,大而化之。"(《论语集注·述而》)"颜渊、季路侍"章的注释中,朱子充分诠释了圣人裁成辅相天地之道的化功,指出孔子志向即是安顿天下百姓,使各个阶层的民众皆有所养,各归其位,各得其所。其施为则如天地一般,顺万物之自然,因其本性而点化,不假丝毫人为之力,实具天地无心成化之神奇效果。"至于夫子,则如天地之化工,付与万物而己不劳焉,此圣人之所为也。今夫羁靮以御马而不以制牛,人皆知羁靮之作在乎人,而不知羁靮之生由于马,圣人之化,亦犹是也。"(《论语集注·公冶长》)

圣人之化亦有变化无息之义。圣人与道体为一,其心如天地之创生变化,如时序之循环运转,无有停息,纯亦不已,乃天德王道。这种化的一个特点是造道极高而自然无为,圣人道德深厚,于民之治教皆顺其自然,无须有所作为,而自化成天下,泽被四海。尽管呈现出来的作用自然而然,但其心体之变化则神妙莫测。"无为而治者"章注,"无为而治者,圣人德盛而民化,不待其有所作为也。独称舜者,绍尧之后,而又得人以任众职,故尤不见其有为之迹也。"(《论语集注·卫灵公》)圣人之化上通于天,下达于地,周流遍布,难以预测,如天地一般,所存者神,所过者化,人观其教化之功,而莫测其神奇之体。这种化功往往于圣人威仪举止间显现,对学者产生观感而化,化人于无形之效果。故朱子在"夫子至于是邦也"章引谢氏说:"学者观于圣人威仪之间,亦可以进德矣。今去圣人千五百年,以此五者想见其形容,尚能使人兴起,而况于亲炙之者乎!"(《论语集注·学而》)揭示了圣人内在德性所至显透于外,对他人心灵所产生的感化效果。以物质为喻,圣人好比一种无形的香味,与其接触之物,必默然不觉染上其味,受其感化。这种现象的存在是有事实经验根据的。圣人之化，还体现在它不拘泥固执于某一点，随心所欲而皆一一合乎中道，达到无可无不可之化境。

三 圣人之常

浑然天理、道大德全、圣无不通、大而化之是朱子对圣人高明处的典型概括，但朱子并没有拔高、神化圣人。在突出其高明难及之时，又尽量将其从高悬的云端拉向平实的地面，强调圣人扎根于普通百姓中的庸常世俗一面。

常人之性情。朱子肯定圣人和普通人一样具有七情六欲，从普通人的情感来阐发圣人。圣人与常人之异在于得"情性之正"，无过不及。与佛道耶诸家超越之神相比，儒家圣人最亲切可感。与汉代神秘化、外在化、乃至粗俗化圣人不同，朱子将圣人平常化、内在化而不失其高明。朱子提出当从日常情性生活上识别圣人，从真实的性情入手见出圣人之可亲可感，并以之为入圣之门。如"子食于有丧者之侧"章注："谢氏曰：'学者于此二者，可见圣人情性之正也。能识圣人之情性，然后可以学道。'"（《论语集注·述而》）朱子提出，应从反映孔子平常仪容神态的《乡党》一篇寻求圣人之道，从圣人之日常举止言行中来求做圣人，他特意在《乡党篇》章目下分别引杨时和尹焞说以强调此点，杨氏曰："圣人之所谓道者，不离乎日用之间也。"尹氏曰："盖盛德之至，动容周旋，自中乎礼耳。学者欲潜心于圣人，宜于此求焉。"（《论语集注·乡党》）

常人之学习。朱子尽管肯定圣人生而知之，但仍强调学习在成就圣人中不可或缺之作用。朱子认为圣人乃仁智双修的人格，孔子在知性上的成就，完全是学习的结果。圣人天生气质清明，生知者是义理分明，所学则是具体制度事件，即知性一面，这和学者并无不同。"十室之邑"章注，"忠信如圣人，生质之美者也。夫子生知而未尝不好学，故言此以勉人。言美质易得，至道难闻，学之至则可以为圣人，不学则不免为乡人而已。"（《论语集注·公冶长》）朱子极为强调圣人之博学多能，认为"孔子天地间甚事不理会过！"[1] 孔子自述其学习过程每一为学层次的升高，其实即是知性层面的

---

[1] 《语类》卷93，第3097页。

提升，分别为知明、知精、知之至，由无所守、无所惑，达到无所思，是一个义理和知性双向并进过程。

常人之入世。朱子指出，圣人并非遁世独居的自修者，而是积极入世的济世者，是社群生活和政治生活的积极参与者。圣人必定要在人类的群居生活中，在一个相互合作与奉献的世界里存在。圣人反对隐者脱离世俗责任而隐居独善，无论何时何地皆不忘其在世使命。因为圣人之心广大包容，博爱万物，故抱汲汲乎救世之志而不能忘怀，所以孔子才有"鸟兽不可与同群，吾非斯人之徒与而谁与？"之叹。(《论语集注·微子》)朱子在其他章的注释中亦屡屡突出此点，如"子路宿于石门"章注引胡氏说，"晨门知世之不可而不为，故以是讥孔子。然不知圣人之视天下，无不可为之时也。"(《论语集注·宪问》)"子击磬于卫"章注，"圣人心同天地，视天下犹一家，中国犹一人，不能一日忘也。"(《论语集注·宪问》)

常人之伦道。孟子提出"圣人，人伦之至也"说，首先揭示出圣人乃人伦规矩之至，并推崇舜在孝悌人伦之道上的垂范意义。尧舜作为圣人，是人伦的典范和标尺，是为道实存的体现，二人分别在君道和臣道上树立了楷模。《孟子·离娄上》说，"规矩，方员之至也；圣人，人伦之至也。"朱子注，"规矩尽所以为方员之理，犹圣人尽所以为人之道。"与常人相比，圣人能够尽性尽伦，尽其人道。凡圣之别在于尽性尽伦的程度而非性质，圣人超凡处在于能够尽性之至，"惟圣人都尽，无一豪之不尽，故为人伦之至"①。其次，圣人是性善的实存体现。朱子认为道性善和称尧舜有种内在关联，"'道性善'与'称尧舜'二句正相表里"，②乃抽象之理和具体实相之关系。"性善者，以理言之？称尧舜者，质其事以实之，所以互相发也。"③朱子指出，在先天性善上，人与尧舜相同，皆具完善自我、超越自我，达成圣贤之可能，但由于私欲对本性的遮蔽，导致丧失本性之善。尧舜最大特点是能充扩其本性，尽其本原先天性善，成为性善的化身，为学者树立起一个向善的人伦标准、法则。朱子在《孟子·滕文公》"孟子道性善，

---

① 《语类》卷56，第1812页。
② 《语类》卷55，第1790页。
③ 朱熹：《四书或问》，第944页。

言必称尧舜"章注中称,"人与尧舜初无少异,但众人汨于私欲而失之,尧舜则无私欲之蔽,而能充其性尔。"

再次,圣人尽人伦的方式极为自然。圣人存心天理,安行仁义,践形尽性,以达到形色天性的一体,常人则将形色天性分为两撅。朱子认为,真正尽性尽伦非常困难,要求处理好公私之间关系,兼顾家庭人伦和国家公义,舜于此做得极好。在圣人的价值谱系中,人伦之道居于最高位置,即便"遭人伦之变"也"不失天理之常也。"朱子在"万章问曰象日以杀舜"章引吴氏说:"言圣人不以公义废私恩,亦不以私恩害公义。舜之于象,仁之至,义之尽也。"(《孟子集注·万章上》)

四 圣圣之别

孟子从其性善论出发,从理论上论述人人皆可以为圣,使理想中的圣人有了成为生活常态的可能,在一定程度上降低、泛化了圣人。针对孟子泛化和现实化圣人的倾向,朱子在理学的立场上予以推进,将圣人明确划分为两等:大成之圣和偏至之圣,判别标准在于是否从容中道不勉而至,或者说是仁智兼具还是仁而欠智。同时从性之与反之的角度,将尧舜与汤武分为两等,这样既坚持了圣的高远理想性,又俯就了圣的现实可行性,但同时亦使得偏圣与大贤之区别变得模糊。

圣之别:清、任、和的偏至之圣。《孟子·万章下》"集大成"章揭示伯夷、伊尹、柳下惠和孔子四圣的特点分别为清、任、和、时。这既是由圣人自身气质所造成的圣之类型差异,其中又存在大小偏全的层次差别。朱子首先指出四位圣人虽然存在类型上的差别,然而却有其作为圣的根本一致处,即于人伦道德的安而行之,自然从容而至其极至。"圣只是做到极至处,自然安行,不待勉强,故谓之圣。"[①] 他引用张载对清、和、任的解释,提出伯夷、伊尹、柳下惠三者各因其气质,在清、和上达到了无以复加的高度,与孔子同为极至。"张子曰:无所杂者清之极,无所异者和之极。勉而清,非圣人之清;勉而和,非圣人之和。所谓圣者,不勉不思而至焉者也。"(《孟子集注·集大成章》)其次,朱子强调三者虽然为圣,但这种圣

---

① 《语类》卷58,第1862页。

非中和通全之圣，而是一偏之圣，因为三者气质偏颇而不中正，各以其一节为圣，是在某一端力行至极，达到了无私欲、纯天理之不可企及境界，然于总体境界而言，则偏而不中，执而不通，任而不化，专而不全，不如孔子大成之圣的纯全中正，巧力皆备。"愚谓孔子仕、止、久、速，各当其可。盖兼三子之所以圣者而时出之，非如三子之可以一德名也。或疑伊尹出处合乎孔子，而不得为圣之时，何也？程子曰：'终是任底意思在。'"（《孟子集注·集大成章》）

朱子明确将圣和中分开，肯定这种偏圣并不是中，并没有达到中庸之境，"三子之德，但各至于一偏之极，不可谓之中。……圣，非中之谓也"①。尽管这种圣存在偏颇之处，但符合圣德性纯粹、纯乎天理、无有私欲的标准。"某问：既是如此，何以为圣人之清和？"曰："却是天理中流出，无驳杂。虽是过当，直是无纤毫查滓。"② 朱子进一步指出伯夷等圣人造行虽极高，但却有"隘与不恭"的偏颇流弊，故不可以为学之矩范。"夷、惠之行，固皆造乎至极之地。然既有所偏，则不能无弊，故不可由也。"（《孟子集注·公孙丑上》）朱子分析三圣偏而未中的原因在于天生气禀有所限制，同时在后天之知上亦有所不足，故未能达到通化之圣的地步。"厚之问：三圣事，是当初如此，是后来如此？"曰："是知之不至。"③

朱子一方面既把伯夷等看作圣，同时又指出他们自身德性存在偏颇，不够完满，这就将圣之标准降低，由一种全体完美，尽善尽美，转化为凡在德性某一方面做到极至者。再由一种人格道德概念，转化延伸为在人类社会生活中，凡是某一方面做得极好者，故有书圣、茶圣、诗圣之说，这是圣概念的普泛化。

金声玉振：孔子集大成之圣。孟子不满意伯夷等偏至之圣，而心仪于孔子的集大成之圣，给予了孔子最崇高的评价。可以说，孟子提出伯夷等在很大程度上就是为了衬托孔子的大成之圣。朱子同样突出了孔子的重要性，在儒家道统谱系中给予孔子远迈尧舜的至高定位。他指出在儒学道统中，在政

---

① 《语类》卷58，第1862页。
② 同上书，第1860页。
③ 同上。

统和道统分化之时，孔子发挥了极为重要的延续道统，开创学统的作用，其功劳远胜于尧舜。"圣人贤于尧舜处，却在于收拾累代圣人之典章、礼乐、制度、义理，以垂于世。"① 孟子以金声玉振比喻孔子之集大成，朱子旗帜鲜明地提出孔子大成之圣和三子偏至之圣的差别：孔子集三圣之长而为一大成之圣，无所不备、无所不通，三子乃偏于小成。夫子和三子，恰如太和元气流行于春夏秋冬之四时也。"此言孔子集三圣之事，而为一大圣之事；犹作乐者，集众音之小成，而为一大成也。成者，乐之一终，《书》所谓'箫韶九成'是也。""三子犹春夏秋冬之各一其时，孔子则大和元气之流行于四时也。"（《孟子集注·集大成章》）

朱子批评前辈学者为维护圣人权威而回避圣人之间优劣之分，指出应认真面对这一客观事实。他以具体事例指出伯夷等本来即存在欠缺不足，其弊病与生俱来，非末流所至，避嫌之论应当取消。或问："如伯夷之清而'不念旧恶'，柳下惠之和而'不以三公易其介'，此其所以为圣之清、圣之和也，但其流弊则有隘与不恭之失。"曰："这也是诸先生恐伤触二子，所以说流弊。今以圣人观二子，则二子多有欠阙处；才有欠阙处，便有弊。所以孟子直说他'隘与不恭'，不曾说其末流如此。如'不念旧恶'、'不以三公易其介'，固是清和处。然十分只救得一分，救不得那九分清和之偏处了；如何避嫌，只要回互不说得。大率前辈之论多是如此。"② 朱子认为三子和孔子之别在于知上。三子之偏，源于缺少知上工夫，其初始即看得道理有偏差，所以其终之行亦止于偏至。孔子高明处在于知上已经无所不尽，故于行上能赅括包容，知行始终圆融无缺。"见孔子巧力俱全，而圣智兼备，三子则力有余而巧不足，是以一节虽至于圣，而智不足以及乎时中也。此章言三子之行，各极其一偏；孔子之道，兼全于众理。所以偏者，由其蔽于始，是以缺于终；所以全者，由其知之至，是以行之尽。"（《孟子集注·集大成章》）

朱子将智圣分开，认为各自代表知德一面。圣并不能包含智；反之，智倒有包含圣之意味，如真知即包含行，并再三强调大圣即是德智双修，巧力

---

① 《语类》卷36，第1335页。
② 《语类》卷58，第1860—1861页。

兼全。"智者，知之所及；圣者，德之所就也。"(《孟子集注·集大成章》)朱子根据知先行后说，认为知是行之源头，行是知之落实，一旦作为源头的知上有偏，则行上亦必然有所不足。孔子作为大成之圣，关键在于知上明了事理。"功夫紧要处，全在'智'字上。三子所以各极于一偏，缘他合下少却致知工夫，看得道理有偏，故其终之成也亦各至于一偏之极。孔子合下尽得致知工夫，看得道理周遍精切，无所不尽，故其德之成也亦兼该毕备，而无一德一行之或阙。"① 朱子指出大成之圣和偏至之圣的差别还在于是否时中。孟子以射箭为喻，说明三子与夫子之差别，在于未能做到巧力兼具，至而且中。朱子认为孔子具有中正、时中、中和的大圣气象，时时刻刻皆处于中正之位。三子在偏处达到圣，至而不中，大圣则在全和中之统一上达到和谐。三子极其一偏，如四时之一季，音乐之一成；大圣则是大成之音，太和元气之流行，遍布于四时中。② "二者之间，脉络通贯，无所不备，则合众小成而为一大成，犹孔子之知无不尽而德无不全也。"(《孟子集注·集大成章》)

圣之至与至于圣：性之与反之。在圣人层次上，除了大成之圣和偏至之圣外，还有尧舜与汤武之间的性之与反之的差别。孟子对同为圣人的尧舜和汤武数次提出性之、反之的高下评价。朱子对此作了具体分析，肯定圣人之至与至于圣人的客观差别。

> 孟子曰："尧舜，性者也；汤武，反之也。"朱子注："性者，得全于天，无所污坏，不假修为，圣之至也。反之者，修为以复其性，而至于圣人也。程子曰：'性之反之，古未有此语，盖自孟子发之。'吕氏

---

① 《语类》卷58，第1863页。
② 朱子对此章十分重视，曾反复修改讨论之。如丙申1176年《答张敬夫集大成说》强调解释金玉二字，应精约有味；丁亥1177年《答何叔京》以博学反约理解金声玉振，"金声博学之事，玉振则反约矣。"(《文集》卷40，第1813页)此前朱子还曾经将金声玉振理解为伯夷等三子之事。问："'金声玉振'，旧说三子之偏，在其初不曾理会得许多洪纤高下，而遽以玉振之。今又却以'金声玉振'尽为孔子事，而三子无与，如何？"曰："孟子此一句，只是专指孔子而言。若就三子身上说，则三子自是失于其始，所以亏于其终。"(《语类》卷58，第1864页)朱子直到去世前几年还在讨论此章，"孟子此言固专为孔子而发，然亦可见三子欠阙处。……然其所谓知有偏全，则行亦有偏全，必自到知处而入，则得之矣。"乙卯1195年，《答林德久》，《文集》卷61，第2943页。

曰：'无意而安行，性者也，有意利行，而至于无意，复性者也。尧舜不失其性，汤武善反其性，及其成功则一也。'"（《孟子集注·尽心下》）

孟子曰："尧舜，性之也；汤武，身之也。"朱子注："尧舜天性浑全，不假修习。汤武修身体道，以复其性。尹氏曰："性之者，与道一也；身之者，履之也，及其成功则一也。"（《孟子集注·尽心上》）

朱子认为"性之""身之"用以突出尧舜与汤武之分别，关键在于是否生而知之，安而行之。"性者"直下保全天赐性理，不受外界污损破坏，顺其自然而不需人为努力，这是圣人中的极品，圣之至也。"反之"则需要人为努力来消除后天所沾染之不完善，以恢复其天性，最终达到圣的境界。二者之别，其实即是无意安行之顺性还是有意利行之复性。"性之，是合下如此；身之，是做到那田地。"① 程颢认为孟子对尧舜汤武作出高下之分，指出二者区别，是前所未有之开创性思想。"性、反"差距体现在工夫上：性之自然无意，挥洒自如，安行而不涉人力；反之则需勉强复性之功，以返乎本性，当然二者在最终成就上皆为圣人。朱子还据史实指出尧舜与汤武是常与变、经与权的差别，汤武之放伐尽管变而合乎中道，然终究不如尧舜之禅让自然合理，二者存在等差，"如尧舜与汤武真个争分数，有等级"②。批评学者对此理解不够，有意回避尧舜汤武高下之别。圣人与常人自然不在一个道德层次上，但是圣圣相较，天然存在一个优劣之分，而且孔子"尽善尽美"之别已有此意，"尧舜之禅授，汤武之放伐，分明有优劣不同，却要都回护教一般，少间便说不行。且如孔子谓'韶尽美矣，又尽善也；武尽美矣，未尽善也'，分明是武王不及舜。……若是以常人去比圣贤，则说是与不是不得；若以圣贤比圣贤，则自有是与不是处，须与他分个优劣。今若隐避回互不说，亦不可"③。除肯定尧舜与汤武的差别外，朱子还对同为反之的汤武区别出高低，认为汤在修为工夫上又较胜于武。"'汤武反之'，其反

---

① 《语类》卷60，第1963页。
② 《语类》卷63，第2093页。
③ 《语类》卷58，第1861页。

之虽同，然细看来，武王终是疏略，成汤却孜孜向进。""汤反之之工恐更精密。"①

圣、贤、君子之别。圣、贤、君子皆是儒家之理想人格，三者之间有同有异，朱子在处理三者关系上存在一些问题，主要是由偏圣这一概念引起与大贤、君子概念的紊乱。

圣与贤的异同。朱子在诠释《论》、《孟》时，多数地方并不分别圣贤，常把"圣贤"当作一词组连用，如"圣贤亦何所用心哉""圣贤之心"等，这强调了圣贤相同的一面。但朱子有时又特意区分圣贤，剖析二者之间的细微差别，最直接的表现莫过于讨论孔孟之异。朱子指出孔孟一为圣一为贤，二者存在客观差别。这种圣贤之别显露于答问言辞等诸多方面，如孟子言语时常露出锋芒，孔子则浑然无迹，透过言语即见出修为之高低。朱子在"孟子告齐宣王"章注中引潘兴嗣说："孟子告齐王之言，犹孔子对定公之意也；而其言有迹，不若孔子之浑然也。盖圣贤之别如此。"（《孟子集注·离娄》下）在"孟子曰说大人"章注中引杨氏说："孟子此章，以己之长，方人之短，犹有此等气象，在孔子则无此矣。"（《孟子集注·尽心下》）朱子引用杨时的话，批评孟子言语之间极为明显的用己之长，较人之短的意图，显得粗率狂妄，不符合圣人气象。如在对待大人态度上，孔孟截然相反，孔子畏敬，孟子藐视。这些都见出圣贤有别。

但朱子提出偏圣说，造成偏圣与贤人层次区分上的模糊。一方面只有至圣才是性之安之，偏圣与贤人一样，皆须反之复性工夫，如此一来，偏圣与贤人就难以区别了。而且，在朱子看来，作为大贤的颜子在修为上（如巧和中）有超过伯夷等偏圣处，"颜子优于汤武"，② 只是在行上不够充足，力有未至而已。另一大贤孟子与偏圣之高低，亦不好评论，这就造成贤与圣的层次上的混乱。正是有见于伯夷等偏圣存在不完善处，故程子提出将他们从圣人位置上降下来，以解决与大贤之间的矛盾，提出伯夷柳下惠并非圣人说，"人皆称柳下惠为圣人，只是因循前人之语，非自见。"又曰："夷、惠

---

① 《语类》卷61，第1995页。
② 《语类》卷93，第3099页。

圣人，传者之误。"① 但朱子对此观点进行了反驳，坚持偏圣的存在，强调圣人以所至而论，不以是否大全中正通化为准。并以药为譬指出偏方之药有时效果胜于中和之药，夷惠对世道人心教化作用甚为明显，有时还甚于至圣孔子。可见，朱子更侧重从客观教化效果来着眼。"未必误也。彼曰圣之清也、圣之和，则固不思不勉而从容自中矣。但其所至，出于一偏，而不若孔子之备，所以不得班于孔子耳。……夷、惠之行高矣，然偏圣而易能，有迹而易见，且世人之贪懦鄙薄者众，一闻其风而兴起焉，则其为效也速，而所及者广，譬如姜桂大黄之剂，虽非中和，然（文渊阁本有"其"字）于去病之功为捷。"②

圣人与君子。朱子将君子视为圣人的通称。"君子，圣人之通称也。"（《孟子集注·尽心上》）这样一来，君子就包含了圣人，也就意味着圣人可以视为君子的一种，即圣人君子，与通常概念下的君子相对照。但是圣人自身又有偏圣和至圣的区别，当圣人和君子相提并论时，君子就包含了偏圣，圣就特指至圣。如在"君子行法，以俟命而已矣"章的注释中，朱子强调圣人（专指至圣）立法出命，性之安之，君子（包含偏圣）则需要行法俟命，反之复性。这样也在一定程度上造成圣与君子概念的紊乱。"法者，天理之当然者也。君子行之，而吉凶祸福有所不计，盖虽未至于自然，而已非有所为而为矣。此反之之事。吕氏曰：'法由此立，命由此出，圣人也；行法以俟命，君子也。圣人性之，君子所以复其性也。'"（《孟子集注·尽心下》）

五 圣人之衍

孟子对圣人的论述较为全面，除圣人外，还论述了圣王理想、圣师愿望、圣徒使命。朱子在此基础上，阐发了由圣衍生出的圣王、圣师、圣徒，强调了圣王、圣师所具有的教化功能，圣人之徒捍卫、传承儒学，辟除邪说的护教传道。

圣王。在对圣的论述中，孟子很重视圣兼具外王的一面。他痛心于尧舜

---

① 《论孟精义》，第829页。
② 《四书或问》，第1008页。

之道既衰而圣王不起所造成的社会混乱状况，故周游诸国，劝说君王行王道之事，希望能有圣而王者出现，以收拾霸而王之局面。朱子亦非常注意揭示圣而王的特点，要求圣者必须具有王者的政治才能，这样他的仁者之功才会受益广大，并以舜、孔为例，指出圣人过化存神妙用无边，自然妥帖，与天地化生陶冶万物异曲同工，体现出王道效果之广大久远，神奇莫测，远胜霸道。"君子，圣人之通称也。所过者化，身所经历之处，即人无不化，如舜之耕历山而田者逊畔，陶河滨而器不苦窳也。所存者神，心所存主处便神妙不测，如孔子之立斯立、道斯行、绥斯来、动斯和，莫知其所以然而然也。是其德业之盛，乃与天地之化同运并行，举一世而甄陶之，非如霸者但小小补塞其罅漏而已。此则王道之所以为大，而学者所当尽心也。"（《孟子集注·尽心上》）朱子注"王者之迹熄而诗亡"亦突出孔子之事功，认为"圣人无不盛"，在任何事上都能做得很好，于外王上也不例外，自然有其神功妙化。

圣师。自周公后，圣王传统已经断绝，此后再也没有赓续上。故藉内圣修为而为圣师，成为儒家学者更切近现实的追求。儒家学者希望以内圣之功为基础，通过自身的率先垂范成为道德导师，以此影响整个社会风俗人伦，以实现外王之功。孟子提出"圣人百世之师也"，通过圣师这一新的定位宣扬了儒者功业之深远，同时又给了儒者很好的自我定位。朱子认为，圣人居于王者师的地位，虽然不据有天下，但是其功业恩泽同样能广被天下，圣师并不以个人一己得失为念，而是以天下之公利为人生目标，至公无我。"滕国褊小，虽行仁政，未必能兴王业；然为王者师，则虽不有天下，而其泽亦足以及天下矣。"（《孟子集注·滕文公上》）

圣徒。孟子周流一生，并未能够获得圣师之地位。退而求其次，认为能够传扬圣人学说，捍卫圣人思想，抗击异端学说者，亦可为圣门中人，即圣人之徒也，这是孟子对儒者的又一定位。"能言距杨墨者，圣人之徒也。"（《孟子集注·滕文公下》）孟子提出严拒杨墨异端，捍卫儒家学说的态度决心，获得身处同一境地中的宋儒极大共鸣。"盖邪说横流，坏人心术，甚于洪水猛兽之灾，惨于夷狄篡弑之祸，故孟子深惧而力救之。"（《孟子集注·滕文公下》）朱子在对孟子此段思想的阐发中，特别强调了异端邪说对人心的冲击破坏，比之为洪水猛兽、夷狄篡弑。称赞凡是能够起而辟之者，即使未能知道,但为学趋向已经走上正路,可以视为圣门中人。孳孳为善者,即是行走在圣人之道上的圣徒。"言苟有能为此距杨墨之说者,则其所趋正矣,虽未必知道,是亦圣人之徒也。"(《孟子集注·滕文公下》)

总之,朱子对圣人观念的细加辨析,突出了孔子作为至圣的完满性,反映出儒家"止于至善"的人格理念。同时不惜反对程子之说,宁冒混淆人格层次之弊,坚持降低一等的偏圣说,是在承认偏圣人格有所不足的基础上,强调他们所实际具有的教化效果,表明了成就圣人的现实可行性。朱子在继承前辈学者理论基础上,对儒家圣人说作出了创造性理解,对后世的圣人说产生了深远影响。学习、探究朱子的圣人思想,对理解儒家理学人格,增进个人修养实践皆具有重要意义。

第二节 "察病救失":孔门弟子之评

朱子居于理学立场,根据针砭学弊,"察病救失"的工夫论诠释原则,在《论语集注》中对孔门自颜、曾以下多给予否定性评价,这一《论语》诠释史上的重大变化,颠覆了一贯仰视孔门弟子的看法,形成了新的孔门弟子观念,展现了理学的成就与自信,得到了理学学者的广泛认可,但也遭到后世汉学者的反驳。尤其是清代毛奇龄的《四书改错》专门辟有"贬抑圣门"两卷,举出朱子否定孔门弟子四十七条逐一驳斥,认为"若《集注》贬抑,节节有之,名为补救而实所以显正夫子之失。"[①] 虽毛氏对朱子攻击多牵强附会,但其批判确揭示了一些值得思考的问题:如朱子是否在贬抑圣门?其"察病救失"出于何等立场?采用了什么方法?取得了怎样效果?解答这些问题,对于把握朱子的理学思想与经典诠释,认识孔门弟子在理学时代形象的颠覆皆具有启发意义。

一 "造道之极致"

儒家向来注重对人格成就层次的品评判定,认为学者在为学境地上存在先后高低之别本是成道进程中应有之事实,能否正视自身为学得失,做到

---

① 毛奇龄:《四书改错》,《续修四库全书》经部四书类第165册,第194页。

"知之为知之不知为不知"的自知之明，亦是为学进步之关键。故孔子很注意点评弟子为学得失与境地高下，以促其反省进步。孟子亦注重区别人格层次，通过圣圣之间的相较，彰显了孔子"大成之圣"的崇高地位，确定了"乃所愿，则学孔子也"的为学目标，而且提出了节次分明的善人、信人、美人、大人、圣人、神人之说。理学开创者周、程继承此风并发扬之，他们辨析孔门弟子高下得失，将其划分为两大层次：闻道传道的颜子、曾子与其他未能传道弟子，特别凸显颜子的独特性，树起"学颜子之所学"的理学旗帜，通过辨析颜、孟高下之分，突出颜子"学以至圣"的品质，以建立纯正的为学之方。同时抬尊曾子，确立了他在儒家道统中传道地位。故朱子在《集注》中批评孔门弟子的做法，乃是继承理学家风，《集注》批评孔门弟子的说法多数引自前辈学者即是明证。事实上，在疑经解经风潮涌起的宋代，对孔门弟子高下扬抑成为一种新的风尚。宋儒多倡导以义理解经之模式，主张经典诠释应从个人理性出发进行批判性阐发，以达到针砭工夫弊病的效果。如《集注》对樊迟多有微词，其实北宋苏轼早有此说。朱子在《论语或问》中曾引用并称赞苏氏说："苏氏曰：孔子之言，常中弟子之过，樊迟问崇德，孔子答以'先事后得'，则须也有苟得之意也欤？其问知也，'曰务民之义，敬鬼神而远之'，教之以专修人事而不求侥幸之福也。其问仁也，曰'仁者先难而后获'，教之以修德进业而不贪无故之利也。"[1]

除受前辈影响外，朱子对孔门弟子的批判诠释主要出于自身理学思想。毛氏认为朱子对孔门弟子横加挑剔，导致"圣门无完行"，制造了"圣门冤狱"。殊不知当朱子以至善、中庸，"造道之极致"作为评判孔门弟子的尺度时，"圣门无完行"之义自可成立。朱子对《大学》"至善"这一概念给予了前所未有的重视，他认为至善就是"事理当然之极也"，在三纲八目中居于主导地位，无论明德、亲民皆须止于至善，"言明明德、新民、皆当至于至善之地而不迁"[2]。从格致诚正修身的内圣一直通贯齐家治国平天下之外王，皆须达于至善，有一处未到，即不能算至善。人在道德的修炼中，始终行走在追求至善的道路上。中庸是朱子极其看重的另一概念，朱子指出，

---

[1] 《四书或问》卷6，第730页。
[2] 《四书集注》，第3页。

"中庸者，不偏不倚、无过不及而平常之理，乃天命所当然，精微之极致也"。① 中庸就是要求在日用常行中实现事事合宜，此是极难之事，乃儒家至德所在。当朱子以"造道之极致"的至善、中庸来衡量孔门高弟时，故难免见其到处是"病"了。如学而篇"贫而无谄富而无骄"章注，朱子指出孔子和子贡境界高下在其问答中已彰显无遗，带给学者的教训是不能安于小成，固步自封，而应当追寻道德的最高境界。"故学者虽不可安于小成，而不求造道之极致；亦不可骛于虚远，而不察切己之实病也。"② 若就孔门高弟所达境地成就，与常人相较，自然难以企及，令人景仰了。但若从"造道之极致"角度来看，不能不承认孔门高弟仍有不足。

人之为学自然存在境界高下，孔门弟子亦不能外。朱子对孔门弟子境界从上下、平行、前后三个层次进行高下浅深的比较，其意是为了树立为学典范。首先，通过夫子与弟子上下层次间的比较，揭示弟子和孔子境界上的差异，既突出了圣人境界的高远，同时又给学者以警示，促其谦虚反省。如子路篇"仲弓为季氏宰"章注，朱子引程子说指出仲弓心量与圣人存在大小之别，暗示仲弓还须在此方面努力用功。"程子曰：人各亲其亲，然后不独亲其亲。仲弓曰'焉知贤才而举之'、子曰'举尔所知，尔所不知，人其舍诸'便见仲弓与圣人用心之大小。"③ 其次，朱子更重视弟子之间的平行比较，以见其高下，此意也是顺《论语》中夫子对弟子点评而发。夫子评价弟子，是为了检查他们的修行程度，以发现问题进行纠正。基于确定学习典范的考虑，朱子认为孔门弟子境界大致可分为三等，此等级决定了《集注》的诠释视角。颜子、曾子属于闻道一级，对儒家道统传扬发挥了重要作用，代表了圣贤之学，《集注》对之极力推崇褒扬。如《学而》篇"吾日三省"章，《集注》引谢氏说指出，孔门诸子虽然皆与闻夫子之道，除颜子外真正能够传承夫子之道者唯有曾子，其他诸子有所得亦有所失，夫子之学在其他学派中流传愈远，流弊愈多，已经失去了夫子学的真谛。只有曾子获得真传，并毫无流弊地传给子思、孟子，保持维护了儒家道统的延续，在孔门中

---

① 《四书集注》，第18页。
② 同上书，第53页。
③ 《四书集注》，第141页。

居功甚伟，故此对其言语当用心体会。并强调曾子学圣人无弊，对于其流传下来的言语论说当倍加珍惜，可见对曾子之重视。"谢氏曰：诸子之学，皆出于圣人，其后愈远而愈失其真。独曾子之学，专用心于内，故传之无弊，观于子思孟子可见矣。惜乎！其嘉言善行，不尽传于世也。其幸存而未泯者，学者其可不尽心乎！"① 此说与朱子在《大学章句序》中确定"曾氏独得其传"的传道地位一致。子贡、子路、子夏、子游、子张等学有所成的弟子为次一级，他们为学有得有失，得多于失，《集注》对之褒贬相间，但他们之间也存在高下之分。其中，子贡、闵子骞境界仅次于颜、曾，要高于其他弟子。《集注》中对子贡批评之辞不少，最终还是肯定子贡仅次颜、曾而终闻夫子之道。《卫灵公》篇"赐也女以予为多学而识之者"章注朱子特加按语指出，据《论语》所载夫子与子贡对话之内容和频率，颜、曾以下，当属子贡。朱子之辞虽为推测，要之亦有一定道理。"愚按：夫子之于子贡，屡有以发之，而他人不与焉。则颜曾以下诸子所学之浅深，又可见矣。"② 闵子骞境界与颜子相似，要高于子张。《为政》篇"子张学干禄"章注引程子说："子张学干禄，故告之以此，使定其心而不为利禄动，若颜、闵则无此问矣。"③ 以樊迟、司马牛为代表的弟子则属于更下一级，他们为学失多于得，《集注》对之多加贬斥，以为后学者鉴。再次，朱子在诠释中非常注重学者境界的前后变化，以动态观看待孔门弟子为学变化。他认为学者境界总是在不断提升变化中，修道成德变化气质本为一生命历练的动态过程。这就向后学表明，孔门弟子高明境界亦是在实践中逐步提高，对成圣成贤之学应当保有信心。朱子根据夫子与弟子的问答，断定处于何种阶段，对颜子、子贡、樊迟，子路等皆有判定，如《阳货》篇"君子尚勇乎"章注引胡氏说指出此问答反映出子路初学时状态："疑此子路初见孔子时问答也。"④《先进》篇"回也其庶乎"注引程子说同样指出该问答是子贡年少问学时事，后来已经得闻性与天道之学，自然不会有此问题，"子贡之货

---

① 《四书集注》，第49页。
② 同上书，第162页。
③ 《四书集注》，第58页。
④ 同上书，第182页。

殖，非若后人之丰财，但此心未忘耳。然此亦子贡少时事，至闻性与天道，则不为此矣"①。

二 "圣门冤狱"

朱子以"造道之极致"为镜子，照出孔门弟子存在境界高下浅深之别，更照出孔门弟子为学病痛。从为后学树立正确为学之方的角度考虑，朱子非常尖锐苛刻地揭露了这些病痛，用毛氏的话说，简直是制造"圣门冤狱"。真相如何呢？我们具体探究一下所谓"圣门冤狱"。

首先，朱子对孔门弟子并非一味贬斥，而是抱褒贬分明各得其所的态度。尽管在"造道之极致"的标准下孔门弟子显出不足，朱子仍充分赞扬了孔门弟子各自所获得的成就，褒其已成足为后学者师，贬其不足引为后学者鉴。孔门弟子虽未得夫子道全，然得夫子之道之一偏一体，其成就足以为后世之师，远非后人所能达到。如对曾点高明气象、子贡颖悟才质、子路信勇卓著，子夏笃实工夫皆极其肯定。即以对子路评价为例，朱子多次赞其豪迈刚勇，重信轻财，气象高远，学者应以之为师。如《先进》篇"由之瑟奚为于丘之门"章注强调子路境界已达到正大高明地步，只是在精微之处有所不足而已，堪为学者百世师而不可轻视之，"言子路之学，已造乎正大高明之域，特未深入精微之奥耳，未可以一事之失而遽忽之也"②。

其次，朱子从理学概念出发，将孔门弟子诠释为理学概念的化身，把他们与理学概念紧密相连并类型化之，朱子对孔门弟子的评论其实表达的是对理学概念的认识，目的是增进学者对理学概念和为学境界的理解，以为己鉴。客观而论，朱子评论孔门弟子，除对颜、曾倍加维护赞颂外，于其他弟子似乎更侧重指出过失，其目的是阐述他"学者虽不可安于小成，而不求造道之极致"的为学理念。正是以"求造道之极致"为标准，故《集注》详加挑剔孔门弟子病痛，几乎达到了吹毛求疵地步。然条目挑剔虽多，其义多为重复。在朱子看来，孔门弟子之病痛皆可以类型论之，如子路之信勇而乏义理，子夏之严谨笃厚而气度狭隘，子张之意态高远而无

---

① 《四书集注》，第 127 页。
② 《四书集注》，第 126 页。

诚实，子贡之聪明博学而务外。朱子对于他们的批评，皆以此类型套而论之，简直成了数学公式。即以子路为例，批评他的用语大致如下：

> 子路好勇，盖有强其所不知以为知者。（《为政》篇"由诲女知之乎"章）
> 程子曰："故夫子美其勇，而讥其不能裁度事理，以适于义也。"（《公冶长》篇"乘桴浮于海"章）
> 吴氏曰："勇者喜于有为而不能持久，故以此告之。"（《子路》篇"子路问政"章）
> 胡氏曰："徒知食焉不避其难之为义，而不知食辄之食为非义也。"（《子路》篇"卫君待子而为政"章）
> 尹氏曰："义以为尚，则其勇也大矣。子路好勇，故夫子以此救其失也。"（《阳货》篇"君子尚勇乎"章）
> 范氏曰："子路勇于为善，其失之者，未能好学以明之也，故告之以此。"（《阳货》篇"女闻六言六蔽"章）

显然，朱子对子路的评价总体为具信勇而乏义理，如此诠释的效果是把诠释对象子路固定为轻财守信意气用事的侠客形象①，此一类型化形象又套用涉及于子路的所有方面。《集注》关于子张、子夏等弟子的评论皆是如此。不难看出，朱子实际是在有意以一套理学概念诠释孔门弟子，使孔门弟子成为理学概念的符号和代言人。这种概念化、符号化、抽象脸谱化的诠释凸显了孔门弟子气质中真实本质一面，使学者容易把握其特质，如子路成为勇信的符号化身，子张是高远阔大的化身，子夏是谨慎笃厚的化身。该诠释的主观色彩非常明显，朱子在进入文本之前，对诠释对象已有了很强的诠释成见，文本不过是强化、印证了他的成见而已。朱子这种先入为主，以人物特质、理学范畴为中心的诠释手法得到《论语》中因材施教法的支撑。该诠释法对中国文化产生深远影响，中国文学作品中一直具有人物性格脸谱化

---

① "子路是就意气上做工夫。颜子自是深潜淳粹，（淳录作缜密）较别。子路是有些战国侠士气象，学者亦须如子路怎地割舍得。"《语类》卷29，第1067页。

的传统，典型者如《三国演义》中关羽塑造为"忠义"的化身，曹操为"奸诈"的化身，近如对革命英雄人物的塑造，"高干大"形象的出现等，人物皆成为叙述者的理念符号。在朱子诠释中，孔门弟子成为表达其理学概念的符号，孔门弟子所体现的优缺点皆具有了普遍意义，朱子通过扬其优长，揭其缺失这种褒贬分明的揭示对照，达到了给学者树立正确为学之方的目的。

再次，朱子批评孔门弟子，是要求学者"亦不可骛于虚远，而不察切己之实病也。"① 基于这一原则，朱子认为孔门师生之交流多具有指点弟子病痛的意味，其言谈"切于学者之身，而皆为入德之要"。《集注》评论孔子门人时数十次使用"病"这个词，强调成圣之学首要工夫就是反省自身气质工夫的真实病痛。学者先天资质禀赋总是有所缺失，应由后天工夫来消除弊病以变化气质。首要工夫是发现病痛，但人自知甚难，其病痛往往需经他人指点揭示。朱子认为孔子与弟子言谈，就是根据诸弟子资质、工夫、境界，把脉开方，对症下药，其药因人病痛而异，但皆符合"切己"这一原则，如此方能收到效果。如子张有"过高之病"，开出药方是"笃实"。《颜渊》篇"士何如斯可谓之达矣"章注引尹氏说指出，"子张之学，病在乎不务实。故孔子告之，皆笃实之事。"② 子贡也有类似毛病，夫子告之近处下手之方。雍也篇"如有博施于民而能济众"章注引吕氏说，"子贡有志于仁，徒事高远，未知其方。孔子教以于己取之，庶近而可入。"③ 在"司马牛问仁"章，朱子特意揭示了孔门之教"切己"特点。他指出，因司马牛病痛与子贡等人不同，故当其问仁时，夫子并不是随便给予答复，而是根据其为学气质病痛，针对性开出适合他的"言忍"这一处方。夫子对学生虽然指点不一，但皆是为帮助弟子认识自身病痛所在，找到修身进德的途径要领，学者对此应深思自考。《颜渊》篇"司马牛问仁"章注，"愚谓牛之为人如此，若不告之以其病之所切，而泛以为仁之大概语之，则以彼之躁，必不能深思以去其病，而终无自以入德矣。故其告之如此。盖圣人之言，虽有

---

① 《四书集注》，第53页。
② 同上，第138页。
③ 《四书集注》，第92页。

高下大小之不同，然其切于学者之身，而皆为入德之要，则又初不异也。读者其致思焉。"① 再如对孔子称赞樊迟"善哉问"，朱子注为，"善其切于为己。"皆是点出切己在为学中的重要意义。在《先进》篇"柴愚参鲁师辟由喭"章，朱子引杨时说指出夫子指点四者气质偏颇处，希望他们知道各自病痛，从而针对性地下手用工以克服之，"四者性之偏，语之使知自励也。"② 朱子这一诠释定式有着强烈的现实关照，要求学者以"察切己之实病"的方法作为现实工夫指导，在学习《论语》过程中，应将孔子对弟子教导——自我对照，视为对自身教导并应用到日常实践中，克除自我气质病痛，这即是理学的工夫要义。在"克己复礼"章，朱子引用谢良佐"克己须从性偏处克去"说，提出克己工夫应从气质最偏颇处用工，方能变化气质。谢氏本人也正是由此下手用工，伊川与上蔡别后一年再见，问他做何工夫。谢曰："也只去个'矜'字。曰：何故？曰：子细检点得来，病痛尽在这里。若按伏得这个罪过，方有向进处。"伊川点头称赞，"此人为学，切问近思者也。"③

最后，朱子诠释夫子对弟子的教导时常采用"救失"之说。如"樊迟问知"章注，"此必因樊迟之失而告之。""樊迟从游于舞雩之下"章注，"三者皆所以救其失也。""子张学干禄"章注，"言此以救子张之失而进之""子张问明"章注，"此亦必因子张之失而告之"等。朱子认为，孔子与弟子问答具有十分明确的目的，尤其是多处"问同答异"，更证实了长善救失的问答特点。如关于问孝，孟懿子、孟武伯、子游、子夏所问相同而夫子所答不同，"子夏问孝"章注引程子说指出，夫子根据弟子自身材质、病痛不同而指点不同，"告懿子，告众人者也。告武伯者，以其人多可忧之事。子游能养而或失于敬，子夏能直义而或少温润之色。各因其材之高下，与其所失而告之，故不同也。"④ 孔子的教导指点，带有帮助弟子改正为学进程中缺失不足，使其工夫境界得到完善进步的意味。"救失"和"发病"

---

① 《四书集注》，第133页。
② 同上，第127页。
③ 朱熹、吕祖谦：《近思录》卷5，《朱子全书》第13册，第223页。
④ 《四书集注》，第56页。

语义相似，皆是指出弟子不足病痛，前者语气较后者缓和，程度较轻，劝告意味重，多指出问题；后者则语气严厉，带有斥责强调意味，直接点出病痛根源所在。朱子根据孔子与弟子问答之辞，就问题严重与否作出"药病"还是"救失"的判定。

此外，朱子也采用"警告"之说，表明夫子之言虽不一定针对个人病痛而发，但具有普遍警告意义，学者须闻者足戒，有则改之，无则加勉，不可轻易放过。"警告"说和"药病""救失"又略有不同，其程度更轻，所指范围更大，警告可指事先提醒，而药病、救失则显然针对事后而行的。就诠释根据来看，警告说也是最牵强猜测的一种。故朱子用词语气也最弱，泛指意味强而贬抑批评意味薄，其意为即便自身无此病痛，亦可以因之提高警惕，此亦反映出朱子诠释的良苦用心。朱子在"子路使门人为臣"章引胡氏说指出，孔子严厉批评子路，目的是警告所有学者，要成为君子就应谨小慎微，时刻保持敬畏之心，不可懈怠细微之事，否则陷于不义而不知也。"而不知无臣之不可为有臣，是以陷于行诈，罪至欺天。君子之于言动，虽微不可不谨。夫子深惩子路，所以警学者也。"① 在"子游问孝"章，朱子指出孔子之言是警告子游敬对于孝的不可或缺性，并引胡氏说强调孔子之言虽不一定针对子游病痛而发，但在敬和爱的关系处理上，对子游及其他学者皆具警告意味。"言人畜犬马，皆能有以养之，若能养其亲而敬不至，则与养犬马者何异。甚言不敬之罪，所以深警之也。胡氏曰：'子游圣门高弟，未必至此，圣人直恐其爱踰于敬，故以是深警发之也。'"② 再如"宰予昼寝"章亦引胡氏说指出夫子对宰予的批评是为了立定教法，警告弟子谨言敏行，言行一致。"特因此立教，以警群弟子，使谨于言而敏于行耳。"③

三 理论与工夫

朱子所谓贬抑圣门的说法其实出于自身理论建构和指点为学工夫的需要，其意是借评点孔门弟子来揭示学者为学病痛过失，确定为学典范，阐发

---

① 《四书集注》，第 112 页。
② 同上，第 56 页。
③ 同上，第 78 页。

理学概念，以为现实工夫做一参照，充分体现了朱子诠释经典以工夫为中心的立场。为了增加诠释的客观可信，朱子还尽力提出一些方法证据来支持论述，其主要方法大概为以下三种：

其一，根据学者造道境界、气质特征，采用对号入座法，推出学者应当有某种毛病，将概念类型化的诠释方法贯穿全书。朱子在诠释孔门弟子言论时，形成一个诠释循环，即"根据境界断定其言辞，根据言辞证实其境界"，境界与言辞紧密一体，相互印证，以此达到诠释前后一致。但这种诠释是建立在言行、德言相互对应前提下的，并不可以普遍绝对化。孔子就曾指出德言、言行不一致的情况，个人思想境地与个别言论不一定有必然联系。朱子据某人气质有某病痛，因而指出其所有言辞无一例外显示此病痛的诠释方法过于绝对简单，容有牵强不合情理处。事实上，孔子之教也常泛论儒家价值为学工夫，本无特别针砭意。

其二，尽量列举史实为证，以增强诠释的可信度。但因可用史实太少，无法普遍展开，故朱子此法只是运用到少数几条注释中。如"人皆有兄弟"章引胡氏说，以子夏自身哭子丧明这一事实为据，指出子夏在实践中未能处理好"爱与理"的关系，没有做到理论与修为的一致。"子夏四海皆兄弟之言，特以广司马牛之意，意圆而语滞者也，惟圣人则无此病矣。且子夏知此而以哭子丧明，则以蔽于爱而昧于理，是以不能践其言尔。"但朱子举事实佐证的可信度也遭到质疑，如关于"柴也愚"的注释不惜大段引用《家语》之说以证实其愚笨特点。"愚者，知不足而厚有余。《家语》记其'足不履影，启蛰不杀，方长不折。执亲之丧，泣血三年，未尝见齿。避难而行，不径不窦'。可以见其为人矣。"① 虽然此类事实仅仅起辅助作用，但表明朱子很希望找到客观事实来印证自己观点。

其三，据夫子"因材施教""问同答异"的特点，由因病发药、针砭学弊的诠释原则出发，与其理学思想相结合，实行有病推定。"针砭学弊"乃朱子经典诠释主要原则，其重要性还高于他一贯倡导的"求本义"原则，

---

① 《四书集注》，第 127 页。

在二者相冲突时，朱子常选择前者。[①] 该做法虽有一定可信度，但过于强调一致性，亦是主观牵强成分多，并不足以服人。夫子即便因材施教，并不代表指责弟子病痛，其中存在多种可能，如理论解惑等。朱子评论孔门诸子，本来就是要从中找出可以为学者"警示"的材料，提供一部为学警示录而不是功德谱，以为现实工夫之鉴。据弟子与孔子对话，弟子自身言行所推出的病痛，皆取决于诠释者本人的眼光，体现了朱子的理学思想，实为朱子理学思想之投射。如多处病痛皆与朱子的理一分殊、本末轻重思想有关，若抽出此理学思想，则病痛自无矣。理一分殊思想在《集注》中多有反映，由此判定弟子言语病痛最典型者，莫过于对"四海之内皆兄弟也"章的诠释。朱子在此引胡氏观点指出子夏之言其意在于宽司马牛之忧虑，但其言语本身多"皆兄弟"三字，违背了理一分殊、爱有差等的原则，就变成无差等之爱的二本了。兄弟之爱乃血亲之爱，与他人之爱天然有别，可由此及彼，不可由彼及此。"子夏四海皆兄弟之言，特以广司马牛之意，意圆而语滞者也，惟圣人则无此病矣。且子夏知此而以哭子丧明，则以蔽于爱而昧于理，是以不能践其言尔。"朱子的本末观在判定孔门弟子病痛中起了重要作用。如《学而》篇"子夏曰贤贤易色"章，朱子引吴氏说指出子夏在本末轻重之间虽然抓住了根本，但过于强调实践而忽视了学文，有重本轻末的偏颇之病，"子夏之言，其意善矣。然辞气之间，抑扬太过，其流之弊，将或至于废学。必若上章夫子之言，然后为无弊也。"[②] 在《颜渊》篇"君子质而已矣"章朱子同样指出，子贡"文犹质也"说虽针对子成有本无末说以救其偏弊，然自身之言亦犯下了无本末轻重之别的毛病，"夫棘子成矫当时之弊，固失之过；而子贡矫子成之弊，又无本末轻重之差，胥失之矣。"[③] 在《子张》篇"百工居肆以成其事"章，朱子引尹氏说强调君子应务学以成其道，并加按语指出子夏与尹焞之言各有所偏得，应将二者结合起来，语义才完备无瑕，"二说相须，其义始备。"[④] 皆是本本有别、相须不离观点的

[①] 朱子对以义理解经的主观诠释方法有相当自觉，故有关针砭弟子的言论绝大多数自觉置于圈外，表明这是远离本文的引申之意。

[②] 《四书集注》，第50页。

[③] 同上，第135页。

[④] 同上，第189页。

反映。

可见朱子"贬抑圣门"的做法,根本是为学者"察病救失"服务的,其中贯穿了他的道统思想、理学观念,并以针砭学弊的诠释原则主导之。"察病救失"这一诠释手法承载的是朱子的理学思想,体现了对汉学解经模式的颠覆,是宋学义理解经模式的继承总结,表明儒学进入到了一个新阶段。"贬抑圣门"的做法绝非朱子一家私见,乃宋代理学发展的必然产物,是宋学这一新的时代精神的显现。朱子通过这一诠释手法,颠覆了孔门弟子的形象,将新的时代思想注入古老经典,强调了经典与现实,理论与工夫的关联,赋予了儒家经典前所未有的魅力,确立了经典诠释的新典范,体现了宋学解释经典所获得的成功,表示新经学诠释时代的到来。它对经典诠释所产生的深远影响,对于今天儒学的发展亦具有深刻借鉴意义。朱子的做法表明儒学的发展不能离开自身资源,特别是经学。朱子正是通过对四书的成功诠释才建构起他的理学体系,并借助四书使理学思想广泛传播,扎根社会人心,真正做到了阐新知于旧闻。它同样表明思想、方法的创造与超越必须建立在足够深厚的思想资源基础上。朱子的思想即建立在前代学人深厚丰富的资源之上,体现出海纳百川包容并举的气势,由此建构了新的经学体系。当下儒学的发展,应投入更大精力于古代经典的再诠,使之与接引外来学术思想相互融合,为儒学进入一个新的时代创造条件。

第三节 "学颜子之所学"

学界对理学的兴起有一普遍结论:理学的兴起与推尊孟子紧密相联。宋明理学通过推尊孟子,继承孟学思想以建构新的思想体系。但问题还有另一方面,孟子非理学家心目中的完美人格,他们于孟子颇有不满批评之处。在他们看来,颜回才是理想人格的典范。故在"尊孟"之外,宋明理学的发展实是以"学颜"为主线的。可以说,整个宋明理学的发展是一个仰慕、效仿颜回的过程,"学颜"成为所有理学家自我完善的动力和目标。从儒学史来看,颜回虽无著作流传,但因孔子及同门之称扬,他一直在孔门中享有崇高地位,自唐以来就作为孔子最得意弟子受到朝廷祭祀。理学家对颜回形象思想的重新诠释更是将颜回在儒学中的意义推向一个新高度,他们认为颜回所体现的为学方向,所取得的人格成就,所实践的作圣之功,所达到的生命境界涵盖了儒学的根本问题,其"几圣"形象在思想界得到普遍认同,不同学派学者皆从"学颜"中找到了自己所需要的资源。于理学而言,颜回最重要的意义在于以作圣之功完美印证了"学以至圣"的必要性与可能性,在儒学上树立了较孟子更为纯粹无瑕、更具效仿性的典型,为理学应对内外冲击提供了思想资源。故"学颜子之所学"实为推动理学发展的灵魂。如果说"尊孟"确立了儒学的道统,规定了儒学的内容,那么"学颜"则代表了新儒学的旗帜,指引着新儒学的前进方向。朱子《四书》在前人基础上对这一命题有着充分论述。

一 从"睎颜"到"学颜"

与孟子地位前抑后扬、毁誉相伴不同,颜回一直以崇高的形象出现在中国思想史上。早期重要思想著作如《庄子》、《易传》皆给予颜子很高评价,特别是汉代扬雄提出了学习颜子为儒学目标的"睎颜"说,大大凸显了颜子在儒学中的独特地位。扬雄在其重要著作《法言》中称,"睎颜之人,亦颜之徒也。或曰:颜徒易乎?曰:睎之则是。曰:昔颜尝睎夫子矣"[①]。扬雄认为,仰慕颜回的人,也就是与颜回同类之人,成为颜回那样的人并不难,仰慕效仿颜回就可以了。颜回成就之获得,也正是他仰慕效仿孔子的结果。扬雄作为儒学史上的重要人物,率先提出"睎颜"说,指出学习颜子在成就圣贤中的重要意义。宋代理学兴起之后,提出了"学颜子之所学"的口号,对"睎颜"思想进行了更为广泛深入全面的阐发,促进了儒学向前发展。

与对孟子存在"尊孟"与"非孟"两股对立观点不同,颜回在宋代思想家中获得了与孔子同样广泛的推崇,推崇颜子之学乃宋代学界之通义,持不同思想、政见者皆在此达成一致,如"新学""涑水学""蜀学""事功学"等对颜回皆表推崇。颜回作为一含义广泛而极有深度的形象,凝聚了儒学的共同性根本性问题,不同学派学者皆从中找到所需资源。如居于宋代学术开创者地位的大学者胡瑗,就备加推崇颜回好学迁善改过的品质,认为

[①] 汪荣宝撰:《法言义疏》卷1,中华书局1987年版,第28页。

这是颜回最难得处，是道德成就的根本途径。司马光、苏轼推崇颜回安贫乐道的生命境界，欧阳修则更推崇其好学精神。

对颜子认识更为深刻自觉，高举"学颜"大旗的是周、程理学。"道学宗主"周敦颐在《通书》中高度评价了颜子，《通书·志学第十》章明确提出了"学颜子之所学"的思想宗旨，指出在追求人格成就的道路上，存在士、贤、圣三个层次，颜子以其不迁不贰的心性工夫，三月不违仁的大贤境界，指引了为学方向，树立了道德成就的标尺，赶上他则为贤，超过则为圣，即使不如他，也会有很好的道德声誉。"圣希天，贤希圣，士希贤。伊尹、颜渊，大贤也。……颜渊不迁怒，不贰过，三月不违仁。志伊尹之所志，学颜子之所学，过则圣，及则贤，不及则亦不失于令名。"[①]《通书》辟有"颜子"一章阐述颜子超脱世俗物欲的追求，洞见道体，自得其乐，达到亚圣境界。《通书·颜子第二十三》："夫富贵，人所爱者也，颜子不爱不求，而乐乎贫者，独何心哉？天地间有至贵至爱可求而异乎彼者，见其大而忘其小焉尔。见其大则心泰，心泰则无不足，无不足则富贵贫贱处之一也。处之一，则能化而齐，故颜子亚圣。"《通书·圣蕴第二十九》[②] 则特意讨论颜子境界远于贤而近于圣，独能悟圣人不言之义，与圣心相契无间，以自身默修实践工夫阐明圣学渊深之蕴，予后来者以无穷之教化。"然则圣人之蕴，微颜子殆不可见。发圣人之蕴，教万世无穷者，颜子也。"[③] 不仅如此，周敦颐还将"学颜"这一思想授以二程，"每令寻仲尼、颜子乐处，所乐何事？"[④]"学颜"成为二程一生探究的根本，亦成为理学核心问题，二程不负师教，将"学颜"思想在理论和实践上皆向前大大推进。程颐十八岁所撰《颜子所好何学论》从哲理上深刻阐发了颜子之学的本质，明确提出了"学颜"这一为学主题，对当时思想界造成了很大触动。与周敦颐注重颜子所至精神境界不同，二程突出了颜子在"作圣之功"中不可逾越的矩范意义，甚至采用颜、孟比较的方式彰显颜子作圣之功的纯粹完善，强调学颜子之学

---

① 朱熹：《通书注》，《朱子全书》第13册，第107页。
② 同上，第117—118页。
③ 同上，第122页。
④ 《二程集》，第16页。

是达到圣域的唯一途径，圣贤之学必须从颜子之学入手，"欲学圣人且须学颜子。""孟子才高，学之无可依据。学者当学颜子，入圣人为近，有用力处。"① 二程兄弟理学思想的创立，其实即是对"学颜"——学以至圣这一儒学根本命题的解答。此后朱熹在综合继承的基础上，对"学颜"这一命题给予了更完善的论述。"学颜"思想同样为陆、王心学所推崇，并在他们思想体系的创构中发挥了重要作用。陆、王皆肯定颜子是唯一能担负孔圣之学的传人，代表了圣学方向，特别通过颜、曾比较彰显了颜子尽传圣人道、学的独特性。"学颜"思想适应了理学的现实需要，对于理学数百年发展起到了指引作用。理学发展始终有一根本任务，即如何以新的理论武器，重新振作儒学，夺回为佛老所侵占的思想领域主导地位。这一艰巨任务的完成，必须借助历史学术资源。理学学者找到并重新诠释颜子，指出颜子之学在人格成就、为学之径、精神境地诸根本问题上树立了典范，代表了儒学前进方向。

二　亚圣大贤

颜子虽然一直以圣人之徒的形象出现，但其具体内涵则一直未有详细刻画。朱子在前人论述基础上，采用对比方式，精心阐发了颜子"具体圣人""贤之大成"的崇高形象，陆王心学通过颜、曾比较，尤为突出了颜子"尽传圣人之学""见圣道之全"的独特性。

（一）"具体圣人"

颜回与冉牛、闵子一起被认为圣门中"具体而微"者。公孙丑曾经问孟子，"冉牛、闵子、颜渊则具体而微。敢问所安。"但并未详加讨论此问题。宋儒则普遍热衷于讨论颜回"具体圣人"这一话题。如胡瑗推崇颜子，把颜子置于亚圣之上，认为颜子乃"亚圣"之上贤，与圣人距离极为接近。"夫颜氏之子者，即孔门之高弟，亚圣之上贤。"② 欧阳修作有称赞颜子具有天生圣质的《颜跖》诗，"颜子圣人徒，生知自诚明。"③ 朱子《四书集注》综合诸家观点，对颜回具体圣人之特质作了深入阐发。指出颜回的"圣质"

---

① 《二程集》，第19页。
② 胡瑗：《周易口义》，《四库全书》经部第6册，台湾商务印书馆1987年版，第529页。
③ 欧阳修：《欧阳修诗文集校笺》，上海古籍出版社2009年版，第1页。

首先表现在先天禀赋具有圣人资质，《孟子集注·尽心下》"可欲之谓善"章引张子说，"颜子好学不倦，合仁与智，具体圣人，独未至圣人之止耳"①。《论语集注·为政》"吾与回言终日"章注引李侗说，指出颜回资禀深湛不露，纯粹无瑕，具备生而知之的圣人体段。"愚闻之师曰：颜子深潜纯粹，其于圣人体段已具。"② 朱子将颜回置于与儒家大圣、偏圣、亚圣的比较中，在对比中凸显了他"具体而圣"的独特性。与大成之圣孔子相较，颜子与孔圣最为接近，二者相差仅在几微之间。"颜子乃生知之次，比之圣人已是九分九厘，所争处只争一厘。"③ 差别在于颜子未能达到孔圣之通、化、全，"守而未化"，规模、力量皆有不足，知上已然识得，行上拓展不开，最终"未达一间"。④ 其次，与偏至之圣伯夷、柳下惠、伊尹相较，颜子资质中正优于三圣，行有未逮劣于三圣；现实造诣虽不如三圣，潜在成就则在三圣之上。"以所至论之，则颜子不若三子之成；以所期言之，则三子不若颜子之大。"⑤ 朱子认为，就潜在成就而论，颜子甚至要高于禹稷汤武，因为颜子工夫比他们更为细密深入，"颜子只据见在事业，未必及汤，使其成就，则汤又不得比颜子。前辈说禹与颜子虽是同道，禹比颜子又粗些"⑥。如此赞扬颜回这位"圣人之徒"要优于禹汤伊尹等现实圣人，是"准完备圣人"对于"已成就偏圣"的超越，体现了朱子的创见，见出颜回在朱子心目中地位之高。再次，二程深入探讨了颜回与"亚圣"孟子的比较。⑦《孟子集注序说》引用二程颜孟比较之说，强调只有颜子才能代表儒学纯正完备型态。孟子有甚害事的英气圭角，气质偏于刚硬，工夫粗疏有弊；颜子则浑厚无痕，气质纯粹完备，工夫细腻中和，其境界高于孟子，离孔

---

① 《四书集注》，第370页。
② 《四书集注》，第56页。
③ 《语类》卷24，第831页。
④ 以"未达一间"评价颜子亦是儒家通识，如扬雄在《法言·问神》卷5即提出，"颜渊亦潜心于仲尼矣，未达一间耳。"汪荣宝撰：《法言义疏》，第137页。
⑤ 《四书或问》，第976页。
⑥ 《语类》卷93，第3099页。
⑦ "亚圣"这一称号，发生过由颜回到孟子的转变。自元代以后，颜回被称为复圣，孟子为亚圣。参赵宇：《儒家"亚圣"名号变迁考——关于宋元政治与理学道统论之互动研究》，《历史研究》2017年第4期。

圣更为接近。"孟子有些英气，才有英气，便有圭角，英气甚害事。如颜子便浑厚不同。颜子去圣人只毫发间，孟子大贤，亚圣之次也。"① 周、程皆称颜子大贤，孟子也是大贤，但周敦颐同时称颜子为"亚圣"，故程子在此称孟子为"亚圣之次"，意为次于颜子。朱子本人也多次称赞颜子高于孟子，"颜子比孟子，则孟子当粗看，磨棱合缝，犹未有尽处"②。"颜子去圣人尤近。"③

（二）"贤之大成"

颜子形象在宋之前虽颇崇高，面目却不甚分明。宋代儒学大兴，颜子形象获得更全面深刻之刻画，然往往是撷取颜子某一特出之点予以阐发。朱子批评前辈对颜子形象的阐发，存在低看与佛化两种倾向，前者如扬雄仅把颜子当寻常好人看，后者如近世学者把颜子解释成佛学空寂之人。"如扬子云之徒，盖未免将颜子只做个块然自守底好人看。若近世，则又甚焉。其所论颜子者，几于释老之空寂矣。"④ 朱子在二程之说基础上，仿效孟子圣圣相较凸显孔子的方法，以贤贤相较彰显了颜子"贤之大成"的特色，改变了长期以来颜回仅"善言德行"的偏颇形象，他对颜子"德行"作出新解，认为颜子之德行与他人一偏之德不同，乃内外本末，知行兼具的全体之德。"德行是个兼内外、贯本末、全体底物事。那言语、政事、文学三件，各是一物见于用者也。"⑤ 重塑颜子备诸高弟之长而无其蔽的大成形象——集曾子之刚、曾点之高、子路之勇、子贡之智、冉求之才于一身，具有道通德全、不以偏名的中和之质。

超曾子之刚。颜回常作日用静默修习之功，似为气质柔弱之人，朱子认为此观点有误，颜回实乃一刚性人格，其刚明果敢之气远超孔门以刚劲著称之曾子。根据在于颜子日常所为克己复礼、博文约礼之工夫极为细致艰难，若无刚毅无畏气质绝不可能有此承担。在"克己复礼"章注中，朱子以天理战胜人欲之功强调了颜子气质之刚劲、力量之雄厚无

---

① 《四书集注》，第199页。
② 《语类》卷93，第3099页。
③ 《语类》卷24，第834页。
④ 《答吕伯恭》，《文集》卷33，第1427页。
⑤ 《语类》卷39，第1405页。

与伦比,如乾道运行不息,如杀敌义无反顾。"颜子资质刚明。……颜子之于仁,刚健果决,如天旋地转,雷动风行做将去!"① "克己亦别无巧法,譬如孤军猝遇强敌,只得尽力舍死向前而已,尚何问哉!"② 此点亦为心学一派所认同,如陆九渊认为颜子最有刚劲精神,"颜子为人最有精神,然用力甚难。"③ 刘宗周《论语学案·公冶长》"吾未见其刚"章注指出颜子之刚细密深沉,乃消除粗豪血气私欲之大刚。"颜子深潜纯粹,是无血性男子,然其克己处直恁刚。刚字不在气魄上论。"④

越曾点之高。曾点在孔门中以气象高远、不染尘物、自得其乐著称,而宋儒如欧阳修、司马光等皆极重视颜子安贫之乐,甚少注意曾点之乐。因为颜乐亲切笃实,贴近人生而教化深长,点之乐似有独得其乐,玩弄光影之意。朱子特别将颜子之乐与曾点之乐比较,指出点乐是脱离实践的识见之乐、事上之乐,仅识得上达高明一面而无下学沉潜之功,其乐单薄浅显而易流于虚空造作。颜乐则是透彻本体真知实践所至,本末精粗一齐完备,充实深厚而平淡自然,远较点乐深沉亲切。"点之乐浅近而易见,颜子之乐深微而难知。点只是见得如此,颜子是工夫到那里了,从本原上看方得。""颜子之乐平淡,曾点之乐已劳攘了。"⑤

迈子贡之智。朱子非常重视智在求道中的作用,指出无此不足以明道弘道,称赞子贡因智慧高明而深得孔子欣赏,于晚年终悟道。"圣人之道,大段用敏悟。晓得时,方担荷得去。"⑥ 然子贡智慧,较之颜子则又瞠乎其后矣。朱子在"赐也何敢望回"章注中指出,"颜子明睿所照,即始而见终;子贡推测而知,因此而识彼。……胡氏曰:'闻一知十,上知之资,生知之亚也。闻一知二,中人以上之资,学而知之之才也。'"⑦ 二者差别在知之性质不同,颜子是仅次生知的上知之资,乃明

---

① 《语类》卷42,第1492页。
② 《语类》卷41,第1448页。
③ 陆九渊:《陆九渊集》,中华书局1980年版,第397页。
④ 刘宗周:《论语学案》,《刘宗周全集》第一册,浙江古籍出版社2007年版,第326页。
⑤ 《语类》卷31,第1128—1129页。
⑥ 《语类》卷28,第1030页。
⑦ 《四书集注》,第77页。

睿所照，当下即知，始终精粗周全无遗。子贡是学而知之的中上之资，乃测算臆度类推之知，偏而不全，粗而不精。颜子智慧体现在对圣人言语教导，当下即能领悟承受，并能举一反十，触类旁通。《集注》"子曰回也非助我者也"章注，"颜子于圣人之言，默识心通，无所疑问"①。

胜子路之勇。子路在孔门中以勇猛著称，颜子则似闲散柔弱之人。朱子指出，颜子实为天下之大勇，其勇体现在细密含蓄的克复工夫中，较之子路粗豪血气之勇，乃是更高层次的义理之勇。人最难战胜者乃一身私欲妄念，颜子恰恰在此最难处下为己工夫，故其为学之勇含蓄深沉，蕴而不显。此说改变了颜子形象柔弱的通常看法，彰显了颜子作为大儒所应有的大勇人格。"如今人多将颜子做个柔善底人看，殊不知颜子乃是大勇。反是他刚果得来细密不发露，如个有大气力底人，都不使出。"②陆王心学同样持此观点。陆九渊、王阳明皆认为颜回具有大勇，乃仁者之勇，最高境界之勇，此勇平正通和，内敛不露，与诸德性相通，达到了勇之化境。如陆九渊指出，"某窃尝谓若颜子者，可谓天下之大勇矣。故其言曰'舜何人也，予何人也，有为者亦若是'"③。刘宗周在"语之而不惰"章注中亦言，"体道之勇，莫如颜子。"

禀王佐之才。冉有、子路在孔门弟子中以政事干练著称，然而仅被孔子称为"具臣"。颜回安贫乐道并未出仕，似与政事绝不相关。但程、朱皆认为儒门中真正有能力复兴儒家礼乐，重现王道之治的王佐之才，唯有颜子而已。内圣工夫与外王事业乃本末一体，息息相通，颜子德智皆几于圣人，成就禹汤外王事业乃应有之义，无可置疑。故孔子唯独告之以三代礼乐外王事业，其意在于惟颜子方能承担重建儒家礼乐的大业。《集注》"颜渊问为邦"章注，"颜子王佐之才，故问治天下之道。程子曰：'问政多矣，惟颜渊告之以此。'尹氏曰：'此所谓百王不易之大法。孔子之作春秋，盖此意也。孔颜虽不得行之于时，然其为治之法，可得而见矣。'"④朱子强调若无颜回

---

① 《四书集注》，第124页。
② 《语类》卷52，第1712页。
③ 陆九渊：《陆九渊集》卷6，第74—75页。
④ 《四书集注》，第163—164页。

这般内圣修为，则绝不可能担负起重建外在礼乐之重任，"且如四代之礼乐，惟颜子有这本领方做得。若无这本领，礼乐安所用哉！"① 刘宗周亦认为颜子具有倡绝学开太平的德性与能力，"用之则为天下开太平，故曰行。舍之则为万世倡绝学，故曰藏。此性分之蕴也。孔门惟颜子亚圣足以语此"②。

（三）"尽传圣人之学"

陆九渊、王阳明亦极为推崇颜子，但与程朱理学存在一个很大差别，即基于儒学内圣外王的观点，通过颜子、曾子的比较，提出只有颜子能够全体承担圣人之学，传承儒学道统，儒学精蕴至颜子亡而失其传。虽然陆九渊肯定"孔门惟颜、曾传道，他未有闻。"但同时强调曾子资质过于鲁钝，无力全面承担圣学，其所传之道，仅为圣学之一偏，圣道之一体。曾子于礼乐外王事业，深有不足，承其学之孟子虽然气魄大，于圣人之道确有发扬光大处，然其所接续曾子之学，仅为孔学之一面，故对孔子外王事业已经无法传承。就此意义而言，思孟之学实为仅有内圣而无外王的孔门残缺之学，其转折点即在于颜子不幸早夭。"颜子问仁之后，夫子许多事业皆分付颜子了……颜子没，夫子哭之曰'天丧予'。盖夫子事业自是无传矣。曾子虽能传其脉，然参也鲁，岂能望颜子之素蓄，幸曾子传之子思，子思传之孟子，夫子之道至孟子而一光。然夫子所分付颜子事业，亦竟不复传也。"③ 王阳明在此问题上与陆氏看法一致，提出"颜子没而圣学亡"的观点，但具体说法有所不同。陆氏将夫子事业和夫子之道分别言说，二者相合方为圣学全体。阳明则是统言圣学，圣道之全，认为曾子由于资质所限，仅能传圣人之道而未能传其学，导致圣学失传。《别湛甘泉序》首句即提出，"颜子没而圣人之学亡"，弟子对此说法感到疑惑，"问：'颜子没而圣学亡'，此语不能无疑。"阳明指出，只

---

① 《语类》卷45，第1595页。
② 刘宗周：《论语学案》二，《刘宗周全集》第一册，第362页。
③ 《陆九渊集》卷34，第397页。唐君毅先生《中国哲学原论·原教篇》谓与朱子、阳明推尊颜子不同，陆氏"特推尊仲弓、曾子、子思与孟子，而只视颜子为传夫子之事业者也"。中国社会科学出版社2006年版，第191页。其说与事实不符。陆氏多处明言颜子不仅传道，更能传夫子事业，仅举《与邵书谊》为例，该书数次明言曾子不过是颜子之后"亦"闻道而已，其资质根本无法望颜回之项背，"颜子之好学，夫子实亟称之而未见其止，盖惜之于既亡。其后曾子亦无疑于夫子之道。然且谓为鲁，在柴愚师辟之间，素所蓄积，又安敢望颜子哉。"（《陆九渊集》卷1，第2页）

有颜子才完全洞见体悟了圣学全体,此洞见乃个人资质与后天修为相合之成就,非靠传授可得,颜子后再无人能完全领悟圣学之全部精蕴,其身后所传之学已非圣学全体。"先生曰:见圣道之全者惟颜子,观喟然一叹,……道之全体,圣人亦难以语人,须是学者自修自悟,颜子虽欲从之,末由也已,即文王望道未见意。望道未见乃是真见,颜子没而圣学之正派,遂不尽传矣。"①阳明还指出曾子仅仅传承了夫子"一贯之道",其他方面未能有接续,孟子亦是传承曾子之学,周程接续孟子之道,此道后又不复再传,朱子论道著述虽多,然未能见道传道,反而导致道之遮蔽晦暗。"颜子没而圣人之学亡,曾子唯一贯之旨传之孟轲,终又二千余年而周程续,自是而后言益详,道益晦。"②刘宗周亦持相同观点,在"惜乎吾见其进也"章注中指出夫子痛惜颜回之死,其因在于夫子之学因颜子之亡而失传也。"惜之者,颜子没而此学亡也。……颜子真是夫子后身,后来罕俪。"有意味的是,朱子对此章注释是夫子痛惜圣道而不是圣学无传。"悼道无传,若天丧己也。"

陆王崇颜贬曾与程朱颜曾并崇,与对道统认识的分歧有关。如不赞同程朱道统说的事功派叶水心亦是崇颜贬曾。叶氏在《习学记言序目》论语卷中推尊颜子得夫子学之全体,多次贬低曾子并未闻道,批评程朱曾子传道说谬误,认为曾子尚不如子贡闻道,颜、曾、子贡的差别由天资决定。"世以曾子为能传而余以为不能。"③"克己复礼为仁,举全体以告颜渊也。孔子固未尝以全体示人,……一贯之指,因子贡而粗明,因曾子而大迷。"④陆王以"圣学全体"说崇颜贬曾,认为曾子虽于儒学有功,但亦有过。对陆王提出的颜子独传"圣学之全"、曾子仅得一偏说,程朱学者亦可赞同。程朱学者同样认为只有颜子具备内圣外王的资质,孔门事业只有颜子能够承担,如朱子《通书注·圣蕴第二十九》提出:"故孔子之教,既不轻发,又未尝自言其道之蕴,而学之者唯颜子得其全。"⑤朱子晚年在讨论永嘉学派经世

---

① 王阳明:《王阳明全集》卷1,上海古籍出版社1992年版,第24页。
② 王阳明:《王阳明全集》卷7,第230页。
③ 叶适:《习学记言序目》,中华书局1977年版,第189页。
④ 叶适:《习学记言序目》,第192—193页。
⑤ 朱熹:《通书注》,《朱子全书》第13册,第122页。

之学时，指出"圣门之中，得其传者惟颜子。"①

虽然肯定曾子较颜子有所不足，但程朱学者并未如陆王般强调颜、曾之别，而是有意强化二者传道之同，推崇曾子传道有大功于儒学。程朱学者选定孟子与颜子比较，以此突出颜子的典范意义，着眼于入学门径、造道成就，标准是"精纯"；陆王推崇颜子，比较对象换成曾子，其着眼点是圣学全体，标准是"全面"。陆王贬低曾子其实也将自身带入困境，他们推崇孟学，孟学又源自曾子，曾子之偏弊自然是孟学之偏弊。陆九渊承认孟子虽能弘道，但对于孔子事业亦有所不足。如此一来，既然曾学之偏弊可以影响到继承者孟学，自然孟学之偏弊也就传给了以继承者自居的陆学自身了！如果要避免此困境，陆王应接受颜子之学而不是曾、孟之学。② 程朱提出"学颜子之所学"而不是"学曾子之所学"，证明他们对曾子和对孟子一样，其实也是意有不足的。

三 "学以至圣"

"学颜"思想得到空前重视，与周程等人的倡导和当时的思想环境也有很大关系。宋代儒学处于儒学的重要转变期，面临来自内外的各种压力，迫切需要在重塑、再造儒学的基础上，辨清学术是非，回击佛学挑战，重建社会纲常伦理，树立社会价值信仰。故辨析儒学要义，接续往圣之学，成为宋代儒学的根本任务。周敦颐提出"学颜子之所学"，揭示了理学的主题，程颐进一步阐发了"学以至乎圣人之道"的颜学特质，宣告了儒学新时代的到来。程朱理学以"学颜子之所学"为旗号，凸显了颜子"学而圣"的工夫特质，指出儒学发展当以之为方向，成为儒学各家共识。

颜子之学的重要意义之一在于说明了"学以至圣"的现实可能，证明

---

① 《朱子语类》卷120，第3786页。
② 牟宗三先生《从陆象山到刘蕺山》有言，"宋儒推尊颜渊，明儒推尊孟子。"《牟宗三先生全集》卷8，台湾联经出版公司2003年版，第18页。实际上在陆王心中，亦极为推崇颜子，认为颜子工夫境界皆高于孟子。牟先生之意大概谓程朱理学走的是颜子路向，陆王心学是孟子路向，其所喜好差异盖指工夫路径。颜子克己复礼，博文约礼更接近于理学气象，严谨清毅；反之，孟子存心养性，更近于心学。若将牟先生话中的颜子换成"曾子"，似乎更合思想史面貌。陆王崇孟贬曾的原因除道统之争外，主要可能还在于为学工夫差异：陆王心学注重为学根器，讲究高明之学，颜孟皆天资高明之人；曾子则靠真积力久的积累之功，故与之不契。

通向圣人之路的普遍性与可行性，表明圣域对所有士子皆敞开无碍，绝没有人因受限先天资质而被弃于圣门之外，以此消除学者对成圣成贤的疑惑担心，驳斥了"圣本生知"的观点，重建了学者求道信心。程子在《颜子所好何学论》中以颜子为例提出"学可至圣"，表明圣学之可能，以此取代世俗圣乃生知说。"今人乃谓圣本生知，非学可至，而所以为学者，不过记诵文辞之间，其亦异乎颜子之学矣。"[1] 程子提出存在两种圣人：一种是以孔子为代表的生知之圣，另一种就是以颜回为典型的学知之圣。圣人之学与颜子之学一致，颜子之学就是达到圣道之学，"学以至乎圣人之道也"，这就消除了圣学的神秘性，证实了圣学的平常自然性，表明成圣是每个人皆可实现的使命，不应将成圣任务推诿于不可控制的先天素质而自暴自弃，应从后天学习实践中承担起成圣的自觉。朱子在《集注》中反复指出成圣与否取决于是否如颜子般好学，并深刻阐发了颜子为学工夫。如《学而》"十室之邑"章注，"夫子生知而未尝不好学。……学之至则可以为圣人，不学则不免为乡人而已。"告诫学者不可狂妄自大，更不可妄自菲薄，应效法颜子，树立学以至圣的志向和信心。颜子之学的另一个重要意义在于点明了儒学乃关切个人生命性情之学而非记诵、文辞等外在之学。从儒学史来看，儒学传承古代官学，内容广博深刻，具有多种发展向度，《论语》中即提到德行、言语、政事、文献四科，儒学在后来演变中，文献之学、政事之学获得高度发展，"德行"之学却受到削弱，遭到佛道的强势压制，千年以来蕴而不彰。文献、政事虽为孔门所应有，然非孔学之根本。儒学根本即在颜子为代表的反躬自求的心性德行之学，以往儒士所学偏颇，用力虽勤而方向有误，导致儒门淡薄，必须改弦易辙，重新回归以颜子之学为代表的儒学之路。颜子之学不仅仅证明了学圣的可能，而且以其实践修为之功，标示了"学圣"具体途径所在，显示了足与佛老抗衡的高远生命境界，其求道工夫内外兼顾，笃实而高明，足为儒门学圣之矩型。故宋明理学家对颜子作圣之功做了全面阐发，予颜子为学工夫极高评价。如朱子认为颜子求仁工夫，远在伯夷叔齐、殷之三仁之上，"箕子微子夷齐之仁，亦是此类。……。又曰：诸子

---

[1]《四书集注》，第85页。

之仁虽如此,料得缜密工夫,纯粹体段,未如颜子之仁,是从实地上做来"①。

(一) 克己复礼——工夫之门

孔门弟子为学各有其入处,颜子工夫入处在于克己复礼。宋儒对颜子"克复"工夫给予了充分重视。如王安石在《礼乐论》中提出,颜子的克己四勿之说代表了圣门最高工夫纲领,学者若能由此下工夫,做到"四勿"地步,则接近仁道矣。"圣人之言,莫大于颜渊之问。'非礼勿视,非礼勿听,非礼勿言,非礼勿动',则仁之道,亦不远也。"② 程子认为"克己复礼"是颜子一生工夫主旨,此工夫内外相互作用,由内以应外,制外以养内。后之学者,应循此工夫以达圣域。程子本人亦以此为下手实践工夫,仿"四勿"说精心撰构了视听言动四箴以自警。其箴言对于颜子克己复礼之学深有体会,乃个人工夫实践所至,对理学工夫产生了重要影响。朱子对程子四箴作出了极高评价,将之全文引入《集注》,要求学者虚心用力玩味体究,不可轻易视之。认为颜子一生学问主旨皆在于克己复礼。"颜子生平,只是受用'克己复礼'四个字。"③ 朱子基于工夫论立场对"克己复礼为仁"章做出了深刻阐发,揭示了克复工夫所具有的笃实、刚健、细腻、亲切、彻上彻下的"切要"特点。颜子克己工夫亦深得心学派推崇,尽管对克己复礼的理解不同,但皆认为这是入道必要途径。陆象山认同克己是克去己私欲之说,指出"克己、克己复礼、为仁由己"乃孔子授给颜子的为学三鞭。同时强调颜子之私和常人不同,只是偶尔过当而已,颜子超越常人几于圣道的原因就在于对克己工夫的不懈实践,以此批评常人己私未克而反以圣贤自居,以仁义自命的错误行为。"以颜子之贤……所谓己私者,非必如常人所见之过恶而后为己私也,己之未克,虽自命以仁义道德,自期以可至圣贤之地者,皆其私也。颜子之所以异乎众人者,为其不安乎此,极钻仰之力而不能自已,故卒能践克己复礼之言。"④ 王阳明在应举策论中对克己工

---

① 《语类》卷48,第1647页。
② 王安石:《临川先生文集》卷66,《王安石全集》第6册,复旦大学出版社2017年版,第1200页。
③ 《语类》卷41,第1447页。
④ 《陆九渊集》卷1,第8页。

夫做了深刻阐发，认为克己四勿之学是颜子学于圣人最受用处，是心学工夫紧要重大处，孔门只有颜子与闻之承担之，子贡虽聪明却无能担负。此工夫落实在日用知行中，知上明达了然于天理人欲之别，行上克制私欲果敢坚决刚健无比。"颜渊之学于孔子也，其详且要，无有过于四勿之训。……至于颜子四勿之训，此盖圣贤心学之大，有未易以言者。……夫惟颜子博约之功已尽于平日，而其明睿所照，既已略无纤芥之疑，故于事至物来，天理人欲，不待拟议而已判然，然后行之勇决而无疑滞。"① 刘宗周在"哀公问弟子"章中高度评价颜子克己对私欲的克制工夫，并以明代薛瑄治怒工夫为例阐述克己工夫虽然平实，却极为艰难，此平实工夫正是学者学圣必经途径。"惟颜子学以克己，直能克去此血气之私而毫不妄溢，……学者且就当境痛加惩创去，久久有得力时，正不得妄希高远而以绝学窥圣贤也。"②

（二）博文约礼——工夫之全

尽管"克己复礼"工夫具有彻上彻下、知行并举的包容性，但"克己""复礼"毕竟实践意味更重，未能彰显知的地位。"博文约礼"则体现了工夫之周遍中和，显示了儒学的全面中正，涵盖了儒学多方面追求。程子指出颜子对于圣人教导理会最深刻恰当处即在此，孔子对后学之教导也无非是此，"此颜子称圣人最切当处，圣人教人，惟此二事而已。"③ 朱子指出，博文就是致知格物之学，代表了求知明理的智慧追求；约礼即是克己复礼之学，代表了笃行修身的道德实践，二者皆为圣人之学应有之义，颜子之学深得其要。朱子在"颜渊喟然叹曰"章注中引侯氏说："博我以文，致知格物也。约我以礼，克己复礼也。"④ 指出此学与尧舜圣圣相传惟精惟一之学相对应，"自尧舜以来，便自如此说。惟精便是博文，惟一便是约礼。"⑤ 它点出了圣学工夫不可或缺的两个面向，乃是颜子对圣人之教体会最深刻恰当亲切处，亦是颜子所学境界之显示，展现了颜子之学大中至正内外兼顾的全面性。但在现实工夫中，学者对此多有偏颇，影响了自身成就和圣道传播。在

---

① 《王阳明全集》卷 22，第 863—865 页。
② 《论语学案》，《刘宗周全集》第一册，第 340—341 页。
③ 《四书集注》，第 111—112 页。
④ 同上，第 111 页。
⑤ 《语类》卷 36，第 1340 页。

朱子看来，不仅子夏等孔门高弟学有偏颇，即便伯夷等力已至圣者，同样在博文上有所不足，故最终成就一偏之圣。颜子之学证实了德智兼修，仁礼并进、知行互发的圣学工夫，呈现了先知后行不可颠倒的为学次序。"博文约礼，教之序也。言夫子道虽高妙，而教人有序也。"朱子进而推断，此一博文约礼的提出表明颜子在工夫境地上已经超越了克己复礼，故应当是处于其后的工夫境地。"抑斯叹也，其在请事斯语之后，三月不违之时乎？"朱子引用程子说表明颜子博文约礼之学深得孔圣真昧，"此颜子所以为深知孔子而善学之者也。"[1]

陆王心学对博文约礼不如对克己复礼之重视。但作为心学殿军的刘宗周为救心学之弊病，高度评价了博文约礼工夫，指出这是颜子学以至圣的工夫路径，是对圣学最有体会之言。"善乎颜子得门而入也，曰博我以文，约我以礼，尽之矣。"进而批评心学、佛学，他们认为文礼不足以穷理明道，反而执着陷溺本心，因而灭弃知识礼法，一意用心于所谓不可见之顿悟，背离了颜子之学，与圣道相割裂，造成了空疏寂静、猖狂无主的弊端，其矛头显然是指向王学末流。"颜渊喟然叹曰"注，"颜子之学，才发轫便诣极，只为从文礼处得力来，便当一日千里。后人欲一齐放过，谓文既足以溺心而礼亦不免于执著，绝意去智，专用力于末由之境，微者堕于空寂，放者入于猖狂，佛老之教行而圣道裂矣。"[2]

（三）不迁不贰——工夫特色

孔子在回答哀公弟子孰为好学时，提出真正好学者惟颜子一人而已，并指出颜子好学并非指外在知识之广博、内在思维之敏锐等，而是体现在"不迁怒不贰过"之性情修为上。宋儒高扬心性之学，颜子不迁不贰的为学精神备受推崇。如胡瑗《周易口义》称这代表了"君子修身之法"，反复强调它是颜子远迈众贤的为学独得之处，是为学境界逐步提升的不二工夫。"自古圣贤之中，惟颜氏之子知有不善，未尝不速改之，以复于善道。故三

---

[1] 《四书集注》，第112页。
[2] 刘宗周：《论语学案》二，《刘宗周全集》第一册，第402页。

千徒中，惟此颜子一人而已。"①"言圣人君子于思虑有所不善而能速改之，以至由小贤至于大贤，由大贤至于圣人，自古及今，有能行之者，惟颜子一人而已。"② 王安石《礼乐论》指出颜子所学迥出凡俗处在于道德性情上的自我克制与反省。"夫颜子之所学者，非世人之所学。不迁怒者求诸己，不贰过者，见不善之端而止之也。"③ 苏东坡指出颜子不贰过精神在于知行合一，以知统行。"其心至静而清明，故不善触之，未尝不知。知之故未尝复行。知之而复行者，非真知也。"④ 朱子释"不迁怒不贰过"章几乎全引程子《颜子所好何学论》，论述颜子之学特色在于从个人心性情上入手处理人己物我关系。颜子心如明镜，喜怒哀乐诸情由乎义理，应机而发，当喜则喜，当怒则怒，发皆中乎事理之节而不停滞于心，过而不留。颜子睿智聪明，知上是非了然分明，举动行为并无大过，即使有过也只是偶尔偏差于中道，但才有偏差即能当下反思，力求纠正以归于中道，不会重蹈覆辙。概言之，不迁怒是平心静气，以豁然大公之心，是非分明之理导情应物，使情止乎其所当止；不贰过是以中正之行，引导差失之行归乎中庸之道，使之不再重犯，故颜子所好之学即是圣人之学。人为万物之灵，得天地阴阳之精华，先天皆具五常未发之性，受后天情识欲望之沾染放荡，本性之真善受到侵蚀凿损。通过对已发情欲的节制，使其合乎中和之道，正心诚意，确保七情六欲各得其所，以此来保有恢复人性先天之善。此乃颜学之特色所在，然而要实践此约情复性工夫，应求诸心以明其理，致乎知以明其下手方向，然后再实践笃行之。颜子不迁不贰与克己四勿工夫紧密相连，表明工夫皆须从个人自我身心性情上展开，是内在自我的克制，克己是工夫着力处，不迁不贰正体现了克己之效果，见证了工夫落脚点。"怒与过皆自己上来，不迁不贰皆自克己上来。"⑤"语类问："不迁怒不贰过。"曰："此是颜子好学之符验如

---

① 胡瑗：《周易口义·系辞下》，文渊阁四库全书经部第 8 册，台湾商务印书馆 1987 年版，第 529 页。

② 胡瑗：《周易口义》卷 5，文渊阁四库全书经部第 8 册，台湾商务印书馆，第 291 页。

③ 王安石：《临川先生文集》卷 66，《王安石全集》第五册，复旦大学出版社 2017 年版，第 1203—1204 页。

④ 苏轼：《东坡易传》卷 8，四库全书经部易类第 9 册，第 139 页。

⑤ 按：此条语录见于《四书纂疏》全书却不见《朱子语类》，疑为漏收。《四书通》，第 120 页。

此，却不是只学此二件事。"① 王阳明将颜子有过必知称为圣学最真实要紧工夫，"颜子有不善未尝不知，此是圣学真血脉路。"② 刘宗周对颜子不迁不贰极表赞赏，视为颜子独有工夫，"非他人所敢望"，若有此工夫，"一日而超凡证圣无难"。③ 指出不迁怒乃是性情工夫，此工夫在先；不贰过则顺承克己四勿工夫而来，指视听言动等行为工夫，此工夫居后。并引邓定宇说，不迁不贰工夫乃复性工夫最真实亲切处。"寻常说惩忿，说改过，人人理会得，只不迁不贰，是颜子独步精神，故夫子叹之。……至颜子好学，直蔽以'不迁怒不贰过'两言：一则就性情上理会，是先一着工夫；一则就四勿中提出转关法，是后一着工夫。"④

四　安贫乐道

颜子独特处还在于，他以自身修养所达到的生命境界，为儒家思想树立了安贫乐道的形象，显示了通过道德的修养来贞定人生的价值，可以超越物欲的侵染，实现生命的自由飞翔，昭示了人所应有的安身立命之道。颜子的这一生命境界具有普遍的现实意义，在知识分子中引起了极大共鸣，产生了不可估量的积极影响，实为颜子享有普遍崇高威望的重要因素。

早在汉代，扬雄在《法言》中就曾指出颜子之乐是内在精神之乐，世俗物质享受外在之乐无法与其相提并论。"纡朱怀金之乐，不如颜子之乐。颜氏子之乐也内，纡朱怀金之乐也外。"颜子之乐在心怀天下的宋代士大夫那里更是得到空前反响，成为他们自勉自励相互期许的目标，如司马光、苏轼、王安石等皆以诗歌文章表达对颜子安贫乐道生命境界的追慕景仰，一致讨伐韩愈颜乐不足贵说，认为这正显示出韩愈本人德性修养不够。苏轼《颜乐亭诗叙》批评韩愈以颜子箪瓢之乐乃小事的看法，指出颜子之乐对现实功名富贵的超脱，乃是生命境界极其高远的表现，自己愿以其为先师，努力追攀。"孰知箪食瓢饮为哲人之大事乎？乃作颜乐亭诗以遗孔君，正韩子

---

① 《语类》卷30，第1091页。
② 《王阳明全集》，上海古籍出版社1992年版，第104页。
③ 《论语学类》，《刘宗周全集》，第340页。
④ 刘宗周：《论语学案》二，第394页。

之说，且以自警。"司马光《颜乐亭颂》则顺苏轼之作表达对颜子安贫乐道的境界的向往，指出安贫乐道充分证实了颜子道德之纯完："贫而无怨难，颜子在陋巷，饮一瓢，食一箪，能固其守，不戚而安，此德之所以完。"总之，宋代知识分子表达了对颜回安贫乐道生命境界的集体赞颂，正反映了他们自身的生命追求。

程朱理学家对此精神境界问题更是做了深入阐释，周敦颐首倡"寻孔颜乐处"的理学命题，教二程兄弟寻求体味颜子所乐，二程兄弟一生致力于此命题的探究体证，颇有所得，"昔受学于周茂叔，每令寻仲尼颜子乐处，所乐何事？"二程认为颜子之乐是自得之乐，实有之乐，乃个人生命所造境界自然生发。此乐与箪瓢陋巷并无本质联系，箪瓢陋巷这一贫困环境本身并不值得乐，而且往往造成对乐的损害，故颜子之乐不当在其中寻找。颜子之乐乃是其造道修养达到境界所应有的必然之乐，箪瓢陋巷乃衬托背景。此乐亦非针对某一具体有形之对象，乃是一种实现生命自我超越之后的心灵境界，是道德主体的自我挺立，摆脱了小我的执着束缚，进入了大我、无我的状态，与生命无干之外在贫穷富贵皆了无关联。朱子在"贤哉回也"章注中引程子说："颜子之乐，非乐箪瓢陋巷也，不以贫窭累其心而改其所乐也，故夫子称其贤。"又曰："箪瓢陋巷非可乐，盖自有其乐尔。'其'字当玩味，自有深意。"并加按语强调了如何找寻颜子之乐，指出颜子之乐是其为学境界之自然体现，境界不可以刻意寻求，乃存在于个人生命心灵的自我体会中，故要知颜子之乐，当知颜子之学，循其博文约礼双向进路，于日用艰难困苦中入手用工，循循不已，自强不息，方可有得。其根本还是回到颜子为学工夫上，乃是为学之乐。"愚按：程子之言，引而不发，盖欲学者深思而自得之。今亦不敢妄为之说。学者但当从事于博文约礼之诲，以至于欲罢不能而竭其才，则庶乎有以得之矣。"心学学者对颜子之乐同样深表赞赏。阳明认为此乐足显颜子造道之高，难以企及，颜子之乐来之不易，乃是其穷理慎独，克己复礼工夫所至，若要知此乐，须循颜子工夫方可。批评韩愈小颜子安贫乐道说只知其外不知其内，其误正在于无颜子为学工夫，所得甚浅。"若夫箪瓢之乐，则颜子之贤尽在于此，盖其所得之深者。……惟韩退之以为颜子得圣人为之依归，则其不忧而乐也岂不易，顾以为哲人之细事，初若无所难者，是盖言其外而未究其中也。盖箪瓢之乐，其要在于穷理,其功始于慎独。……退之之学,言诚正而弗及格致,则穷理慎独之功,正其所大缺。则于颜子之乐,宜其得之浅矣。"①

关于颜子生命境界,并非仅显示于"箪瓢陋巷之乐",也表现在与孔子思想之契合,境界之接近。在宋明儒那里,对颜子境界表述最多的就是"未达一间"一词,表明他与圣人仅仅是"一间之别"。《论语》中孔子对颜子的嘉许,颜子对孔子教导的领悟,同门对颜子的称赞,皆表明了颜子境界之高。孔子对颜子不吝言辞的反复夸奖显示颜子境界大大高于其他弟子,如"语之而不惰者,其回也与"章、"三月不违仁"章、"不违如愚"章等。颜子对孔子教导的领悟远非其他弟子可及,如程子就认为"予欲无言"章表明只有颜子对于孔子能有默然之应。朱子认为在"颜子喟然而叹"章,颜子非常深刻地描述了孔子圣人形象,正是颜子对孔子之道体会感触至深的表现,是颜子自身所学境界之印证。"此颜渊深知夫子之道,无穷尽、无方体,而叹之也。""此颜子自言其学之所至也。"②

综上所述,"学颜"思想实为贯穿宋明理学发展的一条主线,它指明了理学发展方向,为学路径,人格成就,生命境界诸根本性问题。颜子本人并无理论著作流传,且传世之言辞行为极少,能享有此崇高地位,完全是其造道所至。各派学者对颜子之推崇毫无异议,这在儒家学者中亦是孔子之外一人而已。宋明儒者以"学颜子之所学"为旗号,与颜子自身特点密切有关。首先,与生知之圣孔子相较,颜子代表了普通学者学以至圣的可能,彰显了"学"在成圣工夫中的决定意义,使圣人成为学者所可以企及之对象。其次,颜子之学较之曾子、孟子又具有中正精纯的优点。在为学之方上,颜子之学最平易亲切,入情入理,故二程以理学创立者的身份特意从工夫、境界上对颜孟做了细致比较,得出的结论是,"学者须学颜子,孟子才高,无可下手。"其目的是为广大平民知识分子树立学习的榜样。与曾子相较,颜子之学广大恢弘,中正深厚,曾子之学以笃实精深见长,然在宋明儒看来,似嫌不够开阔,有所不足。故颜子"学而圣"的独特典范意义,为宋明儒所大大发扬,对于儒学的发展产生了重要影响。颜回本为一穷乏的平民知识分

---

① 王阳明:《王阳明全集》卷22,第865页。
② 《四书集注》,第111—112页。

子，通过努力达到"几圣"地步，对于进一步平民化、世俗化的宋明时代来说，颜回的平民特质好学精神使得他成为"平民"而圣的代表，具有极大的精神激励意义，获得了儒学各派一致推崇。宋儒在那个时代提出了"学颜子之所学"这一贯穿全部宋明儒学的根本命题，标志着儒学进入到一个新的阶段。以胡瑗之学识，竟对青年程颐所撰《颜子所好何学论》产生了震惊之感，是因为该文揭示了新时代的主题，预示了新时代的到来。对于多元思想价值互动纷争的当下社会，对于身处全球化、物质化、信息化的当代学者，应向宋儒学习，努力提出如"学颜子之所学"般高瞻远瞩引领现实的课题，以推动儒学的新发展。

第 五 章
寓作于述

第一节 《四书集注》"改易本文"述作精神发微

　　中华传统思想学术的发展与经学演变息息相关。"宋学"作为儒学发展的新阶段，在经学上体现出"变古""疑经"的特征，朱子亦袭此精神而殚毕生精力，汇诸家之解，写成扭转经学范式的《四书集注》一书。该书不仅为宋代理学大成之作，亦可谓注疏之学的大成之作，兼具汉学与宋学之优长，体现了继承与发明并重的精神。《集注》于所引诸说 500 余条皆加以程度不一的"增损改易"，此"改文"大致可分为两类：一类是通过增删合并等调整文本，以求精简为宗的"述而不作"型，它调整的是文本表层的文辞之义，主要针对的是"其文"。一类则是因对引文内容不满，而以己意改文的"寓作于述"型，它调整的是文本内在思想含义，处理的是"其义"。朱子于引文两手并行之做法，实充分体现了对传统注疏之学的继承与创新。历来《集注》注释之作，多视朱子注文为一确定成品而加以平面注解，本文拟通过考察《集注》两类改文之内容、方法及宗旨等，藉以还原《集注》这一精密成品的创作过程。通过重走《集注》构思之路，来阐明朱子注释的"良工心独苦"处，揭示朱子思想的前后演变。"改文"还生动展现了朱子与二程学派的思想异同，彰显了《集注》融经学诠释与理学阐发为一的创新继承精神，对深化认识经学哲学亦颇具借鉴意义。[1]

---

[1] 钱穆先生《朱子新学案》第四册通论朱子经学，通过朱子《论语集注》注文取舍变化揭示《朱子与二程解经相异》，与拙稿所论具共通之处，而立意、取径、用料多有不同。

一 "述而不作"：易其文而未改其意

《论语·述而》载子曰："述而不作，信而好古，窃比于我老彭。"朱子将述、作解释为"传旧"与"创始"，指贤人与圣人之别，"述，传旧而已。作，则创始也。作非圣人不能，而述则贤者可及"。在古代学术语境中，"述"是传承旧解，"作"乃"圣王创制立法以为天下所循之意，非圣王不得创作"，可谓圣王作之，贤臣述之。本文"述而不作""寓作于述"特指朱子对所引之文的"增损改易"，是忠实继承原文之意（"述而不作"），还是改变原意而藉此表达自身新解（"寓作于述"）。朱子感叹解《四书》措辞最难，为确定合宜用语，需反复修改调整。这种表现也见诸于因所引之说"有病"而"增损改易本文"。"问：《集注》引前辈之说，而增损改易本文，其意如何？"曰："其说有病，不欲更就下面安注脚。"[1] 朱子因不想花费笔墨批驳前辈之误，故直接就前辈之说加以改正而不标明。这种出于对引用之说不满而以己意改之的情况，显然是对被引作者原意的修订和背离，是引用者自身思想的表达，体现了朱子对前人说既认可又修正的双重态度，可谓是继承与创新的统一。朱子对由"增损改易"二程等说构成的《集注》非常满意，认为恰到好处，不多不少，要求学者仔细研读其注。此显示出朱子自信其书在继承前辈之说的基础上已实现了超越。"某于《论》、《孟》四十余年理会，中间逐字称等，不教偏些子。学者将注处宜子细看。"[2] 由此朱子认为《集注》已充分吸收前辈之精华，暗示《集注》可替代前辈之说，而具有教本的意味。学者自此专心研读《集注》即可，无须再加注解。"前辈解说，恐后学难晓，故《集注》尽撮其要，已说尽了，不须更去注脚外又添一段说话。"[3] 朱子《集注》成就的取得，与其解经方法论密切相关。他一方面批评二程"理在解语内"的自作文字解经做法，倡导"理皆在经文内"的解经风格，重视吸收汉唐章句训诂之长，另一方面又批评汉学解经拘泥文句而不识大旨，走向另一种偏颇。可见朱子解经兼取汉学忠实文本

---

[1] 《语类》卷19，《朱子全书》本，第656页。
[2] 同上书，第655页。
[3] 同上书，第656页。

与宋学阐发大旨之长，突出了经学与哲学的一体。①

朱子"增损改易本文"的"改文"主要指《集注》对明引二程学派引文的调整。《集注》采用了删、补、调、并、改等途径来剪裁引文，使其合乎注释之体与经文之意，尤追求义理精密和文字精当。朱子视《精义》为《集注》的阶梯，《集注》为《精义》的精髓。故本文选择作为朱子《四书》起点之《精义》与作为终点之《集注》比较，再辅之以处于中间未定状态的《或问》、《语类》、《文集》诸说，以期揭示朱子改文之用心及与前辈之异同。具体而言，《集注》采用删削引文、替代引文、语序调整、引文杂糅、化繁为简、改粗为精、精确虚词等方法，在阐发圣贤之意的同时，实现了注文的简要、典雅、精准。

删削经文、引文、人名。朱子所引诸家说并非注释体，而是进讲、语录等，故原说常提及经文，被收入《集注》后，自然无需重复经文，故删之。比较《论孟精义》与《集注》，可知此类删改甚多，如《论语集注》1.7 贤贤易色章游曰：（"虽曰未学吾必谓之学矣"）。② 即便是经文二三字，亦删之，如《论语集注》1.1 学而章谢曰："（学而）时习者"。诸家常引它处之文解释经文，《集注》亦删之。如《论语集注》1.4 谢曰：（"如子夏之后流为庄周……则其泯灭者有矣"）。③ 有时删引文避免重复。如《论语集注》3.8 杨曰：（"夫善教者使人继其志"）④ 或删发语词、概括词，如《论语集注》1.8 明道曰：（"圣人言忠信多矣"）。删无关文义文字，《论语集注》5.23 伊川《解》：（"君子敬以直内"）。人名缩写，删姓留名，如《论语集注》6.12 杨曰：（澹台）灭明；《论语集注》5.5 谢曰：（漆雕）开。或以姓代全名，《论语集注》2.16 范氏曰：（若杨朱、墨翟）【如杨墨】。

数字、指示词替代。或替代经文。如《论语集注》6.3 改张子曰（冉子请粟与原思为宰）为【于斯二者】。或替代人名，如《论语集注》6.6 改伊川（仲由、子贡、冉有）为【三子】。朱子亦以指示词"如此""此"替代

---

① 本文之汉学与宋学，乃是从解释方法论之，非指清儒强调师法门户的汉宋之学。
② 《论孟精义》，第42页。本文（）内的文字指朱子《集注》在采用《精义》各家说时，删除、替代之引文，【】内为《集注》改写、增补之文。数字1.7等指《论》《孟》之篇章，1指篇，7指章。
③ 同上书，第35页。
④ 同上书，第109页。

经文，如《论语集注》7.23 改伊川"常俯而就之（曰吾无隐乎尔……敏以求之者也）"为【如此】。《论语集注》19.25 改伊川（"立之斯立道之斯行绥之斯来动之斯和"）为【此】。亦有用"其""然"替代者。《论语集注》5.25 改伊川：（颜子之）志为【其】志。《论语集注》5.6 改伊川"子路以为实（欲浮海也）"为【然】。

语序重置。朱子常据语义内在逻辑调整所引说次序。或据先本意后引申义原则。如《论语集注》1.10 谢氏曰"2 今去圣人（久矣）【千五百年】……1 学者（傥有心）【观】于圣人。"① 或循先同后异原则。如《论语集注》5.25 调整伊川说。或据对应经文原则。如《论语集注》19.12 引明道说："先传以 2 近者 1 小者。"② 或为对应引文，如《论语集注》19.16 引范氏说"子张 2 内不足而 1 外有余……（唯）【宁】外不足而内有余。"③ 或先事实后解释。《孟子集注》1.3 引伊川说，"5 盖王者天下之义主也。4（故）【此】孟子所以劝齐。"④ 或循先事实后判断的逻辑，《论语集注》18.4 引尹氏改："2（君子）【所谓】见几而作……1 受女乐而（不朝）……夫子所以行也。"或先结论后推论。如《孟子集注》13.23 改尹氏说："2 民无常产，则无常心……1（故知）【言】礼义生于富足。"或循义理在先，譬喻居后之序调整，如《论语集注》6.2 改伊川说，"2（若）【如】鉴之照物……1【可怒在彼，己何与焉】。"或据人物先后调整，如《论语集注》9.12 改范氏（太公伯夷）为【伯夷、太公】。或据主谓关系调整，如《论语集注》11.11 伊川，"（生之性便是仁也）为【仁则其生之性是也】。"或据语义顺承、转折关系调整，如《论语集注》6.13 引谢氏："1 人能操无欲上人【之】心……3 然不知学者欲上人之心无时而忘……2 则凡可以矜己夸人者皆（为余事）【无足道】矣。"

两说组合。朱子认为，各说对经文阐发有得有失，故需挑选各说精妙荟萃为一，而非专主一家一说，此即为对一家多说、各家之说的兼取合并。兼

---

① 引文中 1、2 序号表明朱子调整后的语序。同上书，第 49 页。
② 同上书，第 619 页。
③ 同上书，第 623—624 页。
④ 程颢、程颐：《二程集》，第 399 页、415 页。

取一家多说，如将伊川《语解》与《语录》说组合为一，《论语集注》6.23 引伊川《解》："觚而失其形制，则非觚也。【举一器，而天下之物莫不皆然】。"括号内文字来自《语录》，以强调此一案例普遍意义。亦有《语录》、《语解》内不同说组合者，如《论语集注》6.5 引伊川《语录》，"三月，【天道小变之节】。"天道小变之节"来自《语录》"又曰"说。朱子最初曾有意在注中区别二程，后则不复区别。然据相关资料，仍可区别《集注》所引大部二程说之归属，此于考察二程之差异不无参考。如《论语集注》11.18 引程子说，"子贡之货殖，非若后（世）【人】之丰财，但此心未忘耳。【然】此【亦】子贡（始）【少】时事……"①此处首句为伊川说，以下皆为明道说。此种二程杂糅的情况在《集注》中不在少数，如《论语集注》13.12 程子说，"或问：为政迟速？……渐（之）【民以】仁……此非积久，何以能致？"②首句为伊川说，"渐民"句是明道说，末句"此非积久"又是伊川说。这种明道、伊川掺杂一起的搅拌式引用，源于朱子将各家说作为素材来为其解经服务。故朱子还把二程与弟子之说融合。如尹氏不少说法与二程相同，今二程之说时有见于尹氏者。③ 如《孟子集注》8.8 所引伊川说，有些说法《精义》直接归于尹氏，《或问》则指出实为尹氏所引二程说。《集注》间亦糅合二程弟子说，如《论语集注》6.13 引谢氏说末句本为"有志于学，师孟之反可也"，而以范氏"若孟之反，可以为法矣"替换之。

化繁为简。《集注》精简引文幅度极大。如《论语》3.3 引游氏曰："人而不仁，则人心亡矣。（以事父必不孝，其如父子之礼何？以事君必不忠，其如君臣之礼何？在宗庙之中，上下同听之而和敬，彼且不敬，其如宗庙之乐何？在族党之中，长幼同听之而和顺，彼且不顺，其如族党之乐何）【其如礼乐何哉】（是其为礼也，必伪而慢易之心入之矣，岂足以治躬？其为乐，必淫而鄙诈之心入之矣，岂足以治心）【言虽欲用之，而礼乐不为之

---

① 《论孟精义》，第 396 页。
② 《二程集》，第 220 页、470 页。
③ "问：《精义》中尹氏说多与二程同，何也？曰：二程说得已明，尹氏只说出。"《语类》卷 19，第 661 页。

用也】。"① 此删改游氏排比之说140字为28字,仅为原文五分之一,且语义极连贯严密。此种大面积改写,若仅从文本变化之幅度来看,实可视为朱子创作。《孟子》6.9夫子好辩章引胡安国《春秋传序》将原文110字通过删引文、精要旨的方式仅用13字替代之。

改粗为精,化俗为雅,补疏为密。朱子非常重视文字的严整、精密、含蓄,故对所引二程等口语尽量加以雅化。或改词。如《论语集注》1.5引程子,"(便只是)【则】浅近(去)【而已矣】"。改"便只是"为"则","去"为"而已矣。"或改句型、句式。如改问答句为陈述句,《论语集注》19.6改伊川"(或问,如何是近思? 曰:以类而推)为【近思者以类而推】"。改反问句为陈述句,语义更平和。如《论语集注》10.15引范氏说。或删改引文,非出于简化,而是出于语义贴切、精准。如删高远不切文意说,《论语集注》5.25引伊川"颜子之志亦可谓大(而无以加)矣。""而无以加"有夸张之弊故删之。删无关文意说,如《论语集注》17.24侯氏曰"所谓唯仁者(能好人)能恶人。"此无"好人"义,故删之,体现不多说原则。或改写引文。如《论语集注》3.6改谢氏(所谓天理者,自然底道理,无毫发杜撰)十五字为【天理之自然也】六字,更凝练。补充完善句意,体现不少说的精密原则。如《孟子集注》1.1引伊川"仁义【则不求利而】未尝不利也。"4.3引尹氏"君子之辞受【取予】";6.1引杨氏"(其)【出处】去就"。分别所补"则不求利而""取予""出处"皆是为语义完整精密。补充经文。《论语》9.17引谢氏说"(如)好好色,【恶恶臭】,诚也"。补"恶恶臭",合乎《中庸》诚意说。

虚词增删。朱子对《集注》极其看重,明确提出注中即便看似无关之词,亦当加倍用心体认。"某那《集注》都详备,只是要人看无一字闲。那个无紧要闲底字,越要看。"② 朱子强调弟子当仔细体认《集注》看似无关之"闲"字。的确,朱子于"则""即""而""故""如""若""矣""也""者"等虚词有极精细的调整,构成其注释精密的重要一环。"则""即"是语义相近的一组词,"即"尤与中国哲学关系密切,"即……即"

---

① 朱熹:《论孟精义》,第102页;《四书集注》,第61页。
② 朱熹:《朱子语类》卷19,第655页。

表达方式于宋明之流行，恐于佛教"即心即佛"等表述有关。《集注》注重"则""即"互改。或改"即"为"则"。如《论语集注》5.18引李延平说："当理而无私心，（即）【则】仁矣。"此改"即"为"则"，有意拉开了当理无私与仁的距离，使二者直接等同关系转化为条件关系。或改"则"为"即"。《孟子集注》5.1引伊川说："发而中节，（则）【即】无往而不善。"强调前后关系的同一性。朱子对"则"的使用非常灵活、审慎，或删，或补，或与"然"搭配，构成"然……则"句型，与"苟"搭配，构成"苟……则"句型，或改"则"为"而"，强调转折关系。如《孟子集注》11.11引伊川说，"心放（则）【而】不知求"。一字之改，变前后句直接关系为一种有时间性因果关系，体现了朱子向来反对快速、简易之功效的态度。朱子对"而"的处理亦非常精细，如改"而"为"以"，如《论语》16.1引谢氏，"冉求又欲伐颛臾（而）【以】附益之。"突出了伐颛臾的目的性。或改"而"为"亦"，《孟子》12.6引尹氏。"淳于髡未尝知仁，（而）【亦】未尝识贤（者）【也】。"突出前后递进关系。对"故"的增删亦然。如《论语》3.4引范祖禹"皆不能反本，而随其末【故】也。"补"故"突出因果关系。《孟子》3.2伊川，"心通乎道，（故）【然后】能辨是非。"改"故"为"然后"，把因果改为条件关系。朱子甚为重视句末语气词"矣"，它具有表示已然、必然、肯定、感叹等语气，多处章节修改特意补语气词"矣"。如《论语集注》5.11引程子"仁则（非子贡）所及【矣】"。或改句末"也"为"矣"，表明此非一般判断，而是带有强势肯定语气。朱子对"如""若"二近义词亦极慎重，"如"譬喻意味强，"若"假设意味强。如《论语集注》6.2引伊川说如、若之调整，"（如）【若】舜之（去）【诛】四凶【也】。（若）【如】鉴之照物。"①"也"用于句末表判断、肯定语气，《集注》对之有意删补，如《论语集注》5.24引伊川说补"左丘明，古之闻人【也】。""哉"的感叹语气强烈，如《孟子集注》4.16引杨时说："孰肯舍生而取义（乎）【哉】"，改"乎"为"哉"，语气更坚决。它常与表反问语气的"岂""其如"组合，构成"岂（其如）……哉"句型，如《论语集注》3.3引游氏曰：【其如礼乐何哉】。《集注》对其他虚

---

① 《论孟精义》，第203页。

词的增补亦颇为费心。如补副词"必"突出不容置疑的语气，《论语》9.5引马氏说，"言（其）【必】不能违天（而）害己也。"《集注》常通过增补此类语气副词来精准达意。如《孟子集注》1.3引伊川："天下（诸侯尚）【犹】知尊周……天下不【复】知有周。"所增"犹、复"极传神表达了孔、孟对周王朝态度之异。

二 "寓作于述"：易其文而改其意

上述《集注》对引文的处理，皆是不改变引文思想，对文本做出的规范、简要、典雅、精密处理，盖其说大体属于"无（大）病"者。但朱子还对认为"其说有病"者径直加以"增损改易"，已在一定程度上改变原文之意，而表达了朱子之意。这种处理着眼点不是形式的规整，而是思想的改变。但因朱子采用局部修改而非全盘否定方式，且处理极为隐微，不经比对，实难察觉其用心之苦，故朱子曾发出"良工心独苦"之感慨。[①]

（一）概念改易

《集注》极重"字义"辨析，对引文个别概念的改易颇能显示朱子思想关注所在。涉及人与民、心与意、命与天命、道与道学、忘我与无我、知与行等。

人与民。"人"、"民"问题曾是《论语》研究的热点。二者含义本来有别，人是人类这一物种的泛指，常与禽兽相对，"民"显然带有政治色彩，常与君（官）相对。《集注》于此有意区分之。如《论语集注》1.5引杨氏曰："故爱（人）【民】必先于节用。"[②]《论语集注》8.9引伊川"若曰圣人不使（人）【民】知"。[③] 以上易"人"为"民"，既与上下文保持对应，亦强调了民与官对的政治意义。《论语集注》2.19引伊川："则（民）【人】心服。"则改"民"为"人"，突出普遍性。

心与意。心、意是朱子学中联系密切而又有差别的一组概念，朱子特别

[①] "举杜子美诗云：'更觉良工用心苦'。一般人看画，只见得是画一般。识底人看，便见得它精神妙处，知得它用心苦也。"《语类》卷19，第651—652页。

[②] 《论孟精义》，第38页。

[③] 同上书，第297页。

注意区分二者，如《论语集注》5.25 引伊川说："【未免】出于有（心）【意】也。"《孟子集注》3.2 引程子说，"一为私（心）【意】所蔽"。《孟子集注》12.6 引杨氏说，"即有伐桀之（意）【心】。"在朱子看来，意是"心之所发"，指更内在深沉的意识，它比心所指更小，"心大意小"，心是"身之所主"，然"意"的作用较"心"更直接，犹如船舵。三条所改皆有其用意。朱子有时亦把"心"改为"志"或"身"。如《孟子集注》14.34 引赵氏，"（心舒意展）【志意舒展】"，突出了内在意识的状态。《孟子集注》14.25 引张子说，"诚善于（心）【身】之谓信。"改"心"为"身"，盖经文是"有诸己之谓善"。命与天命。朱子认为命包括理命与气命两种，天命相当于义理之命。《论语集注》11.18 改范氏"安命"为"安受天命"，强调当安于义理之命。《孟子集注》2.10 改张子"命未绝"为"天命未绝"。明确了命的义理性与神圣性。《集注》还注意天命与天道的区别，如《中庸章句》二十六章改程子"天命"为"天道"，突出它的流行不已。道与道学。《论语集注》8.8 改程子"道不明于天下"为"特以道学不明"，"道"与"道学"，把客观的"道"改为特指二程一派的"道学"，突出了道学在教化人才中的意义。又如《论语集注》9.26 删谢氏"学道者"为"学者"，扩大了所指范围。忘我与无我。《论语集注》8.5 以尹氏"非几于无我者不能也"替换所引谢氏"惟忘物我者能之"，体现了朱子严辨儒佛之别，忌惮"忘我"，接纳"无我"的态度。[①] 欺与罔。《论语集注》14.33 改杨氏"卒为小人所欺"的"欺"为"罔"。朱子指出欺、罔的区别在于"欺，诳之以理之所有。罔，昧之以理之所无。"故君子受小人合乎情理之欺骗是正常的，被"罔"则不应该。知与行。如《论语集注》11.24 引范氏："读而（求）【知】之……【然后能行】。"改"求"为"知"，与"行"构成"知—行"对应。

（二）逐字称等之精密改易

《集注》精心调整引文，使其合乎己意而更准确。如改"为"成"惟"。《论语集注》7.19 改尹氏"非为勉人"的"为"为"惟"，语义有别。《论语集注》14.2 改伊川"为仁者能之"的"为"成"惟"，所指由学

[①] 《论孟精义》，第292页。

习仁者变成仁者。《集注》之改有时出于纠偏。如《论语集注》6.2 改伊川"三千子"为"七十子",符合《史记》"身通六艺者七十二人"说。改"喜怒哀乐"的"乐"为"惧",乃《礼记·礼运》说。改"觉者"为"学者"更合好学主题,改"养"为"往",与下文"力行"一致。《论语集注》9.29 改伊川"(人)【汉儒】(多)以反经合道为权"的"人"为"汉儒",所指更精确。如《论语集注》7.10 用舍行藏章改尹氏"(因其)所遇"的"因其"为"安于",突出颜子境界。《集注》改写以示区分。《论语集注》4.15 引程子说:"'忠恕违道不远',斯【乃】下学上达之义。"于"忠恕违道不远"前补"《中庸》所谓"四字,强调《中庸》"忠恕"义与此不同。《论语集注》8.8 改程子"晓其义"为"知其说",符合闾里童稚的认识程度。《论语集注》18.4 改范氏"贤人"为"仁贤"。《孟子集注》12.7 引赵氏解,"周文(王)"后特意补充"武王",以求语义精备。《论语集注》5.8 改胡氏"故(称)之如此"的"称"为"喻",《论语集注》6.18 改尹氏"(安)之"的"安"为"乐",改后更契文意。《论语集注》5.23 改伊川"而害则大"为"害直为大",突出"直"的章旨,体现了朱子之创造。

《集注》调整使其语义轻重、感情色彩迥然有别而准确达意。如以"著""叹""谓"替换"讥"。《论语集注》3.2 改伊川"著之"的"著"为"讥",《论语集注》5.6 改伊川"讥【伤】天下……而(谓)【讥】其不能"的"讥"为"伤","谓"为"讥",鲜明准确传达了圣人的情感态度。又如《孟子集注》7.21 改吕氏"(妄)得誉"的"妄"为"偶",《论语集注》11.24 引范氏"故夫子(以为)佞"的"以为"为"恶其",皆改变了原文态度。又如《论语集注》11.23 引尹氏说:"季氏(执国命)……可谓(备数之臣而已)。"改"执国命"为贬义的"专权僭窃",改贬义"备数之臣而已(去除文字底色)"为中性的"具臣矣"。《孟子集注》9.7 改《史记·殷本纪》贬义的"奸汤"为褒义之"行道以致君"。《孟子集注》9.6 改赵岐说太丁"薨"的"薨"为"死",更合其"未立"身份。《孟子集注》10.2 改明道的"曲为之辞"为"句为之解",改《论语集注》6.2 伊川"(去)四凶"的"去"为"诛",皆是对用语情感色彩的调整。

朱子增改虚词工夫非常了得,如补"专""深""反""大"等字。《论语集注》1.2谢氏"【专】用心于内"前补"专"字，突出曾子工夫专于内。《孟子集注》8.26改伊川"皆为"为"专为"，突出论智之章旨。《论语集注》17.20引明道"教"前补"深"，突出教诲用意之深。《论语集注》5.9删范氏"深责"的"深"，减弱责备语义。《论语集注》3.5引伊川说补"反"字，突出不满之意。《论语集注》9.26于谢氏说"病"前补"大"字，突出病之重。近义词替换亦显朱子用心深密。如《论语集注》4.12改伊川的"损"为"害"，程度更深。《论语集注》15.2改尹氏"先发其（问）"的"问"为"疑"。《论语集注》19.16改范氏的"唯"为"宁"。

改末句以显豁主题。汉唐《论》、《孟》注解，常以"章旨"形式概括本章大意，《集注》亦通过对引文末句调整来体现一章章旨。或解释原因，如《论语集注》3.10于所引谢氏说后补末句"孔子所以深叹也"。《论语集注》5.1于伊川说后补末句"盖厚于兄而薄于己也"。或点明主旨，如《论语集注》6.12改杨氏末句为"而其正大之情可见矣"，突出章旨是见"正大之情"。《论语集注》15.2引尹氏补"二子所学之浅深于此可见"，判定章旨是境界论。或突出工夫教化意义。《孟子集注》12.16引尹说末补"无非教"三字，突出夫子对弟子无处不在的教化。《论语集注》2.19引谢说末句补"是以君子大居敬而贵穷理也"，突出了居敬穷理的工夫意义。

（三）因不满而增删改易

此类最鲜明体现了朱子改文的创作性。

概念有误。朱子认为所引之说对概念理解不当而改之。如认为杨氏对仁与心关系理解有误。《论语集注》14.7引谢氏说："心不在焉，【则未免为】不仁也。（然未害为君子）。"[①] 删末句"未害为君子"，不仁如何未害为君子？朱子还在"心"与"不仁"之间补"则未免为"，把心、仁的语义等同关系转化为条件关系。这是朱子一贯理解，因为心有多重属性，不可与作为理的仁直接等同。《或问》对此有详细讨论，既称赞谢说之善，又批评以心训仁不安，当补充"则"字，指出"未害为君子"说将造成学者功夫"自恕"的弊病，体现了朱子时刻着眼现实教化的立场。批评杨氏对"中"理解有误。《论语集注》3.16改杨氏"（容节）可以（习）"的"容节"为

---

① 《论孟精义》，第477页。

"中",认为此方合乎论射之义,且与"力"相应。并与门人反复讨论之,指出"容节"非中非射。

沿袭旧说而误。如《论语集注》1.2改谢氏"(九流)皆出于圣人"的"九流"为"诸子之学"。盖"九流"非皆出自圣人。引文与章旨冲突。如《论语集注》15.19引范氏说,"则无为善之实【可知】矣。(扬雄曰:'名誉以崇之'。《诗》曰:'鼓钟于宫,声闻于外'。名者实之宾也。)"朱子认为章旨强调没世名不称的原因在于无实,范氏所引扬雄说则意在求名,不对。或强调手段—目的关系,违背尽己无为原则。批评范氏"所以"之说多如此,如《论语集注》18.7删范氏"所以扶世立教"说,《论语集注》15.41删范氏"所以教人"说,皆因与圣人自然无为说矛盾。用词不当而自相矛盾。如《论语集注》4.14引伊川:"君子求其在己者,(故患身无所立)【而已矣】。"朱子以"而已矣"取代"故患身无所立",盖其与"求其在己"相矛盾。《论语集注》10.11引谢氏:"马非不爱也……故捐情于此。"改"捐情"为"不暇问",盖前者与"马非不爱也"相矛盾。《论语集注》6.20引伊川说:"人多(敬)【信】鬼神者,(只是)惑。"改"敬"为"信",盖敬并非惑,信之方易惑。《论语集注》3.14引尹氏:"三代【之】礼(文),至周大备。"删"礼文"之"文","文"是周代文化特性,故与"三代"和"至周大备"相冲突。不合圣人境界。《论语集注》7.10删谢氏"(始可谓真知物我之分者也),此不适合形容圣人。字义理解有误。《论语集注》7.13引范氏说删"夫子不意学乐至如是之美,故不图为乐之至于斯也",盖为乐乃是指舜创作此乐,非指夫子学乐。或不合文义而删。如《论语集注》6.25删明道"未及知之也"说,一则不合学文守礼并重的章旨,二则过于突出"知"的地位。或不合礼制而误。删《论语集注》17.21"此为中人而言",盖三年之丧乃天下通丧。兼取他说改之。《论语集注》9.26引谢氏说有"则几于小成者",今以杨氏"则非所以进于日新也,故激而进之"改之,突出工夫教化意义。改为引注对立面。如《论语集注》20.1引孔安国《尚书》注认为"言纣至亲虽多,不如周家之(少)仁人"。改"少"为"多",改变了孔氏之意。《论语集注》2.4改伊川"纵心"为"从心所欲不逾矩",完全与伊川意异。"从心"而非"纵心"是朱子异于程门一大新解。朱子据文本及《经典释文》，指出读"纵"是近代习俗流传的误读。就义理言，"纵"亦不合乎圣天为一的境界。

（四）"良工心独苦"

朱子《论语集注》常有经过一番修改却回归旧说之情况，实不易察忽。如《论语集注》16.7引范氏说："圣人同于人者，血气也；异于人者，志气也。"按：《集注》曾删除"血气"的"血"和"志气"的"气"，变成"圣人同于人者，气也。异于人者，志也。"突出圣凡之别在于志、气，后觉不妥又改回原说。① 又如《论语集注》14.33引杨氏说，"君子一于诚而已，（惟至诚可以前知）。"改"至诚前知"句为"然未有诚而不明者"，兼顾本章兼论诚、觉的主旨。《或问》详尽交代改定经过，本以吕氏"烛乎事几之先"替换之，后又觉其说偏于"明"，故终改诚而明说。②

朱子对《中庸》第十三章费隐章所引明道说的处理尤彰显了其用心之苦。

所引明道说："（鸢飞戾天鱼跃于渊，言其上下察也）此一（段）【节】，子思喫紧为人处，（与必有事焉而勿正心之意同），活泼泼地，（会得时活泼泼地，不会得时只是弄精神）。"③

此处删改看似简易，实则大费周章，关乎朱子对本章主旨理解的变化。朱子引程子说非关文义，而是帮助读者加深对义理的体会涵泳。朱子对"察"的理解历经反复，壬辰前将"察"释为"隐"，"盖察乎天地，终是说做'隐'字不得"④。丁未《答王子合》7则明确提出"其察"是指道体流行、昭著显露，批评谢、杨的观察说。"'其'者指道体而言，'察'者昭著之义，言道体之流行发见，昭著如此也。谢、杨之意似皆以为观察之

---

① "范氏本说盖如此。向来误去其本文两字，后来觉得未稳，故改从旧说"。《文集》卷62，第3011页。
② 《论孟精义》，第836页。
③ 朱熹，《中庸辑略》，《朱子全书外编》第1册，华东师范大学出版社2010年版，第39页。
④ 《文集》卷44，第2003页。

察。"① 但"观察"更合《诗经》本意。朱子亦自觉此处之"察"与《诗经》"审察"本意已不同，是借以形容道体流行遍在，而与禅宗佛性无处不在说极似。鸢飞鱼跃言道体呈现而近乎佛学真如遍在说，但据儒家"君臣父子皆定分也"的定分说，则由此鸢必戾天，鱼必跃渊可把握儒佛之异。对此当从两面把握，故明道有"会得与不会得"的警示。"恰似禅家云'青青绿竹，莫匪真如；粲粲黄花，无非般若'之语。"②

在明确了"察"为"昭著"而非"审察"义基础上，朱子对所引程子说尚有三次修改。

修改之一：道体流行无凝滞。《答周舜弼》已明确了"察"的昭著义，认同程子说，为分别其"必有事"与"活泼泼"，认为皆言道体自然无滞，中立不倚。但此为旧说。

> 程夫子以为"子思吃紧为人，与必有事焉而勿正之意同，活泼泼地"。……程子之论 无纤毫凝滞倚着之意，非先生其孰知之。③

修改二，心之存主与天理流行。此为新说。己酉《答董叔重》八指出朱子今说改变此前把程子必有事、活泼泼皆解为道体流行之意的看法，而主张分别二者，"必有事"为心之存养，"活泼泼"才是天理流行。董铢批评友朋尚多坚持朱子旧说，亦客观指出今说并不合程子本意，而是朱子新解。朱子认可董铢理解，强调今说更自然简易，如能把握存养工夫，则自然洞见道体。

> 铢详先生旧说，盖谓程子所引必有事焉与活泼泼地两语，皆是指其实体，而形容其流行发见，无所滞碍倚着之意。……今说则谓"必有事焉而勿正心者，乃指此心之存主处；活泼泼地云者，方是形容天理流行无所滞碍之妙。"……而朋友间多主旧说。（朱子）："旧说固好，似

---

① 《文集》卷49，第2251页。
② 《语类》卷63，第2071页。
③ 《文集》卷50，第2340页。

涉安排。今说若见得破，则即此须臾之顷，此体便已洞然。"①

修改之三，删除"与必有事焉而勿正心之意同"句，放弃存主工夫说，不再牵引孟子说，而专于道体流行的"活泼泼地"，但保留的"子思吃紧为人处"说，亦是对工夫的暗示，不过采取了引而不发的方式，如此既做到了工夫引导，同时又坚持了阐明本意而不多说的原则。

朱子如此慎重地反复修改本章，盖关乎儒佛虚实、理事之辨这一重要问题。本章主旨言道体流行，与佛学真如遍在观极相似，"易说得近禅"。如程子末句"会得与不会得"说乃是就儒佛之辨言，然朱子觉此毕竟偏离本意，故终删之。朱子从道体与工夫角度，立足儒佛虚实、理事之辨，强调了见道与行道之间存在的张力。一方面，践道工夫与本体流行应是统一的，可谓工夫所至，即是本体。但若过于执着工夫，"太以事为重"，则恐固执不化，拘泥于事，见理不透。故在践道之时应保有"不着"之心，"勿正心"。朱子继承二程理之实有与空虚之分来分辨儒佛大旨。佛学虽亦标榜"不遗一事"，然其所行之"事"无关人伦之道，家国治理，故仍只是虚说。根源于其所谓理，乃是脱离具体事物的空理。但就实际修行而言，佛之理虽空而修行实，儒之理虽实却修行空，故儒者践行反不如佛门落实。此"实理之空"与"空理之实"导致儒学于世道人心之影响反不如佛学。故儒家在修养工夫的落实上应向佛教学习，否则无法体现儒学之高明。

以上对朱子《集注》"增损改易注文"这一重要而又罕见讨论情况的分析，在一定程度上还原了《集注》这一经典"成品"的修改制作过程，显示了朱子思想早晚异同之变及与二程之差异，阐明了朱子自我修正的良苦用心，对准确把握《集注》注释，体会朱子思想的发展变化应有所裨益。《集注》最大特点是"浑然简易"，乃朱子耗毕生心血、经千锤百炼而铸成，实不可轻易读之。本文正印证了朱子之学"实以铢累寸积而得之""直是下得工夫"的特点，而朱子"不用某许多工夫，亦看某底不出"的论断恰于《集注》前后修改中体现得最鲜明。钱穆亦曾指出《集注》之易简恰是朱子反复艰苦打磨用功之结果。"后人读朱子《论孟集注》，岂不爱其易简，然

---

① 《文集》卷51，第2369页。

朱子当时所用功夫，则自不易简中来也。"并指出辨析朱子前后异同反复之说，乃是颇为重要而困难之工作。"辨程朱异说已不易。辨朱子一人之说之先后相异，而又必究其孰失孰得，则更不易也。"①

《集注》对所引二程学的"增损改易"，既有出于表达需要而做出文字调整的"述而不作"型，又有出于思想差异而做出意义修改的"寓作于述"型。二者显示了朱子对二程学派的继承与发展，体现了程、朱异同。这种细微实则重要之差异，不经过仔细对照文本和深入分析，几乎不可能察觉出来。这种差异是多方面的，既包括诠释的理念、态度、方法，亦关乎经文意义的理解、取舍，还涉及工夫教化等立场。故本书所分析朱子于程门的"增损改易"，正可有效提醒我们在采用"程朱之学"这种一体性的表述时，亦应清晰意识到程朱之异的客观存在及对此后理学发展的影响。

《集注》通过"增损改易"程门之说等做法，在思想建构与诠释方法上形成了融经学与理学、考据与义理为一体的四书经学新范式。对于传统思想文化的创造性转化与创新性发展这一课题颇具启示意义。如今日中国思想之创作，是否必定抛弃传统的经典注疏形式？从理学来看，朱子最典型的采用了注疏"旧瓶"承载理学"新酒"的形式，而心学一系则放弃之。现代中国哲学的开拓者则主要采用了以西学思想解释传统资料的方式，放弃了传统的经注形式。但同样引发了其诠释成果似乎不那么具有中国风格和气派的质疑。而且文史领域对经典注释这一传统学术主要传承形式似仍有所延续，哲学领域则似不认同之。又如，《集注》是典型的寓创新于继承之作，那么在强调创新的当下，如何把握述、作之度，区分二者同一与差异的界限，从而延续经典的述和作？《集注》可谓是经学与哲学合一的经学哲学的典范，是对朱子"刻意经学，推见实理"学术理念的充分落实。但经学与哲学之关系，颇为复杂，《集注》对程门取舍的反复斟酌，其关键就在于朱子对二者关系的判定。故《集注》文本形成即内涵之诸多精微处，实值得深入挖掘，从而为激发当下中国哲学的诠释与创作，提供富有价值的参考。

---

① 钱穆：《朱子新学案》，九州出版社2011年版，第295页。

第二节　求本义、发原意、砭学弊

朱子对《四书》的诠释不仅树立了一套新的经学系统，阐述了新的为学之方，而且形成了新的诠释理论。他的诠释理论既是对汉学经学诠释的继承，亦是对宋学理学诠释的推进，是"绾经学与理学为一"（钱穆语）。概言之，朱子的《四书》诠释具有三大旨趣：一是力求切合文本原义，只有建立在理解文本内在之义基础上才可能把握文本言外之意，才真正有益于初学者，扭转"六经注我"的诠释风气。二是发明圣贤之旨，由圣贤之言，传圣贤之心。要求诠释主体保持虚心状态，尊重诠释文本的制约性。朱子极其反感脱离文本而自立己说阐发己意的做法，认为这种由述为作、反客为主的方式背离了诠释的本质，体现出对经典的不尊重，对圣贤思想的侮蔑不敬，助长了不良学风。同时朱子也反对为了维护、偏袒某人之说而扭曲、遮蔽文本原意。三是在尊重、切合圣贤之旨基础上，力求将诠释指向现实，就学者为学所暴露的问题，进行有针对性的批判矫正，"因病发药"，以实现诠释的实用性和指导性，使注本真正成为学者的良师益友。

一　求得本义

朱子认为诠释首要的追求就是求得经文本义，发明圣贤原意，以帮助学者加深对经文的理解。他认为文本通常有两重含义：第一重是字面含义，是语词表面意义，可以通过训诂解释而得，这是诠释的基础；第二重是微言大意，是文本所蕴含的言外之义，因为这种含义潜隐不露，需要诠释者发明之、彰显之。

朱子主张求得经文本义处于经典诠释第一位，提出以训诂考据之学求本义的原则，这是朱子四书诠释与宋代经典诠释主流思潮存在的一个重要差别。朱子逆流而动提出这一原则主要出于以下考虑：文义是理解圣贤原意的前提，没有对文义的理解就不可能真正把握圣贤原意，盖因言以得心也。故反复强调文本之义的优先性、前提性，指出对文义的理解直接决定了对文意的把握。诠释应在正确理解文本的字面浅层语义基础上，慢慢思索虚心玩味，方能悟出深层言外文意，最终将之落实到日用工夫中。许多诠释偏离圣贤之旨的原因就在于错解文义。"圣贤之言，条理精密，往往如此。但看得不切，错认了他文义，则并与其意而失之耳。"① "为学直是先要立本，文义却可且与说出正意，令其宽心玩味，未可便令考校同异，研究纤密，恐其意思促迫，难得长进。"②

现实教学的客观效果证实表层文义与深层原意之间存在着密切关系，促使朱子由单一的义理解经转向兼融训诂解经。朱子最初亦崇尚义理解经，轻视训诂解经，癸未年编撰的《论语要义》一书不取文字训诂之说，只取二程学派所阐发的理学大义，故将该书名之曰要义。"盖以为学者之读是书，其文义名物之详，当求之注疏，有不可略者；若其要义，则于此其庶几焉。"③ 但教学实践证明，由于《要义》没有对经文字词句义作出训释，故学生连字面意义都很难理解，更遑论领会其中深奥性理了。有鉴于此，朱子对《要义》进行了删改，重新编成适合初学者的《论语训蒙口义》，该书着重加强了字词句的训诂考释，以陆德明的《经典释文》标明读音，采用汉唐古注解释词义，以便于童蒙对基本语义的理解。"因为删录，以成此编。本之注疏，以通其训诂；参之《释文》，以正其音读；然后会之于诸老先生之说，以发其精微。"④

朱子把解经明确定位成帮助读者理解经典之扶手，而不是替代读者理解的教本，故强调应加强字词名物训释上的辅助理解工作。《答敬夫孟子说疑义》中言，"大抵解经，但可略释文义名物，而使学者自求之，乃为有益耳。"⑤ 批评张栻的弊病在于以己意解经，脱离文义，造成语脉的中断。非但无助于学者理解经典之义，反而加重理解难度、误导读者理解方向。"按此解之体，不为章解句释，气象高远。然全不略说文义，便以己意立论。又或别用外字体贴而无脉络连缀，使不晓者展转迷惑，粗晓者一向支离。"⑥ 这种弊端表现在文字内容上，就是释文远远超过正文，以难解或无关之概念

---

① 《语类》卷 52，第 1737 页。
② 《续集》卷 1，第 4648 页。
③ 《文集》卷 75，第 3614 页。
④ 同上书，第 3614 页。
⑤ 《文集》卷 31，第 1352 页。
⑥ 同上。

解释经文（如以"太极"解"性"），使读者挣扎于繁重的解文中而根本没有精力顾及经文，这也违背了前人解经的体例法则，造成了喧宾夺主的不良后果。"如此数章论性，其病尤甚。盖本文不过数语，而所解者文过数倍；本文只谓之性，而解中谓之太极；凡此之类，将使学者不暇求经，而先坐困于吾说，非先贤谈经之体也。"①

朱子极力反对任意解经和以佛、老思想解经的做法，严厉批判那种不顾文本之义，扭曲圣贤原意，任意充塞个人见解的"六经注我"的方式。在《杂学辨》中对张九成《中庸解》、吕本中《大学解》以禅解佛思想作了批判性辨析。朱子同样毫不留情地批评前辈及好友的经典诠释，指出其最大毛病在于不以文义作基础，一味发挥所谓言外之意，导致与文义冲突背离，最终偏离了圣贤本意。这种阐述即便义理再好，也不足取。他批评张栻《论语说》，"大率此解多务发明言外之意，而不知其反戾于本文之指，为病亦不细也"②。"诸先生多如此说，意极亲切，但寻文义恐不然耳。"③ 朱子提出的忠告就是：当就文本训释入手，于自家心上体验涵养，才会得出真实见解。不要妄引诸家注释，以致于远离文本原义。

> 故今奉劝，不若只取子思、孟子之言，虚心平看，且勿遽增他说，只以训诂字义随句略解，然后反求诸心，以验其本体之实为如何，则其是非可以立判。④
>
> 所论鬼神一章全不子细，援引太多，愈觉支离，不见本经正意。可且虚心将经文熟看，甚不能晓处，然后参以章句说，教文义分明，道理便有去著。⑤

朱子坚持以求得本义为诠释的第一原则，据此对他所尊敬的二程及其弟子直接进行过多次否定。在《四书或问》中对他们批评甚多，如他对二程

---

① 《文集》卷31，第1352页。
② 《文集》卷31，第1367页。
③ 同上书，第1381页。
④ 《文集》卷48，第2222页。
⑤ 《文集》卷61，第2959页。

的执其两端说、颜子屡空说、至诚尽性说、致曲说、王天下三重说等都提出了"恐非文意"的批评。"程子以为执持过不及之两端，使民不得行，则恐非文意矣。"①《四书集注》做了大量"通训诂、正音读"以求得表层文义的工作。如在"正音读"上，他采取《经典释文》来注音，尤其注重难读词和多音多义词的标音，对"与、夫、好、恶、乐、中、知"等常用多音多义词不厌其烦地频繁标注。即以《论语集注》为例，粗略统计，下列词的注音次数分别为："与"51次，"夫"35次，"好"30次；"焉"22字，""恶"16次，乐"，19次，"知"17次。

二　发明原意

尽管强调求本义为解经之首务，但朱子同样认识到深层文意和浅层文义在关联紧密之时，却存在一种必然的差别。由于深层文意很难以文字表达，故只能在把握浅层文义的基础上进行领悟。如关于"收放心"的诠释，朱子认为程颢之意是指"存心便是不放"，然而从文义上，只能说是将已放之心收回，是收心说。这是文义和文意作为浅层语义和深层语义所存在的必然差别。"看程先生所说，文义自是如此，意却不然。"②故朱子强调诠释最终目的是为了求得圣人之心，而不是传其言语。徒得其言而不得其心，是毫无意义的工作。反之，若能得其心，则虽言语有别，并无相妨。"而今假令亲见圣人说话，尽传得圣人之言不差一字，若不得圣人之心，依旧差了，何况犹不得其言？若能得圣人之心，则虽言语各别，不害其为同。"③

如何在求得经文本义的基础上，发明圣贤原意呢？朱子提出两大要求：

其一，诠释主体应保持虚心状态，不可以己意说经，自作文字。

受诠释者自身经历、知识素养、思维方式等主体因素的影响——即所谓"前见"④，任何诠释都难免带有诠释者的主观看法，为了达到诠释目标，首

---

① 《四书或问》，第567页。
② 《语类》卷59，第1917页。
③ 《语类》卷93，第3103页。
④ 正如海德格尔在《存在与时间》中所说，"把某某东西作为某某东西加以解释，这在本质上是通过先行具有、先行视见与先行掌握来起作用的。解释从来不是对先行给定的东西所做的无前提的把握。"见商务印书馆2019年版，第213—214页。

要一条是消除诠释者个人一己之见。朱子认识到诠释主体在阐述经典过程中往往抒发己意而不是文本义,特别反对诠释者以自身之意去解释经典,即"六经注我"的诠释模式,指出这种解经未能做到由圣贤之言以求圣贤之意,而是以己意为中心,强圣贤之意以附从己说,造成本义的淹没,使得解释牵强附会,支离破碎。放弃了对经典的尊重,丧失了诠释的本来目的,而变成个人意见的表达。朱子强调,自我表达可以通过撰写文字来体现,但是不能强借经文来发挥。

> 大抵愚意常患近世学者道理太多,不能虚心退步,徐观圣贤之言以求其意,而直以己意强置其中,所以不免穿凿破碎之弊,使圣贤之言不得自在而常为吾说之所使,以至劫持缚束而左右之,甚或伤其形体而不恤也。如此,则自我作经可矣。何必曲躬俯首而读古人之书哉![1]

怎样来保持虚心?朱子从诠释经典的体会出发,指出诠释者必须克服两个偏向:一是原有先入为主的旧说,二是原有的情感好恶。诠释主体应消除这两个偏弊,不带有任何先入旧说和个人爱憎好恶之情,以一种客观虚静的心态进入文本,做到一切以文本自身为根据,寻求圣贤本旨所在,达到与古圣先贤心意相通之境地。他批评《诗》、《易》等经典已被先儒穿凿附会,遮蔽了经文本意,给后学者带来很大不利。后来者的首务就是消除这种先入为主的陈旧之说,摒弃任何个人情感倾向上的爱憎喜恶,虚心研读文本,唯本文是求,如此方能得本意旨归。

> 读书如《论》、《孟》,是直说日用眼前事,文理无可疑。先儒说得虽浅,却别无穿凿坏了处。如《诗》、《易》之类,则为先儒穿凿所坏,使人不见当来立言本意。此又是一种功夫,直是要人虚心平气本文之下,打叠交空荡荡地,不要留一字先儒旧说。莫问他是何人所说,所尊、所亲、所憎、所恶,一切莫问,而唯本文本意是求,则圣贤之指

---

[1] 《文集》卷56,第2645—2646页。

得矣。①

朱子反复强调诠释不可为自身前见所蒙蔽,在进入文本之前,不应存有任何先入主见,更不可有宽己责人之私见,只有坚持客观原则,以公平开放包容之心与文本进行平等交流对话,才能寻求经文本义。"先横着一个人我之见在胸中,于己说则只寻是处,虽有不是,亦瞒过了。于人说则只寻不是处,吹毛求疵,多方驳难,如此则只长得私见,岂有长进之理!"②

不能虚心研读本文的表现之一就是以己意说经,脱离经典文本而写成阐发己意的文字,成为"作文"而不是注经。解释经典不应该令注脚成文,诠释只须疏通文意,道理自然分明通畅,不在多说。多说之弊是己意过多而经味淡薄,恰如酒中掺水,喧宾夺主,反客为主。"盖解经不必做文字,止合解释得文义通,则理自明,意自足。今多去上做文字,少间说来说去,只说得他自一片道理,经意却蹉过了。……尝见一僧云:'今人解书,如一盏酒,本自好,被这一人来添些水,那一人来又添些水,次第添来添去,都淡了。'"③

表现之二就是自我膨胀,蔑视经典,贬低圣贤,虚浮狂妄,支离穿凿。"若其释经之病,则亦以自处太高而不能明理胜私之故。故于圣贤之言,既不能虚心静虑以求其立言之本意,于诸儒之同异又不能反复详密以辨其为说之是非,但以己意穿凿附丽,极其力之所通而肆为支蔓浮虚之说。"④

表现之三是为维护圣人而过度扭曲文意,走到另一个极端。朱子在给朋友信中探讨了至德说,认为文、武实有差别,并尖锐指出这一点没有被说破的原因在于诠释者碍于圣人私情,百般曲意维护,缺乏坚持真理的标准。"此盖尊圣人之心太过,故凡百费力主张,不知气象却似轻浅迫狭,无宽博浑厚意味也。"⑤ 朱子认为自己此论会惊吓别人,不为他人所认同,但希望反对者能够虚心反思,体验审察,当自然有所见也。

---

① 《文集》卷48,第2213页。
② 《文集》卷48,第2234页。
③ 《语类》卷130,第3422页。
④ 《文集》卷70,第3384页。
⑤ 《文集》卷31,第1379页。

> 至德之论，又更难言。……若论其志，则文王固高于武王，而泰伯所处，又高于文王。若论其事，则泰伯、王季、文王、武王皆处圣人之不得已，而泰伯为独全其心，表里无憾也。不然，则又何以有武未尽善之叹，且以夷齐为得仁耶？前此诸儒说到此处，皆为爱惜人情，宛转回护，不敢穷究到底，所以更不敢大开口说。①

朱子在与吕祖约讨论"浩然之气"解时亦提出应以本文本意为主，不可牵合他说。当以公平无私之心求解，不可夹杂袒护畏敬等偏私之心。

> 盖已是看得本指不曾分明，又著一尊畏前辈不敢违异之心，便觉左右顾瞻，动皆窒碍，只得曲意周旋，更不复敢著实理会义理是非，文意当否矣。夫尊畏前辈，谦逊长厚，岂非美事？然此处才有偏重，便成病痛，学者不可不知也。②

其二，尊重诠释对象，坚持文本的制约性。

朱子认为，要获得圣贤之指，就必须对诠释文本保持一种最大的敬意，这是诠释经典所应持有的态度。这种敬意体现为：树立诠释为文本服务而不是文本替诠释服务的宗旨，确立二者之间主奴宾主关系，即采用我注六经而非六经注我的模式。个人诠释即使再高明，也不可能超过圣贤经典，而仅仅是传达了经典原文之意。"圣经字若个主人，解者犹若奴仆。今人不识主人，且因奴仆通名，方识得主人，毕竟不如经字也。"③ 同时，也不应抱有和经典相互竞争一比高低的思想，诠释与经典是不可能平起平坐的，二者只能是主从关系。"今读此书，虽名为说《论语》者，然考其实，则几欲与《论语》竞矣，鄙意于此深所未安。"④

是否尊重文本体现为诠释是否接受文本的制约，这决定了诠释效果的好

---

① 《文集》卷58，第2765页。
② 《文集》卷47，第2203—2204页。
③ 《语类》卷11，第351页。
④ 《文集》卷31，第1370页。

坏。解经存在不少弊病，如过高、过远、过虚、过于零碎烦琐等，这些问题都和脱离文本、不受文本制约有关。"彼中议论大略有三种病：一是高，二是远，三是烦碎。以此之故，都离却本文。"① 坚持文本的制约性体现在解释经典时，就是要以上下文本为根据，不可脱离具体语境。如朱子在区分《中庸》首章的"戒惧"和"慎独"时就突出了上下文的制约性。以往学者们一般不对此作出区分，认为仅仅是在谈"慎独"，朱子则视"戒惧"和"慎独"为做工夫的两个阶段。戒惧为未发之涵养，慎独为已发之提撕，并将此一区分通贯全篇，用来解释《中庸》末章所引诗句的意味。这一点曾引起张栻不满，朱子对此回应道："'不睹不闻'等字如此剖析，诚似支离。然不如此，则经文所谓'不睹不闻'，所谓'隐微'，所谓'慎'，三段都无分别，却似重复冗长。"② 接受文本制约还表现在注重文本的前后关联，具有整体通贯意识。如朱子对《中庸》首末章的呼应关系的阐发，"但首章是自里面说出外面，盖自'天命之性'，说到'天地位，万物育'处。末章却自外面一节收敛入一节，直约到里面'无声无臭'处，此与首章实相表里也。"③

三 针砭学弊

朱子多次指出编写《集注》的目的在于为学者提供一个学习范本，使他们为学有所参照，避免走上弯路。故此，他在诠释时无论是自拟新注还是选取改造原有之注，都极为注重诠释切于日用，"因病发药"，强调诠释对不良学习方向、方法纠偏补弊的实际效果。

就总的诠释目标而言，朱子力求划清儒学与佛老虚无说、功利权谋说、词章记诵说的界限，以树立儒学之道统、学统。他早在《论语要义目录序》中就批评了王安石父子废弃旧说，以自身功利之说穿凿附会《论语》所带来的不良影响，提出只有二程独得圣人之学，其他诸说不仅穿凿者无取，即便是稍有可观者，也是未通圣道之言。"而时相父子，逞其私

---

① 《文集》卷53，第2513页。
② 《文集》卷31，第1344—1345页。
③ 《语类》卷64，第2149页。

智，尽废先儒之说，妄意穿凿，以利诱天下之人而涂其耳目……晚亲有道，窃有所闻，然后知其穿凿支离者，固无足取。至于其余，或引据精密，或解析通明，非无一辞一句之可观，顾其于圣人之微意，则非程氏之俦矣。"① 在此后的《论孟精义序》中，朱子进一步提出对秦汉以来为学方向的批评，低者如训诂记诵之学得言忘意，高者虽谈性理之学，却又支离破碎，未得于言。只有二程之学才传承孔孟之道，然其后学人亦有托名程氏，流入佛老，欺世误学者。朱子声称《论孟精义》之作乃是为了彰明圣学，集成众说之优长以摧折流俗佛老词章说之谬误。

> 《论》、《孟》之书，学者所以求道之至要，古今为之说者，盖已百有余家。然自秦汉以来、儒者类皆不足以与闻斯道之传，其溺于卑近者，既得其言而不得其意；其骛于高远者，则又支离踳驳，或乃并其言而失之，学者益以病焉。……若夫外自托于程氏而窃其近似之言，以文异端之说者，则诚不可以入于学者之心。然以其荒幻浮夸，足以欺世也，而流俗颇已乡之矣。其为害岂浅浅哉！……然则是书之作，其率尔之诮，虽不敢辞，至于明圣传之统，成众说之长，折流俗之谬，则窃亦妄意其庶几焉。②

这一点在《大学章句》序中亦表现得十分明显，朱子提出自孟子以来圣学不明，学界一直为无用的俗儒词章记诵之习，虚无寂灭的佛老之学，以及各种权谋术数功利之说所占据，直至二程上接孔孟，圣学方才得以接续。

在具体诠释上，朱子特别注意对学者日常中可能存在的为学偏差提出针砭矫正，以期收到实际效果。比如，他认为《精义》诸家之说虽然有其好处，但是过于繁乱庞杂而不精密纯粹，存在过宽之弊，容易导致学者致思为学的偏差。《集注》之作就是为了消除此弊，力求诠释的精练，以使学者思想集中于理学之路。

---

① 《文集》卷75，第3613—3614页。
② 《论孟精义》，第11—12页。

看文字自理会一直路去，岂不知有千蹊万径，不如且只就一直路去，久久自然通透。如《精义》，诸老先生说非不好，只是说得忒宽，易使人向别处去。某所以做个《集注》，便要人只恁地思量文义。①

经文本意与日用工夫分别是衡量诠释效果的理论标准和实践标准，二者关联紧密，本意理解的偏离会导致日用工夫的缺失。朱子以此两个标准来衡量学者诠释工作，如他批评胡季随《中庸》首章诠释就不符合此标准，"此又不看本文本意而逞快斗高，随语生说之过，……去本日远，以言乎经，则非圣贤之本意；以言乎学，则无可用之实功。如此讲论，恐徒纷扰，无所补于闻道入德之效也。"②胡氏对朱子提出的标准亦表认同，他在修改后的回书中，问朱子"不知经意与日用之工是如此否"？可见他已经自觉按照朱子要求去做。朱子对其他学者诠释的好坏亦皆以此为评判标准。如他批评张栻对"反身而诚"的解说过高，流于咏叹，既没有发明经意，也不切合日用体验工夫，几乎与释家空虚之说无异。"此解语意极高，然只是赞咏之语。施之于经，则无发明之助；施之于己，则无体验之功……若只悬空说过，便与禅家无以异矣。"③

朱子甚至将针砭学弊、切于日用工夫这一诠释原则置于其他一切原则之上。当其他诠释原则与这一原则不协调时，都得为之让步。如在精约与有利于读者理解之间，朱子就选择了后者。"'君子中庸'章二，'又'字不用亦可，但恐读者不觉，故特下此字，要得分明耳。"④ 在关于"下学上达"的诠释中，朱子亦是如此选择，"方其学时，虽圣人亦须下学。如孔子问礼、问官名，未识须问，问了也须记。及到达处，虽下愚也会达，便不愚了。某以学者多不肯下学，故下此语。"朱子在采取诸家之说时，虽然某说有其不足，但只要该说对为学工夫具有针对性，则往往采用之。如他曾提到谢上蔡对《论语》的数条诠释虽然不很切合圣贤之意，但对于矫正学着为学之偏，

---

① 《语类》卷21，第721页。
② 《文集》卷53，第2508—2509页。
③ 《文集》卷31，第1354页。
④ 《文集》卷55，第2599页。

具有警省之力，故此还是选择采用。"此章惟谢氏之说，切于人心，使学者知有所警省而用其力。"① "谢氏之说，粗厉感奋，若不近圣贤气象者，而吾独有取焉，亦以其足以立懦夫之志而已。"②

对于朱子诠释"因病发药"的这一特点，其友人弟子皆熟悉且认可。如在对"骄吝说"的注释中，潘恭叔提出朱子在本来无轻重之别的为学两弊——骄、吝之间提出本末说，明显改变了二者本无偏倚相互并列的关系，这显然有违原文之意，违背了诠释力求本义的原则。他由此推测出朱子用心在于突出"吝"比"骄"更为严重。"骄吝二字，平时作两种看。然夫子'使骄且吝'之言，则若不分轻重者，程子'气盈气歉'之说亦然。今《集注》引程子之言而复有本根枝叶之论，此说虽甚精，但与程子说不同，而以'鄙啬'训释'吝'字，若语意未足者。盖先生将'吝'字看得重，直是说到蔽固自私不肯放下处。故凡形于外者，无非私己之发。此骄之所由有如此，则工夫全在吝上。"③ 朱子承认特意提出骄吝为本末相因关系，目的即在于针对时弊"吝"重于"骄"而发，以引起读者注意。"此义亦因见人有如此之弊，故微发之。要是两种病痛彼此相助，但细看得吝字是阴病里证，尤可畏耳。"④ "孔子之意未必如此，某见近来有一种人如此，其说又有所为也。"⑤

朱子自觉地将是否切于日用工夫作为修改《四书》诠释的一个主要方向。在修改中，朱子常常反思此前之说不分明，造成学者日用工夫上的缺失迷茫，使学者无法获得受用。"所论《大学》之疑甚善。但觉前日之论，颇涉倒置，故读者汩没不知紧切用功。"⑥ "《中庸》所改皆是切要处，前日却慢看了，所以切己工夫多不得力，甚恨其觉之晚也。"⑦

综上可见，求本义、明原意、切日用是朱子诠释《四书》始终坚持的

---

① 《四书或问》，第645页。
② 《四书或问》，第723页。
③ 《文集》卷50，第2317页。
④ 同上。
⑤ 《语类》卷35，第1307页。
⑥ 《文集》卷56，第2678页。
⑦ 《续集》卷2，第4697页。

追求，尤其是针砭学弊、切于日用这一目标追求，体现出朱子坚持儒学尊德性与道问学两方面的统一，坚持儒学的实践旨归，突出儒学作为"实学"的特性，这也反映了朱子传道弘道意识的自觉定位，时刻将现实关注和学问理解融为一体，使得《四书集注》取得了强大的生命力，对中华思想文化产生了深远影响。故继承、弘扬朱子《四书》诠释的成就，对于中国哲学的未来发展具有重要意义。

第三节 朱子、勉斋《论语精义》之辨

《论孟精义》是对朱子《四书》思想的形成演变产生重要影响，而又未引起相应重视的著作。该书作为《集注》之蓝本，被朱子视为进入《论孟集注》的必备阶梯，非研读此书，则不足以领会《集注》之精髓与朱子之良苦用心。在朱子看来，《论孟精义》因所收程门之说多而不粹，诸说时有冲突，学者需要具备相当的理论辨析能力，方能见其得失，故更适合上根之人学习。朱子曾指导高足黄榦来学习该书，现存《语类》中保留了黄榦与朱子关于《论语》学而、雍也两篇《精义》的讨论。朱子师徒《精义》之辨，生动体现了朱子学"虚心、熟读而审择"的治学方法，"读书不可不仔细"的治学理念，"尽精微"的治学特色，提供了理解朱子、勉斋思想演变的切实参考，尤其彰显了朱子学长于分析、善于继承、勇于批判的治学精神。

一 "但虚心熟读而审择之耳"

壬辰年完成的《论孟精义》一书，实为《论孟集注》之蓝本，朱子以"阶梯""精髓"阐明二者关系，言"《集注》乃《集义》之精髓。"道夫。[①]"今读《语》《孟》，不可便道《精义》都不是，都废了。须借它做个阶梯去寻求，将来自见道理。"德明。[②] 朱子认为，尽管《集注》是《集

[①] 黄士毅编、徐时仪 杨艳汇校：《语类》卷19，《朱子语类汇校》本（本节引文除标明为《朱子全书》本外者，所引皆为此本，以下不再标出），上海古籍出版社2016年版，第465页。

[②] 《语类》卷19，第469页。

义》的精髓，但并非意味着《集义》作为糟粕而可废弃。恰恰相反，如果不以作为蓝本的《集义》为阶梯，则无法探究《集注》之精妙用意。事实上，朱子对《四书》的毕生研究，肇始于、奠基于《精义》而与之密不可分。《精义》诸说是朱子进入理学大门的钥匙。如朱子曾自述早年对谢良佐《论语说》历经一个反复熟读，由繁到约、自得于心的精研过程。"先将朱笔抹出语意好处……再用墨抹出；又熟读得趣，别用青笔抹出；又熟读得其要领，乃用黄笔抹出。至此，自见所得处甚约，只是一两句上。却日夜就此一两句上用意玩味，胸中自是洒落。"[①] 朱子对《精义》颇为重视，三改其名，内容亦有改变，《精义》刊出后，朱子门人即用以教学，颇见欢迎。

《精义》除可作为学习二程学派思想之重要参考外，还可由此来切实掌握朱子学的治学方法和理念。朱子明确提出学习该书的方法就是"虚心熟读而审择"。"问：近看《论语精义》，不知读之当有何法？"曰："别无方法，但虚心熟读而审择之耳。"人杰。[②] 此虚心审择，诸说比并，取予在己的方法，又皆落实于"读书尽着仔细"的治学理念。朱子曾批评象山之学有不肯明白说出的黑暗处，亦即其禅学处。"子静说话，常是两头明，中间暗。"或问："暗是如何？"曰："是他那不说破处。他所以不说破，便是禅。所谓'鸳鸯绣出从君看，莫把金针度与人'，他禅家自爱如此。"广。[③] 与象山学的隐秘不言、不肯"金针度人"相反，朱子学讲究思考严密，概念精准、表述清晰，尤其强调方法论的传授，不仅"授人以鱼"，更主张"授人以渔。"

"虚心"强调用心公平正大，无党无偏。首先对前辈不可有尊畏、避嫌、回护之心。要求对《精义》各家，无论程子还是门人说，皆抱一视同仁之公平态度，即便朱子承认程子说较门人说往往更准确，但此只是事后之判定，切不可在初面对具体文本时，即先入为主地认为程子说就一定正确，明确反对"只将程子之说为主"，强调所有判定皆当"以理为主"，以理作为标尺来判定程子和弟子说之是非优劣。就今日而言，即是不媚权威、一秉公理之意。

---

① 《语类》卷 116，第 2801 页。
② 《语类》卷 19，第 468 页。
③ 《语类》卷 140，第 2595 页。

"一章之中，程子之说多是，门人之说多非。然初看时，不可先萌此心，门人所说亦多有好处。"蜚卿曰："若只将程子之说为主，如何？"曰："不可，只得以理为主，然后看它底。"骧。① 除不迷信权威之外，虚心的另一含义是不过分自信，不轻易起疑，不自以为是，师心自用，尤不可以己意强加于圣人，确定圣贤与自身的主仆关系，当秉承"我注六经"之态度。故朱子屡次批评谢氏说过高，缘于其具有"欲与圣人相竞之心"。虚心要求尊重前人之说，反对置前人之说不顾，随意怀疑贬低前人说。"且如格物、致知之章，程子与门人之说，某初读之，皆不敢疑。"② 不可有回护古贤之心，此于犁牛之子、子见南子等章皆有体现。

"工夫自熟中出"。朱子强调熟读对学习《精义》意义重大，对《精义》诸家义理必须有长时间的沉潜玩味，要求勉斋熟记《精义》诸家之说，这是分析、讨论、玩味的前提。"榦曰：欲看《论语精义》，不知如何看？"曰："只是逐段子细玩味。公记得书否？若记不得，亦玩味不得。横渠云：'读书须是成诵'。"榦。③ 朱子认为，义理的获得来自对文本的仔细穷究、慢慢温习，反复玩味，欲速则不达，盖工夫自熟中出，恰如炼丹一般。"读书初勤敏著力，子细穷究，后来却须缓缓温寻，反复玩味，道理自出。又是不得贪多欲速，直须要熟，工夫自熟中出。文卿病在贪多欲速。"④ 朱子对熟读玩味有精辟之喻，认为如"慢火煮""肉中味"，通过对文本持续反复的玩味，义理方会自然而然感悟而出，知识与行动才会浑然如一，人欲自然剥落，德性自然彰显，此是一个真积力久、自然而然的漫长过程，不可有一蹴而就的走捷径心理。"看文字，不可恁地看过便道了。须是时复玩味，庶几忽然感悟，到得义理与践履处融会，方是自得。这个意思，与寻常思索而得，意思不同。"贺孙。⑤ 熟自然带来"透"。朱子强调只有在逐章深度钻研透彻的基础上，再加以若干数量，即可通透义理，体现了朱子精熟的治学追求。"看得一章直是透彻了，然后看第二章，亦如此法。……数篇之后，迎

---

① 《语类》卷19，第469页。
② 同上。
③ 《语类》卷19，第468页。
④ 《语类》卷114，第2737页。
⑤ 《语类》卷105，第2609页。

刃而解矣。某尝苦口与学者言，说得口破，少有依某去着力做工夫者。"①

　　审择《精义》诸说须采取比较得失法。首先逐一比较诸说每段之得失，进而将不同段落得失加以比较，最后通贯全章得失而比较之，遵循由局部到全体的原则。判定的标准是是否合乎圣人之意，再就比较各说之疏松与严密，此即格物知至工夫。"读《论语》，须将《精义》（按：黎靖德本有"看先"二字）看一段，次看第二段，将两段比较孰得孰失，孰是孰非。又将第三段比较如前。又总一章之说而尽比较之。其间须有一说合圣人之意，或有两说，有三说，有四五说皆是，又就其中比较疏密。如此便是格物，及看得此一章透彻则知便至。"②朱子强调"将诸说相比并看"，不可粗心急迫，用心细致，才能比出正确道理。"读书须痛下工夫，须要细看。心粗性急终不济事。如看《论语精义》，且只将诸说相比并看，自然比得正道理出来。"③当然，辨析诸说之似是而非者并非易事，只有通过长久的义理栽培，才能自然提高理论辨析能力。"读书考义理，似是而非者难辨。……问：如何辨得似是而非？"曰："《遗书》所谓义理栽培是也。如此用工，久之自能辨得。"德明。④朱子指出，对《精义》各说，包括高远之说、言外之意、偏颇之旨等皆应以是非不苟公平之心，虚心审择，察其不足，作出独立判定，培养"取予却在自家"的明辨是非能力。"问：《论语精义》有说得高远处，不知如何看。"曰："也须都子细看，取予却在自家。若以为高远而略之，便卤莽了！"榦。⑤

　　因《精义》、《集注》存在杂多与一体的性质之异，故对学习二者的要求及感受皆不同，学者在面对《精义》所列诸家纷纭交错各异之说时，内心会产生无所适从、不知如何是好的困惑之感，但对善于精准辨析诸说异同得失者而言，则此种自我抉择的训练极为有益。朱子亦承认，此种训练适合资质高明、善于思辨者，对资质精神稍差者，效果适得其反。可见，朱子对弟子的教导亦注重学习难易与学者根器。对根器稍差者，教导其研读已经仔

---

① 《语类》卷19，第469页。
② 同上。
③ 同上书，第468页。
④ 《语类》卷19，第469—470页。
⑤ 同上书，第468页。

细拣择、精心注释的《论语集注》,但因朱子注释极其精炼浑然、平易典雅之故,领会《集注》实非易事,亦难以激发精神上的振作和身心体会。此是《集注》作为教本的局限所在。"因论《集注论语》(按:应为《论语集注》),曰:于学者难说。看众人所说七纵八横,如相战之类,于其中分别得,甚妙。然精神短者,又难教如此。只教看《集义》,又皆平易了,兴起人不得。"振。① 勉斋对朱子致广大、尽精微之学有深刻领会,认为应两面兼顾,不可偏颇,对《精义》诸家之辨析,即是此一思想的体现,尤突出了尽精微的一面。"直卿曰:若不理会细碎,便无以尽精微之义。若一向琐碎去,又无以致广大之理。"曰:"须是大细兼举。"淳。②

二 "直卿会看文字"

朱子称勉斋"会看文字""看文字甚子细",特别教导其从辨析《精义》诸家得失入手,以提高理论分析力。据勉斋所记《语录》来看,多有关乎学而、雍也两篇《精义》者,尤其是《雍也》篇二十八章被逐一记录下来,其所记当是勉斋所呈问目的讨论,带有系统化、专业化的意味。如6.20 樊迟问知章朱子称赞勉斋"来说得之",可推勉斋似乎事先撰有"问目"性质的书面文字进呈朱子,且所录形式非常整齐完备,与其余语录明显不同。(余大雅亦上呈过《论语精义备说》)。《精义》之辨既显示了师徒二人见解的差异,亦真实记录了朱子自身思想的前后演变,在一定程度上可视为朱子思考《四书集注》心路历程之重现,亦充分彰显了朱子学讲究分析、重视思辨、强调批判的治学风貌。

学而章的示范。朱子于学而章给勉斋示范如何研读《精义》诸说,指出当比较诸家"学、时习、说"等字义解说得失来形成自身见地。"问学而一章。曰:看《精义》,须看诸先生说'学'字谁说得好;'时习'字谁说得好;'说'字谁说得好。须是恁地看。"关于"习"的理解,"榦问:谢氏、游氏说'习'字似分晓。"曰:"据正文意是讲习。游、谢说乃推广

---

① 《语类》卷19,此条为《朱子全书》本,第659页。
② 《语类》卷47,第1260页。

'习'字，毕竟也在里面。游氏说得虽好，取正文便较迂曲些。"① 勉斋认为游、谢二家皆从实践义论"习"，似更清晰明白（谢认为是"无时而不习"，游则主张"时习于礼乐"）。朱子则从意义正偏、广狭的角度，认为"讲习"是正意，游、谢的"实践"是推扩旁出意，其意虽好，却与本文略有不合，且为"讲习"所包。然《集注》对"习"之阐发，在兼顾二义之时，却更突出了实践义。可见，朱子晚年思想与《精义》期之别。他们又辨析了伊川与范氏"说""乐"解的内外、正反、同异之别。勉斋认为，伊川主张喜悦内在于心，与范氏"说自外至"说恰好相反，朱子认可伊川的悦在心说。勉斋提出伊川、范氏关于"乐"的"中出"、"在外"说意义相同，朱子认可之。勉斋进而质疑范氏"不亦说乎"解，朱子亦觉其说无意义。朱子批评范、游以"不知命"解不知、不愠过高，认为"此也是小可事，也未说到命处。"批评谢氏知希为老子说。对不满意之解，朱子多以"不必如此说"解之。朱子师徒皆批评胡寅以求仁解学，太过笼统宽泛而无意义，体现了朱子学重视字义解析的特点。"致堂谓'学所以求仁也'。仁是无头面底，若将实（按当为'学'）字来解求仁，则可；若以求仁解'学'字，又没理会了。"直卿云："若如此说，一部《论语》，只将'求仁'二字说便了也。"盖卿。② 于此同时，勉斋忠实继承并弘扬朱子"取予在己"、入室操戈之批判精神，在对不愠与君子关系上，认同程子不愠是成为君子的前提之说，反对朱子成为君子才能不愠说，前者从工夫言，后者就成德言。"今观程子云"不见是而无闷乃所谓君子"，是不愠然后君子也；朱先生云"故惟成德者能之，则是君子然后不愠。以悦、乐两句例之，则须是如程子之说，方为稳当"③。

孝悌为仁章的讲习会讲。朱子师徒在书院、精舍的日常主要活动就是研读《四书》经典，对重要而难懂的章节，要求学者在不同场合、采取多样的方式进行讲习讨论。在相对固定的日子和重要场合，朱子则会组织弟子以会讲形式开展对《精义》的集体研讨辨析，如对孝悌为仁章《精义》诸说

---

① 《语类》卷 20，第 483 页。
② 《语类》卷 20，第 682—683 页，此条为《朱子全书》本。
③ 黄榦：《勉斋文集》卷 6，书目文献出版社 1988 年版，第 374 页。

的讨论即是讲习会讲的内容之一。有学者提出伊川"行仁自孝弟始"说是把仁置于孝弟之外。朱子严厉批评此说看得非常不仔细，完全未能领会程子清晰明白之解，而割裂了仁与孝悌的关系。勉斋认为此说是看反了仁与孝悌的关系，并强调当就仁爱观仁，孝悌是仁最根本亲切之表现。

> 或人之问："'由孝弟可以至仁'，是仁在孝弟之中；程子谓'行仁自孝弟始'，是仁在孝弟之外。"先生曰："如何看此不子细！程先生所答煞分晓。据或人之问，仁不在孝弟之中，乃在孝弟之外。如此建阳去，方行到信州。程子正说在孝弟之中，只一个物事。如公所说程子之意，孝弟与仁却是两个物事，岂有此理！"直卿曰："正是倒看却。"先生曰："孝弟不是仁，更把甚么做仁！"因遍问坐间云云。……直卿又谓："但将仁作仁爱看，便可见。程子说'仁主于爱'，此语最切。"①

当象山高足包显道一干弟子来访时，先按照精舍规矩向朱子发表关于时习、孝悌为仁等章的看法，朱子一一给予简略回答。尤其对其弟子反复申说的孝悌为仁章不满，让弟子林子武重新讲述一过。并决定采取正式隆重的大会主讲来讨论本章。

> 包显道领生徒十四人来，四日皆无课程。先生令义刚问显道所以来故。於是次日皆依精舍规矩说《论语》。一生说"时习"章。……一生说"务本"章。先生曰……。已而其生徒复说孝弟为仁之本。先生曰："说得也都未是。"因命林子武说一过。……次日，先生亲下精舍，大会学者。先生曰："荷显道与诸生远来，某平日说底便是了，要特地说，又似无可说。而今与公乡里平日说不同处，只是争个读书与不读书，讲究义理与不讲究义理。……直卿与某相聚多年，平时看文字甚子细；数年在三山，也煞有益于朋友，今可为某说一遍。"直卿起辞。先生曰："不必多让。"显道云："可以只将昨日所说'有子'章申之。"於是直卿略言此章之指，复历叙圣贤相传之心法。既毕，先生曰："仁

---

① 《语类》卷20，第500页。

便是本，仁更无本了。若说孝弟是仁之本，则是头上安头，以脚为头，伊川所以将'为'字属'行'字读。……良久，显道云："江西之学，大要也是以行己为先。"先生曰："如孝弟等事数件合先做底，也易晓；夫子也只略略说过。如孝弟、谨信、汎爱、亲仁，也只一处恁地说。若是后面许多合理会处，须是从讲学中来。不然，为一乡善士则可；若欲理会得为人许多事，则难。"义刚。①

朱子首先简短而有针对性地阐明其学与象山学的差别在于是否重视读书明理，并于大会上称赞勉斋看文字仔细而有益学者，请其代表自己向在场学者（主要是远道而来的象山学者）阐明朱子学派的为学宗旨。包显道则请勉斋阐述昨日象山学者已论及的孝悌为仁章，勉斋在阐明章旨之外，特别论及了圣贤相传心法，即朱子学的道统论。可见，勉斋平日对《精义》各家说有深入理解，形成了自身认识，颇得朱子认可、信赖。朱子则强调了仁为本原的意义，批评孝悌是仁之本说乃头上安头。并针对包显道提出的陆学"以行己为先"说表达了异议。认为一味"行己"而不讲学求理，只能成就"一乡之善士"，若欲成就圣贤，必不可缺少义理思辨之工夫，即智对于仁具有不可缺少的意义。

《雍也篇》之辨。勉斋曾直接仿照朱子做法，对《雍也篇》全部二十八章的《精义》各说加以比较辨析，本篇《语类》特别整齐，当是勉斋先敬呈书面文字，然后朱子再给予当面解答。勉斋的辨析形式颇固定，首先列出其认为可取的《精义》某说（常非止一说）原文，进而以"右第几章，凡几说，今从何说"的形式做一概括，接下来逐一评点各说得失，最后朱子加以解答，并无师徒交错问答情况。朱子师徒本篇《精义》之辨的确体现了朱子学比堪异同、辨析细微、不假言辞、相互辩难的特色，亦真实反映了《精义》期朱子思想的不成熟及勉斋思想的独立性。下详录首章为例。

6.1　榦问："子曰雍也可使南面。伊川曰：'仲弓才德可使为政

---

①　《语类》卷119，第2878—2881页。

也。'尹氏曰：'南面，谓可使为政也。'① 右第一章凡五说，今从伊川、尹氏之说。范氏曰'仲弓可以为诸侯'，似不必指诸侯为南面，不如为政却浑全。谢氏曰：'仁而不佞，其才宜如此。'杨氏亦曰：'雍也仁矣。'据'仁而不佞'，乃或人之问。夫子曰'不知其仁'，则与'未知，焉得仁'之语同（按：据朱子意，"未知焉得仁"当连读）。谓仲弓为仁矣，不知两说何所据？恐仁字圣人未尝轻许人。"先生曰："南面者，人君听政之位，言仲弓德度简严，宜居此位。不知其仁，故未以仁许之。然谓仲弓未仁，则下语太重矣。"榦。②

6.2 问："仲弓问子桑伯子章，伊川曰：'内主于敬而简，则为要直；内存乎简，则为疏略。仲弓可谓知旨者。'但下文曰：'子桑伯子之简，虽可取而未尽善，故夫子云可也。'恐未必如此。'可也简'，止以其简为可尔。想其他有未尽善，特有简可取，故曰可也。游氏曰：'子桑伯子之可也，以其简。若主之以敬而行之，则简为善。'杨氏曰：'子桑伯子为圣人之所可者，以其简也。夫主一之谓敬，居敬则其行自简'。但下文'简而廉'一句，举不甚切。今从伊川、游氏、杨氏之说。伊川第二第三说皆曰'居简行简，乃所以不简。先有心于简，则多却一简'。恐推说太过。既曰'疏略'，则太简可知，不必云'多却一简'。如所谓'乃所以不简'，皆太过。范氏曰：'敬以直内，简以临人，故尧舜修己以敬，而临下以简。'恐敬、简不可太分说。'居'字只训'主'字，若以为主之敬而行之简，则可；以为居则敬而行则简，则不可。若云修己，临下，则恐分了。仲弓不应下文又总说'以临其民也'。"又曰：'子桑伯子其处己亦若待人'。据夫子所谓'可也简'，乃指子桑伯子说。仲弓之言乃发明'简'字，恐非以子桑伯子为居简行简也。尹氏亦曰：'以其居简，故曰可也。'亦范氏之意。吕氏以为引此章以证前章之说，谢氏以为因前章以发此章之问，皆是旁说。然于正说亦无妨。谢氏又曰：'居敬而行简，举其大而略其细。'于'敬'字上不甚切，不如杨氏作'主一而简自见'。先生曰："可也简，当从

---

① 按据《论孟精义》，"使"作"以"。
② 《语类》卷30，第803—804页。

伊川说。剩却一'简'字，正是解太简之意。'乃所以不简'之说，若解文义，则诚有剩语；若以理观之，恐亦不为过也。范固有不密处，然敬、简自是两事，以伊川语思之可见。据此文及《家语》所载，伯子为人，亦诚有太简之病。谢氏'因上章而发明'之说是。"榦。（按：黄士毅本误为"幹"）①

首章勉斋先列出所认可的伊川、尹氏说，表明"今从伊川、尹氏之说"后，再评点范、谢、杨氏说之不足，如范氏解诸侯为南面过于限定，不够浑全；谢、杨以仁许仲弓，与夫子不轻许弟子以仁说相背。朱子认可其说，认为南面是人君，如称仲弓为仁，则称许过重。此处反映了几个值得注意的问题：一是分章有变，朱子此时尚循旧说，将"雍也"和"子桑伯子"分为两章，故全篇29章，《集注》则合并为一；二是引书有误。朱子引《家语》所载之事证伯子为人，且写入《集注》，实则见于《说苑》。奇怪的是，朱子弟子似皆未注意，直至元代弟子如詹道传《四书纂笺》等方指出。从这两章亦可见朱子师徒逐条逐字细加辨析、直抒己意的严谨批判态度。如对伊川各说一一具体点评，毫无疏漏，不讲客气。勉斋仅认可其"内主于敬而简"说，批评其"虽可取而未尽善"解"未必如此"，其"多却一简"说"推说太过"，"乃所以不简"说"皆太过"。朱子则主张二程二解皆无问题，《集注》亦取此二说。可见朱子亦有始终未变之处。三是经典诠释的遵循文意与阐发义理两个原则的统一与对立问题。朱子维护伊川"乃所以不简"说不合文意，然合乎义理，但《集注》终删此句。可见，朱子还是考虑到勉斋指出的切合文意原则。四是朱子与勉斋在致思方向上的求同与别异。如关于敬、简关系，师徒产生分歧。勉斋主合一，朱子主析二。勉斋批评范氏过于割裂敬、简关系，指出"居"字只能解为主，方能体现敬、简的内在一体，且批评范、尹的伯子居简行简说，朱子认为范说虽有疏漏，然其区别敬、简并无问题，二者本来非一。在不少问题上，朱子师徒皆体现了分合取向上的差异，勉斋偏重合一的路数确有别于其师。

---

① 《语类》卷30，第807—808页。

三 "读书不可不仔细"

"读书不可不仔细"是贯穿朱子一生的治学理念,朱子自从学延平即被称为"好章句之学""讲论极有力",自述所学由"铢累寸积而得之"。朱子认为圣人之言极为精密妥帖,恰到好处,周遍无遗。故必须仔细用功,方能得其用心,故极为反对"略一绰过"的读书之法。以"读书不细"批评前辈伊川温故知新解有误,"伊川见得亦差了……以此知读书尽着仔细,伊川恁地工夫,也自有这般处。圣人语言极精密,无些子偏重,亦无些子罅漏"①。勉斋于此"读书尽着仔细"工夫深有领会,言"尝看文字,多是虚字上无紧要处最有道理"。② 朱子师徒《精义》之《雍也》篇之辨,体现了对"仔细"的真切追求,具体可从文义、义理、工夫三方面论之。

"读书仔细"首先要求精辨文义。对文本的理解,离不开最基础的音训句读训诂工夫,朱子吸收汉唐训诂之学,于此极为重视,使其《四书集注》突破了二程纯以义理解经的诠释风格。如朱子特别点出 6.28 博施济众章"必也圣乎,尧舜其犹病诸"当一气连读,盖此关乎对博施济众与圣人关系的理解,强调即使如尧舜之圣于此亦有所不足。又主张 5.18 令尹子文章"不知,焉得仁"当一气连读,此涉及夫子对子路等是否得仁的判定。对字义解析是朱子师徒论辩的主要内容,它直接决定了对义理的解释。如勉斋认为 6.2 颜回好学章"今也则无"的"无"之二义"没有""死亡"皆与上下文重复,朱子则主张"无"就是"没有"义。6.16 文质彬彬章对"史"的解释,勉斋认可伊川、吕氏的"文书"说,反对谢氏"仪容"解。6.17 人之生也直章的"生",勉斋不满明道等说,认为只能解为"生存"而非"始生",朱子则认可明道说,认为兼具始生、生存两层含义,《集注》亦仅录明道说。6.24 井有仁章勉斋提出"逝"当为"往",批评范氏解为"去",朱子认可勉斋说,指出各家文义解释皆不清楚,"此章文义,诸先生说不甚明。"榦。③ 对字义的精准辨析并非易事。如 6.25 博学于文章勉斋着

---

① 《语类》卷24,第613页。
② 《语类》卷103,第3422页,此条为《朱子全书》本。
③ 《语类》卷33,第882页。

力辨析了"约之于礼"的"约"义,批评伊川解"约"为"守",割裂了博文与约礼的联系,批评其将本章之"约"解为"约束",颜子博约之"约"解为"知要"的差别化解释,认为二处当皆解为"知要"。朱子大体认可其说,但强调"约"应解为"约束"。然而《集注》却特别指出"约"为"要",又解"约之于礼"为"守欲其要",兼顾守、要二义。但勉斋始终质疑《集注》"约,要"说,"然约而谓'约之'以训'要',不顺。若颜子所谓约我,则要我,尤非文理。或以约为'束',则于文义顺矣,而又非博、约相对之意。"① 提出如博、约对举,则"约"为"要",但本章"约之于礼"的"约"为动词,是"约之"义,训为"要"不合文理。如训为"约束",虽合乎文义,但却未能突出与"博"的对举义,故当合二者而取之,为"反而束之以求其要",其实质不过是存心而已,此又显示勉斋对心上工夫的致意,见出勉斋对朱子批判精神的继承与弘扬。

朱子学除涉及一般意义上的文字之义外,还特别关注作为儒学范畴的"字义"之训,由此衍生出了"字义体"这一特有的理学范畴诠释之作。勉斋与朱子之讨论亦涉及几个重要范畴。如6.11君子儒章的"小人",勉斋主张谢氏说,强调小人之过有程度深浅之分,此处"小人"是相对君子大人而言的。朱子则反对,认为伊川为己为仁说可包众说,小人虽有等差,但非本章之意。6.18知之者章勉斋认可明道伊川说,"知"乃好学义,指出吕氏知之不惑说过深,杨氏知之非艰说过浅。又辨析吕氏、范氏所言"乐"乃是乐后事,批评谢氏以"无"解"乐"不妥,尹氏以"安"解"乐""未紧",朱子称赞其解,《集注》未取二程,而引尹氏说,易其"有所得而安"的"安"为"乐"。6.21乐水乐山章勉斋特别阐明体用义,辨析"体"的"体段"和"本体"两层含义,指出伊川说"体"是体段而非体用义,批评吕氏以本体义解本章,深得朱子认可。

朱子解经注意区别文义与义理,于此亦有表现。如6.1雍也可使南面章曾讨论程子说"程先生所解是于文义不合乎,是道理未必然乎?"故"读书仔细"除文义之辨外,尚要求义理诠解的恰如其分。首先,解释应切合本意。朱子选择前人之说的首要标准即是本意原则,不合本意虽美亦不取。言

---

① 赵顺孙:《四书纂疏》,吉林出版股份有限公司2005年版,第183页。

"每常解文字，诸先生有多少好说话，有时不敢载者，盖他本文未有这般意思在。"道夫。[①] 如6.3子华使于齐章，勉斋批评伊川从师生角度论此"恐非本意"，而是"外生一意"。《集注》虽取伊川说，但舍弃勉斋所批评者。6.6仲由可使从政章勉斋批评伊川、尹氏说不合常理，范、谢专就三子缺点论，偏离文意。6.28博施济众章批评横渠弘道说不合文意。6.19中人以上章辨析了《精义》诸家就"上中下人"形成了禀受与学术两种不同理解，勉斋主张二说相互支持，不可偏废。朱子则认为伊川第二说已包含两方面含义。其次，勉斋继承朱子，秉持义理恰如其分这一标尺，以宽紧、深浅、高低、自然穿凿、亲切推说、稳妥不当等反义组合来形容诸说不足。如6.2颜回好学章批评张载"萌字说太深"，范氏性迁说"不可晓"，指出其以"移"字训"迁"说太深，谢氏"不害其为改"说"又太浅"，杨氏不放心之说则"无甚差，但稍宽尔"。6.9箪食瓢饮章指出二程、范氏"皆是推说，于本文未甚密"，批评谢氏"不与物交"说太深。6.10力不足章称赞吕氏以"不幸"解"中道而废"颇为亲切，批评其"足废"说太穿凿，尹氏说少一"自"字语意无力。6.14祝鮀之佞章指出谢氏"善观世之治乱者如此"乃推说。6.20樊迟问知章批评范氏"振民育德"说过宽，吕氏当务为急说牵连，谢氏"知鬼神"说过深。6.28博施济众章批评范氏仁小圣大说不稳，吕氏分说博仁、济圣未当，吕氏仁者无事博济说不妥，杨氏"仁者何事于博施济众"说太过。6.21乐水乐山章朱子、勉斋讨论了同文异指还是牵合援引。勉斋认为圣人论德，各有不同，不可牵扯混合《中庸》仁知说。"各有攸主，合而一之，恐不可也。"朱子对此持具体分析的灵活辩证态度，认为仁知不同之三说，义可相通，但此相通不可扩大而已，如不可用于"学不厌知、教不倦仁"说。

重视工夫针砭教化是朱子《四书》诠释的独特原则，亦是体现"读书仔细"的重要指标。如6.7闵子骞为费宰章勉斋认可谢氏说，朱子认为其说虽好，语气过于粗厉，但"足以立懦夫之志"，故《集注》仍取之。6.13孟之反不伐章勉斋认为谢虽切于学者，然未紧扣文意。《集注》则取谢说，体现了朱子重视工夫论的立场。6.16文质章朱子认为谢氏说的问题不

[①] 《语类》卷105，第2604页。

在字义，而在于缺乏工夫，"无矫揉着力处，失却圣人本旨"，"杨说推得却有功"，突出了文质的本末关系，故《集注》取其说。6.28 博施济众章《集注》取吕氏批评"子贡有志于仁，徒事高远"说，亦是着眼工夫。

四 继承与超越

朱子与勉斋对《精义》诸说的辨析，体现了朱子学极为强烈的批判继承与反思超越精神。这种精神至少在三个层次得到体现，带给今人发人深省的启发。

第一层：朱子对二程学派的继承与超越。在继承二程之学时，朱子亦严格辨析其说不合理之处，并予以批评，体现了入室操戈、勇于超越的精神。如2.10 章伊川"所由、所安"解兼具善恶两面，《集注》则专指不好的一面。朱子认为《集注》之解合乎事理，否则容易犯下恕人、自恕之病。朱子一贯极忌惮自恕、恕人说，而主张宁严勿恕。2.11 温故知新章朱子批评诸家说皆说反了温故和知新，用以解释温故者，其实适用于知新，反之亦然。批评伊川、尹氏"只此一事可师"说，"窄狭却气象也。"2.23 损益章批评程子诸说仅注意"损益"而忽视了更为重要的"因袭"一面，批评程子亦不仔细而是"衮说将去"，非常认可汉代马融说，见出朱子对于汉学的尊重，此是他与二程学派解经相异处。"这一段，诸先生说得'损益'字，不知更有个'因'字不曾说。'因'字最重。程先生也只衮说将去。……因举马氏古注曰……此说极好。"榦。① 3.16 章批评二程说犯了添字解经，引入言外之意，不够稳当的弊病。批评明道射不主中说，完全违背了"中"的主旨。

第二层：朱子的自我否定与超越。朱子《精义》时期思想虽大体确立，然不成熟，较之此后《集注》（甚至《或问》）思想多有反复，故《精义》之辨可成为考察朱子思想演进的有益参照。如《精义》及《或问》主张首章分为两章，《集注》则合为一章。就《精义》与《集注》比较来看，朱子对诸家看法有从批评转变为认可的，如 6.6 由也果章朱子曾认可勉斋对伊川批评，但《集注》则明引勉斋批评的伊川"能取其长皆可用"说；6.11

---

① 《语类》卷24，第637页。

君子儒章朱子认为谢氏"远者大者或昧"说"某所未安",然而仅在丁酉《论语或问》即改变看法,从工夫论角度肯定其说"尤可以警学者用心之微",故《集注》引之。6.13 孟之反章对谢氏的处理亦然,《精义》中勉斋认为谢说"甚紧切,于本文未密",朱子未发表看法,《论语或问》则痛贬"谢氏之说,尤为过之";至《集注》则唯独采用谢氏说,取舍截然相反。2.8 色难章"色难"解朱子主张以杨氏说,反对旧注"承顺颜色"说,但《集注》则引之,认为"亦通"。有从认可《精义》说到放弃或反对的,如6.12 子游为武城宰章,勉斋倾向谢氏说,指出主旨是取灭明之一节一行,朱子认可之,然《集注》则引杨氏说。还可由《精义》之辨见出朱子说从未定到确定,如6.18 知之者章《集注》引与勉斋未曾讨论的张栻说,可见其时朱子对本章理解仍未确定。6.19 中人以上章勉斋未知横渠说出处,置其说于统计的六说之外,可知其时《精义》尚未收入其说。

第三层:勉斋对朱子的反思与突破。朱子、勉斋《精义》之辨,体现了师徒二人在经典诠释和思想取向上的诸多差异,尤其显示了勉斋独立思考、当仁不让的精神。勉斋不仅提出了独到新颖之解,而且对某些重要说法坚持不渝,并未因其与朱子之特殊亲密关系(传道弟子兼女婿)而改变。就《精义》之辨来看,师徒二人观点对立甚多。如6.15 出不由户章勉斋批评伊川"事必由其道"说未粹,朱子认为伊川说"不见其失,不可轻议"。6.20 樊迟问知章勉斋批评吕氏当务为急说牵连,朱子则大赞吕氏"词约理精",《集注》收其说。6.22 齐一变章勉斋分析伊川第二说"只说风俗"、三说"大伦犹在"皆未稳,批评范氏"齐鲁相若"说不妥。朱子则认为程子、范说皆无病,《集注》亦是从风俗论。6.26 子见南子章勉斋主张上蔡的"浼夫子"说,批评伊川的"子路以夫子被强、见迫"说,认为子路不悦在于"不足见"而非"不当见",指出伊川的"夫子欲正卫君失礼"是言外添加之意,认为夫子之见合礼。范氏以"矢"为"誓"非圣人气象,吕氏"天厌道"说非圣人意。朱子则据文义主张范氏发誓说,批评诸家因避嫌而解"矢"为"陈"。6.27 中庸之为德章勉斋主张尹氏说,批评伊川未能阐明"久"字而不合文意,谢、杨氏以无过不及解"至"不妥,乃是言"中"。批评杨氏"高明者中庸之体,中庸者高明之用"说。朱子则主张伊川说,认为谢杨等"中""至"说相通,指出其破杨说不妥。6.28 博施济众章勉斋认为伊川"皆以'何事于仁'作'何止于仁',故以仁为有小大上下"与本章论为仁之方主旨不相应,割裂了前后文意,而主张明道"何干仁事"说,此说既分明,又与下文仁之方贯通。朱子则赞同伊川"何止于仁"说,对勉斋认为"皆推说'博施济众犹病'故不录"的二程说,《集注》则有所取。又如对"当仁"的理解,勉斋主张"适当为仁",朱子认为应是"担当""任"之意。

勉斋与朱子之异鲜明显示了其思维的敏锐和独到,对自身观点的始终坚持体现了自得于心的理论自信。如2.4十五志学章勉斋对朱子说颇有修正,关于本章进学次第是实说还是虚说,有不同看法。勉斋认为当是夫子为学境地之实说,而非故作谦虚以勉励他人,并认为《集注》在"勉人为辞而独觉其进"两说中,更重后者。其实《集注》更强调勉人、立法、谦虚之说,"独觉其进"说不过略有此意而已。勉斋则以后者来否定前者,以此作为对《集注》的批评修正。

勉斋较之朱子,更强调分说立场。如6.5三月不违章,他主张"三月"突出了颜子工夫的长久不断,其余弟子则至于仁而不能久,不能拘泥于"三月"二字,颜子与圣人之别不在乎是否有断,而是工夫思勉问题。"愚以三月特以其久,不必泥'三月'字。颜子视孔子为未至者,圣人则不思不勉,颜子则思勉也。诸子视颜子为未至者,则以久近不同耳。若谓颜子三月则违,恐未安。"朱子则强调伊川等"三月则断"说无误,如颜子能始终不断,则已进入圣域,无须思勉了。"颜子若能终不违仁,则又何思勉之有!"另一方面,勉斋称赞游氏以人心解仁说紧切而不合文意,"游氏说'仁'字甚切,恐于本文不甚密。"朱子则甚为反对游氏仁人心说,非常警惕视仁心为一物说,认为与本文"心不违仁"说不合。"游氏引'仁,人心也',则仁与心一物矣,而曰'心不违仁',何也?"[①] 对横渠"内外宾主"说,勉斋当时比较困惑,"不知如何说?"他后来分析《语录》朱子所答他人说,提出就文义与义理言,大概有两种观点:一是仁为屋,心为宾主;二是身体为屋,仁为宾主。二者的根本差别在于是否视仁与心为一,前者虽合乎文义而视仁、心为二;后者主张仁即心而更合乎义理,勉斋个人倾向于仁

---

① 《语类》卷31,第838—839页。

与心为一说，认为更为亲切。可见他对自己思想的坚守。勉斋此说影响甚大，为朱子后学《四书》著作广为引用。

> 黄氏曰："内外宾主之语，《语录》有数条，大略以屋为喻而在内者为主，在外者为宾。然有二说：其一以仁为屋而以心之出入为宾主，其一以躯壳为屋而以仁之存亡为宾主。以文义言则前说胜，以义理言则后说胜。以文义言，则心自是心，仁自是仁；以义理言，则心即仁也仁即心也。前说因孔子所言而为文，后说则言心在便为仁，不在便为不仁。其旨尤切，当两存而并观之。"①

又如6.20樊迟问知章勉斋着力讨论"民之义"解，反对二程解"民"为"百姓"，认为应解为"人"，方才切题。进而提出新解，认为此"务民"即是务己之义，盖"通天下只一义"，以此义而冲破人我之别，达到人己相通。此"知"亦落实为见义而为，无义则无知，突出了义的中心意义。批评杨氏樊迟学稼是事而非义说不妥，提出"事与义本无异"的事义合一说，强调事不离义，义必见诸于事。"此三说，皆以'务民之义'作'从百姓之所宜'，恐解'知'字太宽……只伊川第二说曰'民，亦人也'，似稳。所谓'知'者，见义而为之者也。不见义，则为不知。……然必曰'民之义'者，己亦民也。通天下只一义耳，何人我之别！……莫非事也，而曰'事而非义'，则不可。但有义、不义之异，事与义本无异。"朱子一方面认可勉斋对"民之义"的理解，同时批评其无人我之异说过于合一笼统。批评"事即义"说犯了物即理的形而上下混说之弊，"但所谓'居天下之广居与己之广居无异'，则天下只有此一广居，何必更说无人我之异乎？……然谓'事即是义'，则不可。且如物还可便谓之理否？"榦。② 此显示朱子强调分析，反对合一的特点，这是朱子的基本立场，朱子对仁与心、物与则、道与器、理与气等皆是如此严加辨析，突出分殊。仅即此两章，已显出勉斋与朱子不同而更倾向于理一和通贯，主张心即仁、事即义、人即我等。

---

① 《四书纂疏》，四库荟要本，吉林出版股份有限公司2009年版，第174页。
② 《语类》卷32，第870页。

朱子引导勉斋对《论语精义》的精细辨析①，实则是朱子学习二程之学进而突破二程之学思想奋斗历程的再现，对领会朱子思想的形成演变具有切实的参考意义。对勉斋而言，藉由对《精义》诸说的比堪异同、考校得失，熟悉了前辈之说，锻炼了思辨能力，掌握了"虚心熟读审择"的治学方法，形成了"读书尽着仔细"的治学风格。特别难得的是，勉斋忠实传承了朱子所实践的当仁不让的求真精神，在反思批判中继承发扬朱子学，所开出的双峰、北山之学又将此精神演绎为"后朱子学"时代不可多得的一段光彩。朱子师徒《精义》之辨所体现的重视前人成果，强调理性反思，实与现代学术精神颇为吻合，其所秉承的"会看文字""尽着仔细"的治学理念于"略一绰过"的浮躁学风亦具针砭之效。它亦启示今人，在经典研习和义理探索之途上如勉斋一般重走朱子之路，或许是时下传统儒学的转化与创新取得突破的可资之鉴。

第四节　朱子、张栻《癸巳论语说》之辨

朱、张深切的学术交谊始终不离学术观点的交流碰撞，二贤关于《仁说》、《知言》、中和之辨为学界瞩目，然《论语》之辩则似较少受到关注。《论语解》为南轩最费心、晚出、成熟之作，其文本的复杂性，所蕴含的朱张学术异同及理学未来走向问题，实有待发之覆。本书试图以相关证据表明，南轩《论语解》确存在癸巳初本与淳熙改本之别，朱子曾就南轩《癸巳论语说》提出120处修改建议，南轩改本亦多据朱子意见修改而成，体现出朱张思想的趋同性与差异性。四库馆臣囿于所见，得出南轩仅修改《癸巳论语说》23处，其余"栻不复改朱子亦不复争"等判定不合实际，通行之《南轩论语解》中华版对该书的大量失校亦不利于改本的凸显。另一方面，朱张《论语》之辩体现出二者对理学传统和经典诠释的处理存在守成与创新之异，南轩仍局限于上蔡等理学立场，继续沿袭"六经注我"的求

---

① 勉斋丙申春1176始登朱门，值得注意的是，《论语或问》中朱子有些说法已不同于与勉斋辨析《精义》时，如6.6章对程子说、6.11章、6.13章对谢说，且《或问》讨论的张子、胡氏、洪氏、苏氏、曾氏等说，皆未见与勉斋讨论提及，当为后来收入。

言外之意的高远风格；朱子则遵循以求本意为主的"我注六经"风格，在一定程度上扬弃理学，融合汉学，实现了经学与理学的合一，将理学之时代精神回归于经学之本始传统，最终开出了儒学发展的新生面。此一个案显示了理学学者相互交往所带来的思想演变、理学内部客观存在的思想异同，朱、张治学理念之异于理学学派兴衰演变之关系等重要论题，于今日儒学发展亦不乏现实参考意义。

一 因袭上蔡之误

朱、张在学习洛学的过程中，皆深受谢上蔡《论语说》影响，上蔡之说可谓二贤早年进入理学之门的"扶手"。但随着朱子学术思想的成熟独立，他开始抛弃这一"扶手"，反思上蔡之不足，通过扬弃上蔡踏上自成一家之路。[1]南轩则似仍徘徊于上蔡影响之中，故朱子批评南轩《癸巳论语说》多因袭上蔡之误。朱子于《与张敬夫论癸巳论语说》（以下简称《癸巳论语说》）中多次道明此点，如批评父在观其志、所贵乎道者三、曾点之乐等章引上蔡说具有好新奇、缺工夫、远本意、近异端之弊。朱子于《答张敬夫语解》（该书专门答复南轩《论语解》学而篇十章）认为"传不习"当为明道"传而不习"说，南轩通行本则仍持上蔡"传者得之于人，习者得之于我"说。指出"父在观其志"章"不暇改"说是承袭上蔡之误。从文义与工夫的两角度据明道、尹氏说批"所贵乎道者"章因袭上蔡之误，"此说盖出于谢氏，以文意求之，既所未安，而以义理观之，则尤有病……其用功在于平日积累深厚，而其效验乃见于此，意味尤觉深长。明道、尹氏说盖如此，惟谢氏之说以'动'、'正'、'出'为下功处，而此解宗之……且其用力至浅而责效过深，正恐未免于浮躁浅迫之病，非圣贤之本指也"[2]。认为南轩采用谢氏说不合夫子意，用力太浅而言效过快过深，易造成浮躁急迫学风。南轩接受之，通行本删"将死而言"句，采朱子"庄敬笃实，涵养有素"说，并反思上蔡说的确缺少下工夫处而转向二程说。《答朱元晦》言，

---

[1] 朱子对上蔡之批评，可参看田智忠《简论朱子对上蔡思想的扬弃》，《人文与价值——朱子学国际学术研讨会论文集》，华东师范大学出版社2011年版，第315—326页。

[2] 《文集》卷31，第1371页。

"'所贵乎道者三',上蔡之说诚欠却本来一段工夫,二程先生之言真格言也"①。朱子于曾点之乐章严厉批评上蔡说杂入佛道而无圣贤气象,指出南轩说即源于此。

> 此论甚高,然反复玩之,则夸张侈大之辞胜,而悫实渊深之味少,且其间文意首尾,自相背戾处极多。……则与禅家拈槌竖拂,指东画西者,何以异哉?其不得罪于圣人,幸矣……至于此下虽名为推说曾皙之意者,然尽黜其言而直伸已见,则愚恐其自信太重,视圣贤太轻,立说太高而卒归于无实也。……若上蔡之说,徒赞其无所系著之意,而不明其对时育物之心,至引列子御风之事为比,则其杂于老庄之见而不近圣贤气象,尤显然矣。凡此说中诸可疑处,恐皆原于其说。②

批评南轩说过于花哨虚浮而无扎实深沉之味,文意相互矛盾太多。如"曾子非有乐乎此也,盖以见夫无不得其乐之意"句有双重错误:一则文义有误。"非有乐"是明道对颜子箪瓢之乐的评论,不可施于曾点。颜、曾之乐不同,颜乐在箪瓢陋巷之外,不可即其事而求;曾乐是见道分明,洒脱无累之乐,正当即其事而求。二则宗旨有误。以此浮夸之言解曾点,使夫子师徒问答,陷入禅宗拈槌竖拂之机锋,几乎推圣门于禅学。此体现了朱子严辨儒佛的学术立场。指出南轩摆落圣言直抒己见,过于自信而轻视圣贤,立说过高归于空虚,并以其表意混乱的"天理自然不可妄助不可不及"等说证明之。批评上蔡仅赞叹曾点无牵挂洒脱意而未发明仁者爱物之心,引《列子》为解更杂入老庄之见而无圣贤气象。归结南轩之误为受上蔡影响故,告诫南轩当摆脱上蔡说不良影响,走上新的经典诠释之路。通行本接受朱子意见,删除被批评诸说。《集编》、《读书记》所引较通行本又有精简。

二 解经三宗病

朱子于癸巳前后反思理学直阐己意的解经之弊,强调当汲取汉代训诂章

---

① 《南轩文集》卷21,《张栻集》,中华书局2015年版,第1097页。
② 《文集》卷31,第1374—1375页。

句学之优长，以救其弊。《答张敬夫》多封书信皆反复明确此意，如癸巳《再答敬夫论中庸章句》强调章句分析之学与玄谈心性之学的区别。癸巳《中庸集解序》严厉批评脱略章句之空的后果更胜于汉人章句之陋，表明力图扭转空谈之学，回归章句文本，沉潜文义解读，探寻文本原意，追求平实简易的主张。"儒者惟知章句训诂之为事，而不知复求圣人之意……甚者遂至于脱略章句，陵籍训诂，坐谈空妙，展转相迷，而其为患反有甚于前日之为陋者。……使之毋跂于高，毋骇于奇，必沉潜乎句读文义之间，以会其归。"[①] 为此，朱子特别反思予其以深刻影响的上蔡论语学，批评上蔡解经存在虚浮不实、新奇不平；缺少工夫指点；杂佛老以解儒典的毛病。认为此即南轩所染之病，故对《癸巳说》的批评，皆围绕此三方面展开。

（一）"贪说高远"

朱子解经反对好高凿深之论，力求平实、浅易、贴切。对南轩高远之说，以"不（未）安"评之，甚不喜南轩套用"性""天理"等形上概念解经，指出此是造成其解高远的重要原因。如认为南轩"众人物其性"说"此语未安，盖性非人所能物"。[②] 批评其"形体且不可伤，则其天性可得而伤乎"的"伤性"说过高，既不合曾子本意，亦不合事理，本意只是保全形体，通行本未改。批评其"约我以礼，谓使之宅至理于隐微之际"说"幽深，却无意味"，乃是受谢氏影响而未免好高之弊。《答张敬夫语解》批评南轩"明尽天理"说亦犯有高远之弊，"'患不知人'恐未合说到明尽天理处，正为取友用人而言耳。大率此解虽比旧说已为平稳，尚时有贪说高远，恐怕低了之意"[③]。南轩接受之，删除"明尽天理"并提出反对贪高务远说。

南轩喜用夸张性表述，立说过高而不妥当、平实，易造成逻辑混乱。《答张敬夫语解》批评其以"美玉之与砘砆"喻夫子乐而好礼、子贡无谄无骄不妥，此喻只能用于王霸之别等性质对立者，通行本改之。朱子又指出南轩以"言当其可，非养之有素不能"解"三愆"过高，圣人只是戒人言语

[①] 《文集》卷75，第3640页。
[②] 《文集》卷31，第1372页。
[③] 《文集》卷31，第1344页。

以时，不可妄发之意。通行本未改。评析南轩贪图高远的说经风格还见诸以外在目的、关系解经，如"以成性、以养德"等说。批评禹吾无间然矣章"所以成性"说不妥，大禹所为皆是理所当为，非为成就性而为之。批评"艺以养德"说，认为艺是事理不可或缺之当然，是合有之物，游于艺并非把"艺"作为一外在于德性的手段。直指南轩解源于不屑平实，好为高远的解经大病。"盖艺虽末节，然亦事理之当然……此解之云，亦原于不屑卑近之意，故耻于游艺而为此说以自广耳。"① 批评南轩"言欲讷者畏天命，行欲敏者恭天职"说，"仁者人之所以生也，苟亏其所以生者，则其生也亦何为哉"说，皆有计较功利之意。进一步剖析南轩贪说高远的风格源于其"几欲与《论语》竞矣"的心态，批评其奢则不孙章"圣人斯言，非勉学者为俭而已"说即犯有此病，"今为此说，是又欲求高于圣人而不知其言之过，心之病也。……今读此书，虽名为说《论语》者，然考其实，则几欲与《论语》竞矣"②。无友不如己章南轩提出"不但取其如已者，又当友其胜已者。"朱子指出只是"友必胜已之意"，批评南轩分此为二等是欲高出圣人之言，此为其解经之普遍毛病。"而其立言造意，又似欲高出于圣言之上者。解中此类甚多，恐非小病也。"③ 反之，朱子亦批评南轩犯有过于推崇圣人的倾向，"尊圣人之心太过"。如放郑声章指出其"于此设戒是乃圣人之道"说不合文意，推崇圣人过度，反致气象轻浮狭隘。通行本未改。

（二）"多务发明言外之意而不知其反戾于本文之指"

朱子不满摆落本意、一味阐发己说的解经做法，主张解经当以阐发本文之意为宗旨。其对南轩的批评亦针对于此。批评南轩述而不作章"圣人所以自居者平易如此"仅以"平易"为解，未能阐发圣人谦虚诚实之意，未使学者识圣人气象，消虚傲之习。批评其以"老彭孔子事同而性情功用异"比较圣人与老彭，与经文之意大背，反陷圣人之谦虚诚实于虚伪之境。总结其病在于多发明言外之意而反背离本文宗旨。"大率此解多务发明言外之意，而不

---

① 《文集》卷31，第1368页。
② 同上书，第1370页。
③ 同上书，第1359页。

知其反戾于本文之指,为病亦不细也。"① 通行本已删此二句。批评南轩"临事而惧,好谋而成"的"独可行三军而已"说,认为此恰是针对三军而发,南轩说有过于推演言外意义之弊。批评子帅以正章"明法勒罚以示之,亦所以教也"说虽合事理却"夺却本文正意"。朱子常指出南轩解不合经文之意,乃外来无据之说,"经文未有此意"。如指出谅阴章"大君勅五典以治天下而废三年之达丧"说"经文未有此意""无来历也。"批评原壤章幼而孙弟说"恐圣人无此意";指出予一以贯之章"此亦子贡初年事"说无据,非经之本意。以上通行本皆未改。朱子亦指出南轩说常偏离主旨而无当。如批评南轩"无其鬼神是徒为谄而已"说偏离章旨;修己以敬章"敬有浅深一句在此于上下文并无所当",主张删除"敬有浅深"及"亦"字。与此相应,朱子还提出阙疑的审慎态度。如提出谨量章"此篇多阙文,当各考其本文所出而解之。有不可通者,阙之可也"②。

(三)"圣人与异端不同处不可不察"

朱子对南轩的批评,特别注重严辨儒学与佛老之别,严格甄别佛老用语、思想的掺入。如反对子谓颜渊章"其用也岂有意于行之,其舍也岂有意于藏之"的"无意"说,而主张无私意,以区别儒学与佛老异端之学。"谓舍之而犹无意于藏,则亦过矣。……圣人与异端不同处,正在于此,不可不察也。"③ 通行本未改。仲尼焉学章南轩采用龟山等"万物盈于天地之间,莫非文武之道,初无存亡增损"说,朱子批评此说因新奇而为学者所多用,然不合文义。"盈于天地之间"与"文武之道""无存亡增损"自相矛盾。文武之道只是指周朝制度典章,批评迁儒说以就佛老之言,丧失儒家下学之义,陷入异端目击心会之说,要求南轩平心退步,反复探究句读文义而明此说之失。"近年说者多用此意,初若新奇可喜,然既曰'万物盈于天地之间',则其为道也,非文武所能专矣。……且若如此,则天地之间,可以目击而心会……窃详文意所谓文武之道,但谓周家之制度典章尔。……大抵近世学者喜闻佛老之言,常迁吾说以就之,故其弊至此。读者平心退步,

---

① 《文集》卷31,第1367页。
② 同上书,第1384页。
③ 同上书,第1369页。

反复于句读文义之间，则有以知其失矣。"① 庚寅《答张敬夫》批评南轩"天下皆知美之为美"说未能严辨儒道之别，"大凡老子之言与圣人之言全相入不得也"。② 朱子甚留意于具体字义中辨别儒佛。如南轩解语之而不惰为"不惰其言"，朱子则主张为"怠惰"，认为如南轩说，当为"堕"字，且有禅学"语堕"之意，极不可取，批评上蔡等以"不惰为领受"错误。

三 文义章句之辨

朱子在注释《四书》的过程中，逐渐从一味阐发己意的理学学风中走出，而兼采重文义解释的训诂章句之学。强调从文义入手，准确、平实解读经文，以扫除阅读障碍，疏解文本之义为宗旨，融合了理学之义理精神与汉学之小学传统，重铸了经学之解释形态。朱子对此转变有深刻反思，再三强调回归汉儒以训诂解经的经训合一之学，如此方能力求本旨而意味深长。《答张敬夫》言："以此方知汉儒可谓善说经者。不过只说训诂，使人以此训诂玩索经文，训诂经文不相离异，只做一道看了，直是意味深长也。……《论语》亦如此草定一本。"③ 丙申《答敬夫孟子说疑义》明确了由字义到文义再到本来意的解经次第，突出解释文义名物为解经之首务，反对过多阐发己意，而主张简易。"且如《易传》已为太详，然必先释字义，次释文义，然后推本而索言之。……大抵解经但可略释文义名物，而使学者自求之，乃为有益耳。"④ 故朱子据详辨文义章句的宗旨，从文字、用语、句法三个层面指出南轩《癸巳论语说》的不足。

（一）文字之形音义

字、音之误。朱子指出南轩两次引文之误，一为误引伊川"思绎"为"䌷绎"。"本文作'思绎'，今此所引改'思'为'䌷'。"⑤ 然通行本未改。二是指出"抑"字之误，"知抑精矣"，通行本改为"则益精矣。"对

---

① 《文集》卷31，第1383页。
② 同上书，第1407页。
③ 同上书，第1349页。朱子之解是否实现了合乎经文本意，后世学者并不认可。但朱子以追求经文本意为解经原则，则是无疑的，而且确实带来了与二程理学有别的解经风格。
④ 同上书，第1352页。
⑤ 《文集》卷31，第1357页。

字音的理解决定了字义把握和义理领会，朱子《四书》于注音用心非常之细，尤关注多音多义字。如"恶"字，南轩曾读"苟志于仁无恶也"的"恶"为去声，可恶义，朱子提出当为入声，乃不善义。"盖此章恶字只是入声。"① 又如南轩解默而识之为"默识非言意之所可及，森然于不睹不闻之中……世之言默识者，类皆想象意度，惊怪恍惚"。朱子指出"默识只是不假论辨而晓此事理"，批评南轩解已流入自身所批评的"惊怪恍惚"之列，其因在于对"识"的读音有误。《集注》更倾向"识"的"志音，记义"。"不施其亲"的"施"，南轩主张尹氏说，朱子则取《经典释文》和吕氏说，认为当是"弛"字，批评谢氏释为"施报"有误。"若如谢氏，虽亦引'无失其亲'为解，然却训'施'为'施报'之'施'，则误矣。……《释文》本作'弛'字，音诗纸反…今当从此音读。"②

字义辨析。朱子极重视字义辨析，于此批评南轩说之不足。如"罔之生"的"罔"，南轩主蒙昧义，"罔则昧其性，是冥行而已矣"，近于范氏"无知"说，朱子据上文主张为伊川"欺骗"说。批评南轩子绝四章的"绝而不复萌"说，认为"绝"当是"无"。言绝不言无，更显出无之程度深。南轩采纳之。朱子常以古注取代诸家说。如"人也"南轩解为"以其有人之道也"，此来自范氏"尽人道"说，朱子认为当是古注"伊人"说，南轩改从朱子。朱子判定字义诠释的标准是自然简易。如不可则止的"止"，南轩主"制止"义，朱子认为是离开义，批评其解穿凿费力。"按经文意，'不可则止'但谓不合则去耳。……今为此说穿凿费力而不成文理。"③ 朱子对语气词等虚词颇用心，如不逆诈章南轩认可孔安国"先觉人情者，是宁能为贤乎"解，朱子则强烈反对，称赞杨氏说，指出"抑"为反语之词，表推测、可能关系。

"字未安""不可晓"。朱子常以"字未（不）安"的形式指出南轩用语不妥。如南轩解敬鬼神而远之为"远而不敬，是诬而已"。朱子指出"诬字未安"，通行本改为"忽"。但朱子所批评者，南轩多未改。如"处于己

---

① 《文集》卷31，第1404页。
② 同上书，第1381—1382页。
③ 同上书，第1374页。

者不尽也"的"处字未安";"语乱则损志"的"损志二字未安";"不忍乘危"的"乘危二字未安";"包注训固为陋"说"恐亦未安";"信于己也"的"己字未安"等。朱子批评南轩子之燕居章"圣人声气容色之所形,如影之随形"说,以形影关系阐发圣人声色之不离,并不贴切,反而有化二为一的嫌疑,未能揭示圣人与常人之别,圣之为圣所在。朱子亦批评南轩用语"不可晓"。或因太简略之故,如认为"将死而言善,人之性则然"说,"此语太略,几不可晓,恐当加详焉"①。或为表述不清而难以理解。如"不忮不求之外必有事焉""圣人所欲不存岂有一毫加于此哉",皆认为"不可晓"。

(二)"自相矛盾""未尽曲折"及"设问发之"

朱子指出南轩说存在前后文意自相矛盾处。如"质胜文则野"章南轩先言"与其史也宁野",再言"矫揉就中""修勉而进其文",文理错杂,前后矛盾,使学者不知用力之方。"与其史也宁野"是无法做到中之后求其次,南轩则先此而后再"就中"。通行本接受批评,采取了删"矫揉就中"等做法。朱子以"语序颠倒"指出南轩说语义矛盾,如批评"仁者为能克己"颠倒了克己与仁的由工夫而本体关系。指出南轩说具有过于牵扯,"说过两节""跨过两章"的弊病。如自行束修章先后引夫子"何莫非诲""不保其往"说,朱子认为"此一章之中而说过两节意思,尤觉气迫而味短也"。② 中人以上章引孟子"是亦所以教之也"说,朱子批评此说极为害理,违背圣门教法,于文意、气象皆不合,为南轩采纳。

朱子指出南轩说有"未尽曲折""不亲切""太支离"的弊病。如批评信近于义章"此结句似不分明,恐未尽所欲言之曲折也"③,指出"夫子听卫国之政,必自卫君之身始"说虽合理,却少曲折。批评直躬章"世之徇名而不究其实者"说"此不知所指言者谓何等事,文意殊不明也"④,指出如患得之章"计利自便之心"说文义不分明、语意亦不亲切。通行本未改,

---

① 《文集》卷31,第1370页。
② 同上书,第1368页。
③ 同上书,第1361页。
④ 《文集》卷31,第1376页。

《集编》《读书记》所引改为"患无以得之也"。批评士见危致命章引龟山说"于成人曰授命、曰见利；于士曰致命、曰见得"太支离，通行本未改。朱子亦批评南轩解无关主旨，如生而知之章"其至虽一，而其气象规模终有不同者"是多余不必要之说。

朱子在认可南轩解的同时，亦提出其需改进"发之无端"的突兀表达，建议采用"先设疑问以发之"的或问体，以实现表意自然、顺畅；明确言外之意与本文正意的区别，避免掺杂。朱子曾数次告之当采用"或问"体。如南轩以隐显、内外、本末解"一以贯之"章，朱子认为解意虽善而立言无端，导致杂乱无序，当采设问方式。指出南轩巧言令色解内容甚好，只是为言外之意，应有所引语方不显突兀，避免与经文正意的混杂，做到义理分明，并以伊川《易传》必设问以发言外义为证。"此意甚善，但恐须先设疑问以发之，此语方有所指。……如《易传》中发明经外之意，亦必设为问答以起之，盖须如此方有节次来历，且不与上文解经正意相杂。"[1] 南轩接受之，通行本补"其心如之何"之设问句。朱子针对就有道而正焉章、克己复礼章提出同样建议，前者未改，后者采纳。

四 《论语解》改本及朱张异同

（一）《论语解》之癸巳本与淳熙本

朱子对南轩《癸巳论语说》展开了较为激烈的辨析，南轩在很大程度上接受了朱子意见，对该书加以修改，形成了与癸巳旧本差别较大的淳熙改本。[2] 淳熙年间，南轩反复提及对《论语说》的改正，朱子、吕祖谦亦皆认可淳熙改本大优于癸巳旧本。南轩《答朱元晦》言："《语说》荐荷指谕，极为开警。近又删改一过，续写去求教。"[3] 朱子《张南轩文集序》言："敬夫所为诸经训义，唯《论语说》晚尝更定，今已别行。"[4]《答吕伯恭》言：

---

[1] 《文集》卷31，第1358页。
[2] 杨世文先生据朱、张书信往来，已得出此论断，惜乎未展开论述。参《张栻集·前言》，中华书局2015年版，第25页。
[3] 《南轩文集》卷24，第1123页。
[4] 《文集》卷76，第3661页。

"詹体仁寄得新刻钦夫《论语》来,比旧本甚不干事。"① 吕祖谦答《朱侍讲》亦言,"詹体仁近亦送葵轩《论语》来,比癸巳本益复稳密"②。

朱子《答张敬夫语解》、《癸巳论语说》引用约130条南轩《论语说》,并指出其应修改之处,如将之与通行本相较,则会认同四库馆臣仅修改23处说;如将之与《论语集注》、《论语或问》、《四书集编》、《西山读书记》所引南轩说相对照,即可发现半数以上实已修改。所改之处多据朱子批评,此即为淳熙改本说。真德秀《四书集编》在"子谓颜渊章"明确提出淳熙本与初本的差别。"南轩初本云:'其行也岂有意于行之,其舍也岂有意于藏之。'"③ 且详引朱子《癸巳说》批语。可见他同时见过初本与定本,且非常注意二者区别。《四书集编》引南轩说一个很重要的工作是辨析朱、张异同,如不以二家定本为据,则辨析将无从展开。如多见而识,《集注》解为"识,记也。记则善恶皆当存之。"南轩为"多见而识其善"。德秀认为:"多见而识之一句,二先生所释不同,以文义求之,则南轩似优。"④ "不至于谷",朱子释"谷"为"禄"、南轩为"善",德秀又指出,"二先生释谷之义不同,正宜参玩"⑤。至于《集注》、《或问》所引南轩说,几乎皆为朱子所赞同者,而朱子对南轩初说则多有不满,故二书所引当为改本说。此外,今本保留了二十五条作为异文的"一本""一作"说,此"一本(作)"说除少数一、二条外,亦大体同于《集编》等所引,可知基本为淳熙修订说。遗憾的是,今中华版虽已采《四书集编》、《西山读书记》加以校勘,但仅校出约30处,据笔者考察,当有约190处。

（二）《论语解》之具体修订

四库馆臣认为南轩仅接受朱子《癸巳论语说》之23条批评,由此判定朱、张之学诚可谓"龂龂不合",归其因为讲学家辨难习气,求胜心切使然。当"学问渐粹意气渐平"之后,则不复相争,"二十三条之外,栻不复

---

① 《文集》卷34,第1515页。
② 《吕太史别集》卷8,《吕祖谦全集》第一册,浙江古籍出版社2008年版,第439页。
③ 真德秀:《四书集编》卷4,四库全书荟要本,吉林出版集团有限责任公司2005年版,第90页。
④ 同上书,第94页。
⑤ 同上书,第100页。

改朱子亦不复争",彼此"涣然冰释""始异而终同"。朱、张最终"不改不争"本应显示彼此之异,馆臣反而得出"终同"的结论,盖其认为朱子癸巳对南轩之异议后皆改之,故不争,不可以朱子癸巳之见来否定南轩说,"不必执文集旧稿以朱子之说相难矣"。① 其义明显指向朱子批评之说并不可靠,是朱子改变己说而非南轩。笔者结合《集编》、《读书记》等资料,立足南轩淳熙改本,认为这一判定明显颠倒事实。南轩通行本接受、修改《癸巳说》者约为61条,而非23条。包括通行本改之、《集编》(并《读书记》、"一作"等)改之、仅《读书记》改之、仅"一作"改之等情况。且大体遵朱子意改。其中通行本所改22条;"一本""一作"所改5条;《集编》、《读书记》引所改23条;"一作"、《集编》引改"古之学者为己"章1条;《读书记》引改"三愆"章2条;通行本略改,《集编》引大改8条。另有一半未修改者,有以下可能:南轩坚持己见未改;朱子改变看法;朱子批评本来无关紧要;南轩已改而今本未见。朱子癸巳《答张敬夫论语解》专就南轩《论语说》学而篇10章提出批评,对比《癸巳论语说》、通行本《论语解》、《四书集编》所引可知,南轩大部分据朱子意见改之。学而、巧言令色、三省章《癸巳论语说》已改之;父在观其志、信近于义、贫而无谄、不己知章通行本改之;友不如己章《集编》引改之。道千乘之国章未改,源于朱子自身思想改变。慎终追远章未改。据本人研究可知②,《集编》等所引南轩《论语》说较通行本实修改172章,诸多内容明显遵朱子之意修改,修改的共同特征是以精简为本,删繁就简,几乎每章皆有删除。修改之说在思想上与《集注》更接近,手法上更重视文义解释,风格上趋于平实,文字上更简约、精炼。综上可知,南轩淳熙本《论语解》受朱子影响很深,学术立场和观念有很大转变。进而最终认同朱子对上蔡的批评,反思上蔡不足。《答朱元晦》言:"上蔡《语解》偏处甚多,大有害事处。"③

(三)朱张早晚异同论

南轩《论语说》受朱子影响颇深,但朱子同样受到南轩影响。二者思

---

① 永瑢、纪昀:《四库全书总目提要》,海南出版社1999年版,第196页。
② 拙稿《南轩先生〈论语解〉补校——兼论癸巳初本与淳熙改本之别》,载《北京大学中国古文献研究中心集刊》第二十一辑。
③ 《南轩文集》卷24,《张栻集》第四册,中华书局2015年版,第1125页。

想异同情况颇为复杂，大体有始异终同、始同终异、始终皆同、始终皆异四种情况。"始异终同"，即朱子初批南轩而终同其说，此是朱子前后自我否定、认识逐渐加深之故。四库馆臣以三年无改章为例，指出朱子否定南轩《癸巳论语说》解，但《论语集注》采孔安国义，则与南轩说同。朱子曾认同"道千乘之国"的"道"解为"导"，《答张敬夫语解》反对南轩"治"解，后转而认可南轩解。颜渊季路侍章朱子对南轩"施"为夸张，"劳"为功劳的新说表示怀疑，倾向于施加、劳事之旧说。《集注》则以"夸大功劳"之说为第一说，保留旧说为二说，更认同南轩说。"始同终异"，即朱子早年同于（未反对）南轩说，后来则反对之。此类情况甚多，恰见出朱子思想之转进与创新。典型者如知仁动静，朱子曾以南轩仁知动静说为周子《太极图说》之意，认为"此义甚精，盖周子太极之遗意，亦已写入《集注》诸说之后矣"①。但今《集注》并无南轩说，且所论与南轩说恰相对。又如"因不失其亲"，南轩本二程说紧扣礼义而论，认为"若夫安于礼义，则此又不足以言之矣。"朱子批评南轩貌恭、言信说，但受二程、延平等影响，亦把"因不失"置于"礼义"基础上。《集注》则认为本章主旨是言行谨始而非礼义。此显出朱子说的阶段性和变易性，反映了朱子挣脱前人，独立门户之艰难。"始终皆同"，即朱子始终大体认可南轩说。《论语集注》收入南轩说8处，《四书或问》引用33处，赞赏其说"可取"、"亦佳"、"可观"等（仅"有教无类"章认为其说有得有失）。此中最具标志意义的是同时收入《集注》《或问》的三章：使民敬忠以劝、闻斯行诸、佛肸召章，此三章《癸巳论语说》亦无异议。另《或问》未提及而《集注》收入5章，表明朱子当在丁酉《或问》之后才认可南轩此说，可视为始异终同。"始终皆异"，即朱子、南轩各自坚持己见而不求苟同，如上述朱子所批评之《癸巳论语说》，通行本尚有约60条未改者，可暂视为此类。此充分体现了二者之学的特色与差异。

朱张的差异还见诸对洛学诸家的取舍上，南轩于《精义》诸家尤其是上蔡、龟山说守成较多，在诠释方法上亦是继承理学阐说大意，不屑卑近的态度。有学者指出张栻宗奉二程而罕有批评。朱子亦同样宗奉二程，但朱子

---

① 《文集》卷31，第1366页。

此时对南轩的批评多指向上蔡而罕及二程，在此后的丁酉《或问》和己酉《集注》阶段，则对二程多有批评。盖伴随着学术方法的自觉与学术思想的自信，朱子对洛学的批判态度逐步加深，最终从义理和解释方法上超越理学，回归经学。此一一味"宗程"与适度"非程"之别，根源于朱、张在经学方法论上的差异。如将南轩《论语解》与朱子《论语集注》稍一比较，二者之别即历历在目。如《论语》首章南轩认为朋来之乐的原因是"己之善得以及人，而人之善有以资己，讲习相滋，其乐孰尚"。此乃综合伊川、龟山说，《集注》则取伊川而批龟山。南轩解"不愠"为"盖为仁在己，岂与乎人之知与不知乎"。看似同于《集注》所引尹氏说，然朱子反对以"仁"解"学"，盖易致好高、好空、好悟的弊病。在解释方法上，朱子特别指出南轩忽视"字义"，如"学而时习之"五字，每字皆有意味，应逐字详说而不可简略。学者指出其因在于南轩之学实浸染于以二程为代表的时风习俗之中。① 此外，朱子与南轩之辨，绝非如四库所言"激而求胜"，而是秉持直言无隐、是非分明的公心。朱子对南轩说时常反驳与赞赏并举，体现了是非不苟、瑕瑜不掩的严谨态度。南轩对朱子说之接受固表明其"从善如流"之谦怀，其对朱子说的拒绝和有保留地部分认可，亦见出南轩始终具有独立思考之精神，绝非"随人脚跟转"者。如无适无莫章朱子认为伊川、上蔡二义相通，各有所指，但南轩仍坚持以伊川说批上蔡"异端无适无莫不知义比"。孝弟为仁章虽因朱子批评删除"爱有差等"句，但仍坚持了"生而不穷"说。

（四）改本之意义

南轩《论语解》淳熙改本是在吸收朱子建议基础上，朝着精简、平实、注重文义、贴切文本的方向修改而成。是否认识到南轩《论语解》存在前后改本，直接影响对南轩思想及朱、张学术关系，甚至理学思潮演变的理解。学界对南轩《论语》思想的论述颇精，然似忽视了南轩《论语》思想前后的差别，而仅以癸巳本与通行本《论语解》立论，导致所论未尽乎善。如有学者据"博施于民"章"仁道难名，惟公近之"说论证张栻承袭明道

---

① 如程子言："善学者，要不为文字所梏。故文义虽解错，而道理可通行者不害也。"《二程集》，中华书局1981年版，第378页。张载言："心解则求义自明，不必字字相校。"《张载集》，第276页。

"以公言仁"说①，而据《集编》所引、一本云，此说早已不见于淳熙改本，改本突出了仁者之心，仁者之方，其结语亦由通行本的赞颂态度（"先言仁者而后以仁之方结之，圣人之示人至矣"）转为批判语气（"知能近取譬为仁之方，则知以博施济众言仁者，其亦泛而无统矣"）。也有学者认为，南轩《论语解》宗奉二程，大量引二程之学，举学而章引程子"时复绎"说为例，淳熙本已删此说，改为"重复温绎"；据"为己为人"章"学以成己也，所谓成物者，特成己之推而已"说，指出其解合于二程，其实在朱子批评南轩以成物解成人说不妥的影响下，作为改本之说的"一本云"已删除"所谓成物"句。学者还指出"张栻《论语解》全书直接引述二程之说共 32 处"，此处"《论语解》"前当补"旧本"二字方确。②

五 创新与守成

朱子与南轩的学术之辨，绝非如四库所言"激而求胜"，而是秉持直言无隐、是非分明的公心。朱子对南轩说，时常反驳与赞赏并举，体现了是非不苟、瑕瑜不掩的严谨态度。如中人以上章，南轩有"不骤而语之以上，是亦所以教之也"说，朱子批评南轩采用孟子"是亦所以教之"说解本章，于文意及气象皆不合。孟子不屑之教是绝之而不再教诲，本章夫子提出施教，要求就学者地位采取有针对性的切实的教育之方，并非弃绝不教。南轩此说，有凡来学者皆告以性与天道之极之意，否则绝而不教。朱子措辞极为激烈地批评此说极为害理，违背圣门教法。而且就文本言，亦造成文意躐等断绝，气象不佳。故直接提出修改意见，其"不骤而语之以上，是乃所以渐而进之，使其切问近思而自得之也"为南轩完全采纳。南轩对朱子说之接收固表明其"从善如流"之谦虚胸怀，然其对朱子说的拒绝，亦证明南轩始终是具有独立思考精神之理学家，绝非"随人脚跟转"者。如上所述，南轩对朱子的批评常有坚持未改者，即便接受，亦表现为有保留的部分认可而非全盘接受。如君子有恶章，朱子认为"夫子之问，未见恶人之

---

① 唐明贵：《张栻〈论语解〉的理学特色》，《哲学动态》2010 年第 8 期。
② 肖永明：《张栻〈论语解〉的学风旨趣与思想意蕴》，《湖南大学学报》2011 年第 5 期。

疑；子贡之对，亦未见检身之意"。① 今解已不见"恶人之疑"，而有"所以检身"说。有时尽管朱子再三苦口，南轩仍坚守己见，不为所动（当然，此仅就现存文献而论）。如无适无莫章朱子认为伊川、上蔡二义相通，各有所指，但南轩仍坚持以伊川说批上蔡"异端无适无莫不知义比"。孝弟为仁章，《论语解》为"如自孝弟而始，为仁之道，生而不穷。其爱虽有差等，而其心无不溥矣。"《癸巳说》采用了朱子"故孝弟立，则仁之道生"说，因朱子之批评，删除"爱有差等"句，但仍坚持了"生而不穷"说，言"本立则其道生而不穷"。《集注》则解到"生"字为止，认为"无穷"字高远而不切意。本章讨论了"由孝弟可以至于仁否？"《集注》取伊川说，阐明仁与孝悌为体用、性情关系，南轩则简略认为视孝悌与仁为不同事物者失其宗旨。

朱子据其对经典诠释的新理解，主张吸收汉代章句训诂之学的长处，以纠正理学忽视文本字义之弊，而集矢于南轩《癸巳论语说》及上蔡说。南轩对朱子思想有所认同吸收，淳熙改本据其所论多有修改。在《论语》之辩中，南轩受朱子影响较大，故朱子屡称赞南轩的最大优点是闻善即迁。"钦夫最不可得，听人说话，便肯改。如《论语》旧说，某与议论修来，多是此类。"② 此昭示我们应在尽量把握南轩《论语》前后改本的基础上对其思想的前后演变有整体性和连续性认识，而免于陷入对研究对象的平面化、断裂性理解。朱、张虽同宗二程而实则程度、态度有别，钱穆先生早已指出朱、张之异："盖当时理学界风气，读书只贵通大义，乃继起立新说。……即南轩亦仍在此风气中。惟朱子一面固最能创新义，一面又最能守传统。"③ 此为中肯之论。它提醒我们在肯认程朱理学作为一整体学派的同一性之时，亦应对其内部的差异性有所分疏。南轩在与朱子的反复交流中虽有所改变，然总体仍因袭二程理学之诠释范式。朱子则直面理学解经之弊，融合汉学、宋学解经之长，寓创新于守成之中，融经学与理学为一体，树立起新的经典典范，推动了理学的向前发展。

---

① 《文集》卷31，第1381页。
② 《语类》卷103，第3421页。
③ 钱穆：《朱子学提纲》，三联书店2002年版，第31页。

朱、张在解经理念和方法论上的创新与守成之异，近则作用于湖湘学与朱子学彼此之衰退兴盛，远则关乎理学与经学之未来演变。其于今日儒学之继承与创新，亦不无启示意义。

第五节 《中庸章句》韵理合一的章句之美

学界对《中庸章句》研究成果甚多，然《章句》的一个特色似乎不太为学者所注意，事实上这一特色充分反映了朱子中庸学的成就，形成了中庸学诠释的新典范，深刻影响了整个中庸学的诠释史。这一特色就是《章句》在诠释上实现了文韵与玄理的圆融无间。《章句》以"理一分殊"这一核心思想来统率全篇，将散漫文字凝聚起来，赋予了文本自身全新的逻辑性和韵律感。据此核心思想，《章句》根据中庸、体用、诚明三个范畴将全篇三十三章分为三大语义群，这三个大语义群既相互关联，密不可分，又有着各自的核心概念和侧重点，具有相对独立性。《章句》将全篇划分成三大语义系列，显示了《中庸》一书组合的严密性、层次性、显豁了文本的主题和内涵。既从义理上深化了中庸的根本主旨，"其书始言一理，中散为万事，末复合为一理"，又在形式上使之条理清晰，首尾呼应，构成一总分总的富有节奏的有机体，实现了文本与义理的和谐统一。这一特色极大方便了读者对《中庸》的理解，标志着《中庸》之学进入了"章句"时代，是朱子中庸之学的一个重要贡献。

一 中庸之道

《章句》认为首章居于"一篇之体要"的地位，是全篇之"大纲"，因为它阐发了《中庸》首章乃是集本体（"首明道之本原出于天而不可易"）、工夫（"次言存养省察之要"）、境界（"终言圣神功化之极"）为一体的严密系统，充分涵盖了全篇主旨。此后的第2—11章子思引用孔子相关论述来继续阐发、充实首章含义，与首章构成第一语义组，"其下十章，盖子思引夫子之言，以终此章之义"[1]。《章句》对这一语义组的阐发围绕"中、庸"

---

[1] 《四书集注》，第18页。

展开，体现了鲜明的创见，有力地推进了中庸说。

朱子将"中庸"分开训释，释"中"为"不偏不倚、无过不及"之超越本体。这虽然是对程颐"不偏不倚"和吕大临"无过不及"说的综合，但实反映了朱子的洞见。朱子认为，这个"中"具有在中和时中之两面，在中为内在不偏不倚之本体；时中为外在作用之中道，二者乃内在本体和外在作用的关系。其义虽殊，却体用相连，不可分离，故须将程、吕二说结合起来方为融洽。"中一名而有二义，程子固言之矣。今以其说推之，不偏不倚云者，程子所谓'在中之义'；……。无过不及者，程子所谓'中之道也。'"① 朱子进而认为"不偏不倚"也有区别，前者指向客观道体，后者指向主观个人。"愚谓不偏者，明道体之自然，即无所倚著之意也；不倚则以人而言，乃见其不倚于物耳也。"②

《章句》将"庸"解释为平常，突出其日用而长久义，突破了汉唐以来仅仅视中庸为用中这一方法论原则的看法，将之视为通贯天道人道，内在平实而兼具高远超越之道德本体。《章句》在开篇引用程子说，"不偏之谓中，不易之谓庸。中者，天下之正道，庸者，天下之定理"③。程子将中、庸分别视为天下之正道和定理，并以"不易"释"庸"，朱子将之改为"平常"。"平常"较之"不易"的优长在于"平常"是"不易"的前提，它兼有长久而不易之义，较"不易"更为紧切。平常并不是浅近苟且之谓，乃是指事理之平实当然而非诡异高远，这和中作为本体义正好相须相足，因为超越之道本在日用平常中。"中庸者，不偏不倚、无过不及，而平常之理，乃天命所当然，精微之极致也。"④"惟其平常，故可常而不可易，若惊世骇俗之事，则可暂而不得为常矣。二说虽殊，其致一也。"⑤ 有人对以平常解"庸"不理解，认为与中义相差很大，不相匹配。朱子指出，正因为它们语义看似相反，实则内在有着很紧密的联系，相反适足以相成也。"公晦问：……似以不偏不倚无过不及说中，乃是精密切至之语，而以平常说庸，

---

① 《四书或问》，第548页。
② 《文集》卷70，第3398页。
③ 《四书集注》，第17页。
④ 同上书，第18—19页。
⑤ 《四书或问》，第549页。

恰似不相粘着。"曰:"此其所以粘着。盖缘处得极精极密,只是如此平常。若有些子咤异,便不是极精极密,便不是中庸。凡事无不相反以相成。"①《章句》把中庸拆开训释,中是天命(理)之当然,为天命(理)之体现,此为其超越一面;庸则为平常可行之实事,表现为人心日用的无过不及,此为其内在平实一面。中、庸二义恰好相反以相成,中之超越性落实于庸之平常事中,"凡事无不相反以相成",正是这种相反相成证成中庸之义,许诺了凡俗夫妇之愚行道成德之可能,亦是对佛老虚空说高之反驳。

《章句》还突出"中"体重"时"的变动特征。朱子认为中体并非静止不动之物,乃遍布于诸多变动不居的事物之上,随时应变以合乎中道。此一无形本体依托于具体事物之上,显示出对事物的主宰、指向性,透过其在外的定向、矫正之能,我们不难感受到中的无处不在。"中无定体,随时而在"。"中庸之'中',本是无过无不及之中,大旨在时中上。"② 朱子同时讨论了中和正的关系,指出中是恰好,正只是大体上分别善恶,故中重于正。"'君子而时中',与《易传》中所谓'中重于正,正者未必中'之意同。正者且是分别个善恶,中则是恰好处。"③

为什么《中庸》首章论述了中和而不是中庸呢?朱子对此做了详细解释。一方面,中庸之中是已发之时中,包未发本体之中在内,故首章先说未发之中。"他所以名篇者,本是取'时中'之'中'。然所以能时中者,盖有那未发之中在。所以先开说未发之中,然后又说'君子之时中'。"④ 另一方面,朱子引游定夫说,认为中和、中庸是从两个角度言说。中和从性情、心地来说,中庸则从德行、事物而言,其实质并无差别。就概念外延来讲,中庸之中,范围更大,涵有中和之意,朱子以体用关系来解释中和、中庸的关系。"变和言庸者,游氏曰:'以性情言之,则曰中和;以德行言之,则曰《中庸》是也。'然《中庸》之中,实兼中和之义。"⑤ 朱子还以体用说来分析二者关系。中和之中与中庸之中的区别仅仅在于一个是未发无所偏倚

---

① 《语类》卷62,第2007页。
② 同上书,第2005页。
③ 《语类》卷63,第2054页。
④ 《语类》卷62,第2004页。
⑤ 《四书集注》,第19页。

之本体，一个是已发无过不及之中道。若中、和相对，则中体和用；若中、庸相对，则庸体中用；若中和与中庸相对，则中和为体，中庸为用。"以中对和而言，则中者体，和者用，此是指已发、未发而言。以中对庸而言，则又折转来，庸是体，中是用。……以中和对中庸而言，则中和又是体，中庸又是用。"①

朱子认为在首章言中和后，下文即转入对中庸的论述，"此下十章皆论中庸以释首章之义"。与汉唐学者视中庸为一方法不同，朱子赋予中庸多层含义，中庸不仅是本体，是德性原则，同时也是最高的道德境界。在境界论的意义上，中庸乃唯有圣人方能达到之至德，圣人境界与中庸境界为同一境界，即天地中和境界，"唯圣者能之"。此一境界的开拓，深化，超越某一具体德性，又是诸般德性之极所必然出现，"知之尽、仁之至、不赖勇而裕如者"。中庸对于其他诸德如知仁勇等具有统领性和导向性，应在具体诸德的实践中获得中庸；反之，知仁勇等诸德只能是某一具体之德，虽亦可以达到很高境地，然而总难免有过和不及处，必须接受中庸之检验，根据中庸的原则进行衡量矫正。

《章句》提出自第六章至十一章的知仁勇皆是实现中庸之道的工夫，"盖此篇大旨，以知仁勇三达德为入道之门"。② 指出对中道的偏离源于不行不明，即先天"生禀之异"和后天"人自不察"。知者知过而行不足，愚者则知行皆不足；贤者行过而知不足，不肖者则知行皆不足。那么要回归中道，不仅取决于天赋气禀，其实更有赖于个人后天工夫。以舜、颜回、子路为代表的知、仁、勇三达德，就是成就中庸之道所不可缺少的进路。知是择乎中庸、实现中庸之必要前提。没有正确的知，就无法实现行。要做到用中，首先就得精察，在善恶大小高浅等两端之间作出区别判断，以实现知之中庸；仁表现在择乎中庸而能守之不失，"择乎中庸，得一善，则拳拳服膺而弗失之"；勇是达乎中庸之可缺少的动力。《章句》在小结里再次强调知仁勇三达德作为入道工夫，必须齐头并进，舍一不可。"三者废其一，则无

---

① 《语类》卷63，第2056页。
② 《四书集注》，第22页。

以造道而成德矣。"①

《章句》进而阐述了此三者与中庸的关联，指出此三达德虽为天下至难，但并不一定合乎中庸。因为三者仅是某一方面德性之凸显，尽管就某一德目看来已达极致，但恐是一德之偏至，并非大中至正之道，这与个人天生气质有关。中庸虽然看似平常，但却为一全体中和之德，无时无刻，事无小大，皆能得宜。只有在对仁义体认涵养甚深，此心浑是天理，毫无人欲之私念时，才能达到中庸。这亦是智者、豪雄、仁者与圣者的区别。正如伊尹、柳下惠和孔子之别一样，前者在某一具体德性上可以因为天资和努力达到极至，然而仍然并不能保证其所行之勇、之知、之仁就必然合乎中庸，达到圣人境界。"（天下国家可均、爵禄可辞、白刃可蹈）三者亦知仁勇之事，天下之至难也，然不必其合于中庸，则质之近似者皆能以力为之。若中庸，则虽不必皆如三者之难，然非义精仁熟，而无一毫人欲之私者，不能及也。三者难而易，中庸易而难，此民之所以鲜能也。"②

二 "用之广，体之微"的体用之道

《章句》将自第12—第20章视为第二语义组，此组主要围绕君子之道的费隐（体用）展开。《章句》认为十二章首句"君子之道费而隐"即定下了全组的主旨，并对费、隐作出了全新阐发，"费，用之广也。隐，体之微也"③。费、隐分别指道体发用之广大无穷和自身之隐微不显。道之费其大无外，其小无内，涵盖全部宇宙；道之隐即深藏不露，难以察知。④ "用，则理之见于日用，无不可见也。体，则理之隐于其内，形而上者之事，固有非视听之所及者。"⑤ 中庸具有即费见隐、体在用中的特点，隐乃不可言说的内在超越体，不可言说正反证了隐其实存在于费中。"惟是不说，乃所以

---

① 《四书集注》，第22页。
② 《四书集注》，第21页。
③ 同上书，第22页。
④ 汉唐学者认为"费、隐"是指道不得行的无道之世，君子应坚守个人操守，隐居无仕。郑玄注，"言可隐之节也。费犹佹也。道不费则仕。"孔颖达疏："言君子之人遭值乱世，道德违费则隐而不仕。若道之不费，则当仕也。"阮元校刻：《礼记注疏》，《十三经注疏》三，中华书局2009年版，第3530页。
⑤ 《语类》卷63，第2067页。

见得隐在其中。"① 对"及其至也"的"至"的解释值得注意,它并非极致义,却是末端无关紧要义。"人多以至为道之精妙处。若是道之精妙处有所不知不能,便与庸人无异,何足以为圣人?这至,只是道之尽处,所不知不能,是没紧要底事。"②《章句》指出子思引诗"鸢飞戾天,鱼跃于渊"乃是借诗表明道体遍在无隐,流行化育显著于天地之间。此章解释费尽朱子一生心力。难点有二,一是关于"察"的理解。朱子此前一直认为,"察"当理解为体察,直到晚年才确定此处"察"是言道体之呈现昭著而非人去体察道,诗句乃是借言以明体。"察,著也。子思引此诗以明化育流行,上下昭著,莫非此理之用,所谓费也。然其所以然者,则非见闻所及,所谓隐也。"③"鸢飞鱼跃"指儒家道体说,和释氏说有相似处,但必须以君臣父子人伦之实定其实质,方可别于佛老。"鸢飞鱼跃,只是言其发见耳。释氏亦言发见,但渠言发见,却一切混乱。至吾儒须辨其定分,君臣父子皆定分也。"④ 其二,如何理解明道的解释。朱子在诠释时引明道说,"此一节,子思吃紧为人处,活泼泼地,读者其致思焉"⑤。此说对明道原文做了增删,原文为,"子思吃紧为人处,与'必有事焉而勿正心'之意同,活泼泼地"。朱子删去了"必有事焉而勿正心"。在很长一段时间,朱子认为这句话是明道借孟子说以形容天理流行无碍无滞之妙,后来认识到孟子原义还是落实在为学工夫的有事而勿正上,与《中庸》说本无关联,故不可牵扯之。"问:先生旧说……只是程先生借孟子此两句形容天理流行之妙,初无凝滞倚着之意。今说却是将'必有事焉'作用功处说,如何?"曰:"必是如此,方能见得这道理流行无碍也。"⑥ 朱子进一步阐发道之体用隐现。道体具有平常日用性,贯注人事,通诸幽明,无一息之停,无一处不在,"君子之道,辟如行远必自迩,辟如登高必自卑"等皆是明此义。道体始于人最亲近的父子、夫妇等五伦关系,落实于最真实的情感生活,展开于最亲近的人伦生活

---

① 《语类》卷63,第2078页。
② 《语类》卷15,第476—477页。
③ 《四书集注》,第22—23页。
④ 《语类》卷63,第2072页。
⑤ 《四书集注》,第23页。
⑥ 《语类》卷63,第2073页。

中。同时，道体又极其隐微难见，作为道之用的所以然，非耳目闻见所能知觉，唯有至诚之圣人才可领悟。朱子特别指出道既广大高明又平实切用，这正是儒学和佛老相异处，体现为儒者对于道之日用极其看重，力求事事合理，因为道不离用；佛者则认为既然道无处不在，随意做去，亦可见道，故事上错其一二并无关系。"佛老之学说向高处，便无工夫。圣人说个本体如此，待做处事事着实，如礼乐刑政，文为制度，触处都是。缘他本体充满周足，有些子不是，便亏了它底。佛是说做去便是道，道无不存，无适非道，有一二事错也不妨。"[1]

"君子之道费而隐"章是这一语义组的核心，其主旨即在于阐述道不离日用，此下八章，皆是围绕道之费隐分别展开，"子思之言，盖以申明首章道不可离之意也。其下八章，杂引孔子之言以明之"[2]。《章句》在第十六章"鬼神之为德"中对前后七章之间的脉络关系做了总结，本章阐发了鬼神的费隐体用，大小兼举。而前后六章只言道之费，前三、后三又分别言费之小大，"不见不闻，隐也。体物如在，则亦费矣。此前三章，以其费之小者而言。此后三章，以其费之大者而言。此一章，兼费隐、包大小而言"[3]。虽然言费，"而其所以然者，则至隐存焉。"对第十七章之总结再次说明后三章言费之大，"此由庸行之常，推之以极其至，见道之用广也。而其所以然者，则为体微矣。后二章亦此意"[4]，突出了行道工夫应以忠恕为本。君子修道治人之功，即是以其人之道还治其人之身，故需要以忠恕为本，先尽乎己，然后推及于人。忠恕表现为絜矩之道，要求在君臣、父子、兄弟、朋友之人伦日用关系中来尽伦达道。学者须以天人物我通贯一体之精神，来尽己处人，以爱己之心爱人，以责人之心责己，在这种己我互动中来实现道。"忠恕违道不远，施诸己而不愿，亦勿施于人。"此组最后一章为"哀公问政"章，内容复杂，一直是全书的争议点。在文本关系上，朱子认为此章亦是接续前面数章对舜、文武、周公的引述而来，和全篇保持一贯，并非外

---

[1] 《语类》卷63，第2078页。
[2] 《四书集注》，第23页。
[3] 同上书，第25页。
[4] 同上书，第26页。

来插入无关部分。本章提出诚说，朱子突出诚作为《中庸》全篇枢纽性概念的重要性，并在程子以"无妄"释诚的基础上，增加"真实"二字，将"诚"解释为真实无妄，"诚者，真实无妄之谓，天理之本然也。"

《章句》指出诚兼具本体、工夫义，起到沟通天人物我的作用。诚的本体义体现为它是一实理，此理与天道相通，贯注于一切事物之中，为事物存在之所以然。"无物不诚""不诚无物"即是此义。父子、君臣、夫妇、兄弟、朋友这五种关系，为天下古今所共同遵循之道；知仁勇三者则是天下古今所同得之理。此五达道有赖于三达德才可实行，此三达德之实行又取决于诚，故诚为达道达德之内在本体。"一则诚而已矣。达道虽人所共由，然无是三德，则无以行之；达德虽人所同得，然一有不诚，则人欲间之，而德非其德矣。程子曰："所谓诚者，止是诚实此三者。三者之外，更别无诚。"①

诚同样具工夫义，诚之者为人道之当然，在人未能真实无妄，未能全是天理而杂有私欲的状态下需要诚之的工夫来复性归善。"'诚者，天之道。'诚是实理，自然不假修为者也。'诚之者，人之道'，是实其实理。"②《章句》将明善诚身结合起来，明善是诚身的前提，若要诚身，则须明善，即察知人心天命之本然存在，而真实觉知至善所在。即先知后行，以知统行，如此才能做到反身而诚，使身之所存所废皆真实无伪。"不明乎善，谓未能察于人心天命之本然，而真知至善之所在也。"③ 诚的工夫义还体现为，人之资质有生知安行、学知利行、困知勉行之别，这仅仅影响达道之进路、难易、快慢，但只要以诚为工夫，自强不息，则最终所至境界为一。"盖人性虽无不善，而气禀有不同者，故闻道有蚤莫，行道有难易，然能自强不息，则其至一也。"④而且，诚对于其他为道功夫具有根本性的意义。尽管在上位者治国有修身、尊贤、亲亲等九经之多，然而一切工夫进路如五达道、三达德、九经之类皆须立于诚。"凡事皆欲先立乎诚，"若事先不预以诚为本，则难免流于废弃无用之物，徒为空虚之文而已。"一者，诚也。一有不诚，则是九者皆为虚文

---

① 《四书集注》，第29页。
② 《语类》卷64，第2107页。
③ 《四书集注》，第31页。
④ 同上书，第29页。

矣，此九经之实也。"① 诚为工夫总纲，具体工夫则为诚的分目。工夫纲目如博学、审问、慎思、明辨、笃行，前四者为学知择善之功；笃行乃利行固执之工，五者相辅相成，缺一不可。"此诚之之目也。学、问、思、辨，所以择善而为知，学而知也。笃行，所以固执而为仁，利而行也。程子曰："五者废其一，非学也。"②

三 诚明相对的天人之道

朱子将第21—33章划为《中庸》最后一个语义组，该组围绕诚明这一核心展开，继续阐发诚的本体、工夫、境界义，强调诚在沟通天道与人道中的枢纽作用。第二十一章提出诚明性教之说，为奠定下文之纲领。"自诚明，谓之性；自明诚，谓之教。诚则明矣，明则诚矣。"《章句》："自，由也。德无不实而明无不照者，圣人之德。所性而有者也，天道也。先明乎善，而后能实其善者，贤人之学。由教而入者也，人道也。诚则无不明矣，明则可以至于诚矣。"③ 朱子首先指出诚在此为一本体，为性，为天道，是价值至善的本原。此一实有之诚体，自然含蕴知性之明在内，无须后天人为，诚明自然合而为一，这是圣人所实现的至德，为天之道也。由明达到诚，诚明分而为二，须经由明善之工夫，历经人之实存的转变，以充实其本善，这是贤人所达到的境界。这种后天修为教化之功，为人之道。由此亦可以达至诚之境界，获得诚之本体。诚明和明诚之别即是性与教、圣与贤、天道与人道、本体与工夫之别。本章总结指出此一组皆围绕天道、人道立论，"子思承上章夫子天道、人道之意而立言也。自此以下十二章，皆子思之言，以反复推明此章之意"④。并具体指出二十二、二十四、二十六章分别言天道；二十三、二十五、二十七、二十八、二十九言人道；三十、三十一、三十二又言天道。最后一章总结天道人道、本体工夫，和首章中和相互应。

---

① 《四书集注》，第30—31页。
② 同上书，第31页。
③ 《四书集注》，第32页。
④ 同上书，第33页。

"唯天下至诚，为能尽其性"的二十二章讲圣人以诚和天相通，乃圣人境界，即是天道。朱子诠释突出了诚之创生性、活动性，强调诚是一创生能动实体，合乎天地之道运行不已之规律。"天下至诚，谓圣人之德之实，天下莫能加也。"圣人以其诚体而含真实无妄的至诚之德，能充尽其性而无丝毫欠缺地实现其所具之德。"盖圣人通身都是这个真实道理了，拈出来便是道理。"① 有此本体，自然有其效用。这种不杂任何私欲的纯粹至善之德，其效用极其广大。物我人己之性皆为天命所赋，故由尽己之性，便能成就他人之性，成就万物之性，达到参赞天地，化育万物，与天地并立之境界。"至诚如神"的二十四章亦是阐发诚之效用，圣人于理上先知明察，于心上无丝毫私欲，故能察其几微而神妙莫测。朱子强调诚必然含有智性，世间没有不懂世事的圣贤，圣人乃德智合一者。"圣人至诚无私伪，所以自能见得。"② "至诚无息"的二十六章进一步阐发圣人的发用。朱子指出，诚于中者长久，则验于外者悠远无穷，广博深厚，与天地同其用，是言圣人功业。如地载物、如天覆物、悠久无穷，是言圣人与天地同其体。"本以悠远致高厚，而高厚又悠久也。此言圣人与天地同用。" "博厚配地，高明配天，悠久无疆。" "此言圣人与天地同体。"③

其次，就诚之者的人道言，乃是大贤以下境界。朱子指出"其次致曲，曲能有诚"的二十三章乃是"通大贤以下凡诚有未至者而言也。"因为除圣人至诚无私，率性而行外，其余皆需要诚之工夫，工夫入路表现为致曲。"故惟圣人能举其性之全体而尽之。其次则必自其善端发见之偏，而悉推致之，以各造其极也。"④ 致曲就是从其德性所长，善端发见之一偏入手，推至极点，则能有其诚。有诚于中，必然形之于外。诚之外在表露为一自然过程，光辉发越，不已其盛，由此而感动人物，使之不知不觉化其不善而归于善。其原因在于人性皆同，而气质有异，惟至诚无伪之圣人，全体皆性而有，故能直接感动变化他人。贤人通过致曲之功，亦能达此真实无妄之境

---

① 《语类》卷64，第2113页。
② 《语类》卷64，第2121页。
③ 《四书集注》，第34页。
④ 同上书，第33页。

界，使其形外、显露、动作、变化之功自不能已。此由积累勉力之功所达到的化境，亦是至诚之神妙，其效用和圣人本无差异。"曲无不致，则德无不实，而形、著、动、变之功自不能已。积而至于能化，则其至诚之妙，亦不异于圣人矣。"

在"诚和道"关系上，朱子认为诚和道同中有别，二者皆是自然道理。然则诚无须费力，自然实有；道则须人去做始得，不做便空了。诚是体，道是用。诚之存在伸展处，就有道之存在。"言诚者物之所以自成，而道者人之所当自行也。诚以心言，本也；道以理言，用也。"① 诚是实理，是物存在之本原，先于物而存在，有实理然后有实物。无实理，则物亦无有。此理始终没有间断，彻头彻尾，皆是如此，一有虚伪中断，则无物矣。诚虽为本来即有之理，而能否诚之，则取决于人之主动性。《章句》言："天下之物，皆实理之所为，故必得是理，然后有是物。所得之理既尽，则是物亦尽而无有矣。故人之心一有不实，则虽有所为亦如无有，而君子必以诚为贵也。"朱子强调，诚为一实理，所指有理事之不同，是主观与客观、本体与工夫的统一。有几分诚意，就有几分事物，若无诚则恰似无有。"诚，只是实然之理，然有主于事而言者，有主于理而言者。主于事而言，'不诚无物'是也；主于理而言，'赞天地化育'之类是也。"②

在诚与仁、知的关系上，朱子提出当自我实现获得诚这一本体时，即是仁；此一诚体必然发用于外，用于成就他物，使他物亦得以行其道，此为知。仁知皆为吾性之固有，为存在之本具，无有内外物我之别。由己之诚来应对事物，因时利导，由内及外，人我己物无不一一中节合宜。"诚虽所以成己，然既有以自成，则自然及物，而道亦行于彼矣。仁者体之存，知者用之发，是皆吾性之固有，而无内外之殊。"③朱子将诚理解为实理，认为实有此理，则实有此事。将一般的道德准则提升为一种普遍的原则，赋予它一种高远神圣的地位。宋儒以此原则贯通天地宇宙人生自然。以诚而论，这个诚首先体现为天道，天生万物皆不能违背这个原则，假如有丝毫的违背，那么

---

① 《四书集注》，第33—34页。
② 《语类》卷64，第2127页。
③ 《四书集注》，第34页。

造化就将间断了，事物就不成其为事物。事实上，哪怕生成不完善之物，但事物终究是其本身，是其所是。当落实到人生而言，人在不断地处事应物的活动交际中，必须以诚为主体，否则做事不是事，造物不是物，这是从主观的心意情感来说，其实带有价值论的判断。当然朱子也承认这只是"还似无一般"，事物依然真实存在，只是失去了它应有的本来价值。因为事物本身是死的客观现象物，它需要人的真诚来建构完成，这样就将主观客观沟通起来。在宋儒看来，诚作为贯通天人（环境）物我（活动）人己（关系）的枢纽，它体现了合宇宙规律和人生价值目的的统一，它是通贯天地人（宇宙、社会、人生）的骨干。当然，宋儒对诚最重要的阐述还是落实到人的道德善恶上来。诚是一个最高的标尺，是一切道德的基石，要完全实现很不容易，这需要极大努力。

《章句》认为此后的二十七、二十八、二十九三章皆是就人道工夫言。在第二十七章"大哉圣人之道"章，从道之至大无外（"洋洋乎！"）和至小无间（"优优大哉！"）两个方面突出道之广博遍在（"大哉圣人之道！"），并再次强调儒家之道体与佛老不同处在于儒家事事无缺，言本体之高明至善，又归于工夫之平常笃实，体用兼备，无有不周。"'优优大哉！礼仪三百，威仪三千。'一事不可欠阙。才阙一事，便是于全体处有亏也。佛释之学，只说道无不存，无适非道，只此便了，若有一二事差也不妨。"① 并就君子达到诚的工夫细目进行了深入阐发，提出"尊德性而道问学，致广大而尽精微，极高明而道中庸，温故而知新，敦厚以崇礼"五句所讲是入德之方，应分为存心和致知两种路径。尊德性、致广大、极高明、温故、敦厚是存心涵养工夫，以消除私欲私意对德性的遮蔽和负累，涵养体会已有德性之知，敦厚笃行已有道德实践；道问学、尽精微、道中庸、知新、崇礼是穷理致知工夫，剖析事理无谬，处理事务得中，体会理义有所发明，仪礼节文日加谨慎。"德性者，吾所受于天之正理。尊德性，所以存心而极乎道体之大。道问学，所以致知而尽乎道体之细也。二者修德凝道之大端也。……盖非存心无以致知，而存心者又不可以不致知。故此五句，大小相资，首尾相

---

① 《语类》卷64，第2132页。

应,圣贤所示入德之方,莫详于此,学者宜尽心焉。"① 朱子对私意和私欲做了细致区分,大致是意愿与欲望之分,反映出其诠释之用心良苦。"私意是心中发出来要去做底。……私欲是耳目鼻口之欲,今才有欲,则昏浊沉坠,即不高明矣。某解此处,下这般字义,极费心思。"②

朱子对此工夫的划分和前人不一样。此前学者多把前面三条分为两边,"温故知新"划为道问学,"敦厚崇礼"划为尊德性。朱子以"而"字为界限,一刀切下:"而"字前面皆为尊德性,为工夫纲领,为浑沦处;后面皆为道问学,为工夫细处,为详密处,工夫应该两面兼顾。朱子如此划分主要从为学工夫着眼。"自'尊德性'至'敦厚',凡五件,皆是德性上工夫。自'道问学'至'崇礼',皆是问学上工夫。须是横截断看。……文蔚曰:昔人多以前面三条分作两截。至'温故而知新',却说是问学事;'敦厚以崇礼',却说是尊德性事。惟先生一径截断,初若可疑,子细看来,却甚缜密。"③ 进一步指出二者特点及关系。尊德性在于身体力行,工夫简约;道问学则是知上研求义理,节目繁多。尊德性是道问学的根本,能立根本则末自顺也,朱子反思自己此前于尊德性工夫重视不够。强调为学工夫应全面周到,无所不包,尤其不可忽视细处,应在细处下手,由小以明大。尽管为学力量有大小,领悟有深浅,但是持久学之,终将有获,并批评陆子静天资高明而缺乏道中庸的致知工夫。"圣贤之学,事无大小,道无精粗,莫不穷究无余。至如事之切身者,固未尝不加意;而事之未为紧要,亦莫不致意焉。……甚而一字半字之义,莫不在所当穷,而未始有不消理会者。虽曰不能尽究,然亦只得随吾聪明力量理会将去,久久须有所至,岂不胜全不理会者乎!"④

《章句》指出篇末四章皆是对天道本体的阐发。如在第三十章,《章句》以理一分殊解释"大德敦化、小德川流"说,认为孔子之德兼备道之内外本末,与天地日月四时相合。"小德者,全体之分;大德者,万殊之本。"⑤

---

① 《四书集注》,第 35 页。
② 《语类》卷 64,第 2133—2134 页。
③ 《语类》卷 64,第 2136 页。
④ 同上书,第 2137—2138 页。
⑤ 《四书集注》,第 38 页。

在"唯天下至圣"章，朱子指出至圣和至诚是表里关系。至诚是至圣的骨子，是存主处，至圣则是至诚之发见处，惟至圣能够知至诚。"至圣、至诚，只是以表里言。至圣，是其德之发见乎外者。……。至诚，则是那里面骨子。经纶大经，立大本、知化育，此三句便是骨子。……至诚处，非圣人不自知；至圣，则外人只见得到这处。"① 此章也是顺上章讨论天道说，"承上章而言小德之川流，亦天道也。"《章句》认为"唯天下之至诚"主要阐发了至诚之效用。圣人至诚无妄，尽其人伦当然之实，为天下后世立法。同时亦是尽其天命之性纯善无恶之全体，立天下大本。圣人乃生而知之，与天地生化养育之功在至诚无妄上默然相契会，非勉力人为有所借助也。此一至诚之境，实为天之浩浩无垠，为仁之诚恳切至，为渊之宁静深沉。圣人境界，唯有同达此境的聪明圣知者才能知之。正如郑氏说："惟圣人能知圣人也。"②《章句》在此章总结中点出上章和此章分别言至圣和至诚所造境界功用达到了无以复加之地步，极大渲染了儒家本体所显境界义。"承上章而言大德之敦化，亦天道也。……此篇言圣人天道之极致，至此而无以加矣。"③

《章句》特别强调末章与首章的呼应对照关系，指出末章所引八句诗与首章正相呼应，首章由内往外说，即本体、工夫而显境界；末章反之，从外到内，由境界、工夫透至本体，再次阐述了中庸之道乃是本体、工夫和境界的"三位一体"。"但首章是自里面说出外面，盖自天命之性，说到'天地位，万物育'处。末章却自外面一节收敛入一节，直约到里面'无声无臭'处，此与首章实相表里也。"④ 具体而言，首引《诗》"衣锦尚䌹"是从前章极言圣人至德的超越义，复转入下学上达之工夫义，"前章言圣人之德，极其盛矣。此复自下学立心之始言之，而下文又推之以至其极也。"次"潜虽伏矣，亦孔之昭"言君子已发时内省慎独之功；又次"相在尔室，尚不愧于屋漏"言未发时戒谨恐惧之功，二者与首章先戒惧后慎独工夫正相呼应。

---

① 《语类》卷64，第2144页。
② 《四书集注》，第39页。
③ 同上。
④ 《语类》卷64，第2149页。

此下五引诗皆言本体所显之功效，与首章"致中和、天地位、万物育"相应。"奏假无言，时靡有争"乃"承上文而遂及其效言，进而感格于神明之际，极其诚敬，无有言说而人自化之也。""不显惟德！百辟其刑之"句"承上文言天子有不显之德，而诸侯法之，则其德愈深而效愈远矣。……笃恭而天下平，乃圣人至德渊微，自然之应，中庸之极功也。"末后连续引三诗，"予怀明德，不大声以色"，"德輶如毛，毛犹有伦"，"上天之载，无声无臭"，步步加深，从不大声以色至无声无臭，达到不显笃恭之极妙，皆是言儒家本体发用之妙，境界之深远也。正是因为此处将儒家本体形容得如此神妙难测，高远难及，故弟子问此本体与老庄之玄有何区别？朱子却引而不发，告之儒佛道三家皆言本体，而佛道本体虚空无实，儒家本体意味当自下工夫去理会，言之无用。朱子总结此章为由本体而言工夫，因工夫复言本体，即理一分殊也。在全篇结构上，首末章皆言理一本体，中间各章言分殊之事，内外本末，大小巨细，无不周遍，呼应连贯。"《中庸》一篇，始只是一，中间却事事有，末后却复归结于一。"①

四 章句学的意义

朱子通过章句形式妥善解决了《中庸》众多义理和训诂疑难，提出了富有创见的诠释观念，形成了独具特色的诠释风格，认为《章句》在义理理解、日用工夫、儒佛之辨、传道授业诸方面具有不可忽略的价值。

《章句》除了在篇章层次划分上突出文本的有机连贯性外，还注重章、句、词层面的内在联系。全篇三大部分，每一部分皆统属若干章节。在行文上，每部分起始章与最后一部分结束章用与正文字号大小相同的文字阐发本部分主旨，以示要领；另外两部分结束章则用小于正文的字号来总结该部分，这样使得全书首尾呼应，层次分明，相互回环，俨然是一密不可分的整体。其一，注重章节间的逻辑联系性，几乎在解释每一章正文后，朱子都会单独另起一行，用简明的语言说明章与章之间存在的或总分、或并列、或相承、或递进等逻辑关系。如第五、七、九章"此章承上章……以起下章之意"的承接关系；十三章"下章放此"、十七章"后二章亦此意"的并列关

---

① 《语类》卷64，第2151页。

系。朱子进而还阐述前后数章关系，如十六章就对前后七章的分合并列关系作了一个小结，"此前三章，以其费之小者而言。此后三章，以其费之大者而言。此一章，兼费隐、包大小而言"①。在全书最后一部分的二十一章至三十三章，在每章后直接以天道、人道注明各章主旨，"言天道也"（22、24、26、30、31、32），"言人道也。"（23、25、27、28、29）标出各部分"题眼"，便于快速把握主旨。如首章、十一、二十、末章皆有总结性陈述，如首章是"一篇之体要"；二十章是"所谓诚者，实此篇之枢纽也。"其二，指出章内各句之间存在对言、互文、省文等逻辑对应关系，可见其组织之对称与严密。如将"尊德性、道问学"分为"存心、致知"两大系列，分别统摄"致广大、极高明、温故、敦厚"和"尽精微、道中庸、知新、崇礼"四项，这种两分对说条理清楚。又如将"考诸三王"以下六句分为人己、古今、隐显三个对言，"广看得第一第二句是以人己对言，第三第六句是以古今对言，第四第五句是以隐显对言，不知是否？""曰：也是如此。"② 指出句子间互文与省文的修辞关系。如认为十九章"郊社之礼，所以事上帝也"应该还有和"上帝"相连的"后土"，"不言后土者，省文也。"认为下文的"明乎郊社之礼、禘尝之义"存在互文现象，"礼必有义，对举之，互文也。"其三，在词语层面，展现了文字音韵训诂的深厚汉学工夫，即便置诸乾嘉诸儒中，亦不遑多让。重视影响词义理解的四声别义、古今字读音、通假字变音等现象；专门标注存在异读情况的词。如根据以义定音的原则，将"昭"字的读音标为"如字"，即按本字读，这和"昭穆之昭，世读为韶"的通行读法不一致；揭示文字孳乳对读音的影响，如"辟，音僻"，"辟"在此读为僻，辟、僻为古今字关系，辟为古字，承担多种功能，后来发展出"避、僻"等后起字。

朱子章句学体现了他古今兼备，广搜博取，重视古注的学术特点。与前辈及同时学者忽视古注不同，朱子积极采用汉唐训诂，常称赞古注具有简明透彻的好处，《中庸章句》反切注音基本采用陆德明《经典释文》；训解上

---

① 《四书集注》，第 25 页。
② 《语类》卷 64，第 2140 页。

对郑注多有引用、赞颂,"如'至诚无息'一段,诸儒说多不明,却是古注是"①,提出"古注有不可易处,如'非天子不议礼'一段,郑氏曰:'言作礼乐者,必圣人在天子之位。'甚简当"。"若解经得如此简而明,方好"②。对时人的精彩训释同样采用,如"蒲庐"之解就废旧说而取沈括新解。辨析精当,论述简明。如在句读上,朱子批评学者将十二章断在"父、君、兄、之"后有误,应在"子、臣、弟、友"后断,指出对文意理解的偏差必然导致对经典原义理解之谬。

朱子的章句学体现了朱子的严谨考证与独立精神。朱子对字词的考辨极其严肃认真,提出要根据义理、文势、文献三者相互推演的论证法。文势是前提,任何解释必须在文义上讲通才行;义理是主宰,当文势没有问题时,应该从义理上考虑;文献则是最可靠的检验和保障。朱子采取三重互证来妥善处理同词异义现象。如"上下察也"的"察"字,"素隐行怪"之"素"字。应当提及的是,朱子的章句学体现了自由独立精神和实事求是的态度。他对诸家说解的取舍完全基于一视同仁的学术判断。对二程学派之说多次否定,对二程的"执其两端""颜子屡空""至诚尽性""致曲""王天下三重"等皆提出了批评,如指出"程子以为执持过不及之两端,使民不得行,则恐非文意矣"③。

朱子的章句诠释具有以下意义:阐发义理的必经之路,日用工夫的应有之义,儒佛之辨的学术立场,建立范本的客观需要。《中庸章句》并不是为章句而章句,而是从传道授教的角度着眼,以使学者更好理解《中庸》。这一点,他在《书中庸后》中讲得很清楚,"窃惟是书,子程子以为孔门传授心法,且谓善读者得之,终身用之有不能尽,是岂可以章句求哉?然又闻之,学者之于经未有不得于辞而能通其意者,是以敢私识之,以待诵习而玩心焉。"章句之学并不能取代涵养之功,但是它可以辅助对经典义理的认识,因为"得于辞"是"通其意"的必要途径。而这一点,恰恰为当时学者所忽略。对经典文本的研读、阐发、重构就是道问学的致知之功,是格物

---

① 《语类》卷64,第2116页。
② 同上书,第2130页。
③ 《四书或问》,第567页。

穷理的一大要义。在朱子看来，经典之义理理解是衡量工夫所至境地的尺度，故要求学者将日用工夫和册子上义理相对应，以此自查自纠，自我印证。朱子本人对中庸章句的不断修改和完善，皆是其所涵养境界变化之投射。如中和新旧说的不同，即反映了朱子对日用工夫把握的不同，体现在对《中庸章句》的诠释上也就自然存在差异了。

朱子概括了当时三种解经方式：以禅解经，以功利（文学）解经，以儒解经。《中庸章句》显示了纯正的以儒解经的实绩，以彰显儒学在思想领域的主导地位。事实上，他在《中庸或问》中常驳斥谢良佐、杨时、尹焞、游定夫等二程高弟的解释常陷入佛说而不自觉。朱子所深为忧虑的是，轻视章句、儒佛合流之倾向在士子中广为流行，很多人多自觉不自觉地以佛解儒。朱子有着多年求学苦思的亲身经历，深知良好教本在教育中的作用。加上"得君行道"理想的一再破灭，更是使他全身心地投入传道授业的工作中，而重视章句之学，打造典范教材，无疑是道得以传承的首要保证。这一点，朱子有所自道。在拒绝詹仪之请他出山任职的信中，朱子明言编好经典教材并非等闲小事。这也使得章句之学与义理之学互构并行成为朱子学术的内在追求，《中庸章句》即是将文本处理与义理阐发融合得非常完美的典范之作，《章句》以崭新的理论为纲领，妥善解决文本纠葛之处，赋予了文本结构上总分总的韵律感，这一韵律又与流淌其中的理一分殊这一创新义理谐和一致，令人不得不赞叹朱子经典诠释的精致。事实上，《章句》对文本的三层划分塑造了《中庸》学的新形态，对后世产生了深远影响。

总之，《中庸》的章句诠释最鲜明地反映出朱子《四书》的章句之学，既体现了对传统经典注释形式的继承发扬，又恰当地把代表儒学新进展的理学思想融入其中，实现了文本与义理、形式与思想的和谐一致，取得了巨大成功，这种成功对阐发理学思想，推广儒家之道起到了积极的推动作用，对未来中国哲学经典的反本开新亦具有重要的参考价值。启示我们对《中庸章句》的认识决不能忽略它在形式方面所取得的成就，文本的外在形式即是诠释者内在思想的流露，一个思想能够行走多远，和形式是有密切关系的。在新的历史时代，如何诠释中国传统经典，做到文理的合一，朱子的智慧值得我们用心领会。

第六节 "知得它是非，方是自己所得处"
——朱子四书学的转化与超越

　　从学术史的视野来看，广义的朱子学似可包含以北宋道学为主的前朱子学、构成朱子学主体的朱子之学、传承发展朱子之学的后朱子学。在此波澜壮阔的朱子学发展历程中，善于传承、勇于批判的精神成为其自我革新的不竭动力。朱子丁酉初成的《论孟或问》，以辨析《论孟精义》所收程门之说为主，充分显示了朱子对程门由"不敢疑"之尊崇至怀疑批判的转变，反映了朱子由依傍程门到自出手眼，独立门户的转变，实现了对自我的否定和超越，堪称朱子思想之"独立宣言"。朱子于该书实现了两个相辅相成的目的：辨程门诸说得失，明《集注》去取用心。但朱子思想始终处于动态变化之中，《或问》之解"原多未定之论"，晚年《集注》对此作了很大修订，体现了朱子自我批判的彻底性和长期性。朱子去世后，朱门后学亦因应时代变化和朱学演变的实际情况，对朱子思想从训诂、义理两面加以新的批判性诠释，试图消除朱子的矛盾与不足，勉斋学派于此尤为显著，如北山学派之考据、双峰学派之义理皆立足于此。故从朱子后学对朱子的批判继承这一视阈来看，阳明学未尝不可谓之朱子学的修正者。至于清儒以朴学批朱，如毛西河以考据对朱子加以纠缪与"改错"，本不足为奇，实为朱子后学对朱子考据学补偏纠缪之发展，并未逸出朱子学之藩篱。故本书试图立足于朱子学的批判继承精神，来考察朱子对二程学派、对自我、朱子后学对朱子前后相续的三重批判，以管窥八百年朱子学自我更新与转化之一斑。

一 《或问》之"辨析毫厘"与"明所以去取"

（一）《或问》：朱子思想独立之宣言

　　朱子毕生殚精竭虑于《四书》，完成了一个由《精义》、《或问》、《集注》构成的四书系列著作。在三者之中，《或问》是一具有特殊地位而相对被轻忽的著作，它起着承接《精义》与《集注》的枢纽作用，不仅是研读二者不可或缺的辅助之书，且具有独立价值，标志着朱子思想的初步成熟，显示了朱子与程门的某种"决裂"，所用设问问答的"或问体"亦成为影响后世经典诠释的一种重要题材。

《或问》为朱子多年研读《精义》的一次深度全面反思，二书关系极为紧密，如同靶与箭之关系，无《精义》之靶，则《或问》成无的之矢。[①] 朱子给弟子示范了如何比较辨析《精义》各说，特别提到对各说皆应抱一视同仁的平等态度，不可先入为主，迷信程子权威，尽管在比较验证之后，通常是程子之说"多是"，门人之说"多非"，但在面对文本之前，不可先怀是此非彼之心。盖门人之说亦"多有好处"。朱子强调，最难辨"似是而非"之论，只有对诸家是非得失有了恰当认识，才能真正形成自己的看法，自身才能实有所得，"知得它是非，方是自己所得处"[②]。

《或问》对《精义》的反思成为理解《集注》的必要参考。因《论孟或问》代表了中年朱子的思想，可作为考察朱子思想演变的重要桥梁。《集注》由于受到注释题材的限制，非常讲究文字精简，力求达到无一字闲的地步，《或问》则是论辩题材，抒写自由，论说详尽。如说《集注》是论题之结论，那么《或问》则是论题的论证，清晰展开对各说得失的取舍辨正，非常有助于学者理解《集注》。朱子甚为忧虑学人未能理解《集注》良苦用心，引杜甫诗"良工心独苦"自明心迹，言"然不用某许多工夫，亦看某底不出"[③]。《或问》最充分流露了朱子的用心，可谓"吐心"之作。尽管朱子貌似对《或问》有"不须看"之言辞，但此仅是特就其与《集注》相较不可作为定论而言的，朱子并未否定该书价值。简言之，该书在继承程门说之同时，体现了一破一立的特点：破程门之瑕疵，立自家之新意。一则尽显朱子与程门在义理与方法上之差异，可窥朱子之独立与自信；二则可察朱子诠释《集注》下笔之良苦用心；三则可动观朱子思想异同之演变。古今学者对《或问》皆给予高度评价，真德秀《读书记》卷三十一赞为"辨析毫厘无微不显，真读书之龟鉴也。"《四库提要》就其与《集注》关系之分合两面论其价值，中其肯綮，"其与《集注》合者，可晓然于折衷众说之

---

① 事实上今本《精义》并非原本，残缺甚多，《或问》所提及的应在《精义》中的诸家观点，今本《精义》并无，据此可见今本《精义》之不全。
② 《语类》卷19，第660页。
③ 《语类》卷14，第428页。

由;其与《集注》不合者,亦可知朱子当日原多未定之论"①。今有学者认为其价值犹在《集注》之上。

因《或问》批判锋芒太过锐利,朱子对其"轻诋前贤"所可能造成不良影响亦有所顾忌。《答吕子约》言,"但掎摭前贤,深负不韪之罪耳"②。真德秀《读书记》认为朱子不欲以该书示人,亦与担心其可能造成学风轻薄有关。"恐学者转而趋薄,故《或问》之书未尝出以示人。"③ 此仅为《或问》之一面,然该书实为朱子辨误说、明正学的"不得已"之作,它实质上是对程门思想的清算之作,书中对程门的批评可谓体无完肤,划清了与程门淫于佛老、脱离文义之界限;以毫无隐晦的态度,锱铢必较之精神对程门之说逐字逐句加以辨析,在充分表达自身见解用心之时,显示了思想独立的应有自信。

(二)"辨析毫厘无微不显"

《或问》对诸家说的解析,体现了朱子特别重视解经方法和严辨儒佛的特点,显示了他与二程学派在解经理念、方法上的诸多差异④,朱子反思曾信奉达二十年之久的一味发挥己意,自作文字,不切文本的自我阐发型解经风格,强调回归意从文出、贴切本意、注重训诂的传统解经风格。他对借经典发挥一家之言的宋学解经风格之弊加以反思批判,而力图以注重文本之义、阐明圣贤原意的汉学解经风格矫正之,从而实现两种解释方法的统一。这个反思早在丁酉《或问》之前已开始,癸巳左右给南轩书信中已深切反思"自作一片文字"的风格,强调要回归汉儒经注合一,注仆经主的诠释态度,改变二程学派经仆注主、以经文强就己意的做法,提出虚心发明经意的原则。

批评"不叛圣贤而兼取老佛"的儒佛合流论,严辨掺杂佛老的思想,注重内部清理。朱子认为,佛老对儒学的侵蚀冲击,要害不在崇信佛老者,

---

① 永瑢等主编:《四库全书总目提要》,第196页。其实《或问》还有其他价值,如因其所引不限于《精义》诸家,而保留苏轼、曾几等多家《论语》说,颇有资料参考价值。
② 《文集》卷47,第2192页。
③ 真德秀:《西山读书记》,文渊阁四库全书子部第706册,台湾商务印书馆1987年版,第122—123页。
④ 可参钱穆《朱子与二程解经相异》,载《朱子新学案》第四册。

而在淫于佛老的儒家内部人士，尤在以佛老思想解释儒家经典，造成儒佛不分，以紫乱朱之混乱。朱子《杂学辨》将"阳儒阴释"的程门后学张九成斥责为"洪水猛兽"。《中庸章句序》公开指责程门"倍于师说，淫于佛老"。《或问》对亲学于二程诸高弟的儒佛不辨，以佛老解儒表达了极度失望、愤懑、痛惜、不解之情。"（游、杨）二公学于程氏之门，号称高弟，而其言乃如此，殊不可晓也已。"① 朱子以对屡空的解释为证，批评程门采用何晏老庄之解而不能辨之，亦不能辨别颜子不远复与佛教止念之别。"何晏始以为虚中受道，盖出老庄之说，非圣言本意也。诸先生亦或从之，误矣。……夫《易》所谓'不远复'者，岂若佛氏觉速念止之云哉。"② 朱子认为，以佛老解儒和以儒解佛老是同一事情的两面，相互影响渗透，导致儒与佛老愈加纠缠难辨。真正要做的是正本清源，切割二者联系，以儒解佛者将不同体系之思想强加扭捏，极为可笑。

空、无、忘、乐等与儒家境界相通之概念易于儒佛混流。儒家并非不讲无，只是此无须建立在"无私欲"之后自然呈现的无我之上，而非佛老刻意造作所追求者。"夫谓无私心而自无物我之间可也。若有意会物而又必于己焉，则是物我未忘。"③ 在带有本体意义的论题如性、理等上，朱子严别儒佛。一方面批评学者在突出理的形上意义之时，未能兼顾其与形下的贯通，导致"遗物""外物"。如批评杨时理不可言即老佛之意。盖理即是仁义礼智信之五常，本在君臣父子夫妇朋友之中，非在日用彝伦之外别有一空悬之理存在。于"朝闻道"章强调儒道以五伦为实理，佛道则以五伦为幻妄绝灭之物，而以清净寂灭为终极追求，二者根本不同。另一方面又批评其说"遗理"，如批评游氏道本无名，感物而生，方有善名；因物而生，方有性名说乃佛老言，割裂了道、善、性的一体，而分裂为三物。

朱子判定程门流于佛老有以下情形：一是直接采用"老佛之正论"，引佛老之语，此为直接证据。如谢氏"引老聃知我者希，则我贵以为说者"。④

---

① 《四书或问》，第568页。
② 同上书，第791—792页。
③ 《四书或问》，第677页。
④ 同上书，第611页。

二是化其语而师其意，常以"老佛之余论""老佛之绪论"称之。如批评"游氏念念不忘之说善矣……则恐其未免于老佛之余也"①。此是由朱子判定而出，其说服力不如第一种。三是因语意不精、用语过度而"流于老佛之弊"。如指出"无隐"之解，"谢、杨氏为说……恐其过而流于老佛之意也"②。四是儒佛"一毫之间"者，其论与佛说相差几微，极其值得警惕。如指出程子"'得此义理'一条尤为卓绝。然读者亦当深造以道而自得之，一毫之差，则入于老佛之门矣"③。五是着重从治学风格判定异端祸害，以正学风。异端之学表现为幽深、恍惚、高远、虚空、怪诞，措心文字之外，崇新奇尚简易。凡用语传达好高轻下、喜内忽外之意者，朱子多纳入于习于佛老，试图希望对此风气的扭转促使学风回归平实。如批评在格物的理解上存在此种倾向："今必以是为浅近支离而欲藏形匿景，别为一种幽深恍惚、艰难阻绝之论，务使学者莽然措其心于文字言论之外，而曰道必如此然后可以得之，则是近世佛学诐淫邪遁之尤者。"④

"傍缘假借，最释经之大病"。此是朱子对程门解经弊病的根本概括。《或问》在揭示程门解经内容不妥之时，尤重反思解经方法。从解经方法上详尽揭示程门欠缺，清算程门不切文本，以己意解经的诠释风气，强调解经应切当文意，是《或问》批判的另一重心所在。批评程门"不附经文而直述己意"的做法完全无视经文本意，对此等说"虽美不取"。如《论语》谁毁谁誉章指出，"诸说之于此章，其意则皆美矣……类皆不附经文而直述己意，使人读之，但见义理粲然，曲有条贯而莫知其果欲置经文本意于何许也？……是以不得而取耳"⑤。比照一下伊川之说，"善学者，要不为文字所梏。故文义虽解错，而道理可通行者不害也"⑥。其摆脱文本束缚，直抒大意的说法，恰与朱子相对照。朱子对此有明确自觉，提出程子与己解经的差别在于置理于解语中还是经文内。朱子于学而章对程门解经得失及其弊病作

---

① 《四书或问》，第 742 页。
② 同上书，第 750 页。
③ 同上书，第 771—772 页。
④ 《四书或问》，第 528 页。
⑤ 同上书，第 855 页。
⑥ 程颢、程颐：《二程集》，第 378 页。

了纲领式的阐述。将其症状总结为七类：文同旨异；意似实殊；以难释易；以有形无；亲者反疏；明者反暗；俱昧欲明，循环无决；取信于外，无真实见。此对各家解经弊病的批评，乃是朱子解经的实践之谈。如在对忠恕的理解上，程门常将《中庸》"忠恕违道不远"与《论语》"夫子之道忠恕而已"引用互证，两种不同含义的忠恕相互矛盾，导致混乱。

（三）文本、义理与实践兼具的取舍原则

《集注》用语"浑然犹经"，貌似多采成说，实则创新极多。朱子担心学者不能明其用意所在，故于《或问》阐明之。自述宁冒轻诋前贤之恶名，而决意于《或问》直析前辈各家得失，阐明自家取舍标准与用心。在表述上，《或问》皆是先立后破，先表达朱子见解，再剖析各说得失所在，体现出以下特点：一是采用问答体这一问题导向鲜明的体裁，《或问》可谓一部问题诠释的经典之作。以皆自设问答的方式，精准解答之，典型的表达方式是："或问……何也？"如《大学或问》开篇，依次问答"大人之学"，小子之学，小学与大学，以敬补小学，敬之为学之始终意义等论题，以1300余字的篇幅阐明《大学》三纲之理气、心性、工夫论含义，一气呵成，实可谓朱子哲学之提纲。二是进一步阐明《集注》观点，如关于程子改"亲"为"新"之根据，《大学》章句文本的调整及缘由等皆有充分说明，达到了解疑释惑的目的。三是详尽呈现朱子取舍之根据、理念，如指出《集注》"三年无改"章所引尹、游二说分指孝子之心与孝子之事，二说相须，不可或缺，道出《集注》用心所在，二说各自意义及其关系，"盖尹氏得其用心之本，而游氏得其制事之宜，二说相须，为不可易"[1]。这种解释方法对朱子后学《四书》解释影响甚大。

《或问》辨析极为细致，贯穿了读音与字义，文义与本旨，文本与现实，提出了取舍的多项原则。一是文义优先于义理原则。某说虽发明道理甚美，若不契合文义，则不取。"又有谓施为施刑之施，……其意美矣，然'施'字之说，则恐过深。"[2] 文字训释不仅是为义理服务的小学工夫，而是决定义理理解的根基之学。《或问》充分体现了此点。如《中庸》"违道不

---

[1] 《四书或问》，第627页。

[2] 同上书，第897页。

远"的"违"非"离开",而是距离之意,诸说不解文义而强加解说,扞格不通。"违道不远,如齐师违谷七里之违,非背而去之之谓。愚固已言之矣,诸说于此多所未合,则不察文义而强为之说之过也。"① 他以"恕"字解为例,突出此字义解释偏差将造成国家政治生活的极大祸害。"恕"当正解为"如心",而非苟且姑息之义,只可对人,不可于己,于己则当"严于自治",批评范纯仁"恕己之心恕人"说虽心存厚道,为世所称,其实不合本义,后果严重。批评郅恽对光武帝的"恕己"解将引发逢君之恶、贼君之罪的恶劣后果,发出"一字之义不明而其祸乃至于此,可不谨哉"的感慨。②

与把握文义密切相关,常为前辈所疏忽的读音、句读、章句之学则为朱子所极重视,他视此为与前辈治学的重要区别。"诸说多误,盖由音读之学不明"。朱子指出程门解经之误多源于缺乏音读之学,认为"文字音读之学岂可忽哉"!《或问》特别注意从音韵的角度解释字义,将音义作为一个整体统一起来。如论证"望道而未之见"的"而"与"如"古字音义通用,诸家之误即在于无"文字音读之学"。指出"古今为说,迂回赘附,失其文字之本意。而于圣人之心,又不能有所发明,由不察乎此而已。然则文字音读之学岂可忽哉"。③《或问》关于音读解义有极精彩之例,如批评诸家对"无适无莫"的误解源于以"适"为"子适卫"之适故也。

《或问》进一步提出章句之学的重要,主张义理与章句融为一体,批评程门解经之误多源于"看不成句"的章句之差。言"人多因章句看不成句,却坏了道理"。典型者如《中庸》道不远人章"所求乎子以事父未能也"四句之断句,应在"子、臣、弟、友"后绝句,前辈如张九成等以"父、君、兄、之"断句既不通文意,亦不当文理,批评"今人多说章句之学为陋,

---

① 《四书或问》,第574页。
② "近世名卿之言有曰'人虽至愚,责人则明,虽有聪明恕己则昏,苟能以责人之心责己,恕己之心恕人,则不患不至于圣贤矣'。此言近厚,世亦多称之者,但恕字之义本以如心而得,故可以施之于人而不可以施之于己。……若汉之光武,亦贤君也,一旦以无罪黜其妻,其臣郅恽不能力陈大义以救其失,而姑为缓辞以慰解之……光武乃谓恽为善恕己量主,则其失又甚远,而大启为人臣者不肯责难陈善以贼其君之罪。一字之义有所不明,而其祸乃至于此,可不谨哉。"《四书或问》,第538页。
③ 《四书或问》,第965页。

某看见人多因章句看不成句，却坏了道理"①。《或问》对程门句读点评甚多。或批评其新句读之新解不合文义。如《论语》4.5 不以其道章，程氏主"不以其道，得之不处也"说；《论语》礼让为国章主"能以礼让"断句等。朱子有时亦反对各家采用旧注点读而自出新说。如批评各家于"从心所欲不逾矩"循旧注"心"后断句，读"从"为"纵"，音、读皆误，不合文义、本旨。然于"至大至刚以直"则宁用近世俗师之见，以"至大至刚"为断，批评程子循赵岐说以"直"断，体现了朱子当仁不让、公平正大的批判精神。朱子对《四书》章节之分颇有创获，如《论语》9.29"可与共学"章，9.30"唐棣之华"章自出新解，批评程门（范氏在外）因循汉儒合章之说有误，强调章句之差非无关紧要之误，它直接决定义理得失，提出章句之学不可忽视。"夫章句之差，初若小失，而其说之弊，遂至于此。章句之学，其亦岂可忽哉。"②

本意（本旨）优先于义理原则。朱子认为，解经在平实释义的基础上，以阐明经文本意、挖掘圣贤本旨为目标。故是否准确阐发经文本旨，是决定《集注》取舍的根本原则。《或问》亦多次提出，某说虽美而不合本旨，故未取。如批评程子以"斯言可师"解"温故而知新"章，义理虽优美却无关文意，"程子恶夫气象之狭而为斯言，可师之说，美则美矣，其无乃非本文之意乎！"③

药病救失的工夫实践原则。朱子认为，经典诠释除切合文意之外，更要重视对学者践履工夫的指导和为学弊病的矫正，如能做到此点，虽有不合文意之处，亦当取之。此是从工夫实践角度确定的原则。《或问》特别注意提示此点，如指出吕氏不可使知之章"起机心"说虽非圣人本意，然确有切中时弊之益。"此非圣言之本意，然亦颇中近世学者之病矣。"④ 有时否定谢氏之说不合圣人气象之时，又赞其确有激发学者立志向学之处，故取之。"谢氏之说粗厉感奋，若不近圣贤气象者而吾独有取焉，亦以其足以立懦夫

---

① 《语类》卷56，第1814页。
② 《四书或问》，第776页。
③ 《四书或问》，第649页。
④ 同上书，第763页。

之志而已。"①

逻辑一致原则。朱子据逻辑一致原则批评程门"语意倒置"之误。《或问》多处揭示程门在解说经典时，常颠倒语义，反映出逻辑次序混乱。程子即被多次点出此种"倒置"倾向。基于朱子自身理解，判定他们对文义、概念、工夫、效用等先后、本末关系处理有误，体现了重视逻辑分析的特点。如批评程子《论语》末章"第三说谓有诸己然后知言，则能格物穷理。语意倒置，亦不可晓"②。《孟子》尽心首章范氏颠倒穷理与尽心的关系，"至谓尽心所以穷理，则又倒置矣"③。

"本文气象"原则。"本文气象"指文本内在传达着与某种人格（含被诠释者与诠释者）相对应的一种精神气质，如典雅、雍容、洒脱、敬畏、粗暴、高远、平实等，体现了朱子经典诠释始终以塑造人的精神为指归的特点。朱子指出程门之解虽文意无误，但却不合乎文意所传达的人物精神气质，如《论语》"惟天为大"章杨氏说解释详密，但气象狭窄，不合本文气象，故《集注》不取，"杨氏说虽密，然气象反狭，与本文气象不相似也"④。朱子始终以圣贤气象为中心，如批评侯氏对夫子心怀重重顾虑之论说，完全不合圣人从容中道之气息，还指出解经文字所显示的气象恰是作为解释主体自身气象的映现，所谓"文如其人"也，学者诠释之差异偏颇，正是各自气象修养偏颇之显露。如《论语》"鲁人为长府"章谢氏"不必改"、杨氏"无意改"皆是各自性情气象所偏之体现。

公平正大原则。《或问》还从诠释态度批评程门之误，未能做到是非分明、公平正大、不虚美，不隐恶，其避嫌之论，远离圣贤公平正直的本来宗旨，体现了强烈的实事求是的反权威精神。《或问》批评"齐一变"章各家存在避嫌思想，不欲就太公、周公优劣加以比较，不欲正视鲁国以侯王而行天子之事的事实，正因有如此之避讳，故其说难免存在有意之私，而不合乎公平正大如实的圣人本旨。此直接影响诠释的客观性和有效性。"而又有避

---

① 《四书或问》，第 723 页。
② 同上书，第 917 页。
③ 同上书，第 996 页。
④ 《四书或问》，第 766 页。

嫌之病，益使其说不得不有所遗。如避周公、太公优劣之嫌……避鲁以侯国而行王道……此其说虽似美，然恐其不免于有意之私，而非圣言公平正实之本旨也。"[1] 在"宰我问三年之丧"章、"犬马有养"章，《或问》皆批评诸家用心不公，多有维护宰我的文过之言，强调三年之丧"非有难明之理"，圣人明斥宰我为不仁而不应曲讳。"为已死之人，文不可赎之过。"[2]

二 "当日原多未定之论"

《论孟或问》作为处于壬辰《精义》与晚年《集注》之间反映朱子丁酉时期思想的作品，与二者皆有距离，尤其是与《集注》颇多差异，"多未定之论"，故其解不可据为定论，此似为其价值之限，然正因其与《集注》之差异，正可由此真实窥探朱子思想前后之演进，体现了朱子自我批判精神。即以简单的分章为例，《或问》受前人影响曾将雍也可使南面章分为两章，"子曰雍也可使南面"句单独一章。又如恭而无礼则劳章《集注》引吴氏说，主张"君子"以下单独分章，《或问》未提吴氏说，可知此意乃《或问》之后所增。义理方面，更是与《集注》差距颇多，存在"肯定之否定""否定之肯定"的对反情况，即被《或问》所肯定者为《集注》所否定；被《或问》所否定者为《集注》所肯定。如大哉尧之为君章《或问》大赞程子解，但《集注》并未取，而是取尹说。如《或问》批评《精义》诸家"免而无耻"之"苟免"解不合文意，应是真心革面、不敢为非之意，但今《集注》正是"苟免刑罚"，又折回《或问》所否定的程门说。大体来说，朱子之见，在前《或问》时代，常采用程门说；《或问》时代，则通过扬弃程门而自出己说；《集注》时代，则是成熟的定见。《集注》对《论孟或问》之说，或删除或增补。如《或问》把学而章全章分为学之始、中、终，《集注》无此。《集注》第二章仁之解较《或问》"爱之理"补充了"心之德"说。鉴于《论孟或问》与《集注》存在的客观异同，使用该书时应对其得失和价值有一理性中道的认识，置其于具体语境中，采用比较研究方法，方能尽其底蕴，为我所用。

---

[1] 《四书或问》，第 732 页。
[2] 同上书，第 887 页。

三 后学批评:"自今观之,亦觉有未安处"

朱子学既形成于朱子对程门的批判和自我修正中,亦离不开门人后学对之展开的批判、传承与转化。黄榦及其开出的双峰学派、北山学派对朱子学展开了有力批判,成为后世朱子学中最有影响的学派。从朱子学的批判接受史来看,明代阳明学的出现正是对朱子学批判修正的结果。清代朴学之兴起及对朱子的批评,并未越出朱子学之藩篱。概言之,朱子之后宋元明清之思想学术,实可谓"朱子学之注脚",以下拟从批判性继承朱子学的角度论之。

朱子后学之义理批判。勉斋被朱子赞为"会看文字",他弘扬乃师"取予在己"、入室操戈之精神,直接指出《集注》之不足。《复叶味道书》言:"朱先生一部《论语》,直解到死。自今观之,亦觉有未安处。"如在《论语》首章学而不愠与君子关系上,勉斋认同程子不愠是成为君子的前提说,反对朱子君子才能不愠说,前者从工夫言,后者就成德言。指出《集注》"人而无信"章、"志道据德依仁"章之不足,修正《集注》"十五志学"章夫子所言进学次第乃虚说之观点,认为当是夫子为学境地之实说。勉斋有意彰显心的本体意义,提出"心便是性""心便是仁"等心性为一思想,指出"点检身心""求放心""反身一念"等身心之学较之讲学穷理,更为根本,是道之传承与否的关键所在,显示出对"心学"的包容与工夫的内转。勉斋对朱子之批判,为弟子饶鲁所继承光大。如在《孟子》"仁人心也"章,师徒就心的属性提出与朱子不同看法。认为人心、放其心、求放心的三个"心"脉络相连,皆是指仁,指义理之心。《集注》视后者为知觉之心,与前文不相应。在《中庸》理解上,勉斋、双峰、草庐更体现了对朱子学继承突破的接力性,勉斋将《中庸》分为三十四章六大节,以道之体用为全书主线,戒惧慎独、知仁勇、诚为工夫论系统,将"哀公问政"章一分为二,突出"诚"的地位。弟子饶双峰、双峰再传吴草庐对此作了新的继承阐发。在章的划分上,双峰与勉斋有所不同。草庐则干脆将"哀公问政"章一分为四,并独立为一节,认为其主旨为"论治国之道在人以行其教"而非诚。双峰对朱子的批判、突破有明确的自觉,提出怀疑朱子格物诸说的原因在于朱子格物解过于阔大空洞而不切实际,"反之于身,自觉未有亲切要约受用处"。主张"诚意"章"乃《大学》一篇紧要处"。批评朱子忠恕之道解仅突出了忠恕的道体义而忽视了工夫义,犯了"主一而废一"的毛病。有学者由此提出朱、饶分开的观点:"后学当以朱子四书自作朱子四书看,饶氏四书自作饶氏四书看"。① 元程钜夫《书何安子四书后》肯定了勉斋、双峰师徒对朱子的突破创新。"而勉斋之说,有朱子所未发者;双峰之说,又有勉斋所未及者。"②

朱门后学之考证辨析。承继勉斋的北山学派着重对《集注》的缺失展开知识性的考证,突出了朱子学中考据的一面。金履祥《论语孟子集注考证》为其代表,《四库提要》认为该书于《集注》"事迹典故考订尤多……于朱子深为有功"。金履祥表白了对《集注》修正的忠臣态度和纠偏的客观事实。其言颇有意味:"此书不无微牾,自我言之则为忠臣,自他人言之则为谗贼。"③ 史家多将刊于1337年的金氏之书视为考辨《集注》最早、最要之作,其实不然。如赵惪《四书笺义》纯以考证《集注》史实训诂为主,与《论孟集注》为同一类型著作,刊于1328年④。胡炳文(1253—1333年)之《四书通》刊于1329年,该书虽重义理,然于训诂亦多所校正。另元詹道传《四书纂笺》亦与《论孟集注》为同类型的纯训诂著作,采用笺证形式对《四书集注》作出了正音、明义、考制、辨名等方面考察,该书广引金履祥《语孟集注考证》、许谦《详说》、赵惪《四书笺义》,较三者晚出。然《四库提要》对此四书评价颇异,赞誉金履祥《考证》勇于批判之精神,却屡贬低其他三书对朱子之维护曲从。导致四库馆臣产生此种偏差的原因,与其不熟悉三书而带有先入之见有关。以下随举数例以较此四书对《集注》之批评:

---

① 史伯璿:《管窥外篇》卷下,四库全书史部709册,第659页。
② 程钜夫:《雪楼集》,四库全书第1202册,台湾商务印书馆,第359页。
③ 《四库总目提要》,第198页。学者据许谦《论孟集注考证序》落款"至顺改元十月"考察该书大致定本于1333年冬,其实该序言:"若好事君子能广而传之,是固谦之所望,亦先师之志云。"而据李桓序落款至元三年(1337年),序明确言该书由张仲诚刊刻,故1337年才是最早刊本。
④ 阮氏《四书笺义纂要提要》言:"是书载朱彝尊《经义考》,此从元泰定间刊本影写。"按:元泰定间为1324—1327年。该书当赵氏自序及《四书笺义纪遗》皆作于致和1328年夏,且该书《纪遗》部分的贡法讨论中引用泰定丙寅(1326年)江西乡试温卷。故该书之刊刻当最早在致和1328年夏之后为妥。

内容章节	《笺义》	《通》	《考证》	《纂笺》	按语
《孟子》5.1章"门人"说与《孟子序说》"自著"说冲突	主门人说，不必改	引辅广当改"未曾改"说	门人之"人"疑衍而未改	无	《集注》自相冲突
《孟子集注》则，法也 《论语集注》则，准也			主《孟子集注》	主《论语集注》	《集注》自相冲突
"仞"，《论语集注》7尺《孟子集注》8尺				主8尺	《集注》自相冲突
简、洁分为二河		引《书传》驳分简洁为二	引《纂疏》，主《书传》	同	与《书传》冲突
不舍之"舍"音	以《辨证》去声为是		当据《辨证》	《集注》旧音，读如赦者定说。	《集注》《辨正》冲突，认为晚于《集注》，故取
沓沓之两解	《集注》泄泄之意不如《诗传》怠缓之意				《集注》《诗集传》冲突，认为晚于《集注》，故取

续表

内容章节	《笺义》	《通》	《考证》	《纂笺》	按语
引《史记》农家者流说	《史记》不及农家。"史迁"应为"史谈"		《艺文志》分九流始有农家	引金氏说	《集注》引述误，与史不合
《家语》记伯子不衣冠而处	《家语》无其文，见于《说苑》			《家语》无其文，而"欲同人道于牛马"一句非夫子所讥，乃刘向语	误记
"緅"为绛色	据《考工记》等证緅非绛色	据饶鲁指《集注》本古注误		引饶鲁说驳之	引古注误
麻冕，缁布冠也	麻与缁布不同《集注》沿孔注之误				引古注误
《中庸》费字音	据韵书，散财用义当为芳味切	当从芳味切。注符味反误。			勉斋等早发此意
金声玉振《集注》引"倪宽云"，《语录》则认为"是时未有《孟子》之书"	倪宽在《孟子》后，未详《语录》之意。			同	《语录》《集注》冲突

据表可见，其一，对《集注》的考辨不始于金履祥，实始于朱子门人勉斋、辅广等，朱子门人并未因维护朱子而讳言其失，只是较含蓄而已。其

二，朱子门人后学对《集注》缺失的考察基于其他朱子文献和朱子漫长的学术空间，常采取以晚年之朱攻早年之朱的方法，但在判定孰为早晚、何为朱子晚年定见时不无可商。如《诗集传》、《书集注》是否必晚于《集注》？金履祥的"《辨证》朱子晚笔，则《集注》未及改耳"说是否可信？盖《集注》朱子至死仍在修改，不好断定《集注》必在后。其三，诸书指出《集注》之"误"表现在引史实、古注、古书等，包括记忆之误，可见《集注》即便存在某些失误，亦是有根底之误，非朱子自造之误。其四，学者判定《集注》之"误"乃是基于各自理解，未必妥当。如金履祥站在王柏立场，认为《诗》并不可靠，针对《诗》之郑卫情况，提出"今之三百篇岂尽夫子之三百篇乎"[①]？

明代心学、清代朴学对朱子学之批判顺承。清儒对《集注》之辩证，虽引证范围更广、论证更精密，然其旨趣并未越出朱子《四书》之范围，不过是其中"小学"一面之发展而已。即以攻朱甚烈的毛奇龄《四书改错》为例，该书除夹杂争强好胜意气成分外，其余关于人名、地名等处，一则反驳立论非皆有定据，二则以朱子放弃之说以攻朱，了无新意。如以朱子已放弃的程子等采用的"传不习"旧注，攻击朱子新说。其对《集注》相关内容之驳正，大半朱子后学早已陆续开展之，毛氏所驳殊无可奇之处。如对朱子后学相关考辨作进一步搜寻，毛氏所论当基本包括。故该书不过是无意中将朱子后学对朱子考据批评之一面，集中罗列批评而已，所论实未能逸朱子学之藩篱。颇惊奇者，清人及近人予此书过誉之评，恐受《四库提要》误导，仅见朱子后学对朱子维护羽翼之一面，而未睹其批判修正之工作。[②]

阳明学常被视为朱子学之"反动"，然唐君毅、陈荣捷等先生则视为朱

[①] 金履祥：《论孟集注考证》，第46页。
[②] 如凌廷堪《与阮中丞论克己书》赞该书为救病之猛药，"如医家之大黄，实有立起沉疴之效，为斯世不可无者。"《校礼堂文集》卷25，中华书局1998年版，第235页。刘师培《近代汉学变迁论》认为该书对宋儒具有釜底抽薪之效，"有毛奇龄《四书改错》，而后宋儒释《论》《孟》之书失其依傍"。吴方校校：《中国现代学术经典·黄侃刘师培卷》，海北教育出版社1996年版，第775页。钱穆《中国近三百年学术史》认为该书具有改变对朱学认识之大效，"良足以振聋发聩，转移一世之视听矣"。钱穆：《中国近三百年学术史》（一），九洲出版社2011年版，第252页。

子学之修正。① 阳明思想的形成与发展，皆是在与朱子学长期的学习对话中展开。他自述曾对朱子之说"奉若神明"；刊刻《朱子晚年定论》以示并未偏离朱子，而是契合如一，本意并非"摘议晦庵"，其所不满者，乃是朱子心理为二所导致的外在格物之学、支离之学。其实阳明学之起点和终点大体同于朱子，千学万学，无非是"去人欲，存天理，成圣贤"。差别在实现"去欲存理"的理论基础和路径，阳明肯定心理即一，良知内在，天理内在，故工夫主内在推扩，逐步致良知于外；朱子则认为心理虽先天为一，理具于心，理不外心，但现实中因气禀私欲之遮蔽，心理为二，实现心理为一之境，须经由向外格物穷理，以光明心之体用。元儒评价饶双峰之《四书》不同于朱子者"十之八九"，阳明喜以"毫厘之差千里之谬"来形容与朱子之别，不同于朱子者不至于"十之八九"，其思想之论域并未越出朱子体系，在一定程度上更内在化、收缩化了，跳过了朱子学第一层的理、物存在问题，而始终着眼于心与理、心与物的意义显现问题，其心外无理、心外无物之"无"，并非存在之没有，而是于心之"未显"，可以说朱子注重存在"实现"，阳明关切意义"显现"。阳明特别重视理学之体用，以此处理良知与发用。在工夫问题上，阳明固不重主敬，但颇重克己（克治）、主静、立志，此与朱子亦一致。《朱子晚年定论》力图开启阳明学与朱子学内在沟通的可能性和连贯性，通过重新"发现朱子"，论证朱子"晚年之悔"来印证彼此的关联一体性。故自勉斋开始，朱子后学即逐步存在一"内转"倾向，此正如孔门后学之内转，至孟子而显其成；亦可说朱子学之内转，至阳明而终其成。阳明批朱的"话头"多有与朱子后学同声相应之处。如批评朱子之理由之一是无法自得其学于心，此与双峰反思朱子格物之说未有亲切受用极其相似。阳明对朱子之批评，多以"先儒"等语含蓄表达之，且始终保有尊重附和之意，认为己心实同朱子之心，称赞朱子解义有不可改易之处。

---

① 唐君毅强调了朱、王的联系性，"然自细处看，则阳明之学，虽归宗近象山，其学之问题，则皆承朱子而来；其立意精处，正多由朱子义，转进一层而致"。（《中国哲学原论·原教》，中国社会科学出版社2006年版，第187页）陈来则认为阳明于朱子兼具继承者与反动者二重身份，但似乎更强调后者，"王阳明哲学就其直接意义来说是对朱熹哲学的反响。"（《有无之境：王阳明哲学的精神》，人民出版社1991年版，第2页）

"然吾心与晦庵之心未尝异也。若其余文义解得明当处，如何动得一字？"①勉斋学派对朱子批评之用语，较阳明甚至更为直白，如双峰言："以老先生之高明精密，而于前人语意尤看得未尽如此。"② 阳明阐发之问题，在朱子后学中不乏知音在。如对朱子《大学》改本之不满，重视诚意等；即如"心即理""心外无理"之命题，元代朱子学者胡炳文亦提出"心外无理""理外无事"说，言"心外无理，理外无事，即事以穷理，明明德第一功夫也"③。固然，勉斋、双峰、云峰等所提出的命题，与阳明之内在思想意涵当然不同。但如摆脱朱、王对立之视角，从朱子学绵延发展的连续性来看，此差异自可视为朱子学内部问题。基于朱子后学对朱子考据之学的批判，可视毛西河《四书改错》为朱子学发展之自然结果；基于朱子后学对朱子学义理之批判，可视阳明学为朱子后学从义理上对朱子批判继承所获得的最重要成果。这对我们从新的视角理解朱子后学与阳明学都是有意义的。套用怀特海评价柏拉图的一句名言，可以说南宋朱子以下儒家思想学术史，实皆可视为朱子学之注脚。这也可视为从批判继承角度论朱子学的三重批判，所见八百余年朱子学的自我转化及其超越所在。

---

① 王阳明：《王阳明全集》，第 27 页。
② 史伯璿：《四书管窥》卷 2，文渊阁四库全书第 204 册，第 733 页。
③ 胡炳文：《四书通》，第 15 页。

第六章*

《四书集注》文本与义理

第一节 《四书集注》定本之辨与朱子晚年定见

《四书集注》作为朱子一生精心打造的经典之作，标志着儒家经学范式自五经学至四书学的转换，这一变化对此后数百年的中华思想文化产生了至为深远的影响。朱子对该书用心至深，自珍之情溢于言表。宣称自家注释"如秤上称来无异""不多一字，不少一字"②，所下用语无一字无深意，要求学者尽心体会，不可等闲看过，甚为担心学者不察其"良工心苦"处。朱子的这种态度，对后来诠释者造成极大影响。作为朱子三传的赵顺孙对此心领神会，于《四书纂疏》中提出朱注"浑然犹经"之看法③，并集合十三家朱子后学之说解释朱注，形成了朱注重于经文的诠释取向。这一作法得到朱子后学的普遍认可，朱注成为诠释者不可轻易怀疑的权威文本。但一方面朱子本人并未将《四书章句集注》作为一书刊刻，另一方面，朱子对注文反复修改，直至易箦前三日尚打磨不已，客观上留下了大量的新旧注文之别。这就使得后世学者在选择《四书集注》的文本时，形成了不可忽视的版本差异。元代新安两位理学家胡炳文与陈栎即围绕《四书集注》文本差异（胡炳文主宋本，陈栎主祝洙《四书附录》本），开展了一场学术上的纷争，影响了后世乃至当下对《四书集注》文本的选用及其理解。这场争议

---

* 本节写作于 2020 年夏秋，内容颇契主题，故收入本书。
② 《语类》卷 19，第 655 页。
③ 赵顺孙《四书纂疏序》言："子朱子四书注释其意精密，其语简严，浑然犹经也。"吉林出版集团有限责任公司 2005 年版，第 2 页。

延续数百年，众多学者皆表达了各自看法，表明此版本之不同并非是一校勘问题，而是对朱子学的解释权之争，体现了学者对朱子思想中若干重要论题的理解。略显遗憾的是，这一朱子四书学中的基础问题，并未引起学界的重视，故甚有加以讨论的必要。①

一 "一于善"与"必自慊"

宋本《四书集注》中《大学章句》首章诚意解为："实其心之所发，欲其一于善而无自欺也"。而祝洙《四书附录》本则是"必自慊"。在究竟以"一于善"还是"必自慊"为朱子定见上，主宋本的胡炳文与主祝本的陈栎各持己见。此问题在本书第三章第六节曾加以讨论，此处略补充一点后世学者的看法。

元代学者吴程批评"必自慊"而力挺"一于善"，他说：

> 祝本作"必自慊"，殊未是。盖自慊乃毋自欺之后效，难以居先。若不分善恶，但曰"必自慊而毋自欺"，则小人之诚于中为不善者，亦可言诚意矣。先儒谓意有善恶，"一于善"其可易邪？祝本或以为得之文公绝笔，恐未为然矣。②

他认为该问题无法从版本上来断然判定，不能根据朱子之孙宣称其说来自朱子绝笔，就以为定然如此。如就版本自身质量而论，赵顺孙《四书纂疏》最善而优于祝本。故判定二说的关键在于义理，"自慊"只是表达一种心理状态，这种状态是达到毋自欺之后所获得的心理感受或效验，它不可能先于毋自欺而获得。此说颇合朱子之意。朱子曾明确表示经过一段反思之后，方才最终确定勿自欺、恶恶臭好好色、自慊共同构成诚意概念，自慊居于最后，勿自欺居于最先。吴程强调"一于善"说不可或缺，它表明意念的性质只能是善，是纯善。意念本有善恶正邪之分，如不对其属性加以限定，而仅言"必自慊而毋自欺"，则小人诚于为恶，亦可谓诚意矣。故"一

---

① 徐德明：《＜四书章句集注＞版本考略》（《华东师范大学学报》1998 年第 4 期）是从文献学上考证各时代《四书集注》版本流传的力作。

② 倪士毅：《四书辑释》，《续修四库全书》经部第 160 册，上海古籍出版社 2002 年版，第 4 页。

于善"作为定说,体现了诚意之真、善。自慊仅是表达一种自得之情,"一于善"则突出了意的道德属性,较"必自慊"更为深刻、合理、周全。刘剡亦以吴说为是。

理解二说的关键取决于对"意"的理解,即认为诚意的意是兼善恶,还是纯善无恶。主意有善恶者,多认同"一于善"。如元景星认为心发为意,此意有善有恶,故工夫在于诚意以善之,批评祝洙篡改朱子说为"必自慊"。"心发为意,便有善有不善。不可不加夫诚之之功。章句'一于善'祝本改作'必自慊'。"① 明蔡清《四书蒙引》亦持意有善恶说,认为意为心之萌发,是心善恶之两路,诚意之后再无恶,只有偏。"若意则心之发……心初发时有善恶两路是意……但诚意之后已无恶,只有偏耳。"② 《五华四书大全》所引《疏义》认为"一于善"所表达的诚意思想更为清晰,"意之所发有善恶,一于善而毋自欺,则意诚矣……必自慊且先之以一于善,字面尤见端的。"③

清吕留良则认为诚不可兼善恶,故主"必自慊",他引杨廷枢说,并表达自己看法:

"余意若言'一于善',则诚意竟无不是,何必致知?唯言'必自慊',慊是快足,快足于己,尽有不尽是者。故改三字最活,的系绝笔所更定无疑,但诚字中不可兼言善恶。"……按:杨此说极醇,但谓"诚有半善非全善,九分善而一分未尽善",此亦是致知甲里话,非诚字中话也。④

杨氏认为如是"一于善",则诚意已是至善,无须致知工夫了。若是"必自慊",则无尽善之意,故必自慊才是绝笔所改。吕留良赞杨说"极醇"。其实"一于善"前的"欲其"二字,表明"一于善"是诚意工夫的

---

① 景星:《大学中庸集说启蒙》,文渊《四库全书第204册,台湾商务印书馆,第972页。
② 蔡清:《四书蒙引》,文渊阁四库全书经部第206册,台湾商务印书馆,第38页。
③ 孙见龙:《五华四书大全纂订》,四库全书存目丛书经174册,齐鲁书社1997年版,第51页。
④ 吕留良:《天盖楼四书语录》,四库禁毁丛书经部第1册,北京出版社2000年版,第18页。

归宿所在,即意诚,而非指诚意已是至善。杨氏反对"诚"指无价值指向的"兼言善恶"之实,因他已取消了诚的"一于善",又认为"必自慊""尽有不尽是",如此一来,就必须将"诚"限定为善,否则道德无以安立。客观而论,此处"诚"只是表明工夫状态,并无诚已是纯善的道德境界之意,否则就是意诚了。杨氏似乎意识到此,故又弥补说此处诚之"善"只是一种低级的不纯粹的善,是"半善而非全善""九分善一分未善"。吕留良则对此解颇不满,批评此"分数"说落入致知,指出朱子的意念分数说指自欺而非诚意。其实在朱子看来,毋自欺已为诚意工夫所含。吕氏又辨诚无归于一之意,其实朱子特别重视诚的纯一不杂意。

就朱子本人来看,其《经筵讲义》《仪礼经传通解》皆是"一于善"。《文集》《语类》中亦存在大量关于诚意的修改,看出朱子确乎非常在意意念之纯一与性质之善。就宋元各家版本来看,"一于善"更为流行,但陈栎此说被明官方用书《四书大全》收入,且不提胡炳文等不同之见,故在明清时代,祝本"必自慊"说居于主流地位。

二 "得于心而不失"与"行道而有得于心"

胡炳文指出,《论语》为政以德的"德",朱注有过两次修改。《四书通》凡例三言:

> 祝氏以刊于兴国者为定本,今细考其文义,如为政以德,旧本作"行道而有得于身"。祝本作"有得于心",后本又改作"得于心而不失",祝未之见也。按:桐原胡氏侍坐武夷亭。先生执扇而曰:"德字须用'不失'训,如得人,此物可谓得矣,才失之则非得也。"此譬甚切。盖此句含两意:一谓得之于有生之初者,不可失之于有生之后;一谓昨日得之者,今日不可失之也。今必以祝本为定,未必先曰"得于心而不失",然后改曰"行道而有得于身",末又改曰"行道而有得于心"。故今不以祝本为定。①

---

① 胡炳文:《四书通》,第3页。按:《四书通》为政以德章正文与此大体相同而首句表述略异,其《朱文德字说》所论与此亦同。

> 通曰："不失"二字自有工夫在焉，《集注》改本之精也如此。①

朱子先是把"行道而有得于身"的"身"改为"心"，即变为"行道而有得于心"；在此基础上又改为"得于心而不失"，把"行道"去除，补充"不失"。胡炳文指出祝洙并未看到第二次改本，故停留于第一次改后的"行道而有得于心"。又以《语类》中朱子之说为证，朱子提出"德"当以"不失"解，并以扇子为譬，以德为先天所得而不可失于后天，为往昔实践所获而不可失于今日。"不失"之改反映了朱子重视工夫实践以砥砺德行的用意。如按祝本，则落入先"不失"而后"得于心"的逻辑颠倒之中，实不合情理。"不失"对于操守工夫的凸显显示了《集注》修改之精妙。

在胡炳文所持宋本与陈栎所主祝本的五处差异中，胡炳文仅就此说直接提出与陈栎交流，陈栎对此颇为不满。说：

> 胡仲虎《四书通》……最是不以祝本为定本，大不是。文公适孙鉴庚三总领题祝氏《附录》云："后以先公晚年绝笔所更定，而刊之兴国者为据"。今乃不信其亲孙之言，而信外人之言。只看《中庸》首一节断语，诸本与祝本疏密天地悬隔，乃隐而不言，而专以为政篇"德之为言得也，得于心而不失"一节来辨，谓"得于心而不失"为定本，而非"行道而有得于心"之说，"得于心"何必加以"而不失"？"得于心"是得何物？不比据德云，据德是"道得于心而不失"，乃是因"据"字而下"不失"字耳。②

在认可《四书通》有可取之处的同时，陈栎批评该书过于挑剔，流于"鸡蛋里挑骨头"，最大缺陷在于未将祝本当作定本，不信朱子嫡孙之言而信外人之说。指出二本《中庸》首章按语差别巨大，炳文不以此辩论，却专挑为政以德来争辩，避重就轻。认为"得于心"后不必补"不失"，"为

---

① 胡炳文：《四书通》，第59页。
② 陈栎：《定宇集》卷10《答吴仲文甥》，《元人文集珍本丛刊》四，新文丰出版公司1985年版，第389—390页。

政以德"之德不同于"志道据德"之德,彼"德"为"不失",乃是因"据"字而发。并指出胡炳文相交之初,甚为认可自家观点,如今却改变初衷,背离己说,显出对炳文讥讽态度。

倪士毅《四书辑释》详引师说,批评胡炳文根据《语录》"德字须用不失训"说断定以"不失"解"德",并不可取。

> 祝氏《附录》本如此,他本作"得于心而不失也"。胡氏《通》必主"得于心而不失"之说……先师谓此说纵使有之,亦必非末后定本。深思细玩,终不如"行道而有得于心"之精当不可易也。……初作"得于身",后改"得于心"。夫"道"字广,在天下所共由,"德"字亲切,吾心所独得。行道,行之于身也,未足以言德。必有得于心,则躬行者始心得之,心与理为一,斯可谓之德。①

因此说并非朱子定见,实不如"行道而有得于心"精妙确当。朱子"德之为得"初作"得于身",后改作"得于心"。行道得于心方可为德,盖道指天下共同遵循之路,所指广大普遍,不如"德"字专指一心所独得亲切。"有得于身"和"有得于心"有别,行道于身,未足言德,只有得道于心,躬行实践,心与理一者方可视为德。"行道而有得于心"的"行道"是实践工夫,"得于心"是工夫目标,二者次序分明而分工明确,精妙无比。"得于心而不失"说一则笼统,未指明"得于心"者为何,二则衍说此处所无的"不失"之意,不紧切。此外,"据于德"注之"不失"乃因"据"字而发,且紧接"行道而有得于心"来。此章如言"得于心而不失"则过于急促,且无所指向,徒为累赘。又《大学章句序》"本之躬行心得"与"行道而有得于心"相印合,"躬行"对应"行道","心得"对"得于心",可证祝本为定本。

二本皆有"得于心",差别仅在"行道"和"不失"二字。正如诚意解一样,《四书集编》《四书纂疏》等宋元本主"不失",赵顺孙指出新旧本的修改是从"行道而有得于身"到"得于心而不失",心较身更为紧切。

---

① 倪士毅:《四书辑释》,第166页。

但并未提及陈栎所主张的"行道而有得于心"说，或许他当时似并未见此说，此说于其时恐未甚流行。"愚案旧说'德者行道而有得于身'，今作'得于心而不失'。不言身而言心，心切于身也。"① 金履祥则明确指出"行道而得于心"为初说，"《集注》初本因第七篇志道章，解德字曰'行道而有得于心，'其后改从此。盖道固人心所同有，而人鲜可谓之有德者。"② 他认为初说来自据于德注，后改为"得于心而不失"。作为公共的道为人心所同具，但作为个体修养的有德者则少，人常常暂有所悟而无法久存于心，或仅是知德而不能体之于身，故最终皆得而复失，而不足以为德。可见朱子改本强调"不失"二字用意深刻，德不难于得，而在于保持不失。吴程亦以陈栎说为初本，说"行道而有得于心"，乃朱子初改本。

元刘将孙《颜曾省身字说》对朱子"德"字注释修改之叙述，同于胡炳文说，由"得于身"到"得于心"，在易箦前方定为"得于心而不失"。由此推出身即心、心即身说为合理而有益，显出心在腔子里。"犹记往年见晦庵释'行道而有得于心之谓'一语，初本'心'作'身'。盖易箦前数日，始定为'得于心而不失'。故窃以为'身即心，心即身'语为不悖而粗有益。"③

陈栎说在元代亦有所呼应。史伯璿大赞其"得于心者何物"说反驳有力，认为"不失"说未论及所得为何，有落空之疑，不如"行道有得"明确得于心者为道，正与《大学》明德解"得乎天"同例，可见所得真实不虚。且"不失"乃学者工夫，是就入德之人而言，不合经文大舜无为而治的圣人境界。史氏是从德之虚实及工夫境界之分而论，颇见新意。《四书大全》认可陈栎说，并引倪氏辩护语。

> 二说当以《发明》为是，其曰"得于心者何物乎"？此说极是。《大学》释明德，必曰"所得乎天"云云，便见所得之实处。今但曰"得于心"而不言所得之实，可乎？况"不失"二字为入德、进德者言

---

① 赵顺孙：《四书纂疏》，第103页。
② 倪士毅：《四书辑释》，第166页。
③ 刘将孙：《养吾斋集》卷二十四，文渊阁四库全书集部第1199册，第230页。

之则有味。为政以德,无为而天下归之,正是舜无为而治之事,此盛德自然之应,"不失"不足以言之矣!①

但自元以来,主张胡炳文说的学者即大有人在。元许有壬认为朱子之德有两种解释,本然之德和修为之德,朱子虽以"行道而有得心"解此处之"德",但却是从"修为以复德"的学者之工夫而论,不同于史伯璿主张的"盛德自然"境界义,史氏所论乃本然之德,是圣人所独有。许氏强调了得而不失的意义,天所降之理构成我所受之德,此即道得于心;然而有得则有失,只有得而不失于心,深造自得而保持持久者,方是真得其德。日月一至者,非得也。

> 德之本然,唯圣人为能;修为以复,则学者事也……天之所以与我,我所以为德者,故曰"行道而有得于心"。且得者,失之反也,"得于心而不失",乃为真得。②

清汪武曹反驳史伯璿说,而认可"得于心而不失"说,一则据《语类》之意,二则就文本论。为政以德必须兼不失,若无"不失",则得失无常,无法保证德之真实拥有。又据注文中程子的"为政以德,然后无为",即朱子的"为政以德,则无为而天下归之",推出以德和无为是两层意义,无为而民归之意实在下句"居其所而众星共之"中,不可完全由"为政以德"承担,此此反驳了史伯璿的"德"为舜无为而治之境界说。孙见龙对新旧说加以调和,认为本可相通,"得于心"是就正面论德,"不失"是从反面不足。

> 汪武曹曰:"得于心者何物"句,似亦驳得有理。但玩《语类》,终当以"得于心而不失"为定本。且讲"为政以德",必须兼"不失"

---

① 史伯璿:《四书管窥》,第714页。
② 元许有壬:《德斋记》,《至正集》卷四十,《元人文集珍本丛刊》七,台北:新文丰出版公司,1985年,第202—203页。

意乃足，否则方得之，遽失之。①

吴英在《四书章句集注定本辨》中亦对陈栎、史伯璿说加以反驳。首先指出据上下文，"得"是就"为政"而来，意指由心正而推出身正乃至天下正。"不失"则是指修身为政的态度，兢兢业业而不离法度，内含终始不懈、无已不息之义。就朱注言，在"德之为言得也"下顺接"得于心"极为顺畅，如作"行道"则语义中断、累赘。其次，就二说内涵论，"得于心"虽是对"得于身"之改进，但仍是沿用古注，未能自出新说，未能显出必得不失之义。反之，"不失"则已包含行道之义在内，故二者存在语义偏全之别。又反驳陈栎引《大学章句序》"躬行有得于心"为证，盖在序文中，"躬行"乃是据上下文言上下各色人物，皆不离躬行。而此处"为政"和"以德"之所为所以乃是同一回事，故无须再插入"行道"说。同理，"据于德"注之所以有"行道"字，盖此"德"是据上文"志于道"而来，德与道相对而论，而本章"为政以德"之德与政并非相对而是相承，故无须再添"行道"。进而驳史伯璿的"德"为圣人境界说，指出"不失"是对"得"的补充完善，如为邦章注引张子的"不谨"说，即证明"不失"并非仅指贤人工夫，亦可用之以言圣人盛德。针对史氏引《大学章句序》"人所得于天"证明无"行道而有得"则"得于心"者不明说，吴氏从区别两处"德"的普遍与特定意义反驳之，《序》强调德为人所普遍拥有而非大人所独具，突出德的公共普遍性；此处是特就圣人之德而论，其德生而有之，故无须言"行道有得"。批评倪氏未能择善而从而阿谀其师。②

学者还讨论了据于德之德与为政以德之德的异同，意见不一。如金履祥指出，尽管《集注》两处皆以"得于心而不失"解之，然为政以德解不如据于德精密，毕竟此处"据"与"不失"相通。"'得其道于心而不失'之谓，旧本作'行道而有得于心'，后改定从此。第二篇'德'字虽改作'得

---

① 孙见龙：《五华纂订四书大全》，四库全书存目丛书经174册，第394页。
② 朱熹：《四书章句集注》附录，第386—387页。宋翔凤《论语后案》亦认为"不失"说文义更为明显，突出了德行之操持不失。

之于心而不失',不如此章之密。"① 汪武曹则与金氏意见相反,认为正因为政以德章无"据"字,故以"不失"解政可包"据"字。而据于德章之据,已是不失之意,则不应再以"不失"解,而当作"行道而有得于心"。此是从避免语义重复的角度考虑。注文总论中的"得于心"指"德","不失"指"据"。

> 汪武曹曰:"愚谓此处与为政以德不同。彼但举'德'字,故应兼'不失'言之,乃是包此章'据'字在内。若此章既有'据'字,是不失之意,则'德'字之解应如今本作'行道而有得于心'矣。"②

按:朱子与弟子明确论及"得于身"与"得于心","行道有得"与"得而不失"的新旧本关系。

> 问:"《集注》云:'德者,行道而有得于身也。'后改'身'作'心',如何?"曰:"所谓'得'者,谓其行之熟,而心安于此也。"义刚。
>
> "行道而有得于身","身"当改作"心"。诸经注皆如此。僴。
>
> 旧说"德者,行道而有得于身。"今作"得于心而不失"。诸书未及改,此是通例。安卿曰:"'得于心而不失'可包得'行道而有得于身'。"曰:"如此较牢固,真个是得而不失了。"义刚。③

朱子指出,改"身"为"心",突出了行德非勉强偶尔之举,而是对道德自觉认同的为己之行,以便在反复实践中达到内心的安然,"行之熟,而心安于此",如此才有心悦诚服之效。且"身"当作"心",亦符合经注通例,合乎"德"的造字本意,"德"字中间为"心",意味着"德"是"得于心"者也。故改"身"为"心"更加亲切,更合文意。陈淳提出朱子把

---

① 金履祥:《论孟集注考证》卷4,四库全书经部第202册,第64页。
② 孙见龙:《五华纂订四书大全》,第546页。
③ 《语类》卷23,第791页。

旧说"行道而有得于身"改为"得于心而不失"（陈淳似未注意"得于心"之说），"不失"可以包含"行道"说，朱子对此表示赞同，认为如此方显出德性之牢固。可见"不失"强调内心德性拥有之牢固。

三 《中庸章句》首句结语之异

胡炳文所主宋本与陈栎所主祝本最大的文字差异在《中庸》首章结语。胡炳文主张定本为：

> 盖人之所以为人，道之所以为道，圣人之所以为教，原其所自，无一不本于天而备于我。学者知之，则其于学知所用力而自不能已矣。故子思于此首发明之，读者所宜深体而默识也。①

此注紧扣文本，三句各为一义，首句推性、道、教既本原于天而又内具于身，是天人合一之关键。次句指出学者如明乎此理，则自当以此为指引而自强不息，乾进不已。末句指出子思于儒学史上首次提出性道教超越而内在之意义，要求学者当切己深察，默然领会。三层环环相扣，分别指向文本的内涵，读者经由对文本之接受而带来个体工夫实践上的变化，子思的首发之功与对读者深入体察的期待。此三句中心端在"无一不本于天而备于我"十字，它精炼的强调了性、道、教皆根源于超越之天而内在于身的特质，三者可谓天人沟通之纽带。炳文此说同于《仪礼经传通解》《四书集编》《四书纂疏》《黄氏日钞》《礼记集说》《四朝闻见录》《山堂考索》等书，为宋元学界之主流看法。陈栎主张定本为：

> 盖人知己之有性而不知其出于天，知事之有道而不知其由于性，知圣人之有教而不知其因吾之所固有者裁之也。故子思于此首发明之，而董子所谓"道之大原出于天"亦此意也。②

---

① 胡炳文：《四书通》，第596页。
② 胡广等纂修：《四书大全校注》，周群、王玉琴校注，武汉大学出版社2009年版，第144页。

此说亦可分为三层。首层三个复句,采用"知……而不知"的仅知其一而不知其二的对比形式,分别论述性、道、教与天、性、吾的源流关系,如知己之有性而不知出于天,强调性出于天,对应经文天命之谓性。次句要求应知事道出于天性,第三句则提出应知圣人之教乃吾身固有。第二层"故子思于此首发明之"是与宋本唯一相同处,但无"读者所宜"句。第三层是引董仲舒"道之大原出于天",以证其意与子思同。

陈栎以胡炳文说为原本,较定本说疏密浅深,大有区别。倪士毅引其说:

> 先师曰:朱子此总断之语。元本云:"盖人……深体而默识也。"今以后来本校之,疏密浅深,大有间矣。然"无一不本于天而备于我",此语亦包括要切。《或问》所谓"其本皆出乎天而实不外乎我",与此语无异,是仍存之于《或问》中矣。他本多依元本,惟祝氏《附录》从定本耳……元本含蓄未尽,至定本则尽发子思之意,无复余蕴。[①]

陈氏亦认可原本"无一不本于天而备于我"颇得要领而紧切,认为此与《或问》"出乎天而不外乎我"意义相同。他论证定本说的优点是依次交代性出于天、道由于性、教内于己,强调性道教三者各自被忽视的另一面,从而将天命性道教五个范畴源流关系揭示出来,赞其为子思首次发明。他着眼于从五个范畴的关系演变史来考察,指出"道""教"为舜所首提,"天""命"则见诸商汤君臣,但尽管商汤论及"上帝降衷""民有恒性",但仍未明确天性命教之关系。孔子《易传》"各正性命""一阴一阳之谓道"仍是对性、命、道、教等的分别言说。至子思《中庸》方发明性、道、教诸范畴之层次关系,此是子思发前圣所未发的贡献所在。朱子前文既对之详尽解析而于结语中又融会贯通而总论之。批评原本于文意"含蓄未尽",定本则于子思意揭发"无复余蕴"。

按:陈栎主张的改本说,首三句采用范畴两两相对的分说形式,未能紧

[①] 胡广等纂修:《四书大全校注》,周群、王玉琴校注,武汉大学出版社2009年版,第145页。

扣天人的超越与内在一体关系展开，显然不如"无一不本于天而备于我"说语义精密周全。第二层在指出子思首发明之后，再无论说，缺乏宋本对工夫的提醒。第三层突然引董仲舒说，颇显突兀，且仅以"亦此意也"结束之，亦缺乏宋本对读者的告诫语。所引董仲舒"道之大原出于天亦此意也"出自《汉书·董仲舒传》。此说颇堪怀疑：一则在引文后以"亦此意也"结束，似乎落脚点在证明子思之说不过与董仲舒相同而已，或者理解为董仲舒说与子思相同，但这并不能增加解释的说服力。董非圣人，说并非经典，证明效力能若何呢？在朱子道统谱系中，朱子虽尊称董仲舒为董子，但其仅居于道统的辅助者地位，并非主流。更主要的是，所引董说与《中庸》思想颇有差距，仅论及"出于天"而无"备于己"一层，且董氏思想中的天、道与朱子学的天、道含义大有不同。这从朱子及宋元学者罕论及"道之大原出于天"句亦可看出。反之，朱子最喜董仲舒的"正义明道"及"正心以正朝廷"说，《集注》即引之。

陈栎说在元代得到《大学中庸集说启蒙》《四书纂笺》《四书管窥》的呼应。史伯璿进一步指出陈栎并未讲明原本与定本的"浅深疏密之间"，故特加一番论证。

> 《发明》所考当矣，……盖旧本"人之所以为人"以下三句，每句自为一义，而未见其贯通之妙，直至"无一不本于天而备于我"，其义方始贯耳。下文自"学者知之"以后，不过只是称赞子思、勉励学者之言，而不复再有所发明于经旨矣。祝本自"人知己之有性"以下六句，句句义理贯通，已含旧本所谓"无一不本于天"之意。况下文所引董子"道之大原出于天"之言，又有包括无余之妙，殆非旧本所可及也。①

史氏指出旧本前半截三句各自为说，意义并不通贯，定本则各句语义贯通，他亦注意旧本"无一不本于天而具于我"说之精妙，故特别强调定本已具此意（按：此并不合事实），批评旧本下半截只是赞子思，勉学者，而

---

① 史伯璿：《四书管窥》，第855—856页。

无关经文旨意。定本则引董子说,含无余之妙。其实赞子思句二本皆同,至于勉学者乃是《集注》普遍使用的诠释方法,史氏不应对此加以批评。史氏如此抬高董氏说的重要性,似不妥。董子"道之大原出于天"说意在论证"天不变道亦不变"。"原出于天"的道非本原之道,而是来源于天的道,此说注重了天与道的源流关系。然而子思于天、道之间,更强调"性"。董氏此句丝毫未涉及"性"与"教"。且"道原于天"说容易产生对道的误解,如方回、鲍云龙皆论及此。

> 问:虚谷云"'道之大原出于天',此董子语,疑尚有病……谓'道之大原出于天',则是先有天而后有道矣。原本也宜曰'道者,天之原'……"答曰:"道之大原出于天",此语自稳当,包涵无尽道理,无可瑕疵也。文公尝引以解《中庸》首三句……'道出于天'是下一截说话,'天出于道'又是推上去上一截说话,两不相妨。"[1]

方回质疑"道之大原出于天"说有病,似乎道是后于天而产生的被创生者,丧失了作为宇宙本原的意义。道相当于太极,它应先于天而非出于天,故应改为"道者天之原"。吴彬认为道本意为路,它内在于日用常行之中,此是道的内在一面。若就道的根源论,则道来自于天而非生于人事。陈栎以子思引之,表明此说包含无尽道理而毫无瑕疵。辨析道有"下一截"和"上一截"两层含义,天与道存在"道出于天"和"天出于道"两种互为源头的不同说法。《中庸》"率性之道"即董子所言之道,乃下截之道,是现实之道,即所当然也。《中庸》开篇与结尾皆言天,开篇言天命,结语言上天之载,此皆表明了"道原于天"的精妙性。按:若如陈氏将"道之大原出于天"限定为"率性之道",则它就不是"包含无尽道理"了,也无法对应首章性、道、教全部三层含义,朱子"亦此意也"就落空了。

稍显奇怪的是,胡炳文于前两处版本之异皆提出自己看法,但于此处如许之差异,反而未提出商榷意见,陈栎对此亦颇感意外和不满。炳文特就"人之所以为人"加以解释:

---

[1] 陈栎:《定宇集》卷7,第345—346页。陈栎特重"道之大原出于天"说。

> 然《章句》始虽兼人物而言，末则不曰"性之所以为性"，乃曰"人之所以为人"。提起一"人"字，殊有深意……天具于人，人即是天，如之何可自弃其天而自失其所以为人哉！①

引王氏"以人字换性字极有力"说，认为用"人"而非"性"，在工夫论上颇具深意。性道教皆可归诸天，天具于人，人即是天，天人深度融合。故以"人"字意在警醒学者不可自我放纵而丧失人之为人之可能。人如能体察此意，则为学自会用其全力。《四书通》所引之说皆在强调"本于天而备于我"的两层意思，人性乃天赋之理，非人力所为，故凡为人者当体察此意而用功不已。此即所引陈孔硕之言"圣贤教人，必先使之知所自来而后有用力之地。"②

史伯璿指出胡炳文未解释《章句》以"人"换"性"的原因，指出《章句》上文已将性道教文义阐发无余，至此自然转入学者身上工夫，故以人易性，与下文"学者"相对对照。性道虽为人物同具，教虽为人物所同设，但只有人能通过致力于学，以自尽其性。故以"人"打头，与下文"无一不本于天而备于我"，"学者知之"皆相对应，语意中心皆落实到学者身上。当然，史伯璿批评此乃旧本说，不如定本"人知己之有性"以"人"开头，彰显下文专就人论之意，定本开头语较旧本分明彻底，简洁易懂，显出二本高下有别。

> 窃意《章句》上文所以训释性道教之文义者，详尽无余蕴矣。至此欲说归学者身上来，故以"人"字易"性"字……今观定本"人知己之有性"以下六句，特以"人"字冠于其首，尤可见《章句》自此以下专为人设之意矣。③

---

① 陈栎：《定宇集》卷7，第345—346页。
② 胡炳文：《四书通》，第596页。
③ 史伯璿：《四书管窥》，第856—857页。

吴程从知行对应的角度批评祝本有知无行，宽泛而不紧切，可谓有见。"吴氏程曰：祝本结语有知无行，泛而不切"。黄宽指出，天虽为道之一物，但却得理之全体，故注文将一切皆归为"本于天"。"《通考》黄氏洵饶：'天亦道中之一物。但天得理之全，故曰无一不本于天'"。程复心指出，"一本于天"是指元亨利贞赋予万物不已之天命；"皆备于我"指受命以生随之而来的仁义礼智全体之性。"'一本于天'，元亨利贞赋予万物，不能自已，曰天命。'皆备于我'，仁义礼智受命以生，莫非全体，曰性。"① 蔡清《四书蒙引》从工夫论角度肯定胡炳文旧本说最为切要，对今本不用此说表示可惜。"旧注文末云'学者知之，则其于学知所用力而自不能已矣'。此一意尤最切要，可惜今本去了。"②

王夫之亦主宋本，《礼记章句》认为宋本说更为精妙醇厚，警发亲切，而流行的祝本说只是掺杂问答之语。"自盖'人之所以为人'以下乃元本，精醇警切至矣。今世所传乃祝氏《附录》，盖以答问语附入之耳。"③《四书笺解》则详加批评祝本，认为其说与下文完全无法贯通。且此开篇三句乃全书大纲所在，理应贯通前后。又批其"知己之有性而不知其出于天"尤其不通，无论就性的何种意义而言，皆不存在知性而不知天的情况。盖性即理也，即天也。就食色性也而论，亦是肯定性出于天。批评时文故意颠倒性天一体的关系。称赞宋本注义理分明而文义落实。

> 注自盖"人知有性"以下，乃朱门后儒据祝氏本编入，若朱子原本则不然。……此三句是一篇大纲，如何与后面全不照应？况云"人知己之有性而不知其出于天"，尤说不去。人惟不知有性，知有性则无不知命于天者。④

汪武曹则指出就宋本"无一不本于天而备于我"说可直接体认出道不

---

① 孙见龙：《五华纂订四书大全》，第158页。
② 同上书，第159页。
③ 王夫之：《礼记章句》，《船山全书》第4册，岳麓书社2011年版，第1248页。
④ 王夫之：《四书笺解》，岳麓书社2011年版，第127页。

可离之意,认为胡寅"知此身此心所自来",陈孔硕"知道所自来",胡炳文"天具于人人即天"说,蔡清无此不可责于行四说皆表达了天人一体、道具于身、知行一致之意。"旧本所谓'原其所自无一不本于天而备于我'。及致堂'能知此身此心所自来'之说,三山'知道所自来'之说,云峰'天具于人人即是天'之说,《蒙引》'若非出于天备于我,难以责其必行'之说,则道不可离意,自可体认出来"。①

吴英首先对胡炳文说正面加以辩护,进而反驳陈栎说。指出注文前两句正好概括开篇性道两句,而内含修道之教。首节三句性道教,并非并列平行关系,前两句性道是源流关系,性道对教又具统摄关系。注文未取"性之所以为性"的原因在于经文主旨在发明吾人本有之道,而不在明性。吴英以八股笔法阐发"无一不本于我而备于天"承前启后的枢纽作用,分析它与全章总结之注"本原出于天,实体备于己"相对应,本于天含不可易,备于己即不可离。此一见解颇为新颖。认为"知所用力"是子思用心启发后学着力所在,亦是全书根本意图所在,如此一来,下文"子思首发明之"方显得有力着实,而"使学者知所用力而不已"之意遍布全书,无可怀疑。末句"读者"云云亦不外勉励学者用功。由此可见改本之精妙,祝本之粗疏。祝本将性、道、教两两对应而论,看似并列整齐,实则语义疏漏,无法与经文对应,如首句漏"命",末句漏"道",且所引董子说偏于天道而缺失"备于我"之意,不够切己。批评倪士毅对元本与原本的评价颠倒事实,以粗浅为尽显,以精深为未尽。批评史伯璿以"学者知所用力"句为无补经文的称赞之语,实为未能领会此处钩深致远之意的短浅之见。陈栎从文法上以元本至"本于天而备于我"方才通贯之见,是源于用帖括之文眼光看待章句之结果,而原本实则理通辞精。②

四 "则为外物而非道矣"与"则岂率性之谓哉"

《中庸章句》"可离非道"注亦有两说,胡炳文所主宋本为"则为外物而非道矣",此为宋元通行解,如《仪礼经传通解》《读书记》《黄氏日钞》

---

① 孙见龙:《五华纂订四书大全》,第 160 页。
② 朱熹:《四书章句集注》附录,第 384—385 页。

《礼记集说》等皆同，元代连向来多同于祝本的詹道传《四书纂笺》此处亦同宋本。清郭嵩焘《中庸章句质疑》亦主此。胡炳文引王氏说解释此"外物"实为"私欲"，因未发故不可以私欲名之。"王氏曰：未发之前固未有人欲之私可言，所以朱子特谓之外物。"①

陈栎以"则为外物而非道矣"为旧说，以"则岂率性之谓哉"为定本，《四书管窥》《大学中庸集说启蒙》同此。陈栎主张应将二说合为一句，则语义分明而完备，即"若其可离，则为外物而非道矣，岂率性之谓哉。"但似无人响应。《四书大全》为"则岂率性之谓哉"。

"元本作'则为外物而非道矣'。两句宜兼存之。云'若其可离，则为外物而非道矣，岂率性之谓哉！'如此尤为明备。"②

二说皆合乎文本，"外物"说突出了外物与"道"相对待，是外在于道的他者；"率性"说则着眼于性与道的关系，强调道是对性的遵循，在文本上显得与经文重复。二说可谓一正一反，故陈栎主张合观并存，亦有其理。王夫之《礼记章句》认为宋本更为明白紧切，它隐含着对佛老义外空虚之病的针砭。"此句亦从元本，较今改本为明切，暗破异端外义之说。"③

五 "皆倚于一偏"与"不必其合于中庸"

《中庸章句》"中庸不可能"章朱注出现了两种版本："然皆倚于一偏，故资之近而力能勉者，皆足以能之。至于中庸，虽若易能"与"然不必其合于中庸，则质之近似者，皆能以力为之。若中庸则虽不必皆如三者之难"。胡炳文认为"倚于一偏"说是客观论述知仁勇三者所行之事，虽难能而终归是一偏，语义重心在事之偏倚；"不必其合于中庸"说着眼于行此三者之主体的志意实践，重心在人与中庸的关系，更为贴切经文而表意清晰，故当以之为改定本。

---

① 胡炳文：《四书通》，第 596 页。
② 胡广等：《四书大全校注》，第 145 页。
③ 王夫之：《礼记章句》，第 1248 页。

《章句》一本曰："然皆倚于一偏，故资之近而力能勉者，皆足以能之。"一本曰："然不必其合于中庸，则质之近似者，皆能以力为之。"盖曰"倚于一偏"，则就三者之事上说；曰"不必其合于中庸"，则就人行此三者之事上说。后本是改本，分晓。①

吴程说"皆倚于一偏"乃其先祖幼时读本，沈贵宝以为初本而抹去之，盖"倚于一偏"说不妥，有将智仁勇与中庸对立之意，三者与中庸虽不同，但亦非不能相通。如亦有在做到智仁勇之时同时合乎中庸者，此等智仁勇即不可说为一偏。故朱子改本以"不必"或然之语气断之。由此可见，祝洙本之异处，皆为朱子未定初本。据此，则吴程似见过祝本主"倚于一偏"说。

吴程曰："不必其合于中庸……三者之难"，计三十二字，初本作"皆倚于一偏……虽若易能"，凡二十七字。与先祖幼读本同。毅斋先生抹去，以为《章句》初本如此，朱子以"倚于一偏"等语有病，遂改之……故《章句》下两"不必"字，精矣。观此则可见祝之异处，皆未定本。②

《四书大全》承袭《四书辑释》，以"然皆倚于一偏"说为定本，以炳文所持"然不必其合于中庸"为初本。③《礼记集说》《四书纂笺》《礼记章句》《四书训义》同主"然皆倚于一偏"说。

《四书蒙引》讨论中庸与智仁勇三者关系，认为此三者与中庸不必不相融，而有着相融性。如尧舜、孟子、比干等既能分别做到均天下、辞爵禄、蹈白刃，而同时又合乎中庸。如以此数人为"倚于一偏"，显有不妥，不如"不必皆合中庸"圆融灵活。此亦涉及求道资质与造道能力的关系，旧本认

---

① 胡炳文：《四书通》，第 606 页。
② 倪士毅：《四书辑释》，续修四库全书本，第 67 页
③ 此处《续修四库》所收《四书辑释》主宋本"不必其合于中庸"说，且无"元本云……三者之难"一段，属于脱误。至正日新堂刻本则与《四书大全》本同，显为《辑释》之原本。

为资质近似者皆能以力为此三者强调了资质对于能力的决定作用。而改本"质之近而力能勉"则将资质与能力并列。据此两点,推出改本(祝本)不如旧本(宋本),当以旧本为是。

> 若谓其皆倚于一偏,则辞气之间似为稍碍,未若"不必"字之为从容圆活也。况力之能勉者,正以其资之近似也。故旧本云"质之近似者皆能以力为之"。若改本谓"质之近而力能勉",则是以资与力相对说矣。愚意旧本正朱子后来之定本,今本乃是朱子未定之本。①

六 "不信不果"与"必信必果"

《孟子》"大人者,言不必信,行不必果,惟义所在"章朱注先引尹焞说,"主于义,则信果在其中矣;主于信果,则未必合义。"次引王勉说:"若不合于义而不信不果,则妄人尔。"② 而所引王说存在"不信不果"与"必信必果"的版本分歧。即《四书纂疏》中《集注》所引王勉说为"必信必果",但辅氏所论及的王氏说则是"不信不果";四库萃要本恰与之颠倒,《集注》所引王勉说为"不信不果",辅氏所引王说为"必信必果"(与日本静嘉堂文库所藏元刻本同)。

> 辅氏曰:以"必"为"期",尤更有功。……王氏则又有"不合于义而必信必果,则为妄人"之说,尤尽其敝。③

> 《集注》引王勉之说,一本作"必信必果",一本作"不信不果"……则主于义而信果在其中者,大人之事也;主于信果而未合义者,小人之事也。若不合于义,又不信不果,则妄人而已尔。如此,恐"不"字为是。辅氏定作"必"字,非矣。④

---

① 孙见龙:《五华纂订四书大全》,第 199 页。
② 朱熹:《四书集注》,第 292 页。
③ 赵顺孙:《四书纂疏》,第 525 页。
④ 胡炳文:《四书通》,第 464 页。

《四书纂疏》引辅广说赞尹焞解最合章旨，称赞朱子以期待解释"必"极为有功，堵住了肆无忌惮者以不必信果为行事借口之可能。辅广又指出王勉判不义且必信必果者为妄人之说，更是穷尽其弊病。且以"尾生之信，徒狄之果"作为王勉"必信必果"说的例证。但王说意在批评既不义且不信不果者，而辅广所举尾生、申徒狄是属于"言必信行必果"者，显然与王氏相矛盾。问题出在辅氏错误将王氏说之"不"改为"必"。胡炳文明确批评辅广这一做法。炳文先引杨时说，认为孟子不信不果是对夫子必信必果的发挥。进而分析此中有三种情况：大人之主于义而信果即在者；小人之主信果而不合义；妄人之不义不信不果，无一可取者。故王氏"不信不果"即是指妄人，此正与尹焞说所述前两种人相对应。辅广以王说为"必"，既与尹说重复，且不合"妄人"之义。据此可推出四库本实误，不合辅广义。

七　宋本洗刷《集注》传写之误

　　据徐德明先生考察，现存宋刻完本仅存两种：当涂郡斋本与影宋本。清陈鳣《宋本四书跋》将复宋淳祐本四书与通行《四书大全》本逐一对照[1]，指出异体字的差别，如维新作惟新；近义虚词的替换，如耳乎作尔乎；人称区别，如冉子作冉有；字词上出入，如底豫作厎豫。特别指出注文与今本差异，涉及上节所论第6条之外的所有5条，指出《中庸》末章两处异文，德輶如毛注作德轻，上天之载注作之事[2]。又指出《论语》"莫春者注'莫春和煦之时'，无此六字"。[3] 虽有周亲章注"多仁人"作"少仁人"。[4]

　　尤有价值者在指出注文字词对错，非关朱子，而是传写之误，以证后世考据家对朱注的批评不合事实，有力洗刷了《集注》冤屈，维护了其权威。此类字词涉及"淫泆"与"淫液"，公孙枝与公孙拔。据宋本可知前者为误刻而非朱注之误。

---

[1] 陈鳣：《经籍跋文》，见《丛书集成初编》第50册，上海商务印书馆1935年版。徐德明认为此为影宋本而非宋本原本。
[2] 按："德轻"今本多未见，"上天之事"今宋元本《四书纂疏》《四书通》多有。
[3] 宋元诸本皆无，《四书辑释》亦无，而《大全》有之，相应的明清本多有。
[4] 陈鳣：《经籍跋文》，第30页。此条宋元明清本几乎皆为"多仁人"。孔安国《尚书传》对"多"还是"少"亦有争议。

> 《大学》注：咏叹淫泆作淫液。
> 《论语》子问公叔文子注：卫大夫公孙枝也作公孙拔。①

又引王应麟《困学纪闻》之说，指出此二处传写之误在宋末已然，非朱子之误，以此回应毛西河对《集注》之批评，不知此乃版本刊刻之误。"《困学纪闻》云……此在宋季已然。毛大可《四书改错》妄加指斥，岂知本不误也。"②

又指出"七世"本为"九世"，朱子本未错，故阎若璩之批评不对。指出"夜行"宋本本为"行夜"，来自赵岐注，皆被讹写。通过版本的对照，可知某些所谓《集注》考据之误实为传写之误。

> 孟子纣之去武丁未久也，注"凡七世"作"九世"。阎百诗《四书释地》尝言其误，宋本并未曾误。③抱关击柝注："柝，夜行所击木也，作行夜。"……百诗谓'行夜'、'夜行'何啻霄壤！假使两家得见斯本，当亦爽然。④

八　结语

八百年来《四书集注》的版本实可分为两大系列：胡炳文等推崇的宋本，盛行于宋元时期；陈栎等尊信的祝本，藉《四书大全》而独霸于明清

---

① 陈鳣：《经籍跋文》，第30页。按：今中华书局及朱子全书本皆作"淫泆"，宋元《四书纂疏》《四书通》等多同此，《朱子全书》本校勘指出，仿元本作"淫液"。据词义，当以淫液为正。徐德明认为当涂本最精，并举当涂本作"淫泆"而影宋本为"淫液"。

② 按：此二处《朱子全书》本皆据吴本或仿元本校勘之，可见当涂郡斋本亦误。然其"九世"则未误。

③ 除《四书辑释》《四书纂笺》为"九世"外，其余各家如《四书纂疏》《四书集编》等皆为七世。奇怪的是袭自《辑释》的《大全》为七世。

④ 瞿镛已对现存两宋本加以考察，指出一本为二十六卷本的当涂郡斋本，另一本为多出《大学或问》《中庸或问》的二十八卷本。参《铁琴铜剑楼藏书目录》卷6，《续修四库全书》史部第926册，第130—133页。

时期。《大全》的出现实为朱子四书学史上的重大事件,进入现代社会以来,学人继承清人表彰宋本的成果,采信宋本,使宋本重新获得主导地位。回顾《四书集注》版本变迁史,可知《四书集注》版本的差异在朱子去世后即已出现,朱子在不同地区的弟子后学,所掌握的《四书集注》版本有所不同,似并未就此问题发生辩论。祝洙《四书附录》本虽有与众不同之处,或许是该书流传未广之故,宋代朱子学者对该书并未重视。《集注》文本差异这一问题到元中期开始显题化,恐与彼时朱子四书学开始官学化不无关系。就元代而论,吴程等的看法与胡炳文一致,主宋本;詹道传、史伯璿则常与陈栎一致,反映了祝本的影响在逐渐扩大。明代则多采信陈栎说而少有对陈、胡之异加以辨析者。明清因作为科举功令的《四书大全》以《四书辑释》为底本,故使得祝本成为权威流行之解,但具有反思精神的学者如蔡清、王夫子、吴英父子等仍能突破代表官方的祝本,而关注到宋本。

  《四书集注》的版本之别看似一纯乎考据的版本之争,实则体现了朱子后学对朱子哲学问题的解释权和话语权之争,反映出重视思辨分析和工夫实践的思考特点。争议双方皆为朱子学的推崇者,所争乃自家内部矛盾,其所争朱注并无绝对对错之分,而是相对完善之别,故其措辞相对温和、平正。在论证策略上,皆采用《朱子语类》说加以佐证,有理有据。如关于"一于善"与"必自慊"的观点,体现为如何理解"诚",是就本体之诚还是工夫之诚而论,涉及意与善恶的分合关系,作为工夫的"一于善"与作为效验的"必自慊"何者更合文义等解释方法问题。关于"为政以德""据于德"的"德"字是"得于心而不失"还是"行道而有得于心",双方仍是围绕工夫展开,前者强调固守不失方为德,此合乎"德者得也"之义;后者则突出德与道的关联,必须由道而德,更关注"德"之源头。至于《中庸》首节的总结,鄙见以为二说高下有别。炳文一方所主显然更具有哲学意义和实践工夫,更契合文本和朱子思路,尤其是"无一不本于天而备于己"非常精妙,点出了性道教一体下的天人合一关系,强调知行、理事的贯通。其末句"读者所宜深体而默识"是朱子工夫论诠释一贯手法,以此唤醒读者精神上的兴起,志意上的感发。二说唯一相同处在于皆强调子思首发性命之学的意义。而陈栎所持祝本明显有偏,过于强调"知"的一面,采用"知而不知"的正反对立之表述,如知性不知天,知道不知性,知教不知固有，与强调天人合一的语境不大融洽，末句引董子说仍不出阐明天为道之原之理论义。朱子此处重点在突出性即理，而非在发挥天与道的关系。此处性才是沟通天人、道、教的枢纽。至于"则为外物而非道矣"与"则岂率性之谓哉"二说，分别侧重道与物和道与性的关系，各有可取；"倚于一偏"与"不必合于中庸"虽皆围绕中庸与知仁勇三者关系展开，然二说语义所指不同，多数学者认为"不必合于中庸"更为圆融而合乎文义。此外，胡炳文还精细辨析了辅广把"不信不果"错改为"必信必果"的原因，显示了辨名析理的细致工夫。而清人对宋本的重新挖掘和倡导，确实有助于消除对《集注》考据上的若干攻击。

这一版本之争，显示了新安理学家及史伯璿、蔡清、王夫之、吴英等元明清朱子学者对朱子学的互相辨难，体现了是其所是非其所非的求真是之态度。如陈栎并未全盘否定云峰所主"旧说"，对其"本于天而备于己""一于善"等皆有所认可，体现了和而不同的精神。尽管朱子后学多为朱子的忠实信徒，视《集注》"浑然犹经"，但他们并未放过任何学术上的疑问，力求把对朱子思想的把握做到尽善尽美，并且体现了不主一家，择善而从的情况。如元代景星《大学中庸集说启蒙》诚意注同于胡炳文，中庸注则同于陈栎。王夫之诚意注及中庸注取胡说，为政以德注则取陈说。学者在为政以德和据于德之"德"的理解上，通常保持一致，各主一说以贯通二章，如炳文主"得于心而不失"，陈栎主"行道而有得于心"。但也出现了将二章"德"加以分开的情况，如饶鲁为政以德注同于炳文，据于德解则同于陈栎。还出现了同一学者在不同著作中看法不一情况，如本章真德秀《四书集编》《读书记》分主胡说与陈说，此恐与论者自身思想早晚变化及文本刊刻双重因素有关。

此一绵延数百年的关于《四书集注》的版本之争，客观呈现了朱子后学在确定《四书集注》文本及朱子定见上的努力，显示了朱子学解释的丰富多样性，可谓朱子后学和四书学发展的一幅缩影。文本与思想，训诂与义理的紧密结合是朱子学术的一大特色，通过具体文本的差异来探究朱子思想的早晚变化，应是把握朱子思想最终定见，进入朱子思想世界所应遵循的途辙。

第二节 《四书集注》点校献疑

中华书局本《四书集注》点校精良，刊行三十多年来一直为学界权威流行之读本，然其中亦有一二疏漏处，且为各家点校本之通病。本节拟以中华点校本《四书集注》为中心，就其引文句读、行文句读、人名误漏、校勘疏忽、分节不当诸方面提出六十余则疑问，以就教于方家。盖诠解《四书》，虽本无定则，然《集注》点校，实应以忠实朱子原意为准，故须参照朱子思想及《语类》等相关论述。至于版本校勘，更须参照宋元以来《集注》注释之本，又《集注》引文甚多，亦须详加核对，方可无误。中华本于此三者似有所忽略。①

一 引文句读

中华本于《集注》引文句读偶有失察处，或误视朱子语为引文，或误以引文为朱子语，或体例非一，其因在于未核原文而细推语义也。

1. 孟子对曰："仲尼之徒无道桓、文之事者。"注：董子曰："仲尼之门，五尺童子羞称五霸。为其先诈力而后仁义也，亦此意也。"（《梁惠王上》齐桓晋文章，207页）

按：董子说见于《春秋繁露》卷九《对胶西王越大夫不得为仁》，"仲尼之门，五尺之童子，言羞称五伯，为其诈以成功，苟为而已也。""亦此意也"显然是朱子所加评论而非董子之文，应置诸引号外。

2. 龙子曰：'治地莫善于助，莫不善于贡。贡者校数岁之中以为常。……恶在其为民父母也？'（《滕文公上》滕文公问为国章，第258页）

按：据文意和孟子先引后解之文例，龙子曰当止于"莫不善于贡"，以下文字为孟子解释语。

---

① 此节文字初稿曾以《〈四书集注〉点校献疑——以中华书局本为中心》为题发表于《图书馆理论与实践》2013年第3期。其时所论乃针对中华书局1983年版。2016年4月中华书局出版了该书第二版，有所改进，尤其在分章节部分，但仍有诸多未改定处。故本节文字凡新版已改正旧版之误者，不再论述，所论针对新版。

3. 子夏曰："大德不踰闲，小德出入可也。"吴氏曰："此章之言，不能无弊。学者详之。"（《子张》第十一章，第191页）

按："学者详之"四字为朱子评论语，其意为提醒学者对吴氏之说应慎重考虑，表明朱子对此未敢全然肯定，故当置诸引号外。《论语集注》另有两处"学者详之"皆为此意。如"子游曰丧致乎哀而止"章，愚按："而止"二字，亦微有过于高远而简略细微之弊。学者详之。"子曰予欲无言"章，愚按：此与前篇无隐之意相发，学者详之。《孟子集注》一处"更详之"亦是此意，"仁之于父子也"章，愚按：……或曰"者"当作"否"，"人"衍字，更详之。

4. 愚闻之师曰："当理而无私心，则仁矣。今以是而观二子之事，虽其制行之高若不可及，然皆未有以见其必当于理，而真无私心也。子张未识仁体，而悦于苟难，遂以小者信其大者，夫子之不许也宜哉。"（《公冶长》第十八章，第80页）

按：此处失误面积过大。此"师"指朱子业师李延平，所引师说见于《延平答问》"殷有三仁"章："仁只是理，初无彼此之辨，当理而无私心，即仁矣。"① 师说仅为"当理而无私心即仁矣"九字，《集注》将"即"改成"则"，"今以是"后之文字皆为朱子所言，应置于引号外。

5. 苏氏曰："扬雄所谓'大器犹规矩准绳'，先自治而后治人者是也。"（《八佾》第二十二章，第67页）

按：扬雄《法言》原文为，"大器其犹规矩准绳乎，先自治而后治人之谓大器"。据此，"先自治而后治人"亦是扬雄原文，故引号当置于"者"字前。此亦见出古人引书往往引其大意的特点。

6. 逸民：伯夷、叔齐、虞仲、夷逸、朱张、柳下惠、少连。尹氏曰："七人各守其一节，而孔子则无可无不可，此所以常适其可，而异于逸民之徒也。"扬雄曰："观乎圣人则见贤人。是以孟子语夷，惠，亦必以孔子断之。"（《微子》八章，第187页）

按：此处误将"扬雄曰"后面文字皆视为扬雄之语，据《法言》、《扬子云集》可知扬雄所言，仅为"观乎圣人则见贤人"八字。"是以孟子语

---

① 朱熹：《延平答问》，《朱子全书》第13册，第328页。

夷、惠，亦必以孔子断之"乃尹氏评论之语。再则，若"扬雄曰"后文字皆为扬雄所言，则据全书体例，当加圆圈断开。又次，《论孟精义》（第604页）中尹氏此处引扬雄原话亦仅为此八字，其后按语则不同，亦可证扬雄原文仅八字也。"扬雄曰：'观乎圣人，则见贤人。'是以孟子每言夷、惠，必以孔子明之。由夷、惠皆得其偏，未若圣人之全尽也。"

7. 子曰："吾未见好德如好色者也。"《史记》："孔子居卫，灵公与夫人同车，使孔子为次乘，招摇市过之。"孔子丑之，故有是言。（《子罕》十七章，第114页）

按：此处《史记·孔子世家》卷四十七原文为："居卫月余，灵公与夫人同车，宦者雍渠参乘。出，使孔子为次乘，招摇市过之。孔子曰：'吾未见好德如好色者也'。于是丑之。"据此可知，"丑之"亦是《史记》原文，依例当置诸引号内。《集注》所引《史记》乃是摘要，朱子评语仅为"故有是言"四字，是对背景之交代。

8. 子曰："若圣与仁，则吾岂敢？抑为之不厌，诲人不倦，则可谓云尔已矣。"公西华曰："正唯弟子不能学也。"晁氏曰："当时有称夫子圣且仁者，以故夫子辞之。苟辞之而已焉，则无以进天下之材，率天下之善，将使圣与仁为虚器，而人终莫能至矣。故夫子虽不居仁圣，而必以为之不厌、诲人不倦自处也。"可谓云尔已矣者，无他之辞也。公西华仰而叹之，其亦深知夫子之意矣。（《述而》第三十三章，第101页）

按：详味语义及朱子注释《集注》惯例，"晁氏曰"以后文字似皆为晁氏之说，皆当纳入引号内。若"可谓云尔已矣者"之后视为朱子说，则朱子通常加"愚按"等字眼来表示此为己说。晁氏之说，本就是依次逐句解释原文，故"可谓云尔已矣者"置于文末。

9. 愚闻之师曰："人，理义之心未尝无，惟持守之即在尔。若于旦昼之间，不至梏亡，则夜气愈清。夜气清，则平旦未与物接之时，湛然虚明气象，自可见矣。"孟子发此夜气之说，于学者极有力，宜熟玩而深省之也。（《孟子》"牛山之木"章，第338页）

按：此段所引师说见于《延平答问》，[①] 此处所引与原文有改动，如首

[①] 朱熹：《延平答问》，《朱子全书》第13册，第320页。

句原文为"大凡人礼义之心何尝无",次句为"若于旦昼间不至梏亡,则夜气存矣。夜气存,则平旦之气未与物接之时……"。最后一句"此孟子发此夜气之说,于学者极有力。若欲涵养,须于此持守可尔。""宜熟玩而深省之也"一句不见于《延平答问》,似为朱子所加,详细体会上下语义之连贯性,结合朱子对前人引文增删改写的做法,可理解为是朱子对延平"若欲涵养,须于此持守可尔"的替换性改写,故仍视为延平之意。

10. 愚闻之师曰:"此二条者,皆性之所有而命于天者也。然世之人,以前五者为性,虽有不得,而必欲求之;以后五者为命,一有不至,则不复致力,故孟子各就其重处言之,以伸此而抑彼也。张子所谓'养则付命于天,道则责成于己'。其言约而尽矣。"(《孟子·尽心下》"口之于味"章,第 378 页)

按:此处"愚闻之师说"无据可查,据文义来看,似乎其说仅为第一句。"然世之人"至文末为朱子所论,其中又杂引张子一句。《朱子语类》亦有言:"大抵孟子此语,是各就其所重言之,所以伸此而抑彼,如《论语》所说'审富贵而安贫贱'之意。张子所谓'养则付命于天,道则责成于己',是也。"故除首句、张子说当引双引号外,余则为朱子说。

11. 尹氏曰:"规矩,法度可告者也。巧则在其人,虽大匠亦末如之何也已。盖下学可以言传,上达必由心悟,庄周所论斲轮之意盖如此。"(《孟子》"梓匠轮舆"章,第 373 页)

按:据《孟子精义》(第 827 页),尹氏之言至"如之何也已","盖下学可以言传"之后似非尹氏之言,乃朱子论语。

12. 吕侍讲曰:"言此等之人,欲非之则无可举,欲刺之则无可刺也。"流俗者,风俗颓靡,如水之下流,众莫不然也。污,浊也。非忠信而似忠信,非廉洁而似廉洁。(《孟子》"万章问曰孔子在陈"章,384 页)

按:据《孟子精义》(第 848 页)可知,"流俗者"之后文字皆为吕氏所言,朱子对吕氏原文进行了较大改造,如"众莫不然"即为朱子改造之说,但主体文字皆为吕氏之说。录吕氏说如下:"孟子于是为之极论乡原之行,欲求其非而举之,无可举之非;欲求其恶而刺之,无可刺之恶。流俗者,王道不行,风俗颓靡,如水之顺流而俱下,……非忠信而似忠信,故非之无可举之非;非廉洁而似廉洁,故刺之无可刺之恶。"

13. 百世以俟圣人而不惑，所谓圣人复起，不易吾言者也。（《中庸》，第 37 页）

按："圣人复起，不易吾言"是"所谓……者也"这一表述结构引述之内容，为《孟子滕文公》第九章之原文，据全书点校用例，当以引号标明。

14. "此错简，当在齐必有明衣布下。"（《乡党》，第 119 页）

按：当就引文"齐必有明衣布"加单引号。

15. 巽以行权。（《子罕》第二十九章，第 116 页）

按："巽以行权"当加单引号。

16. 武王曰："予有乱臣十人。"马氏曰："乱，治也。"十人，谓周公旦、召公奭、太公望、毕公、荣公、太颠、闳夭、散宜生、南宫适，其一人谓文母。（《论语》舜有臣五人章，第 107 页）

按：《论语集解》等书引马融说，皆至"文母"而止。故此处引号当至句末。

17. 或曰："公冶长之贤不及南容，故圣人以其子妻长，而以兄子妻容，盖厚于兄而薄于己也。"程子曰："此以己之私心窥圣人也。……况圣人乎？"（《论语》子谓公冶长章，第 75 页）

按：此处"或曰"与"程子曰"乃朱子所引程子自问自答说。如各自使用引号，则不易让人想起此为程子一人之说。故似可用一双引号将整个内容标出，"或曰"与"程子曰"各用单引号标出，则可将此层关系表达更清楚些。《孟子尽心上》"耻之于人"章所引程子说，亦是此类情况。

18. 或疑伊尹出处，合乎孔子，而不得为圣之时，何也？程子曰："终是任底意思在。"《孟子万章下》伯夷目不视恶色章，第 320 页）

按：此处程子为明道，自"或疑"即为程子说，故当加以引号。朱子引程子说而有删改，原文为："问伊尹出处，合于孔子可以仕则仕，可以止则止，而不得为圣之时，何也？曰：终是任的意思在。"

19. 《大学章句》开篇：子程子曰："大学，孔氏之遗书，而初学入德之门也。"于今可见古人为学次第者，独赖此篇之存，而论、孟次之。学者必由是而学焉，则庶乎其不差矣。（第 3 页）

按：此处仅就程子首句加以引号，实则整个文字皆为程子说，朱子对之加以了调整增删。明道："《大学》乃孔氏遗书，须从此学则不差。"伊川：

"入德之门，无如《大学》。今之学者，赖有此一篇书存，其他莫如《论》、《孟》。"① 可知朱子所引子程子说，虽个别文字有调整，然实为二程之意，故当全部加以双引号。用著者之意而局部适度改其辞，是朱子《四书集注》引文的一个显著特点。

20.《中庸章句》开篇：子程子曰："不偏之谓中，不易之谓庸。中者，天下之正道；庸者，天下之定理。"此篇乃孔门传授心法。子思恐其久而差也，故笔之于书，以授孟子。其书始言一理，中散为万事，末复合为一理。"放之则弥六合，卷之则退藏于密"。其味无穷，皆实学也。善读者玩索而有得焉，则终身用之，有不能尽者矣。（第 17 页）

按：此处朱子对程子用语亦加以个别调整，其意则皆为程子，故所引文字皆应视为程子说，当加以引号。具体如下：第一、二、三、四句皆为伊川说，（杨时）予闻之师曰："不偏之谓中，不易之谓庸。中者，天下之正道；庸者，天下之定理。""《中庸》是孔门传授心法。""子思恐传授渐失，故著此一篇。""中庸之书是孔门传授，成于子思，传于孟子，其书虽是杂记，更不分精粗，一滚说了。"② 第五、六句为明道说，"《中庸》始言一理，中散为万事，末复合为一理"③。"中庸之言，放之则弥六合，卷之则退藏于密。"第七、八句为伊川："《中庸》之书，其味无穷，极索玩味。""《中庸》一卷书，自至理便推之于事，如国家有九经及历代圣人之迹，莫非实学也。""善读《中庸》者，只得此一卷书，终身用不尽也。"④

21. 按《史记》："孔子为鲁司寇，齐人馈女乐以闲之，孔子遂行。适卫月余，去卫适宋。司马魋欲杀孔子，孔子去至陈，主于司城贞子。"（《孟子》主痈疽章，第 317 页）

按：据《孔子世家》，此处《史记》非原文，乃是综合叙述，不当加引号。

22. 赵氏曰："貉姓，稽名，为众口所讪。"理，赖也。（《孟子》貉稽

---

① 程颢、程颐著，《河南程氏遗书》卷 22，《二程集》，中华书局 1981 年版，第 277 页。
② 《中庸辑略》，华东师大出版社 2010 年版，第 1—3 页。
③ 《河南程氏遗书》卷 14，《二程集》，第 140 页。
④ 《中庸辑略》，第 1—2 页。

章，第 376 页）

按：据赵岐《孟子章句》，"理，赖也"亦为赵氏注文，故当纳入引号内。

23. 赵氏曰："莱朱，亦汤贤臣也。""或曰：即仲虺也，为汤左相"。（《孟子》由尧舜至于汤章，第 385 页）

按：据赵岐《孟子章句》，"或曰"亦为赵岐所引，原文为："一曰仲虺是也，《春秋传》曰仲虺居薛，为汤左相。"故朱子此处乃是全引赵岐说而略删改，当纳入同一引号。

24. 程子曰："以佚道使民，谓本欲佚之也，播谷乘屋之类是也。以生道杀民，谓本欲生之也，除害去恶之类是也。盖不得已而为其所当为，则虽咈民之欲而民不怨，其不然者反是。"（《孟子》以佚道使民章，第 359 页）

按：据《孟子精义》，此为伊川说，"除害去恶之类是也"以下文字为："且如救水火，是求所以生之也。或有焚溺而死者，却虽死不怨"。"盖不得已"句似为朱子说。不当入引号内。

25. 程子曰："昔者孟子三见齐王而不言事，门人疑之。孟子曰：'我先攻其邪心，心既正，而后天下之事可从而理也。'"（《孟子》人不足与适也章，291 页）

按：此处所引孟子说仅为"我先攻其邪心"，此后文字当为程子说。

26. 吕氏曰："天下国家之本在身，故修身为九经之本。然必亲师取友，然后修身之道进，故尊贤次之。道之所进，莫先其家，故亲亲次之。由家以及朝廷，故敬大臣、体群臣次之。由朝廷以及其国，故子庶民、来百工次之。由其国以及天下，故柔远人、怀诸侯次之。此九经之序也。"视群臣犹吾四体，视百姓犹吾子，此视臣视民之别也。（《中庸》二十章，第 30 页）

按：据核，此处文字皆为吕氏原文，引号应至文末"此视臣视民之别也。"

27. 第十二章 故程子曰："此一节，子思吃紧为人处，活泼泼地，读者其致思焉。"（《中庸》十二章，第 23 页）

按：据《二程遗书》，原文为："鸢飞戾天鱼跃于渊言其上下察也。此一段，子思喫紧为人处，与必有事焉而勿正心之意同，活泼泼地，会得时活泼泼地。不会得时只是弄精神。"据此，"读者其致思焉"为朱子说，当在引号外。

二 行文句读

学界对《四书》原文之解多有差异,首先即体现在句读上。《集注》句读反映的是朱子对《四书》之认识,故应以忠实朱子之意为根本原则。朱子之句读服从于其理学思想,显示了理学以义理定训诂的诠释特色。故在点校《集注》时,应全面参考朱子论述,尤其是《语类》、《或问》诸书,以尽可能如实反映朱子思想。中华本《集注》于此似不无忽略。

28. 子张问曰:"令尹子文三仕为令尹,无喜色;三已之,无愠色。旧令尹之政,必以告新令尹。何如?"子曰:"忠矣。"曰:"仁矣乎?"曰:"未知,焉得仁?""崔子弑齐君,陈文子有马十乘,弃而违之。至于他邦,则曰:'犹吾大夫崔子也。'违之。之一邦,则又曰:'犹吾大夫崔子也。'违之。何如?"子曰:"清矣。"曰:"仁矣乎?"曰:"未知。焉得仁?"(《公冶长》第十八章,第80页)

按:此处句读差异在"未知焉得仁"五字是否连读。中华本将之分为两句,违背朱子本意。朱子在《语类》中反复谈到此问题,他批评胡宏在"知"字后断句的做法,指出这正反映出胡宏以知观仁的重知思想。从《朱文公文集》可知,朱子就仁之认识与五峰所代表的湖湘学派发生过激烈长久的争论,焦点之一即观过是否能知仁,朱子甚为反对上蔡、五峰的知仁说。故此处若在"知"后断,则突出了知的知识智慧义,意为没有知识智慧,怎么能得到仁。"五峰说令尹子文陈子文处,以知为重。说'未知,焉得仁',知字绝句。"① 朱子主张将二者合为一句连读,将"知"理解为动词知道,意为不知道如何得到了仁,故"知"后逗号当去之。《集注》之解也正是"知道"义。"然其所以三仕三已而告新令尹者,未知其皆出于天理而无人欲之私也。""然未知其心果见义理之当然,而能脱然无所累乎?"《语类》亦作"知道"解。"或问:子文、文子未得为仁,如何?""圣人辞不迫切,只言未知如何而得仁,则二子之未仁自可见。""不知其如何得仁也。"②

---

① 《语类》卷29,第1049页。
② 《语类》卷29,第1048页。

29. 子贡曰:"如有博施于民而能济众,何如? 可谓仁乎?"子曰:"何事于仁,必也圣乎! 尧舜其犹病诸!《集注》:仁以理言,通乎上下。圣以地言,则造其极之名也。乎者,疑而未定之辞。病,心有所不足也。言此何止于仁,必也圣人能之乎! 则虽尧舜之圣,其心犹有所不足于此也。以是求仁,愈难而愈远矣。(《雍也》第二十八章,第91—93页)

按:朱子对本章理解始终主张,"必也圣乎"应当与下文"尧舜其犹病诸"相连,其意为即便尧舜之圣,也不能做到博施济众。如朱子在《或问》中即明确表达这一观点:"或问:博施济众,必也圣乎,此言必圣人而后能之乎? 曰:不然。此正谓虽圣人,亦有所不能耳。'必也圣乎'盖以起下文尧舜病诸之意。"[1]《语类》卷三十三亦多次提及此说:

(1) 黄榦所记《论孟集义》阶段之说。"'何事于仁',何止于仁也。'必也圣乎,尧舜其犹病诸'。此两句相连读,言虽圣人亦有所不能也。"榦。集义。

(2) 廖德明癸巳(1173年)以后所闻:"'必也圣乎'连下句读。"

(3) 周谟己亥(1179年)以后所闻:"先生以'何事于仁'为一节,以'必也圣乎,尧舜其犹病诸'为一节。"

(4) 徐宇庚戌(1190年)以后所闻两条:"此处不怎地读。'必也圣乎',语意未是杀处,当急连下文读去。'必也圣乎',当连下句说,意在'犹病'上。"

(5) 董铢丙辰(1196年)以后所闻:"'必也圣乎'是属下文。仁通乎上下。圣是行仁极致之地。言博施济众之事,何止于仁! 必是行仁极致之人,亦有不能尽,如尧舜犹病诸,是也。'必也圣乎',盖以起下。"

(6) 吕焘己未(1199年)所闻:"问'必也圣乎,尧舜其犹病诸'。曰:此两句当连看。盖云便是圣人,也有做不得处。"

30. 子曰:"《书》云:'孝乎惟孝、友于兄弟,施于有政。'"(《为政》,第59页)

按:关于此句句读,历来争议不断,中华本句读亦违背朱子本意。朱子认为应在"孝乎"后断句,后文"孝友"连用。即"孝乎! 惟孝友于

---

[1]《四书或问》,第736页。

兄弟，施于有政。"《集注》对此有明确说明，"《书》云孝乎者，言《书》之言孝如此也。善兄弟曰友。《书》言君陈能孝于亲，友于兄弟，又能推广此心，以为一家之政。"据《精义》可知，伊川诸弟子多持此解，将"孝友"连用而不是断开，伊川、尹焞尤为明显。"伊川解曰：《书》之言孝，则曰惟孝友于兄弟，则能施于有政。""尹曰：故孝友之施于家，是亦为政，奚必在位乃为政哉！"① 朱子于《或问》中批评谢氏未将"孝乎"断句而连于下文，认为此差缪尤甚。"谢氏又读'孝乎'属之下句，尤失之矣。"②《语类》直接将"惟孝友于兄弟"作为一句来解，认为此句当理解为"谓孝然后友，友然后政，其序如此"③。另朱子门人蔡沈根据朱子指导纂写的《书经集传》，亦主张"惟孝友于兄弟"为下句说。我们应尊重朱子本义，不可据他解点断，否则何以见其为朱子之书也。

31. 子贡曰："惜乎！夫子之说，君子也。"（《颜渊》，第 136 页）

按：中华本将此句分为三小句，然依朱子本义，则当分为两小句，"惜乎"断句，"夫子之说君子也"连为一句，即"惜乎！夫子之说君子也。"《集注》注释即有此意，"言子成之言乃君子之意。"《语类》则有更明显说明，弟子指出古注将子贡说当成一句，不加点断，而朱子则将其分为两句，朱子解释分句的原因是为了使"惜乎"有着落，故将"夫子之说"与"君子"相连，方有着落。"古注只作一句说，先生作两句说，如何？曰：若作一句说，则'惜乎'二字无着落。"（辅广甲寅 1194 年后所录）"此说君子，与说'其争也君子'同，盖说得话来也君子。"④

32. 君子所贵乎道者三：动容貌，斯远暴慢矣；正颜色，斯近信矣；出辞气，斯远鄙倍矣。笾豆之事，则有司存。（《泰伯》，第 103 页）

按：此条关于"斯"字之点断，随朱子思想发展而有不同，充分证明据义理定训诂的重要。朱子对此"斯"字特别关注，在《语类》中曾提出

---

① 《论孟精义》，第 91 页。
② 《四书或问》，第 656 页。
③ 《语类》卷 24，第 863 页。
④ 吕焘己未（1199 年）所闻，《语类》卷 42，第 1500 页。

"斯"不应和前面文字割裂,而应连为一体,盖"斯"只是自然之意,"斯"分别连接了工夫和效用,有"动容貌"的工夫自然有"远暴慢"的效用。然而,此观念在朱子思想中虽然停留时间很长,但并非朱子定见,朱子最后又认为此非工夫效用,而是工夫切要。故据朱子《集注》之解,我们可采用中华本之点断。此例表明,文字点断和意义解释一样,皆须从著者义理思想出发,如此方能真正反映著者之意,切合理学"以义理定训诂"的原则。"'动容貌,斯远暴慢矣',须只做一句读。'斯'字,只是个自然意思。"①"问:先生旧解,以三者为'修身之验,为政之本,非其平日庄敬诚实存省之功积之有素,则不能也',专是做效验说。……后来改本以'验'为'要'。""旧来解以为效验,语似有病,故改从今说。"(沈僩戊午1198年以后所闻)

33. 所重:民、食、丧、祭。《集注》:武成曰:"重民五教,惟食丧祭。"(《尧曰》第一章,第195页)

按:此句意为:所重民有五教,有三事,即食、丧、祭三方面。此说来自《尚书·武成》,"民"与"食、丧、祭"非并列关系,故此句标点应为:所重民:食、丧、祭。或者:所重民食、丧、祭。

34. 程子又曰:"圣人之道,更无精粗。从洒扫应对,与精义入神贯通只一理。"(《子张》,第191页)

按:据文义,"洒扫应对与精义入神"似连用更好,故应断句为:从洒扫应对与精义入神,贯通只一理。意为从日常的洒扫应对到超越的精义入神,虽然形式表现不同,但只是一理贯通,并无差别。

35. 子曰:"苟有用我者。期月而已可也,三年有成。"愚按:《史记》,此盖为卫灵公不能用而发。(《子路》第十章,第145页)

按:"愚按《史记》"不应断开,否则语义混淆含糊。

36. 王说曰:"诗云……"(《梁惠王》上第七章,第208页)

按:"王说"后应断开,《集注》注云:"说,音悦。"

37. 吾闻之君子:不以天下俭其亲。(《公孙丑》下第七章,第248页)

按:《晦庵集》卷三十九《答许顺之》言,"君子不以天下俭其亲云

---

① 万人杰庚子(1180年)后所闻,《语类》卷35,第1280页。

云"，可知，文义不是闻之君子，而是闻之关于君子之事。故冒号应该断在"君子"前，即，"吾闻之：君子……

38. 程子曰："博学、审问、慎思、明辨、笃行五者，废其一，非学也。"(《论语》学思章，第57页)

按：据《中庸》原文为："博学之……，五者废其一，非学也。"故"五者"应当与"废其一"相连。

39. 可也简。(《雍也》第一，第83页)

按：据上下文意，为避免"可"字可能产生的歧义，当断为：可也，简。

40. 居敬而行简，以临其民。(同上)

按：据此处朱子所持两层工夫论，当为："居敬，而行简以临其民"。或者删除逗号，化为一句。

41. 耻其不能而为之可也。耻其不能而揜藏之不可也。(《孟子尽心上》耻之于人章，第358页)

按：为表意清晰，引在两句的"之"后分别以逗号点断。

42. 子在齐闻韶，三月不知肉味。(《述而》第十三章，第96页)

按：朱子反复强调学乐三月，故"三月"不应与"不知肉味"相连，而应与"闻韶"相连。《或问》批评三月不知肉味说："程子改'三月'为'音'字？曰：彼以一日闻乐而三月忘味，圣人不当固滞如此故尔。"《集注》言：《史记》"三月"上有"学之"二字。不知肉味，盖心一于是而不及乎他也。范氏曰："故学之三月，不知肉味，而叹美之如此。"《语类》明确提出，"'三月'当作一点。盖是学韶乐三月耳，非三月之久不知肉味也。"去伪。故当改为："子在齐闻韶三月，不知肉味。"

43. 杵，舂杵也。或作卤，楯也。(《尽心下》尽信书章，第373页)

按："卤楯"为一词组，与"舂杵"相对，是对"杵"的解释，应将"卤"后逗号删去。

44. 得侍，同朝甚喜。(《孟子》致为臣章，第250页)

按：据语义，当为：得侍同朝，甚喜。

三　人名、书名误漏

45. 林氏曰："裴度所谓韩弘舆疾讨贼，承宗敛手削地，非朝廷之力能制其死命，特以处置得宜，能服其心故尔，正此类也。"(《离娄上》，第284页)

按：中华本将"韩弘舆"视为人名，误。"舆疾"为专有名词，指抱病乘车。"舆疾讨贼"与"敛手削地"正相对应，表示韩、王以智慧而非力量处置叛乱。《新唐书》卷一百六十七对此有详述，"度乃表罢政事，极论镈奸邪苛刻，天下怨之，将食其肉。且言：'天下安否系朝廷，朝廷轻重在辅相。今承宗削地，程权赴阙，韩弘舆疾讨贼，非力能制之，顾朝廷处置，能服其心也。若相镈，则四方解矣'"。

46. 墨者夷之，因徐辟而求见孟子。……徐子以告夷子。夷子怃然为间曰："命之矣。"(《滕文公上》，第267页)

按：中华本对本章之首的"夷之"加以人名号，对本章之末的"夷子"亦加人名号，但因疏漏，"命之矣"的"之"未加人名号。其实，《语类》中弟子杨至特意提出此点讨论，认为只有将"之"看作夷子之名，才符合句法。如果当虚词，则不通。朱子同意其解。"至曰：命之矣。'之'字作夷子名看，方成句法。若作虚字看，则不成句法。曰：是。"至。① 《集注》对此有明确解释："夷，姓；之，名。命，犹教也。言孟子已教我矣。"另"间"须与"曰"断开。

47. 射不主皮，《乡射》礼文。(《论语八佾》，第65页)

按：此句为《仪礼》之《乡射礼》文，而非《乡射》礼文。故当改为《乡射礼》。

四　文本校勘

中华本点校说明指出，该本采用清嘉庆十六年吴英、吴志忠父子校定本为底本，并以清仿宋大字本进行校勘，改正了若干错误并出校记，个别有参考价值的异文也予指出，反映出该书校勘极为慎重，然百密难免一疏，以下

---

① 杨至癸丑、甲寅所闻，《语类》卷55，第1799页。

列出所惑以求教正。

48.《宪问》"子曰孟公绰"章注:"胡氏曰"知之弗豫,枉其才而用之,则为弃人矣。此君子所以患不知人也。言此,则孔子之用人可知矣。"校记:"胡氏",清仿宋大字本作"杨氏"。(第152页)

按:此一人物之别甚为重要,牵涉到对学者思想定位和读者的接受理解。笔者认为该引文当出自杨氏而非胡氏。其一,《论语精义》(卷七,页480,上海古籍《朱子全书》版)下该条所引为"杨曰",内容与《集注》仅"材""才"一字之别。《精义》以清嘉庆间吕氏宝诰堂刊《朱子遗书》二刻本为底本,对校以南京图书馆所藏明钞本,参校以四库全书文渊阁本。其二,上海古籍出版社、安徽教育出版社所刊《朱子全书》本第六册《四书集注》(页190)即为"杨氏",并出校记指出,"'杨',吴刻本作'胡'"。该本以当涂郡斋本为底本,以残宋本,元乙本、元甲本、仿元本一一对校,另取明正统司礼监本与吴本参校。其三,朱子后学的相关著作皆为"杨氏"。如宋真德秀《四书集编》、《西山读书记》,蔡节《论语集说》、赵顺孙《四书纂疏》,元詹道传《四书纂笺》等,最为吴英所推崇的胡炳文《四书通》亦为"杨氏",吴氏在《四书章句集注定本辨》(第382页)中称,"自南宋至前明,为朱子作疏解者多矣,若《四书通》,可谓最善"。吴氏对《四书通》甚为倚重,多有参考,但未知此处何以未参《四书通》。据宋元本之一致,可见此问题在当时似并未混淆,若有之,当有辨析。故此处应径改"胡氏"为"杨氏",校记相应改为:"杨氏"原作"胡氏",据清仿宋大字本及它书改。

49.《卫灵公》"当仁不让于师"注:程子曰:"为仁在己,无所与逊。若善名为外,则不可不逊。"校记:"'为',清仿宋大字本作'在'。"(169页)

按:据校记可知,此处有"为外"和"在外"的差别,中华本取"为外"说,恐"在外"更确。首先:据《论语精义》页543所引程子说是"在",明道曰:"为仁在己,无所与让也。又曰:善名在外,则可让也。"其次,宋元明诸家说皆一致的为"在"。再次,朱子引用诸家说常有改动,如此处《精义》诸家说皆用"让",唯尹氏说为"逊"。"尹氏曰:师长犹无所逊,况它人乎?"《集注》即以此"逊"替代了明道原来之"让"。但

"在外"与"在己"说正相对应,朱子似无改变之必要。

50.《告子下》第6章"淳于髡曰先名实者"注,"尹氏曰:淳于髡未尝知仁,亦未尝识贤也,宜乎其言若是。"校记:"亦"原作"而",据清仿宋大字本改。(第350页)

按:此处中华本据清仿宋大字本径改"而"为"亦",甚为自信,其实未必。首先,《论孟精义》尹氏原文为"而",却非"亦"。"尹氏曰:淳于髡未尝知仁,而未尝识贤者,宜乎其言若是。"当然,原文如此,不能保证《集注》采用时未加修改。如此处《集注》将"者"换成"也"。其次,宋元明注释本用"而"用"亦"皆不少。用"而"者有:宋真德秀《四书集编》、蔡模《孟子集疏》、胡炳文《四书通》等,《四书通》对此还提出详解,"通曰:淳于髡以孟子去齐未为仁,孟子谓夷、惠、伊尹或去或就,皆仁也,岂必不去而后谓之仁。髡以有贤则必识之,孟子则谓夫子之去齐,亦岂髡所能识哉。此尹氏所以曰'髡未尝知仁而未尝识贤也。'"[1] 用"亦"者有:《西山读书记》、《四书纂疏》、《四书纂笺》、上海古籍《朱子全书》本等。上海古籍本校记云:"'亦',原作'而',据元甲本、监本、仿元本改。"

51.《大学章句》,"言明明德、新民,皆当至于至善之地而不迁。"(第3页)

按:因中华本仅以两种版本校勘,故不无失校处。仅以此处为例,"至于至善"未出校。然上古本出校记认为"至于"当为"止于":"'止'原作'至',据元甲本、监本及正文改。"另宋元朱子后学四书类著作多为"止",如胡炳文《四书通》即是"止于善"。"止至善"说与正文相切合对应。因参照版本过少,中华本在校勘上间有此类失校处。

52. 子于是日哭,则不歌。《集注》哭,谓吊哭。日之内,余哀未忘,自不能歌也。(《述而》第九章,第95页)

按:"日之内"遗漏"一"字,《四库全书》本,《四书集编》等书皆有"一"字,明显脱文。

53. 子曰:"道千乘之国。"马氏云八百家出车一乘"十字,据清仿宋大

---

[1] 胡炳文:《四书通》,第534页。

字本补。(《论语》道千乘之国章,第49页)

按:编者仅据清仿宋大字本即骤然补入十字于《集注》正文中,是不妥帖的。《或问》在比较马、包二家异同时曾表示对马融说的肯定,"'此义盖尝考之,疑马氏为可据。盖如马氏之说,则八百家而出车一乘;如包氏之说,则八十家而出车一乘。'但考虑到与它说的冲突,对此持有保留和怀疑。"然与《荀子》《王制》之说不同。"① 《四书或问》之《论语或问》仅代表朱子丁酉年之看法,与其晚年《集注》说多有冲突,不可为据。其次,据朱子"逐字称等"之极为谨慎的解经态度,恐不会将此说断然写进《集注》。再次,《论语集解》等朱子之前的注本,极少直接引用马融此说。更重要的是,朱子门人后学之注本,如《四书集编》、《四书纂疏》等皆未有此数字。故笔者认为俞樾之说较为可取,"朱子前尝是马说,及为《集注》,又不实指,仅曰'其地可出兵车千乘',岂因二者皆难知其孰确,不欲多费力於无用之地乎"?② 此一名物之争,宋儒并不看重,清儒则极为重视。故笔者臆测,清代仿宋本编者恐有补入此说以借朱子自重之意。总之,不应仅据孤证即断然视此十字为朱子所原有。

五 分节及体例

54.《乡党》集注序说:旧说凡一章,今分为十七①节。(117页)

中华本于此出校记云:按本篇实有十八节(章),其中"入太庙,每事问"一节,朱熹认为与八佾篇重出,故称十七节。

按:中华本此校语不妥,当删。盖中华本对朱子分节存在错误认识。

首先,遍检《论语集注》,"重出"者五处,皆单独计为章节。故本章重出之文"入太庙,每事问"朱子亦计为一节,为第11节。四库本、《四书集编》、《四书纂疏》、《四书通》诸本皆将其单独计节。

其次,中华本的问题在于对《集注》分节存在三处错误认识,违背《集注》原意。其一,将《集注》第一节误分为两节。《集注》第一节为:"孔子于乡党,恂恂如也,似不能言者。其在宗庙朝廷,便便言,唯谨尔。"

---

① 《四书或问》,第620页。
② 转引自程树德《论语集释》,中华书局2006年版,第25页。

《集注》明言此一节乃是记录孔子在乡党、宗庙、朝廷不同处境下之言辞容貌,"此一节,记孔子在乡党、宗庙、朝廷言貌之不同。"中华本分为两节,实违背原意,四库本、《四书集编》、《四书纂疏》、《四书通》诸本皆为一节。其二,将《集注》十五、十六节视为一节,殊不仔细。《集注》于每节后明言各节之主旨,"寝不尸"一节乃是记录孔子不同场景下容貌之变化。"升车"一节则是记录孔子升车之动作容貌,与上节各有所属。

寝不尸,居不容。见齐衰者,虽狎,必变。见冕者与瞽者,虽亵,必以貌。凶服者式之。式负版者。有盛馔,必变色而作。《集注》:"此一节,记孔子容貌之变。"

升车,必正立执绥。车中,不内顾,不疾言,不亲指。《集注》:"此一节,记孔子升车之容。"

此两点之误甚为明显,《四库》本、《四书纂疏》《四书通》等皆如笔者所言,未曾误分。《四书集编》仍将十五、十六节混为一节。但即便如四库本之分,仍有十八节之数也。关键在第三点:将"席不正不坐"与"乡人饮酒"误分为两节。《集注》明言"此一节,记孔子居乡之事。"

席不正,不坐。谢氏曰:"圣人心安于正,故于位之不正者,虽小不处。"乡人饮酒,杖者出,斯出矣。杖者,老人也。六十杖于乡,未出不敢先,既出不敢后。乡人傩,朝服而立于阼阶。

《四库》诸本皆将此分为两节,则为十八节矣,但诸家并无一人对此提出解释,可见其误由来已久。

该书不乏体例不一、前后失应、失漏标点、文字错误等情况,以下略示数例:

55. 吴氏曰:"此章之首,脱'子曰'二字。"或疑下章子曰,当在此章之首,而通为一章。(《先进》第十七章,第 128 页)

按:此处前文"子曰"加引号,后文则未加之,体例不一也。

56. 陈司败问昭公知礼乎?孔子曰:"知礼。"(《述而》第三十章,第 100 页)

按:此二句显然为疑问对答关系,下句以引号形式标点,故上文亦应如此,方为对应。故当为:陈司败问:"昭公知礼乎?"

57. 程子曰:"人道惟在忠信,不诚则无物,且出入无时,莫知其乡者,

人心也。"(《学而》第八章,第50页)

按:"出入无时,莫知其乡"为《孟子》引孔子语,可加单引号。

58. 邹氏曰:"自是以惟仁者至此,所以责其君。"(《孟子·离娄》上,第281页)

按:应以单引号将"是以惟仁者"标出,此为本章原文"是以惟仁者宜在高位"之节选,否则易引其歧义。本章所引下一处邹氏曰:"自诗云'天之方蹶'至此,所以责其臣"即标明之。

第三节 《论孟要义》复原初探

《论孟精义》是朱子四书学的重要构成部分。正如《四书集注》历经长期修改一样,作为《集注》阶梯的《精义》亦经过反复修改,至少形成了三个不同版本。最流行的是乾道壬辰(1172年)完成的《论孟精义》(又名《论孟集义》),但朱子在编该书之前与之后,皆作有《要义》,分别是作为前身的癸未1163年《论语要义》(庚辰1160年《孟子集解》)与作为修订本的庚子1180年《论孟要义》。《精义》与《集义》仅是名称之别,但与庚子《要义》却存在内容差别。论证今通行本《论孟精义》既非癸巳本,亦非壬辰本,也非庚子本,似为壬辰前后盗本。据今通行本(即《朱子全书》本)《精义》与《集注》《或问》《语类》之比照,可知庚子本当补充以下说法:周孚先《论语说》前四篇及第五篇之部分;二程、横渠《论语》《孟子》说数十条;程门弟子说若干条,循此可在一定程度复原庚子《语孟要义》。既可证明它与壬辰《精义》(《集义》)的差别,同时对理解朱子思想及其演变,把握北宋理学思想动向、补充理学家著作皆具有重要意义。《精义》是朱子四书学系列不可缺少的一环,完善该书对于理解《或问》、《集注》具有重要参考价值。朱子在不同时期对《精义》的增删补充,皆是其特定时期思想之反映,即便在丁酉完成《论孟集注》初稿后,朱子仍不废完善《精义》,可见《精义》对朱子思想形成具有非同寻常的意义。再次,复原该书对于把握北宋理学具有积极意义,一部完整《精义》的价值并不亚于《近思录》,而且它是完全按照朱子意愿编撰的,所涉及学者更广泛、收入材料更集中,更能体现朱子视野下的北宋理学脉络。最后,《精义》所收集的各家说对于完善儒学著作具有珍贵的补充价值。一方面是对北宋理学学者著作的补充，如今本《张载集·张子语录中》有一脱文，"乐山乐水，言其成德之（缺字）"。据《或问》对《精义》所引张载说之评论可知，缺处当为"后"字。另一方面，北宋儒学学者的著作多有散佚，《精义》保留了大量珍贵资料，涉及苏轼、洪兴祖、吴棫、王安石等学者的论孟著作，有助于相关著作辑佚。①

据《书语孟要义序后》可知，庚子版《要义》对"程、张诸先生"说"遗脱"加以"补塞"，我们再补充壬辰《孟子精义》当已补入的范氏说，盖《集注》、《或问》诸书屡提及之范氏说而《精义》无一载其说。《精义》与晚于它的《集注》、《或问》、《文集》、《语类》诸书大体存在相互对应关系，故《精义》与配套而行的朱子四书系列不对应处，即为后来《要义》所补塞处。当然，或许也存在《集注》与《精义》不一致的情况，毕竟朱子《集注》修改至死，而《精义》定型于庚子，其间取舍自然有差异。但这种情况应当属于个别少数，因庚子年朱子对诸家《论孟》资料的掌握已非常全面，未见再提及补充，且其《四书》思想亦大体成熟。故笔者认为，通过《或问》、《集注》与今通行本《精义》之比照，我们能一定程度复原庚子版《要义》。推测庚子本《论语要义》补充程子 10 条、张载 24 条、周伯忱 2 条，《孟子要义》补充程子 4 条、张载 33 条、范祖禹 44 条、游氏 1 条、杨氏 2 条、吕氏 1 条，二书合计 121 条。其实尚不止此，如仅周氏《论语说》，《或问》即提及百余条而无法复原。

一 《论语要义》复原

（一）程子说

今本《精义》被遗漏程子说分为两种情况：第一，《集注》引之而今《精义》无；第二，《或问》论之而今《精义》无。具体如下：

1.8 君子不重章。《集注》引程子曰："学问之道无他也，知其不善，则速改以从善而已。"按：此说不见于今通行本《精义》，见于《易传》卷二，

---

① 笔者以朱子《精义》、《集注》、《或问》为主，先后辑佚王安石、胡寅、洪兴祖、吴棫等人著作，相关成果发表于《国学研究》、《中国文化研究》等刊物。

当为壬辰后所补。"学问之道无他也，唯其知不善，则速改以从善而已。"①

2.16 攻乎异端章。《集注》引程子曰："佛氏之言，比之杨墨，尤为近理，所以其害为尤甚。学者当如淫声美色以远之，不尔，则骎骎然入于其中矣。"按：明道原说为："杨墨之害甚于申韩，佛老（一无老字）之害甚于杨墨。杨氏为我，疑于仁；墨氏兼爱，疑于义。申韩则浅陋易见。故孟子只辟杨墨，为其惑世之甚也。佛老（一作氏字）其言近理，又非杨、墨之比，此所以害尤甚。杨、墨之害，亦经孟子辟之，所以廓如也。"②"学者于释氏之说，直须如淫声美色以远之，不尔，则骎骎然入于其中矣。"③

6.2 弟子孰为好学章。《集注》引伊川说共三句，第三句"如颜子地位，岂有不善？所谓不善，只是微有差失。才差失便能知之，才知之便更不萌作。"按：原文见《二程外书》卷五，"所谓不善"后有"者"，末句"知之"前无"才"字。④

6.9 贤哉回也章。《集注》引明道曰："昔受学于周茂叔，每令寻仲尼颜子乐处，所乐何事？"按：原文见《二程遗书》卷二上，但颜子在仲尼前。⑤

6.27 中庸之为德章。《集注》引程子曰："不偏之谓中，不易之谓庸。中者天下之正道，庸者天下之定理。"按：原文见《二程遗书》卷七。⑥

9.10 颜渊喟然叹章。《集注》引程子曰："到此地位，功夫尤难，直是峻绝，又大段着力不得。"按：原文见《二程外书》卷五，"此"，原文为"这些"。"着"为"著"。⑦

11.14 由之瑟章。《集注》引程子曰："言其声之不和，与己不同也。"

---

① 《二程集》，第 820 页。
② 《二程集》，第 138 页。
③ 《二程集》，第 25 页。
④ 《二程集》，第 376 页。黄榦所记一条《语类》有提及。"《外书》第五卷有一段正如此。"《语类》卷 30，《朱子全书》本，第 1104 页。
⑤ 《二程集》，第 16 页。
⑥ 黄榦所录《语类》提及伊川两说，前说为《精义》所引，后说则为《集注》所引。"右第二十八章，凡七说，伊川两说。……'自世教衰'，此四字正是说'久'字。"《语类》卷 35，第 1183—1184 页。
⑦ 《二程集》，第 376 页。

按：原文见《二程遗书》卷六，但天"也"字。①

13.11 善人为邦百年章。《集注》所引程子"汉自高、惠至于文、景，黎民醇厚，几致刑措，庶乎其近之矣。"按：原文见《二程文集》卷二《南庙试策五道》明道说："若汉之业创乎高祖，因循乎吕惠，文帝守之以淳俭，孝景绍之以恭默，当时汉之兴，几百年矣。其风俗宽厚，几致措刑，亦胜残去杀之效乎？"②

13.12 如有王者章。程子曰："周自文武至于成王，而后礼乐兴，即其效也。"按：原文见明道《二程文集》卷五《南庙试策五道》第五道："周承文王之业，历武王之治，至成王之世而周公作礼乐焉，此必世后仁之效乎！"《或问》论及而《精义》无，《或问》还直接指出《精义》失之。

9.13 君子居之章。《或问》：程子所谓"所居则化，何陋之有"者，圣人之事也。按：《精义》无，当补。

15.19 君子疾没世章。"或问：程子得之矣。程子又尝语朱长文，引此章之语而发明之，其意尤切，而《精义》失之。学者可以考也。"按：原文见《二程文集》卷九《答朱长文书》，"疾没世无善可称云尔，非谓疾无名也。名者可以厉中人，君子所存，非所汲汲"③。

（二）横渠说

张载《论语说》已佚，《精义》未见张子说而见引《集注》、《或问》的情况。

15.10 颜渊问为邦章。《集注》引张子"礼乐，治之法也。放郑声，远佞人，法外意也。一日不谨，则法坏矣。虞夏君臣更相饬戒，意盖如此。"按：《张载集》似亦未见。④

6.3 子华使于齐章。《集注》引张子曰："于斯二者，可见圣人之用财矣。"

---

① 《二程集》，第91页。
② 《二程集》，第471页。《或问》明确提出《精义》失载，"程伯子举进士时，尝有对策论此数节甚详而《精义》失之。"第815页。《语类》卷四十三亦提及，"惟明道《文集》中一策答得甚详。"第1525—1526页。
③ 《二程集》，第601页。
④ 林乐昌先生《张子全书》据朱子《集注》、《精义》所引说辑佚横渠《论语说》。

按：此载《正蒙》第十一"冉子请粟与原思为宰，见圣人之用财也"①。

2.16 攻乎异端章。《或问》：自张子……皆误以"攻"为"攻击"之攻。按：《张子语录中》："攻乎异端，攻，难辟之义也，观孔子未尝攻异端也。道不同谓之异端。若孟子自有攻异端之事，故时人以为好辨。"②

2.21 子奚不为政章。《或问》：张子以有政为有政之人。按：《张子语录上》，"以己孝友施于有政之人，是亦己为政之道。如以温、良、恭、俭、让化于国君，犹国君重信之，是以温、良、恭、俭、让施于有政也。"

3.8 子夏问曰巧笑倩章。《或问》：张子之说，迂滞难通。又以二"素"字，字同用异而义不相害。亦无此理……不得。按：此说似见于《张子语录下》："礼（物）因物取称，或〔文或质，居〕物之后而不可常也。他人之才未（善）〔美〕，故宜饰之以文，庄姜才甚美，故宜素以为绚。〔下文"绘事后素"，〕二素字用不同而义不相害。倩盼者，言其质美也，妇人生而天才有甚美者，若又饰之以文未宜，故复当以素为绚。礼之用不必只以文为饰，但各物上各取其称。文太盛则反素，若衣锦尚褧，礼太盛则尚质，如祭天扫地。绘事以言其饰也，素以言其质也。素不必白，但五色未有文者皆曰素，犹人言素地也，素地所以施绘。子夏便解夫子之意，曰"礼后乎"，礼所以为饰者也，素字使处虽别，但害他子夏之意不得。"③

3.21 夏后氏以松章。《或问》：故此章之旨，但当以程子、张子、范尹为正……然程子、张子皆以社当为主。按：此说似见于《张子语录中》："哀公问社于宰我，〔宰我〕言战栗，孔子罪其穿凿也。不知为不知，是知也，若以不知为知，则所知亦不知也。'成事不说，遂事不谏，既往不咎'，此皆言其不可救。且言有浅深，事已成何须说，事已遂不可复谏止，既往何必咎之！"④

4.5 富与贵是人之所欲章。《或问》：张子推说亦善。按：此说似见于《经学理窟·学大原上》："富贵之得不得，天也，至于道德，则在己求之而

---

① 《张载集》，第42页。
② 同上书，第320页。
③ 《张载集》，第333—334页。
④ 同上书，第319—320页。

无不得者也。"①

4.15 吾道一以贯之章。《或问》：然则其不曰仁义，而必忠恕之云，何也？曰：张子言之详矣。按：此说似见于《张子语录中》："如'夫子之道，忠恕而已'，圣人惟忧不能尽忠恕，圣人岂敢自谓尽忠恕也！"②

5.10 吾未见刚者章。《或问》：张子之说失之缓。按：此说似见于《经学理窟·学大原上》："仁之难成久矣，人人失其所好，盖人人有利欲之心，与学正相背驰。故学者要寡欲，孔子曰："枨也慾，焉得刚！'"③

5.20 宁武子邦有道则知章。《或问》：若张子则固以武子为暗默而罪之。按：此说似见于《张子语录中》，"'宁武子其愚不可及也'，言非所取也。无道则愚近于诈，不可学也"④。

6.21 知者乐水章。《或问》：张子乃谓"特言其成德之后，性相类耳，非谓仁知者必有所乐"。张子"无戕贼"之说，盖亦类此。独张子一说，乃以"寿为安静长久之象"。……张子之初，盖以"仁或不寿"而为是言耳。……及其论'颜子之不寿而归诸天'，则不寿复有疑于此矣。谓"泽及万世者，虽粗而犹有实"。曰"尽性而与天为一"，则论愈高而病愈深矣。

按：《张子语录上》："【仁者寿】，安静而久长，寿之象也。"⑤《张子语录中》："乐山乐水，言其成德之【后】。仁者如山之安静，智者如水之不穷，非谓仁智之必有所乐，言其性相类。"⑥

7.6 志于道章。《或问》：张子之意，大略放此，而其"得寸守寸、得尺守尺"之说，意味尤深，非躬行实践之至，不能为是言也。按：此说似见于《张子语录中》："'志于道'，道者无穷，志之而已。'据于德'，据，守也，得寸守寸，得尺守尺。'依于仁'者，居仁也。'游于艺'，藏修息游。"⑦

7.18 叶公问孔子于子路章。《或问》：张子一说真以孔子为发愤而至于

---

① 《张载集》，第280页。
② 同上书，第316页。
③ 《张载集》，第281—282页。
④ 同上书，第320页。
⑤ 同上书，第308页。
⑥ 同上书，第323页。
⑦ 同上。

圣，……其一说论乐以忘忧者。按：《张子语录上》："仲尼发愤而化至于圣耶？抑每有悟而忘食（一作饥）。遗老耶？"①

7.21 三人行章。《或问》：张子所引颜子之说，乃《正蒙》所谓"达善达不善"者。

按：似见于《张子语录中》："孔子'三人行，必有我师焉'，此圣人取善。颜子亦在此术中，然犹着心以取益，比圣人差别，圣人则所见是益。"②又见于《正蒙·中正篇》，"君子于天下，达善达不善，无物我之私。循理者共悦之，不循理者共改之。改之者，过虽在人如在己，不忘自讼；共悦者，善虽在己，盖取诸人而为，必以与人焉。善以天下，不善以天下，是谓达善达不善"③。

7.23 二三子章。《或问》：张子之说得其实矣。按：《正蒙·天道篇》"圣人有感无隐，正犹天道之神"④。

11.11 季路问事鬼神章。《或问》：张子曰："学至于知天，则死生鬼神，当源源自见。"

按：《文集佚存·答范巽之书》："孟子所论知性知天，学至于知天，则物所从出，当源源自见。知所从出，则物之当有当无莫不心喻，亦不待语而知。"⑤《或问》所引"死生鬼神"与《文集》"物所从出"不同。

以下8条张子说皆见于《或问》所引，原文今皆未见。

3.3 人而不仁章。《或问》：张子之意，以为不仁之人，憯乱悖逆之心无所不至。然礼乐制数，则有一定而不可易者。少有干犯，人必知之。故曰"其如礼乐何"耳，此亦一意。

3.4 礼与其奢章。《或问》：张子至矣，但张子"易"字之说恐未安。

4.8 朝闻道章。《或问》：张子前说大意与程子前说同，后改之说则几于释氏之云。

4.25 德不孤章。《或问》：张子、范氏亦同其说。

---

① 《张载集》，第308页。《语类》卷34亦提及张子说。"问横渠'仲尼愤一发而至于圣'之说。"
② 《张载集》，第318页。
③ 同上书，第29页。
④ 同上书，第15页。
⑤ 同上书，第349页。

6.10 力不足者章。《或问》：张子以中道而废为颜子之事，则过矣；又以乐正子为信道，亦非孟子有诸己之意。

6.19 中人以上章。《或问》：张子之说，则又备矣。①

12.24 君子以文会友章。《或问》：窃以张子、范、杨之说为安（张子说《精义》印本未详）。

14.16 晋文公谲而不正章。《或问》：张子以谲为婉。按：南宋李明复，《春秋集义》卷二十五引张载曰："重耳直而不婉。"

（三）谢良佐、尹焞、周孚先说见于《集注》而《精义》所无

2.19 何为则民服章。《集注》：谢氏曰："是以君子大居敬而贵穷理也。"

3.11 或问禘之说章。《语类》："全得自家精神，便是祖考精神。"②

4.23 以约失之者鲜章。尹氏曰："凡事约则鲜失，非止谓俭约也。"③

庚子版《论孟要义》重要增补之一是补入周伯忱《论语说》前四篇，及公冶长半篇（自首章至第十章"吾未见刚者"止）。④《论语集注》仅收周氏说一条。

2.13 子贡问君子章。周氏曰："先行其言者，行之于未言之前；而后从之者，言之于既行之后。"按：此是周氏说唯一见引《集注》者。《或问》认为程子说不如范、周氏说，周氏说尤其明白。可证《集注》确定周氏说较早。"范、周之说也则当矣，而周尤明白。"⑤

17.13 子曰乡原德之贼也章。毗陵周氏曰："所至之乡，推原人情而为意以待之，故曰乡原。"按：此条见于蔡节《论语集说》卷九。鉴于《精

---

① 黄榦所记《语类》卷32提及张子说，"问：横渠曰云云。此说得之吕监庙所编，其说似正，不知载在何集录。第二十章凡六说。横渠说在外。"第1151—1152页。

② 按：《精义》无，见《上蔡语录》卷上，《朱子全书》外编，华东师范大学出版社2010年版，第13页。

③ 按：今本《精义》侯氏说下注释第164页校勘记言："故失之鲜。明抄本于此句下尚有一段：尹曰：凡事约则鲜矣。"按：此"矣"或为"失"之误，或脱"失"字。《集注》所引正是"凡事约则鲜失"。

④ 朱子《伊洛渊源录》卷14对周氏有所介绍，"周伯忱，名孚先，毗陵人，与其弟恭先、伯温同受学，有语录及答问各数章。今见书集"。《朱子全书》十二册，第1107页。

⑤ 《或问》卷2，第650页。

义》已引周氏说，《或问》仅对周氏说进行评判而不加引用，故我们往往仅能知周氏说大意而很难复其原文。《论语集注》仅收周氏说一条，《四书或问》则提及百余处，惜乎未引之，今本《精义》丝毫未录。

二 《孟子要义》复原

（一）程子说不见于《精义》而为《集注》所引者

1.3"梁惠王曰"章

《集注》：孔子之时，周室虽微，天下犹知尊周之为义，故春秋以尊周为本。至孟子时，七国争雄，天下不复知有周，而生民之涂炭已极。当是时，诸侯能行王道，则可以王矣。此孟子所以劝齐梁之君也。盖王者，天下之义主也。圣贤亦何心哉？视天命之改与未改耳。

按：《二程外书》卷八言："孔子之时，周室虽微，天下诸侯尚知尊周为义，故《春秋》之法，以尊周为本。至孟子时，七国争雄，而天下不知有周。然而生民涂炭，诸侯是时能行王道，则可以王矣。盖王者天下之义主也，故孟子所以劝齐之可以王者，此也。"① 末句"贤圣何心，视天命之改与未改尔"见《二程外书》卷十一。②

3.6 人皆有不忍人之心章。《集注》：满腔子是恻隐之心。按：此乃《二程遗书》卷三谢显道记忆平日语。③

5.1 滕文公为世子章。《集注》"性即理也。天下之理，原其所自，未有不善。喜、怒、哀、乐未发，何尝不善。发而中节，即无往而不善；发不中节，然后为不善。故凡言善恶，皆先善而后恶；言吉凶，皆先吉而后凶；言是非，皆先是而后非"。按：此引自《二程遗书》卷二十二上④，《二程遗书》所引较《集注》少"发不中节，然后为不善"数字又多"所谓理，性是也"六字。但《近思录》所引程子说则有。

7.1 离娄之明章。《集注》："为政须要有纲纪文章，谨权、审量、读法、

---

① 《二程集》，中华书局1981年版，第399页。
② 同上书，第415页。
③ 同上书，第62页。
④ 同上书，第292页。

平价,皆不可阙。"而又曰,"必有关雎麟趾之意,然后可以行周官之法度"。按:"为政须要有纲纪文章,先有司、乡官,读法、平价、谨权量,皆不可阙也。"见《二程遗书》卷十一,当为明道语。① "又曰"见《二程外书》卷十二,亦当为明道语。②

13.7 孟子曰耻之于人章。《集注》"或问:人有耻不能之心如何?"程子曰:"耻其不能而为之,可也;耻其不能而掩藏之,不可也。"按:伊川曾言,"或问人有耻不能之心,如何?曰:人耻其不能而为之,可也;耻其不能而揜藏之,不可也。问技艺之事,耻己之不能,如何?曰:技艺不能安足耻,为士者当知道,已不知道,可耻也。为士者当博学,已不博学【一本"无知道"已下至此十九字。但云"博学守约已不能之,则"】可耻也。耻之如何?亦曰勉之而已。又安可嫉人之能而讳己之不能也。"(《二程遗书》卷十八)③

(二) 补充张子说三十三条

1. 不见于《精义》而为《集注》所引者④

2.10 齐人伐燕章。《集注》:张子曰:"此事间不容发。一日之间,天命未绝,则是君臣。当日命绝,则为独夫。然命之绝否,何以知之?人情而已。诸侯不期而会者八百,武王安得而止之哉?"原文见《经学理窟·诗书》,修改甚大:

先儒称武王观兵于孟津,后二年伐商,如此则是武王两畔也。以其有此,故于《中庸》言"一戎衣而有天下"解作一戎(衣)殷,盖自说作两度也。孟子称"取之而燕民不悦弗取,文王是也",只为商命未改;"取之而燕民悦则取之,武王是也"。此事间不容发,当日而命未绝则是君臣,当日而命绝则为独夫;故"予不奉天,厥罪惟均"。然问命绝否,何以卜之?

---

① 《二程集》,中华书局1981年版,第133页。
② 同上书,第428页。
③ 《二程集》,第189页。
④ 张子《孟子说》早佚,林乐昌先生《张载佚书〈孟子〉说辑考》(《中国哲学史》2003年第4期)辑录该书佚文133条,其中119条来自朱子《精义》、《或问》。然而值得注意的是,朱子引用他人说,时有加以修改处,故在其所引说有时未必同于原文。如《集注》2.10章所引。

只是人情而已。诸侯不期而会者八百,当时岂由武王哉?①

《或问》言:"张子二条,其言详矣,第深考之,则于文武之心,孟子之意,其庶几乎。"

3.5 尊贤使能章。《集注》:"或赋其市地之廛,而不征其货;或治之以市官之法,而不赋其廛。盖逐末者多则廛以抑之,少则不必廛也。"

按:《经学理窟·周礼》:"廛而不征",廛者,犹今之地基钱也。盖贮物之地,官必取钱,不征者,不税敛之也。"法而不廛",法者,治之以市官之法而已。廛与不廛,亦观临时如何,逐末者多,则廛所以抑末也,逐末者少,不必廛也。②

8.17 言无实不祥章。《集注》:或曰:"天下之言无有实不祥者,惟蔽贤为不祥之实。"或曰:"言而无实者不祥,故蔽贤为不祥之实。"二说不同,未知孰是,疑或有阙文焉。

按:《或问》:"如张子之意,则言'无实不祥'云者,虚引以甚之之词也。而下句实字迭上句,如范氏之说,则'言无实不祥',自为一义,而下句'实'字与上句不相蒙。……然张子所释'言无实不祥'一句亦通畅。盖此或有所为而言,而无以考所由矣,姑存而阙之可也。"据此可推《集注》第一句"或曰"为张子说,第二句为范氏说。

13.1 尽其心者章。《集注》:"由太虚,有天之名;由气化,有道之名;合虚与气,有性之名;合性与知觉,有心之名。"按:见《正蒙·太和篇》。③

2. 不见于《精义》而为《或问》所提及

8.18 徐子曰仲尼亟称章。《或问》:张子以止于至善为有本原,似涉倒置,盖止者,归宿之义,非本原之义也。

按:《张子语录下》言:"孟子言水之有本无本者,以况学者有所止也。《大学》之道在止于至善,此是有本也。思天下之善,无不自此始,然后定止,于此发源立本。乐正子,有本者也,'日月而(为)至焉',是亦有本

---

① 《张载集》,第257页。
② 同上书,第250页。
③ 《张载集》,第9页。

者也。声闻过情，是无本而有声闻者也，向后伪迹俱辨则都无也。"①

8.22 君子之泽五世而斩章。《或问》：私淑之说，张子前说得之矣。

按：《正蒙·中正篇》言："以能问不能，以多问寡，私淑艾以教人，隐而未见之仁也。"②《张子语录下》言："私淑艾者"，自修使人观己以化也。如颜子大率私艾也，"以能问于不能，以多问于寡，有若无，实若虚"，但修此以教人。颜子尝以己德未成而不用，隐而未见，行而未成故也。至于圣人神道设教，正己而物正，皆是私淑艾，作于此，化于彼，如祭祀之类。③

11.3 生之谓性章。《或问》：（张子）而卒章所谓"今之言性者，漫无执守，所以临事不精。学者先须立人之性，学所以学为人"【《精义》无】者，则尤为亲切。

按：《张子语录中》："学者当须立人之性。仁者，人也，当辨其人之所谓人，学者学所以为人。"④

11.19 孟子曰五谷者章。《或问》：张子"敦笃虚静"之云者，于学者为有功，然比之孔子之言，则有间矣，学者审之。

按：《语类》卷九十八载："问'敦笃虚静者仁之本'。曰：敦笃虚静，是为仁之本。"偭。

12.2 人皆可以为尧舜章。《或问》：张子姑举其易者言之，而推之以至于事无巨细，莫不皆然，发明言外之旨，尤为有功。

12.6 淳于髡曰先名实者章。《或问》：张子至矣。但张子成性之说，有所未安。而其曰"徒克己而无礼，亦何所赖，又须反礼然后至者。"则亦有说焉……而张子云尔者，岂以有若浮图之尽屏物欲而卒不合礼者耶？然若是者，非既克己而不复礼也。乃其克己初不以礼为则而徒自苦耳。其论天民，

---

① 《张载集》，第328—329页。
② 同上书，第30页。
③ 《张载集》，第327—328页。"'君子之泽，五世而斩'，盖谓孟子去孔子犹在五世之内，虽不亲为弟子，其余泽在人我得私取以为善。"据《集疏》辑录，引自林乐昌《张载佚书〈孟子说〉辑录》。另该文所引亦有重复之处，如13.8 古之贤王章据《大全》辑录，"不资其力而利其有，则能忘人之势；若资仰其富贵而欲有所取，则不能矣。"其实此说已见于《张子语录上》，第311页。
④ 《张载集》，第321页。

乃若王氏所谓"非一国所得容，一君所能有"者，尤不可晓。其论孔子五荐五就则得之矣。

按：《经学理窟·气质》言："但学至于成性，则气无由胜，孟子谓'气壹则动志'，动犹言移易，若志壹亦能动气，必学至于如天，则能成性。……所谓勉勉者，谓'继之者善也，成之者性也'，继继不已，乃善而能至于成性也。"①《张载佚书〈孟子说〉辑录》据《四书大全》辑录："伯夷、伊尹、柳下惠皆称圣人，出于称仁仁之一端，莫非仁也。三子者各以是成性，故得称仁。"

以下皆见于《或问》所引，多数原文今皆未见，亦列之。

1.1 "孟子见梁惠王"章。《或问》：张子以谋之远近分主仁义，似亦未安。然其所谓"尔为尔，我为我，各定其分"，则得为义之要矣。

1.2 王立于沼上章。《或问》：其引"颜子之乐"，非孟子之本旨也。其曰：圣贤言极婉顺，未尝咈人情者。亦施于此章则可，彼或出于人情之不正者，又安可以不咈乎！

1.7 齐宣王问曰章。《或问》：但张子论孟子独不言《易》者，则孟子于礼犹有所未学者。恐未必如此说也。

5.1 滕文公为世子章。《或问》：张子绝句之说。

7.20 孟子曰人不足与适章。《或问》：程子、张子、范、杨皆深得之。《语录抄七则》："'人不足与适也，政不足与间也，唯大人为能格君心之非'。非惟君心，至于朋游学者之际，彼虽议论异同，未欲深较，惟整理其心，使归之正，岂小补哉！"②

《张载佚书〈孟子说〉辑录》据《集疏》辑："君心未免乎非，则虽百贤众，政亦莫能正。"

8.15 博学而详说章。《或问》：先守至约，然后博学以明夫至约之道。

9.2 万章问曰诗云章。《或问》：道无权正之别，权与正一。

10.1 伯夷章。《或问》赞"张子至矣"。《精义》收张子说3条，《张载佚书〈孟子说〉辑录》据《四书大全》辑一条，"夷、惠智不明于至善，故偏

---

① 《张载集》，第266页。

② 《张载集》，第335页。

入于清、和，然而卒能成性，故虽圣而不智。孔子智既明于至善，故集大成，如清、和、时、任皆有之，无不曲当也，故圣且智，金声而玉振也。"

11.2 性犹湍水也章。《或问》：张子以为"性之本原，莫非至善"，是也。而曰"习而为恶，亦性也。饮食男女，皆性也。"则反近于扬雄、告子之说。其以扬雄为见末流而未见本原，又有取于其修之之说，亦有不可解者。

11.4 食色性也章。《或问》：张子之说发明仁义之意，亦亲切而有味。

11.8 牛山之木章。《或问》：程子、张子皆至矣。

11.10 鱼我所欲章。《或问》：张子、吕、尹皆得之矣，张、吕之说，有相复者，则不知果谁之说，然吕氏为详也。

11.14 人之于身也章。《或问》：张子二说，恐皆有未安者。孟子所谓爱身，亦曰不使陷于不善。……其论口腹真尺寸之肤者，亦非本文之意。

12.12 君子不亮章。《或问》：以"谅"为必信，而读"恶"从去声。

13.1 尽其心者章。《或问》提及张子说数条：（1）物出于性一条。（2）性原也，心派也。（3）性大于心。（4）尽心，即《记》所谓尽己之性者。（5）舍此见闻别自立见，始谓之心。（6）鱼子喻天命之性。提出"吕氏即张子之说，而后段精密，有可观者。"

13.2 莫非命也章。《或问》：若张子曰"命之于人，无不正"则非文义。又曰："顺乃受其正"，则非文辞矣【此条《精义》有】。"岩墙"一段则善，而其他大旨教人，"毋为不直之求，徒以自陷于不正"者，【《精义》无】警戒犹切。《张载佚书〈孟子说〉辑录》据《集疏》辑录："今居岩墙之下压而死者，不可言正命；尽其道而死者，则始到其本分，所受之命也。"

13.3 求则得之章。《或问》：张子说亦皆善，而后说尤详。其言义命，似专为求在外者言之，其曰"有内有外"者，是又以"求在外者"为自有内外，错综而观，亦无不通。《张载佚书〈孟子说〉辑录》据《集疏》辑录："求有益，求无益，道德勉之，则无不至，人皆可以为尧舜。于富贵，则有得，有不得。"

13.14 仁言不如仁声章。《或问》：旧说以为先王之乐，张子从之，恐不然也。

13.26 杨子取为我章。《或问》：张子至矣。而张子之言，尤精且详，其论无忌惮者，所以忧后学者至矣。

13.42 天下有道章。《或问》：张子初说，于文义尽之矣。其后一说，则所以明虽天下之有道而不求身之必显也。①

13.45 君子之于物也章。《或问》：张子至矣。

14.16 仁也者人也章。《或问》：张子意亦如此而复小异，览者详之。其曰："义生于仁之不得已"，则其名理当矣。

14.17 孔子之去鲁章。《或问》：张子接淅之说，曰：如此，则未见其去之甚速之意，当从旧说。

14.24 口之于味章。《或问》：张子"不以薄而不修，不以浅而不勉"者，亦善。最后一段"性也命也"以下，尤佳。

14.25 浩生不害章。《或问》：善信二句，离则不可。

14.32 言近而指远章。《或问》：张子"下带"之说非是。《张子语录下》："言不下带，是不大声也。人发声太高则直自内出，声小则在胸臆之间。不下带者，气自带以上也。"②

14.37 孔子在陈章。《或问》：张子于反经尤致意焉，皆切要之语也。其曰"正经能久则尽透彻"。学者当深念之。

3. 不见于《精义》、《或问》而从它书所辑佚张子《孟子解》者

此类情况因未被《或问》论及，故虽不能断其必见于《精义》，但同样亦难断定其必不见于《精义》。

11.19 五谷者章。按：《张载佚书〈孟子说〉辑录》引《近思录拾遗》说："敦笃虚静者，仁之本，不轻妄则是敦厚也，无所系阂昏塞，则是虚静也。此难以顿悟苟知之，须久于道实体之，方知其味。'夫仁，亦在乎熟之而已'。"

12.2 人皆可以为尧舜章。按：《张载佚书〈孟子说〉辑录》据《孟子集疏》辑录："徐行折枝之类，孟子姑举其易者言之，推此则事无钜细，莫

---

① 《精义》所引横渠说为："天下有道，道随身出，天下无道，身随道屈。"但《或问》指出张子有两说，《精义》所引为初说，后说则未见载。

② 《张载集》，第331页。

不自天德至纤至悉至实处出也。"另《经学理窟·学大原下》言："圣人设教，便是人人可以至此。'人皆可以为尧舜'。若是言且要设教，在人有所不可到，则圣人之语虚设耳。"①

13.30 尧舜性之也章。《张载佚书〈孟子说〉辑录》据《大全》辑录：尧、舜固无优劣，及至汤、武则有别。孟子言性之、反之，自古圣人如此言，惟孟子分出，遂知尧、舜是生知，汤、武学而能之。

14.25 浩生不害问章。《张载佚书〈孟子说〉辑录》据《近思录》卷二辑录。"为学大益，在自求变化气质，不尔皆为人之弊，卒无所发明，不得见圣人之奥。所贵于学，正欲陶镕气质，矫正偏驳，不然则非为己之学，亦何以推明圣人之蕴哉？"按："为学……圣人之奥"又见《张子语录中》，第321 页；"所贵于学"一句，《语录》未见。

14.37 万章问曰孔子在陈章。《张载佚书〈孟子说〉》据《近思录》卷十二辑录："孟子言反经特于乡原之后者，以乡原大者不先立，心中初无主，惟是左右看，顺人情不欲违，一生如此。"按：又见《近思录拾遗》，第 37 页。"心中初无主"，《张载集》作"心中初无作"。

（三）《精义》当补范氏说四十四条

范氏《孟子解》已佚②，如前所述，朱子早在壬辰《论孟精义》刊定前，即收入该书说以为补充。《文集》、《语类》中有数条论及该书，且《或问》、《集注》多次提及、引用范氏说，《孟子集注》引用其说多达 16 章 18 条，高居所有引用者第 5 位，显出朱子对该书之重视。《或问》评论该书，常言"得告君之体"，可见该书乃进讲著作。今本《精义》对范氏此书无一引及，正表明《精义》非壬辰本。因该书已佚，原文不可得，现据朱子《四书》系列著作，尤其是蔡模《孟子集疏》补充若干则。

1. 《集注》所引者

2.1 "庄暴见孟子"章。"战国之时，民穷财尽，人君独以南面之乐自

---

① 《张载集》，第 283 页。
② 范祖禹著有《孟子解》。《范太史集》卷 19《编〈孟子节解〉札子》言，"六月八日，臣司马康（假）、臣吴安诗、臣范祖禹、臣赵彦若、臣范百禄札子。"文渊阁四库全书 1100 册，第 247 页。此即《五臣孟子解》。

奉其身。孟子切于救民，故因齐王之好乐，开导其善心，深劝其与民同乐，而谓今乐犹古乐。其实今乐古乐，何可同也？但与民同乐之意，则无古今之异耳。若必欲以礼乐治天下，当如孔子之言，必用韶舞，必放郑声。盖孔子之言，为邦之正道；孟子之言，救时之急务，所以不同。"

《三朝名臣言行录》所引有出入：孟子切于救民，故深劝齐王与民同乐。而谓"今之乐犹古之乐"。然世俗之乐，郑、卫淫哇之声，非先王之法，岂可以荐上帝、配祖考、降天神、出地祇也。今乐、古乐如君子、小人之不可同，邪正之不可并。如必欲以礼乐治天下国家，则当如孔子答颜渊之言，孔子所言者为邦之正道，孟子所言者救世之急务。此所以不同。①

《或问》："范氏以孟子之言为'救时之急务'，……然从范氏之说而失之，不过为失孟子之微意而未害乎'为邦之正道'。"

2.9 "孟子见齐宣王曰为巨室"章。"古之贤者，常患人君不能行其所学；而世之庸君，亦常患贤者不能从其所好。是以君臣相遇，自古以为难。孔孟终身而不遇，盖以此耳。"

2.11 齐人伐燕取之章。"孟子事齐梁之君，论道德则必称尧舜，论征伐则必称汤武。盖治民不法尧舜，则是为暴；行师不法汤武，则是为乱。岂可谓吾君不能，而舍所学以徇之哉？"

2.12 邹与鲁閧章。"《书》曰：'民惟邦本，本固邦宁。'有仓廪府库，所以为民也。丰年则敛之，凶年则散之，恤其饥寒，救其疾苦。是以民亲爱其上，有危难则赴救之，如子弟之卫父兄，手足之捍头目也。穆公不能反己，犹欲归罪于民，岂不误哉？"

4.2 孟子将朝王章。"孟子之于齐，处宾师之位，非当仕有官职者，故其言如此。"

6.10 匡章曰陈仲子章。"天之所生，地之所养，惟人为大。人之所以为大者，以其有人伦也。仲子避兄离母，无亲戚君臣上下，是无人伦也。岂有无人伦而可以为廉哉？"

7.1 离娄之明章。《集注》引三处："此言治天下不可无法度，仁政者，治天下之法度也。"

---

① 朱熹撰，李伟国点校：《三朝名臣言行录》卷13之一引，《朱子全书》第12册，第811页。

"齐宣王不忍一牛之死，以羊易之，可谓有仁心。梁武帝终日一食蔬素，宗庙以麪为牺牲，断死刑必为之涕泣，天下知其慈仁，可谓有仁闻。然而宣王之时，齐国不治，武帝之末，江南大乱。其故何哉，有仁心仁闻而不行先王之道故也。"

"人臣以难事责于君，使其君为尧舜之君者，尊君之大也；开陈善道以禁闭君之邪心，惟恐其君或陷于有过之地者，敬君之至也；谓其君不能行善道而不以告者，贼害其君之甚也。"

7.26 不孝有三章。"天下之道，有正有权。正者万世之常，权者一时之用。常道人皆可守，权非体道者不能用也。盖权出于不得已者也，若父非瞽瞍，子非大舜，而欲不告而娶，则天下之罪人也。"

8.1 舜生于诸冯章。"言圣人之生，虽有先后远近之不同，然其道则一也。"

10.3 敢问友章。"位曰天位，职曰天职，禄曰天禄。言天所以待贤人，使治天民，非人君所得专者也。"

11.5 孟季子问公都子章。"二章问答，大指略同，皆反复譬喻以晓当世，使明仁义之在内，则知人之性善，而皆可以为尧舜矣。"

11.9 无或乎王之不智章。"人君之心，惟在所养。君子养之以善则智，小人养之以恶则愚。然贤人易疏，小人易亲，是以寡不能胜众，正不能胜邪。自古国家治日常少，而乱日常多，盖以此也。"

14.7 吾今而后知章。"知此则爱敬人之亲，人亦爱敬其亲矣。"

14.8 古之为关也章。"古之耕者什一，后世或收大半之税，此以赋敛为暴也。文王之囿，与民同之；齐宣王之囿，为阱国中，此以园囿为暴也。后世为暴，不止于关，若使孟子用于诸侯，必行文王之政，凡此之类，皆不终日而改也。"

2.《集注》、《集疏》皆引者

9.9 或曰百里奚章

《集注》："古之圣贤未遇之时，鄙贱之事，不耻为之。如百里奚为人养牛，无足怪也。惟是人君不致敬尽礼，则不可得而见。岂有先自污辱以要其君哉？庄周曰：'百里奚爵禄不入于心，故饭牛而牛肥，使穆公忘其贱而与之政。'亦可谓知百里奚矣。伊尹、百里奚之事，皆圣贤出处之大节，故孟子不得不辩。"

《集疏》：虞之将亡，宫之奇谏，百里奚不谏。若谏者是，则不谏者非。不谏者是，则谏者非。窃谓二人者，皆是也。宫之奇不忍虞公之亡，谏而不听，然后以其族行，君臣之义尽。百里奚事虞公年七十而无所遇，知其君不可谏，不谏而先去之，去就之理明。宫之奇为忠臣，百里奚为智士。又按《秦本纪》晋献公灭虞，虏虞君与其大夫百里奚，百里奚亡秦走宛。楚鄙人执之。穆公闻百里奚贤，乃以五羖羊皮赎之，穆公释其囚，与论国事，授之国政。号曰："五羖大夫"。商鞅传又载赵良之言，曰："五羖秦大夫，荆之鄙人也。闻穆公之贤而愿见，行而无资自鬻于秦，被褐食牛期年，穆公知之。举之牛口之下而加之百姓之上。秦国莫敢望焉。"《史记》所传，自相矛盾如此。盖得之于好事者。此正万章之所疑也。伊尹以割烹要汤，百里奚以食牛要穆公，皆圣贤出处之大节，故孟子不得不辩。①

《或问》："范氏详且明矣。其论百里奚隐于市井，本无干穆公之意，又言圣贤未遇，不耻鄙贱之事，而恶不由其道以得富贵，此意甚正。宜深味之。所引《庄子》之言，亦甚善。其辩《史记》之失尤佳，然按左氏之言，则媵秦穆姬者，乃井百，非百里奚也。"

据《或问》，可见《集疏》仍非完全引用。

3. 《孟子集疏》、《名臣言行录》引用者

1.7 齐桓晋文之事章

《集疏》引：范氏曰：按《论语》孔子曰"桓公九合诸侯不以兵车，管仲之力也。微管仲，吾其被发左衽矣。"孔子美齐桓、管仲之功如此。孟子言仲尼之门，无道桓文之事者。圣人于人苟有一善，无所不取。齐桓、管仲有功于天下，故孔子称之。若其道，则圣人之所不取也。②

范氏谓"心有轻重长短"，而又曰"当以心为权度而称量"。何也？……又云："物易见，心无形。"物之轻重长短之差易见，心之轻重长短之差难见，物之差只是一事，心差了时万事差，故曰心为甚。③

---

① 《孟子集疏》，四库全书荟要本，吉林出版集团有限责任公司2008年版，第684—685页。
② 《孟子集疏》，第585页。
③ 同上书，第590页。

《或问》："范氏诸说皆善，但以齐王不能推其所为，不能举斯心加诸彼，则孟子此言，正谓推近及远者发，以明齐王能远遗近之失。"

7.7 天下有道章

《集疏》所引三处：

"治天下莫大于仁。故前章云尧舜不以仁政，不能平治天下。"

"道二仁与不仁而已矣。"又曰："三代之得天下也以仁。"又曰："爱人不亲反其仁。"此章云"仁不可以为众也。"

"仁者，天德之至尊，圣人之最先，天之所以大者，仁而已。圣之所以为圣者，亦仁而已。易乾卦元为四德之首。孔子曰：'元者善之长也。君子体仁足以长人。'在天则为元，在君子则为仁。乾之德以仁为首，故能统天。圣人之德以仁为大，故能长人。天所以首出庶物，为万物父母者，为能养万物也。圣人所以首出庶民，为万民父母者，为能生养万民也。天子所居者天位，所治者天职。惟能好仁，则与天同德。而天之所覆，地之所载，日月所照，霜露所坠，无不归之矣。"①

《或问》："范氏论之详矣，但'小国师大国'一句，似失本意耳。其末所论'治天下莫大于仁'一节甚善，所以告君者正当如此耳。"此"小国师大国"句未见于所引范说，可见不全。

7.14 求也为季氏宰章

《集疏》范氏曰：天地大德曰生，圣人所以守位曰仁。孔子曰："断一木，杀一兽，不以其时，非孝也。"草木鸟兽杀之不以时，则逆天地之理，犹为不孝。况于人命，可不重哉。②

《或问》："范氏所论重人命者尤善。"

7.20 人不足与适也章

《集疏》范氏曰：大人正己而物正者也。居仁由义，先自治而后治人。先正己而物自正，故能正君。若不正己岂能正君。君者本也，庶民末也。君者源也，庶民流也。本正则末正，源清则流清，故君仁则一国之人无不仁，君义则一国之人无不义。君正则一国之人无不正，大人专以正君心为事，君

---

① 《孟子集疏》，第654页。
② 《孟子集疏》，第657页。

心一正，则国自定矣。①

《或问》："程子、张子、范、杨皆深得之……范氏解章首两句，非本文之意"。但此所引显然删除了范氏对首两句"人不足与适也，政不足间也"的解释。

7.27 仁之实章。"仁义礼智，不止一端而已，然事亲从兄，仁义礼智之本也。知所以事亲，又知所以从兄，又能节文，其为乐也岂不至哉。"

12.8 鲁欲使慎子为将军章

《集疏》范氏曰：君子之事上也，引其君于正。小人之事上也，引其君于邪。君子引其君于仁义，引其君于爱民，引其君于听谏，引其君于恭俭，引其君于学问，此君子之所以引其君者，志于仁而已矣。小人引其君于好利，引其君于好战，引其君于用刑，引其君于拒谏，引其君于骄侈。小人所以引其君者，志于不仁而已矣。伊尹以尧舜之道引成汤，故成汤为尧舜之君，周公以文武之道引成王，故成王为文武之君。此引其君以当道。荣夷公以专利引周厉王，故周乱。赵高以刑法引秦二世，故秦亡。此引君以当非道也。②

按：范氏说《集注》未取，《精义》无，《或问》无，此类情况不好断定其是否入《精义》。

13.2 莫非命也章

《集疏》范氏曰：立岩墙之下，则有覆压之虞，作不善之行，则有及身之灾。此乃人自取之，非正命也。桎梏而死，则刑戮也。小人不能远害，是不知命。故被戮而死，非正命也。君子不能远害，是不知命，故立岩墙而死者，非正命也。

《或问》："范氏所引李泌之言，于告君之道，尤为有力。"《集疏》之文似未见李泌之言。

13.9 孟子谓宋句践章

《集疏》：孟子每言道德，以义配之。穷不失义，达不离道，此以义配道也。尊德乐义，此以义配德也。道无义不足以为道，德无义不足以为德。

---

① 《孟子集疏》，第659页。
② 同上书，第715页。

率性之谓道，得于己之谓德，行而宜之之谓义。士不知义则无以为道德。故孟子每言道德必以义配之，谓其行而得宜也。①

《或问》：范氏所谓"孟子言道德，必以义配"者尤有功。

13.10 待文王而后兴者章

《集疏》：凡民待文王而后兴，若夫豪杰之士，虽无文王犹兴。圣人则不然，前圣后圣，其揆一也。舜、文相去千有余岁，若合符节。由尧舜至汤，五百有余岁，汤闻尧舜之道而知之。由汤至于文王，五百有余岁，文王闻汤之道而知之。由文王至于孔子，五百有余岁，孔子闻文王之道而知之。闻而知之者，圣同也。孔子曰："文王既没，文不在兹乎"。后世去文王既远，读其书，行其道，是亦文王矣。凡民兴起，必待文王。豪杰之士，不待文王。圣人则与文王同道。孟子但言豪杰之士者，为贤人法也。②

《或问》："范氏推言圣人一节，甚得言外之意"。

13.17 无为其所不为章

《集疏》：君子所当为者，义也。所不可为者，不义也。所可欲者，善也。所不可欲者，不善也。不为不义，则所为皆义。不欲不善，则所欲皆善。③

《或问》："范氏之言如此，亦可谓恻怛而恳至。"

13.23 易其田畴章

《集疏》：圣人治天下，当使家给人足，财用有余。五谷易得，有如水火。若使菽粟如水火，则人知廉耻，兴于礼义，岂有不仁者乎！圣人之治天下，既庶而后富之，既富而后教之。仓廪实而知礼节，衣食足而知荣辱。所谓菽粟如水火，则民焉有不仁。尧舜三王之盛，皆由此道也。又曰：先王养天下之民，非人人衣食之也。唯不夺农时，则皆得治其田畴，恭俭节用，则可以薄其税敛。此二者，使富足之道也。天生时而地生财，所以养人。食之不以时，用之不以礼，则天地之力，亦不能给。是以古之明主，欲治天下，先治其心。人君之心，清静而省事，淡泊而寡欲，则万民得其所，万物得其

---

① 《孟子集疏》，第 724 页。
② 同上。
③ 同上书，第 725 页。

性矣。①

《或问》："范氏极陈尧舜三代养民之法，而归之欲治天下先治其心者，可谓至当之言矣。"

14.23 齐饥陈臻曰国人章

《集疏》：孟子在宾师之位，以仁义说齐王，幸而听其言，故发棠邑之粟。然而不行王政，孟子言终不合。及再饥，遂不复言，度其不可言也。②

《或问》：或问发棠之说。曰：范氏言之详矣。然其所以止，为不可复之故者，虽未可以臆说定，顾其事势，则或然耳。

2.5 人皆谓我毁明堂章

《三朝名臣言行录》引：孟子以王好货，劝以当如公刘与民同利；以王好色，劝以当如太王与民同欲。然臣窃以谓公刘非好货，乃是厚民；太王非好色，乃是正家。人君不可以好货，亦不可以好色。好货则贪而害民，好色则荒而害政。孟子事齐宣王，中才以下之君，故其言如此。③

《或问》：范氏、杨氏货色之说不同……范氏之说正矣。其爱君之切而欲窒其利欲之原，其意亦已深矣。然于孟子因机纳谏之权，剖析毫厘之妙，则有所未察也。盖谓公刘、齐王同为好货，特以公私之异而有厚民、贼民之分，则其势不甚相远，而不难于矫革。若直谓此为厚民而彼为好货，则其势隔绝而不复可以相移矣。然此犹特为守正而不变之论耳。至谓太王之事为正家，则避难仓皇之际，携其妇子而来，何以见其所谓正家者哉。是爱其君之切，欲其言之美而不虞其说之牵强而不足以取也，其亦误矣。

4. 《或问》提及者

1.1 孟子见梁惠王章

《或问》："范氏之言明白条畅，虽杂引经传之文，而无迁就牵合之病，其体与《大学》传文相似，所以告君者当如此矣。"

《语类》卷五一："义利之分，其争毫厘。范氏只为说不到圣贤地位上，

---

① 《孟子集疏》，第727页。
② 同上书，第739页。
③ 《三朝名臣言行录》卷13之一引，第811页。

盖'义者，利之和也'。"谟。《集义》①

《语类》对范氏《孟子讲义》表达批评性看法："范氏《讲义》于浅处亦说得出，只不会深，不会密，又伤要说义理多。如解孟子首章，总括古今言利之说成一大片，却于本章之义不曾得分晓。想当时在讲筵进读，人主未必曾理会得。大抵范氏不会辩，如孟子便长于辩，亦不是对他人说话时方辩。但于紧要处反复论难，自是照管得紧。范氏之说，镮锁不牢处多，极有疏漏者。"必大。②

1.3 梁惠王曰章。《或问》："范氏论王道之始，于下文品节之事，失于不分先后详略之序，其以狗彘食人食者，专为丰年小民之事。"

2.15 滕小国也章。《或问》："仁人所以不私其身者，不足以议仁人之心。天下之得失，不足为忧喜。"

2.16 鲁平公将出章。《或问》：范氏所言"鲁侯不可言天"者，甚善。

7.24 乐正子从于子敖之齐章。《或问》："范、尹皆以不能改于其德为乐正子之罪。"

7.28 天下大悦而将归己章。《或问》："范、吕皆得之。"

8.15 博学而详说之章。《或问》："范氏初说甚善，但自扬雄以下则支离矣。"

8.18 徐子曰仲尼亟称于水章。《或问》："范氏谓君子以情实为本，名誉为末。"

8.17 言无实不祥章。《或问》："如范氏之说，则言无实不祥，自为一义。"

11.11 仁人心也章。《或问》："范氏之言，明白详尽，得告君之体。"

11.12 今有无名之指章；11.13 拱把之桐梓章；11.14 人之于身也章

《或问》："十二、十三、十四章之说，范氏详矣。虽以人君之事为言，然学则无贵贱大小之间。学者反之于身，亦未尝不可用也。"

12.1 任人有问屋庐子章。《或问》："范、尹于此，皆若有所回隐迁就而不欲言者。"

---

① 《语类》卷51，第1683页。此条特别标明为讨论《集义》范氏说。
② 《语类》卷67，第2247页。

13.1 尽其心者。《或问》：范氏篇首大意最善，至引《中庸》以后，则离乱多失，不可胜论。惟曰"穷理所以尽心者"近之。至谓"尽心所以穷理"，则又倒置。

《语类》卷六十言：范谓'穷理者，孟子之所谓尽心也'，范侍讲言穷理，却是言尽心以前底。"①

13.16 舜之居深山之中章。《或问》：范氏既曰"聪明圣智"矣，又曰"积而成圣"。

13.41 道则高矣章。《或问》："范氏失之"。《语类》卷六十对范说有所引："或问范谓'君子之射，引而不发，以待彀与的之相偶，心欲必中故跃如也'。此说如何？"曰："范氏此说最好笑。岂有君子之射常引而不发者乎？只管引而不发，却成甚射也。引而不发之语，只缘上文说射，故有此语。此只是言君子之教人但开其端以示人而已。"去伪。②

13.42 天下有道章。《或问》：范氏引"守死善道"得"殉"字之意，至谓"以道殉人者，虽得之无所用"，则尤切中于事理。

14.11 好名之人章。《或问》："赵氏旧说……范氏因之，误矣。"

14.24 口之于味也章。《或问》："范氏以五者之命，皆为天之所以与我者，然君子不以天既与我而不修，此则专主于圣贤而言，若前所推说者。"

14.37 万章问曰孔子在陈章。《或问》："吕、范亦详。"

（四）补充杨时、吕大临、游酢说四条

1.5 梁惠王曰晋国章。《或问》："杨氏仁者无敌之言为过耳。"《龟山集·孟子解》卷八："一视而同仁，夫谁与为敌"。

8.28 君子所以异于人者章。《或问》："杨氏以为孟子三自反不若颜子不校。"

1.6 孟子见梁襄王章。《或问》"吕氏之言亦曰：志定者，其言重以舒；不定者，其言轻以疾"。

4.9 燕人畔章。《集注》：游氏曰："象之恶已著，而其志不过富贵而已，故舜得以是而全之；若管叔之恶则未着，而其志其才皆非象比也，周公讵忍

---

① 《语类》卷60，第1945页。
② 《语类》卷60，第1970—1971页。

逆探其兄之恶而弃之耶？周公爱兄，宜无不尽者。管叔之事，圣人之不幸也。舜诚信而喜象，周公诚信而任管叔，此天理人伦之至，其用心一也。"

《或问》："周公、管叔之事，吕、游之说不同，何也？曰：吕氏之疑，游氏辨之详矣，其原盖出于程子之说。所谓天理人伦之至者，学者宜深味之。"

《游廌山集》卷一："象忧亦忧，象喜亦喜，盖天理人情于是为至。舜之于象，周公之于管叔，其用心一也。夫管叔未尝有恶也，使周公逆知其将畔，果何心哉。惟其管叔之畔，非周公所能知也。则其过有所不免矣。故孟子曰周公之过，不亦宜乎！"

第四节　朱子《四书》书信年代再考

朱子书信年代的考察对于客观呈现朱子思想的复杂演变具有不言而喻的意义。然朱子思想形成历经多年，其对经典文本的诠释始终处于动态修改之中，对同一论题的看法在不同时期又常有差异。故对其书信年代的研究，必具历史变化之眼光方能有所收获。陈来先生《朱子书信编年考证》、束景南先生《朱熹年谱新编》于此树立了典范。据朱子书信所蕴含的事实信息出发（指人名、地名、事件等）以定其年代的事实考察法无疑是行之有效的基本方法，但朱子有不少书信并未蕴含明显的事实信息，而是纯粹的讨论学术问题，对这些书信我们就只能就其所透露的思想来确定年代。采用"思想"考察这一辅助方法的根据是：鉴于朱子思想发展的阶段性特征，及朱子与门人之间通常就某一论题同时展开相互交流切磋的情况，可采用论题相互比照的方法，来大致推定其书信年代，其效用虽不如事实考察法有效，然"虽不中，亦不远矣。"

故本书拟将思想与事实考察方法相结合，重新考证数十封有关四书的书信年代，试图提出几个共性问题：一是《朱文公文集》虽为原始文献，然经后人之手，难免存在书信的杂糅、重出；二是《朱子语类》同样由后人删补而成，未可全据记录者来判定其年代；三是作为确定书信年代中心线索之一的朱子《四书》处于不断修改过程中，将其作为判定年代依据时当采取灵活、审慎态度；四是各书信之年代应保持相洽而无矛盾。

一　书信杂糅与重出

朱子传世著作甚多，但由其本人定稿的甚少，今人研究所惯用的《文集》、《语类》皆为后人所编，其中难免有混杂不清、甚至谬误之处。故对非朱子自定材料，皆须持一怀疑审慎之眼光，这对于确定朱子书信年代具有基础性的意义。

（一）书信杂糅

朱子《文集》书信编辑，采用以人系书的方式，时有不同年代书信杂糅为一的现象，甚或同一段书信而来自不同时期，在此情况下，其书信下注年代即不可据信。① 如《文集》卷四十四《答蔡季通》第5—8这四封长札皆是不同时期书信之混合。以《答蔡季通》八最为典型，该札题下小字注"癸丑（1193年）三月二十一日"，全文共9段，除首段小注标明实为癸丑外，其余段落内容应皆非此年书信，乃各期书信之混杂，故对各段皆须逐条考订。

1段：中间到宅。题下注：癸丑三月二十一日。②

2段：《启蒙》修了未？早欲得之。《通书》、《皇极例》等说，不知已下手否？……只欲得贤者一来，会语数日为幸。

按：此提及修《启蒙》、写《通书》、《皇极例》等，戴铣《朱子实纪年谱》载癸巳四月朱子"《太极图传》，《通书解》成"③。丙午1186年三月"《易学启蒙》成"④。据此讨论三书之撰写，以《通书解》完成为限，似在癸巳1173年前后。

3段：所苦且喜向安……许见访，幸甚。……此行见上，褒予甚

---

① 陈来先生《朱子编年书信考证》（增订本）（以下简称《考证》）对数书混为一札的情况已有揭示，明确指出《文集》卷44（《答蔡季通》四）等存在各书信混杂情况。上海三联书店2007年版，第90页。

② 束景南先生《朱熹年谱长编》论癸丑三月蔡元定出游湖、湘等地，亦仅以首段为证。华东师范大学出版社2001年版，第1088页。

③ （明）戴铣《朱子实纪年谱》，《朱子全书》第27册，上海古籍出版社，安徽教育出版社2002年版，第39页。

④ 同上书，第63页。

至。言虽狂妄，无怍色。

按：据此提及"此行见上，褒予甚至"，当为辛丑1181年末。据李默《紫阳文公先生年谱》载，辛丑十一月朱子"奏事延和殿。极陈灾异之由，与夫修德任人之说。上为动容悚听。十二月视事于西兴"①。黄榦《朱先生行状》亦言，"及对，卒言之。上委曲访问，悉从其请"②。

4段：伯谏来此已两三日……约左右一来相聚。……其所论极不争多，孤城悉拔，合并兵力，一鼓可克也。

按："伯谏来此已两三日"与《答范伯崇》十书"伯谏前日过此，季通亦来会，相与剧论儒佛之异"正相应，陈来先生考证《答范伯崇》十书为庚寅春夏，故此书亦当在此稍前，即庚寅1170年春夏。③

5段：中间报去，欲改文王八卦邵子说……《律说》少有碍处……《启蒙》所疑……《律说》幸早改定。

按：此提及《启蒙》与《律说》，朱子丙午作《易学启蒙序》、丁未作《律吕新书序》，该书应在丙午1186年、丁未1187年前。其反复提及《律说》，与《续集》《答蔡季通》第六书"律说幸早写寄"、第九十二书"律说幸写寄"相通。

6段：《中庸序》云："若吾夫子，则虽不得其位"。昨看此间写本，脱一"吾"字，烦一哥为看。如少，即添之。此虽不系义理，然亦觉少不得也。"费隐"之说，今日终日安排，终不能定。盖察乎天地，终是说

---

① （明）李默《紫阳文公先生年谱》，《朱子全书》第27册，第128页。
② 李默《紫阳文公先生年谱》，第542页。
③ 《朱子编年书信考证》，第75页。《朱熹年谱长编》亦详引朱子答张栻、范伯崇、林择之涉及李伯谏者，并直接视此段为《答蔡季通》书八之四，定为庚寅四月李伯谏来寒泉。第427—428页。

做"隐"不得,百种计较,更说不来。且是所说"不知"、"不能"、"有憾"等句,虚无恍惚,如捕风系影,圣人平日之言,恐无是也。与"未之或知"、"不可能也"不同。不审看得如何? 幸详以见喻也。

按:此段文字分别讨论《中庸序》与"费隐"说,实为不同时期书信的杂糅。前者讨论《中庸章句》序文及其刊刻,反映的应是朱子对《中庸》具有较为成熟看法的时期。目前确切关于《章句序》的文献,一为丙午1186年《答詹帅》,一为己酉1189年《中庸章句》,故可认为此处关于《中庸序》的一段似在丙午1186年后。后者则连"费隐""不知"等文字义理尚处于恍惚捕捉状态,据《文集》相关文献可知,朱子已在壬辰、癸巳年间与张栻、吕祖谦等人反复讨论《中庸》的章句处理(如《答张敬夫论中庸章句》、《答张敬夫再论中庸章句》,与石子重商定《中庸集解》并作《中庸集解序》等),对"费隐"等文义的理解已不是问题。故可推出此段文字当为朱子早年思想之反映,应在壬辰1172年前。

7段:仁义之说……《中庸》、《诗传》,幸速修改示及,《中庸》更有数处,今并录呈。

按:此处提及《中庸章句》《诗集传》的修改,据朱子《诗集传序》(《文集》卷七十六),该书作于淳熙丁酉1177年,故此书当在丁酉年左右。

8段:西山之约……归来又得伯恭书。

按:吕祖谦亡于辛卯1181年,《朱子实纪年谱》第54页言,七月"东莱吕公讣至,为位哭之。"故该书当在辛卯前。

9段:公济、伯谏得书否? 某归途过伯谏,见收公济书,大段手忙脚乱也。①

---

① 《文集》卷44,第2000—2004页。

此段文字又重见《续集》《答蔡季通》101 书第 2 段。笔者曾推测为甲申—庚寅年，束景南先生定为辛卯九月，可从。①

有些书信则需要据其所含之思想来推定年代。如《文集》卷四十八《答吕子约》四十二书题下小字注"下《论语杂论》同戊午二月五日"，《四库》本无此数字。该书先讨论了四条历史问题，然后集中讨论了八九条《论语》，故题下注"《论语杂论》同"。考察《论语杂论》的具体内容，此书杂出痕迹甚明显。观朱子与子约全部通信，双方论学围绕《论语》与《中庸》展开，间涉太极。其特点是：早期论《论语》，晚期论《中庸》。如癸巳《文集》卷四十七《答吕子约》第四书讨论时习、巧言令色、三省、传习、父在观志等章，甲午《答吕子约》八—十二书，八书提出"专看《论语》"，九书讨论"三省"，十书讨论三省、传习、道千乘之国章，十二书讨论"时习"。此《答吕子约》四十二书与七书、十二书皆有对"时习"的讨论。故《论语杂论》似在癸巳甲午间更合理。

（二）书信重出

今存《朱文公文集》卷帙浩大，《正集》一百卷，《续集》十一卷，《别集》十卷，存在些许重出情况，亦属正常。此重出情况多见于《续集》，故对书信系年时，当对此重出现象有所考虑，以免将同一书信系为不同年代之二书，导致考证结果相冲突。

1. 书之重出、杂糅者。《续集》卷二《答蔡季通》第六书重见于第九十二书。第六书首句为"律说幸早为寄"，第九十二书为"律说幸写寄。""为"、"早"字有别，但《朱子全书》本第 6 书下出校勘记云："为"，"闽本、天顺本作'写'"。《四库全书》本《晦庵集》仅收第六书而未收第九十二书，或是因此之故。

但九十二书较第六书多出一段，多出部分当为另一信札。现将其录于下：

> 《大学》等已令进之料理矣，或入大源，告为致问。公济既平心和气以观义理之所在，则不患无邻矣。草绝交之书，似于禅学亦未得力

---

① 束景南：《朱熹年谱长编》，第 451 页。

也。观过之说竟未安,尝思之矣。①

《考证》第六书定为戊戌1178年,第九十二书定为辛卯1171年,所据是:"书尾云'观过之说竟未安,尝思之矣'。当承上考第四十书等,亦在辛卯。"②《考证》将二书视为不同年代之书信,可见第九十二书为不同年代书信之杂糅。

此种重出情况在《答黄直卿》中亦有出现。如《文集》卷四十六《答黄直卿》第二书除首句多出"子春闻时相过,甚善"八字外,与《续集》卷一《答黄直卿》第十八书文字完全相同,实为重出。

2. 据事实与思想出发得出不同年代,推出书信杂糅为一者。《续集》卷二《答蔡季通》各书分合间有混杂,若不细加分辨,对其年代判定易造成冲突。《续集·答蔡季通》第五十五书言:

> 古乐之说…《启蒙》之名,本以为谦而反近于不逊,不知别有何字可改。幸更为思。费隐之说,若有所见,须子细写出,逐句逐字商量。如何见得上下察是隐处,须着力说教分明,方见归着。若只如此含糊约度,说得不济事。不惟人晓不得,自家亦晓不得也。且若果如此子细,当时便合引"上天之载,无声无臭"以明至隐之义,不应却引"鸢飞鱼跃"至显之事而为言,却说翻了也。③

该书讨论了三个问题:古乐、《易学启蒙》、费隐。据其提及《启蒙》书名,当为丙午年。但似乎与朱子理解"费隐"之过程相冲突。就《答蔡季通》各书可知,"费、隐"之说为朱子与蔡季通早年讨论的重要论题。该札与上述《文集》卷四十四《答蔡季通》第八书第六段所论"费隐"显然是前后关系,第6段云:"费隐之说,今日终日安排,终不能定"云云,朱子对"费隐"说无从理解的苦恼之情,跃然纸上。因为旧说以鸢飞鱼跃为

---

① 《续集》卷2,第4696—4697页。
② 《考证》,第161页、第92页。
③ 《续集》卷二,第4687页。

隐，朱子对此难以理解。《续集》卷二《答蔡季通》第六十四书朱子亦提及费隐说："三日来发热昏冒，……费隐之说，非不欲剖析言之，但终觉费力，强说不行。不免且仍旧耳。"①《四库全书》本则无"项平父"以下一段文字，《朱子全书》本则将"项平父"云云单列为一段，据此可推"项平父云云"显然为另一书。《续集》卷二《答蔡季通》有一处再次提及"费隐"说："费隐尽有说，但日间稍得坐，又贪温卷工夫，不暇安排文义耳。"② 此条不见于《四库》本，《朱子全书》本单独列为一段，其上一段文字则是关于《启蒙》之修订讨论。

考察朱子对"费隐"的处理，可知在壬辰、癸巳年间已然解决此问题，定"费"为"著见"。故上引《答蔡季通》诸书涉及"费隐"者，应在此之前，以戊戌至壬辰为佳，如癸巳《文集》卷四十九《答林子玉》已明确"察"不是"隐"而是"著见"，"察是著见之义，然须见其所著见者是何物始得。"己亥十一月五日《文集》卷四十四《答江德功》第五书再次强调"察"的"显著"义，"此察字训'著'不训'到'。"因此，朱子与蔡季通涉及费隐讨论之书信当在壬辰之前为宜，而不大可能晚至《易学启蒙》完成的丙午1186年。在此之前，朱子对《中庸》的章句义理处理已近乎完成，不至如《蔡季通》诸书中所表现的茫然无主的初学状态。《启蒙》年代与"费隐"问题解决年代相冲突的情况，及《文集》不同版本所收文字分段之异同，皆启示我们应注意其中似乎存在不同书信杂糅为一的情况，如此理解，似可消除其中之矛盾。

据古书之体例，书信文字是否单独分段，可作为判定考虑书札是否有杂糅的因素之一。

如《文集》卷四十四《答蔡季通》第一书重见于《续集》卷二《答蔡季通》第四十七书，但《文集》第一书与《续集》第四十七书存在两个差别：一是《文集》分为两段，自"《易说》三条"始另为一段。《续集》不分段。其次，《文集》较《续集》首尾各多出一句。首句多出文字："昨日上状必已达，此人至，又辱书，三复感叹。不能自已。"结尾多出文字："愚

---

① 《续集》卷2，第4689页。
② 同上书，第4692页。

意如此，不审如何？"其余正文"所谓一剑两段者"等皆同。《文集》首句多出文字与《续集》《答蔡季通》第七十九书极为相应，该书云："昨日亦尝上状，不知何故未达。今早又以《中庸集略》附刘医，乃昨日遣书时所遗也。今想皆已到矣。"① 故第一书较《续集》第四十七书多出之首句当为掺入。

二 《语类》记录者年代分析

《语录》大多数标明记录者，并列有所录大致年份。据此可以明了该条语录年代，对研究朱子思想演变甚为便利。但亦不应拘泥看待《语录》所提供的年代价值，因诸弟子所记往往跨有很长时期，若拘泥固守，则有将研究导入歧途之虞。② 如《朱子语录姓氏》指出"廖德明癸巳以后所闻。"其实，廖德明所录绝非止于癸巳，辛亥、丁巳皆有之。如朱子丁巳与吕子约争论，廖德明有记录。"吕子约书来，争'莫见乎隐，莫显乎微'，只管衮作一段看。③ 又如《朱子语录姓氏》指出郑可学所录为"辛亥所闻。"亦并非完全如此。下文以《文集》、《语类》中郑子上、蔡季通、余大雅关于人心、道心之说的记录为例，从事实与思想两面证明对《语类》记录年代应持审慎态度。

郑子上与朱子关于人心道心的讨论甚多，先录《文集》卷四十四《答蔡季通（二）》如下：

> 人之有生，性与气合而已。然即其已合而析言之，则性主于理而无形，气主于形而有质。以其主理而无形，故公而无不善；以其主形而有质，故私而或不善。以其公而善也，故其发皆天理之所行；以其私而或不善也，故其发皆人欲之所作。此舜之戒禹，所以有人心、道心之别。……此舜戒禹之本意而《序文》述之，固未尝直以形气之发尽为不善，

---

① 《续集》卷2，第4693页。
② 《考证》早已指出此点，对《语类》作者记录年代有明确修正，如据《文集》卷38《答周益公（三）》指出《语录姓氏》李儒用所录在己未，实则当在己未之前。
③ 《语类》卷62，第2033页。

而不容其有清明纯粹之时，如来谕之所疑也。[1]

《语类》卷六十二郑可学所录为：

> 季通以书问《中庸序》所云"人心形气"。先生曰："形气非皆不善，只是靠不得。季通云：'形气亦皆有善。'不知形气之有善，皆自道心出。由道心，则形气善；不由道心，一付于形气，则为恶。形气犹船也，道心犹柁也。"[2]

郑可学所录并非皆在辛亥，举两点为证：一是郑可学记录王子合问朱子《中庸》：子合以书问："《中庸》'鸢飞鱼跃'处……"曰："鸢飞鱼跃，只是言其发见耳。"[3] 按理此条为郑可学所记，当在辛亥，但此条与丁未《答王子合》第七书相对应："今书所论《中庸》，大旨盖多得之，但言其上下察也。"[4] 二者皆讨论《中庸》"鸢飞鱼跃"，故当在丁未。二是陈荣捷《朱子门人》引田中谦二《朱子门人师事朱子考》指出，"可学记朱子淳熙十四年1187年吊陈魏公，又自云年三十七，即1188，则混入以前所闻。"田中考订可学师事朱子最早为1187春—1188年春。[5] 并举可学所录《语类》为证：先生曰："皆如此。今年往莆中吊陈魏公，回途过雪峰，长老升堂说法……"可学。[6]

我们再对照《文集》卷五十六《答郑子上》相关书信：

> 今说如云"必有道心，然后可以用于人心"以下数语，亦未莹也。《答郑子上》三[7]

---

[1] 《文集》卷44，第1989—1990页。
[2] 《语类》卷62，第2012页。
[3] 《语类》卷63，第2072页。
[4] 《文集》卷49，第2251页。
[5] 陈荣捷，《朱子门人》，华东师范大学出版社2007年版，第237页。
[6] 《语类》卷126，第3952页。
[7] 《文集》卷56，第2676页。

道心之说甚善。人心自是不容去除。但要道心为主，即人心自不能夺，而亦莫非道心之所为矣。然此处极难照管，须臾间断，即人欲便行矣。《答郑子上》四①

此心之灵，即道心也；道心苟存而此心虚，则无所不知，而岂特知此数者而止耶。（朱子答）：此心之灵，其觉于理者，道心也；其觉于欲者，人心也。昨答季通书语却未莹，不足据以为说。……《答郑子上》十②

"此心之灵，其觉于理者，道心也，其觉于欲者，人心也"。可学蒙喻此语，极有开发。但先生又云向《答季通书》语未莹，不足据以为说。可学窃寻《中庸序》云，"人心出于形气，道心本于性命"。而《答季通书》乃所以发明此意。今如所说，却是一本"性命"说而不及"形气"。可学窃疑向所闻"此心之灵"一段所见差谬。先生欲觉其愚迷，故直于本原处指示，使不走作。非谓形气无预，而皆出于心。愚意以为'觉于理，则一本于性命而为道心；觉于欲，则涉于形气而为人心'。如此所见如何？

（朱子答）：《中庸序》后亦改定，别纸录去，来喻大概亦已得之矣。《答郑子上》十一③

按：《答郑子上》第十、十一书显然前后相继，第十书朱子把郑子上的"此心之灵，即道心也"改成"此心之灵，其觉于理者，道心也。"第十一书郑子上引朱子之答，并提出自己理解。《考证》据第十一书提及蔡季通而断定"答郑子上十、十一亦当在辛亥。"但《答郑子上》第十一书同时在余大雅所记语录中有更完整记录，而且加入了余大雅的讨论。谨录于下：

因郑子上书来问人心、道心。先生曰："此心之灵，其觉于理者，道心也；其觉于欲者，人心也。"（按：此见于《答郑子上》第十书）可学窃寻《中庸序》，以"人心出于形气，道心本于性命。盖觉

---

① 《文集》卷56，第2677页。
② 同上书，第2680页。
③ 同上书，第2682页。

于理谓性命，觉于欲谓形气"云云。（按：此见于《答郑子上》第十一书）可学近观《中庸序》所谓"道心常为一身之主，而人心每听命焉"，又知前日之失。向来专以"人可以有道心，而不可以有人心"，今方知其不然。人心出于形气，如何去得！然人于性命之理不明，而专为形气所使，则流于人欲矣。如其达性命之理，则虽人心之用，而无非道心，……可学以为'必有道心，而后可以用人心，而于人心之中，又当识道心。若专用人心而不知道心，则固流入于放僻邪侈之域；若只守道心，而欲屏去人心，则是判性命为二物，而所谓道心者，空虚无有，将流于释老之学，而非虞书之所指者。"（按：此见于《答郑子上》第三书）大雅云："前辈多云，'道心是天性之心，人心是人欲之心。'今如此交互取之，当否？"曰："既是人心如此不好，则须绝灭此身，而后道心始明。且舜何不先说道心，后说人心？"大雅云："如此，则人心生于血气，道心生于天理；人心可以为善，可以为不善，而道心则全是天理矣。"曰："人心是此身有知觉，有嗜欲者，如所谓'我欲仁'，'从心所欲'，'性之欲也，感于物而动'，此岂能无！……今郑子上之言都是，但于道心下，却一向说是个空虚无有之物，将流为释老之学。"大雅。

按：余大雅（正叔）所记为戊戌1178以后所闻。据陈文蔚（《克斋集》卷十二《余正叔墓碣》可知，余大雅卒于己酉十一月。故《答郑子上》、《答蔡季通》第二书关于人心道心的讨论不可能在辛亥1191年，只能在己酉1189年秋之前。因《中庸章句》序定于己酉三月，《答郑子上》、《蔡季通》书中"序"尚在紧密修改讨论，上引《答郑子上》提及《中庸序》与今本《中庸章句序》不同，故推出诸书当在己酉三月之前的戊申较合理。且与郑子上丁未戊申首次问学朱子时间亦相合。据此可知，郑子上与朱子关于人心道心的通信、郑子上有关人心道心的语录、《答蔡季通》第二书，应在戊申1188年左右为宜。

三 立论中心的再考察

朱子书信考察较为直接可靠的方法，就是找到一个有确切年代的标志性事件，以之为中心发散开来，达到举一反三，触类旁通的效果。典型者如据某些著作的完成年代，来推断书信年代。但由于朱子著作始终处在不断修订刊刻的动态过程中，故对作为中心的朱子著作年代应持有变化的观点。这里主要讨论己酉年1189年刊刻的《学庸章句》这一中心。《学庸章句》之形成修改，历经长期过程，在癸巳至丁酉年的形成初期，朱子即与吕子约、张栻等反复提及《章句》。在己酉序定《中庸章句》后，仍不废讨论修改《章句》，为其形成晚期。而己酉是否一定刊刻《学庸章句》也是可讨论的。通过细致的比照性考察《章句》论述的具体论题，来判定书信中提及的《章句》处于何种阶段是可以尝试的。尽管可以质疑此种尝试的"合法性"：同一论题难道不可以在不同时期讨论吗？但亦可反问，同样的论题相似的文字在不同问答对象中出现，其可能见诸同一年代的概率难道不是大于在不同时期吗？而且，朱子有时明确要求弟子应将他关于同一论题的答复在弟子间传阅，以达到相互学习的效果。再则，已有的考证成果，亦多利用朱子书信的"叠出"（即同样的论题、书信在不同弟子间传阅）来作推论的根据。故在没有明确事实材料的情况下，本部分试图采用此种"论题叠出相同"法作一推论，虽未必获得确论，然对于真实情况之探究当有所益。

（一）周舜弼、叶贺孙、李尧卿与朱子关于大学"格物"致知的讨论。《答周舜弼》第十书讨论了格物致知说，朱子在"知之者切"还是"知之者尽"，"理之表里精粗无不尽"还是"无不到"之间有所反复。此时朱子与周、叶、李三位的讨论皆主张"知之者切"。

> 今先生之教，必曰"知之者切而后意无不诚，"……而所知者非复泛然无切于事理。……泛然而应，不得其当，是皆知之有未切也。补亡之章谓"用力之久而一旦廓然贯通焉，则理之表里精粗无不尽，而心之分别取舍无不切"。……则分别取舍于心当如何？《答周舜弼》十①
>
> "尽"字固可兼得"切"意，恐"切"字却是"尽于内"之意。若只作"尽"字，须兼看得此意乃佳耳。辛亥《答李尧卿》四②

---

① 《文集》卷50，第2336—2337页。
② 《文集》卷57，第2705页。

叶贺孙所录《语类》卷十六朱子与李尧卿的讨论。

> 李问"吾之所知无不切。"曰:"某向说得较宽,又觉不切;今说较切,又少些宽舒意;所以又说道'表里精粗无不尽'也。自见得'切'字却约向里面。"①

朱子的意思是,"知切"是"切尽于内"之义,与"知尽"相比,语义更贴切恰当。"尽"固然有切之义,但意义过于宽泛外化,故若选择"尽"字,则须包含"切"义。为此,朱子亦主张"理之表里精粗无不尽",正好与"吾之所知无不切"相应,以显示"切"的内在向里义。朱子承认在"知切"与"知尽"的选择上,自己在紧切与宽缓、外在与内在之间左右为难。朱子与周舜弼信中的看法同样见于《答李尧卿》和叶贺孙所录《语类》中,表明朱子对格物的理解处于同一时期,而李、叶的记录时间为辛亥年,则可推证《答周舜弼》第十书似亦在辛亥年。

(二)周舜弼、李守约、董铢与朱子关于"中和"的讨论。《答周舜弼》第十书还讨论了《中庸章句》的中和说,与《答李守约》第八书讨论的主题一致。先抄录相关文献:

> 致中和注云:自戒谨恐惧而守之,以至于无一息之不存,则极其中而天地位矣。自必谨其独而察之,以至于无一行之不慊,则极其和而万物育矣。《答周舜弼》十②

> 但致中和处,旧来看得皆未尽,要须兼表里而言。如致中则"欲其无少偏倚而又能守之不失,致和则欲其无少差谬而又能无适不然",乃为尽其意耳。……近来看得此意稍精,旧说却不及此也。《答李守约》八③

> 致中和,须兼表里而言。致中,欲其无少偏倚,而又能守之不失;

---

① 《语类》卷16,第514页。
② 《文集》卷50,第2338—2339页。
③ 《文集》卷55,第2604页。

致和，则欲其无少差缪，而又能无适不然。铢。①

据所论而言，《答李守约》提出对中和旧说的修改，要求做到表里兼至，以无少偏倚、守之不失分别指致中的内外；无少差谬、无适不然分别指致和的内外，兼顾未发已发两面。今本《章句》言中和分别为"无少偏倚而其守不失，无少差谬而无适不然。"二者仅个别表述之异。而反观《答周舜弼》，仅言"守之以至于无一息之不存"、"察之以至于无一行之不慊"，皆侧重从外在已发角度言中和。显然为"旧说"。据此，《答周舜弼》第十书当在《答李守约》第八书前。中和新旧解为朱子晚年讨论的重要论题，朱子对中和"须兼表里"的思想极为重视。董铢所录（丙辰1196年以后）语类中亦有体现，其说法与今本《章句》完全相同，可证已经定型。故《答李守约》第八书当在丙辰左右为宜。

（三）周舜弼、董铢与朱子关于"必有事焉"的讨论。《答周舜弼》第十书讨论了"必有事焉"，其论同样见于《答董叔重》第八书及董铢所录《语类》。原文如下：

> 窃以为子思之言无非实理，而程夫子之说亦皆真见。今又得先生窜定此章……子思于是托鸢鱼以明此理之昭著……程子之论，无纤毫凝滞倚着之意。《答周舜弼》十②
>
> 铢详先生旧说，盖谓"程子所引必有事焉与活泼泼地，两语皆是指其实体，而形容其流行发见，无所滞碍倚着之意。"……今说则谓"必有事焉而勿正心者，乃指此心之存主处；活泼泼地云者，方是形容天理流行无所滞碍之妙。"……铢见得此说，似无可疑，而朋友间多主旧说，盖以程子文义观之，其曰"与"曰"同"，而又以"活泼泼地"四字为注云，则若此两句，皆是形容道体之语。然旧说诚不若今说之实，旧说读之不精，未免使人眩瞀迷惑，学者能实用力于今说，则于道之体用流行，当自有见。然又恐非程子当日之本意。

---

① 《语类》卷62，第2048页。
② 《文集》卷50，第2340页。

（朱子答）：旧说固好，似涉安排，今说若见得破，则即此须臾之顷，此体便已洞然，不待说尽下句矣。《答董叔重》八①

问：先生旧说程先生论"子思吃紧为人处，与必有事焉，而勿正心之意同，活泼泼地"，只是程先生借孟子此两句形容天理流行之妙，初无凝滞倚着之意。今说却是将必有事焉作用功处说。（董铢丙辰1196以后所闻）②

周舜弼提出此章程子说"无纤毫凝滞倚着"，董铢提出朱子对程子的理解有新旧二说，旧说认为程子"必有事"与"活泼泼地"皆是形容道体流行发现"无所滞碍倚着"，今说则认为"必有事"指"心之存主处"，"活泼泼"地才是"形容天理流行无所滞碍之妙"。并指出今说较旧说更为实在，有用力处，而朱子弟子却多坚持旧说。朱子对董氏的理解表示认可。周舜弼所提出的程子说正为旧说。可证《答周舜弼》当在《答董铢》前。董、朱关于此处新旧解的讨论还见于董铢所录语类中，且与《中庸或问》观点相同，故《答董铢》当在晚年丙辰左右。当然，此处今说也非最后定说，今本《章句》删除了程子的"必有事焉"数位，全部言道体而不言工夫。

（四）以动态观点看待《学庸章句》成书，有助于重新考察《文集》卷五十八朱子与宋深之、容之兄弟的八封通信。《学庸章句》在己酉前有不少版本。如《答宋深之》第二书提到，"《大学》当在《中庸》之前。熹向在浙东刻本峥见为一编，恐匆仓尚在彼，可就求之"③。此处提及"合为一编"乃壬寅（1182年）朱子刊《学庸章句》于浙东任上。在己酉前，《大学》、《中庸》至少尚有德庆刻本、丙午改本。就《答宋深之》第四书来看，该书言，"格物功夫，前书已再录去，然亦未尽，旦夕当再写一本去也。前本千万且勿示人，看令有疑处，乃有进处耳"④。据其语气，《大学章句》并未定稿，还在不断讨论修改誊写之中，故朱子交代宋深之千万不要将前本示

---

① 《文集》卷50，第2369页。
② 《语类》卷63，第2073页。
③ 《文集》卷58，第2771页。
④ 同上书，第2772页。

人。若此书信为《大学》己酉序成之时，则朱子是要将此书广为刊刻流传而非秘不示人了。再则，此《答宋深之》数封信内容与朱子丙午丁未间《答詹帅书》皆论及四书相关问题，如《大学》的修订刊刻，《中庸章句序》的道统问题等。

如前所引，朱子与《与詹帅书》明确提及《中庸章句序》之修改，至少可以证明《学庸章句》在己酉之前已经有序文，有刊刻了。故据《答宋深之》第二书提及"且附去《大学》《中庸》本，大小学序两篇"并不能断定该书信为己酉年，而据"《小学》成于丁未"之事实，可作为该书成于丁未年的佐证之一。而《答宋深之》第一、二书前后相承，皆言及"分别"。第一书言"熹往者入城，幸一再见。虽人事忽忽未得款语，然已足以自慰矣。"第二书言，"前日临歧，不胜忡怅。"《朱子门人》亦认为朱子与宋深之仅见一面，以后恐未有谋面。① 可推一、二书当为相承。

又次，宋深之为四川成都人，与朱子通信时在湖南潭州跟随戴溪在石鼓书院问学。《答宋深之》第四书提及，"戴监庙久闻其名，讲学从容必有至论。季随、允升相聚，各有何说？"戴监庙为戴溪，1178年中进士，监潭州南岳庙，主持石鼓书院。胡季随（大壮）乃湖湘学派骨干成员。宋深之父宋若水此时任湖南提点刑狱公事，兄弟随父任读书，《答宋深之》第一书言"获闻比日侍奉佳庆"即言此事。据朱子撰《运判宋公墓志铭》（《晦庵集》卷93）可知，宋若水在湖南任上与刘清之（1186年四月上任潭州）一起修复石鼓书院，并聘请戴溪主持。至晚在丁未1187年末，宋若水调任江西，并于淳熙十五年戊申1188年二月在江西任上去世。② 兄弟扶柩而归，次年己酉年葬父，并请朱子撰铭。据其兄弟父子之活动，亦可佐证他们与朱子的通信当在丙午1186年4月至丁未1187年之间，当在己酉宋若水去世之前。

（五）如不为己酉序定刊刻《大学章句》说所束缚，当能有更多新的发现。如《文集》卷五十五《答邵叔义》第二书言："《大学》鄙说旧本，纰

---

① 陈荣捷：《朱子门人》，第69页。
② 陆九渊于丁未1187年12月曾写信给宋若水，申诉金溪民众负担之重。见《与宋漕》，《陆九渊集》卷八，及《陆九渊集·年谱》卷36。

陋不足观。近年屡加刊（删）订，似颇得圣贤之遗意。"① 此书透露的信息是，朱子所解《大学》有新旧本之分，对近年来屡加修订的新本颇为满意，达到了获得圣贤本意的效果。今观旧本，问题颇多，不值得再看。但是无暇抄写新本（尚没有刊刻）给邵氏。该札书信开篇即透露了该书年代线索：

> 委喻《祠记》，深认不鄙。初以衰病之余，心力衰耗，兼前后欠人文字颇多，不敢率尔承当。又念题目甚佳，却欲附名其间，使后人知贤大夫用心之所在，但见有一二文字未竟，度须更数日方得下笔。九月间，更令一介往山间取之为幸。

此处所言《祠记》即《文集》卷七十九《衢州江山县学景行堂记》，朱子写于淳熙十有二年秋（乙卯1185）八月乙丑。其时邵浩（叔义）为知县，书中还提及《大学》"絜矩"说，与此信完全相应。

对《大学或问》年代的把握亦须小心。如《答黄商伯》一言，"心丧问大意甚善……恕说亦佳，但《大学》絜矩常在格物之后，……熹尝于《大学》治国平天下《或问》中极论此事"②。己酉前后，朱子对《学庸章句》、《或问》皆有反复修改，不可见书信中有《章句》、《或问》之名即据为己酉。此处"熹尝于云云"亦有过去曾经之意。《答黄商伯》第二、三书皆涉及丧礼，如"示喻向来丧服制度""心丧""丧礼"，此第一书开篇亦讨论"心丧"，三书显然皆围绕丧礼展开。《考证》定二、三书为"甲寅"，故第一书恐亦当在此年。

四 论题、材料的相洽

朱子书信与诸弟子友朋反复往来，常有数人讨论同一话题之情况，故在考察其书信年代时，应力求各材料间通贯无碍，应与同一论题、人物生平的讨论等相应。

（一）同一论题的关联照应。关于万正淳《中庸》说的讨论。《文集》

---

① 《文集》卷55，第2629页。
② 《文集》卷46，第2125页。

卷五十一《答万正淳》第4—6书皆提及万氏《中庸说》，第四书问目四十一条，几乎皆为《中庸》说，万氏评论甚多，朱子多以"得之"应之。第五书言"去岁尝读《中庸》，妄意辨析先儒之说，今春录以求教矣。"明确表明第四书在今春。第六书讨论较杂，但也讨论了几条《中庸》说。此三书与《答吴伯丰》第七书正好相应，朱子在该函中请吴必大转呈自己给万氏的回函，特别称赞万氏《中庸说》水平颇高。朱子于此提及"丧子之悲"，故推出当为辛亥（1191年）春，由此可见答万正淳四、五、六书亦当在辛亥春前后。

又如朱子与李晦叔、黄商伯、李孝述关于阴阳五行的讨论。《文集》卷六十二《答李晦叔》第六书言"《大学或问》中阴阳五行之说。先生答黄寺丞云：'阴阳之为五行，有分而言之，有合而言之。'辉尝推之云云。"① 按：此书提及的"先生答黄寺丞"，指《文集》卷四十六《答黄商伯》第四书："阴阳之为五行，有分而言之，如木火阳，而金水阴也。有合而言之……"② 而该书内容又见于胡泳戊午所录语录，《答黄商伯》第四书"必在戊午"，据此顺推，《答李晦叔》第六书亦应在戊午。此外《续集》卷十《答李孝述继善问目》第二书亦作于"戊午后"，该书亦提及"孝述又见先生答黄寺丞健顺仁义礼智之问"，更证实《答李晦叔》第六书当在戊午。主旨相同、文字有重合者的两封或以上书信，其年代应是大体相近的。《别集》卷四《答向伯元》一、二书皆论及就刘子澄处听闻书府有康节墨迹事，文字基本相同，年代亦应相近。《文集》卷五十二《答李叔文》一与《文集》卷四十四《答梁文叔》三主旨相同，且有文字极为相似者，皆讨论"孟子下文再引成覸、颜渊、公明仪之言"之说，年应相同或相近。

（二）事实材料的关联一致。朱子与弟子之交往对于我们准确判定书信年代具有重要参考价值。如《文集》卷五十九《答余正叔》第三书言，"熹一出无补，幸已还家，又幸奉祠遂请，且得杜门休息"③。按：此书当在己酉四月后。王懋竑《朱子年谱考异》载，"己酉春正月……，除秘阁修撰，

---

① 《文集》卷62，第3013页。
② 《文集》卷46，第2129页。
③ 《文集》卷59，第2853页。

依旧主管西京嵩山崇福宫，辞职名"①。朱子两次辞免方得成功，时间已在己酉四月后。《文集》卷二十二《辞免秘阁修撰状二》云："右熹四月二十二日准尚书省札子，以熹辞免秘阁修撰恩命，奉圣旨不许辞免。"②又如《文集》卷五十九《答陈才卿》第三书提及"正叔在此，无日不讲说"③。而陈文蔚（字才卿）《克斋集》卷十二之《余正叔墓碣》言，"己酉秋九月予往省先生，值正叔将归，语别武夷溪上，未两月而讣闻矣。寔十一月乙丑也。"正叔死于己酉十一月，故该书当在戊申己酉间。

《文集》卷四十九《答滕德粹》四、五、十、十一诸书年代。第十书言：

> 示喻缕缕备悉，但若果能真使私情不胜正理，便是确然可据之地，不必舍此而他求也，顾恐或未能耳。记《序》之作，或不免俯徇俗情。诚如来喻，然其间亦不敢甚远其实，异时善读者当自得之也。衰病日侵，求去未获，便民之事所不敢忘，然其可否，亦何可必。少须旬月，复申前请耳。淳叟、国正想时相见，有何讲论？方丈计亦时会见也。④

该信提及的刘淳叟（刘尧夫），据方彦寿《朱熹书院门人考》死于己酉1189年，此书不可能在己酉后。其次，"衰病日侵，求去未获"当与相连下文"便民之事所不敢忘"等齐观，意指辞职未能获得批准，"求去"指辞去所授职而并非辞去已经担任的在位实职。朱子意为：在职有利于干造福生民之事的提醒不敢忘记，但对此不能必定得行。再过十天个把月，将再次申请辞职。朱子一生多有辞职，此处当指朱子丁未至戊申间多次辞江西提刑之职，详见《文集》卷二十二《辞免江西提刑状》一、《辞免江西提刑》札子一、二、三。更重要的是，第十书与《答滕德粹》第四、五、十一书紧密相关，为讨论方便，录三书如下：

---

① （清）王懋竑《朱子年谱考异》，《朱子全书》第27册，第338页。
② 《文集》卷22，第1019页。
③ 《文集》卷59，第2846页。
④ 《文集》卷49，第2277—2278页。

四书：到官既久，民情利病必已周知，更宜每事加意，……亲炙诸贤，想亦有益。日用之间常更加持守讲习之功。①

五书：知官闲，颇得读书，……彼中朋友书来，多称德粹之贤……《溪堂杂文》久欲为作序，但以当时收拾得太少，诗篇四六之外，杂文仅有两篇，想亦未是当时着力处，未有意思可以发明，又不成只做一篇通用不着题底文字，以故迟迟至今。②

十一书：大抵守官且以廉勤爱民为先，其他事难预论。幸四明多贤士可以从游。……熹所识者杨敬仲简，吕子约（监米仓），所闻者沈国正焕，袁和叔燮，到彼皆可从游也。③

十书首句告之"果能真使私情不胜正理，便是确然可据之地"，乃守身为官之法，与四、五、十一书为官之说相接。次句"记序之作"与五书"溪堂杂文久欲为作序"相应，指《文集》卷八十二《跋滕南夫溪堂集》，该跋言，"平生遗文在者不能什一。""淳熙丁未其兄孙璘访予崇安，出其集与此传示予。九月丙辰，里人朱熹书"。④ 有力证实了此四封书信当在丁未（1187年）。十书末句提及"淳叟、国正想时相见，有何讲论？方丈计亦时会见也。"指刘尧夫（淳叟）、沈焕（国正），方谊（方宾王）。四书言，"亲炙诸贤"，五书言，"彼中朋友书来，多称德粹之贤"，十一书言，"幸四明多贤士可以从游"，"熹所识者"云云，语义相应。此外，《文集》卷四十九《答滕德章》第四书亦提及，"示谕《溪堂》序跋，此固所不忘，但年来病思昏愦，作文甚艰，又欠人债负颇多，须少暇乃可为耳"⑤。

《文集》卷五十六《答方宾王》诸书年代。《答方宾王》第一书"作于戊申夏归自临安途中"⑥。其余诸书似亦在戊申年间。其一，综合1—10书考虑，朱子戊申六月奏事，停留京城不到半月即离开，在路上接到方氏之

---

① 《文集》卷49，第2274页。
② 同上书，第2274—2275页。
③ 同上书，第2278页。
④ 《文集》卷82，第3877页。
⑤ 《文集》卷49，第2280页。
⑥ 《考证》，第287页。

书。1 书言："乃辱专人追路,惠以手书。"① 2 书言："道旁客舍,草草布此。"② 特别是第 7 书提及,"熹前日看所寄《易说》不子细,书中未敢察察言之。遣书后归故居,道间看得两册,始见其底蕴"③。此三书皆言及道间,可见三书时间相接,主题相同,《答方宾王》第 3 书与 4 书内容上颇多重复,显然一时。第 4 书:"近方略为刊订,欲因婺女便人,转以寄呈而临行适病,不能料理简书,令人检寻不复可得。"④ 此句"临行"与"适病"的主语非一,临行是寄信的便人,病者是朱熹。似不可据此断定是朱子在临漳赴任前。第 11 书言拜祠辞职之事:"比虽已拜祠官之命,然辞职未报。尚此忧惧,万一未遂更须力请耳。"⑤ 戊申年朱子亦有反复拜祠辞职之请。

《文集》卷三十一《答张敬夫》第二十七、二十八、三十二书的年代。按:《答张敬夫》第二十七书依次讨论了五王之事、唐代牛李之事、《论语》何有于我哉、《孟子》恶知其非有章,正一一对应于《南轩集》卷二十二《答朱元晦》"《通鉴纲目》想见次第"书。该书提及南轩主持城南书院,托朱子写书楼大字,据此可知当在癸巳 1173 年也。

《答张敬夫》第二十八书,《南轩文集》卷二十二答朱子此书开篇言,"某守藩倏八阅朔矣"⑥。《南轩文集》卷十《尧山漓江二坛记》言,"淳熙二年之春,某来守桂"⑦。故二十八书正在岁末也。另《朱子全书》本该书校勘记提出浙本此书下注十一月。

《答张敬夫》三十二书即《答敬夫论中庸说》,该书与三十三书前后相承,亦当在丁酉 1177 年。二书之内容皆对应于《南轩文集》卷二十三答朱子"某新岁来即欲申前请""此间归长沙一水甚便"前后二书。《答张敬夫》三十二书依次讨论了《中庸》、《大学》的"鸢飞鱼跃""前知之义""切磋琢磨"三章注解。与《南轩文集》答朱子"某新岁"书所言"《中

---

① 《文集》卷 56,第 2653 页。
② 同上书,第 2654 页。
③ 同上书,第 2662 页。
④ 《文集》卷 56,第 2659 页。
⑤ 同上书,第 2668 页。
⑥ 《张栻集》四,第 1101 页。
⑦ 《张栻集》三,第 904 页。

庸》、《大学》中三义,复辱详示,今皆无疑。但截取程子之意"① 说分明相应。

以上在前辈学者成果基础上,采用事实考辨与思想判定相结合的方法,对若干朱子书信年代提出了一些新的探讨,通过这些具体考证,试图表明其中某些带有普遍性的问题。窃以为对诸如朱子文集、语类、《四书》著作、人物交往等问题保持一定程度上的警惕,无疑更有利于我们把握朱子文献,从而客观的阐释其思想。

第五节 "《近思录》,四子之阶梯"说之重思

近来学界对理解陈淳所录"《近思录》好看。四子,六经之阶梯。《近思录》,四子之阶梯"说意见分歧。本节对此提出新的思考,指出《近思录》的"好看"与"难看"说并不矛盾,而是分指文本与读者;"阶梯"之喻蕴含凸显与不足双重意义;"《近思录》,四子之阶梯"如为朱子之言,则"四子"当指周张二程四子;如为陈淳之言,则当指《四书》。通过《近思录》有关《四书》之说与朱子《论孟精义》、《四书集注》说相较,可见《近思录》关乎《四书》者约158条,仅占全书622条之四分之一,且常有数条就同一章节阐述者,就其所涉《四书》范围来看,实不足以为阶梯。《近思录》反映朱子中年思想,其质量亦不足以为《四书》阶梯。朱子从未将内容杂驳、二人合编的《近思录》与《四书》关联,而是视《精义》为《集注》之阶梯,《集注》则可视为《四书》之阶梯。故以《近思录》为《四书》阶梯,当是北溪早年之见,实非朱子之意。

一 "好看""阶梯""四子"释义
(一)"好看"与"难看"
朱子关于《近思录》存在"好看"与"难看"两种看似矛盾的说法:

> 《近思录》好看。四子,六经之阶梯。《近思录》,四子之阶

---

① 《张栻集》四,第1115页。

梯。淳。

且熟看《大学》了，即读《语》《孟》，《近思录》又难看。贺孙。①

朱子此种既"好看"又"难看"的说法并非孤例，如他认为《周礼》既"好看，广大精密"，但又"未敢令学者看"。② 《近思录》如"好看"（简单好懂义），则作为"阶梯"更名正言顺，如"难看"，则不利于为"阶梯"，王懋竑、邓艾民等即以"难看"反驳"阶梯"说。钱穆则认为此好看、难看反映出朱子晚年察觉《近思录》之驳杂而态度改变。③ 石立善提出此"好看"非指好读、容易读，而是"关键""重要"。④ 诚如其言，此"好看"指内容"精彩""耐看""值得看"，是就《近思录》内在思想论，《语类》中"好看"此义甚多，如"'亦足以发'一句最好看。"南升。⑤ "难看""不敢令看"是就书之深浅、广狭、表述而论，尤其是就接受主体接受能力言。故《近思录》之"好看"与"难看"并非矛盾，二者各就文本价值与接受读者言。故就为学次序言，《近思录》当非朱子首选。

（二）何种"阶梯"

学界对此"阶梯"讨论不多。"阶梯"之譬往往强调作为"阶梯"者的手段义而非其后的目标。如陈淳此两层"阶梯"论中，分别突出了作为阶梯的"四子"和《近思录》，而阶梯之后的《六经》则被虚置。此"阶梯"说以层次分明的对比突出了《近思录》优先于四子，四子优先于六经。如视四子为《四书》，且视为朱子说，则《四书》优先于六经在朱子那里多有论述，朱子认为二者是熟饭与打禾为饭的关系，在为学难易与实际功效上存在差别，当以《四书》为先。"《语》《孟》《中庸》《大学》是熟饭，看其他经是打禾为饭。"⑥

---

① 《语类》卷105，第3450页。
② 《语类》卷86，第2912页。
③ 《朱子新学案》三，第169—175页。
④ 石立善：《朱子所谓"四子"何指》，《衡水学院学报》2015年第2期。
⑤ 《语类》卷24，第833页。
⑥ 《语类》卷19，第645页。

若《近思录》为《四书》阶梯,则其当优先于《四书》,然朱子并无此说。盖《近思录》本就在朱子经典系统之外。朱子实以《论孟精义》为《论》、《孟》之阶梯。"今读《语》《孟》,不可便道《精义》都不是,都废了。须借它做阶梯去寻求,将来自见道理。"①朱子指出收入张程及其门人说的《精义》驳杂而不乏错谬,众说交错、甚或相互冲突,但仍肯定其有作为《论》、《孟》阶梯的参考价值,且其"阶梯"价值能否显现则取决于读者的思考鉴别力,并不适合思考能力差的学者。可见,朱子"阶梯"之譬在强调"阶梯"的重要时,对其不足亦有反思。且《精义》实为《论孟集注》而非单纯《论》、《孟》之阶梯。他明确指出《集注》与《精义》是精髓与毛坯关系,《集注》出于《精义》而"尽撮其要"。"《集注》乃《集义》之精髓。"②事实上,在朱子学语境下的《四书》,不能单纯理解为反映先秦儒学的著作,更多的是指体现理学思想的《四书集注》。陈淳"阶梯论"亦是立足于把"四子"视为《四书集注》。学者指出,在已悬为功令的朱子学氛围中,"四子"指《四书章句集注》乃是常识。③若此,则作为《集注》前身的《精义》已是其"阶梯",实无须再以《近思录》为阶梯。

(三) 谁之"四子"

"四子,六经之阶梯。《近思录》,四子之阶梯"中"四子"所指,主流看法认为是指《四书》,但亦有学者主张是北宋四子。如从陈淳思想来解读此"四子"为四书,则可通。但陈淳却视为朱子之语,迫使学者从朱子的思想体系来接受之,则的确令人狐疑。朱门领袖勉斋首先发难,他说:

> 先《近思》而后《四子》,却不见朱先生有此语。陈安卿所谓"《近思》,《四子》之阶梯",亦不知何所据而云。朱先生以《大学》为先者,特以为学之法,其条目、纲领莫如此书耳。若《近思》则无所不载,不应在《大学》之先。至于首卷,则尝见先生说其初本不欲

---

① 《语类》卷19,第660页。
② 《语类》卷19,第657页。
③ 李纪祥:《入道之序:由陈淳、黄幹之歧到李滉〈圣学十图〉》,《道学与儒林》,台北唐山出版社2004年版,第83页。

立此一卷，后来觉得无头，只得存之，今《近思》反成"远思"也。以故二先生之《序》皆寓此意，亦可见矣。今观学者若不识本领，亦是无下手处。如安卿之论亦善，但非先师之意。若善学者，亦无所不可也。①

勉斋所论含义丰富而切中要害。第一，追随朱子数十年，从未耳闻"先《近思》而后《四子》"之言。此从话语来源的可靠性否定其真实性，是以勉斋与朱子之间最为亲密的师徒关系为前提的。第二，"不见此语"更是就勉斋所熟知的朱子思想体系论，《大学》因其纲举目张的特点，在教法学法上，无可置疑居于首要地位，即便《论》、《孟》亦要次之。朱子曾全力捍卫《大学》居四书之首说，故北溪《近思录》居先之说，显然是对朱子思想的冲击与颠覆。第三，《近思录》自身不够纯粹完善，朱子对之褒贬兼具，无法与朱子对《大学》的推崇相比。第四，但勉斋又从为学先识本领的立场出发，肯定《近思录》道体置首的价值，呼应了吕祖谦之序，恐出于发掘朱学内部的资源以矫正其学流弊的考虑。第五，北溪提出朱子发明《四书》是据四先生说，而四先生说"关于大体而切于日用者"又皆收入《近思录》，故《近思录》可视为朱子《四书》之阶梯。勉斋在肯定此论"亦善"的同时，明确指出此"但非先师之意"，乃是陈淳自我创见，与朱子无关。并进一步道出"善学者无所不可"的开放态度，表达了对北溪作为"善学者"而非"守成者"的支持。勉斋明确否定朱子有"四子阶梯"说，故没必要去讨论"四子"所指为何。

勉斋之说实已道尽真相：如以《近思录》为《四书》之阶梯，那只能是陈淳之见而非朱子之意。朱子如有所谓"《近思录》，四子之阶梯"说，则此"四子"当指"四子全书"而言。② 朱子《近思录序》指出该书特"为穷乡晚进有志于学，而无明师良友以先后之者"而设，是一部理学基本

---

① 《复李公晦书》，《勉斋集》卷8，《四库全书》第1168册，台湾商书印书馆，第91页。

② 方旭东持"四子"为北宋四子论，《近思录新论》《哲学研究》2008年第3期。另明人孙承泽、今高全喜、刘述先等皆持此见。参见苏费翔《〈近思录〉、四子之阶梯——陈淳、黄干争论读书次序》，《哲学与时代：朱子学国际学术会议论文集》，华东师范大学出版社2012年版。

入门书，"诚得此而玩心焉，亦足以得其门而入矣"。在此基础上的进一步提升，则有赖于"求诸四君子之全书。"此"四君子"自可简称为"四子"。他在与友朋书信中道及该书乃"四子全书"之精选本。《答或人》言："《近思录》本为学者不能遍观诸先生之书，故掇其要切者，使有入道之渐。"①

二 《近思录》与朱子《四书》所收"四子说"之比较

（一）《近思录》有关《四书》数量之少

陈淳"阶梯"说的要害在于把《近思录》与朱子《四书》关联起来，但朱子并未如此做，就朱子言，二者无法相提并论。首先，如时贤所论，《近思录》是朱子与吕祖谦合作妥协的产物，该书收入了《伊川易传》（106条）、科举、史学等诸多体现吕祖谦意愿的内容，在诸如《道体》置于卷首等内容次序安排上，亦是如此。② 其次，朱子对《近思录》所费心血与对《集注》的反复修改相比，不成比例。《近思录》是朱吕通力合作，在游玩山水的心境下，"旬日而圈定"的选集。③

陈淳关联二者的理由是朱子《四书》收入大量见于《近思录》的四子说，我们先分析朱子《四书》（主要是《精义》《集注》《论孟或问》，亦含《学庸》、若干条）所收情况，粗略统计如下表：

著作	卷一	卷二	卷三	卷四	卷五	卷六	卷七	卷八	卷九	卷十	卷十一	卷十二	卷十三	卷十四
近思录	51	111	78	70	41	22	39	25	27	64	21	33	14	26
精义集注	19	38	25	12	10	4	7	6	1	2	5	7	4	4

《精义》、《集注》共收144条，加上卷一有关《中庸》7条、卷三有关《大学》4条，卷四3条，约158条，仅占《近思录》所有622条之四分之一，就其量而言，是诚不足以为《四书》之阶梯也。且此158条分布不均，

---

① 《文集》卷64，第3142页。
② 杜海军：《吕祖谦与〈近思录〉的编纂》，《中国哲学史》2003年第4期。
③ 王传龙：《再论〈近思录〉的取材成书与价值取向》，《厦门大学学报》2016年第1期。

多有就《四书》同一章节加以解说者，故实际涉及《四书》章节更少。如仅《读论语孟子法》、《孟子序说》就收有数条，又如孟子以下三章即占有《近思录》16 条，约九分之一，可见《近思录》涉及《四书》之少了。浩然之气章 6 条分布于：卷二第 38、60、61 条；卷三第 1 条；卷四第 56 条；卷五第 12 条。不忍人之心章 5 条分布于：卷一第 24、35、42、50 条；卷二第 27 条。"性无善无不善"章 5 条分布于：卷一第 40、41 条；卷二第 30、80、81 条。

（二）《近思录》有关《四书》质量之不足

《近思录》初编于乙未 1175 年，处于壬辰《论孟精义》、丁酉《四书或问》之间，己酉《四书集注》之前，反映朱子乙未前后思想。陈荣捷赞该书"选材甚精，去取甚慎，互议极详"，① 体现了"通篇之客观精神，伟大无比"，全书仅修改卷二所引伊川《颜子所好何学论》"所养"为"所往"，删"性其情"与"情其性"二句。强调即便朱子"不赞同伊川之说，而此皆不碍其采纳程子之语也。"愚以为，朱子非是"不赞同"其说而收入之，乃是当时思想认识所限，如以下 8 条，即与朱子后来思想不同，应归于被删除之列，见出《近思录》之过渡性和局限性。

《孟子》13.1 大其心……圣人尽性，不以见闻梏其心……孟子谓尽心则知性知天以此。②

"如其下段'物出于性'一条所云者，然有大之之意而初无用力之方。又以圣人尽性为言，则非孟子之本意。"③

按：《或问》批评"物出于性"无用力之方，故此条未收入《近思录》，今本《精义》亦未见。批评"圣人尽性"句偏离孟子意而《近思录》保留之，朱子以穷理工夫解尽性，而张子以无物非我之境界解之。

---

① 陈荣捷：《朱子之〈近思录〉》，《朱学论集》，华东师范大学出版社 2007 年版，第 79—84 页。
② 陈荣捷：《〈近思录〉详注集评》卷 2，华东师范大学出版社 2007 年版，第 85 页。
③ 《孟子或问》卷 13，第 995 页。

《论语》1.8 厚重知学，德乃进而不固矣。①

此盖古注旧说而张子从之，但文势若有反戾而不安者。②

按：张子解"固"为不固执，来自孔安国"固，蔽也"，朱子指出此解颠倒文义，不合情理，《集注》解为"坚固"。

《论语》9.1 既言"夫子之言"，则是居（或曰"固"）常语之矣。圣门学者以仁为己任，不以苟知为得，必以了悟为闻，因有是说。③

程子、张子、吕氏以为圣人未尝不言性命，……然考之《论语》之书，则圣人之言性命者盖鲜焉。……窃恐子贡之本意，亦不过于如此也。④

按：张子等皆以"常言"解"罕言"，认为非夫子罕言，而是常言弟子未悟，故说"不可得而闻"，解"闻"为"了悟"。此为朱子所不能认可，朱子认为"罕"就是"极少"，"闻"就是"听说"。《集注》强调学者不得而闻的原因在于"圣门教不躐等，子贡至是始得闻之"。

《论语》17.10 人不为《周南》、《召南》，……不从此行，甚隔着事，向前推不去。盖至亲至近，莫甚于此，故须从此始。⑤

至张子所谓"为二南之事"者，则似过之。⑥

按：张子以"行动"解"为"，认为非论齐家之道，而是治国之事。朱子批评此说"欲密反疏"。《集注》解："为，犹学也。……所言皆修身齐家

---

① 《近思录详注集评》卷2，第92页。
② 《论语或问》卷1，第623页。
③ 《〈近思录〉详注集评》卷3，第110页。
④ 《论语或问》卷5，第705页。
⑤ 《〈近思录〉详注集评》卷6，第202页。
⑥ 《论语或问》卷17，第880—881页。

之事。"《语类》亦批评横渠"为"的行动说而主张"为"字"只是谓讲论尔。"①

《论语》9.15 圣人之道如天然……事上临丧，不敢不勉，君子之常行……②

程子之意精矣。但失不以'何有于我'为圣人之谦辞耳。③

按：《或问》认为程子未能揭示夫子之言乃是谦辞，《集注》"默而识之"章认为此是"谦而又谦之辞也。"批评伊川拆解"丧事"为"事上临丧"两义，恐是源于解释之误。"丧事不敢不勉，恐只是一句。"④

《论语》11.15 伊川先生曰：儒者潜心正道……师只是过于厚些，商只是不及些；然而厚则渐至于兼爱，不及则便至于为我……⑤

按：朱子《或问》即批评伊川的杨墨出于子张子夏说。如《论语或问》引胡寅说批评之："杨朱即庄周所谓杨子居者，与老聃同时，墨翟又在杨朱之前，宗师大禹而晏婴学之者也。以为出于二子，则其考之不详，甚矣。"⑥《孟子或问》继续批评："程子论杨墨之源流，考之有未精者。"⑦

《论语》4.8 ……实理者，实见得是，实见得非。凡实理得之于心自别……⑧

《精义》伊川说："……夕死可矣，是不虚生也。"又曰："……夕死可矣，死得是也。"

---

① 《语类》卷47，第1634页。
② 《〈近思录〉详注集评》卷11，第274页。
③ 《论语或问》卷9，第773页。
④ 《文集》卷43，第1986页。
⑤ 《近思录详注集评》卷13，第297页。
⑥ 《论语或问》卷11，第790—791页。
⑦ 《孟子或问》卷6，第952页。
⑧ 《〈近思录〉详注集评》卷7，第211页。

> 故程子于此专以为实见理义重于生……。但所谓不虚生、死得是者，意若小偏耳。①

按：《或问》批评《精义》中伊川"不虚生""死得是"说偏离文意，主旨非是论生死之是否，而是突出闻道之可贵。《近思录》放弃此说，仍保留《或问》称赞的"实见得是非"说，但朱子此后批判此说，认为客观之理与主体之见各有其独立性，不可以人之见来判定理之实。作为客观的理存在于事物之上，真实之见是对人的要求。"伊川说实理，有不可晓处。云'实见得是，实见得非'，恐是记者之误，'见'字上必有漏落。"②《集注》以尹氏"诚有所得"替代"实见是非"说。

> 《论语》14.37 上达反天理，下达徇人欲者欤。③

按：《或问》认为"张子亦庶几焉，但文势小倒耳"④，本是论下学而上达，张子解为下达和上达，不合文意，《集注》未取。

(三)《近思录》较《精义》转精者

通常《精义》所选解释较《近思录》为详，比较二者，可见《近思录》有意删除《精义》若干不妥之处。

一是精选精简。删除无关大意的譬喻、举例文字。如《近思录》删除了括号中《精义》中"譬犹"句：《孟子》11.6（譬犹木焉……才也）。⑤《近思录》有时通过删除"又曰"之类的标记语，综合二说为一说。如"又曰人能克己"《精义》、《集注》所载皆为单独一条，《近思录》删"又曰"。"人之视……有先后之序。（又曰）人能克己则心宽体胖……"⑥

二是收入壬辰《精义》应收而未收者，实为庚子《精义》的补充。《或

---

① 《论语或问》卷4，第684页。
② 《语类》卷26，第953页。
③ 《近思录详注集评》卷2，第86页。
④ 《论语或问》卷4，第839页。
⑤ 《近思录详注集评》，第30页。
⑥ 同上书，第186页。

问》认为《精义》失载伊川先生答朱长文书，该书发明章旨紧切，当补充。"程子又尝语朱长文……而《精义》失之，今见文集，学者可以考也。"①

三是《近思录》删除《精义》不当收而收者，显示后出转精之势。《或问》批评《精义》所收张子三说存在矛盾看法，既认为中人以上不言命，又有命为中人以上而设说，指出后句"以上"当为"以下"。《近思录》正未收被批评句。"既曰'中人以上不消言命'，又曰'中人以下，以义处命'矣。而又曰'圣人而言命，盖为中人以上者设'，何也？曰……当以前说为正，后说盖误以'下'为'上'耳。"②《或问》批评《精义》所收伊川"圣人非不知命，然于人事不得不尽"说割裂天人、义命观，故《近思录》删之。"人事即天命也……若曰己知命之若彼而姑尽其事之如此，则是乃天人、义命判然二物。"③

（四）《集注》较《近思录》转精者

修改原文。如《论语》15.10"能使为邦者丧其所守"④。《集注》改"邦"为"人"，所指更具有普遍性，但亦改变张针对为政者的意为对所有人的要求。补充原文。如《孟子》11.7"在物为理，处物为义"⑤。《集注》在此后补充明道"体用之谓也"，解释理与义的体用关系。《孟子》5.1"发而中节，则无往而不善。"《集注》于此后补充九字"发不中节，然后为不善"，语义更完备。融合二家之说为一。如"弘而不毅，则［无规矩而］难立；毅而不弘，则［隘陋而］无以居之"句中"无规矩、隘陋"为伊川语，"难立、无以居之"为明道语，《集注》取二家之长以综合之。二说分别见于（《近思录》卷二48、69条）8.7"弘而不毅，则难立；毅而不弘，则无以居之。""弘而不毅，则无规矩；毅而不弘，则隘陋。"⑥

（五）《精义》、《近思录》、《集注》三者比较

透过三者比较，可清晰呈现朱子对《四书》认识的深化，从而对《近

---

① 《论语或问》卷15，第854—855页。
② 《孟子或问》，第997页。
③ 同上书，第974页。
④ 《近思录详注集评》，第230页。
⑤ 同上书，第11页。
⑥ 同上书，第69页、78页。

思录》性质和定位有更准确把握。

《孟子》13.26"中字最难识……且试言一厅则中央为中……推此类可见矣。（且如初寒时……则非中也，更）如三过其门不入……则非中也。"①

按：《精义》收入最全，《近思录》删"且如初寒时……则非中也"的譬喻句，《集注》最简，仅收"中字最……可见矣。"可见随着认识深入，朱子选择愈加精要。

《孟子》11.11 问：仁与心何异？伊川曰：心是所生，……非是阳气，发处却是情也。心譬如谷种，生之性便是仁也。
问："仁与心何异？"曰："心譬如谷种，生之性便是仁，阳气发处乃情也。"②
程子所谓心如谷种，仁则其生之性，是也。

按：《近思录》较《精义》大有删改，仅保留首尾一句作为问答，调整"阳气"句于后，突出了"谷种"说，《集注》则最精简，以"所谓"句保留"谷种"句，删除"阳气"说。

《论语》5.23 君子敬以直内。微生高所枉虽小，而害则大。③

按：《集注》删无关文意的"敬以直内"，改"而害则大"为"害直为大。"补入"直"，突出了重"直"的章旨。另《精义》无"微生高"三字。

---

① 《近思录详注集评》，第21页。
② 同上书，第26页。
③ 同上书，第288页。

《论语》6.2（三千）[七十]子梏其性而亡之。（故曰情其性）。然学之道，必先明诸心，知所（养）[往]，……所谓自明而诚也。（故学必……睿作圣）诚之之道。学之之道也。（视听言动……圣人者盖）[然]圣人则不思而得，不勉而中（从容中道）；颜子则必思而后得，必勉而后中，（故曰颜子之）[其]与圣人相去一息。（孟子曰充实…光辉矣）所未至者……则不日而化矣。（故仲尼曰……知也）①

《精义》所引《颜子所好何学论》最全，《近思录》删除甚多，或删除引文以求精简，如"孟子曰""故仲尼曰"以下一段。或删前后意义重复者，如末节又出现"不思而得"等，或过于枝节游离者，如末节讨论孔孟之别。改写"故曰颜子之"为"其"。最值得注意者，乃在于删除朱子看来有问题者，如删《精义》所引"故曰性其情""故曰情其性"，陈荣捷认为"以其有情恶气味"，意在消除王弼道家思想影响。但却未指出"自明而诚"与"诚之之道"之间所删（"故学必尽其心……睿作圣"），盖朱子实不满"尽其心则知其性"说；而主张知其性尽其心的穷理与知至说。《集注》对《近思录》尚有数处修订：改"习而通"的"三千"为"七十"，确定"知所养"为"知所往"，与下文"力行"相承接；改"乐"为"惧"，"觉者"为"学者"，更精准而合乎朱子思想。且删除"故曰性其情……诚则圣矣"一段。

《论语》8.8"（天下有多少美才）[天下之英才不为少矣]，（只为道不明于天下）[特以道学不明]，故不得有所成就。（且古者……怎生会得），（古人于诗）[夫古人之诗]，如今（人）[之]歌曲（一般），虽闾（巷草野）[里]童稚，皆习闻[之而知]其说（而晓其义），故能兴起（于诗）。（后世）[今虽]老师宿儒，尚不能晓其义，（怎生责得）[况]学者[乎]，是不得兴于诗也。[古人自洒扫应对，以至冠、昏、丧、祭，莫不有礼]。（古礼既废）[今皆废坏]，[是以]人伦不明，（以至）治家（皆）无法（度），是不得立于礼也。古人[之乐]

---

① 《近思录详注集评》，第41页。

（有）2 歌咏［所］以养其（情性）［性情］，1 声音［所］以养其耳［采色所以养其］目，3 舞蹈［所］以养其血脉……成于乐也。［是以］古之……成材也难。①

《集注》较《近思录》所引修改甚多，正如《或问》所言，"程子备矣，然其间亦有疏密缓急之异，详味而审思焉可也。"改"道"为"道学"，把客观的"道"改为主体对道的传承、阐发之学。删原文"古者"句，以为简洁。改"晓其义"为"知其说"，更准确表达了儿童对古诗的把握。在"古礼既废"前补"古人自"一句，语义通贯，衔接完备。补充"之乐"二字，亦是同样考虑，补"采色所以养其"句，耳、目分开表达，更为完善、准确。颠倒声音、歌咏句之语序，改口语化语录为书面用语，通过删、补、调、改等手段，使原文语义更为精准、连贯，体现了朱子的独特理解。

综上，以《近思录》作为进入《四书》的阶梯是不能成立的。其一，朱、吕二贤明确定位《近思录》是北宋四子入门书，而非《四书》入门书，更不可能视为当时尚未完成的《四书集注》之阶梯。陈淳"阶梯论"明显有事后个人推论的痕迹。他最主要的理由是朱子发明四书大义来自四先生说，而《近思录》又收四先生说之精华，故可推出《近思录》是朱子《四书集注》的阶梯，"故吾先生所以发明《四书》之宏纲大义者，亦自四先生之书得之，而此编其四先生之要旨萃焉"②。如前所述，《近思录》在质、量两方面皆与《四书集注》关系不大，且《集注》收入了大量与《近思录》无关，而见于《论孟精义》、《中庸辑略》的二程后学之说。朱子在毕生探究《四书》的过程中，编撰了多部专门精选北宋诸家四书说的系列著作。早期有《论语要义》、《孟子集解》等，中年有壬辰《论孟精义》，丁酉《论孟或问》，晚年有《中庸辑略》，它们构成了《四书》的直接"阶梯"。其二，《近思录》牵扯、博杂的风格不符合朱子《四书》专一、紧凑的特点。《近思录》本不以四书为中心，故关于四书选材分散、零碎、错杂。它以宏大主题为经，而以人物为纬的粗线条编纂特点不符合朱子《四书》

---

① 《近思录详注集评》，第280页。
② 《北溪大全集》卷14，《四库全书》第1168册，台湾商务印书馆1987年版，第612页。

追求的"比照异同""考量得失"的精密要求。其三，《近思录》不符合朱子由易到难、不可躐等的治学原则，不便于学者对四子《四书》说的领会。《近思录》直接收集四子原文而无任何解释，甚或缺乏前后语境，初学者根本不知其所论是否针对《四书》而发，其义理亦绝非初学所能把握。我们稍将《近思录》与《精义》、《或问》或《集注》比较即可感到二者的精细之别。即便逐条置四子说于经文之下的《论孟精义》，亦存在所收各家、或一家各说冲突之情况，故朱子认为只有资质上乘，分辨力强的弟子方适合读《精义》。勉斋就是遵照朱子教导由《论孟精义》入手。今《语类》所录有关《精义》（《集义》）诸说多为勉斋所录，勉斋于《雍也篇》仿照朱子做法对《精义》说逐一加以比较辨析。其四，视《近思录》为《集注》之阶梯实质上削弱了《集注》的重要性，降低了朱子在道统中的地位。朱子迫切希望学者能经由其精心诠释，"不多一字不少一字"的《集注》来直接把握《四书》思想，该书已对四子的四书说作了最好的统合，如学者尚须先通过《近思录》才能把握《集注》，那置《集注》于何地呢？

总之，以《近思录》为《四书》阶梯，是陈淳学道之见，断非朱子之言，陈淳有意借朱子为旗帜来表达自身看法，这在记录体中应非少见，勉斋对此类情况早有预料，故最初并不同意编撰语录。钱穆先生认为朱子晚年对《近思录》看法改变，其实，非朱子而是陈淳态度改变，晚年已弃此说而置《四书》于《近思录》之前。[①] 正如学者所论，勉斋所坚守的是师门旧说，北溪则"系后于朱子历史地说"，乃自创新说。但此新说几成为后朱子学时代的一个常识，与《近思录》作为北宋理学之汇编有关。它反映了后学对朱子所建构的理学道统的推崇，希望通过《近思录》来深入学习四子思想，通过重走朱子对四子的研习之路来理解《四书集注》。

---

① 苏费翔：《〈近思录〉、四子之阶梯——陈淳、黄幹争论读书次序》。

第七章
朱子四书学的传承发展

第一节 "字义体":《四书》范畴学之演变

中国哲学以重直觉体悟、轻逻辑论证为特点,哲学家对哲学的看法常以口语即兴的形式表达,缺乏对范畴的确切界定。宋代理学在继承传统儒学固有特色的同时,亦体现出对范畴之学的关切,出现了专门诠释理学范畴的"字义"体。探究这一"字义"体的演变历程及特征,有助于认识理学的范畴之学和四书学,增进对中国哲学的理解。朱子对四书的精密注释实为"字义"学之先导,程端蒙《性理字训》发其端,陈淳《北溪字义》显其成,三传程若庸《增广性理字训》、陈普《字义》扩其域。私淑真德秀《西山读书记》、五传朱公迁《四书通旨》则皆以"字义"为纲,类聚经书正文,分别形成"字义"+注疏、"字义"+"经疑"的综合体。朱子门人后学创造出来的"字义"体,构成诠释朱子四书的新样式,具有类聚范畴、专注义理、定位蒙学、理学指南的特质。尽管其"摆落章句""类聚字义"之做法未见得为朱子所认可,然其直指范畴的诠释方式,实为中国哲学范畴之学、四书学的发展,显示出朱子后学对朱子学之继承与创新。

一 开端之作:《性理字训》

理学"字义"学与朱子密不可分。朱子生平好章句学,重范畴辨析,凝聚其毕生心血的《四书章句》对诸多概念有着精密界定,体现出"浑然犹经"的特色,达到了"字字称等"的地步。为此,朱子门人后学从不同角度,采用不同体裁对之作了多样阐释,发端于程端蒙、大成于陈淳、变异于真德秀的"字义"体,则构成阐释朱子《四书》的一种新样式。

朱子素重童蒙教育,撰有《童蒙须知》等著作。"字义"即弟子承此思想而作,意在教化童蒙,为童蒙日后德性养成打下基础。程端蒙《性理字训》言:"凡此字训,搜辑旧闻。嗟尔小子,敬之戒之。克循其名,深惟其义。……圣贤可致。"① 可见该书乃是初学小子掌握理学名义,成就圣贤的启蒙之作。朱子又称其为《小学字训》。该书仅380字,以四字句形式对理学30个主要范畴作了精炼概括,简明扼要,易于记诵是其最大特点。如"仁义礼智"仅用三句短语训释,"诚、信、忠、恕"仅以四字训释,简略至极。朱子对该书有两种看法:既高度称许其训释之功堪比古代第一部词典《尔雅》,认为该书"言语虽不多,却是一部大《尔雅》"② 。又对其简明有余、精确不足有所批评。他曾与黄榦论及此点:"如仁只说得偏言之仁,不曾说得包四者之仁。"③ 认为该书"无所偏倚谓之中"仅阐发了在中义,而无时中义。"仁"仅阐发了偏言意义之仁,而未顾及专言之仁的统领义。此非著者理解力不足,而是为定位训蒙所累。

尽管该书有粗疏偏颇之不足,然作为"字义体"的首创,其先导之功仍具不可忽视之意义。就选词论,该书30个范畴几为后出同类著述全部取用,构成"字义"体的核心范畴。就内容论,所选范畴侧重心性、道德、工夫,缺乏天道本体、治道外王,此亦与其定位童蒙有关。此外,该书漏收"意"这一心性论重要范畴。其范畴训释多见于朱子《四书》,如以"真实无妄"释诚,"主一无适"释敬等。该书亦有其创新:一是补充朱子所未明言者。如把"智"训为"水之神,在人则别之理,其发则是非之谓",突出智之"别"义。二是编排颇具匠心,把"命"置于所有范畴之首,居于"性"之前,《北溪字义》亦袭此。

比较《性理字训》与《北溪字义》范畴及编排,可谓"大旨相同"。《字训》范畴大致分三组,命、性、心、情、才、志前六个为心性组,《北溪字义》与其序一致;"仁义"至"孝悌"诸范畴为德性工夫组。《字义》

---

① 《四库全书存目》子部第四册,齐鲁书社1999年版,第789页。
② 同上。
③ 《语类》卷117,第3676页。

则有不同：一是将具内在联系的两个（或更多）分说的范畴合并为一个范畴。二是调整范畴次序。如《字训》"信"与"诚"相邻，《字义》则置"信"于五常，同时又在"忠信"中予以讨论，而将"诚"与"敬"相邻。三是范畴不相应增多。《字义》另列"恭敬"，取消《字训》之"孝""悌""一"。《字训》天理人欲等四对范畴为成德境界组。《字义》则自"道"始为下卷，论本体、成德、鬼神、异端。并增加了《字训》所无的皇极、礼乐、经权、鬼神、异端。盖在陈淳看来，这些皆是圣贤成德境界所应有之效用，乃内圣必备之外王。

二书之差别主要见诸义理阐发之深浅。《字训》纯为初学者设，"颇为浅陋"，《北溪字义》的出现使得《四库》馆臣认为该书已无著录价值，故仅将之归为存目，甚至因该书水平不高而怀疑该书为村塾先生所作，这是缺乏历史眼光而有失公平的。[①]

二 典范之作：《北溪字义》

《北溪字义》以其"抉择精确、贯串浃洽"（陈宓序语），将"字义"从童蒙之学提升至"经学之指南、性理之提纲"（顾仲序语）的高度，树立了"字义体"的典范，标志着诠释《四书》新样式的形成。学界诸贤对该书的研究已有诸多重要成果，今拟就若干问题再加讨论。

题名异议。关于该书题名，两位前辈学者有不同看法。邱汉生认为该书应命名《四书性理字义》方全面确切，他说："从书的内容考察，当以名《四书性理字义》为较确切、周匝。盖《四书》言其范围，'性理'标其性质，'字义'指其体例。"[②] 陈荣捷则主张应名《北溪字义》或《性理字义》，不赞同《四书字义》之名，理由是四书不足以概括其中三个范畴：太极、释、道。邱氏已注意及此，认为既然《四书》能概括该书绝大部分条目范围，就足以作为书名，个别范畴无法概括并无关系。他特别以"羽翼《四书集注》的《四书性理字义》"为题，提出《北溪字义》是"从四书中

[①] 《四库总目提要》言《性理字训》："大旨亦与淳同。然书颇浅陋……今惟录淳此书，而端之书则姑附存其目焉。"海南出版社1999年版，第481页。

[②] 《宋明理学史》上，人民出版社1984年版，第500页。

选取性、命、道、理、心、情、意等二十五个范畴，逐条加以疏释论述的书。……是理解朱熹《四书集注》的重要参考书"①。愚以为，"字义"所关注的朱子"四书"，是以《四书集注》为中心，辅之以朱子有关四书论述所构成的庞大系统，"太极"等个别范畴实亦纳诸其讨论范围内。以四书命名，并无不妥，可足显其醒目之效。

该书实为阐释《四书集注》的新样式。古人对此早有高论。施元勋序据《近思录》为《四书》阶梯之说，提出《北溪字义》为《四书章句集注》的"阶梯"说。"亦愿今之读《章句集注》者，以是为阶梯尔。"② 宋李昴英序认为二书是源流关系，学者当"由北溪之流，溯紫阳之源。"邱汉生进而认为该书是"解释《四书集注》的第一部书"。③ 该书是否是第一部并不好说。朱门弟子对朱子思想的体会皆不离对《四书集注》的研习，黄榦等对该书皆有阐发之作，虽未完整留存，但多少保留于注疏中。再则，该书体例并非解释《集注》之书。历来目录著作，皆不置其于经部，而视为童蒙类置于小学类或史部，《四库》即置其于史部。故就形式论，该书非阐释《集注》之作；就实质论，可视为阐释《集注》范畴的专题之作。

该书范畴之选取及其编排，成为近来学界的关注点。张加才提出可据该书卷上、卷下分为内圣与外王两部分，进而再分为心性论、道德论，理本论、教化论、批判异端论五部分。④ 邓庆平提出不同看法，认为"上卷所选之'字'属于性情论、道德修养论的概念，下卷为本体论、境界论和批判异端。"并在范畴归属上，将张加才教化论的"义利"划归"批判异端"。⑤

二位学者力求找出二十六个范畴逻辑划分的努力，总令人感觉不踏实。比如从何种意义上把"皇极"视为本体论范畴？"义利"如何属于批判异端而非成德之目？窃以为，对其内在"逻辑"关系的认识仅能大概而论，不可过分较真。首先，该书非陈淳有意识的构思之作，乃弟子王隽所录讲学结果。其卷次、字次编排是否有精心构思，实可存疑。其次，该书毕竟兼有启

---

① 《宋明理学史》上，人民出版社1984年版，第500页。
② 《北溪字义》，中华书局1983年版，第92页。
③ 《〈四书集注〉简论》，中华书局1983年版，第193页。
④ 《诠释与建构——陈淳与朱子学》，人民出版社2004年版，第142页。
⑤ 《朱子门人与朱子学》，博士论文，中国人民大学2011年。

蒙性质，以阐释朱子《四书》范畴为中心，追求范畴之精当解释，至于范畴之联系，非其考虑重心所在。最后，即便有内在"逻辑"，恐亦非直线式，非此即彼的逻辑，古人讲求融合、通透、灵活、贯通，逻辑以"两即"为特色①。该书正体现了"玲珑透彻"的相即性。陈淳指出，道理是贯通循环的，当对道理的领悟进入圆通熟透之境界，道理之表述则横竖皆可，不拘于一。"此道理循环无端，若见得熟，则大用小用皆宜，横说竖说皆通。"②

该书开篇即告知理解此书之法，言"性命而下等字，当随本字各逐渐看，要亲切。又却合做一处看，要得玲珑透彻，不相乱，方是见得明。"单看本字须亲切，合观多字须玲珑透彻。玲珑具清越、明彻、精巧、灵活诸义，它提醒读者应注意诸范畴间同中有异、分中有合、相互渗透的特点，做到明而不乱，灵而不滞。元儒陈栎对该书的把握亦是玲珑精透，称《字义》一书玲珑精透。③ 此一特色与陈淳范畴诠释原则亦相应，他在阐发"道"时提出一重要观点，即"大凡字义，须是随本文看得透方可"④。他以实例为据，指出同一"道"在不同文本语境中具有不同含义，有"就造化根原上论"和"就人事上论"之别。可见，若过分追求该书范畴间严密的逻辑体系，恐不合古人立言宗旨。

关于诠释形式。《北溪字义》成为"字义体"典范，不是因其释字多，篇幅长，而是因其"简而该，切而当"的阐释特色，为"宋代理学最简明之叙说分释"⑤。全书仅收26个范畴，为同类著作最少，然看似范畴少，实则如细致析分，恐亦近乎百个，因其条目最多也。

该书诠释最大特色在于注重范畴的界分与脉络。陈淳认为"字义"间具有某种类似脉络的连结关系，对某一"字义"的精确"界分"，须结合其脉络进行，置"界分"于"脉络"中。一方面，精于"界分"，突出比较，构成该书特出之处。该书对范畴异同辨析高度重视，常将之置于正面

---

① 唐君毅《哲学概论》上，中国社会科学出版社2005年版，第40页。
② 《北溪字义》，第21页。
③ 《定宇集》，四库全书1205册，上海古籍出版社1988年版，第241页。
④ 《北溪字义》，第41页。
⑤ 陈荣捷：《朱子新探索》，华东师范大学出版社2007年版，第300页。

下定义之前。如诚，首言"诚字与忠信字极相近，须有分别"①。鉴于字义的复杂丰富性，陈淳在"五常"的阐释中提出"竖观""横观""错综观""过接处观"等多角度的字义审查方法。所谓"竖观"，即五常各自有其对应之物件和含义，略似于分而论之，强调每个范畴的独立性；所谓"横观"，指用综合的眼光考察范畴间联系，近乎合而观之，突出范畴的有机整体性。所谓"错综观"，凸显的是范畴既具有内在的独立自主性，又与其他范畴存在相互错综、彼此包含、内在融贯的一体关系，其实即"横竖并观"。所谓"过接处观"，亦是就范畴间联系而论，强调在某一范畴中已内在"酝酿"着相关范畴，范畴之间是相生互具的。

析一为二的"二义"法。陈淳大量运用"界分为二"法，最典型的是直接将范畴两种含义点明，如"命一字有二义：有以理言者，有以气言者"。其次是从不同理论视角将某一范畴切分为二，多是成对范畴，如理气、心事、心理、内外、天人、自然用力等，具体可参其对诚、忠恕、仁等字义的解释。还有"就某方面而论"者，如命可分为"就人品类论""就造化上论"两类。较常用的区别术语有"正面一边""言上事上""浑沦分别"等。与此同时，陈淳亦再三提醒应注意范畴间的脉络关联，不可将之视为"判然二物。"如"忠信非判然二物"。"非二"要求从范畴间一体关系出发，强调"即一"。他特别批评韩愈对仁义、道德理解之误在于判二者为二物，"是又把道德、仁义判做二物，都不相交涉了"②。

陈淳对"字义"脉络与界分辩证关系有深刻把握，提出"浑然中有界分。"如不加以细致分析，则无法看清各字义的独特意义，如仅顾及个别字义而不将之置于更大范畴之网，则无法把握与其他范畴的关系。盖范畴之间"元自有脉络相因，非是界分截然不相及"。③ 最合理的方式是将"界分"置于范畴之网，既能把握范畴之间的联系，体会其相似性，又能加以精确区分，掌握各范畴的独特性，而不至于引起字义的乱用，即"须是就浑然一

---

① 《北溪字义》，第32页。
② 《北溪字义》，第41页。
③ 同上书，第24页。

理中看得有界分，不相乱"①。陈淳还强调了处理范畴关系的灵活性，提出"不可泥着"。

三 扩充之作：程若庸《增广性理字训》、陈普《字义》

（一）程若庸《增广性理字训》

元程若庸曾问学饶鲁，为朱子三传，他对《性理字训》加以增补，将范畴扩充至183个，此后明代朱升又据袁甫说增加"善"字，为184个。该书特色是大大扩充收字范围，数量为同类之冠，且将所收字明确分为造化、性情、学力、善恶、成德、治道六大门类，在每门末加以总结。《性理字训》所收范畴主要见于该书情性、学力、善恶三门，故其他三门几全为增补。与前此二家置"命"于首不同，它以"太极"居首，同于《近思录》之首列"道体"。程氏认为，"太极"作为造化本原的字义，具有广大精微的特点，对初学而言具有难度。将其列之于首，希望学者通其名义，知学之标的所在，以之为终生求学之目标。该书造化、性情、学力、善恶、成德、治道的安排，展现出由天道本原，经由人之心性、工夫、德性、境界，落实于治理教化的过程，全面周到。其新增范畴多取自《四书》，有些已为《近思录》所取，可证该书确是参考了《近思录》。此外，不少范畴如"理一、分殊"等直接取自理学话头，显示出字义体阐释理学四书的宗旨。

该书仍停留蒙学水平。各范畴既孤立无联系，又多交叉重复，甚者同一"字"作为两个范畴出现，如造化门分列两个"天"，分别作为自然形体意义上和义理意义上的天。此并非偶然，乃故意为之。该书对"道"的处理亦如此。一是造化门生成万物无声无臭的形而上之道，二是情性门作为人伦事物当然之理的共由之道，即伦道。此外，该书尚另设有天道、人道、达道、小道四个范畴，前三者皆属于"情性"门，"小道"则属"善恶"门。照《北溪字义》的处理，应属于同一字的不同义项，作为两个"字"处理，显然不合适。无怪乎四库讥其"门目纠纷，极为冗杂。"

该书虽仍拘泥于四言童蒙式，但影响颇大，成为理学蒙学教育的重要教本，元朱升将之与《名物蒙求》等并列为小学"四书"。后世多以该书取代

---

① 《北溪字义》，第6页。

《性理字训》。元程敏政认为该书体现了朱子童蒙教育思想，要求童蒙八岁入学前，每日读该书三五段，视之为替代世俗《千字文》等蒙学教材的最佳读本。"八岁未入学之前，读《性理字训》程逢源增广者，日读《字训》纲三五段，……以此代世俗《蒙求》、《千字文》最佳。"① 此外，元史伯璿《管窥外篇》提出该书有白本、注本之分，其流传、异同颇值留意。

（二）陈普《字义》

陈普，字尚德，号石堂，宁德人，《续修四库全书》收有《石堂先生遗集》二十二卷。据《字义后序》可知，陈氏学于浙江韩翼辅，韩氏为辅广之徒，故陈普当为朱子三传。《遗集》卷九所收《字义》一书，是陈普与弟子讲说讨论的结集，选取平日讲说中意味深厚亲切、简洁明白，可成字义者，按一定顺序加以排列布局，共收字义153个，因今本残缺，实存138个，全文约11000字，"多于程正思而少于陈安卿。"陈普对本书颇为自信，认为乃入道之门，可助学者登堂入室。其门人余沙认为，该书较之程、陈之作，不仅篇幅上详略得中，而且在确立字义名目、辨析字义含义上更显精密。②

陈普认为字义具有极重要的意义。圣贤已逝，道存文中，文由字成，故字义之是否明晰，直接影响对圣人之道是领悟还是背离，继而影响为学效用是专精贯通还是鲁莽灭裂。对字义之慎思明辨，乃笃行工夫之前提，不可忽视。在该书自序中，他反复强调性命道德等字义对六经四书具有纲领、灵魂的意义，学习作为六经四书之精华的字义，是进入经书要领所在，决定了能否明乎大道，领悟圣贤之心。对于明道成圣而言，具有门户和唤醒的功能，是必由之径。此显示出陈普对字义学有着自觉认同和高度评价。

明于性命道德五常诚敬等字之义，则六经四书之全体可得而言矣。世之知书而或不明于道，不得于圣贤之心者，未明于此等字义故也。明于此等字义，则千门万户以渐开辟，当如寐之得醒矣。③

---

① 《读书分年日程》，《四库全书》第709册，上海古籍出版社1988年版，第471页。
② "比之程正思、陈安卿为详略适中，而立义措辞尤精。"《续修四库全书》1321册，上海古籍出版社2002年版，第430页。
③ 《石堂先生遗集》，第414页。

陈普清醒认识到字义的复杂性，提出"字一而义不同"说。字有其最初本义，亦有其后来之引申义，本义与引申义又有着内在联系。以"道"为例，本义共由之路与引申义之间，距离看似很远，其实仍有迹可循。"一字一义，有一字而数义者……其义之相去若甚远而究其终，皆同出也。"[①] 他很关注"字"的语境义，如指出"安"在不同语境中具不同含义，"恭而安"、安行之安乃是"不思不勉而自无不合道之安，圣人之事也。"安土、静而后能安之安乃是"乐天知命之安，圣贤之所同"。安其身、利用安身，乃"不愧不怍，无过无罪之安"。并指出"静而后能安"，据朱子"无所择于地"解当与"安土之安"同义，学者理解多误。鉴于字义"不可以一二名"的特点，该书尤留意字义的细微区别，此为该书特色之一。

该书特色之二是设立了"人""物""止""一"等某些较为新颖的范畴，如专立"人"范畴，指出人得天地生物之心而为心，进而从三才之道的立场推出人由此为天地之心，居三才之中。正因"人"内在的具备仁，故与仁同音，孟子"仁者人也"说即表明作为恻隐之心的仁充溢表现于人之体内，以突出人、仁的一体性。如"物"范畴，认为其意为"实也。天地间万物万事皆道之实体也。理之所有而不可无者也。"以"实"解"物"，比较罕见。

该书特色之三在于以"公私""理""诚"作为核心范畴贯穿全书。如"诚"的诠释，其基本义为真实，"诚，真实也。"与《北溪字义》强调"无妄"不同，陈普突出了"不杂"，指出诚"全体皆天道"，是天道的呈现，"不杂"表现在两方面：不杂他道异端，不杂外物。"全体皆天道而无他道外物之杂也。杂他道外物则为伪妄而害其体。"[②] 如掺杂他道外物，则是虚伪胡乱，将伤害天道诚体，必须消除之方为真实。陈氏立论当有两方面考虑：一是鉴于现实生活中学者用功不纯之学弊而发，二是针对学者惑于异端之学而发，强调诚者天道，天道乃是最真实无虚纯粹不杂者，非天道者则为虚伪妄乱，背离了诚。明白诚的天道意义，则可以辟除异端而不为所惑，这一思想与程子"儒者本天，释氏本心"说有关。在"一"的阐释中，他

---

① 《石堂先生遗集》，第408页。

② 同上书，第422页。

继续强调"诚"的纯杂之辨,"所谓一以贯之之一,诚者之事也。去其杂以纯其体,防其间断而常久其功,此则精一、克一、主一之一,诚之者之事"①。一贯之一表达的是诚者始终保持于纯粹无杂之境界,精一、克一、主一乃是强调当如何去其杂质以纯其诚体,并持之以恒的诚之工夫。他称赞蔡沉"不杂之谓一、不息之谓一"解"最尽"。不杂、不息正是从纯一不杂的角度解诚。此当本于《中庸》"为物不二"、程子"一心之谓诚"、朱子"一于善"说。此外,陈普在对信、虚、实、名、实等范畴的诠释皆以"诚"相释,可见"诚"之枢纽地位。

勇于批判理学前辈之说是该书另一特色。陈普对作为理学"字义"源头的朱子《四书集注》即有不满。认为朱子对《告子》上篇的注释在本意与文义的处理上存在问题,一是本意不对而文义对,如"生之谓性"注。二是本意对而文义不安。如注中所引程子"才禀于气"说。并指出《集注》"朋来之乐"取程子说,将之与"不知不愠"合而为一,仅仅看到二者在同一章内皆阐发"乐"这一范畴,而没有察觉"字一而义不同","乐"具有差异性与层次性,不愠为深层次的孔颜之乐,朋来之乐乃是较低些的乐。

文公以朋来之乐与不知不愠用程子说,合为一于注之末。盖只缘章内一字为注。其实,朋来之乐犹浅,不知不愠始深。不知不愠即孔颜之乐,朋来之乐亦渐有意耳。②

陈普把另一批判矛头指向《北溪字义》,认为它同样存在几个问题:一是对某些字义的阐释不准确。如关于"极"字后段采用己说处多有不妥。二是收字范围太过狭窄,影响了广度。如"三才"丝毫未提及。据此看来,陈普似乎有意在深度与广度上超越陈淳。"北溪陈安卿《字义》用文公之说已善,而后段说'极'字多未当,盖亦未深明也。至于'三才'则未闻有一语及之者。"③

总之,陈普《字义》晚于《北溪字义》,体现了"字义"学的某些发展。在范畴选择上,设立了不少有特色的新范畴。同时对某些核心范畴如

---

① 《石堂先生遗集》,第422页。
② 同上书,第426页。
③ 同上书,第392页。

诚、理、太极等的诠释颇见特色，多少体现了字义学的发展。虽总体上无法与《北溪字义》之严密性、精确性、学术性相提并论，但多少摆脱了"浅陋粗糙"的蒙学性，可谓介于蒙学与学术性著作之间。

四 "字义"之变异：《西山读书记》与《四书通旨》

《北溪字义》奠定了"字义"体之典范样式。继此而作者，则将"字义"与其他体裁相结合，形成了"字义"的变异体。真德秀《西山读书记》、朱公迁《四书通旨》即为此类。二书共同特点是：以若干范畴（"字"）为纲，以四书材料为目来组织全书，此以数十范畴组织四书之形式，可谓类聚。此类聚体现了范畴优先的立场，具有"字义"体特征，类聚之范畴又多源于《四书》，可视为诠释《四书》之作。二书差别在于：《读书记》采用"字义"、《四书》原文（亦有非《四书》者）、注疏的"三合一"形式，为"字义"＋注疏的综合；《通旨》则采用"字义"、《四书》原文、辨析的形式，为"字义"＋经疑的综合。

（一）《读书记》的"字义注疏体"

此一体裁以传统注疏为主体，除首列一范畴统领相应材料外，其余则纯为注疏形式。先列含所列范畴的四书（或五经）相关原文（或节选），再大量引用程、朱学派之说，间或在按语中表达个人见解。此字义＋注疏的综合式，字义起统领作用，经典文本被拆解、打乱、截取，服从于范畴的需要。注疏则摒除了文字音韵训诂、纯任义理，体现了义理解经的特征。所引各家说颇为繁复，不乏相互对立者，目的是为了提供丰富、多样的解说，予读者以思考、抉择的空间。但这种材料的丰富、复杂却让初学者易陷于其中而难以得其要领。故该书并非为初学之教材。此外，该书"理学经典化"意识强烈，常将濂溪、二程、张载等重要论说作为与经文同等的正文形式直接列出，如"性即理也"，《西铭》等，以示理学家论述具有与元典同等之地位。

西山创造出此种字义加注疏的综合体，欲在吸收二者之长而避其短。"字义"体的优长是简明扼要，给范畴以教科书、字典般的解说，缺点是不能提供丰富的资料和想象、理解、选择的空间，易受编纂者思想的限制。又由于它摆脱了训诂、文本，实质上摆脱了字义的历史、思想、文化语境，易给学者枯燥乏味、悬空脱节的感觉。故"字义"只是理解程朱《四书》的阶梯，并不能代替对《四书》和程朱著作的研读。西山在"字义"基础上辅以原典、注释，用意即在于落实陈淳"字义须是随本文看方透"的理念，避免纯粹字义体的局限。反之，注疏体以材料丰富、解释详尽著称，然其繁琐之弊亦不可免。将二者结合之，则能收取长补短之效。

朱子对类聚言仁颇有疑虑，西山对"字义"亦抱同感。故《读书记》"仁"卷之末特意引朱子、南轩关于类聚言仁的讨论，南轩秉程子类聚观仁的想法，编成《洙泗言仁录》。朱子则担心此种做法会形成贪图捷径的心理，产生口耳之学的弊病，加剧学界盛行的"厌烦就简、避迂求捷"的学风，要求南轩以序的形式将此忧虑告诫之心布告天下，或将二人关于讨论此事的往返书信作为书的附录。南轩接受了朱子的看法，"悉载其语于卷首。"西山指出，朱、张二先生为学者考虑深远周到，今《读书记》以字义为纲领，辑合相关文本，恐亦有前贤所虑之病，故载其说于此自我警示。"二先生之为学者虑也至矣。今类辑此编，亦恐有如二先生所虑者，故书之篇末以自警。"①

《读书记》与《北溪字义》皆为理学史上的重要著作。陈栎曾加以比较论述。他说：

> 《读书记》一书既博且精，凡诸经、诸子、诸史、诸儒之书之所当读当讲者，皆在焉，乃有载籍以来，奇伟未尝有之书也。……《读书记》尤博大精微，可以该彼二书，而彼二书不能该此一书也。②

陈栎对陈淳有很高评价，赞他为"朱门第一人"，赞《字义》"玲珑精透"、兼具简明通俗、高妙精要、贯通上下的双重性。但他对《读书记》评价更高，认为该书广博精深，完全可以包括《增广性理字训》、《北溪字义》，实为自古以来罕有的"奇特伟大"之书，为传圣贤之道的不朽之作。就广博和深厚论，《读书记》当优于《北溪字义》。

---

① 《西山读书记》，《四库全书》第 705 册，台湾商务印书馆，第 234 页。
② 《定宇集》，第 241 页。

(二)《四书通旨》的"字义经疑体"

《四书通旨》与《读书记》所异者在于该书纯以98个字义类聚四书原文而不带任何注释,仅在所类聚文本后,对文中范畴之义略加异同辨析,近乎元代科场流行的"经疑"体,可谓"字义"与"经疑"的结合。其最大特点是以"字义"为纲,以"经疑"为目,采用字义、义项、含义、文本的四级含摄方式,以"凡……皆此类""凡几见"等术语把四书文本重新归为98类,实现了对《四书》文本的统领剖析。具体而言,每门字义分为若干不同义项,采用"皆是此类""与此类同"等以义归类的方式将文本安顿在各具体义项下,以此区别范畴之同与具体义项之异。同一义项下又析出若干含义,聚合若干文本,著者对各文本含义的细微差别作简要辨析。通过这种四层分析含摄的方式,最终落实到具体文本,达到通《四书》之旨的目的。《四库总目提要》对其特点有简要概括:"是编之例,取四书之文条分缕析,以类相从,凡为九十八门。每门之中,又以语意相近者联缀列之,而一一辨别异同,各以右明某义云云,标立言之宗旨。"[①]

与其他同类著作相较,该书最大程度实现了范畴与《四书》文本的一体化,全部范畴皆来自四书文本,它书所收太极、皇极、天理等因在《四书》外,皆未被收入。《通旨》对范畴与文本关系的处理尚另有一特点,即某一具体文本中虽无某"字",却可从思想上将其归入该"字"下,显示出思想判定优先的立场。如"上天之载"一条并无"敬"字,却列为"敬"范畴之"持敬之功该动静贯始终兼入德成德"义项下。[②]

元代科考采用"经疑"问答形式考查学子对朱子四书的理解,着重文本的异同比较,疑似辨析,融会贯通。此一出题特色非常吻合"字义"体。《通旨》虽非科考经疑著作,然对《四书》异同的疏通辨析,带有鲜明的"经疑"色彩,辨析之语如轻重、要领、对反、表里、发明、统言专言、兼言泛言、凡几、偏全等为"经疑"所常用。

《读书记》、《通旨》非标准之"字义"体,除综合性外,二书"字义"之选取并非以纯粹范畴为主,而注重经书的类聚与工夫、事项的大致分类,

---

[①]《四书总目提要》,海南出版社1999年版,第199页。
[②]《四书通旨》,吉林出版集团有限责任公司2005年版,第35页。

《读书记》以五经四书之名分列字义，设立《大学》、《广大学》、《易指要》、《书指要》等"字义"，《通旨》则以人物列为字义，设立孔子、子思、孟子等，约有40门"字义"纯为事类，故被讥为"体近类书，无所发明"。较蒙学类"字义"之粗陋，二书略有"微嫌其繁"，不够简洁切要之弊。此外，二书皆不对任何范畴作具体解释，而依次罗列它在各文本中的具体意义，《读书记》尚列出各家注释阐发，《通旨》则特重异同辨析，这是此类著作异于纯"字义"类的又一特色。在注释宗旨上，二书亦不以童蒙教化或编撰简要之教材为宗旨，而是以提供阅读思考之文本，锻炼读者思辨能力为追求。故《西山记》常采用朱子、南轩不同说法，以"读者详之"的案语引导读者加以辨别。

上述宋元时期朱子门人后学自一传至五传的六部"字义"著作，形成了诠释朱子四书的新模式："字义体"，是朱子学者对中国范畴之学的贡献，体现出朱子学者的传承与创新。此类著作具有某些共同特征：首先，皆"摆落章句、独崇义理"，放弃了对经典文本的事实性考证，直接以简洁明了的"字义"形式传达对程朱理学的准确理解。无论是大到著述理念，小到具体字义，其论述视域皆不离程朱思想，理气、心性、工夫居核心地位。其次，字义的选取基本源于朱子《四书》，又落实于此书，这是字义体的又一基本特征。朱子四书为朱子一生心血所萃，门人后学以不同形式对之阐发，"字义体"即是门人后学创造出的新形式，它对推动朱子《四书集注》成为理学最重要的经典，发挥其广泛的社会影响起到了积极作用。又次，在"字义"阐释形式上，朱子门人后学有着不同的认识，产生了不同的著述形态，体现为从理学蒙书、理学辞典至理学精华的三次转变。其定位亦发生了蒙学教材、字义模板到四书参考的变化。最后，在"字义"的具体诠释上，门人后学尽管皆以忠实阐发程朱思想为追求，但他们并不忌讳对程朱及前辈的不同看法，而是大胆提出批评和异议，体现出勇于创新的朱子学精神。

"字义体"作为对理学四书的专题阐释，其指导思想当源于朱子的童蒙教化，理论核心来自朱子《四书集注》，而其类聚范畴的形式当源于程子的"类聚言仁"说，但它至少在两个方面是与朱子的理念相偏离的，首先是孤立的抽离若干范畴加以训释，背离了虚心涵泳本文的理念。其次，对文本的阐发放弃了文字义的考察、抛弃了朱子非常看重的章句训诂之学。这样得出的义理，朱子恐怕是不放心的。真西山试图将字义与传统注释体结合起来，即是为了矫正字义体的干枯、单薄之弊。客观而论，"字义体"作为研究、阐释理学、四书的一种特有形式，对宋明理学的发展确产生了一定影响，但影响亦比较有限。

总之，朱子门人后学将理学范畴与四书诠释相结合所创造的"字义体"，从形式和内容上皆对理学范畴和经典文本提出了新的诠释，是对朱子思想的传承与创新，使得理学与四书进一步融为一体，四书几乎成了理学的专属，理学亦借助四书而得到更合法广泛的传播。深入研究理学"字义"，对中国哲学的范畴研究、理学研究、四书研究都是很有意义的。

第二节　勉斋《中庸》学对朱子的接续与发展

朱子《中庸章句》形成了一个新的具有典范意义的《中庸》诠释系统，主导了后世的中庸学发展。其高弟黄榦以创新之精神，在《中庸》章节之分、义理建构、工夫系统上皆取得了突出成就，被赞为"勉斋之说，有朱子所未发者"。[①] 勉斋将《中庸》分为三十四章六大节，指出道之体用乃贯穿全书之主线，提炼出以戒惧慎独、知仁勇、诚为脉络的《中庸》工夫论系统，并深刻影响了弟子饶鲁、后学吴澄的中庸学，形成了《中庸》学上独树一帜的勉斋学派。富有开创性的勉斋《中庸》学虽寂然无闻，然其上接朱子，下开饶、吴，对宋元朱子学的《中庸》诠释实具继往开来之意义。

一　章节之分

勉斋据自身对《中庸》的理解，对《中庸章句》的章节之分做出了调整，朱子章句分《中庸》为三十三章，三大节。勉斋提出应分为三十四章六大节。他的《读中庸纲领》（小字：分六段授陈师复）详细阐述了他的想法（引文括号中文字为笔者所加）：

[①]《书何安子四书后》，程钜夫《雪楼集》卷24，《四库全书》，台湾商务印书馆1988年版，第359页。

（第一节）天命之谓性止万物育焉。此一篇之纲领。（1章）

（第二节）仲尼曰止圣者能之。此《中庸》明道之体段，惟有知仁勇之德者为足以尽之。（2—11章）

（第三节）君子之道费而隐，止十九章之半不明乎善不诚乎身矣。言中庸之道无所不在，无时不然。（12—20章半。按：十九应为二十之误，"不明乎善"属20章"哀公问政"。如勉斋认为该章当为19章，应有所交代、提示。）

（第四节）诚者天之道也止纯亦不已。道皆实理，人惟诚实足以尽道。至此，《中庸》一篇之义尽矣。（20章下—26章。据勉斋"十九章之半"说，他把"哀公问政"章分割为上、下章，分属于第三、四节，可见他此处较《章句》多分出一章，即21—27章。）

（第五节）大哉圣人之道止孰能知之。此后六章，总括上文。一篇（疑为"节"之误）之义以明道之大小，无所不该，惟德之大小，无所不尽者，为足以体之。中间"仲尼祖述尧舜"，再提起头说，仲尼一章，言大德小德无所不尽者，惟孔子足以当之。此子思所以明道统之正传，以尊孔子也。至圣者，至诚之成功，至诚者，至圣之实德，此又承上文称仲尼而赞咏之也。（27—32章，即28—33章。）

（第六节）《诗》云"衣锦尚絅"止无声无臭至矣。末章言人之体道，先于务实，而务实之功有浅有深，必至于"上天之载、无声无息"而后已，至此，则所谓"大而化之，圣而不可知"之谓也。（33章，即34章）①

可以看出，勉斋对《中庸》前三节的理解基本同于朱子。朱子对首章的阐发受到勉斋的推崇，《章句》引杨时说指出首章为"一篇之体要"，勉斋亦以"一篇之纲领"述之，认为此章言简意赅，包括本原、工夫、效验三方面，"此一章字数不多而义理本原，工夫次第，与夫效验之大，无不该备。"② 勉斋对第二大节看法亦与《章句》基本相同，《章句》认为本节主

---

① 《勉斋文集·语录》，书目文献出版社1988年版，第809页。
② 赵顺孙：《四书纂疏》，第683页。

旨是知仁勇三达德，"盖此篇大旨，以知仁勇三达德为入道之门。故于篇首，即以大舜、颜渊、子路之事明之。舜，知也；颜渊，仁也；子路，勇也。三者废其一，则无以造道而成德矣。余见第二十章"。① 勉斋对第三节的看法亦与《章句》同，认为本节阐明了中庸之道的普遍性和永恒性，费隐章对道的存在流行作出了极其显著的揭示，学者于此对道应当有所领悟，否则即是为文义所束缚，而无法见道。"看《中庸》到此一章，若无所见，则亦不足以为道矣。充塞天地间，无非是理，无一毫空阙，无一息间断，是非拘牵文义者之所能识也。"②《章句》亦认为本章主旨是阐发道之流行，呼应首章道不可离，统领以下八章。"盖以申明首章道不可离之意也。其下八章，杂引孔子之言以明之。"③

勉斋分章与朱子最大不同是将"哀公问政"章一分为二，朱子认为，本章内容丰富，实为承上启下之章。上承前舜文武周公数章，阐明圣贤所传道统的一致性，对诚的论述则下启此后各章主题，故本章所述具有某种综合性，兼道之体用、大小，以呼应本节之费隐章。"此引孔子之言，以继大舜、文、武、周公之绪，明其所传之一致，举而措之，亦犹是耳。盖包费隐、兼小大，以终十二章之意。章内语'诚'始详，而所谓诚者，实此篇之枢纽也。"④ 尽管朱子特别提到本章所论之诚，乃全篇枢纽，下文皆以诚为重点，但他仍然认为，对诚的阐发亦当置于道的背景下，没有必要单独突出、独立。这一点勉斋与之不同。本章历来是《中庸》诠释争议的焦点，朱子当时即因此与吕祖谦、南轩等往返辩难，朱子去世后，承担传道重任的勉斋仍在此问题上产生异议，可见勉斋"不唯朱子是从"的为学态度。勉斋对此章亦抱有极高评价：

  哀公问政一章，当一部《大学》，须着反复看，躲旧时看，越看越好。⑤

---

① 《四书集注》，第22页。
② 《勉斋文集》，第707页。
③ 《四书集注》，第23页。
④ 同上书，第32页。
⑤ 《勉斋文集》，第802页。

此章语极宏博，其间语意若不相接，而实伦理贯通，善读者当细心以求之，求之既得，则当优游玩味，使心理相涵。则大而天下国家，近而一身，无不晓然见其施为之次第矣。①

勉斋将本章与最为朱子重视，被视为整个儒学纲领的《大学》相比，认为其内涵丰富，义理精密，深厚含蓄，故须反复熟读体会，方能见出其义理无穷。就本章文本论，其用语广大，所论话题似乎时有跳跃，缺乏内在的连续整体性，但其内在思想则明畅条达，精密有序而互为贯通。故须以精细之心来探究之，在求得内在文义基础上，再从容涵养、反复把玩，体会咀嚼其味，最终达到心理相涵，融化为一的境界，如此则可进乎内圣外王之道。勉斋所强调的是，本章不仅阐释了明德修身之方，而且论述了新民治国平天下之道，义理无穷，足与整部《大学》相比。

勉斋将本章划分为上下两章，且分别归属第三、四部分，其用意很明显，就是突出"诚"的地位。下章自"诚者天之道"始，与"诚明""至诚尽性""曲能有诚""至诚如神""不诚无物""至诚不息"章构成了以诚为中心的第四部分。他认为《中庸》一书，至此为止，其意义已经穷尽。"至此《中庸》一篇之义尽矣"。也就意味着，在前面分别论述一篇纲领、三达德明道之体段、费隐明道之普遍存在后，至"诚以尽道"，乃是《中庸》全部意义所在。

在大节之分上，勉斋与朱子最大不同在于是否将诚独立为一个单元。《章句》视哀公问政章为一个整体，归于费隐节。自诚明章以后直至篇末，统为一大节，其主旨乃是天道、人道，"子思承上章夫子天道、人道之意而立言也。自此以下十二章，皆子思之言，以反复推明此章之意"②。这种安排显然并没有特意突出"诚"而是强调了"道"，认为诚内在于天道人道中，乃是道的应有之义。这亦表明朱子是从"道"的立场来看待《中庸》全书的，自有其合理性，在《中庸》是一篇还是两篇的质疑中，这种安排

---

① 赵顺孙：《四书纂疏》，第 742 页。
② 《四书集注》，第 32 页。

很好地保持了《中庸》一书的内在完整性和一体性。①

勉斋以六章篇幅构成以"诚"为主的第四节后,又将"大哉圣人之道"以下六章划为第五节,这亦与朱子不同。勉斋认为本节与上节关系密切,是对上节诚论的总结概括,是论道无所不在,无所不包,只有穷尽德之大小,无所不至者方能体道,乃是围绕道、德两个概念展开。前三章是论道之大小,后三章以仲尼为例论证德之大小,与天相合,《章句》则认为前三章是人道,后三章是天道。

勉斋将最后一章独立为一节,引《诗》论述体道工夫及其高远境界。本节与首节独立与否并不对全书结构产生大的影响,故很多朱子学者亦倾向于将首、尾两节独立出来。勉斋曾对《中庸》下半段关系有一整体论述:

> 《中庸》前面教人做工夫,中间又怕人做得不实,"诚者天之道"以后,故教之以"诚"。后面说"天下之至圣",是说其人之地位,"至诚"是说其人之实德,到"衣锦尚絅"以后,又归"天命之谓性"处,此四段最好看。②

勉斋认为,《中庸》前面是有关工夫论的讨论,如三达德等,接着费隐一节又担心人工夫实践不真实,故自哀公问政章的"诚者天之道"后,开始论"诚"。天下至圣、至诚章分别论述圣人之地位和德性,末一章则重新呼应首章"天命谓性"说。可见,在勉斋看来,《中庸》以论诚为界限,似乎可以分为前后两大部分,前面以戒惧慎独、三达德工夫为中心,包括第一、二、三节;后面以诚的境界为中心,包括第四、五、六节,而他认为自"诚"论一节后,"《中庸》一篇大义尽矣",正表明此意。

二 道之体用

《读中庸纲领》对各节的概括显出勉斋从道的角度论述中庸。如第一节

---

① 历来有学者持《中庸》两篇说,作为勉斋学重要分支的北山学派的王柏即为二篇说代表,他根据《汉书艺文志》"《中庸说》二篇",将《中庸》分为诚、明两篇。今人亦有持两篇说者。
② 《勉斋文集》,第810页。

言道之纲领，第二节"明道之体段"，第三节言中庸之道无所不在、无时不然，第四节论"道皆实理，人惟诚实足以尽道"，第五节明道之大小，第六节言人体道之境界。勉斋曾讨论学习《中庸》的方法，他以程子、朱子说为基础，得出以体用论中庸之道的思想。在《中庸总论》中给予了详尽阐发：

> 苟从章分句析而不得一篇之旨，则亦无以得子思著书之意矣。程子以为"始言一理，中散为万事，末复合为一理"；朱先生以"诚"之一字为此篇之枢纽，示人切矣。①

《中庸》一书具有不同于《论》、《孟》的特点，故从总体上通晓全篇旨意，较之具体的章句分析更为重要，程子理事说、朱子诚之枢纽说，精密、确切的点出了全篇要旨，是学习《中庸》之指南。勉斋由此进一步提出道之体用说：

> 窃谓此书皆言道之体用、下学而上达、理一而分殊也。首言性与道，则性为体，而道为用矣；次言中与和，则中为体而和为用矣；又言中庸，则合体用而言，无适而非中庸也。又言费与隐，则分体用而言，隐为体，费为用也。自'道不远人'以下，则皆指用以明体；自言诚以下，则皆因体以明用。大哉圣人之道一章，总言道之体用也，发育万物，峻极于天，道之体也；礼仪三百，威仪三千，道之用也。仲尼一章，言圣人尽道之体用也，大德敦化，道之体也；小德川流，道之用也，至圣则足以全道之用矣，至诚则足以全道之体矣。末言上天之载，无声无臭，则用即体，体即用，造道之极致也。虽皆以体用为言，然首章则言道之在天，由体以见于用，末章则言人之适道，由用而归于体也。②

---

① 《勉斋文集》，第548页。
② 同上。

首先,《中庸》全书皆围绕道的体用展开,体用是贯穿全书的主线。书中很多重要概念即具有体用相对关系,如性与道、中与和、费隐,中庸则体用兼具。全书文本结构的内在联系亦为体用关系,如"道不远人"章以下,是"指用以明体","言诚以下"则反过来,"因体以明用。"此是受《章句》影响,朱子认为"道不远人"章所论,"皆费也,而其所以然者,则至隐存焉。""诚则明"章是论述天道、人道,此后12章,皆反复交错论及天道、人道这一主题。但勉斋不认同此说,《章句》认为"大哉圣人之道"章是"言人道",勉斋指出是总言体用;对认为是言天道的仲尼祖述及以下至圣、至诚章,勉斋则认为仲尼祖述章是言圣人尽道之体用,至圣、至诚则是分别全道之用、道之体。勉斋还认为,末章是论体用为一的最高境界,首章命性之说,是由天到人、由体及用,末章则是由下学上达,以人达道,由用归于体。二者首末恰相呼应,体现了体用概念对全书的贯穿始终。

其次,分析《中庸》论道之体用的四个原因。

> 子思之著书,所以必言夫道之体用者,知道有体用,则一动一静,皆天理自然之妙,而无一毫人为之私也;知道之有体,则凡术数词章,非道也;知道之有用,则虚无寂灭,非道也;知体用为二,则操存省察,皆不可以不用其力;知体用合一,则从容中道,皆无所用其力也。善言道者,未有加于此者也。①

如果知道有体用两面,则可以实现日常动静之间,达到自然纯乎天理而人为私欲的境界;则可以辨析小道、异端之学的不足,或有用无体、或有体无用。一方面,既知道之体用是有分别的,则须始终于操存省察之上用功;又知道之体用又是合一的,体即用、用即体,故有自然从容的中道境界。中庸以体用论道,实现了对道的最高论述。既然如此,为何孔孟不言体用而子思言之?

孔孟何为而不言也?曰:其源流可考也。孔子之学传之曾子,曾子

---

① 《勉斋文集》,第548页。

传之子思，子思传之孟子，皆此道也。曾子曰"夫子之道，忠恕而已矣"。忠即体，恕即用也。"维天之命，于穆不已"，非道之体乎？"乾道变化，各正性命"，非道之用乎？此曾子得之孔子而传之子思也。孟子曰……恻隐羞恶辞辞逊是非，非道之用乎？仁义礼智，非道之体乎？此又子思得之曾子而传之孟子也。道丧千载，濂溪周子继孔孟不传之绪，其言太极者，道之体也；其言阴阳五行男女万物，道之用也。……圣贤言道，又安有异指乎！①

勉斋就孔曾思孟周子的道统传承立场论述了道之体用。曾子得自孔子的忠恕，即道之体用，"维天之命於穆不已，乾道变化各正性命"是曾子传给子思的道之体用，孟子四端说是得自子思的道之体用。道丧千年之后，濂溪以太极、阴阳说重新接续道之体用说。可见，道之体用为儒道之核心内容，是一直传衍不息的。

勉斋进而解释了三个问题，一是天人体用的分合关系。

或曰：以性为体，则属乎人矣。子思……乃合天人为一，何也？曰：性即理也。自理而言，则属乎天；以人所受，则属乎人矣。属乎人者，本乎天也，故曰"万物统体一太极"。天下无性外之物；属乎天者也，"一物各具一太极"，性无不在，属乎人者也。②

勉斋以太极说来解释之。指出性来自天，是理、体，同时又为人禀受，则转为人之用。天人无间，人所具有者本源于天，统体于太极，天下万物皆在性理之内。反之，万物各具一太极，故在天者，同时又内在于人，此为天人合一、体用一如也。

二是体用之分与程子性气、道器之合的冲突。

或曰《中庸》言体用，既分为二矣，程子又言"性即气、气即性，

---

① 《勉斋文集》，第548—549页。
② 《勉斋文集》，第549页。

道亦器，器亦道"，则何以别其为体用乎？曰：程子有言"体用一源、显微无间也"。自理而观，体未尝不包乎用，冲漠无朕、万象森然已具之类是也；自物而言，用未尝不具乎体，一阴一阳之谓道，形色、天性之谓是也。①

勉斋以程子体用一源说进行解答，指出分合不同之解，乃是基于不同的理论视角，故当灵活观之，其中并无不合。从理的角度论，则体始终包有用，并未脱离用而独立存在之体，如程子冲漠森然之说即是此意。从物的角度言，则用始终内在具有体，没有脱离体的用，如《易》之阴阳即是道，《孟子》形色即天性说，即是指出体用之合。

其三，既然体用不离，又如何区别费隐？

如此，则体用既不相离，何以别其为费为隐乎？道之见于用者，费也；其所以为是用者，隐也。费，犹木之华叶可见者也，隐，犹华叶之有生理不可见者也。小德之川流，费也；大德之敦化，隐也；然大德之中，小德已具，小德之中，大德固存，此又体用之未尝相离也。嘉定戊寅栖贤寺书此，以为《中庸》总论。②

勉斋指出，费为道之发用，隐为用之根源。费是显现于外的可见之花叶，隐是潜伏于内无法目睹的生生之理，此见体用二者有别。大德敦化与小德川流分别为隐、费，但又互相包容，彼此相涵，可见体用又未尝相离。勉斋不仅以体用为中庸之道的根本，而且视为他对儒家之道的根本体悟，反复以之来详尽剖析《中庸》。他在《复叶味道》书中说：

道之在天下，一体一用而已；体则一本，用则万殊；一本者，天命之性；万殊者，率性之道。天命之性，即大德之敦化；率性之道，即小德之川流。惟其"大德之敦化"，所以"语大莫能载"；惟其"小德之

---

① 《勉斋文集》，第549页。
② 《勉斋文集》，第549页。

川流",所以"语小莫能破"。"语大莫能载"是万物统体一太极也;"语小莫能破"是"一物各具一太极"也。"万物统体一太极",此天下无性外之物也;"一物各具一太极",此性无不在也。尊德性所以"存心而极乎道体之大",道问学所以"致知而尽乎道体之细"。自性观之,万物只是一样;自道观之,一物各是一样。惟其只是一样,故但存此心而万事万物之理,无不完具。惟其各是一样,故须穷理、致知而万事万物之理方始贯通。以此推之,圣贤言语更相发明,只是一义,……且如大德、小德,亦只是此意,秉彝便是大德,好德便是小德,世间只是一个道理也。①

道在天下的呈现,无非是体用而已。体只有一个,用则是无数,体用是一多关系,是理一分殊。《中庸》开篇性道即是一本万殊关系,大德与小德亦然。他将之与朱子的《太极图说解》紧密结合,语大是一本万殊的万物统体太极,表明性外无物;语小是万殊一本的一物各具太极,指性无不在。从性的普遍视野看,万物皆同,正因万物之理皆同,故只要存心、把握住固有良心,则事物之理无不具备,即孟子万物皆备于我之义。自道的分殊角度,万物各异,故需要事事逐一穷理,以达到万物之理的贯通。故圣贤或就道之体的理一言,或就道之发用的分殊言,说虽不同,义则为一,皆言道之体用也,此乃为世界普遍共有之理。

勉斋对体用说的论述是以朱子《太极图说解》的"统体太极、各具太极"说为基础的,由此悟出体用的分合、兼统关系、他指出当以朱子太极统体各具说与《中庸》尊德性、道问学注比照合观,一方面统体太极、各具太极各自兼有体用,但二者之间却是统体为体,各具为用。语大、语小虽然皆是指用,但二者当以语大为用。天命谓性与率性谓道、大德与小德关系亦是如此。可见体用是相对言的,有自身之分体用,又有以相关对象相较的体用。

更取朱先生《太极图解》以"统体太极为天下无性外之物;以各

---

① 《勉斋文集》,第374—375页。

具太极为性无不在"之语，并《中庸》尊德性道问学注观之，不知如何？……统体太极、各具太极则兼体用，毕竟统体底又是体，各具底又是用。有统体底太极，则做出各具底太极。①

三 "戒惧慎独知仁勇诚，此八字，括尽《中庸》大旨"

在《中庸总论》中论述道之体用时，勉斋即提出求道工夫的问题，他认为戒惧慎独、知仁勇、诚八字是实现中庸之道的工夫，也是全书大旨所在。"其所以用功而全夫道之体用者，则戒惧谨独与夫智仁勇三者，及夫诚之一言而已，是则一篇之大旨也。"② 为此，他专门撰有《中庸续说》一文论述之。

> 至于学者之所以用功者，又必反复包罗而极其详且切焉。……首言戒惧谨独，因天命之性、率性之道，固有而无不善者而为言，欲人防其所未然，而察其所以然也。其言要而易知，其事简而易行，学者于此而持循焉，则吾之固有而无不善者，将不待他求而得之也。次言知仁勇三德者，因君子之中庸、小人之反中庸，皆生于气禀之清浊，物欲之多寡而有异也。故必知之明、行之力而终之以勇，而后气禀、物欲不能以累其固有而无不善也。末言诚之一字者，又因天道、人道之分，以见天下之理无不实，欲人实用其力，以全天理之实也。此即子思子所以教人之大旨也。③

子思对如何用功，反复论述，极其详尽切当。首章提出戒惧慎独工夫，针对性、道本为人所固有而纯善无恶，故工夫在于防止未然之不善的侵蚀而审察所以然，此工夫具有易简特点，只是自然而发的当下一念。"戒惧谨独，不待勉强，不假思索，只是一念之间，此意便在。"实质是静时存养、动时审察的动静不离工夫，以此实现性道的当身存在。知仁勇三达德，乃针

---

① 《勉斋文集》，第375页。
② 同上书，第548页。
③ 《勉斋文集》，第583—584页。

对克除气禀、物欲而发，需要明知、力行、勇猛工夫，以保持固有之善，实质是知行并进工夫，以做到由体至用的展开，皆合乎中庸。最后言诚，针对天道、人道之分，天理本是真实无妄的，故人当真实用功，以保全真实无妄之天理。它始于择善固执工夫，终于无声无臭。

勉斋认为，《中庸》对此八字工夫有着详切论述。

> 戒惧谨独者，静存动察之功。能若是，则吾之具是性而体是道者，固已得之矣。又曰：知仁勇者，致知力行之功也。能若是，则由性以达夫道者，举合乎中庸而无过不及之差也。曰诚者，则由人以进夫天，圣贤之极致也。是非其言之极其详乎。戒惧于不睹不闻之际，谨独于至微至隐之中，则所谓静存动察者，切矣。曰知矣而继之以仁，曰仁矣而继之以勇，加之以弗措之功而勉之以己百己千之力，则所谓致知力行者，切矣。其言诚也，本于择善、固执之始，而成于无声无臭之极，盖至于所谓大而化之，过此以往，莫之或知也者。岂非又极其切者乎。若不极其详，则学者用心或安于偏见；不极其切，则学者用功或止于小成。此子思子忧虑天下后世而为是书也。①

戒慎工夫的实质是静时存养、动时省察，如能做到此，则能实现天命之性、体验率性之道。知仁勇则是知止力行工夫，如能做到此知行工夫，则由天命之性落实于率性之道过程中的种种行为，皆能合乎中庸之道。诚则是下学上达、由人而天的圣贤最高境界，即此已显出《中庸》论述之详尽。"戒慎不睹不闻、谨慎至微至隐"显出静存动察工夫之紧切；言知而紧接以仁、勇，可见致知力行工夫之紧切；言诚而始终于择善固执、无声无臭，又见其紧切。之所以如此详细紧切，是为了防止学者安于偏见、止于小成。此八字工夫事关道之传承，故对之加以极切阐释，就成为子思写作此书的目的所在，

勉斋反复指出，此三节八字工夫次序丝毫不可紊乱，先是戒惧，其次知仁勇，最后是诚，三者之间具有内在联系。始于戒慎，紧接的知仁勇则是对

---

① 《勉斋文集》，第584页。

戒惧的实行，知仁勇又需要守住其诚来加以落实。但反过来讲亦然，戒惧的实行须先之以知仁勇，知仁勇的实行又以诚为前提，故最终又落实于戒惧慎独。工夫可谓终始于戒惧。

> 始之以戒惧谨独，次之以智仁勇之三德，终之以诚之一字。①
> 《中庸》一书，第一是戒谨恐惧，然戒谨恐惧亦须是先有知仁勇以行之，然知仁勇固所以行之，又须是守之以诚后可，其终又归于戒谨恐惧。此《中庸》之大略也。②

戒惧可谓三节工夫之核心，对此工夫时刻不可离开，是工夫主干所在，知仁勇是具体做知行工夫，包括读书穷理，诚是对工夫的最后实现，有此则工夫完满无遗，它兼有工夫与形上义，尤其是全书后面，至诚诸说的形上境界义极其突出。如上文所引，勉斋认为全书至第四节"诚"论，已穷尽一篇之义，即居于此工夫论立场而发。"《中庸》戒惧慎独是大骨，顷刻不可忘，知仁勇是做工夫，读书讲明义理，后面着个'诚'字锁尽。"③

在给饶鲁的信中，勉斋对此八字评价更高，认为不仅是《中庸》大旨所在，更是囊括穷尽了千古以来圣贤的教法。

> 《中庸》之书首言戒惧谨独，次言智仁勇，终之以诚，此数字括尽千古圣贤所以教人之旨。戒惧以致夫中者，居敬之谓也；谨独以致乎和者，集义之谓也；致中和，岂非检点身心之谓乎。智，求知夫此者也；仁，行夫此者也；勇，勉夫此者也，亦不过求所以致夫中和也。如此而加之以诚，则真知实行而其勇不可及矣。故学者立心，便当以持养省察为主，至于讲学穷理，而持养省察之意未尝少懈，乃所以使吾敬愈固而义愈精矣。不以持养省察为主，而曰"吾惟讲学穷理者"，皆务外

---

① 《勉斋文集》，第462页。
② 同上书，第792页。
③ 同上书，第796页。

者也。①

勉斋从两方面来论证此点：其一，将戒惧、慎独与致中和、居敬、集义等重要工夫对应起来，戒惧是居敬，是致中工夫、慎独是集义，是致和工夫，故致中和不过是检点身心之学。知、仁、勇则是达到致中和的途径，于此基础上再贯注以诚，则能做到真知实行、勇猛不懈。居敬是把持养护此心，集义是反省审察此心，故此八字工夫无非是持养省察、检点身心。其次，将戒惧工夫与讲学穷理比较论之，强调为学当以戒惧存养省察为主。如上所述，戒惧是八字工夫"大骨"，故常以之为工夫代表。为学以戒惧还是讲学为主，直接关系到为学方向是切己向内还是务外为人。勉斋直接批评了凡是不以戒惧为工夫之主而只知讲学穷理者，皆是务外之学。因戒惧慎独终身事业，故不可有丝毫放松，讲学穷理不过是讲明道理使之不误而已，并未进入到实践层面，只能起到工夫的辅助作用，"须是如中庸之旨，戒惧谨独为终身事业，不可须？废，而讲学穷理，所以求其明且正耳。"

勉斋以戒惧、知仁勇、诚作为工夫要领，一方面是在《章句》影响下提出的，如静存动察来自《章句》"存养省察"说，认为自"君子之中庸"章开始言知仁勇，诚字因天道、人道之分，皆来自《章句》说。朱子认为从诚明章开始以下十二章，皆是自天道、人道反复论说。另一方面，又是勉斋的独特体会和创新，通过对戒惧、知仁勇、诚的三项工夫的突出，使得原本以形上学、深奥著称的《中庸》有了一条非常简洁清晰的工夫线索，是对朱子《中庸》工夫论的概括和提升，也是对《中庸》诠释的重要补充与深化。

四　双峰、草庐对勉斋中庸学之传承

勉斋中庸学确有"发朱子之所未发"处，并深刻影响到后世朱子学。其弟子饶双峰、双峰再传吴草庐亦皆对之作了新的继承阐发。总体看来，双峰受勉斋的影响很明显，二者可谓大同小异，但这小异却影响甚大。

在章的划分上，双峰亦将全书划分为34章，亦将"哀公问政"章一分

---

① 《勉斋文集》，第464—465页。

为二，但在具体划分上却与勉斋有所不同，他根据"哀公问政"至"不可以不知天"为孔子之言的依据，将之划为一章，即第 20 章；自"天下之达道"至章末"虽柔必强"是子思推衍孔子之意所成文字，另划为一章，即 21 章。深受双峰影响的草庐在《中庸纲领》中亦提出了自己的看法，干脆将哀公问政章拆分为四章，并独立为一节，刻意突出该节的特殊地位，其主旨为"论治国之道在人以行其教"而非诚。在大节的划分上，双峰与勉斋亦有同有异。同者，皆分为六节，皆将第四节单列为诚，差别仅在于对哀公问政章的处理，双峰尽管亦一分为二，却皆归入第四节"诚"论，勉斋则分别归于三、四节，如此，本节双峰较勉斋多出"哀公问政"一部分。在各节主旨及其关系认识上，双峰颇有创见。他以简明扼要之语概括了各章要旨：首章中和节，2—11 章的中庸节，12—19 章的费隐节，20—28 章的诚节，28—33 章的大德小德节，末章的中和节。特别是指出全书是一个具有高度联系的有机整体，各节之间彼此照应，首、末两章皆自成一节，中间四节则是两次开合。第一次开合是由中和而中庸而费隐的打开，再由费隐而诚的闭合。第二次开合是由诚而至道至德的放开，再由至道至德到末节无声无臭的合拢。两次井然有序的开合显示了《中庸》结构的完整性和节奏性。[①]双峰之六节说影响盖过勉斋，得到后世主流朱子学者的认同，而勉斋之说几乎湮没无闻，不为人所知，恐与双峰对各章节关系的精密论述有极大关联。[②]

如果说双峰是在勉斋基础上"后出转精"，那么草庐则显然更有针对双峰的意味，他受双峰思想深刻影响是无疑的，数次提及对双峰《大学》、《中庸》的看法，批评双峰章句说过于分析。他在《中庸纲领》中将全书分为七节 34 章，在章的划分上，他对朱子《章句》采用了合并、拆分法，颇不同于前人。把《章句》22 章"唯天下至诚尽性"与 23 章"其次致曲有诚"合为一章，构成他的 25 章；把"不诚无物"章与"至诚无息"章之

[①] 可参拙稿《再论饶鲁的〈中庸〉章句学及其对朱子的超越》，《深圳大学学报》2014 年第 5 期。
[②] 双峰说获得后世学界的主流认同，如对明代《四书大全》和韩国理学影响甚大的胡云峰《四书通》即采用其说，清末翟灏《四书考异》亦提到双峰与草庐的《中庸》分章，但却极少有人提及勉斋说。

"故至诚无息"至"无为而成"部分结合起来组成他的27章,而"至诚无息"章剩下部分"天地之道可一言而尽也"以下则单独组成28章。在节的划分上,除将哀公问政章独立为一节,首节、次节、第3节、第七节与前人相同,差异在于把24—30章划分为明诚、圣天一节,突出"诚"在全书中的中心地位。且把31、32、33章划为第六节,论孔圣之德与天为一。列简表如下:勉斋、双峰20/21章为朱子《章句》20章哀公问政章之拆分,具体所分有所不同;草庐一行,括号中为朱子《章句》之分,但草庐四、五节的各章之分已与朱子不同。①

节 章	第一	第二	第三	第四	第五	第六	第七
勉斋	1 纲领	2—11 明道之体段	12—20 明道之普在	21—27 诚以尽道	28—33 德以体道	34 体道至极	无
双峰	1 中和	2—11 中庸	12—19 费隐	20—27 诚	28—33 大德小德	34 复申首章	无
草庐	1 性道教	2—11 中庸之德	12—19 道之费隐	20—23 (20) 治国之道	24—30 (21—29) 明诚,圣德与天为一	31—33 (30—32) 孔德与天地为一	34(33) 申言首章之旨

关于《中庸》主旨,勉斋认为《中庸》是论道之书,尤其阐发了道之体用说,双峰亦明确提出,"《中庸》一书大抵是说道",突出了中庸之道与物不杂不离的双重特点。勉斋对《中庸》三项工夫的阐发,在双峰那里得到进一步的回应和阐发,双峰认同朱子、勉斋的戒慎解,"戒惧,存养之

---

① 饶鲁之说几为元以来各主要四书类著作所引述,本文选自清王朝璩辑《饶双峰讲义》卷9,乾隆五十六年石洞书院刻本,四库未收书辑刊第贰辑,北京出版社2000年版,第417页。草庐之说,见其所著《中庸纲领》,《四库全书》,第12—14页。

事""慎独，省察之事"，但亦有新的理解，对《章句》颇有批评。特别突出了第二节"中庸"节所体现的变化气质的自修工夫，突出了知、仁、勇的重要性，认为"《中庸》大抵以三达德为体道之要"①。饶鲁认为中庸"尊德性而道问学，致广大而尽精微……"五句当以首句为纲，其余四句为目，皆言道问学之事，提出了尊德性在其中的主干地位，还提出了"必先尊德性以为之本"这一带有浓重心学意味的命题。②这一看法得到草庐的认同，并获得进一步弘扬，草庐强调以尊德性为主体的情况下来展开道问学，力求兼顾二者之间的关系，认为尊德性为体，道问学为用，二者具有相互促进、互为一体的关系，并由此被视为元代朱陆合流的代表。③

综上所述，勉斋在《中庸》分章、主旨、工夫论方面皆对朱子《章句》有所改造和突破，形成了自成一派的《中庸》学，并得到后学双峰、草庐的进一步推阐，尤其是双峰的章节之分，更是成为后世理学中有代表性的见解，显示出勉斋学派的创新能力。元人程钜夫已经道出此点，他说，"勉斋之说，有朱子所未发者，双峰之说，又有勉斋所未及者。"令人奇怪和遗憾的是，双峰、草庐的《中庸》学皆有相当之影响，作为二者源头的勉斋《中庸》反而默默无闻，不为学界所熟知，一冷一热适成对比。勉斋著作对后世影响最大者当属《论语通释》，该书虽已散佚，但许多重要条目皆为宋元以来诸家《四书》所引述，影响甚大，至今不绝。这与其《中庸》学之冷遇又成比照。事实上，勉斋《中庸》学确实卓然成家，其所开创的《中庸》学派，以其有守有为的创新精神，有力地推动了《中庸》学的诠释和朱子学的向前发展，其思想价值值得进一步深入研究。

第三节　美国当代朱子《四书》研究：以贾德讷为中心

在全球化时代，人文学科的学术研究亦须具备全球视野，方能整体推进

---

① 史伯璿：《四书管窥》卷8，第945页。
② 对双峰《中庸》思想的详细论述，可参拙稿《饶鲁〈中庸〉学的道论及其思想史意义》，《哲学动态》2013年第10期；《饶鲁〈中庸〉学的工夫论诠释及对朱子的突破》，《山东大学学报》2015年第2期。
③ 方旭东《尊德性与道问学——吴澄哲学思想研究》，人民出版社2004年版。

相关领域的研究。即以儒学研究为例，如何突破"东亚化"，实现"全球化"已成为其未来发展的重要走向。近年来，国内的朱子学和四书学（包括东亚四书学）研究非常活跃，但对英语学界的朱子四书学研究关注不多。① 本文拟对英语学界相关成果加以评述，以为国内朱子四书学研究提供借鉴。美国贾德讷（Daniel K. Gardner）师从哈佛大学史华慈（Benjamin I. Schwartz），始终坚持对朱熹四书学的翻译、研究，先后出版了《朱熹与〈大学〉：新儒学对儒家经典的反思》、《学以成圣：按主题编排〈朱子语类〉选》、《朱熹对〈论语〉的解读：经典、注释与经学传统》、《四书：后期儒家传统基本教义》。② 贾氏的研究以对朱熹《四书》文献的翻译、注解为基础，体现了强烈的问题意识，提出了中国经典学的重要问题，如经典与理学、经典与注疏、经典与教化、学以成圣等。这些论题亦为当前中国学界关切所在，故甚有必要对贾氏的研究加以论述。

一　朱熹《四书》与理学

与西方中国思想史研究常用进路不同，贾氏基于对理学与经典内在共生关系的认识，选择从儒学经典切入展开理学研究。他在《朱熹与大学》序中提出，英语学界尽管对新儒学有了各种研究，但几乎无人关注新儒学和儒家经典的关系。这种不幸忽视鼓励了早在宋代就被新儒家反对派提出的观点——新儒学学说的产生几乎与儒家传统经典无关，更多地来自佛学而非儒学。作者对此予以鲜明反驳，强调本书的核心就是要矫正过去对儒家经典的

---

① 近来，中外两名学者各撰有综述近年英语学界朱子研究的文章：[美] 司马黛兰（Deborah Sommer）：Recent western studies of Zhu xi，载吴震主编《宋代新儒学的精神世界——以朱子学为中心》，华东师范大学出版社 2012 年版；彭国翔：《近三十年（1980—2010）英语世界的朱子研究：概况、趋势及意义》，《湖南大学学报》2012 年第 1 期。

② Chu Hsi and the Ta‑hsueh: *Neo‑Confucian reflection on the Confucian Canon*, Cambridge and London, Harvard University Press. 1986。*Learning to be a sage: Selections from the conversations of master Chu*, Arranged Topically. University of California Press, Berkeley, 1990. *Zhu Xi's Reading of the Analects: Canon, Commentary, and the Classical Tradition*, Columbia University Press, New York, 2003. *The Four Books: the Basic Teachings of the Later Confucian tradition*, Hackett Publishing Company, Inc. Indianapolis, Cambridge, 2006。他于 2014 年出版的 *Confucianism: A Very Short Introduction*（Oxford University Press）也有专章论述朱熹。

忽视，确信宋代新儒家对儒家经典有着深深的敬意，并从中汲取灵感。[1] 故贾氏的研究始终关注经学与理学之关系这一重大问题。

贾氏认为儒家思想离不开经典。儒者在寻求灵感和指导时求助于被认为包含了儒家思想基本教导的经典文本。读经不仅是一种自我实现的义务，更是一种参与古代圣贤对话的方式。四书取代五经原因虽多，最根本的则是对佛教的应对，这促使他们更多地关注本体论。与五经相比，《四书》更集中关注人性、道德的内在根源、人与宇宙关系问题。贾氏虽亦认同新儒学受到佛教刺激，但其思想的根基却在于对儒家经典的新诠释，其资源主要来自被重新改造了的儒家经典《四书》而非佛学。故贾氏直接投入于作为新儒学核心资源的朱熹《四书》，从儒家经学史立场来看待新儒学。

他强调从对朱熹《四书》文本的研究中察知新儒学和经典的关联。在所有新儒家中，朱熹与经典联系最紧密，其经典诠释与哲学系统的发展是复杂的辩证关系，朱熹走向经典解释正基于其新儒家哲学的核心信念。[2] 他基于自身的本体论假定人皆有能力对经典作出有意义的思考。

之前的学者也相信过去圣贤在儒家经典中传达了真理，但朱熹与他们的差异在于在文本中追寻何种真理。宋代之前的经典学者普遍寻求有限的限定真理，即如何应对生活中的各种具体境遇，如何给出最有效管理民众的处方；而朱熹则是在寻求一个普遍真理——宇宙中既内在又超越的一个真理。[3] 自此，儒家经典不再是指示性的，而是体现了宇宙中包含一切的普遍之理，这个理将会向任何读者显示。当然，朱熹认为文本中的真理并不易获得，因为没有任何词语能完全表达圣贤的深刻含义。

贾氏在《朱熹对〈论语〉的阅读》的诠释中，论述了朱熹形上学及经典诠释的几个特质。他指出"我欲仁"章朱注采用了本体论的信仰，使孔子的评论完全明白易懂，把握了《论语》个别篇章与更大传统的关系。朱熹根据孟子的人性论观点来论证本章：一方面经典文本的认同给了这段

---

[1] G. Daniel, *Chu Hsi and the Ta-hsueh: Neo-Confucian Reflection on the Confucian Canon*, Harvard University Press, 1986, introduction, p. 3.

[2] Ibid., p. 48.

[3] Ibid., p. 49.

《论语》更深的共鸣和更连贯的意义，同时加强了《孟子》立场的合法性和意义。最终使得把传统作为一个整体来理解变得更有说服力，孟子人性先天本善的观点也显得更自然和更权威。这都说明朱熹的注释起到了联接文本自身和它作为其中一部分的儒家更大传统的中介作用。① 他又以"性相近"章为例提出朱熹的《论语》文本和形上学之间关系是动态的：形上学阐发了《论语》的教义，教义使得形上系统富有意义。这种教义与奠基于形上基础的注释的相互交融使它们根本兼容，反过来给形上学一个"儒家"的有效性和意义。

二　朱熹《四书》与经典诠释

贾氏认为儒家经典有一个动态发展的过程，经典的面貌实际上又由注疏塑造。儒家通过行间注释来表达对圣贤之言的理解和自身哲学思想，经典注释成为追随儒家之道的主要哲学表达模式。② 他根据经典诠释方法的差异划分经学史的发展阶段，显示出独特的视角和对经学诠释方法的重视。指出宋代有三种经典研究方法：考据性（the critical）、经世性（the programmatic）、哲学性（the philosophical）。第一种探究经典文本、注释的著者及其真实可靠性。第二种关注经典中的古代制度、系统或道德价值，讨论其对现实环境的可运用性。第三种是宇宙论解释，讨论人与宇宙的关系或人道德的内在性。此三种方法乃包容而非排斥关系，他据此对汉宋经学作了发展阶段的区分。第一阶段始于中唐至北宋，考据性方法流行；第二阶段为北宋初期，考据性方法继续流行，经世性方法发展起来；第三阶段是方法多元性时期。前两种方法占统治地位的同时逐渐出现哲学性方法，以周敦颐为代表。第四阶段表现为哲学方法的唯一性，《易经》和《四书》获得新的重要地位，以张载、程氏兄弟为代表。第五阶段是宋代经典解释的成熟和综合期，这一舞台被朱熹主导。③

---

① G. Daniel, *Chu Hsi and the Ta-hsueh: Neo-Confucian Reflection on the Confucian Canon*, Harvard University Press, 1986, introduction, p. 63.
② Ibid., p. 1.
③ G. Daniel, *Chu Hsi and the Ta-hsueh: Neo-Confucian reflection on the Confucian Canon*, p. 7.

他又认为，当今儒家经典主要有历史和哲学两种解经方式。一种是通过广泛的文献考察来发现、重构作者试图在文本中表达的意图，另一种是非历史的、哲学的解读方法，试图寻找文本中对我们最有吸引力的内容：即文本的真正意图是什么？作者的《朱熹与〈大学〉》一书采用的就是其一贯的历史学方法，它首要关注的是文本是如何被理解及为何作出这种理解，而不关注是否应当作这种理解——优先关注事实解释而非价值判断。尽管所有的经典解读法都是合法的，但却指向不同目标。历史方法的解读试图至少揭示出中国过去儒家传统的动态发展。其基础是相信儒家文本的理解在不同时代、不同解读者眼里是不一样的，故朱熹对儒家经典的思考不同于郑玄等汉代儒者是很正常的。

历史性与哲学性注疏的比较。贾氏在《朱熹对〈论语〉的解读》中着眼于研究视角和诠释方法，以朱熹、何晏对《论语》的注释比较为例，具体阐明了儒家经典是如何被加以不同诠释的。就诠释视角论，何晏主要从历史角度出发，朱熹则从伦理和哲学的角度。与何晏不同，朱熹直接在注疏中发表看法，引导读者，认为读者不仅应当理解文本的意义，更应明白文本的普遍应用性。[①] 如"礼之本"章，何晏的注释仅仅是重复夫子的话，是描述性的，几乎没有提供任何解释。相反，朱熹的注释在篇幅上通常比经文长很多。朱熹认为，夫子的评论被弟子组织起来构成《论语》一书，成为一个有深层内在连贯意义和洞见的文本。这一点对朱熹来说几乎是一种信仰。[②] 朱熹认为通过对圣人之言的持续研究、体验，他已经完全获得了这种洞见。这种对文本真理的理解、洞见对所有人也是敞开的，只要他们愿意为此努力投入。他的注释就是为他们的努力提供一种帮助，向他们揭示自己有幸在文本中已发现的真理。

贾氏在该书的结论部分集中讨论了两个问题：诠释者的角色和目的；如何根据自身思想来重塑《论语》。自我角色定位就是如何理解注释者与文本、传统、读者的关系。在何晏那里，前辈之说具有完全的权威性，在朱熹这里，只有二程等支撑其观点时才有权威性，在经典、权威、读者的三层关

---

① G. Daniel, *Zhu Xi's Reading of the Analects: Canon, Commentary, and the Classical Tradition*, p. 36.
② Ibid., p. 105.

系中，他将自己置于整个对话的中心。何晏在诠释中尽量少地"发声"，朱熹则相反，原因在于朱熹的态度是传教灌输式的（proselytizing attitude），带有某种论辩性。这种对《论语》文本深刻的，几乎是宗教义务性的态度清楚解释了朱熹艰苦的注释努力。对朱熹来说，《论语》的价值在于对人具有深刻的转化作用，正是这种对《论语》权威和效果的信仰促使朱熹穷毕生之力注释《四书》。① 他的注释尽力使读者相信儒家传统在宋代仍然是有生机和相关的，在一定程度上是一种信仰辩护（as an apologetic）。他认为把《论语》塑造到一个对当代读者有意义的传统中这个任务特别重要，需要使读者相信孔子的教导和他们的世界是相关联的。朱熹通过对经典的自我反思，自信有能力把握圣人原意，确信他的心与圣人之心已经变为一个。② 朱熹确实已经获得了对理的彻底理解，进入了圣贤之境，圣贤之意已极其清楚地向他显现出来。朱熹和何晏在《论语》中表达了不同的形上系统，决定了他们对圣贤之意、对道的理解的差异。

篇内连贯和文本互涉（intratextual and intertextual references）。贾氏《朱熹对〈论语〉的解读》主要探究了行间注的体裁，突出了它在中国知识史研究中的重要性及作用。③ 自汉代始，行间注便成为主要写作文本形式，该书试图探究以下论题：朱熹为何采用集注形式？如何理解注者和文本的关系？如何协调过去圣贤之言与当代读者的信仰、约定？朱熹的注释如何形成读者对本书的理解？它如何受到早期注释传统的影响？又是如何影响此后《论语》的理解？该书通过对何晏《论语集解》与朱熹《论语集注》的翻译、分析，阐明经典文本和集注之间的动态复杂关系。作为知识表述的一种工具，行间注不是简单的去文本中发掘灵感和意义，而是同时给予文本意义，极大地构成和重构了对文本的阅读。贾氏从《论语》中挑选了学、仁、礼、政、道、君子等直接内在关切于儒家核心思想的篇章，以突出朱熹极大改变核心文本意义的方式，显示行间注理解对把握中国传统是如何关键。

---

① G. Daniel, *Zhu Xi's Reading of the Analects: Canon, Commentary, and the Classical Tradition*, p. 166.
② Ibid., p. 169.
③ Ibid., pp. 3-4.

贾氏指出，假定文本是一个内在整体是朱熹所有注释重要而鲜明的特质。朱熹认为儒家经典是一个内在综合的整体，每个部分都给整体以意义，正如整体阐明部分一般。这种融合贯通的努力深化了《论语》文本的经典性，特别是强化了四书的核心性，通过把四书作为一个整体呈现出来，对于愿意倾听者来说，它是开放的，可以进入的。如"博施济众""十室之邑""三十而立"等章充分体现了朱熹文本互涉的诠释特征。这种方法给予每种文本合法性，在突出文本内在关联和一体性的同时，还使得彼此更加好懂。著者以《论语》中关于"仁"的9章为例，指出朱熹的评论促使读者依靠整个《论语》及其注释的相关背景去阅读《论语》，这种整体性、一致性是何晏注所没有的。朱熹甚至超越了《论语》文本自身，使夫子的语言纳入更大的儒家哲学视野。著者指出，何晏与朱熹对克己复礼理解的重大差异在于前者认为礼产生了仁，后者则主张仁产生了礼。这种差异在美国学者芬格莱特（Herbert Fingarette）和史华慈的争议中同样体现出来，前者的主张近乎何，后者近乎朱。

三　朱熹《四书》与德性教化

通过经典来推行教化是儒家经典诠释学的根本任务，贾氏非常关注此点。他指出宋代思想发生了由外王至内圣的"内转"，在此转变过程中，朱熹的最大贡献是发展出了一套系统的道德修养方法，这种方法主要通过对《大学》的理解发展出来。① 朱熹对《四书》的重视超过五经是因为他认为《四书》体现了道的本质。在《四书》中，《大学》应最先学习，它比任何一部儒家经典都更简洁地表达了儒学之道的广阔目标：个人修身和社会治理。朱熹对《大学》个人式的、宗教性的解读（this sort of personal, religious approach to the Ta－bsueh）导致对文本全新的理解，与传统上对经典理解相比，至少有三方面重要突破：首先，汉唐学者主要把《大学》理解成仅为统治者使用的政治手册，朱熹将之看作所有人自我修养和社会治理的指导，扩大了《大学》的读者范围。其次，朱熹发现了《大学》里面的一个本体论假设和自我修养过程后面的目标——明明德，朱熹认为明德不是向外

---

① G. Daniel, *Chu Hsi and the Ta－hsueh: Neo－Confucian reflection on the Confucian Canon*, p. 47.

第七章　朱子四书学的传承发展　575

展现德性或德性行为，而是内在道德心或每个人降生之初的天赋之性，它可能受到物欲或人欲的污染。贾氏认为其实朱熹的明德是包含了心性的一个整体。第三，朱熹认为《大学》规定了实现性的正确途径——格物，它被视为整个自我修养过程的第一步和基础。朱熹在格物补传中对此作了雄辩阐发，特别讨论了觉悟问题，他把格物作为儒家矫正佛教静坐的方法，它可以导向自我实现和开悟境界，同时又是自我与社会连接的中心。

学以至圣。贾氏所译七卷《朱子语类》的正标题是《学以成圣》，意在表明朱熹的中心关切是如何学以至圣，即道德上的充分实现。他的形而上学综合代表了儒家哲学的新发展，试图给人的道德完善这一儒家传统教学目标一个本体论的基础。对朱熹来说，人之天赋性同气异，气的量质将决定人性是呈现还是继续被遮蔽。朱熹对此给予了最多的哲学关注，给弟子们发展出了一套系统、渐进的自我完善工夫，工夫程序中第一步也是最关键的一步就是格物。格物是改善自我和本原道德之性的手段，是自我觉醒、回归真我的过程。

基于此，贾氏《学以成圣：按主题编排〈朱子语类〉选》通过对《朱子语类》中有关学的篇目译注来显示如何经由学习达到圣人境界。该书据清代张伯行《朱子语类辑略》选择"为学"七卷加以翻译，详尽分析了朱子为学生设计的学习计划。诸如"学"为何意？何者为核心课程？如何学习文本？读者与文本关系如何？他认为与北宋学者相比，儒家发生了由确认一个有道德的人到培养一个有道德的人的转变。[①] 由传统的如何发现贤人转变为如何培养贤人，朱熹倡导《四书》作为核心课程，吸引学者更多地走向内转反思的精神生活，而非外在的政治参与。贾氏确定《论语》的第一主题是"学"，在比较何晏、朱熹注释差异时指出，何晏的"学"仅仅是对合适文本的诵习熟读，朱熹的"学"则带有明显的道德目的。[②]

贾氏在《四书：后期儒家传统基本教义》中提出，朱熹尽力于《四书》就是要解释孟子提出的两个哲学问题：如人性为善，恶从何来？如人性为善

[①]　G. Daniel, *Learning To Be a Sage: Selections from the Conversations of Master Chu*, Arranged Topically. University of California Press, 1990. p. 75.

[②]　G. Daniel, *Zhu Xi's Reading of the Analects: Canon, Commentary, and the Classical Tradition*, p. 32.

但如何实现之？朱熹对人性内在潜在之善与实际行为之善存在的鸿沟加以精致的哲学化解释，其哲学系统就是将自我修养过程视为中心论题。要实现这种完善，意志和努力是根本的，格物又是工夫第一步。学习体验《四书》是为了明理，明理服务于修身，通过修身使道德呈现于各种相互关联中，仁就是善于处理各种人际关系。"'Goodness' is to be good in one's relations with others."① 仁的字形亦表明它只能在与他人的关系中，在一个人类共同体中获得。苦行者数十年坐在叙利亚沙漠里的柱顶来消除心中恶魔，以便在上帝眼里变好，这在儒家是根本不可能的。

儒家认为政府具有一种最高权威，处在一个很好的位置来推进人民的道德发展。好的政府应当是有德行的，它的管理依赖于道德力量、礼仪实践而不是法律，这是儒家洞见的政治基石。《四书》支持的政府形式是一种仁慈的家长主义，统治者对民众有着如父亲对子女般真诚深厚的关心。在《四书》看来，理想的政府依赖于一系列相关的道德命令，好的政府使人民变好。② 这使得儒家的政治教义与其他大多数的政治哲学不同。但在《四书》中存在一个教义的循环，即政府好人民才会变好，但只有好人同意为政府服务，好的政府才有可能。故中国统治者依赖于科举来发现这样的人，这又依赖于对《四书》的学习。

四　朱熹《四书》与经典翻译

贾氏的研究建立在扎实的文献翻译基础上，对《四书》相应术语的运用体现出其本人的思考方向。以"经典"一词为例，贾氏在论及儒家五经、十三经、《四书》时，采用了 Canon 一词，而在表达一般意义上的经典时，则采用 Classic。这两个词最根本的区别是 Canon 指 "A collection or list of sacred books accepted as genuine."（Oxford English Dictionary）该词来源于基督教，常指《旧约》、《新约》，带有明显宗教意味。但是否能仅据贾氏使用该词来断定其对朱熹《四书》研究是从宗教学研究角度出发呢？贾氏专业是

---

① G. Daniel, *The Four Books: the Basic Teachings of the Later Confucian Tradition*, Hackett Publishing Company, 2006. p. 139.

② Ibid., p. 147.

中国思想史，其一贯的研究方法是在《朱熹与〈大学〉》中已指出的客观、平实的历史研究法，以如实把握朱熹的经典思想。他的朱熹研究并无任何宗教意味，尽管他曾指出朱熹对《四书》研究的执著已带有某种宗教情怀，但只是意在表明朱熹的研究态度。作者使用 Canon 意在表明儒家思想系统中具有《圣经》般地位的经典已由五经转换为《四书》，以此突出《大学》、《论语》、《孟子》、《中庸》经朱熹诠释后，已成为真正的 Canon，影响统治了中国后期的知识史，非一般 Classic 可比。它所指的是《四书》的经典地位而非表明作者对朱熹研究的宗教态度，并不能以贾氏之书来证明西方朱子学研究的宗教性趋势。①

诠释的主观差异性与文本的客观同一性。贾氏《朱熹对〈论语〉的解读》一书以比照方式突出了何晏《论语集解》历史诠释与朱熹《论语集注》哲学诠释两种方法的差异，就《论语》何、朱不同注释直接给出不同翻译，区分了不同学者视域中的经文，达到了彰显朱子新经学与何晏经学不同的目的。

如：时习之，何：以时诵习之。recite it in due time；朱：时时习。rehearse it constantly。②与其易也的"易"。何：和易。serene. 朱：易，治也。meticulous.③ 又如"有耻且格"的"格"，何：格，正也。Set themselves right. 朱：格，至也。……至于善也。一说，格，正也。Arrive at good.④朱熹对"格"的第一解为"至于善"，第二解则同于何晏。他曾明确表示，如两解并存，以第一解为优。

贾氏的翻译存在变易。19 世纪传教士理雅各（James Legge）奠定了西方中国经典翻译的典范，他对《四书》的翻译亦以朱熹《四书》为底本，将贾氏对《大学》主要范畴的翻译和其译文相对照，可见出贾氏的特点。下文 J 指 James Legge，G1 指贾氏 1986 年版《朱熹与〈大学〉》译文；G2 指其 2007 年版《四书：后期儒家基本教义》译文。

---

① 《近三十年（1980—2010）英语世界的朱子研究：概况、趋势及意义》一文据贾氏所著《朱熹与〈大学〉》、《朱熹对〈论语〉的解读》使用"Canon"一词来证明其研究的宗教性趋势不妥。
② Ibid., p. 147.
③ Ibid., p. 101.
④ Ibid., p. 108.

明明德：J：illustrate illustrious virtue

　　　　G1：keeping one's inborn luminous virtue unobscured

　　　　G2：letting one's inborn luminous virtue shine forth

格物　J：investigation of things。

　　　　G1：apprehending the principle in things

　　　　G2：investigation of things

　　就字面意义对称而言，"明明德"两个"明"字只是词性不同，意义并无多少差别。贾氏的翻译过于曲折，不如理雅各精准。贾氏 2007 年译文较 1986 年在语义上更具积极性、主动性，但仍不够简洁。早期贾氏对"格物"的翻译，意译为"穷究事物之理"，亦不够恰当，若此，则如何翻译"穷理"？故他在 2007 年重新回归理雅各的翻译。此外贾氏对仁、新民、中庸等的翻译与理雅各亦有不同，然其高下则各有千秋。

　　贾氏译文亦有可商处，如他对何晏、朱熹的"克己"有不同翻译，何：to restrain the self；朱：to subdue the self。① 何晏引马融说把克己解为约束自身，朱熹则解为战胜身之私欲。其语义有两处差别："克"是约束还是征服？"己"是身体还是作为身体中不好的部分（私欲）？贾氏注意到前者之别，但却将两个意义不同的"己"都译为"self"，显然未达到区别的效果（就笔者寡见所及，英译本少有注意此点者）。即便在朱熹本人的诠释中，此克己之己与本章下句"为仁由己"之"己"亦是意义有别的。

　　贾氏认为朱熹诠释具有语篇连贯和互文性特点，故对其《四书》的翻译诠释亦采取了整体比照和局部探微相融合的方式。他对具体文本的翻译，总是结合其他相应文本来阐明之。在翻译每条《朱子语类》正文后，适当以小号字体加以阐发，并另外加以注释，基本上引朱解朱。如第七卷小学第一条，即引《大学章句序》解释古人小学和大学的问题。对某些重要核心术语如理气等，贾氏不遗余力的旁征博引，此引注法实得朱熹精髓。既然何

---

① G. Daniel, *Zhu Xi's Reading of the Analects: Canon, Commentary, and the Classical Tradition*, p. 78.

晏、朱熹对《论语》有着不同注释,那么《论语》的真正意义是什么?贾氏认为,《论语》的真正意义就是读者在文本中发现的意义。《论语》滋哺了保留它为神圣的传统,这个传统在恒久的重新诠释和重新振作的自我认同中反过来滋哺了对《论语》的阅读与理解。故对注释的学习之于经典文本实际意义的理解珍贵无比。

综合来看,贾氏的朱熹《四书》研究较为全面深入,具有三个特点:一是整体比较的研究视野。他把握住朱熹《四书》作为晚近儒学的基本教义,是一个不可分割的内在和谐整体。并利用《四书章句》之外的材料展开比照性研究,明确了各资料之间的主次先后关系,指出《语类》虽然极具参考价值,但还是应最先参考《四书章句》。通过何晏、朱熹《论语》诠释的具体比较,发现中国经典诠释存在历史与哲学两种模式。二是内在问题意识。著者选择由经典诠释入手来研究中国思想史,是一个很好的切入点,是对西方忽视中国经典研究的补充。他注意到注释是中国思想家表达思想的主要方式,故在《四书:后期儒家基本教义》中采用集注的研究形式向英语学界阐释自宋以来理解《四书》的典型方式。其次,著者对中国经典的学习载体——朱子《四书》;表达形式——行间注体裁;诠释方式——魏晋的历史性与宋明的哲学性诠释;学习目的——学以成圣等重要问题都有细致阐述。这些论述对西方目前仍缺乏的中国经典思想研究有很强的补白意义。正如作者所言,中国历史后半期(1200—1900年)中国人如何研究《四书》文本并吸收其中的价值观,这在西方极少有研究。另一方面,著者的研究涉及理学经典化、经典诠释义理化、经典宗旨伦理化等重要经学思想论题,对当前日益活跃的经学思想研究具有借鉴意义。如贾氏认为,朱熹《四书》诠释的重要意义在于把理、气、心、性构成的一套形上语言和儒家正统结合起来,提供了更加人类中心主义的关切。三是采用了以传统经典注释方式为主,辅之以西方论文的形式,体现出鲜明的"中国风格"。其著作由长篇前言+翻译+注释+结语的结构构成,翻译注释皆极详尽,如对《大学》全书的翻译包括了《大学章句序》,指出"复其性"来自李翱。对已有注释加以批驳,如批评理雅各将"下民"解释为"inferior people"不妥,应为"the people below" not "the inferior people".① 当然，贾氏的从思想史展开研究，对朱熹《四书》诸多内在哲学问题如道统、理气、心性等并未给予深入阐发，此是其限制所在。

---

① G. Daniel, *Chu Hsi and the Ta－hsueh: Neo－Confucian reflection on the Confucian Canon*, p. 78, 注释6.

参考文献

（一）古籍类

蔡模：《孟子集疏》，四库全书荟要，吉林出版集团有限责任公司 2005 年版。

陈淳：《北溪字义》，中华书局 1983 年版。

陈栎：《定宇集》，元人文集珍本丛刊，台北新文丰出版公司 1985 年版。

陈普：《石堂先生遗集》，续修四库全书第 1321 册，上海古籍出版社 2002 年版。

程颢、程颐：《二程集》，中华书局 1981 年版。

程钜夫：《雪楼集》，文渊阁四库全书第 1202 册，台湾商务印书馆 1988 年版。

程若庸：《性理字训》，四库全书存目子部第四册，齐鲁书社 1999 年版。

段玉裁：《说文解字注》，浙江古籍出版社 2001 年版。

胡炳文：《四书通》，吉林出版集团有限责任公司 2005 年版。

黄榦：《勉斋集》，书目文献出版社 1988 年版。

黄士毅编，徐时仪 杨艳汇校：《朱子语类汇校》，上海古籍出版社 2016 年版。

黄宗羲：《宋元学案》，浙江古籍出版社 1986 年版。

胡瑗：《周易口义》，文渊阁四库全书，台湾商务印书馆 1987 年版。

金履祥：《论孟集注考证》，文渊阁四库全书第 202 册，台湾商务印书馆 1987 年版。

刘宗周：《刘宗周全集》，浙江古籍出版社 2012 年版。

陆九渊：《陆九渊集》，中华书局 1980 年版。

吕祖谦：《吕祖谦全集》，浙江古籍出版社 2008 年版。

毛奇龄：《四书改错》，续修四库全书第 165 册，上海古籍出版社 2002 年版。

石子重：《中庸辑略》，《四库全书》第 198 册，台湾商务印书馆 1986 年版。

史伯璿：《管窥外篇》，文渊阁四库全书第 709 册，台湾商务印书馆 1987 年版。

史伯璿：《四书管窥》，文渊阁四库全书第 204 册，台湾商务印书馆 1987 年版。

王夫之：《读四书大全说》，岳麓书社 2011 年版。

王阳明：《王阳明全集》，上海古籍出版社 1992 年版。

永瑢等主编：《四库全书总目提要》，海南出版社 1999 年版。

张栻：《张栻集》，中华书局 2015 年版。

张载：《张载集》，中华书局 1978 年版。

赵顺孙：《四书纂疏》，吉林出版集团股份有限公司 2005 年版。

真德秀：《四书集编》，吉林出版集团股份有限公司 2005 年版。

真德秀：《西山读书记》，文渊阁四库全书第 705 册，台湾商务印书馆 1988 年版

朱公迁：《四书通旨》，吉林出版集团有限责任公司 2005 年版。

朱熹：《四书章句集注》，中华书局 1983 年版。

朱熹：《朱子全书》，上海古籍出版社，安徽教育出版社 2002 年版。

（二）研究著作

蔡方鹿：《中华道统思想发展史》，四川人民出版社 2003 年版。

陈来：《中国近世思想史研究》，商务印书馆 2003 年版。

陈来：《朱子书信编年考证》增订本，三联书店 2007 年版。

陈来：《朱子哲学研究》，华东师范大学出版社 2000 年版。

陈来主编：《哲学与时代：朱子学国际学术研讨会论文集》，华东师范

大学出版社 2012 年版。

陈荣捷:《近思录详注集评》,华东师范大学出版社 2007 年版。

陈荣捷:《朱学论集》,华东师范大学出版社 2007 年版。

陈荣捷:《朱子门人》,华东师范大学出版社 2007 年版。

陈荣捷:《朱子新探索》,华东师范大学出版社 2007 年版。

[美] Daniel K. Gardner. Chu Hsi and the Ta – hsueh : Neo – Confucian reflection on the Confucian Canon: Cambridge and London, Harvard University Press. 1986。

[美] Daniel K. Gardner. Learning to be a sage : selections from the conversations of master Chu, Arranged Topically. university of California Press, Berkeley, 1990.

[美] Daniel K. Gardner. The Four Books: the Basic teachings of the later Confucian tradition, Hackett Publishing Company, Inc. Indianapolis , Cambridge, 2006

[美] Daniel K. Gardner. Zhu Xi's Reading of the Analects : Canon, Commentary, and the Classical Tradition, Columbia university press, New York, 2003.

[日] 大槻信良:《朱子四书集注典据考》,台湾学生书局 1976 年版。

邓庆平:朱子门人与朱子学,中国社会科学出版社 2017 年版。

方旭东:《尊德性与道问学—吴澄哲学思想研究》,人民出版社 2004 年版。

侯外庐:《宋明理学史》,人民出版社 1984 年版。

李景林:《教化视域中的儒学》,中国社会科学出版社 2013 年版。

刘述先:《朱子哲学思想的发展与完成》,台北学生书局 1984 年版。

陆建猷:《四书集注与南宋四书学》,陕西人民出版社 2002 年版。

牟宗三:《从陆象山到刘蕺山》,上海古籍出版社 2007 年版。

牟宗三:《心体与性体》,上海古籍出版社 2007 年版。

钱穆:《朱子新学案》,九州出版社 2011 年版。

钱穆:《朱子学提纲》,三联书店 2002 年版。

邱汉生:《四书集注简论》,中国社会科学出版社 1980 年版。

束景南：《朱熹年谱长编》，华东师范大学出版社 2001 年版。

束景南：《朱子大传》，商务印书馆 2003 年版。

［德］苏费翔著，肖永明译：《宋金元时期的〈中庸〉与道统问题》，中华书局 2018 年版。

田浩：《朱熹的思维世界》（增订本），江苏人民出版社 2009 年版。

田智忠：《朱子论"曾点气象"研究》，巴蜀书社 2007 年版。

吴震主编：《宋代新儒学的精神世界——以朱子学为中心》，华东师范大学出版社，2012 年

余英时：《朱熹的历史世界》，三联书店 2003 年版。

张立文：《朱熹思想研究》，中国社会科学出版社 1994 年版。

赵峰：《朱熹的终极关怀》，华东师范大学出版社，2004

朱汉民、肖永明：《宋代〈四书〉学与理学》，中华书局 2009 年版。

（三）研究论文

陈逢源：《道统的建构——重论朱熹四书编次》，《东华汉学》2005 年第 3 期。

陈来：《朱熹〈中庸章句〉及其儒学思想》，《中国文化研究》2007 年第 2 期。

陈来：《朱子〈克斋记〉的文本与思想》，《复旦学报》2016 年第 2 期。

方旭东：《〈近思录〉新论》，《哲学研究》2008 年第 3 期。

郭齐：《朱熹〈四书〉次序考论》，《四川大学学报》2000 年第 6 期。

李存山：《〈太极图说〉与朱子理学》，《中共宁波市委党校学报》2016 年第 1 期。

李景林：《"浩然之气"的创生性与先天性——从冯友兰先生〈孟子浩然之气章解〉谈起》，《社会科学战线》2007 年第 5 期

李景林：《孔子"闻道"说新解》，《哲学研究》2014 年第 6 期。

李景林、马晓慧：《将方法收归内容——中国哲学研究方法论之反思》，《天津社会科学》，2019 年第 2 期。

李景林：《朱子心论及其对先秦儒学性情论的创造性重建》，《中国社会科学》2007 年第 3 期。

林乐昌：《张载佚书〈孟子说〉辑考》，《中国哲学史》2003年第4期.

彭国翔：《近三十年（1980—2010）英语世界的朱子研究：概况、趋势及意义》，《湖南大学学报》2012年第1期。

石立善：《朱子所谓"四子"何指》，《衡水学院学报》2015年第2期。

唐宇元：《道统抉微》，《哲学研究》，1991年第3期。

吴震：《心学道统论——以"颜子没而圣学亡"为中心》，《浙江大学学报》2016年第2期。

向世陵：《理学道统论的两类文献根据与实质》，《齐鲁学刊》2008年第6期。

谢晓东：《寻求真理：朱子对人心、道心问题的探索》，《河北大学学报》2005年第3期。

杨柱才：《朱子诚的义理疏解》，《南昌大学学报》2004年第2期。

索 引

B

本义 4, 27, 44, 90, 96, 98, 102, 103, 160, 228, 229, 269, 320, 358, 360-363, 368, 426, 470, 546

贬抑圣门 7, 311, 319, 322

C

察病救失 4, 7, 311, 322

陈 淳 10, 45, 82, 142, 151, 168, 177, 178, 196, 197, 254, 260, 277, 446, 447, 524-528, 536-538, 540-544, 547, 549, 581

陈来 1, 3, 12, 51, 90, 105, 107, 113, 117, 118, 163, 184, 185, 232, 234, 235, 259, 435, 503-505, 582, 584, 587

诚明 5, 9, 111, 136, 137, 325, 402, 410, 555, 565

诚意 3, 6, 15, 20, 21, 29, 31, 37, 43, 57, 71, 72, 84, 90, 111-113, 119, 195, 221, 235, 241, 251-262, 264, 267, 268, 270, 271, 273-281, 293, 337, 347, 412, 431, 436, 438, 439, 440, 442, 460

D

道统 1-4, 8, 12-15, 24, 25, 47, 54-59, 61, 63, 65, 67, 69, 71-79, 81-89, 91, 93, 95, 97, 99, 101, 103-119, 121-127, 129, 131, 133, 135, 137, 139, 141, 143, 146, 191, 296, 304, 305, 312, 313, 322, 323, 326, 330-332, 365, 376, 449,

索引　587

518，537，553，554，559，
　580，582，584，585
道心　4，55，59－72，74－76，
　78，107，146，510－513，585

E

二程　2，108，116，325

F

范畴　6，9－11，3，14，15，36，
　54，63，65，104，105，108，
　111，112，117，124，125，
　232，246，250，251，262，
　263，316，380，402，448，
　538－544，546－548，550－
　552，577
复性　2，5，14，111，144，145，
　146，147，156，159，307－
　309，337，338，409
复原　5，1，8，10，478，
　479，486

G

改易本文　4，7，342－344
格物　2，3，6，15，18，20，21，
　31，37，39，58，71，72，
　105，107，111－113，115，

121，125，138，176，221，
232－251，253，264，268，
269，278－280，335，371，
372，418，424，428，430，
435，514，515，517，519，
575，576，578
管仲　3，5，107，197－214，496
《癸巳论语说》　2，5，7，8，386，
　387，392，395－398，401

H

或问　1，5，2，3，8，9，4，8，
　11－13，22，24，28－31，
　35，37，38，40，42－48，
　51－53，75，91，102，109，
　121，122，135，146，147，
　149－151，153，154，157，
　159，162，164，165，168，
　169，172，180，189，206，
　207，221－223，225，235，
　239，243，249，259，260，
　265，270，271，275－277，
　279，287，302，305，309，
　312，326，344，346，347，
　352，354，360，361，368，
　370，382，383，386，395，
　396，398，399，403，418－
　429，448，458，468－470，
　472，476，478，479，481－

494，496 - 503，517，519，520，528 - 533，536，537

J

集义　6，31，32，35，46 - 50，52，219，222 - 229，259，369，370，373，469，478，485，501，526，537，564，565

集注　1 - 14，16 - 18，23 - 25，27 - 33，35 - 46，48，51 - 53，55，57，59，63，69，70，73，75，79，85，88 - 90，92，94 - 96，103，105，107，110，111，113，114，119，124，145 - 150，153，156 - 159，162 - 166，170 - 173，175，177，182，186，188，198 - 203，206，212 - 219，221，223，224，226，227，234，237，246，247，252，256，257，259，262，275，277，279，280，282，283，285 - 288，290 - 295，298 - 321，325 - 329，333 - 336，340，342 - 354，356，357，361，365 - 370，372 - 374，378 - 384，393，396 - 399，401 - 412，414，415，417，420 - 422，425，427 - 434，437 - 439，441，443，445 - 447，449 - 451，453，455 - 463，465 - 481，483，485 - 489，491，493 - 495，497，498，499，501 - 503，505，507，509，511，513，515，517，519，521，523 - 537，540，541，547，551，554，555，573，577，579，581 - 583

贾德讷　6，11，568，569

教化　2，5 - 7，11，15，16，56，71，87，105，116，119，131，137，144，146，147，152 - 156，158 - 160，177，284 - 286，294，296，297，299，300，309，311，324，328，350，352，353，357，381，410，539，541，544，551，569，574，583

教化　2，5 - 7，11，15，16，56，71，87，105，116，119，131，137，144，146，147，152 - 156，158 - 160，177，284 - 286，294，296，297，299，300，309，311，324，328，350，352，353，357，381，410，539，541，544，551，569，574，583

索 引

阶梯　6, 8, 10, 17, 26, 32, 110, 281, 344, 369, 370, 478, 524, 525 - 528, 536, 537, 541, 549

经典　1 - 8, 11 - 17, 20, 21, 26, 27, 29, 31, 33, 34, 54 - 56, 65, 75, 86, 89, 103 - 105, 109, 111, 116 - 119, 121, 125, 144, 159, 160, 164, 166, 177, 180, 229, 230, 232, 251, 252, 280, 311, 312, 320, 322, 353, 356 - 365, 374, 378, 383, 386, 388, 393, 401, 417 - 419, 421 - 423, 425, 427, 428, 434, 437, 449, 503, 526, 548, 551, 552, 569, 570 - 574, 576, 577, 579

经学　1 - 4, 6 - 14, 16, 18, 20, 22, 24, 26, 28, 30, 32, 34 - 36, 38, 40, 42, 44, 46, 48, 50, 52, 54, 56, 58, 60, 62, 64, 66, 68, 70, 72, 74, 76, 78, 80, 82, 84, 86, 88, 90, 92, 94, 96, 98, 100, 102, 104, 106, 108, 109, 110, 112, 114, 116, 118, 120, 122, 124, 126, 128, 130, 132, 134, 136, 138, 140, 142, 144 - 296, 298, 300, 302, 304, 306, 308, 310, 312, 314, 316, 318, 320, 322, 324, 326, 328, 330, 332, 334, 336, 338, 340, 342, 344, 346, 348, 350, 352, 354, 356, 357, 358, 360, 362, 364, 366, 368, 370, 372, 374, 376, 378, 380, 382, 384, 386 - 388, 390, 392, 394, 396, 398 - 402, 404, 406, 408, 410, 412, 414, 416, 418, 420, 422, 424, 426, 428, 430, 432, 434, 436 - 438, 440, 442, 444, 446, 448, 450, 452, 454, 456, 458, 460, 462, 464, 466, 468, 470, 472, 474, 476, 478, 480, 482 - 484, 486 - 488, 490, 492 - 494, 496, 498, 500, 502, 504, 506, 508, 510, 512, 514, 516, 518, 520, 522, 524, 526, 528, 530, 532, 534, 536, 538, 540, 542, 544, 546, 548, 550, 552, 554, 556, 558, 560, 562, 564, 566, 568 - 572, 574, 576 - 580, 582, 584, 586, 588, 590, 592

精微　1, 2, 3, 6, 8, 48, 61,

64，66，72，75，80，120，159，160，174，177，232，313，315，357，359，369，373，403，413，417，544，549，568

精义　1，4，3，8，9，10，12，13，28－30，32，35，37，38，46－52，75，79，100，102，106，126，144，149，156，158，162，166，204，205，247，298，309，344，346－350，352，354，366，367，369－374，376，377，379，381－383，386，398，420－422，429，463，464，467，470，471，474，475，478－481，485－493，498，524，526，528，529，531－537

K

克己复礼　2，4，5，7，8，15，55，73，75－84，86，88，111，115，160－177，179，191，193，194，318，327，331，332，334－336，339，395，574

孔子　4，5，7，13，16，20，25，54，55，57，58，73，74，76，77－80，82，84－89，93－96，103，105－109，111，112，115，117，118，145，150，151，155，160，162，167，168，172，174，175，197－200，202，204，205，207，210，211，214，218，251，296－314，317－323，326－336，340，352，367，368，384，385，390，402，406，408，414，448，462－466，474，476，477，478，482－484，486，489－494，496，497，499，502，551，553，554，558，559，566，570，573，584，588

L

李景林　1，3，4，6，7，9，114，220，583，584，586

理学　1－11，13－16，20，27，46，47，54，63，74，83，85，86，88，103－105，109，111，114，116，117，124－126，139，143，144，146，147，166，167，177，200，202，204，216，221，231，232，251，283，296，297，303，311，312，315－318，320－326，330，332－334，

339，340，342，357－359，
366，370，380，386－388，
392，398－402，419，435，
437，460，468，471，478，
479，526，527，537－542，
544，547－549，551，552，
566，568，569，570，579，
583－585，587

理一分殊　4，9，2，14，36，89，
90，97，99，102，103，121，
122，124，126－129，321，
402，414，416，419，561

陆象山　87，130，217，227，332，
334，583

M

孟子　1－7，9，10，13－16，18，
19，22－29，35－43，45－48，
50－52，54，55，58，59，69，
82，86，103－105，109－115，
120，124，129，132，142，
146，148，153，155，164，
175，182，183，186，188，
193，197，201，202，211－
213，215－229，231，234，
248，259，283，295，296，
302－314，322，323，325－
327，330－332，340，345－
352，356，359，360，366，

392，394，400，407，428，
430－433，435，455－458，
461－467，472，473，475，
478，479，480，482，484－
503，517，520，523，529，
531－536，546，551，559－
561，570，571，575，577，
581，584，585

Q

气象　4，9，14，111，119，126，
129，140，184，298，299，
306，308，315，316，328，
332，359，363，368，382，
383，388，390，394，395，
400，427，428，463，
584，586

穷理　2，15，56，58，75，115，
121，137，217，221，230，
233，234，237－241，243，
244，247，249，251，336，
339，340，352，413，419，
428，430，435，436，485，
502，529，535，561，564，
565，578

R

人心　2，4，22，24，55，56，

59－72，74－78，81，90，107，109，118，130，135，139，141，146，148，164－166，182，192，193，195，214，223，224，226，242，244，252－254，259，265，287，294，295，297，300，302，309，310，322，337，346，356，368，384，404，409，430，443，477，478，501，510－513，585

人欲 4，14，55，60－70，72，75－78，113，132，138，161，163，166－168，172，173，176，191，208，244，245，246，261，274，278，288，289，327，335，336，371，406，409，435，454，468，510，512，513，532，540，575

仁说 3，5，37，78，82，83，86，163－165，168，176－187，189－197，378，380，384，386，468

S

三重批判 9，420，436

生死 3，79，197，198，202，203，205，206，210－212，532

圣人 4－7，15－18，20，29，33，55，63，64，67，72，75，79，81，82，89－92，94－101，112，114，115，117－120，122，123，127，129，131－133，136，137，147，148，153，157，165，166，168，169，175，176，200，202－204，206，232，234，237，240，282，284－286，289，292，294，296－314，317，319－321，324－335，337，339，340，343－345，349，351，353，354，361，363，364－367，371，372，377，379，381－384，388－392，394，400，405－408，410－413，415，416，418，426－429，443－445，447－449，462，463，465，466，468，469，471，472，477，481－484，489，490，493，495－497，499，503，506，529－531，533，535，545，546，553，556－558，572，573，575

实理 1－4，6－8，10，12，14，16，18，20，22，24，26，28，30，32，34－36，38，40，42，

44, 46, 48, 50, 52, 54, 56, 58, 60, 62, 64, 66, 68, 70, 72, 74, 76, 78, 80 - 82, 84, 86, 88, 90, 92 - 94, 96, 98, 100, 102, 104, 106, 108, 110, 112, 114, 116, 118 - 120, 122, 124, 126, 128, 130, 132, 134, 136, 138, 140, 142, 144 - 296, 298 - 300, 302, 304, 306, 308, 310, 312, 314, 316, 318, 320, 322, 324, 326, 328, 330, 332, 334, 336, 338, 340, 342, 344, 346, 348, 350, 352, 354, 356 - 358, 360, 362, 364, 366, 368, 370, 372, 374, 376, 378, 380, 382, 384, 386, 388, 390, 392, 394, 396, 398, 400, 402, 404, 406, 408 - 410, 412, 414, 416, 418, 420, 422 - 424, 426, 428, 430, 432, 434, 436, 438, 440, 442, 444, 446, 448, 450, 452, 454, 456, 458, 460, 462, 464, 466, 468, 470, 472, 474, 476, 478, 480, 482, 484, 486, 488, 490, 492, 494, 496, 498, 500, 502, 504, 506, 508, 510, 512, 514, 516, 518, 520, 522, 524, 526, 528, 530, 531, 532, 534, 536, 538, 540, 542, 544, 546, 548, 550, 552 - 554, 556 - 558, 560, 562, 564, 566, 568, 570, 572, 574, 576, 578, 580, 582, 584, 586, 588, 590, 592

四书　1 - 29, 31 - 47, 49, 51, 53 - 55, 57, 59, 72 - 76, 85, 88, 89, 91, 104 - 116, 119, 121 - 125, 135, 144, 146, 147, 149 - 151, 153, 154, 156 - 159, 162, 164, 166, 168 - 173, 175, 177, 180, 182, 186, 188, 189, 198 - 203, 207, 209, 213 - 219, 221 - 227, 233, 237, 243, 246, 247, 249, 250, 252, 254 - 260, 262, 265, 270, 271, 275, 277, 280, 282, 283, 285 - 288, 290 - 296, 298, 302, 309, 311 - 315, 317 - 323, 325 - 329, 333, 335 - 337, 340, 342 - 344, 347, 357, 358, 360, 361, 368 - 370, 373, 374, 378 - 381, 385, 392, 393, 396 - 398, 402 - 412, 414,

415, 417 – 420, 423 – 429, 431, 434 – 449, 451 – 461, 463, 465 – 471, 473 – 479, 481, 483, 485 – 487, 489 – 491, 493, 495, 497, 499, 501, 503, 505, 507, 509, 511, 513, 515, 517 – 529, 531, 533, 535 – 545, 547 – 555, 557, 559, 561, 563, 565 – 571, 573 – 584, 586, 587

四子 1, 6, 10, 23, 25, 26, 40, 41, 42, 54, 110, 111, 112, 524 – 528, 536, 537, 585

T

太极 2, 4, 6, 13, 56, 104, 105, 108, 113 – 125, 128, 248, 283, 299, 360, 398, 450, 504, 507, 540, 541, 544, 548, 550, 559, 561, 562, 584

体用 4 – 6, 9, 11, 10, 14, 37, 89 – 92, 95, 96, 99, 100, 103, 110, 111, 121, 122, 126 – 128, 142, 166, 167, 183, 190, 192, 193, 195, 238, 284, 287, 290 – 294, 380, 401 – 404, 406 – 408, 413, 430, 435, 516, 533, 552, 554, 556 – 562, 567

天理 3, 5, 14, 15, 55, 60, 62 – 70, 72, 75 – 78, 82, 95, 105, 114 – 116, 119, 132 – 134, 138, 160, 161, 163, 164, 166 – 173, 176, 179, 191, 197, 202, 204, 207, 208, 224, 244 – 248, 261, 274, 278, 282, 287, 289, 295, 298, 301, 303, 304, 309, 327, 335, 347, 355, 388, 389, 406, 407, 409, 435, 468, 503, 510, 513, 516, 517, 532, 540, 550, 558, 562, 563, 589

W

王夫之 5, 7, 8, 145, 168, 197, 202, 208 – 210, 212, 452, 454, 460, 582

文集 2, 8, 10 – 13, 20, 23 – 26, 36 – 50, 58, 61, 72, 75, 77, 78, 80, 82, 83, 89, 93, 100, 101, 106 – 108, 114, 115, 117, 120 – 123, 126, 128 – 131, 140 – 142, 145, 147, 148, 152, 153, 157, 161, 163, 168, 178 – 181,

索　引　595

183－192，194－196，212，217，225，226，228－231，235，238，239，243，244，248，257，259，260，264，265，267，276，281，293，306，325，327，334，337，344，354－356，359，360，362－368，374，387－398，401，403，422，434，440，441，444，468，479，481，484，493，503，504，506－512，514－524，527，528，531，533，553，554，556－565，581，582

五经　2，3，6，17，26，27，104，109，110，115，437，548，551，570，574，576，577

X

贤人　4，3，6，15，114，131，207，211，212，234，296，297，299，301，303，305，307－309，311，313，315，317，319，321，323，325，327，329，331，333，335，337，339，341，343，351，410，411，445，462，463，495，499，575

心法　2－4，6，58，59，64，73－80，82，84－88，111，113，137，191，281，375，376，418，466

新考　1，8，10，35，503，517

虚心　4，8，159，228，230，334，358，360－363，369－372，386，422，551

学弊　4，7，16，103，162，174，234，311，320，322，358，365，367，369，427，546

学颜　4，7，83，86－88，297，312，322－325，332，340，341

Y

亚圣　4，324－327，330

颜子　4，7，15，73，76，80－83，86－88，96，104，111－113，116，132，147，158，162，163，170，172－176，246，297，308，312－314，316，322－341，345，347，351，361，380，384，388，418，423，480，483，484，485，489，490，502，529，535，585

养气　2，3，5，6，34，37，58，111，112，215，216，219－224，226－229，231

一贯　2-4，6，8，76，81，87-91，93-100，102，103，106，111，130，160，224，226，231，246，280，289，311，320，331，341，352，382，408，459，547，572，577

一于善　3，6，113，252-262，270，275，280，438-440，459，460，547

义利　3，5，10，57，120，197，198，200，202，206，208，210，211，500，541，586

语类　5，6，8-13，16-19，21-23，26，27，29-36，38，45，48，53，55，57，59-64，67-69，71，75，78，80，81，89-102，106，107，110，112，113，117-120，122，124，127，135，138，140-142，147-152，154-159，161-165，167-171，173-176，180，182，185-190，194，197，200，202，208，215-230，233-246，248-254，260-263，265-267，269-294，298，299，301-308，316，326-330，332，334，335，337，338，343，344，346，347，349，355，359，361，363-365，367-379，381，382，384，385，401，404-409，411-418，421，427，437，440，441，444，446，459，461，464，468-473，478-481，484，485，489，493，500-504，510，511，515-517，524-526，531，532，537，539，569，575，578，579，581，587

寓述于作　7

原意　1，2，4，8，9，11，16，33，103，160，177，215，229，231，261，268，271，273，290，343，358-361，368，389，422，461，476，477，573

Z

曾子　4，18，24，25，54，86-89，91，93-96，98-100，102，103，106，111-113，214-216，218，223，246，312-314，327，330-332，340，352，389，558，559

张九成　97，98，109，125，130，138，139，140，142，360，423，426

张载　17，28，47，48，52，59，108，122，135，137，184，196，277，303，381，399，479，481-485，487-493，548，571，582，585

索　引　597

章句　1－6，9，10，14，16，17，19－21，23－25，27－31，35－45，56－61，70－73，75，82，84，89，104，105，107－111，113，114，119，121，125，126，128，130，131，135，136，138，139，142，146，160，233，235，251－253，255－260，262，264，265，271－273，275－280，282－295，314，343，350，360，366，379，389，392，401－410，412－419，423，425－427，437－439，442，445，447，451－465，466，467，474，475，506，509，513－519，526，538，541，551－558，565－568，578，579，582，584

章句　1，6，9，2－5，10，14，16，17，19－21，23－25，27－31，35－45，56－61，70－73，75，82，84，89，104，105，107－111，113，114，119，121，125，126，128，130，131，135，136，138，139，142，146，160，233，235，251－253，255－260，262，264，265，271－273，275－280，282－295，314，343，350，360，366，379，389，392，401－410，412－419，423，425－427，437－439，442，445，447，451－455，465－467，474，475，506，509，513－519，526，538，541，551－558，565－568，578，579，582，584

知言　3，5，87，95，179，183，217，221，222，227，231，246，386，428

至圣　4，7，56，296，297，308，309，311，312，323，325，326，332－334，336，340，415，553，556－558，575

中庸　1－7，9－10，13，14，18－20，22－30，34，36－45，54，55，57－61，70，72，73，75，82，84，88，90－92，96，99，102－111，113－115，119－121，125－136，138，139，142，146，179，188，233，253，255，259，261，267，281－283，286，287，290，292，295，297，304，312，313，337，347，350，351，354，360，365，367，368，381，383，389，402－407，409，410，413－419，423，

425，426，430，433，439，
441，447－450，453－455，
457－460，465－467，472，
480，487，502，505－507，
509－515，517－520，523，
525，528，536，547，552－
568，577，578，582，584

忠恕　2－4，8，15，37，43，58，
81，88－103，111－113，125，
130，134－136，139，190，
193，246，351，408，425，
431，483，543，559

周敦颐　4，59，104，114，121，
123，296，297，324，327，
332，339，571

朱子　1－197，199，202，206－
209，213，215－296，298－
337，339，340，342－405，
407－431，433－444，446－
450，452，454－476，478－
481，485，487，493，494，
503－547，549－559，561，
563，565－569，571，573，
575，577－579，581－
588，592

子思　2，3，4，6，7，9，10，11，
24，25，54，55，58，59，63，
71，85，86，96，105，107，
111，112，125，126，139，

142－145，159，160，183，
218，232，251，252，286，
295，313，314，330，340，
342，349，354－356，360，
373，376，382，386，398，
401，402，407，408，410，
420，421，429，438，447－
450，453，459－461，466－
468，470，471，478，503，
510，516，517，527，535，
537，541，551－553，555，
557－559，562，563，566

自欺　3，6，113，221，252－256，
258，260－281，438，439，440

自慊　3，6，226，252，254－256，
258，259，261，266－268，
270，275－277，280，293，
438－440，459，586

字训　6，10，46，160，165，359，
381，425，509，538－540，
544，545，549，581

字义　3，6，10，11，8，128，
138，139，142，146，160，
175，190，228，299，349，
353，360，373，374，379，
380，382，392，393，399，
401，414，425，426，506，
538－552，581

尊孟　7，13，108，322，323，332

后 记

本稿是笔者2008年完成的博士论文修改稿，迄今已11年矣，记得两位老师先后授意我早日出版，而我拖延至今，可见是如何的怠惰了！当时延宕的理由是有待修改，而如今示之于众者，仍然是如此的不济，可见我又是多么的朽质了！虽竭驽钝，而未能自慊于心，今文稿付梓，在此诚挚地向诸位教导、培育、关心我的师长致以深切歉意和真诚的感谢。于此，特别感谢博士论文的审阅答辩先生：张学智、廖名春、郑万耕、张奇伟、彭永捷诸师，他们对论文的包容肯定，使我顺利走向人生的下一站；对论文的中肯批评，使它减少了昔日的纰缪而见之于世。

十四年前，蒙业师李景林先生不弃，将我收入门下，这份幸运所带来的幸福历久弥深，无计可逃。先生以其高瞻远瞩之学术睿智，选定了"朱子四书学研究"这一足以使我安身立命，终老于斯的论题，这是我要感谢先生的。先生气象雍容，充养有道，其持身方刚正大，其处事严辨义利，其应世洒脱自得，乍望俨然，即之温然，堪称"学为人师，行为世范"的典范。郑万耕师严毅慈仁，于家星扶掖独厚，甚或过于门下弟子，每念及此，顿生深负栽培之恐。京师中哲是一个谦和、融洽、凝静、笃实的学术群体，董志铁、张奇伟、强昱、李祥俊、章伟文等诸位先生皆以宽厚、谦冲为怀，于诸生皆抱一体关怀之心，而无彼门我户之分。家星受诸师道德文章之熏陶感化之深，没齿难忘。老景师门是一温馨大家庭，诸同门以不同方式予我甚多支持和鼓励，于此特别感谢陈清春、华军、田智忠、刘红卫、张连伟、彭耀光、陈多旭、张勇诸师兄及何凡、程旺师弟。

对每位学子而言，毕业之后的就业影响人生道路者至巨。星也何幸，在因出身卑微而求职无门的困境中，仅与我有一面之缘的杨柱才先生慨然援手，不惮辛劳，多番努力，使我终得以破格就职于南昌大学哲学系。嗣后十年，先生对我身教言传，悉心培育，无微不至，使我的生命学术走入正途。先生人品高洁，表里澄澈，慷慨仗义，诚笃公正，其学实得濂溪诚学真昧，实造乎成己成物诚以动人之境，可谓直追古人矣！星也幸，得以追随先生多年，每观先生行事，不由慨乎"斯世也而有斯人也！"今虽远别先生，然先生所示之轨范，泃已奉为人生之圭臬。南昌大学哲学系是一个有传统和底蕴的学术群体，星曾有幸厕身其中，愉悦融洽，全赖杨雪骋、詹世友、徐福来等诸先生提携包容，于此深致谢意，并敬祝哲学系蒸蒸日上。于此同样感谢南昌大学人文学院历史系张芳霖、袁礼华、宋三平，中文系王德保、徐阳春、胡松柏等师长之培育护持，使我在人文学院度过了十年愉悦美好的岁月。

学术研究离不开学习前辈成就。宋明理学是当下中国哲学研究颇为活跃的领域，产生了《朱子哲学研究》等具有典范意义的著作。星也幸，不仅能从前辈大作中得到启发，而且还直接受益于陈来、林乐昌、李存山、张学智、郭齐勇、杨国荣、朱汉民、朱杰人、向世陵、陈少明、吴震、何俊、乐爱国、乔清举、肖永明、彭国翔、方旭东、徐公喜、朱人求等诸先生的指导、提携。于此，特别感谢陈来先生与景林师百忙之中慨然赐序，拙作浅陋，实不堪大序鼎言之重，然两位先生提携鞭策之意，则拳拳在膺，谨识勿忘。当前宋明理学的研究形成了一个学术性很强的开放群体，对相关学术会议的参与，使我在学术研究和同道情谊上有很大收获，每次会议的交流切磋，实有"吾道不孤"之乐。于此，衷心感谢各会议主办方所给予的宝贵学习机会。国际交流和异域同道的情意，倍显珍重。笔者甫一就职南昌大学，即蒙柱才先生鼎力荐举，在高在旭教授等支持下获得韩国高等教育财团资助，赴韩国建国大学郑相峰教授处开展访学研究。郑先生亲自带我熟悉学校图书馆，办理借阅证，使我在韩期间得以尽力对文稿加以撰写修改。于此，向高先生、郑先生表示衷心感谢。在韩期间，我与罗传芳、乔清举教授一起参与了高丽大学金彦忠教授、田炳郁兄组织的《朱子语类》读书会，至今难忘灯光下中韩学者专心读诵研讨朱子著作的情景，这令我对朱子学的重要意义有了非常直观的认识。于此，谢谢二位先生。2016年在美国访学期间，我对英语世界的四书学研究作了极为初步的考察，其文字亦略见诸书稿中。感谢素昧平生的南乐山（Robert. C. Neville）教授的邀请，他对中国文化的热爱不仅见之于文，且体之于身。其高足宋斌博士每周在教堂举办的"波士顿儒学读书会"，尤其是在教堂举行的简单祭孔仪式，使我对儒学的未来和全球意义有了乐观的印象。

学术论文的发表对青年学者学术兴趣的坚持乃至学术道路的发展有着不言而喻的影响。非常感谢众多学术刊物编辑老师的支持，使我有了在高校存活下来，继续从事学术工作的可能。由于气质偏向和学术喜好之故，我仅能写些具体老调的小题，故诸多论文的最终面世，实在离不开诸位编辑老师的垂青厚爱。于此，诚挚感谢《哲学研究》、《哲学动态》、《中国哲学史》、《北京师范大学学报》、《人文杂志》、《孔子研究》、《江汉论坛》、《哲学与文化月刊》、《中州学刊》、《栗谷学研究》（韩）、《学术研究》、《国际汉学》、《图书馆理论与实践》、《中华文化论坛》、《南昌大学学报》、《朱子学刊》等刊物对拙稿的采纳，感谢诸位编辑老师的辛勤付出和评审人的宝贵意见。在当今版面极其宝贵、论文字数严格限定的情况下，我有一些难以割舍的长篇考据论文，在严格的审稿，漫长的待刊中，而幸得北大《国学研究》、《哲学门》等辑刊刊发，于此深致谢意。它使我觉得，纯粹传统的论文抒写方式并没有被彻底地放弃，而经受检验和坚守等待则是学术工作的惯例。有一次的印象特别深刻，2010年我在无处可投无所期待的心境中给《国学研究》瞎寄一篇4万字论文，2013年4月上旬的一天，晚八点多，我正在逗玩即将两岁的妞妞，突然接到编辑部通知修改稿件的电话。看到身边的女儿，意识到文章撰写投寄时她还未曾与我们结缘，可如今已经成为两岁多的新生命了，而论文还在待产的路上，还没有成为"新生命"。于此悟及坚持和等待应是学术研究应有之心态，谨以此与比我更有朝气的年轻朋友共勉。

依照现时代的学术标准，我是完全没有资格踏入学术门槛的，尤其是跨行进入哲学学科。然幸得诸师友呵护，而得以滥竽其间，在第一部著作付梓之际，我无法不向他们致谢。1996年中师毕业后，我在赣西北偏远乡村作了6年小学教师，期间通过自学考试，获得中文本科学历。2001年本科论文撰写，幸得南昌大学中文系教授、赣方言专家陈昌仪先生指导。先生是赣方言研究的开拓者，治学严谨，成就斐然，乐观通达，古道热肠。不仅悉心批阅我的论文，更鼓励我报考硕士研究生，并问我对什么方向感兴趣。我素好古书，而苦于时常需要借助注释，提出希望读一个能读懂古书的专业。先生说，语言学下的古代汉语方向较适合于你，并建议我有问题可写信求教于该专业的余让尧教授。我备考信心不足时，曾斗胆给素昧平生的余先生寄信一封，忐忑不安中很快收到先生回信一封，一张信笺上先生手书"有志者事竟成"六字以为勉励。另几张信笺则是正在先生门下读研二的潘祥辉师兄的回信，因潘师兄与我经历相似故也，故先生托其指点于我，以期收到指引鼓舞之效。于此可见先生提携后学之周到恳切了。这是我终生感念于先生和师兄的。于是乎我即如愿以偿拜入余先生门下。先生风度儒雅，立身端方，谨言慎行，言谈举止，蕴藉雅致，举手投足，颇具古风。先生治学由音韵、训诂而驻足于古籍校勘，得心应手，精通典籍而不轻于著述。先生给我确定论文以《说文解字》为方向，盖此为治小学者所必经之途也。从学先生期间，在提高古籍阅读能力之时，得以略窥清人朴实严谨、崇实恶虚的治学风格。星至于今，仍受其赐。求学时的南昌大学中文系汉语言文字学教研室，志在申博，师资强大，各有专攻，家星实得诸师沾溉匪浅。工作之后，又幸得李胜梅等先生热心提携，铭刻在心。读硕期间幸识周韧、华林、向军、礼淼、国春、海斌诸兄，虽趋向不一，然皆品行淳笃，惠我良多。

我离开山区乡村小学已十七年矣，然仍不时梦回其境。其时条件艰苦，薪水微薄；环境闭塞，爬山赴校，肩挑手扛，习以为常。在通常由5人组成的全校员工中，当地代课民办老师日子则更为艰辛。然他们于我所给予的体贴和照顾，至今思之，无法忘怀，而有以自励。尤其是许大哥大嫂贤伉俪，知我有意上进，主动邀我搭伙食，免除了我不善炊事的困窘。大嫂厨艺上佳，虽粗茶淡饭，亦甚可口。每日早晨，煮好"春丝"面条，就给我盛满大大一碗，喊我先吃。对早已饥肠辘辘的我来说，这一碗热面及时无比，我恰如饿虎扑食，一扫而光，至今思之，犹觉美味。大哥仁厚，大嫂能干，处处维护散漫无知之我。记得有件极小之事，一日晨，巧遇卖肉者过，余即购肉1斤有余，拎回厨房，大嫂视之，觉其有诈，竟是肉包大骨头，极气愤，掷回卖肉者，斥其身为学生家长，竟如此蒙骗于老师，天理良心何在云云。其人自觉理亏，我亦甚觉不安，大嫂复语我，日后不用劳神此事，专心读书即是，以免人之欺诈。可见大哥大嫂于家星是如何的爱护备至了。家星于此，谨对大哥大嫂和昔日同事朋友之助，一并感谢。

我长于一个温馨、和睦的乡村大家庭中，双亲之慈爱，众姊之呵护，乡邻之友善，使我从小浸染于儒家主张的孝悌忠信、友望相助的氛围中，不过当时日用不觉。有几件事情印象特别之深，昔时家里通常一年养一头猪杀，杀猪后，母亲就会把新鲜的猪血加上姜葱煮成一大锅猪血旺，然后嘱我一碗一碗分送左邻右舍。我很乐意承担此任，邻舍在接受之余，总会说一句"难为多谢啦"。邻舍家杀猪，亦同样分送于诸家，而我就在这淳朴的多情中品尝了人间最美的猪血旺。另一件事，在我十五岁上师范那年，家里并没有宴请，邻舍自发送来了足足200个鸡蛋，以示对我上学的祝贺和支持。在我考上硕士研究生时，他们亦同样自发表示了对我的支持。而我至今是没有宴请过他们，亦未有助于他们的。这些看似不起眼的滴水之助，让我发自肺腑地感受到，虽远离乡村，寄居他乡，然此心始终与家乡血脉一体，无法割舍，亦常使我愧疚至今未能有所贡献于生长于斯的父老乡亲。

在本书即将面世之际，更加深切地怀念父亲。父亲离开我已经六年了，但我常常觉得他没有走，不时泛起想和他说说话的念头。他对我始终保持了父亲对儿子的挚爱，时刻留意而无微不至。因为这种印象是如此刻骨铭心，我相信他在天堂仍在微笑着，一如既往地关爱我。我晚上睡觉向来一觉醒，记得读博期间有次回家，我在二楼睡，父母住一楼。第二天早上年近古稀的父亲说，"昨天半夜起风了，不知道你关了窗户睡没有。夜里到你房间一看，果然没关。我帮你关了，小心着凉。"父亲从我降生斯世，至年近而立，就是如此始终如一地呵护着我，晚上替我关窗户，盖好被子，这已经成了他一生的习惯了。我在攻读硕博的六年期间，父亲让我每两周给家里打一次电话，或偶忘之，一向节俭的父亲则会及时来电询问。姊姊们即便都四五十岁了，告辞父亲外出打工乘车时，父亲总会叮嘱"到了打个电话过来"，如未及时回电，父亲就会立即去电询问是否已安全到达。父亲就是这样以全副生命惦记着他的孩子们，即便孩子已经成为奶奶外婆。这使我深信，这本书稿的出版，惦记着我的父亲在另一头一定能感觉到并欣慰着。

特别感谢母亲对我的严和爱，母亲虽是文盲，却能干、聪明，识大体、明事理。她对作为独子的我始终督导严紧，时刻检束我的言行举止，一旦稍有不检，即严正训导之而不假辞色。她教会我南方农村基本的农业生产能力，使得我作为家中唯一的最小的男孩，养成了不怕艰苦、坚持不懈的习惯，而没有滑向人生的另一面。印象最深的是水田插秧栽禾，母亲是插秧能手，为了锻炼我的插秧能力，母亲从一整块田地里指定一小段让我单独完成。我弯腰栽一会，就总要回头看看还剩多少，总觉得身后水汪汪的一大片空田，怎么也栽不完。母亲说，"你不能总回头看还没栽的田，而要朝前看你已经栽了的，你就会觉得你已经栽了很多，继续栽下去，总会栽完的。"结果是母亲的话应验了，"只要你坚持一把一把的栽下去，田总要栽完的"。这使我对"坚持"拥有了切身的人生体会。如果说我性格中有一点点长处的话，那就是母亲教给我的"坚持"二字。

在这里，我也要感谢姊姊们从小以来的照顾、爱护，感谢她们以父母之心为心，体谅父母对我的偏爱，或由此亦受到些委屈，然始终不改对我的由衷疼爱。她们于人前表达对我的珍爱，最常说的就是一句朴实的话，"我家里就这一个弟弟"。在这里，不由怀念已逝去多年的大伯，他对我的疼爱甚至是让比我大两岁的小堂哥至今不能释怀的。众多的堂哥、堂姐们对我——家族中最小的一位弟弟给予我的宽容和偏爱使我深深感到大家庭的温暖。

衷心感谢内子少芳的支持，她实在是兼具传统女性美德和现代知识女性素养于一身的，与我同心同德，同甘共苦。毕业之际，长于山右的她甘心随我南下气候迥异、饮食反常、言语陌生的江右，今又放弃适意的工作，伴我北上，攻读博后，再谋出路，颠沛流离，从无怨悔。她不仅在工作事业上与我共进退，且使我的生活充盈愉悦，她奋力给我带来了一对可爱的儿女，使我的人生发生了质的飞越，让我倍感生命的完整和幸福。感谢忠厚善良的岳父母的支持，为了照顾念念，他们付出了全部，自太行而奔赴豫章，自豫章复辗转京城。

在离开哲学学院十年之后，在韩老师和学院领导、师长，尤其是中哲教研室诸位先生的支持下，去年家星有幸作为补充师资，被召回母院继续学习深造，深感荣幸而又倍觉压力时有绠短汲深，道阻且长之感。重回学院使得始于博士论文的书稿，在十一年之后，因缘际会，得以重新回到当初孕育它的地方，并加以公开出版，这是我始料未及的。必须提及的是，拙稿的写作与出版得到了国家社会科学基金的大力支持。在此，特别感谢各位评审专家在课题立项、结项工作中所给予的支持和指导。课题在连续申报5年之后立项，又在下一个 5 年之后结项，这一经历使我深深地感到课题的不易，幸运的是，不久前拙稿意外入选 2019 年度国家哲学社会科学成果文库，感谢评审专家的宽容和支持。在拙稿孕育的漫长时间里，五位论文答辩专家，五位课题鉴定专家，八位成果文库评审专家的批评性意见，已经为本人未来朱子学研究指明了方向，在此衷心感谢诸名匿名师长的包容和指导！同时也要感谢陈超、金智博、王世中、孙玲玲同学对书稿的详细校对，感谢责编冯春凤女士对文稿的精心编辑。

今年恰逢朱子诞辰 890 周年，谨以拙稿献给伟大的晦庵先生！

江右后学　许家星
谨记于北师大励耘 10 楼
2019 年 2 月 24 日
2020 年 11 月 30 日补记于北师大前主楼

图书在版编目(CIP)数据

经学与实理：朱子四书学研究／许家星著．—北京：中国社会科学出版社，2021.3

（国家哲学社会科学成果文库）

ISBN 978-7-5203-6152-1

Ⅰ.①经… Ⅱ.①许… Ⅲ.①朱熹（1130-1200）—哲学思想—研究 Ⅳ.①B244.75

中国版本图书馆 CIP 数据核字（2020）第 046940 号

出 版 人	赵剑英	
责任编辑	冯春凤	
责任校对	张爱华	
封面设计	肖 辉	郭蕾蕾
责任印制	戴 宽	

出 版	中国社会科学出版社	
社 址	北京鼓楼西大街甲 158 号	
邮 编	100720	
网 址	http://www.csspw.cn	
发行部	010-84083685	
门市部	010-84029450	
经 销	新华书店及其他书店	
印刷装订	北京君升印刷有限公司	
版 次	2021 年 3 月第 1 版	
印 次	2021 年 3 月第 1 次印刷	
开 本	710×1000 1/16	
印 张	40.25	
字 数	659 千字	
定 价	238.00 元	

凡购买中国社会科学出版社图书，如有质量问题请与本社营销中心联系调换
电话：010-84083683

版权所有　侵权必究